国家重点档案专项资金资助项目

抗日战争档案汇编

成都市档案馆藏抗日阵亡将士档案汇编

1

成都市档案馆 编

清華大學出版社

图书在版编目（CIP）数据

成都市档案馆藏抗日阵亡将士档案汇编 / 成都市档案馆编 .
北京 : 清华大学出版社 , 2025. 2. -- (抗日战争档案汇编).
ISBN 978-7-302-68125-0

Ⅰ . K265. 063

中国国家版本馆 CIP 数据核字第 2025H1Q203 号

责任编辑：刘　晶
封面设计：禾风雅艺
责任校对：王荣静
责任印制：丛怀宇

出版发行：清华大学出版社
网　　址：https://www.tup.com.cn，https://www.wqxuetang.com
地　　址：北京清华大学学研大厦A座　　邮　　编：100084
社 总 机：010-83470000　　邮　　购：010-62786544
投稿与读者服务：010-62776969，c-service@tup.tsinghua.edu.cn
质量反馈：010-62772015，zhiliang@tup.tsinghua.edu.cn
印 装 者：天津艺嘉印刷科技有限公司
经　　销：全国新华书店
开　　本：210mm × 285mm　　印　张：91.5
版　　次：2025年4月第1版　　印　次：2025年4月第1次印刷
定　　价：1280.00元（全三册）

产品编号：099300-01

抗日战争档案汇编编纂出版工作组织机构

四川省抗日战争档案汇编编纂出版领导机构

编纂出版工作领导小组

组　长　陈念芜

副组长　张辉华

编纂出版工作领导小组办公室

主　任　王秀娟

副主任　付　劲

成　员　万　军　林　莉　王晓春　蒋筱茜　官　明　刘　勇

编纂委员会

主　任　陈念芜

副主任　张辉华

委　员　王秀娟　付　劲　张晓芳　万　军　米晓燕　蒋筱茜　官　明

《成都市档案馆藏抗日阵亡将士档案汇编》编辑组

总序

为深入贯彻落实习近平总书记「让历史说话，用史实发言，深入开展中国人民抗日战争研究」的重要指示精神，国家档案局根据《全国档案事业发展「十三五」规划纲要》和《「十三五」时期国家重点档案保护与开发工作总体规划》的有关安排，决定全面系统地整理全国各级综合档案馆馆藏抗战档案，编纂出版《抗日战争档案汇编》（以下简称《汇编》）。

中国人民抗日战争是近代以来中国反抗外敌入侵第一次取得完全胜利的民族解放战争，开辟了中华民族伟大复兴的光明前景。这一伟大胜利，也是中国人民为世界反法西斯战争胜利、维护世界和平作出的重大贡献。加强中国人民抗日战争研究，具有重要的历史意义和现实意义。

全国各级档案馆保存的抗战档案，数量众多，内容丰富，全面记录了中国人民抗日战争的艰辛历程，是研究抗战历史的珍贵史料。一直以来，全国各级档案馆十分重视抗战档案的开发利用，陆续出版公布了一大批抗战档案，对揭露日本帝国主义侵华罪行，讴歌中华儿女勠力同心、不屈不挠抗击侵略的伟大壮举，弘扬伟大的抗战精神，引导正确的历史认知，发挥了积极作用。特别是国家档案局组织有关方面共同努力和积极推动，「南京大屠杀档案」被联合国教科文组织评选为「世界记忆遗产」，列入《世界记忆名录》，捍卫了历史真相，在国际上产生了广泛而深远的影响。

全国各级档案馆馆藏抗战档案开发利用工作虽然取得了一定的成果，但是，在档案信息资源开发的系统性和深入性方面仍显不足。正如习近平总书记所指出的：「同中国人民抗日战争的历史地位和历史意义相比，同这场战争对中华民族和世界的影响相比，我们的抗战研究还远远不够，要继续进行深入系统的研究。」「抗战研究要深入，就要更多通过档案、资料、事实、当事人证词等各种人证、物证来说话。要加强资料收集和整理这一基础性工作，全面整理我国各地抗战档案、照片、资料、实物等……」

国家档案局组织编纂《汇编》，对全国各级档案馆馆藏抗战档案进行深入系统地开发，是档案部门贯彻落实习近平总书记重要指示精神，推动深入开展中国人民抗日战争研究的一项重要举措。本书的编纂力图准确把握中国人民抗日战争的历史进程、主流和本质，用详实的档案全面反映一九三一年九一八事变后十四年抗战的全过程，反映中国共产党在抗日战争中的中流砥柱作用以及中国人民抗日战争在世界反法西斯战争中的重要地位，反映国共两党「兄弟阋于墙，外御其侮」进行合作抗战、共同捍卫民族尊严的历史，反映各民族、各阶层及海外华侨共同参与抗战的壮举，展现中国人民抗日战争的伟大意义，以历史档案揭露日本侵华暴行，揭示日本军国主义反人类、反和平的实质。

编纂《汇编》是一项浩繁而艰巨的系统工程。为保证这项工作的有序推进，国家档案局制订了总体规划和详细的实施方案，明确了指导思想、工作步骤和编纂要求。为保证编纂成果的科学性、准确性和严肃性，国家档案局组织专家对选题进行全面论证，对编纂成果进行严格审核。

各级档案馆高度重视并积极参与到《汇编》工作之中，通过全面清理馆藏抗战档案，将政治、军事、外交、经济、文化、宣传、教育等多个领域涉及抗战的内容列入选材范围。入选档案包括公文、电报、传单、文告、日记、照片、图表等多种类型。在编纂过程中，坚持实事求是的原则和科学严谨的态度，对所收录的每一件档案都仔细鉴定、甄别与考证，维护档案文献的真实性，彰显档案文献的权威性。同时，以《汇编》编纂工作为契机，以项目谋发展，用实干育人才，带动国家重点档案保护与开发，夯实档案馆基础业务，提高档案人员的业务水平，促进档案馆各项事业的发展。

守护历史，传承文明，是档案部门的重要责任。我们相信，编纂出版《汇编》，对于记录抗战历史，弘扬抗战精神，发挥档案留史存鉴、资政育人的作用，更好地服务于新时代中国特色社会主义文化建设，都具有极其重要的意义。

抗日战争档案汇编编纂委员会

编辑说明

全面抗战爆发以后，川军将士的爱国热忱空前高涨，川军的足迹遍布全国抗日战场，他们身披薄衣、脚穿草鞋，以落后的武器和简陋的装备同日军进行殊死决战。据统计，出川抗战的将士达三百多万人，约占全国同期实征兵员的四分之一；伤亡的川军达六十四万人，约占全国抗日军队伤亡总数的五分之一。川军抗战人数之众多、伤亡之惨烈，居全国之首。殉国者中，有王铭章、李家钰、饶国华、许国璋等高级将领，更多的则是普通士兵，其中有许多就是成都人民的亲骨肉、子弟兵。

本档案汇编的出版，旨在进一步弘扬中华民族伟大的爱国精神和坚强不屈的民族意志，根据馆藏抗战档案的实际情况，成都市档案馆编纂了《成都市档案馆藏抗日阵亡将士档案汇编》，共分三册。选择范围为成都籍或本人及家庭常住地址在成都市的抗日阵亡将士的档案材料。

本书选稿时间范围起自一九三八年，迄至一九四六年。本书以阵亡将士姓氏笔画为序，原则上按照「人名—时间」体例编排，全书共涉及三十二组、三十四位阵亡将士，内容包括阵亡将士的调查表证明书、家属的请恤文书、政府机关的核恤文书，还有部分追悼纪念材料，每组材料分别按时间排序。

本汇编选用档案均为本馆馆藏原件全文影印，未做删节，如有缺页，为档案自身缺页。

档案中原标题完整或基本符合要求的，使用原标题；原标题有明显缺陷的进行了重拟；无标题的加拟标题。标题中人名使用通用名并以括号标明原档案写法，机构名称使用机构全称或规范简称，历史地名沿用当时地名。所收档案的形成时间主要以发文时间为准；少量档案发文时间不详的，选用了收文时间，并加以注明。档案所载时间不完整或不准确的，作了补充或订正。只有年月而没有日期，或仅有年份而没有月日的档案，排在本月或本年末，不再具体标注月、日。档案形成时间以公元纪年为准，标题中涉及民国纪年的均予以标明。

本书使用规范的简化字。对标题中人名、历史地名、机构名称中出现的繁体字、错别字、不规范异体字、异形字等，予以改正。限于篇幅，本书不作注释。

由于时间紧，档案公布量大，编者水平有限，在编辑过程中可能存在疏漏之处，考订难免有误，欢迎方家斧正。

编　者

二〇二四年十一月

总目录

三、冯云

四、刘志华

五、江庆云

六、许伯龄

八、李青云、曾安定等

九、李槐

十、何大宣

第二册

十一、邹玉清

十四、张志远

十五、张海泉

十六、罗俊明

十七、郑楷

十八、赵双全

十九、赵兴诚

二十、赵德荣

第三册

二十二、黄永明

二十三、黄吉伊

二十四、黄学涵

二十五、黄辉云

二十六、蒋权

二十七、蒋惠畴

二十八、曾海山

二十九、谭太平

三十、缪昌富

三十一、魏少云

三十二、魏宝康

本册目录

一、王铭章

二、毛发云（毛发荣）

三、冯云

四、刘志华

五、江庆云

六、许伯龄

八、李青云、曾安定等

九、李槐

十、何大宣

一、王铭章

四川省政府关于请饬所属军警沿途保护王铭章上将灵柩致成都市政府的快邮代电
（一九三八年五月七日）

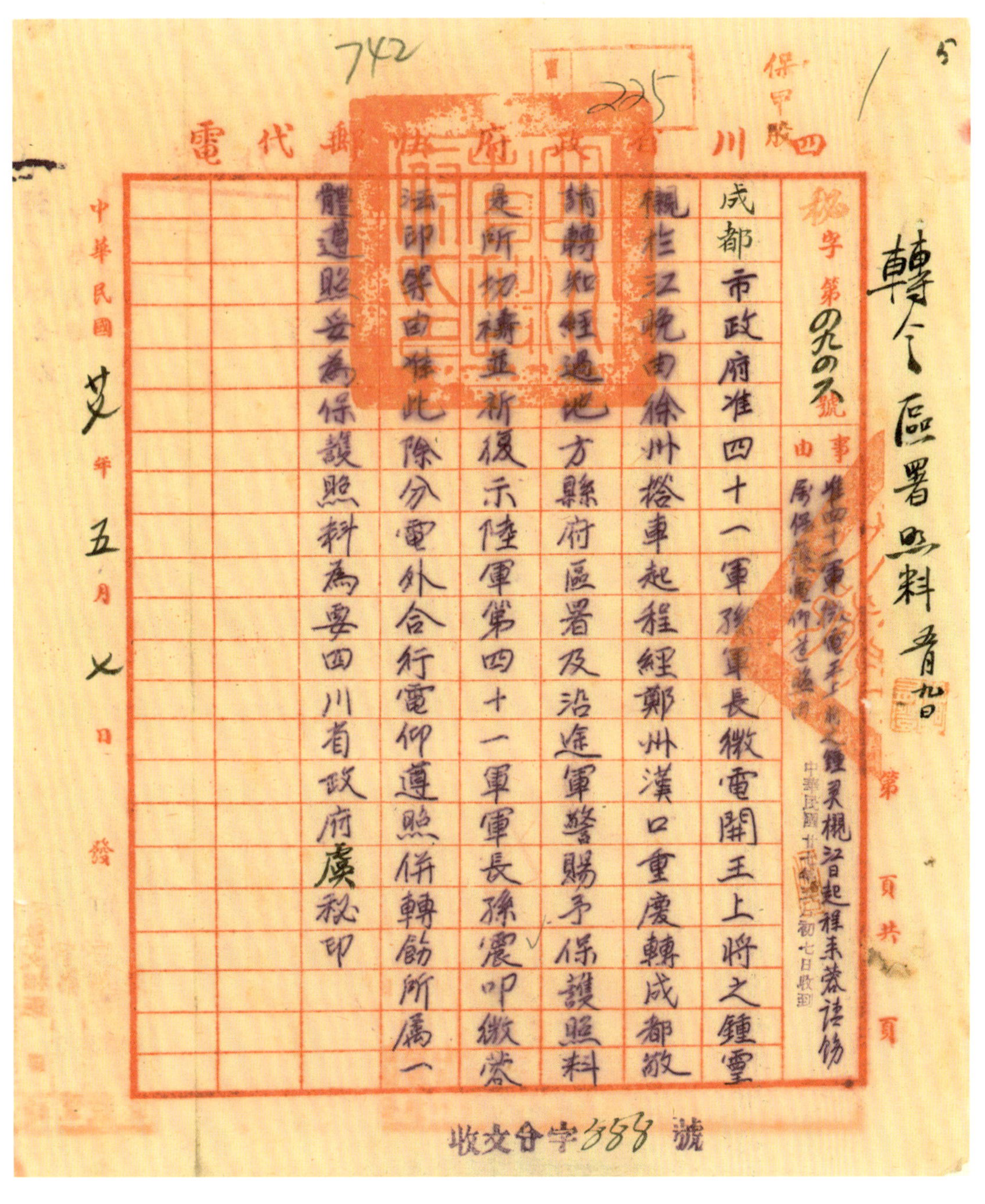
四川省政府快郵代電

秘字第〇九〇八號

事由：准四十一軍孫軍長電王上將之鍾靈櫬江日起程來蓉請飭屬保護電仰遵照由

成都市政府：准四十一軍孫軍長微電開：王上將之鍾靈櫬准江晚由徐州搭車起程，經鄭州、漢口、重慶轉成都，敬請轉知經過地方縣府、區署及沿途軍警賜予保護照料，是所切禱，並祈復示。陸軍第四十一軍軍長孫震叩。微蓉。等由，准此，除分電外，合行電仰遵照，併轉飭所屬一體遵照，妥為保護照料為要。四川省政府虞秘印

中華民國廿七年五月七日發

轉令區署照料

收文合字588號

春熙大舞台关于报请鉴核抗战新剧王铭章将军殉国及台儿庄血战剧情说明致成都市政府的呈（一九三八年五月十三日收）

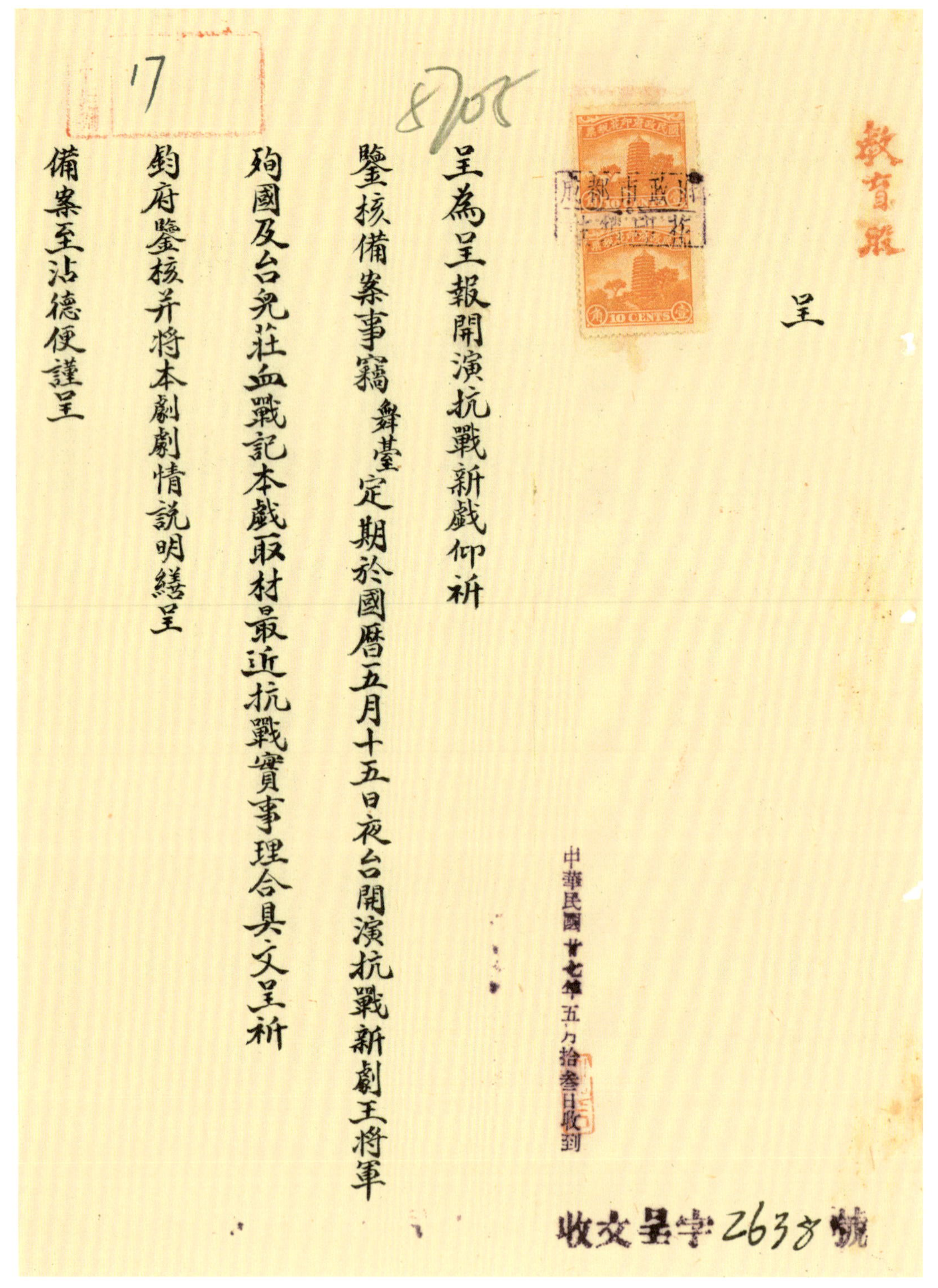

教育股

呈

呈為呈報開演抗戰新戲仰祈

鑒核備案事竊 舞臺定期於國曆五月十五日夜台開演抗戰新劇王將軍

殉國及台兒莊血戰記本戲取材最近抗戰實事理合具文呈祈

鈞府鑒核并將本劇劇情説明繕呈

備案至沾德便謹呈

17

8705

中華民國廿七年五月拾叁日收到

收文呈字2638號

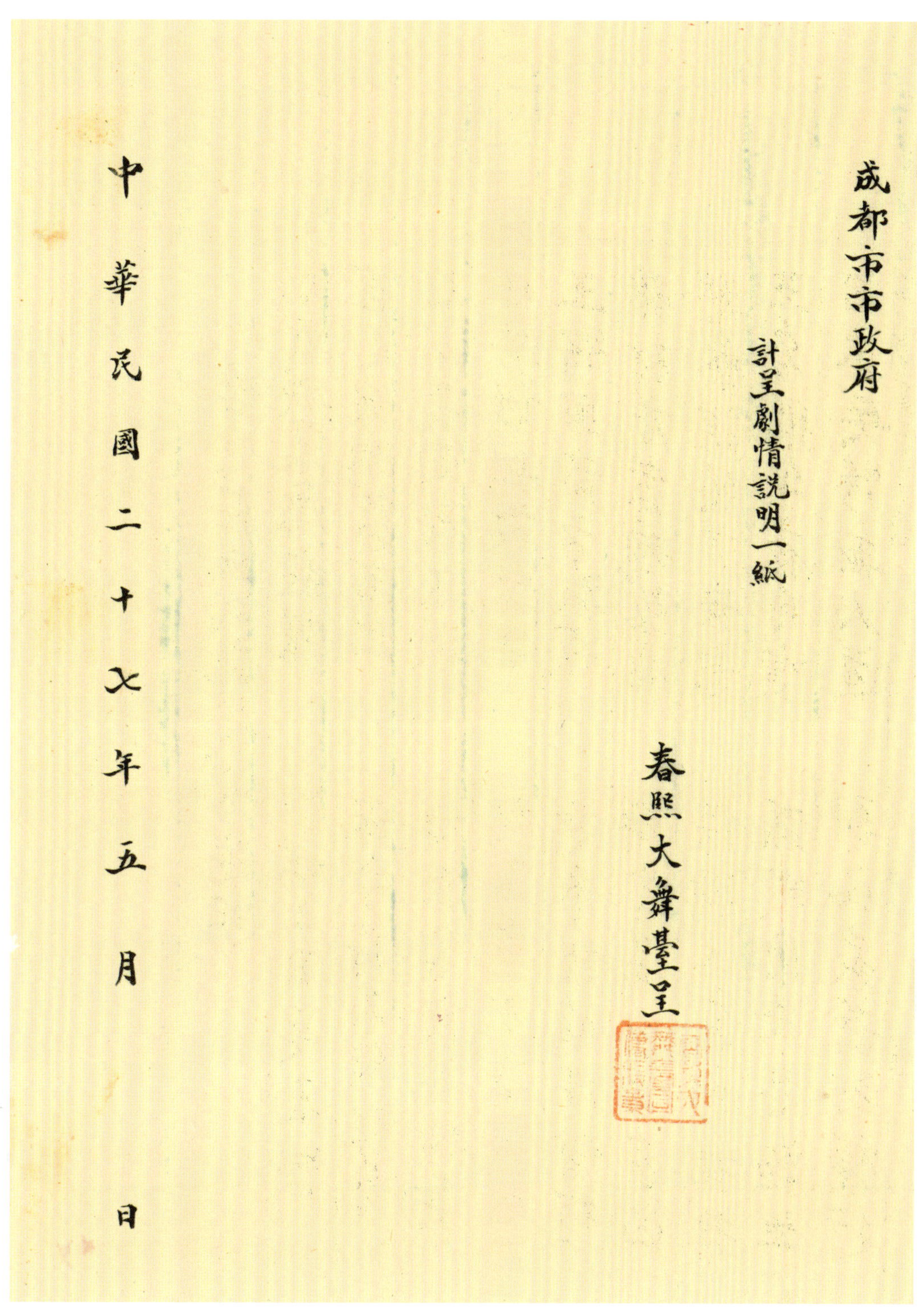

成都市市政府

計呈劇情説明一紙

春熙大舞臺呈

中華民國二十七年五月　日

附：台儿庄血战记简略说明

台兒莊血戰記簡畧說明

臨沂城張龐殺敵　沙場上日兵求情

百人緣醜態百出　保命符不能保身

日本兵囬營求救　倭軍官調動援兵

小百姓無故受害　倭子鬼有意開心

王將軍前方私探　趙參謀隨伴偕行

棺材店發現警兆　解字義少吉多凶

趙參謀婉言安慰　保國土寧願犧牲

王名將午夜自嘆　報國仇決志輕生

日本兵慘無人道　到民家搶刼橫行

李家門二老喪命　賢姑嫂受逼求情
倭子鬼見色起意　烈女子險遭奸淫
兩日兵色迷酒醉　二姑嫂死裡逃生
李貴持槍逼倭寇　日兵包圍李家門
施慘刑李貴受難　遭意外骨肉離分
王將軍騰縣受困　訓言語軍民一心
日本兵炮火轟炸　王名將帶傷守城
騰縣城四面受敵　王將軍殉難喪身
長期戰民心一致　婦女們努力齊心
韓小姐參加作戰　韓國璋勸父捐銀

韓老頭狼心狗肺　姨太太與敵通情
姊妹們家庭革命　老漢奸驅子出門
兄妹參加上火線　軍民一体殺仇人
台兒莊敵兵大战　將士們萬衆一心
倭子兵殺得大敗　神勇將克復合村
捽漢奸父子見面　韓國璋不認父親
慰國殯軍民致敬　呼口號一氣同聲

成都市各界追悼抗敌川军阵亡官兵大会为追悼阵亡官兵事宜致成都市民众教育馆的函
（一九三八年五月十四日）

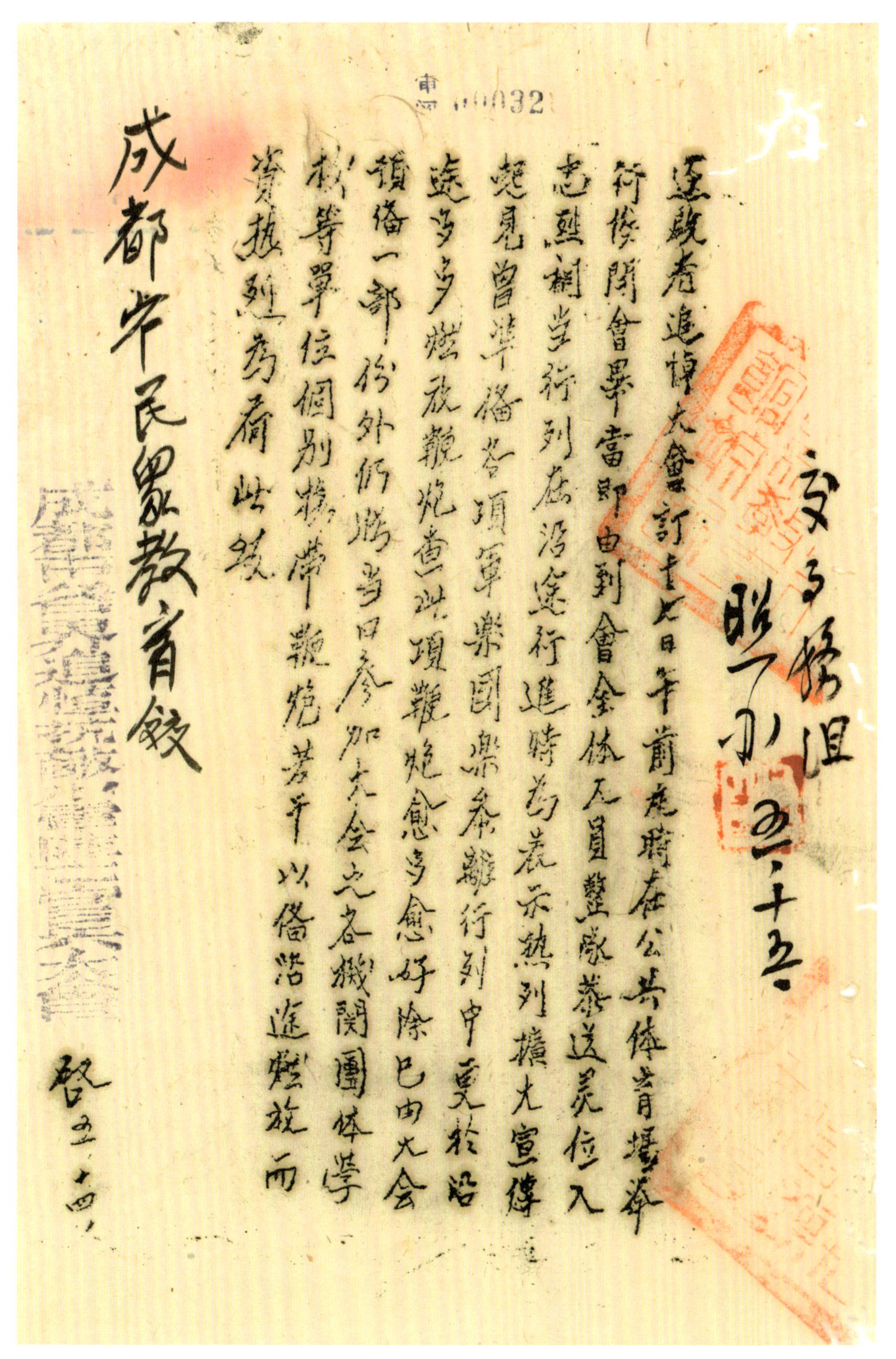

逕啟者，追悼大會訂于十七日午前九時在公共體育場舉行，俟開會畢，當即由到會全體人員整隊恭送靈位入忠烈祠，並於行列在沿途進行時，為表示熱烈擴大宣傳起見，曾準備各項軍樂國樂，參雜行列中，更於沿途多燃放鞭炮，查此項鞭炮愈多愈好，除已由大會購備一部份外，仍請當日參加大會之各機關團體學校等單位個別攜帶鞭炮若干，以備沿途燃放，而資振作為荷。此致

成都市民衆教育館

成都市各界追悼抗敵川軍陣亡官兵大會

啟 五、十四

成都市政府关于王铭章上将灵柩起程来蓉请予保护照料事致各区署的训令

（一九三八年五月十四日）

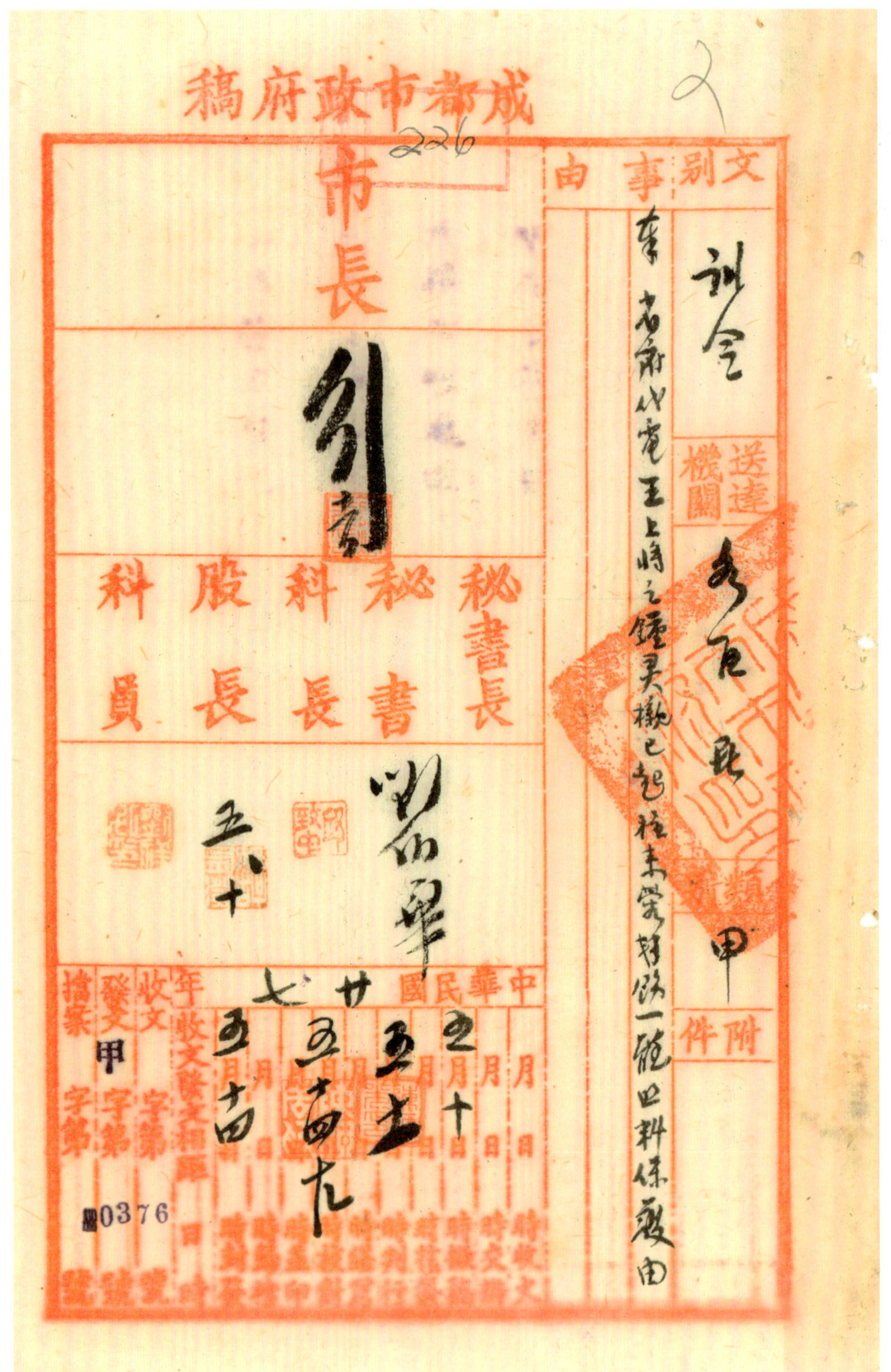

成都市政府稿

文别：訓令

事由

送達機關

附件

市長

秘書長

秘書

科長

股長

科員

中華民國

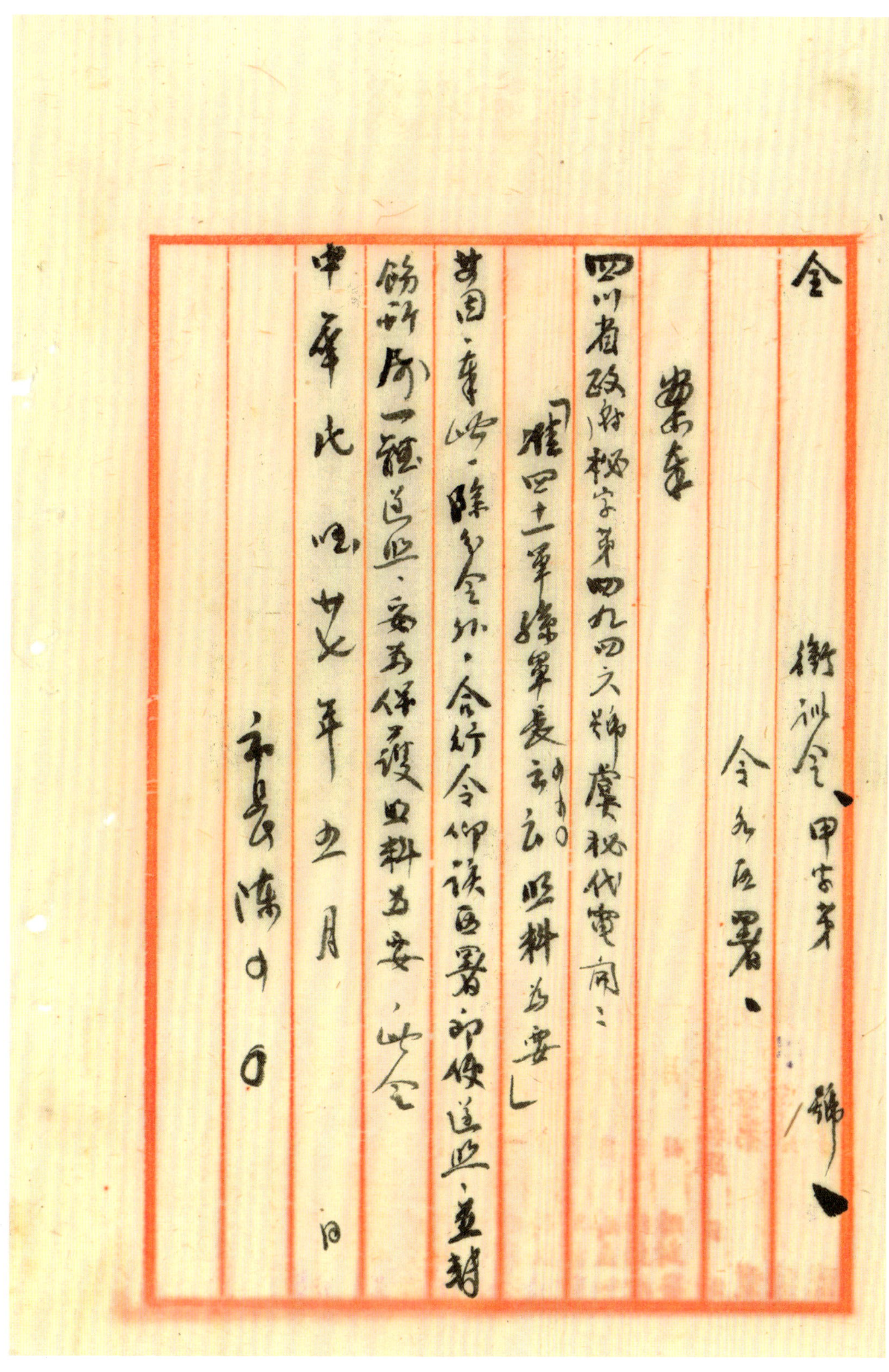

令

衡副令、甲字第　號

令分區署、

案奉

四川省政府秘字第四九四六號虞秘代電開：

「准四十一軍孫軍長[illegible]云照料為要」

等因，奉此，除分令外，合行令仰該區署即便遵照，並轉

飭所屬一體遵照，妥爲保護照料為要，此令

中華民國廿七年五月　日

專員 陳○○

春熙大舞台关于报送抗战新戏王铭章将军殉国及台儿庄血战剧情说明请予鉴核致四川省会警察局的呈

（一九三八年五月十五日）

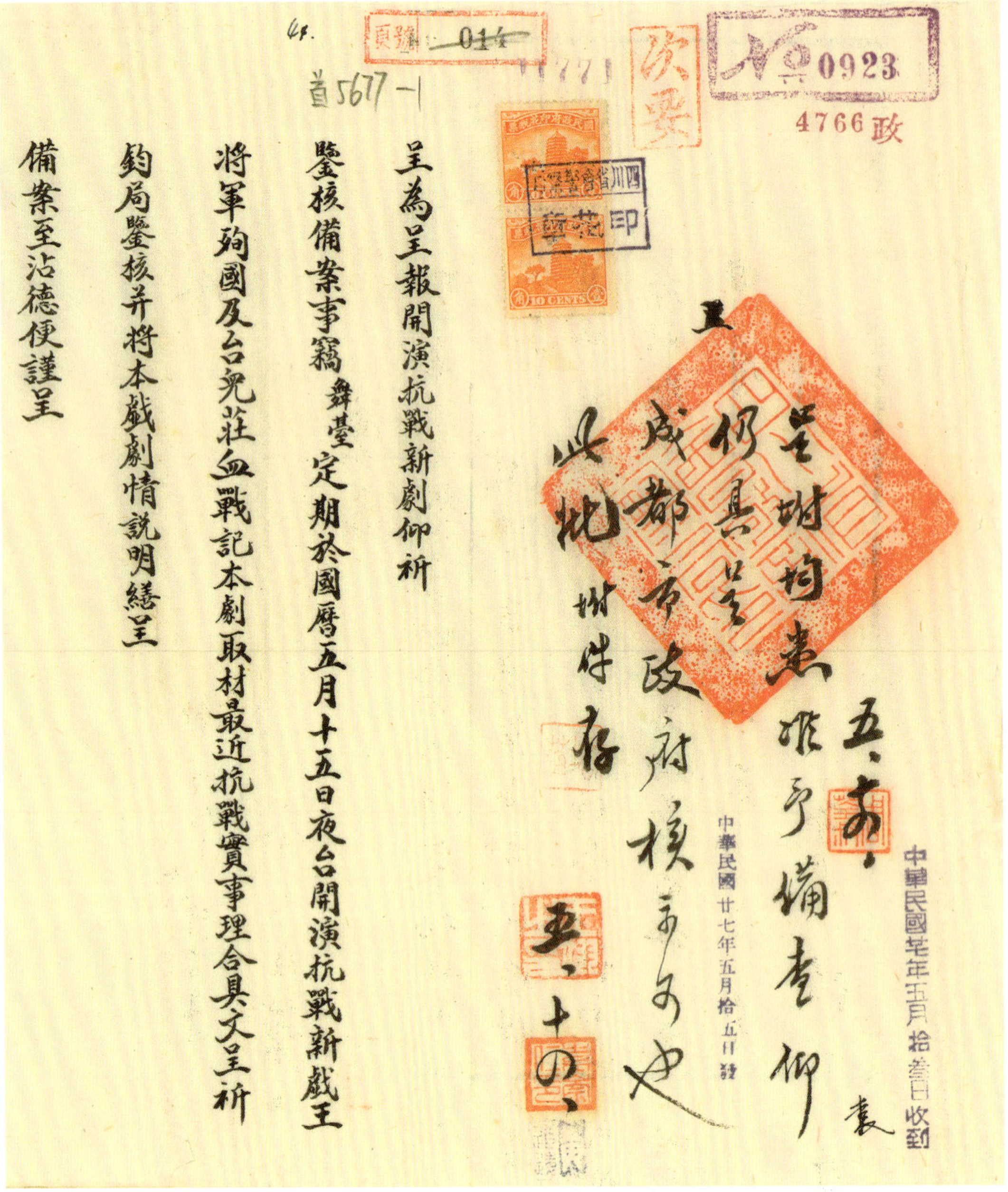

呈為呈報開演抗戰新劇仰祈
鑒核備案事竊 舞臺 定期於國曆五月十五日夜台開演抗戰新戲王
將軍殉國及台兒莊血戰記本劇取材最近抗戰實事理合具文呈祈
鈞局鑒核并將本戲劇情說明繕呈
備案至沾德便謹呈

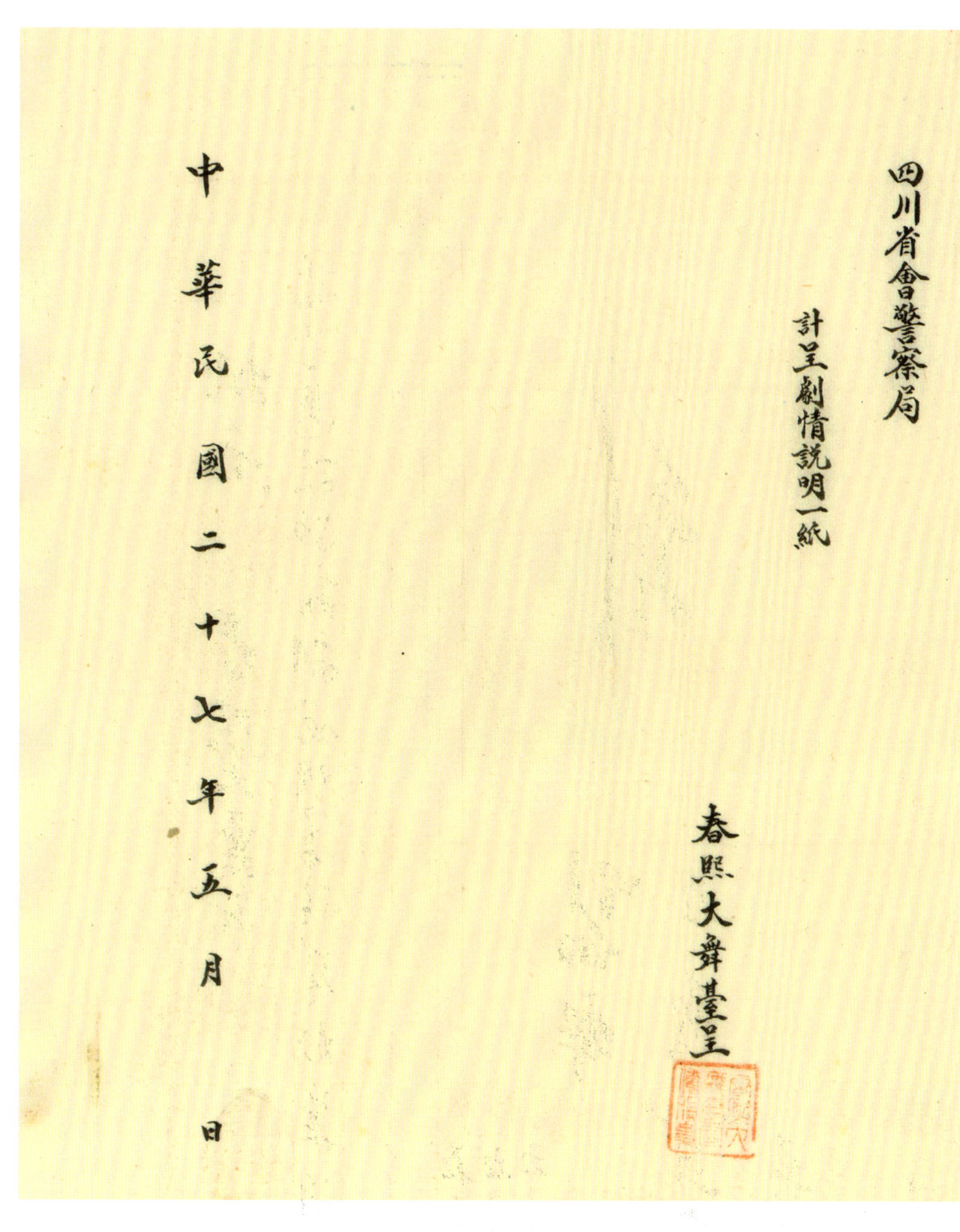

四川省會警察局

計呈劇情說明一紙

春熙大舞臺呈

中華民國二十七年五月　日

成都市政府关于准予公演抗战新剧（王将军殉国及台儿庄血战记）致春熙大舞台的批示

（一九三八年五月二十日）

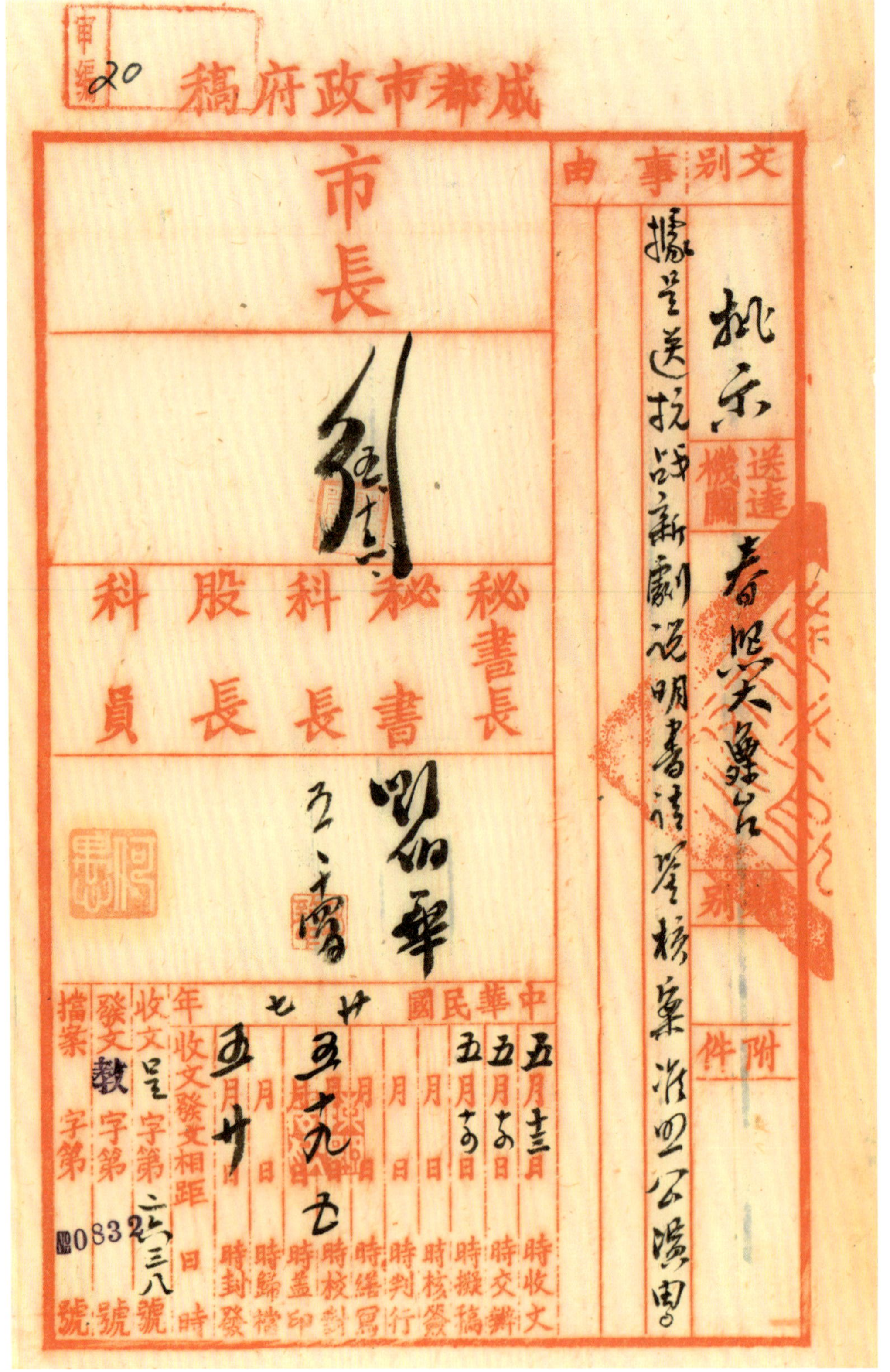

成都市政府稿

文别：批示

送达机关：春熙大舞台

事由：据呈送抗战新剧说明书请鉴核准予公演由

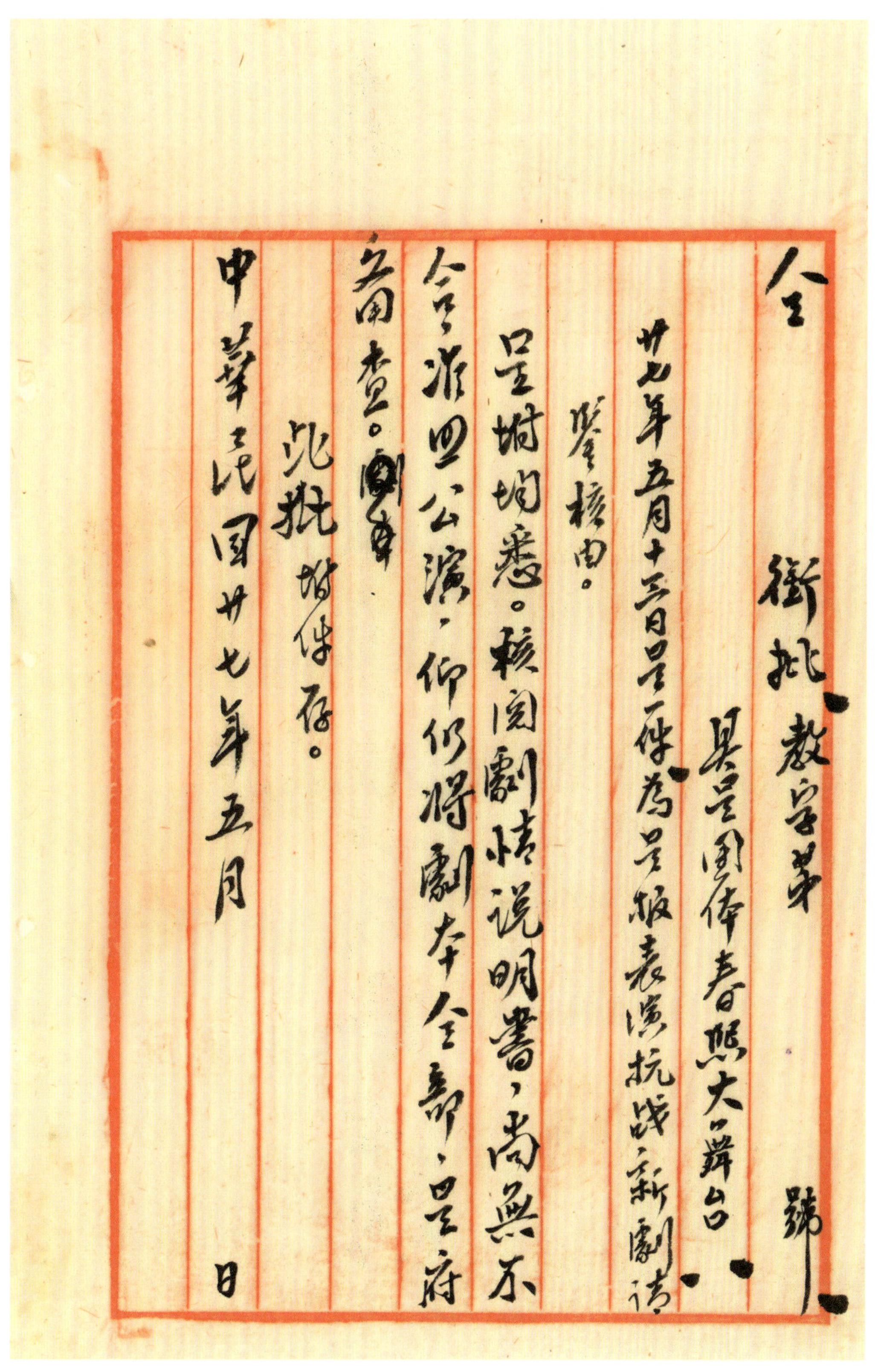

令

衔 批 教字第　　号

具呈周伟春照大舞台

廿七年五月十三日呈一件为呈报表演抗战新剧请

鉴核由。

呈悉。核阅剧情说明书，尚无不

合，准予公演，仰仍将剧本全部，呈府

备查。此令。

此批 附件存。

中华民国廿七年五月　　日

四川省会各界恭迎王上将灵榇大会关于各机关派员服务迎柩会的公函（一九三八年五月三十一日）

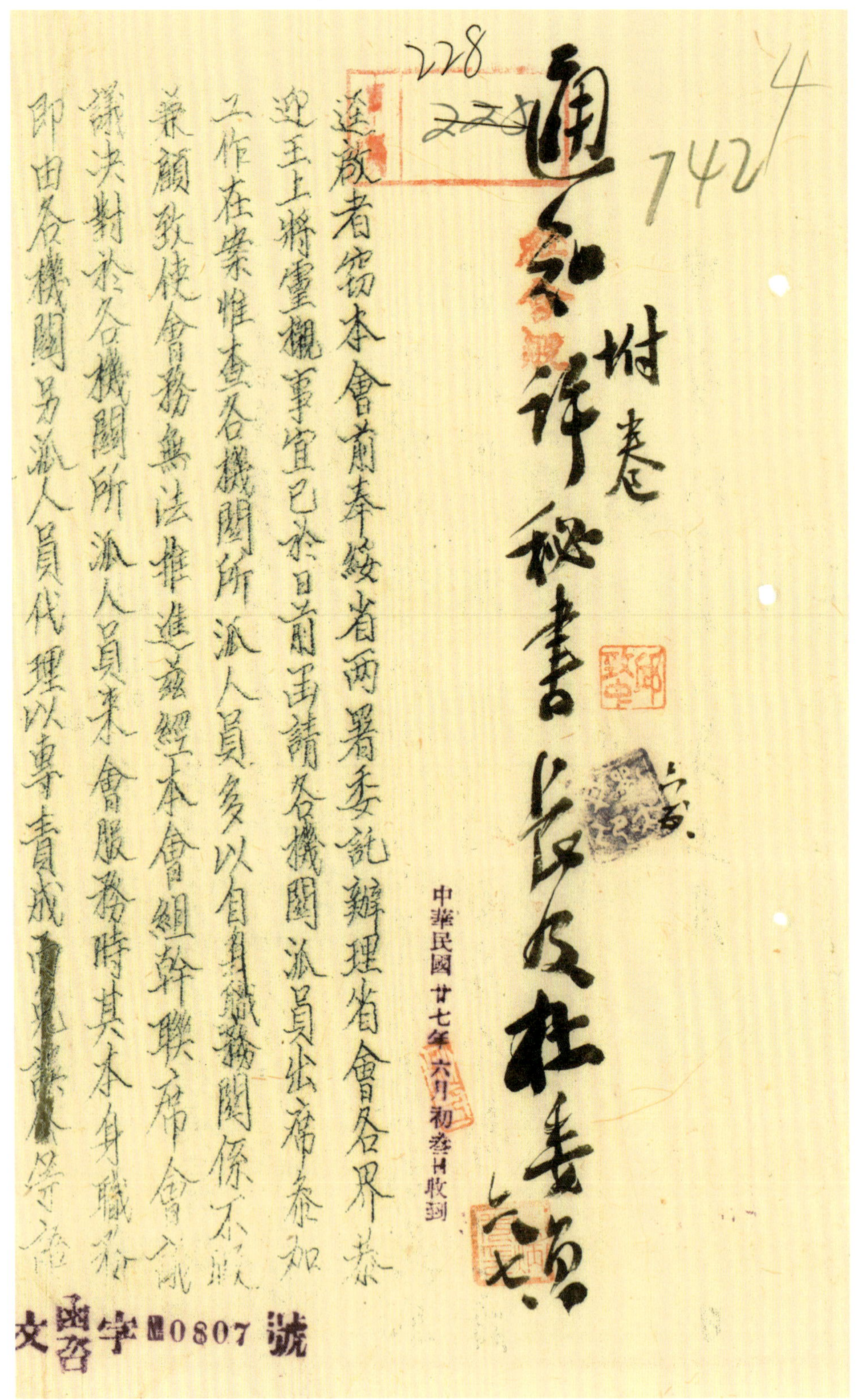
逕啟者：窃本會前奉綏省两署委託辦理省會各界恭迎王上將靈櫬事宜，已於日前函請各機關派員出席參加工作在案。惟查各機關所派人員多以自身職務關係不克兼顧，致使會務無法推進。茲經本會組幹聯席會議議決：對於各機關所派人員來會服務時，其本身職務即由各機關另派人員代理，以專責成[illegible]

中華民國廿七年六月初叁日收到

文函字第0807號

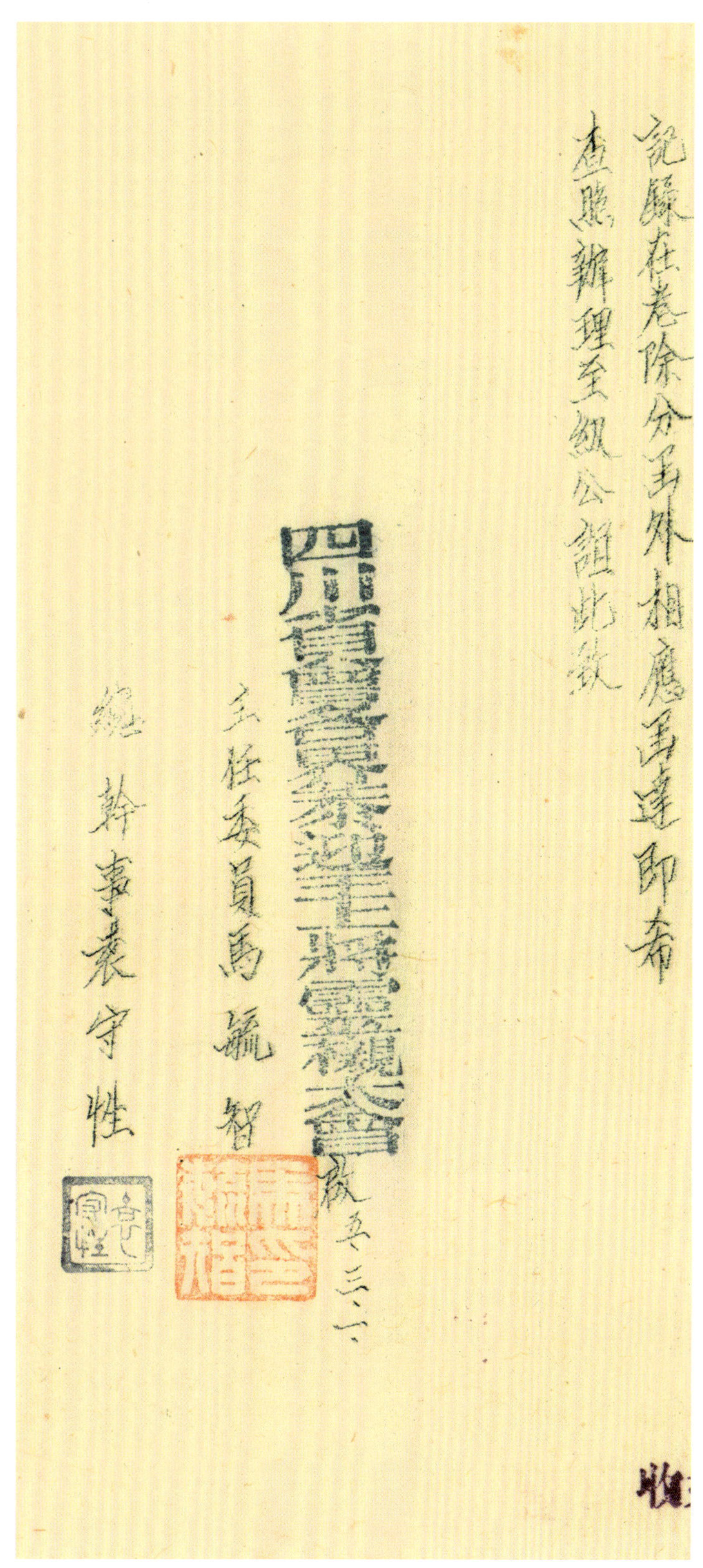
說縣在卷除分函外相應函達即希
查照辦理至紉公誼此致
四川省會各界迎三將靈櫬大會
叙五三一
主任委員馬毓智
總幹事袁守性
收

四川省会各界恭迎王章上将灵榇大会关于派员出席迎榇大会致成都市民众教育馆的函

（一九三八年五月三十一日）

申閱 00027

逕啟者：竊本會前奉綏省兩署委託辦理省會各界恭
迎王上將靈櫬事宜，已於日前函請各機關派員出席參加
工作在案。惟查各機關所派人員多以自身職務關係，不暇
兼顧，致使會務無法推進。茲經本會組幹聯席會議
議決：對於各機關所派人員來會服務時，其本身職務
即由各機關另派人員代理，以專責成[illegible]等語
記錄在卷。除分函外，相應函達，即希
查照辦理，至級公誼。此致

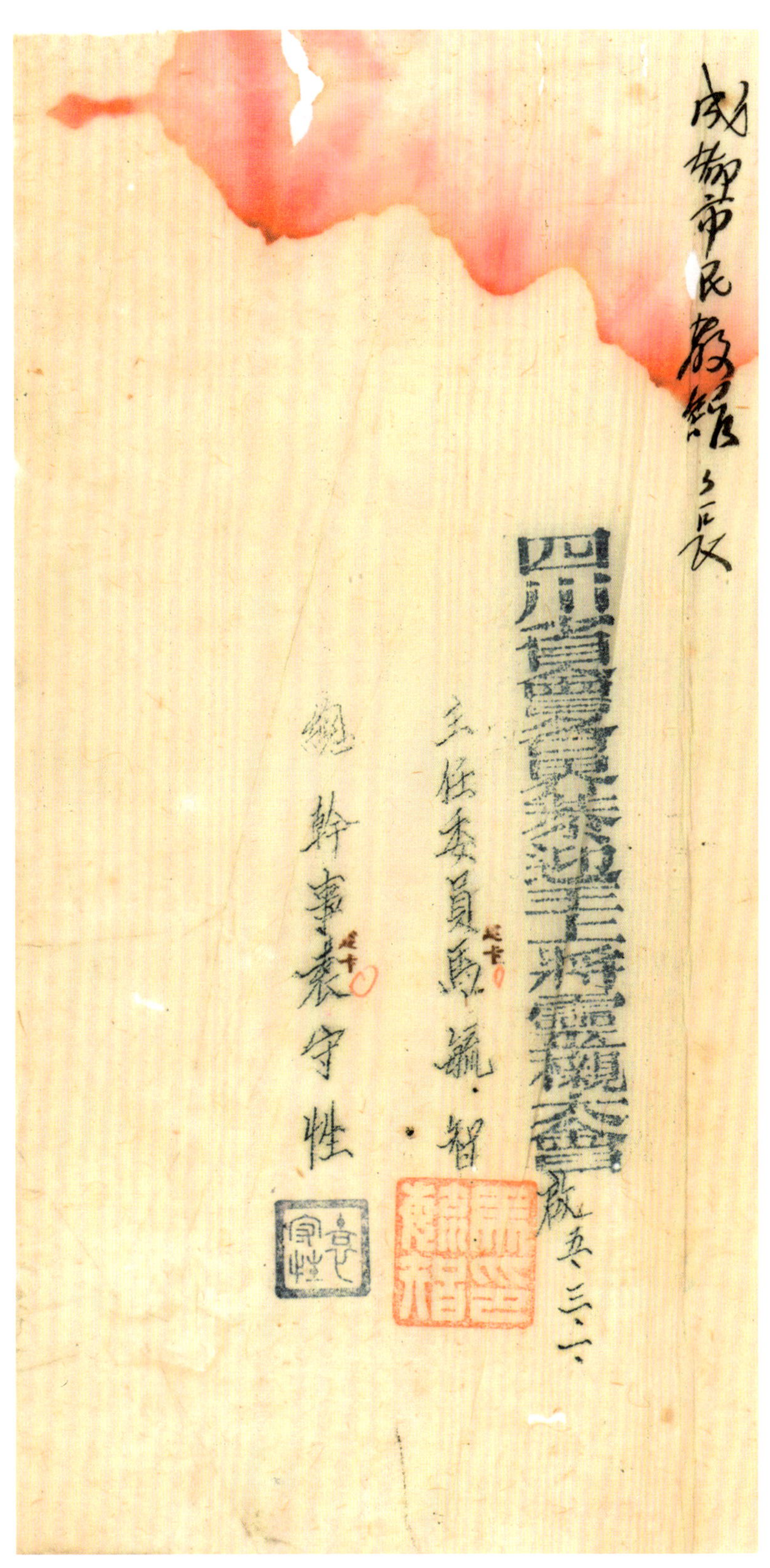

成都市民教館館長

四川省會各界歡迎王將軍靈櫬大會緘五、三、一

主任委員馬毓智

馬毓智

總幹事袁守性

袁守性

四川省会各界恭迎王章上将灵榇大会决议调派市府职员许群立、杜中正到大会布置组服务致成都市政府的公函（一九三八年六月一日）

茲由會決議調派
貴府職員許羣立　杜中正　同志
到大會佈置組服務即請轉飭自六月三日起每日按午前
八時至十二時午後二時至六時到會辦公為荷

四川省會各界恭迎王上將靈櫬大會章

中華民國廿七年六月初一日

四川省會各界恭迎王上將靈櫬委員會便箋

四川省会各界恭迎王上将灵榇大会关于调派民教馆文治中到大会布置组服务致成都市民众教育馆的公函（一九三八年六月一日）

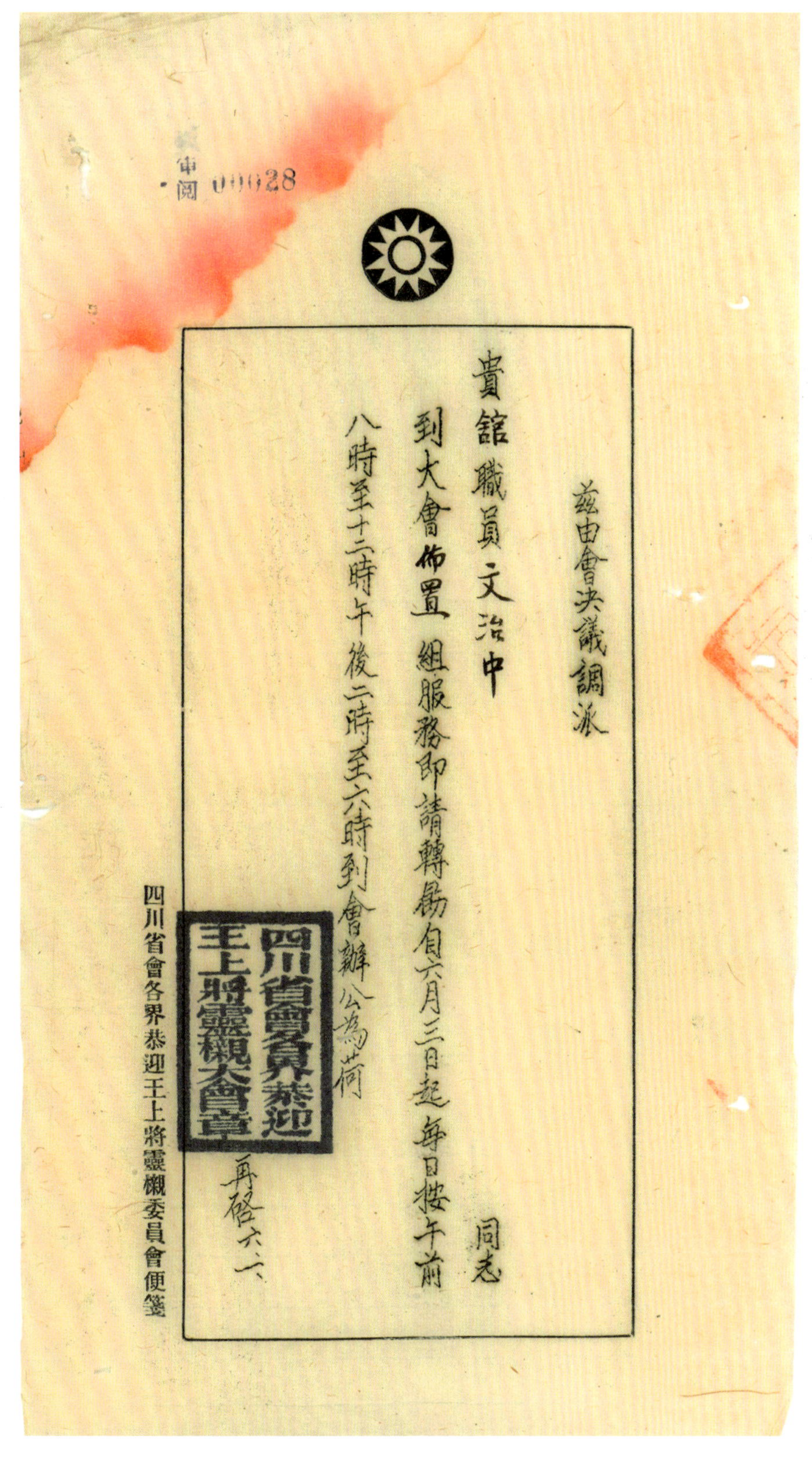

茲由會決議調派

貴館職員文治中同志

到大會佈置組服務即請轉飭自六月三日起每日按午前八時至十二時午後二時至六時到會辦公為荷

四川省會各界恭迎王上將靈櫬大會章

再啓 六、一

四川省會各界恭迎王上將靈櫬委員會便箋

四川省会各界恭迎王上将灵榇大会关于邀请各机关学校参加迎榇典礼并提前函知参加人数的函

（一九三八年六月一日）

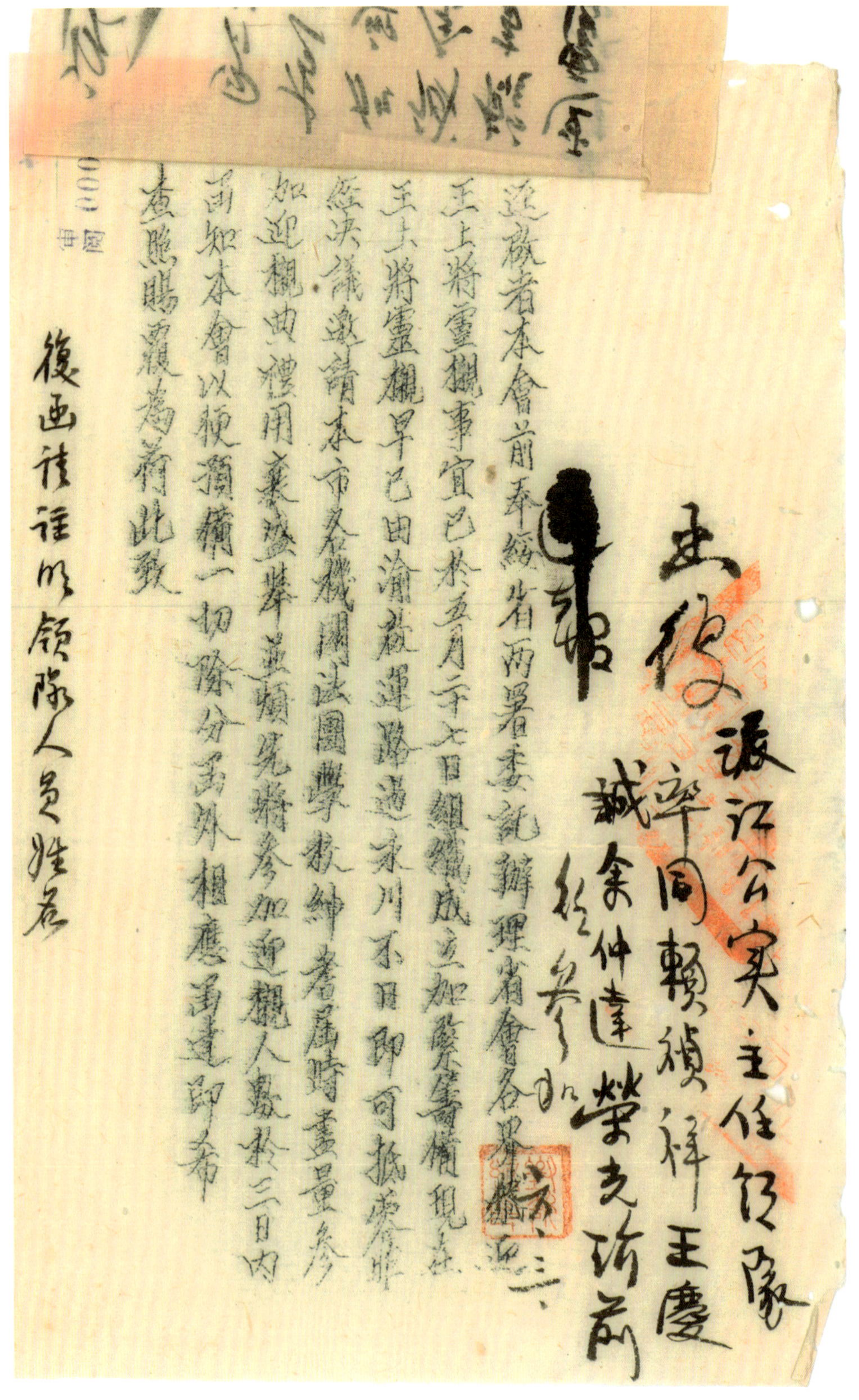

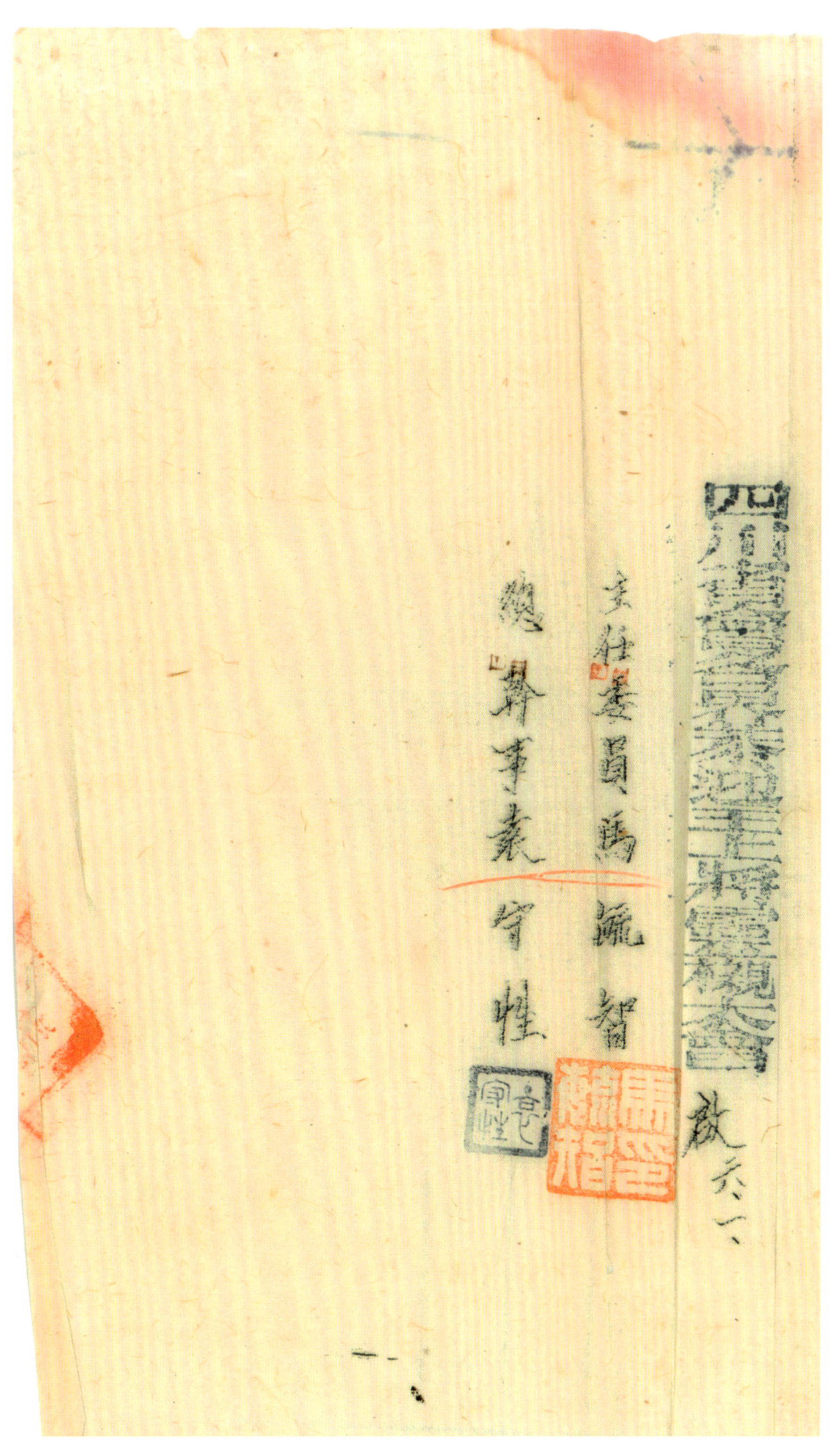

啟六一

主任委員馮毓智

總幹事袁守性

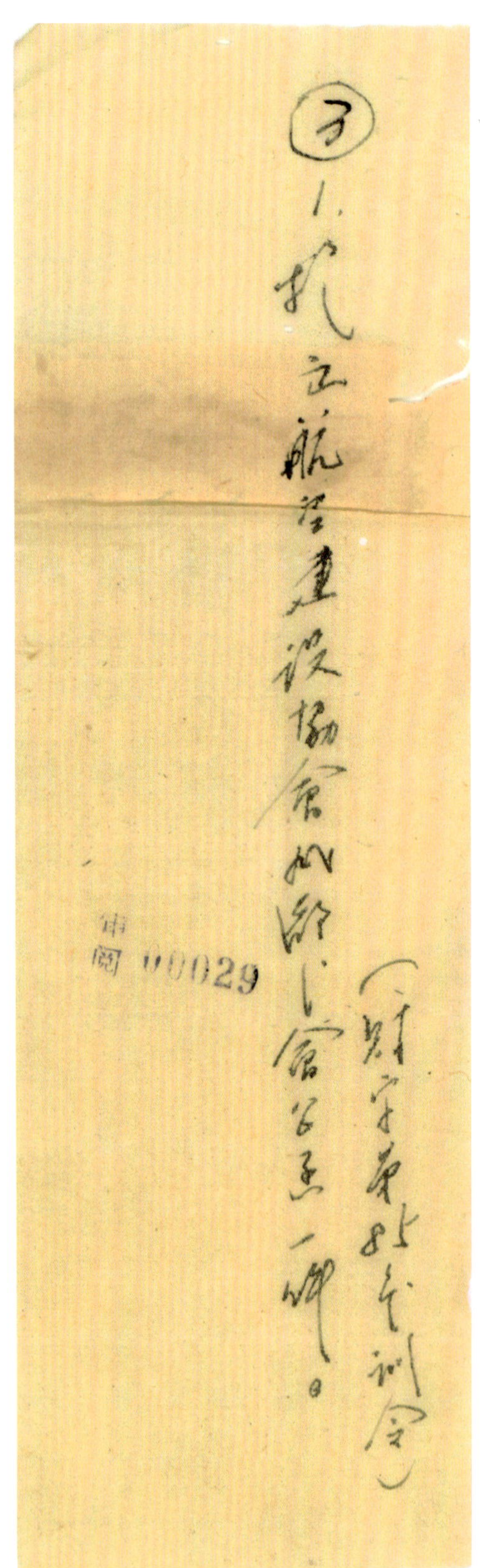

⑦

1. 抄中航空建设协会成都分会会员名册一册。

（财字第85号训令）

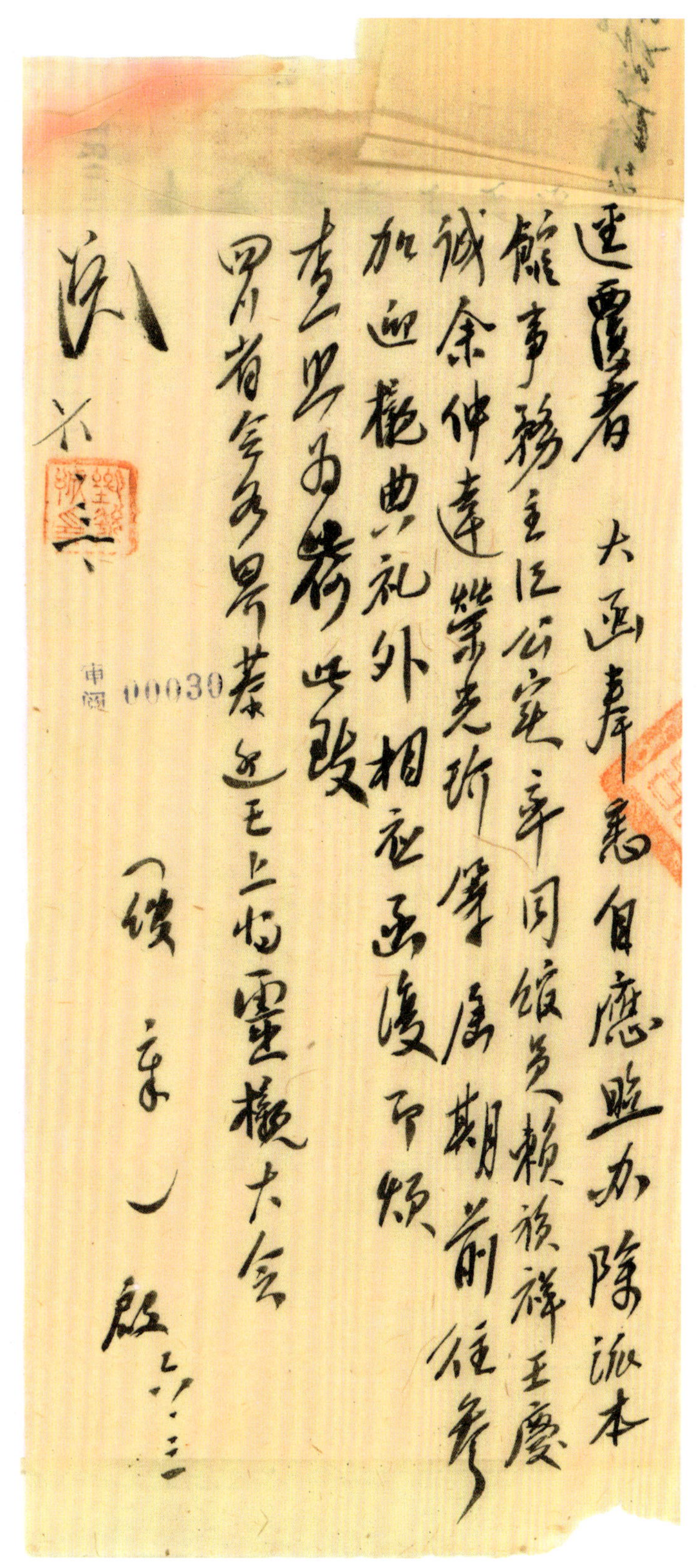

逕覆者：大函奉悉，自應照辦。除派本
館事務主任公定、本年同館員賴禎祥、王慶
誠、余仲達、從業先生等届期前往參
加迎櫬典禮外，相應函復，即煩
查照為荷。此致
蜀省會各界恭迎王上將靈櫬大會
（館章）
啟 六、二

閱 示

審閱 00030

四川省会各界恭迎王上将灵榇大会关于王铭章致祭事宜的函（一九三八年六月八日）

查本會籌備業已就緒茲訂十三日午前八時在牛市口汽車站恭迎
王上將靈櫬就地行迎靈與啟靈禮迎入城内省党部停柩行
安位禮俟十四至十六之三日公祭完畢復由省党部移靈送至王
公館安靈亦須分行啟靈及安位禮公推
貴 担任陪祭特檢附表及標記一枚送請
查收務希屆時蒞塲致祭為荷此致

四川省會各界恭迎王上將靈櫬大會 啟 六八

附表一紙標記一枚

265-26

022

四川省會各界恭迎王上將靈櫬大會用箋
地址：純化街市黨部内
電話：第陸零伍號

四川省会各界恭迎王上将灵榇大会关于各单位应按时于指定地点礼迎王铭章上将灵榇的公函
（一九三八年六月九日）

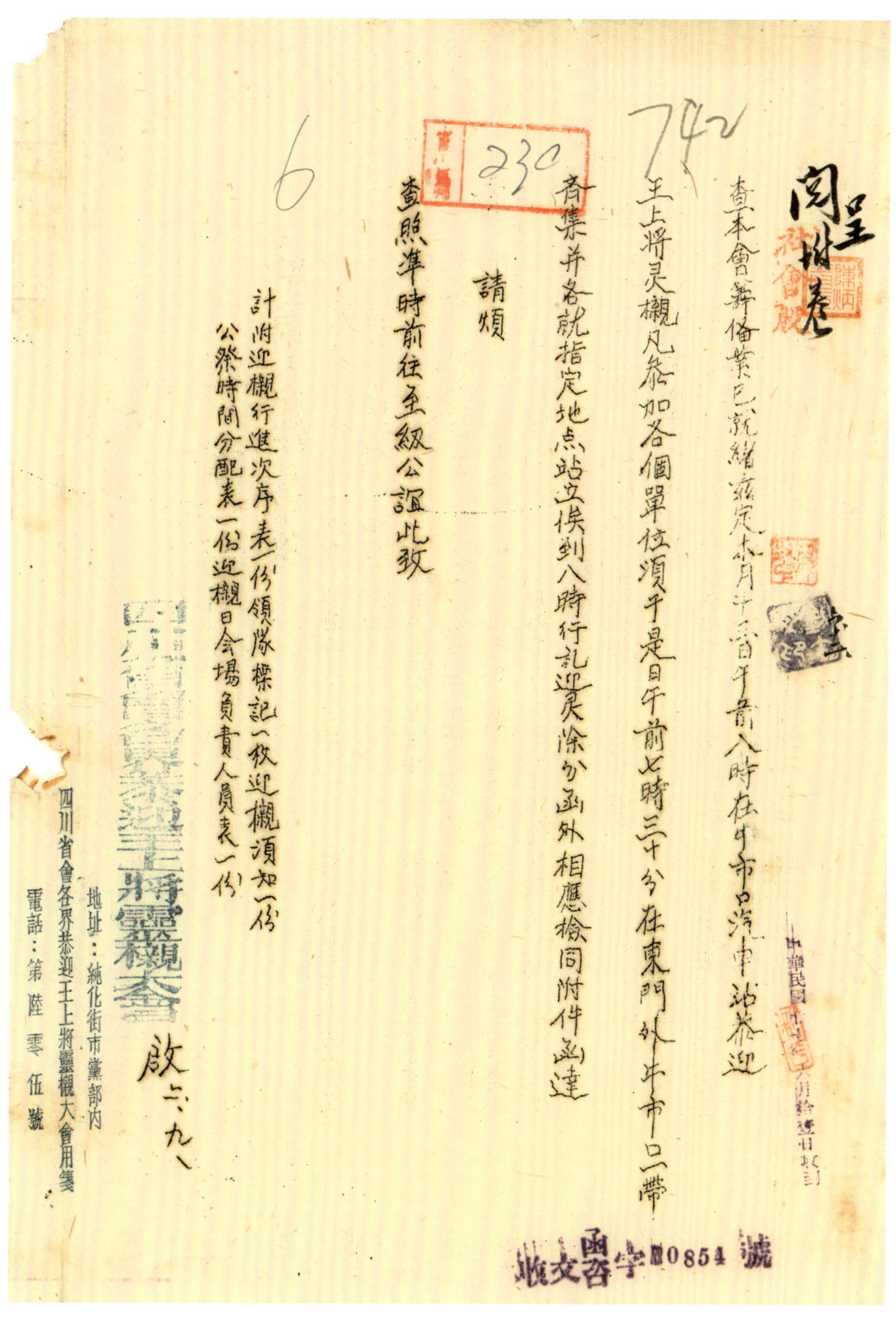

呈阅

查本會籌備業已就緒茲定本月十一日午前八時在北市口汽車站恭迎
王上將灵櫬凡參加各個單位須于是日午前七時三十分在東門外北市口一帶
齊集并各就指定地点站立俟到八時行礼迎灵除分函外相應檢同附件函達

請煩

查照準時前往至紉公誼此致

計附迎櫬行進次序表一份領隊標記一枚迎櫬須知一份
公祭時間分配表一份迎櫬日会場負責人員表一份

四川省會各界恭迎王上將靈櫬大會
啟 六、九、

四川省會各界恭迎王上將靈櫬大會用箋
地址：純化街市黨部內
電話：第陸零伍號

函字第0854號

附：迎榇须知、恭迎王故上将铭章灵榇行进次序表、迎榇日执绋人员及会场各项负责人员表、各机关团体学校个人公祭王故上将时间分配表、王上将灵榇经过路线各界站位地段及各集合场区分略图

迎櫬須知

(甲)個人應注意事項

一，要按時照顧領隊指定地點集合，迎櫬時間定六月十三日午前八鐘各參加人由領隊領至本會指定界限整列，不得參前錯後。

二，衣冠要整潔，「軍人着武裝，文官及各級民衆着中山服，或藍袍青褂，但參加各個單位所着服裝必須整齊一律，只人民團體不限」

三，青紗要自備，紙花要佩好，「紙花由本會製發，各參加團體之領隊，即案照所報該團體人數，於六月十二日以前具條到本會總務組「純化街省黨部人民團體指委會」領取，至紙花佩帶法，着軍服短服者佩於左胸，長服者佩於馬褂第二扣」

四，到達指定地點整列後，須靜候領隊指揮，不得自由行動。

(乙)團體應注意事項

一，各參加團體，須整齊隊伍，隊頭應揭起團體名稱長布牌，照本會印發之靈櫬經過路線圖所指界別，依劃到先後次序排列於馬路兩邊，「每邊排列成二路橫隊」。

二，參加團體站立之後，領隊須至各該界劃到處劃到，各界劃到處，另設有標示板，並於路線圖上標明之。

（丙）領隊應注意事項

一，負責領導全隊，並維持秩序。

二，注意糾正參加人員之行動及服裝。

三，接受總副指揮及各界指揮之命令，並負責傳達執行之。

（丁）行進應注意事項

一，各團體單位按照在本界內劃到先後之秩序，排列整齊。

二，本會於牛市口，東門口，設有播音機，及汽車播音傳達，各界指揮聽到總指揮由牛市口發出靈櫬到時行禮之口令，即照發口令行禮，如發播出發口令，即按序次出發。」

三，迎櫬行列，應依照本會之規定，陸續行進，不得錯亂。

四，行進時不得喧嚣擁擠。

五，中途如遇停止時須即聽令立定，停止前進。

六，行進時每單位成四路縱隊，步伐整齊。

七，行進時每界「如黨政軍學人民團體保甲等」應保持八步距離，每團體單位，應保持四步距離。

八，大隊經過地點，糾察隊預先指揮觀衆，分立於人行道上，不准參入路中，必要時得斷絕其支路交通。

九，凡參加迎櫬各行列，不得中途離隊，必須達到停靈櫬地點「純化街省黨部」門首由領隊呼口令「正步向左看行注目禮」然後由領隊帶回解散。

十，恭迎至省黨部後各界公祭日期程序，另定公佈。

(戊)路祭應注意事項

一，靈櫬經過街道各舖戶應各置鞭炮一團各甲應設一祭案由警局負責辦理。

(己)迎櫬各界佔立地位

一，主祭陪祭休息處在牛市口車站旁小憩處茶社

二，黨界：由牛市口車站起至東大路街

三，政界：德勝下街

四，軍界：德勝上街起至大田坎街

五，學界：一洞橋街起至牛王廟下街牛王廟上街

六，人民團體：紫東樓街起至藍泉街

七，保甲：由天福街至東門

八，各界劃到處設於各界佔立地位之起點。

(庚)靈櫬經過路線

一，由牛市口車站入東門經東大街，春熙路，總府街，提督街，西順城街，東御街，西御街右轉，東城根街，入東勝街，左轉長順街，又右轉祠堂街經半邊橋陝西街橫陝西街，文廟后街，南大街純化街入四川省黨部。

恭迎王故上將銘章靈櫬行進次序表

一，銘旌

二，大姓字旗（白馬三匹或黑馬）

三，三角姓字旗一隊（中央軍校）

四，軍樂隊（四十五軍）

五，戰利品（民教舘）

六，軍樂隊（市軍樂隊）

七，迎櫬隊

（1）人民迎櫬隊

甲，成都市民迎櫬隊

乙，成都市民業別團體迎櫬隊

（2）軍樂隊（綏一）

（3）學界迎櫬隊

（4）軍樂隊（軍分校）

（5）軍界迎櫬隊

（6）政界迎櫬隊

（7）黨界迎櫬隊

八，軍樂隊（綏二）

九，王故上將遺像亭（武裝兵四名護行由綏署憲兵派）

十，王故上將殉國血衣亭（武裝兵四名護行由綏署憲兵派）

十一，匾額亭

十二，輓聯隊（四十一軍徒手部隊）

十三，軍樂隊（綏三）

十四，儀仗隊

（1）憲兵一部（綏署憲兵）

（2）步兵一團（綏署）

（3）保安特務大隊（保安處）

十五，軍樂隊（市軍樂隊）

十六，靈亭

十七，執紼人員——黨，政，軍，學，各團體首長，各紳耆名流及王故上將故舊

本會各職員

十八，家屬

十九，靈櫬——櫬旁護靈手槍隊二連（四十一軍）花圈隊（樹德中學童子軍）

二十，軍樂隊（四十一軍）

廿一，護靈隊——步兵一團（四十五軍）

迎櫬日執紼人員及會場各項負責人員表

(一)執紼人員：

黨政軍學各團體首長各紳耆名流及王故上將故舊本會各職員

(二)指揮：

1.總指揮——馬劍青

2.副總指揮——

3.各界指揮：

甲，黨界指揮——余富庠

乙，政界指揮——王白與

丙，軍界指揮——蔡軍識

丁，學界指揮——劉慎旃

戊，人民團體指揮——陳以南

己，保甲指揮——譚有澄

(三)糾察：

1.總糾察——孫岳軍

2.副總糾察——喻藻香，羅仁傑，葉爾文，蘇靜波

3.糾察員——（由糾察組內定）

（四）招待：

1. 總招待——周孟立

2. 副總招待——李召南，胡廉甫，徐元棣，

3. 西賓招待——沈天澤，胡法淵，周孟立，

4. 外省來賓招待——李召南，胡廉甫，徐元棣，曹彥伯，

5. 普通招待——金允忠，王安如，王俊臣，劉蘊輝，何知言，史君楷，
劉雲琴，謝增模，王奠宇，陳明遠，

6. 各界劃到員：

甲，黨界——林亞華，袁烈輝，胡冰如，袁伯常，

乙，政界——王滌熙，羅致徵，金奉筑，鄭又吾，

丙，軍界——龍起雲，陳繼賢，陳竹俊，李建平，

丁，學界——張培基，李梁丞，李榮良，劉汝濬，

戊，人民團體——者樹雲，陳龍友，沈傳禮，蕭厚安，

己，保甲——黃昇安，劉敬高，覃光榮，曾 烈，

（五）臨時職務人員：

1. 司儀——劉上將喪禮委員會典禮組

2. 紀錄——川康社

3. 讀文——崔嶧暉

（六）救護隊人員：

省會警察局

各機關團體學校個人公祭王故上將時間分配表

1. 地点：純化街省黨部
2. 秩序：以達到之先後爲秩序
3. 人數：機關三十人以上，團體二十人以上，學校五十人以上，保甲以聯保爲單位每聯保五十人以上如有不足規定人數者即全體參加，
4. 時間：

第一日　六月十四日（星期二）　黨政軍各機關及個人

A. 各級黨部　午前九時起至十時止
B. 軍警機關及軍事學校　午前十時起至午後三時止
C. 政務機關及紳耆或個人　午後三時起至六時止

第二日　六月十五日（星期三）　團體

1. 文化團體及婦女團體　午前九時起至十一時止
2. 職業團體（農工商）（及自由職業）　午前十一時起至午後四時止
3. 公益慈善團體　午後四時起至六時止

第三日　六月十六日（星期四）　學校及保甲

1. 大學校　午前九時起至十時止
2. 高初中校　午前十時起午後一時止
3. 高初小校　午後一時起三時止
4. 保甲　午後三時起六時止

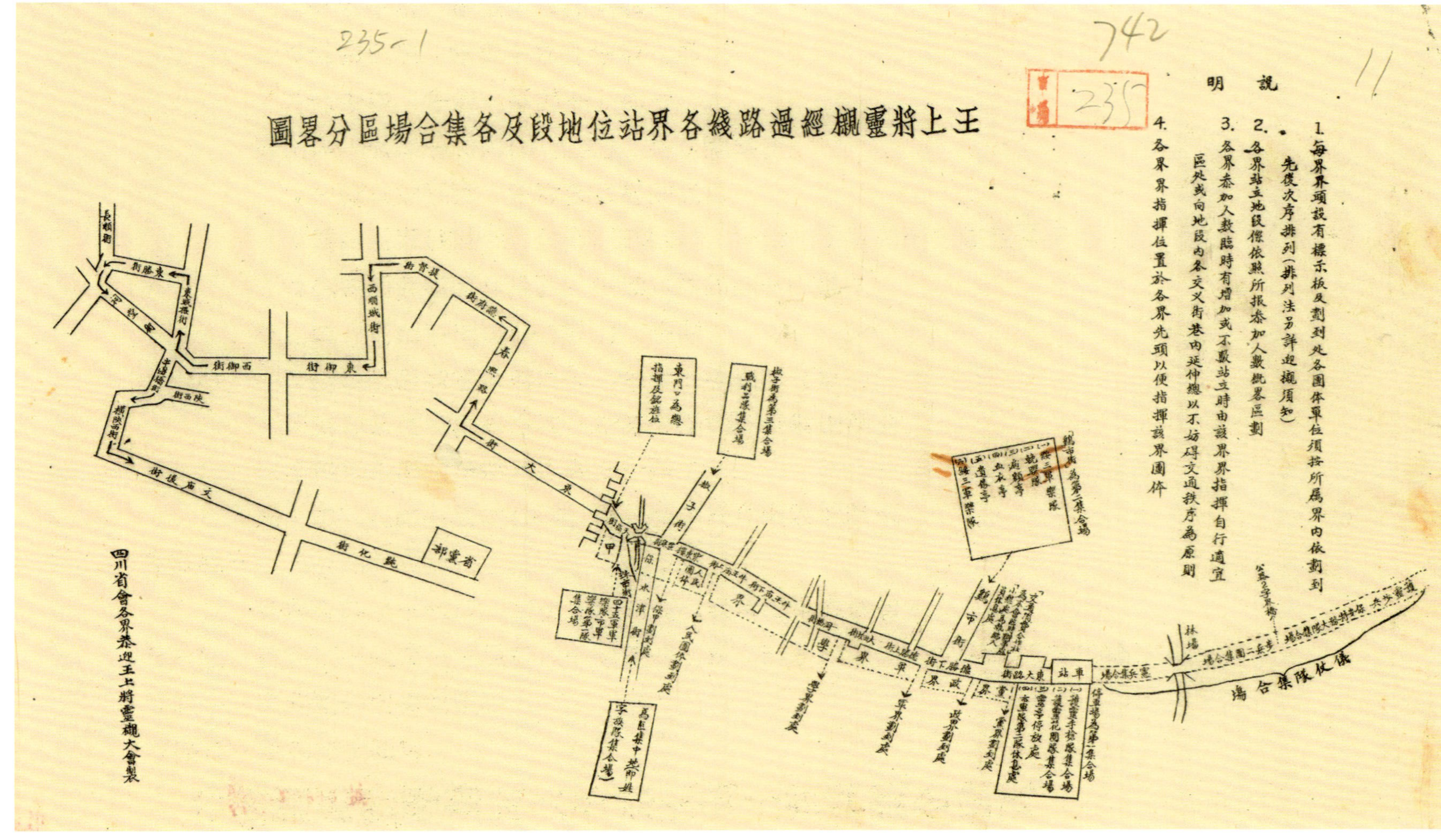
王上將靈櫬經過路綫各界站位地段及各集合場區分略圖
說明
1. 每界界頭設有標示板及劃到處各團体單位須按所屬界內依劃到先後次序排列（排列法另詳迎櫬須知）
2. 各界站立地段係依照所報參加人數概畧區劃
3. 各界參加人數臨時有增加或不敷站立時由該界界指揮自行適宜區處或向地段內各交叉街巷內延伸總以不妨碍交通秩序為原則
4. 各界界指揮位置於各界先頭以便指揮該界團体
四川省會各界恭迎王上將靈櫬大會製

成都市银行业同业公会关于派员参加迎榇等事致聚兴诚银行的通告（一九三八年六月九日）

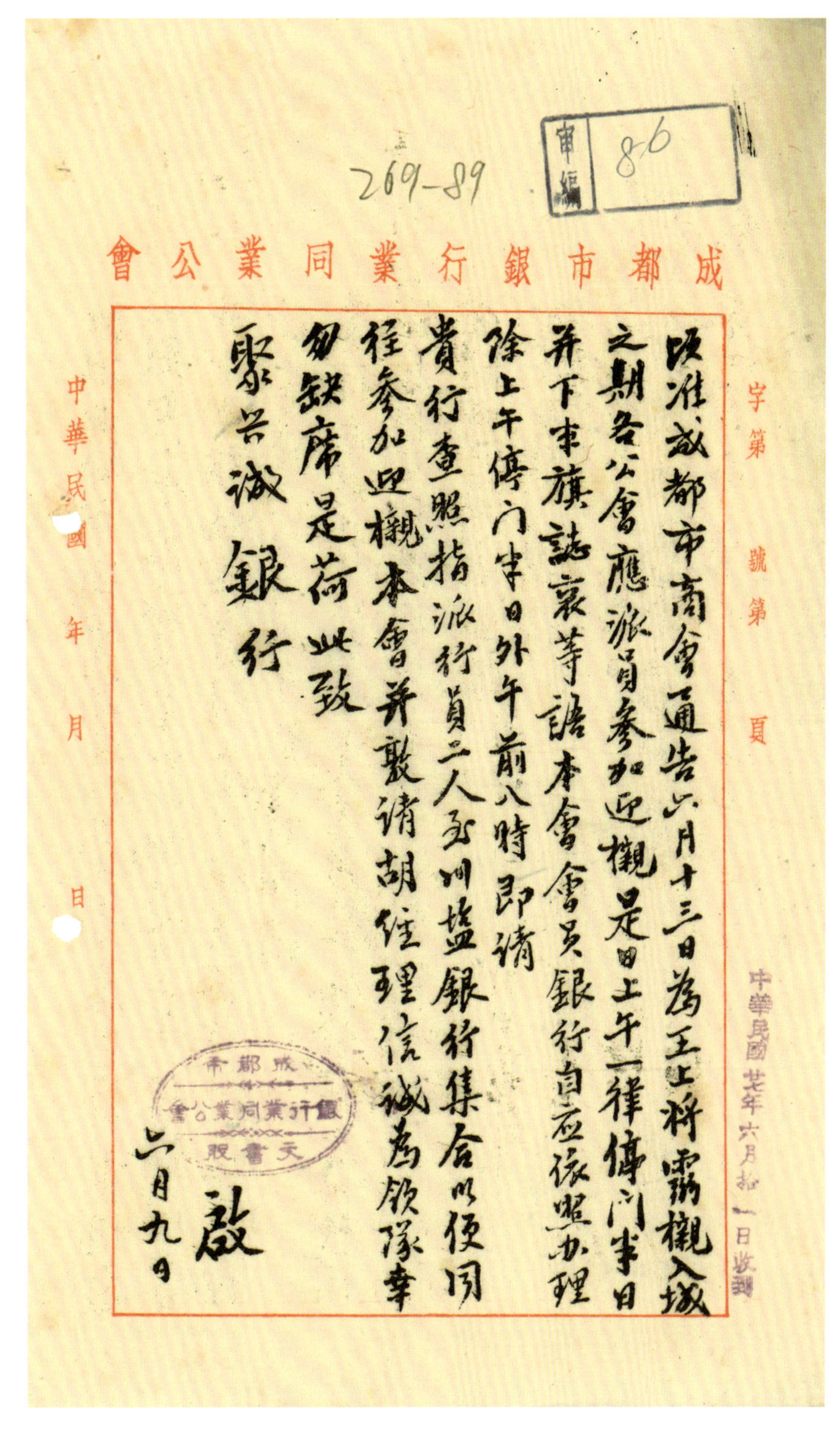

269-89

審編 8-6

成都市銀行業同業公會

字第　號第　頁

頃准成都市商會通告六月十三日為王上將靈櫬入城之期各公會應派員參加迎櫬是日上午一律停門半日并下半旗誌哀等語本會會員銀行自應依照辦理除上午停門半日外午前八時即請
貴行查照指派行員二人至川鹽銀行集合以便同往參加迎櫬本會并敦請胡經理信誠為領隊幸勿缺席是荷此致
聚興誠銀行

成都市銀行業同業公會文書股

六月九日　啟

中華民國　年　月　日

中華民國廿七年六月拾一日收到

成都市银行业同业公会关于派员参加迎榇致四川省银行的通告（一九三八年六月九日）

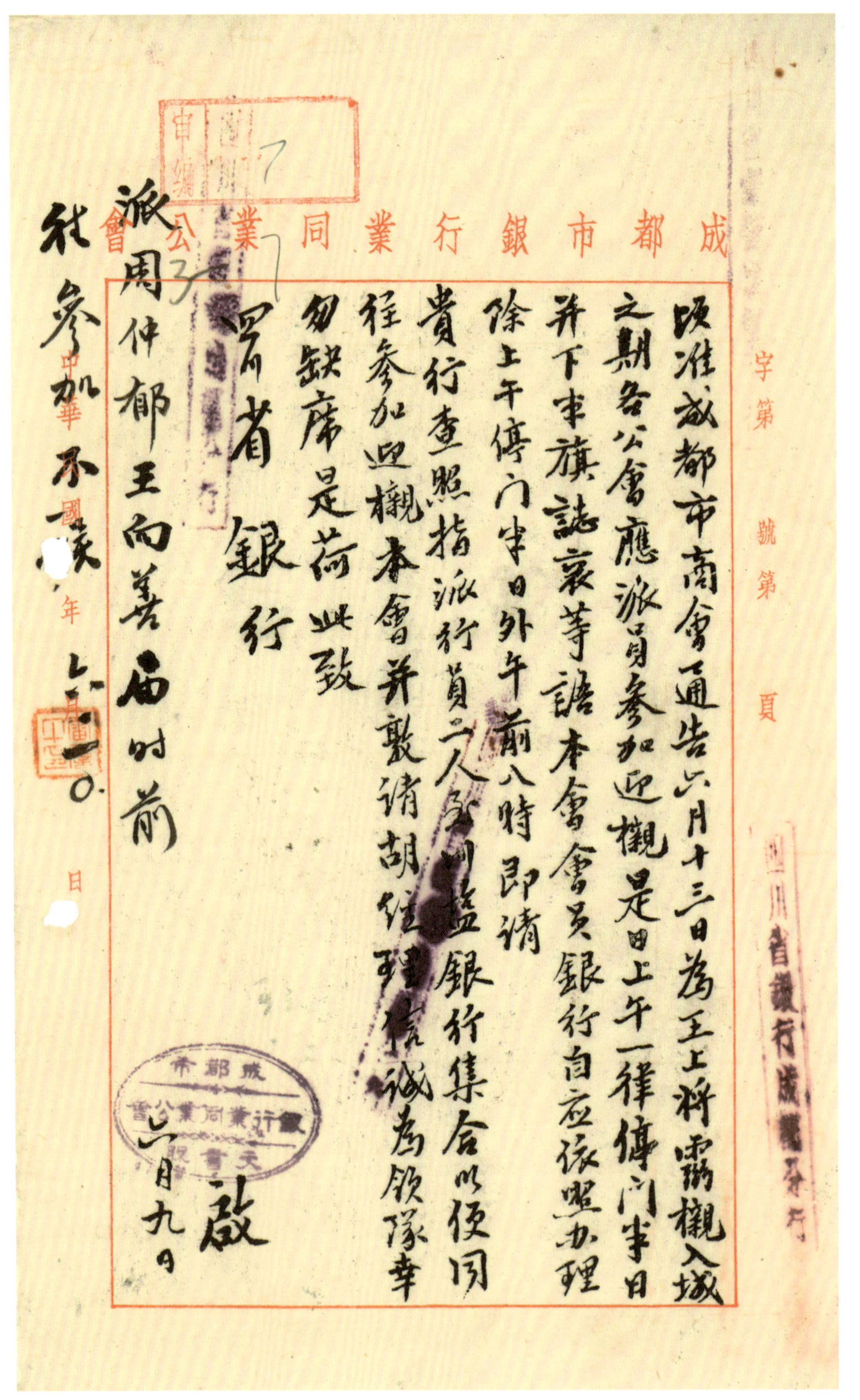

成都市銀行業同業公會

字第　號第　頁

頃准成都市商會通告六月十三日為王上將霸櫬入城之期各公會應派員參加迎櫬是日上午一律停市半日並下半旗誌哀等語本會會員銀行自應依照辦理除上午停市半日外午前八時即請貴行查照指派行員二人到川鹽銀行集合以便同往參加迎櫬本會並懇請胡經理從斌為領隊幸勿缺席是荷此致

四川省銀行

六月九日　啟

派周仲郁王向善西时前往參加不誤　六、一〇

四川省会各界恭迎王上将灵榇大会关于各公会派员参加迎榇及会员银行停业半日致各会员的公函

（一九三八年六月十日）

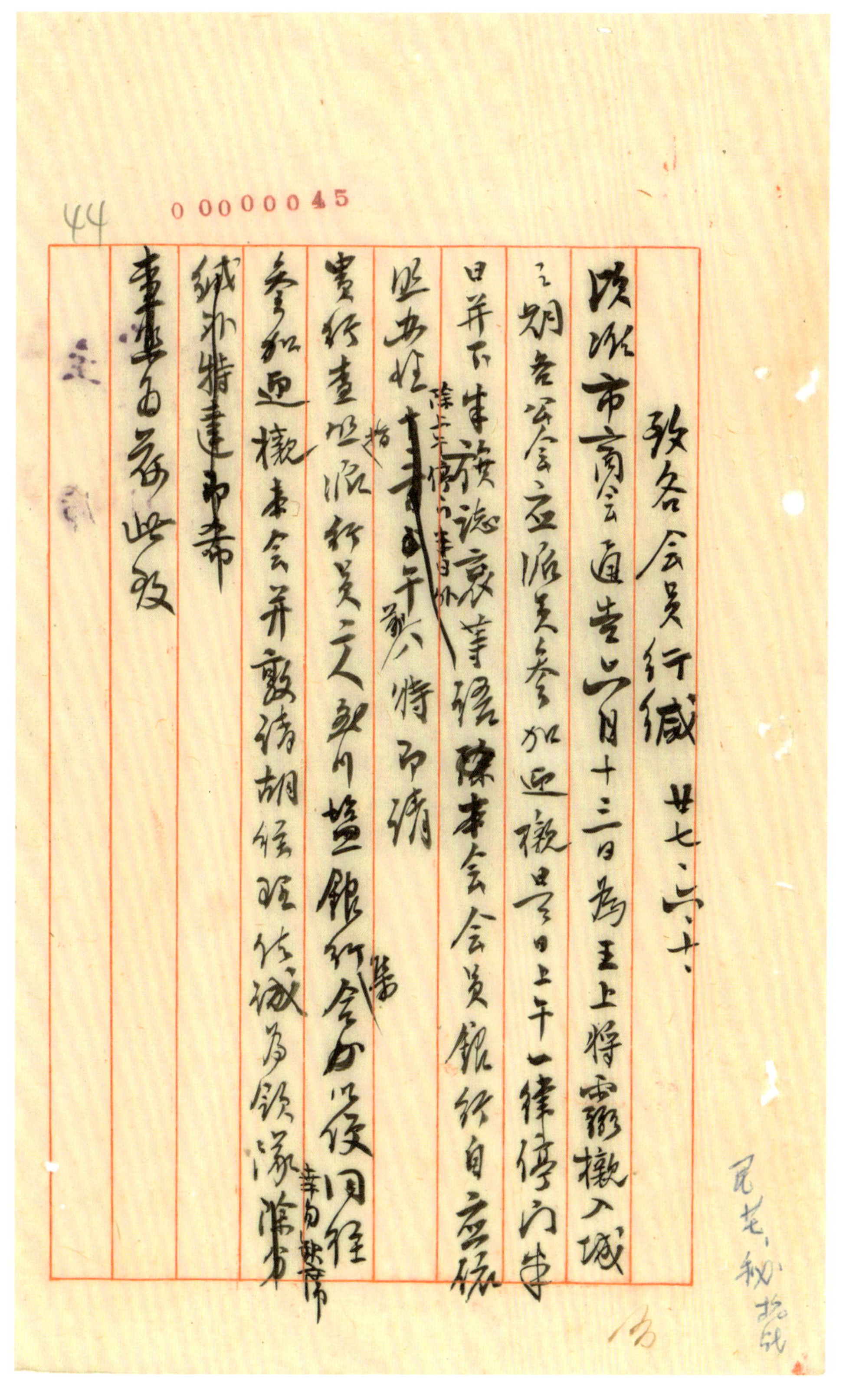

致各会员行缄　廿七、六、十

顷准市商会函告以本月十三日为王上将灵榇入城之期，各公会应派员参加迎榇，是日上午一律停门半日，并下半旗志哀等语。除本会会员银行自应依照办理外，[illegible]特函请贵行查照，派行员二人，即行[illegible]银行公会，以便同往参加迎榇。本会并敦请胡经理汝诚为领队，[illegible]缄示，准时达为希。

事关公务，此致

主席 墨仙 六、十七

常務委員

常務委員

四川省会各界恭迎王上将灵榇大会关于王铭章上将灵榇经过路线所有民众应严肃热烈恭迎以示敬意致成都市政府的公函（一九三八年六月十一日）

案查前经决议：王上将灵榇经过路线所有民众必须热烈迎送，以示敬意，前本会业定本月十三日午前八时恭迎王灵入城，相应函请贵府分饬本市各商店及各保甲人员，于十三日一律下半旗，并于灵榇经过街道时，该街各商店居民均应严肃热烈奉行恭迎，以表崇敬而励来兹，是为至荷！此致

成都市政府

四川省会各界恭迎王上将灵榇大会启 六、十一

四川省會各界恭迎王上將靈櫬大會用箋

地址：純化街市黨部內

電話：第陸零伍號

收文否字第0853號

中華民國廿七年六月十二日收到

四川省会各界恭迎王上将灵榇大会关于各机关学校均应尽量参加恭迎王铭章上将灵榇入城致成都市政府的公函（一九三八年六月十一日）

逕啟者本會定于本月十三日午前八時恭迎

王上將靈櫬入城所有本市各機關學校均應盡量參加以

示熱忱茲特函達

貴府煩為轉飭成都市社訓總隊部全體隊員屆時前

往參加并于十二日午後派員來會領取領隊標記以資

識別是荷此致

成都市政府

四川省會各界恭迎王上將靈櫬大會 啟 六、十一、

地址：純化街市黨部內

四川省會各界恭迎王上將靈櫬大會用箋

電話：第陸零伍號

中華民國廿七年六月拾壹日收到

收文 函字第0852號

四川省会各界恭迎王上将灵榇大会关于请转令各街更夫传锣通知民众自由与祭王铭章灵榇致成都市政府的公函（一九三八年六月十六日）

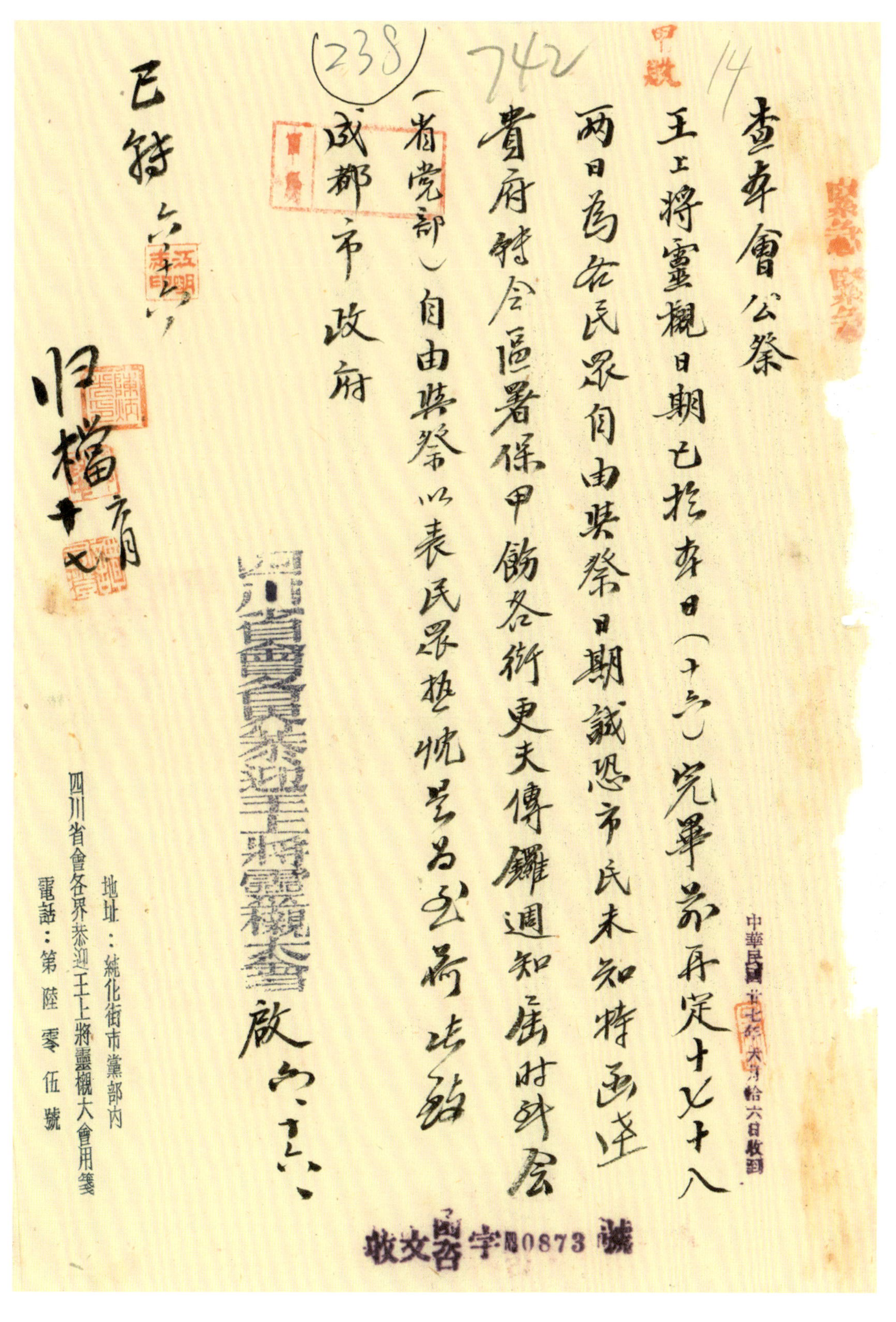
查本會公祭
王上將靈櫬日期已於本日（十六）完畢茲再定十七十八兩日爲各民眾自由與祭日期誠恐市民未知特函達
貴府轉令區署保甲飭各街更夫傳鑼週知俾屆時到會自由與祭以表民眾熱忱是爲至荷此致
成都市政府
（省黨部）
四川省會各界恭迎王上將靈櫬大會 啟 六、十六

已辦 六、十七
歸檔 十七

中華民國二十七年六月拾六日收到
收文函字第0873號

地址：純化街市黨部內
四川省會各界恭迎王上將靈櫬大會用箋
電話：第陸零伍號

四川省政府关于务必尽量参加恭迎王铭章上将灵榇致叙属联立旅省初级中学的训令（一九三八年六月）

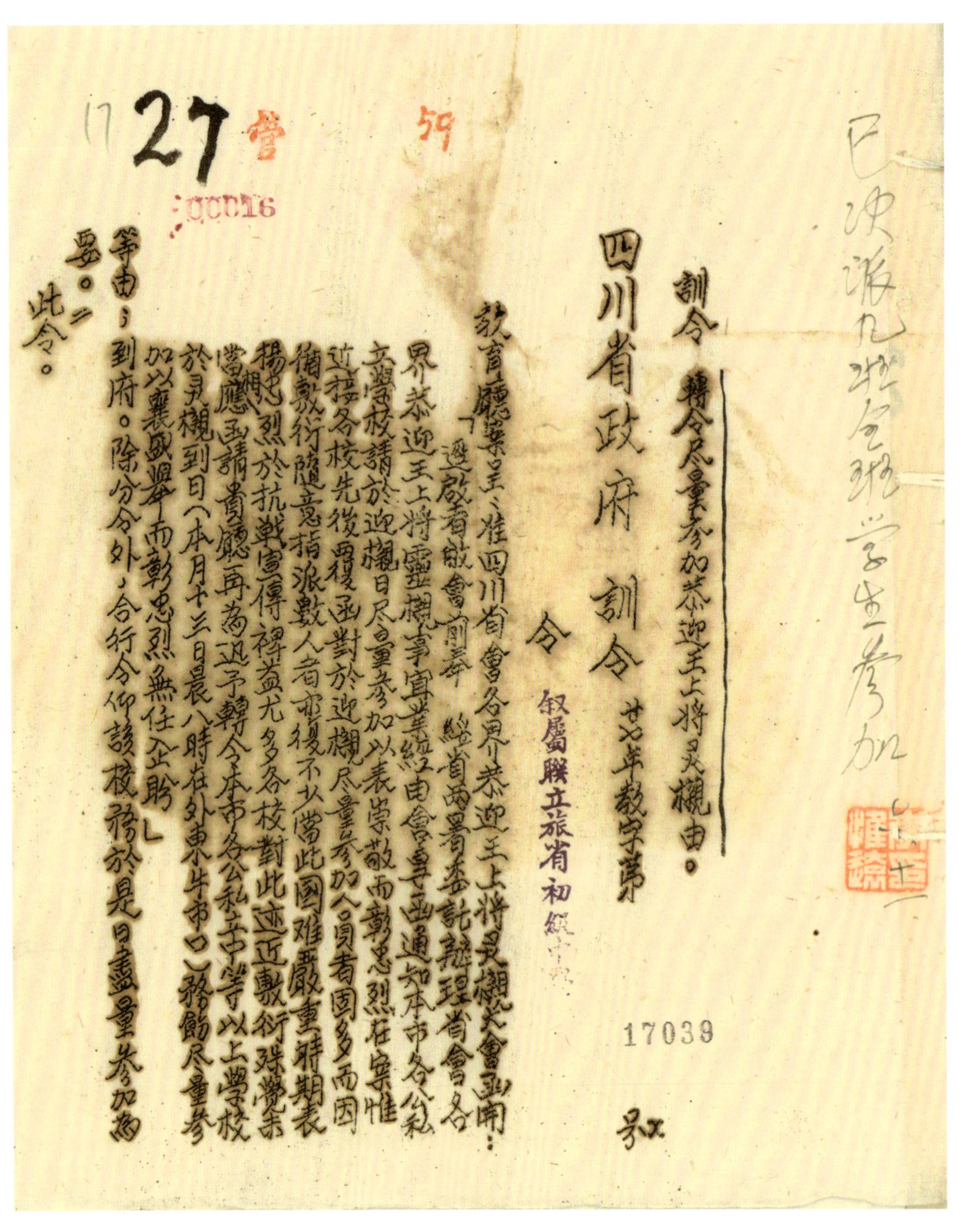
已决派九班全班学生参加

訓令 轉令盡量參加恭迎王上將靈櫬由。

四川省政府訓令 廿七年教字第 號

令 叙屬聯立旅省初級中學

教育廳案呈，准四川省會各界恭迎王上將靈櫬大會函開：

「逕啟者：敝會前奉 綏省兩署委託辦理省會各界恭迎王上將靈櫬事宜，業經由會呈函通知本市各公私立學校，請於迎櫬日盡量參加，以表崇敬而彰忠烈在案。惟近接各校先後函復，對於迎櫬盡量參加人員者固多，而因循敷衍、隨意指派數人者亦復不少。當此國難嚴重，特期表揚忠烈，於抗戰宣傳裨益尤多，各校對此迹近敷衍，殊覺未當。應函請貴廳再為迅予轉令本市各公私立中等以上學校，於靈櫬到日（本月十三日晨八時在外東牛市口）務飭盡量參加，以襄盛舉而彰忠烈，無任企盼」

等由；到府。除分令外，合行令仰該校務於是日盡量參加為要。

此令。

中華民國廿七年六月　日

代理主席　王纘緒

教育廳長　蔣志澄

監印員梅寄鶴

四川省政府关于转令尽量参加恭迎王铭章上将灵榇致私立济川初级中学的训令（一九三八年六月）

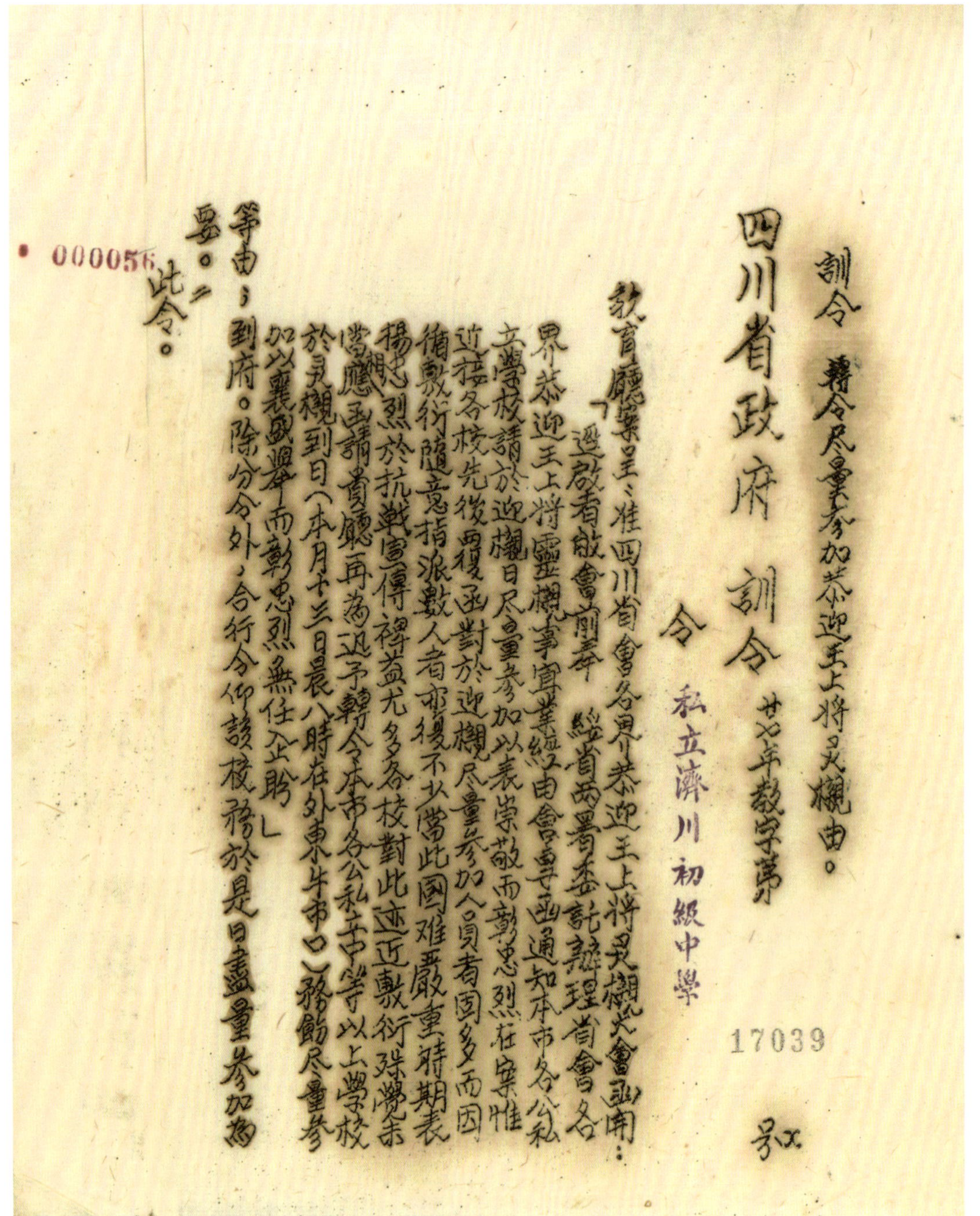

訓令 轉令盡量參加恭迎王上將靈櫬由。

四川省政府訓令 廿七年教字第　號

令 私立濟川初級中學

教育廳案呈：准四川省會各界恭迎王上將靈櫬大會函開：「逕啟者：敝會前奉綏署、省府兩署委託辦理省會各界恭迎王上將靈櫬事宜，業經由會函通知本市各公私立學校，請於迎櫬日盡量參加，以表崇敬而彰忠烈在案。惟近接各校先後函復，對於迎櫬，盡量參加人員者固多，而因循敷衍，隨意指派數人者，亦屢不少。當此國難嚴重時期，表揚忠烈，於抗戰宣傳裨益尤多。各校對此，亦近敷衍，殊覺未當。應函請貴廳，再為迅予轉令本市各公私立中等以上學校，於靈櫬到日（本月十三日晨八時在外東牛市口）務飭盡量參加，以襄盛舉，而彰忠烈，無任企盼」等由；到府。除分令外，合行令仰該校，務於是日盡量參加為要。此令。

17039

000056

中華民國廿七年六月　日
代理主席 王纘绪
教育廳長 蔣志澄
監印員梅寄鶴

四川省会各界恭迎王上将灵榇大会关于王故上将出殡之期请集合随殡送行的公函（一九三八年八月二十六日）

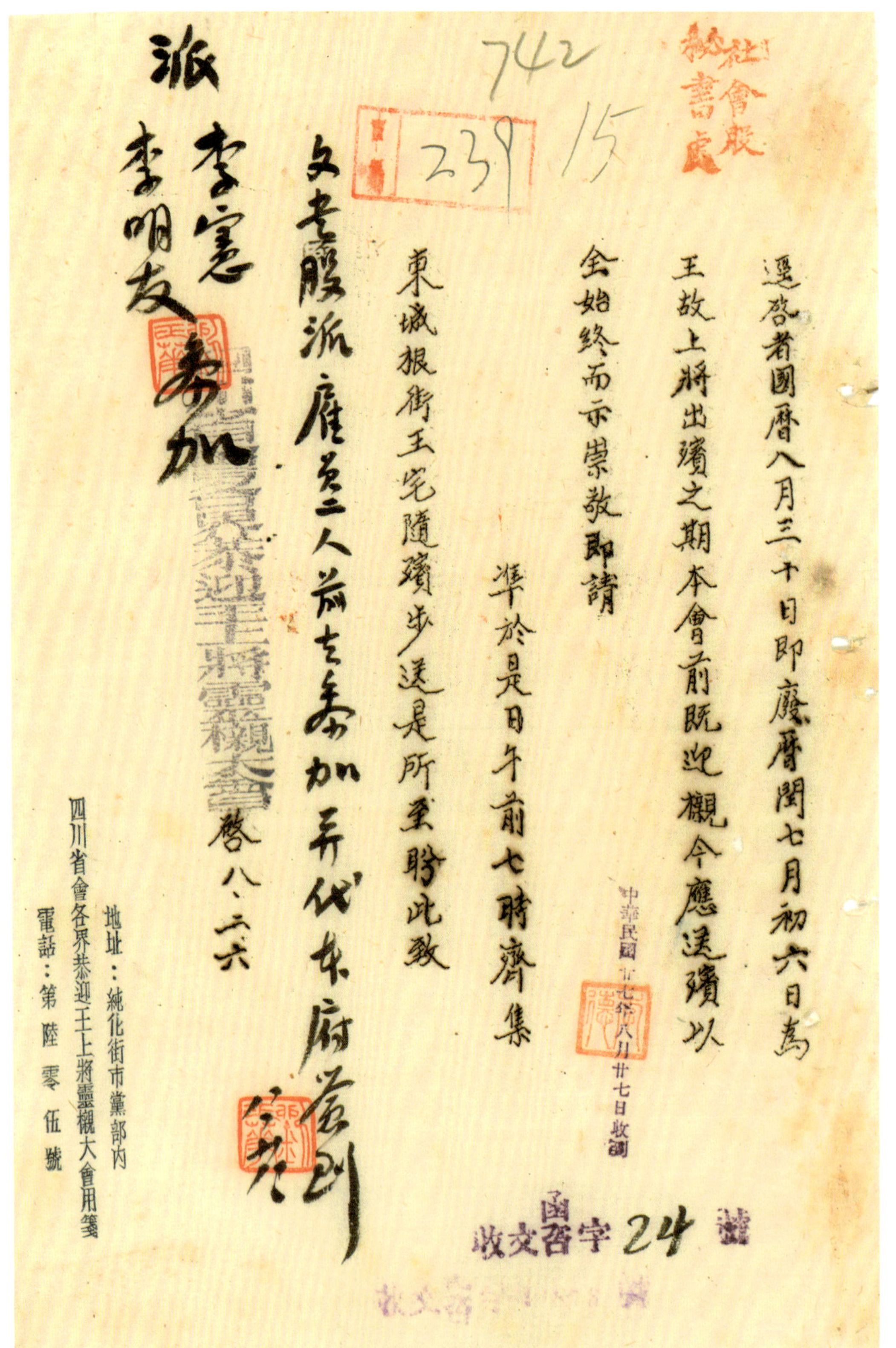
逕啓者國曆八月三十日即廢曆閏七月初六日為
王故上將出殯之期本會前既迎櫬今應送殯以
全始終而示崇敬即請
準於是日午前七時齊集
東城根街王宅隨殯步送是所至盼此致

四川省會各界恭迎王上將靈櫬大會 啓 八、二六

文書股派雇員二人前去參加并代表府簽到

派 李憲 李明友參加

中華民國廿七年八月廿七日收到

函字24號 收文

地址：純化街市黨部內
四川省會各界恭迎王上將靈櫬大會用箋
電話：第陸零伍號

陆军第四十一军军司令部关于成立纪念王铭章工事委员会暨抗战阵亡将士公墓委员会致成都市政府的公函（一九三八年九月二十日）

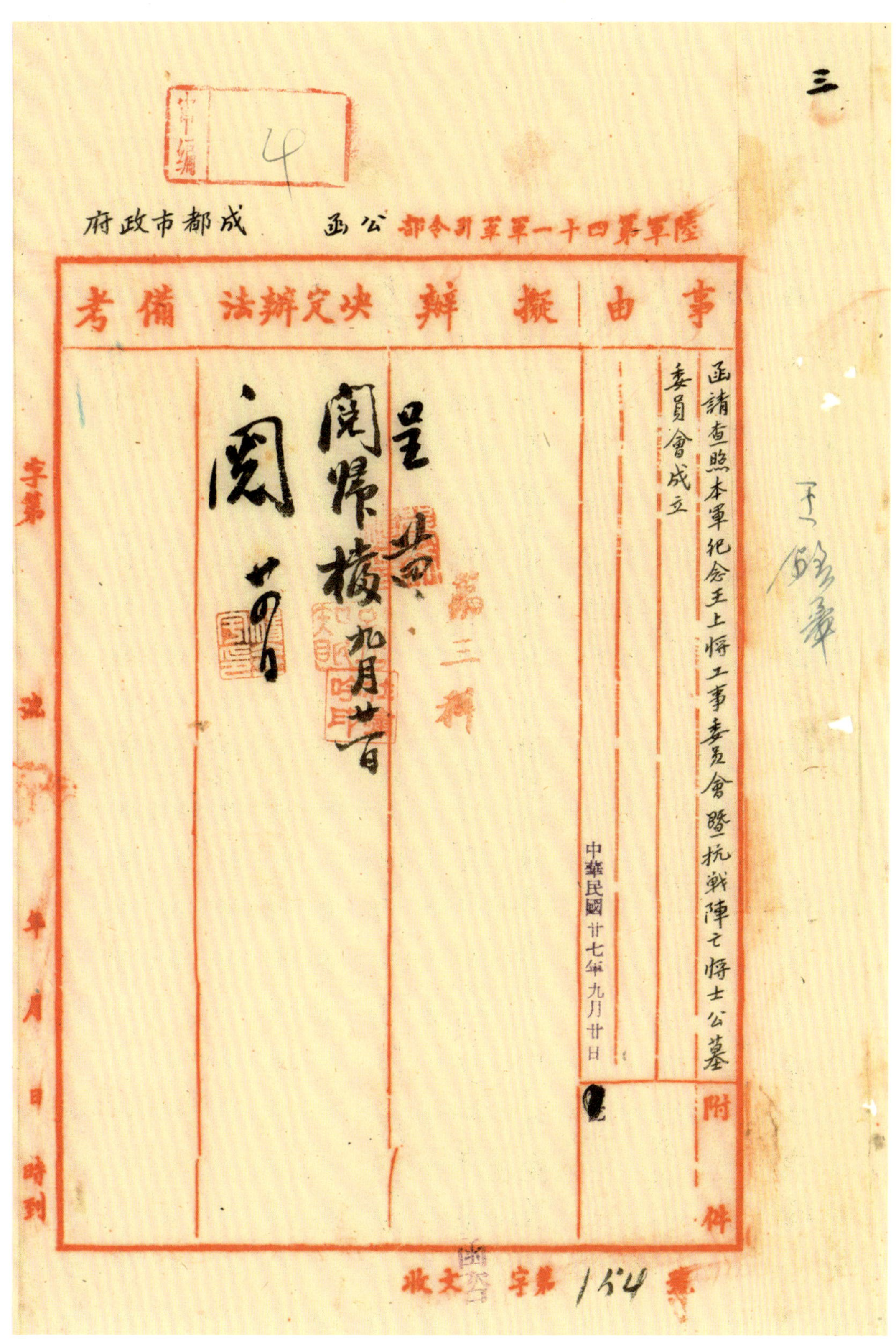

三

陸軍第四十一軍軍司令部公函　　成都市政府

事由	擬辦	決定辦法	備考
函請查照本軍紀念王上將工事委員會暨抗戰陣亡將士公墓委員會成立 中華民國廿七年九月廿日	呈閱 歸檔 九月廿一	閱 廿一	

附件

字第　號　年　月　日　時到

文收　字第154號

陸軍第四十一軍軍司令部公函 蓉法字第一二一號

逕啓者，竊查敝軍於去歲遵奉
中央明令，出川抗敵，由晋而魯，轉戰經年，各級官兵，死亡至鉅，而尤以滕縣一役，追贈陸軍上將前第一百廿二師師長王銘章，身率官兵力戰，全師同時殉國之壯烈犧牲為最著，所有抗敵先後戰役之陣亡將士迭經呈奉
中央明令優予褒䘏，並開會追悼，以慰忠魂。惟念垂典册以勵忠貞，國家之恩榮已重，闡鼓鼙而思將帥，袍澤之傷感無窮，況乎患難同趨，正值攜隨以相濟，死生忽別，應留模楷

而勿忘，兹經敝軍長及敝軍各部師旅長等，協議另請劃撥成都少城公園地區一段，為王上將建造紀念塔，或於塔之上端，鑄造銅像，並由敝軍函聘王見三、王鏡蓉、彭廣堯、廖仲和、熊子駿、袁雪風、楊俊清、鍾而離、王稅塵、童之常、吳好義十一人，為紀念王上將工事委員會委員，另於成都外東牛市口前端，為敝軍抗敵陣亡將士，購地建築公墓，暨興建王上將及抗敵陣亡各將士紀念堂紀念碑，並函聘曾南夫、袁雪風、楊俊清、湯萬宇、王稅塵、熊子駿、廖仲和、呂立南、汪潔泉、林松軒、吳好義十一人，為敝軍抗戰陣亡將士公墓委員會委員，並刊發圖記各一顆，飭將上項工程事宜，妥為規畫，所需

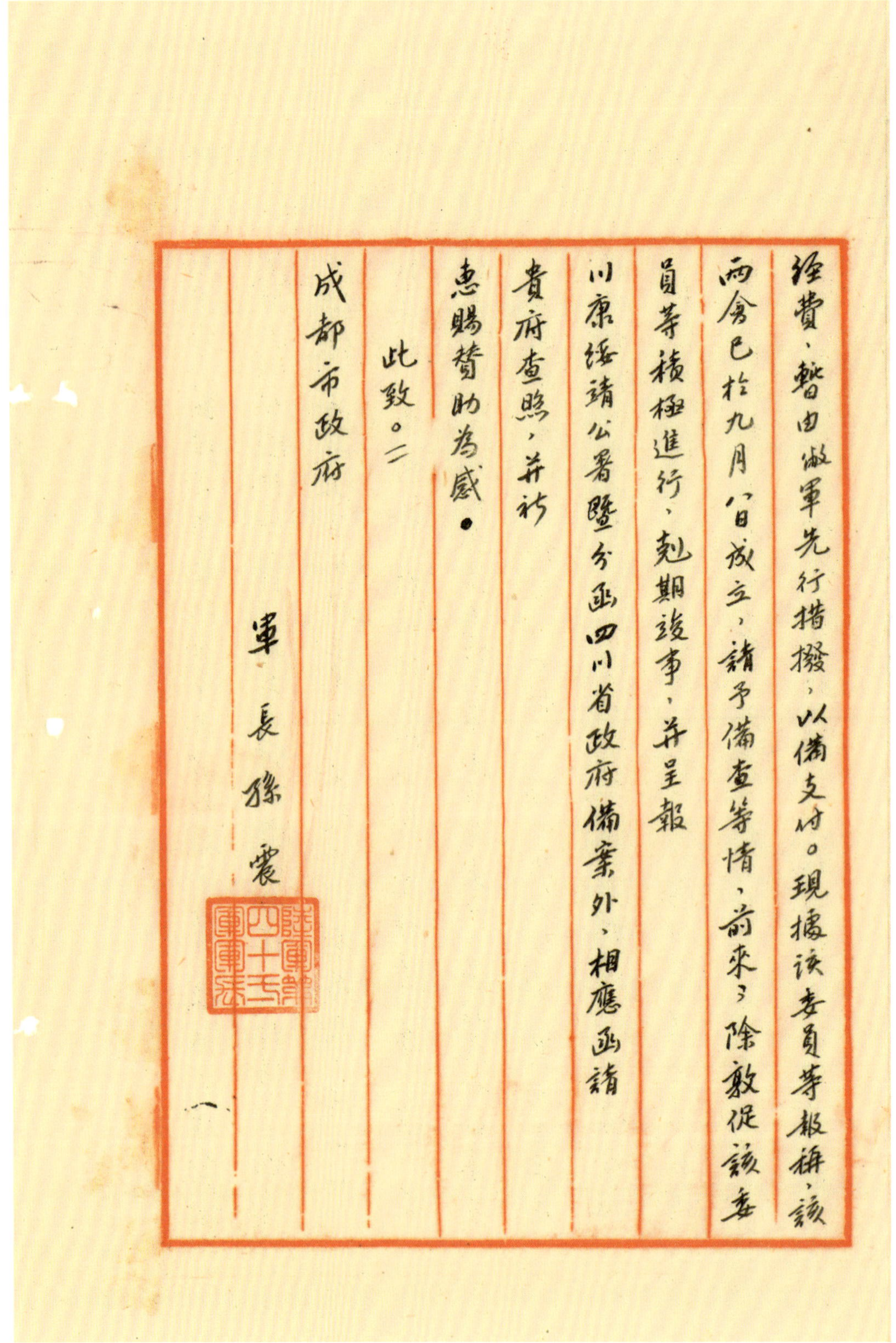

經費，暫由敝軍先行措撥，以備支付。現據該委員等報稱，該兩會已於九月八日成立，請予備查等情，前來。除敦促該委員等積極進行，剋期竣事，并呈報

川康綏靖公署暨分函四川省政府備案外，相應函請

貴府查照，并祈

惠賜贊助為感。

此致。

成都市政府

軍長 孫震

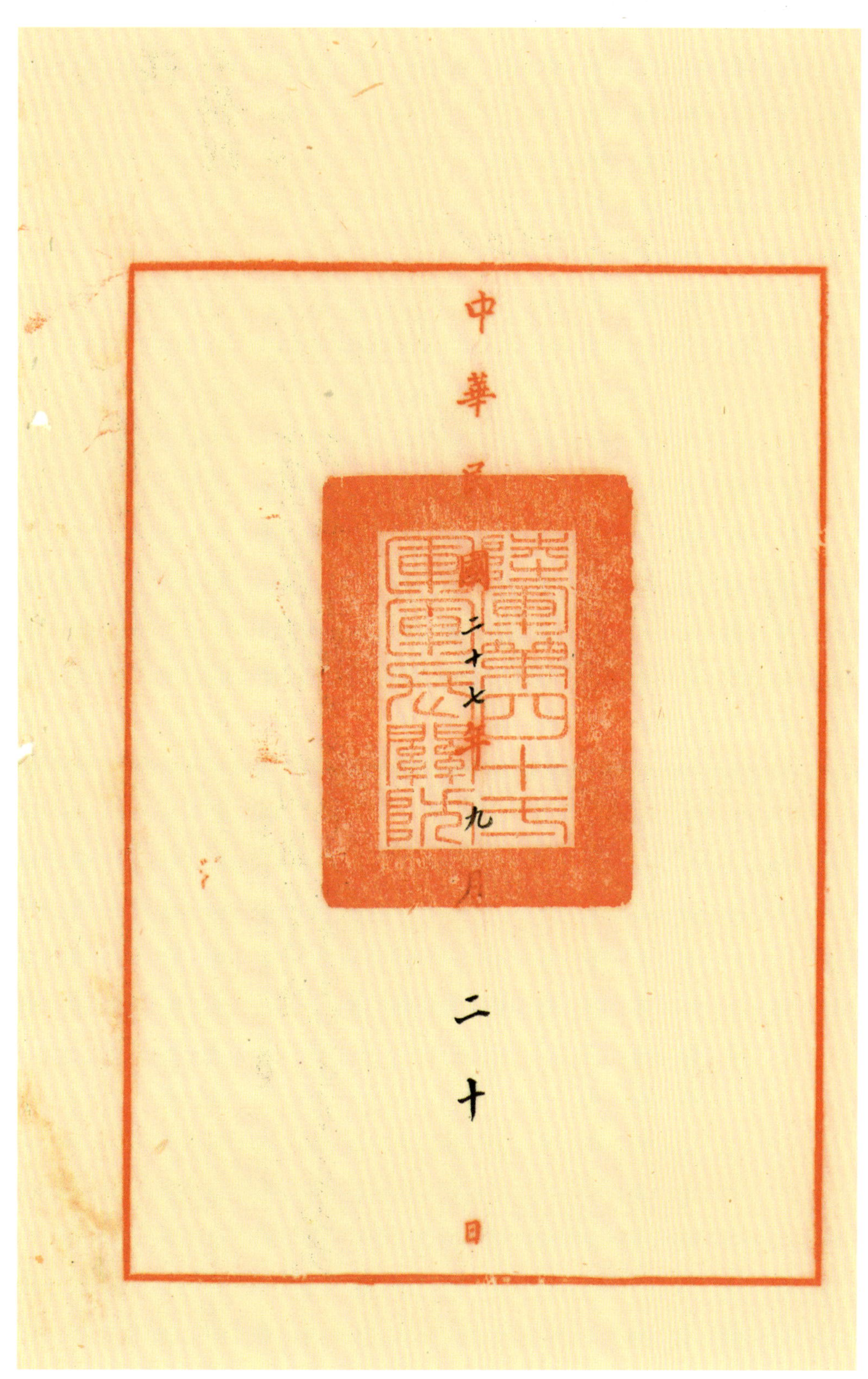
中華民國二十七年九月二十日

陆军第四十一军军司令部关于在少城公园划拨地区为王铭章上将建造纪念塔致成都市政府的公函（一九三八年九月二十日）

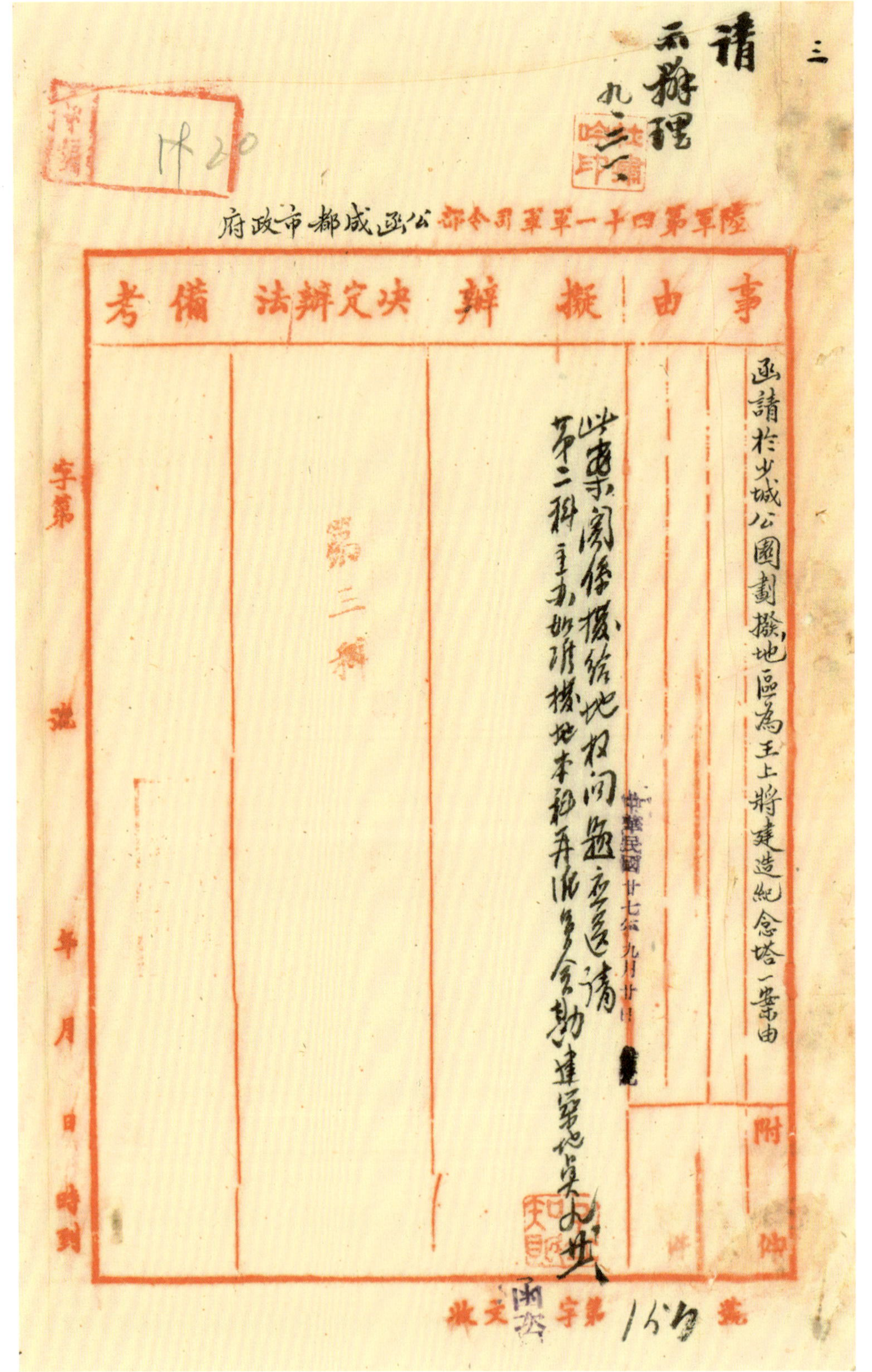

陸軍第四十一軍軍司令部公函　廿七年蓉法字第一二四號

逕啓者，竊查敝軍長及敝軍各師旅長等協議於成都少城公園，請撥地區，建造守滕殉國之王故上將銘章紀念塔（或於塔之上端，鑄造銅像）及紀念王上將工事委員會成立情形，業經敝部呈報

川康綏靖公署，並分函

貴府暨

四川省政府在案。查王上將為國捐軀，犧牲壯烈，丹心碧血，照耀千秋，既為

國人所矜式，應存永久之楷模，且查辛亥保路同志會死事先烈，曾於該園建立豐碑，今王上將因抗戰救國而殲身，中外同欽，軍民感悼，允宜於

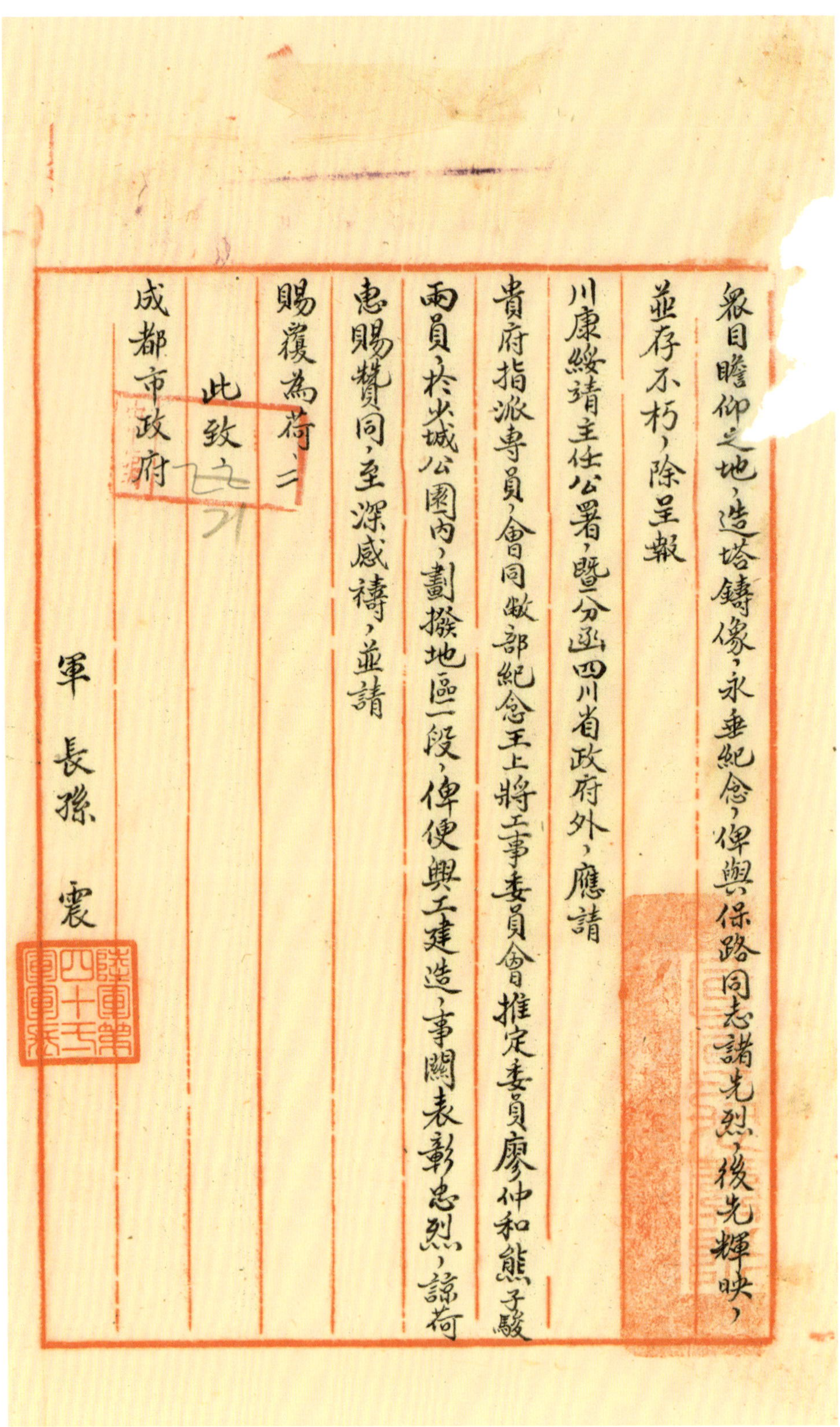

衆目瞻仰之地，造塔鑄像，永垂紀念，俾與保路同志諸先烈，後先輝映，並存不朽，除呈報
川康綏靖主任公署，暨分函四川省政府外，應請
貴府指派專員，會同敝部紀念王上將工事委員會推定委員廖仲和熊子駿兩員，於少城公園內，劃撥地區一段，俾便興工建造，事關表彰忠烈，諒荷
惠賜贊同，至深感禱，並請
賜覆爲荷，！
此致
成都市政府
軍長孫震

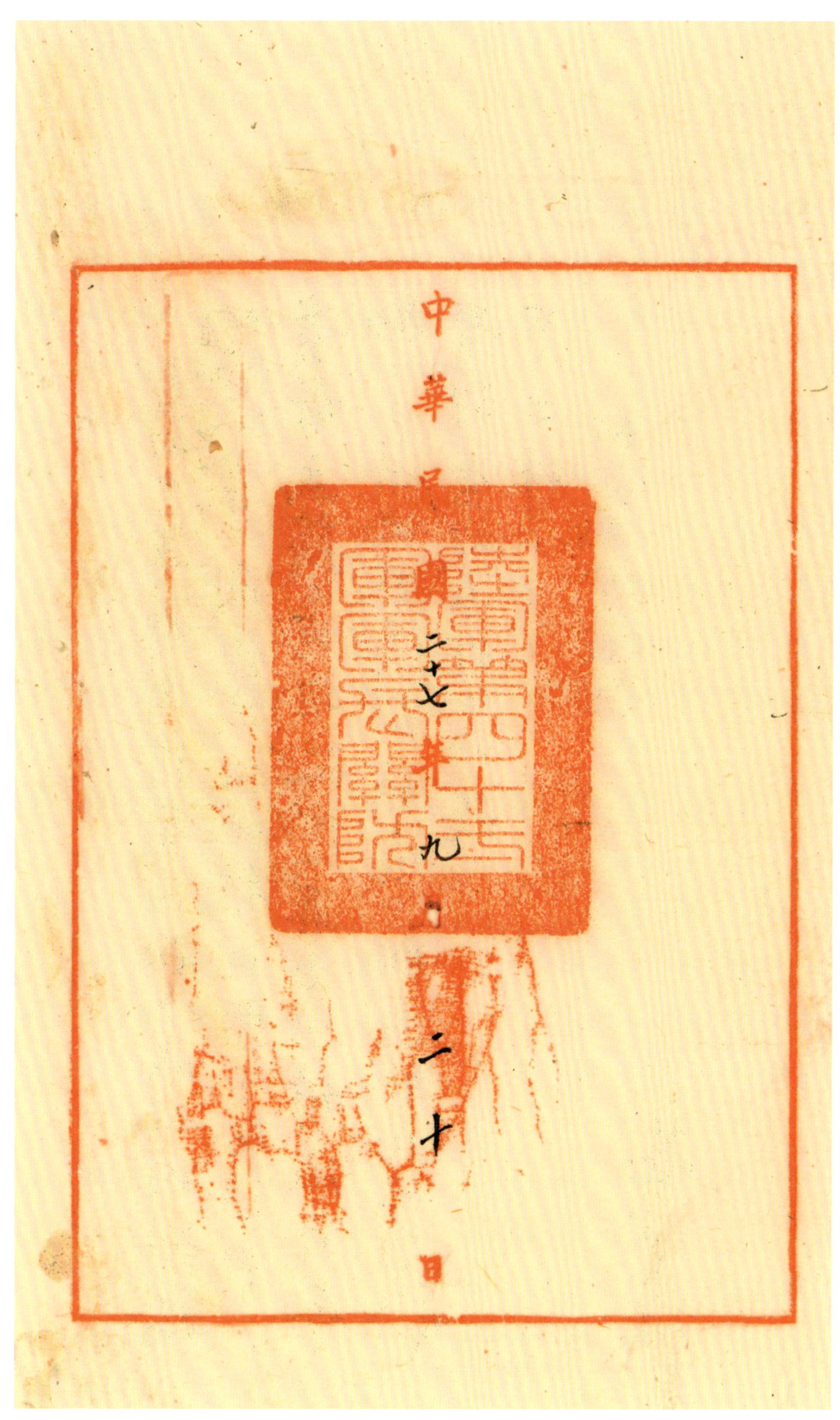

中華民國二十七年九月二十日

成都市政府第三科关于在少城公园划拨地区办理流程致成都市政府第二科的签条（一九三八年九月二十一日）

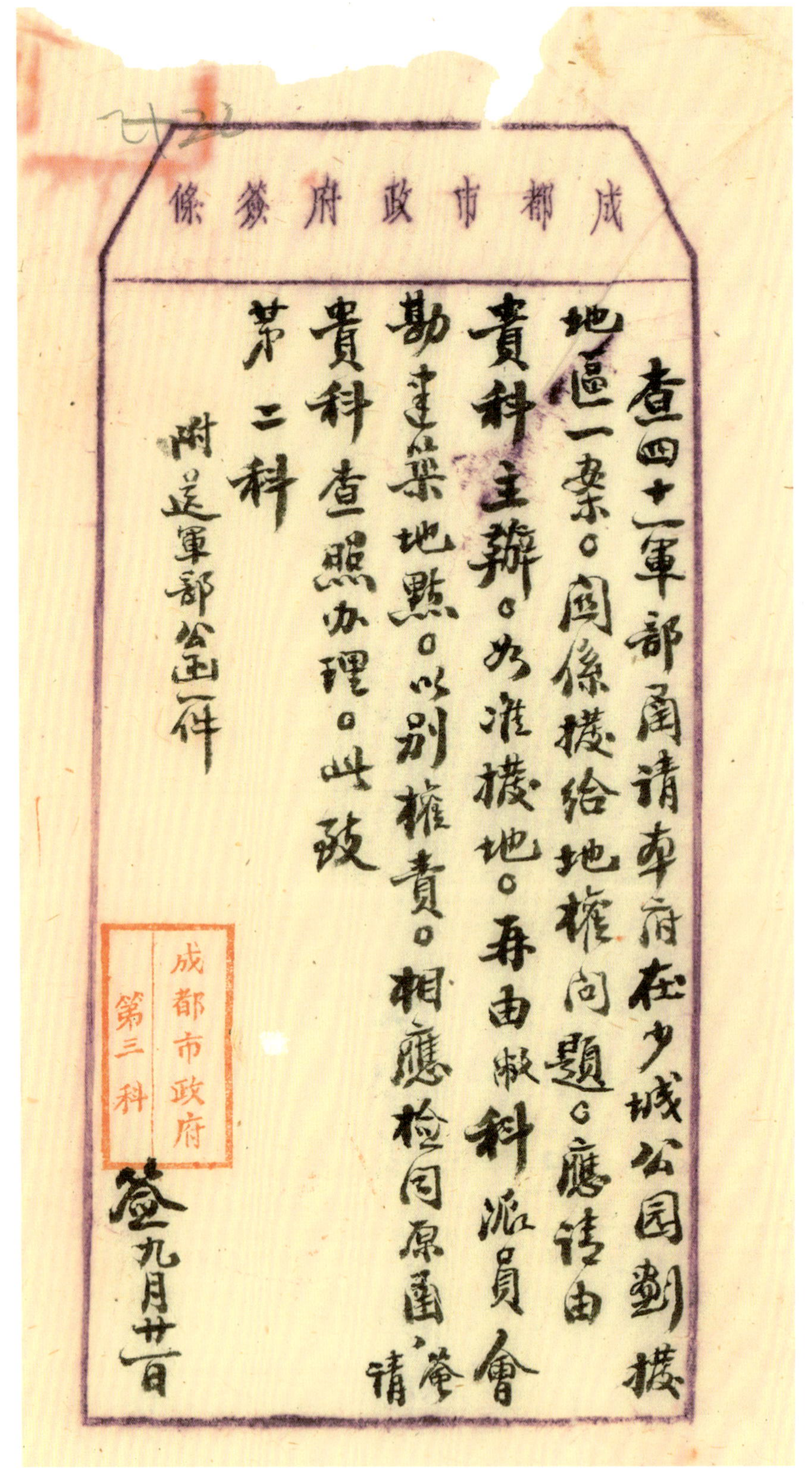

成都市政府簽條

查四十一軍部函請本府在少城公園劃撥地區一案。關係撥給地權問題。應請由貴科主辦。如准撥地。再由敝科派員會勘建築地點。以別權責。相應檢同原函、簽請貴科查照辦理。此致

第二科

附送軍部公函一件

成都市政府第三科

簽 九月廿一日

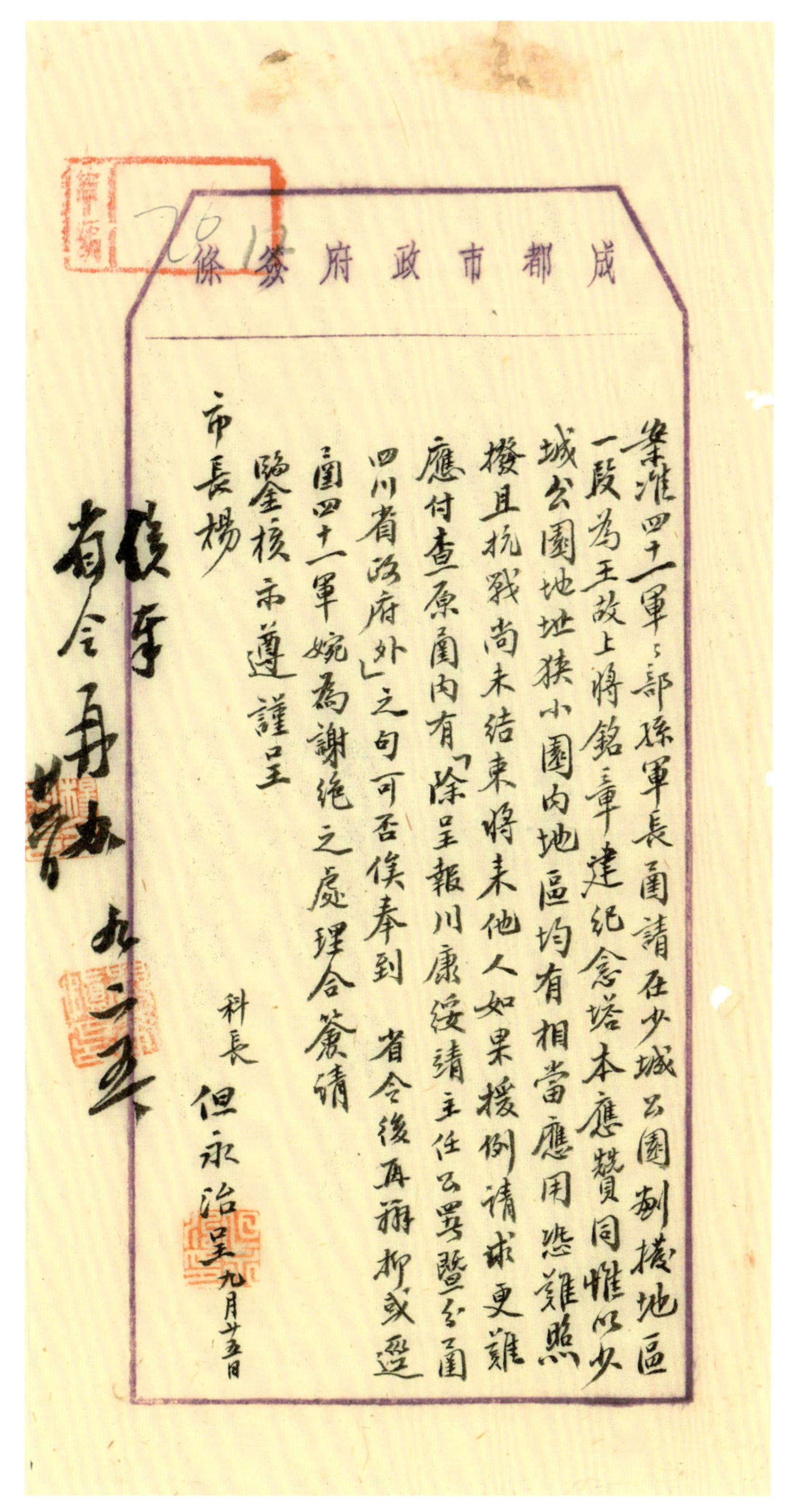

成都市政府簽條

案准四十一軍軍部孫軍長函請在少城公園劃撥地區一段為王故上將銘章建紀念塔本應贊同惟以少城公園地址狹小園內地區均有相當應用恐難照撥且抗戰尚未結束將來他人如果援例請求更難應付查原函內有「除呈報川康綏靖主任公署暨分函四川省政府外」之句可否俟奉到　省令後再辦抑或逕函四十一軍婉為謝絕之處理合簽請

鑒核示遵謹呈

市長楊

科長　但永治呈　九月廿五日

候奉　省令再辦　九、二五

成都市政府科长但永治关于拨地建王铭章纪念塔等问题致成都市市长的签呈（一九三八年九月二十五日）

陆军第四十一军军司令部关于请迅速着手办理拨少城公园内地为王铭章上将建塔造像事致四川省政府的代电（一九三八年十月十八日）

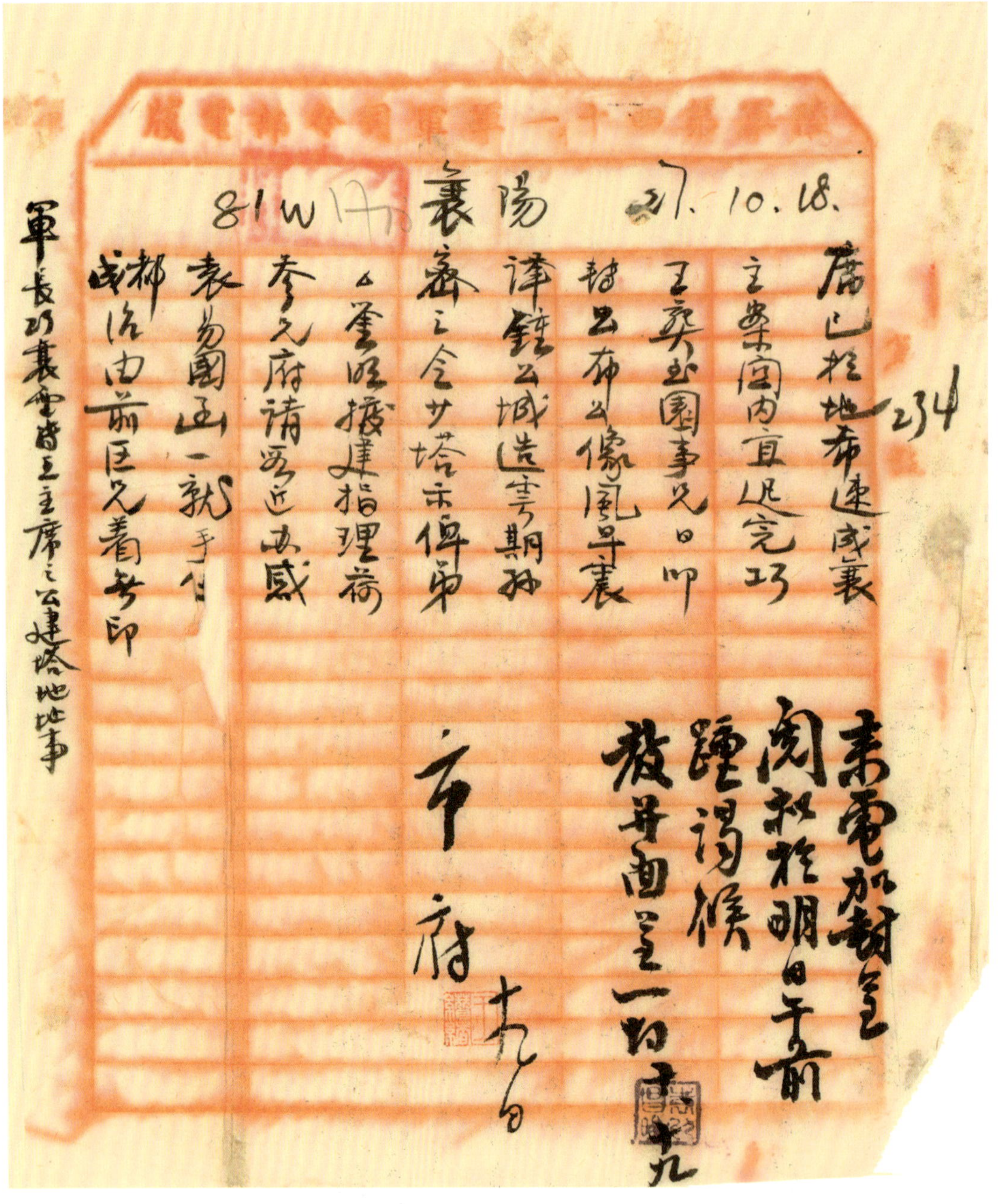
81W　襄陽　27.10.18.

第二十二集团军总司令部关于请饬知市府拨定少城公园地点为王铭章上将建塔造像致四川省政府的公函（一九三八年十月二十四日）

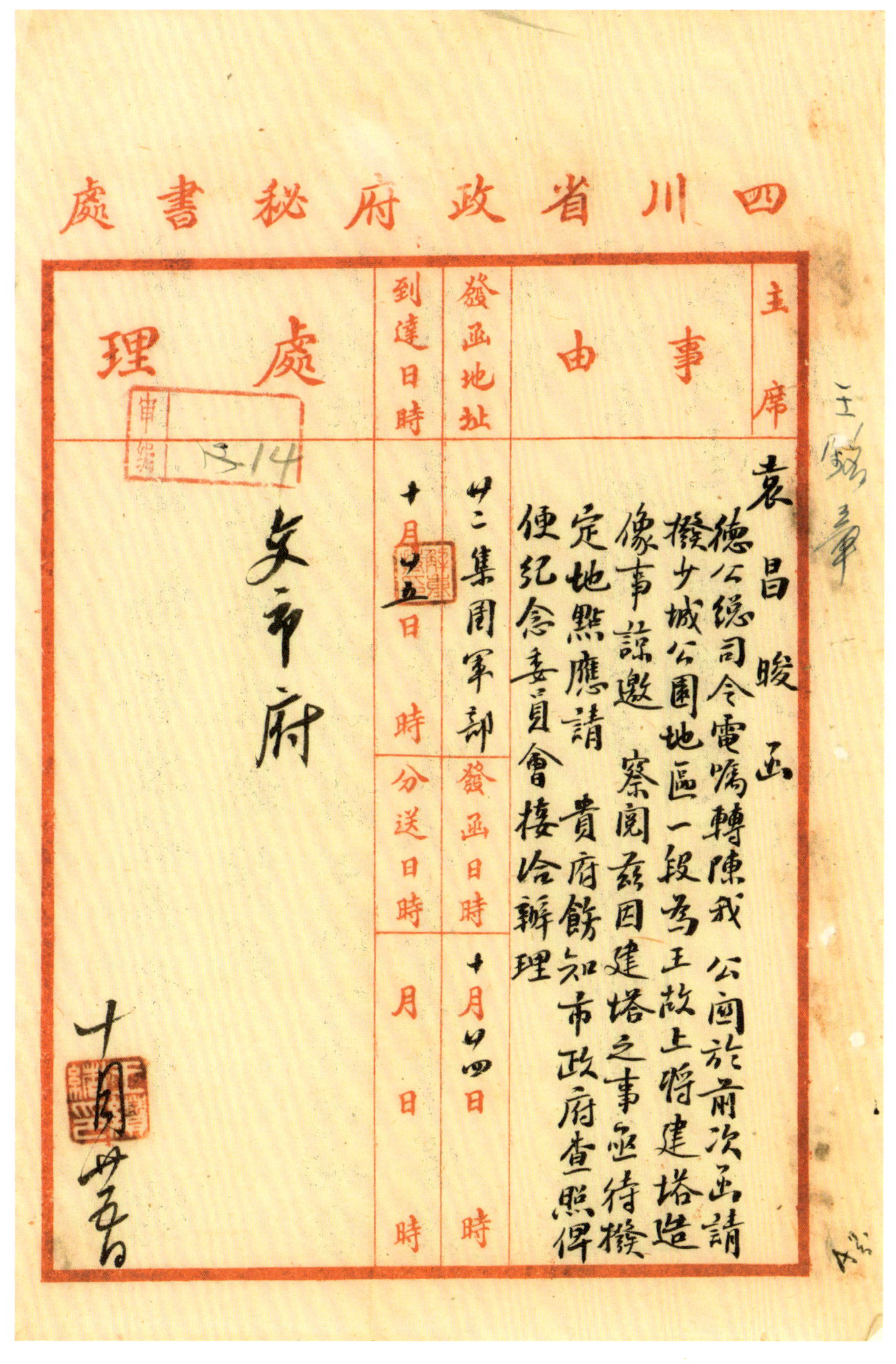

四川省政府秘書處

主席	事由	發函地址	到達日時
袁昌晙函		廿二集團軍部	十月廿五日 時
		發函日時	分送日時
		十月廿四日 時	月 日 時

袁昌晙函

德公總司令電囑轉陳我　公曾於前次函請撥少城公園地區一段為王故上將建塔造像事，諒邀　察閱。茲因建塔之事亟待撥定地點，應請　貴府飭知市政府查照，俾便紀念委員會接洽辦理。

處理

審編 13.14

交市府

十月廿五日

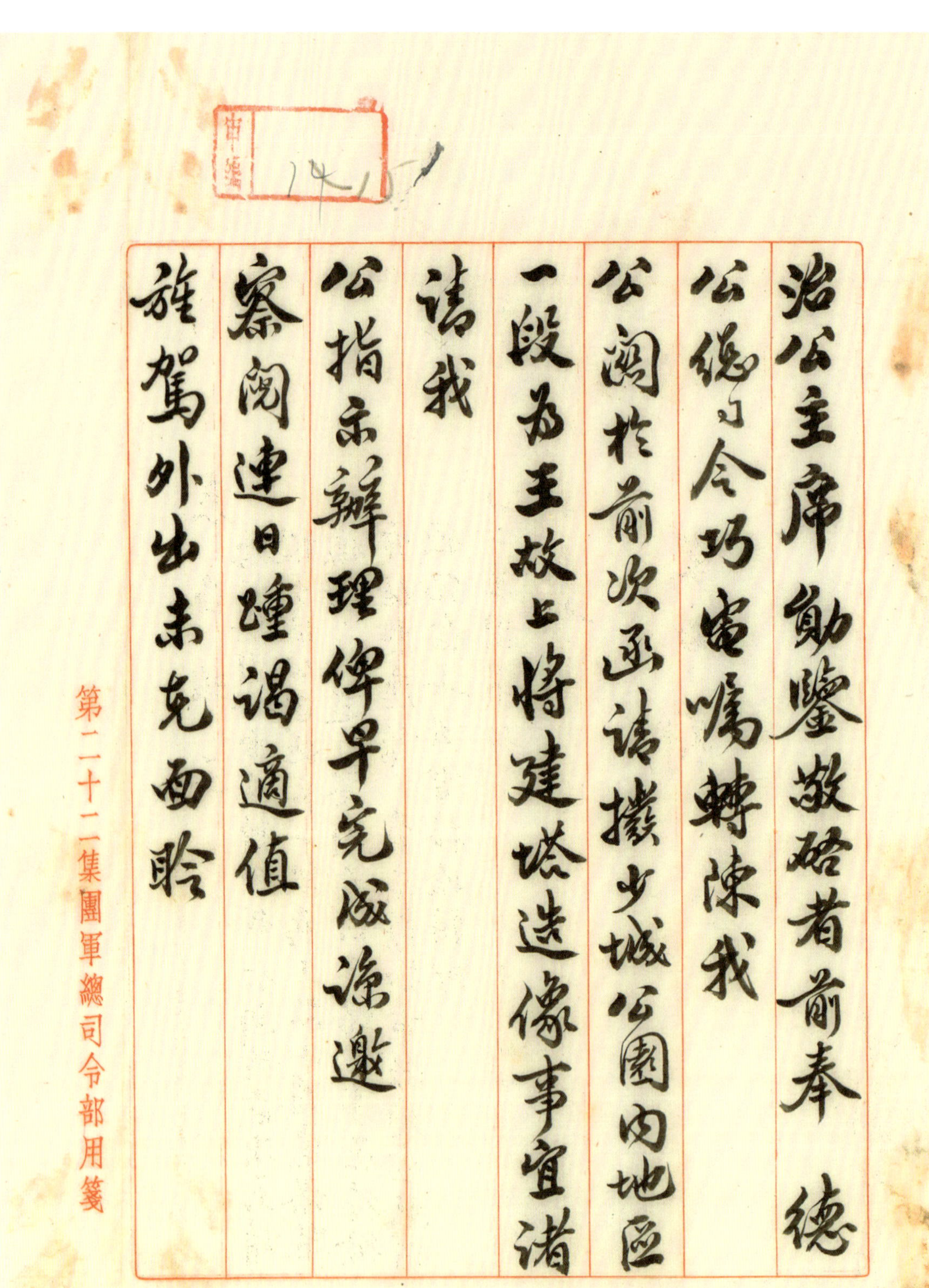

14151

治公主席勛鑒敬啓者前奉　德
公總司令巧電囑轉陳我
公閱於前次函請撥少城公園內地皮
一段為王故上將建塔造像事宜諸
請我
公指示辦理俾早完成源邀
察閱連日晉謁適值
旌駕外出未克面聆

第二十二集團軍總司令部用箋

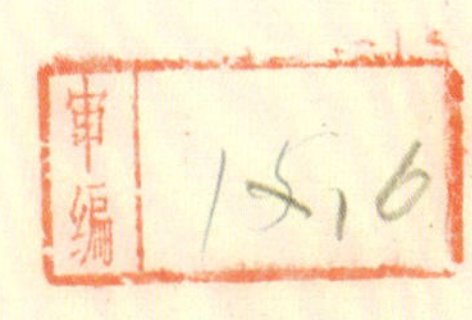

海宗蕅因建塔造像之事現已籌
畫進行大端均已就緒亟待擇定
地點應懇
貴府飭知市政府查照俾便由紀
念委員會派員接洽辦理至此項建
造經費係由 德公及敝軍各將領
措資成數勉敷應用但求早定地
點此舉即可觀成務請我

第二十二集團軍總司令部用箋

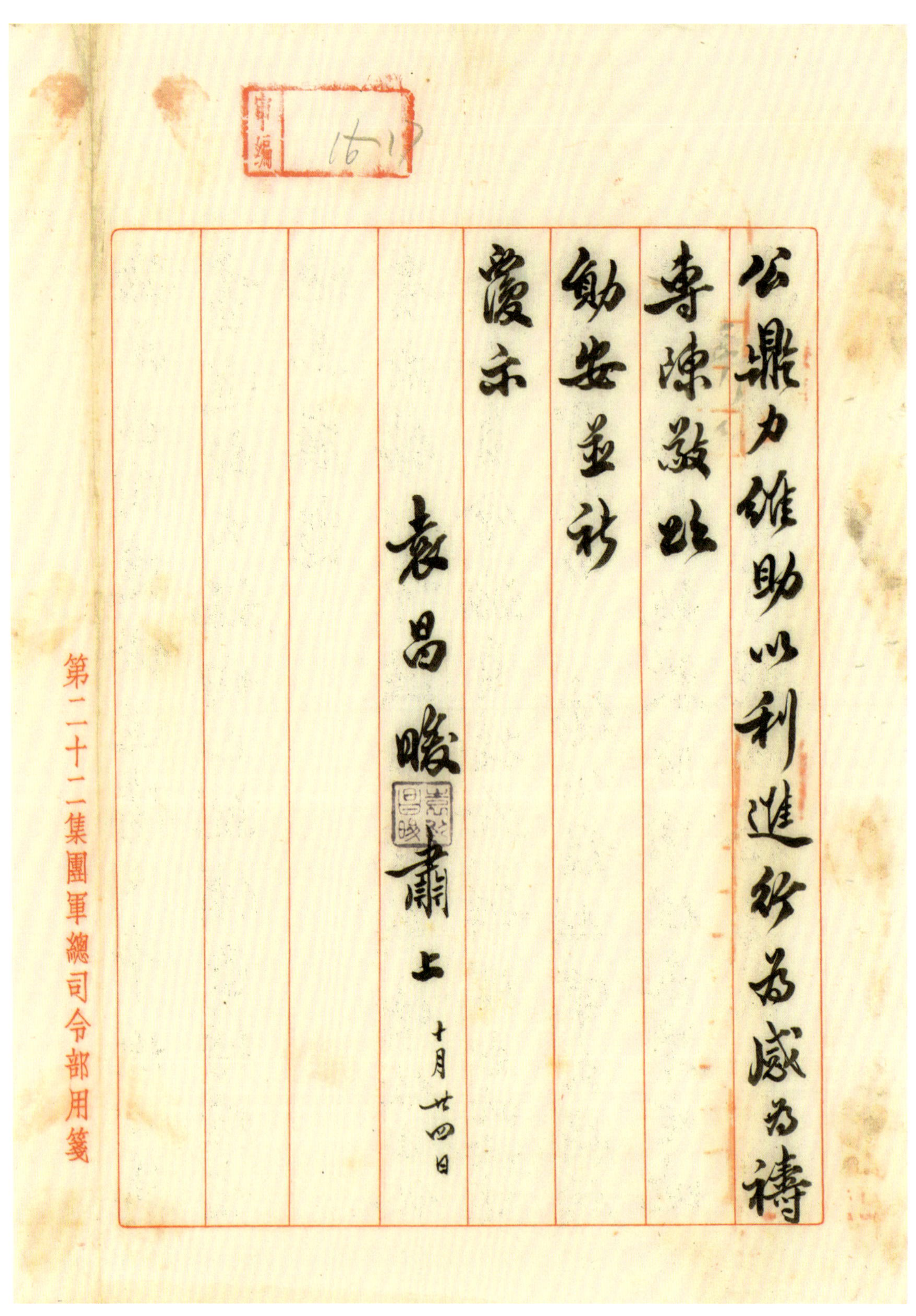
公鼎力維助以利進行為感為禱
專陳敬此
勛安並祈
賜示
袁昌曦肅上
十月廿四日

第二十二集團軍總司令部用箋

成都市政府科长但永治、孟知眠关于迁址建纪念塔以便将王铭章等阵亡将士及先烈入祀等致成都市长的签呈（一九三八年十月二十四日）

成都市政府簽條

审编

10

案查本府前准四十一軍軍部函請在少城公園劃撥地區建立王故上將銘章紀念塔一案，當以該軍部既呈報綏靖公署及分呈 省府，奉 批：「俟奉 省令後再辦」等因，現特奉 委下孫軍長巧電，正核辦間，又奉 省令據蔡張培爵公葬委員會改劃少城公園網球場側花園建築紀念堂圖樣，仰審核呈復一案下府。查少城公園地址，本已狹小，若再將僅有運動場之一片空地建築紀念物，務必使市民無運動之所。且抗戰尚

成都市政府簽條

未结束，後來為國捐軀可堪矜式者，當不乏人，援例
請求更難應付。復查關於追念抗戰陣亡將士及先烈，
前經本府以忠烈祠地址寬敞，呈請
省府轉飭公路局遷移，撥交本府接收管理，俾將
抗戰將士及先烈入祀崇奉，而勵忠貞在案。則對於
王故上將銘章之紀念塔及張烈士培爵紀念堂之
地址，自應指定在忠烈祠前征收若干地畝建
築為宜，一則使市民於崇祀及瞻仰之心互相啟發，二

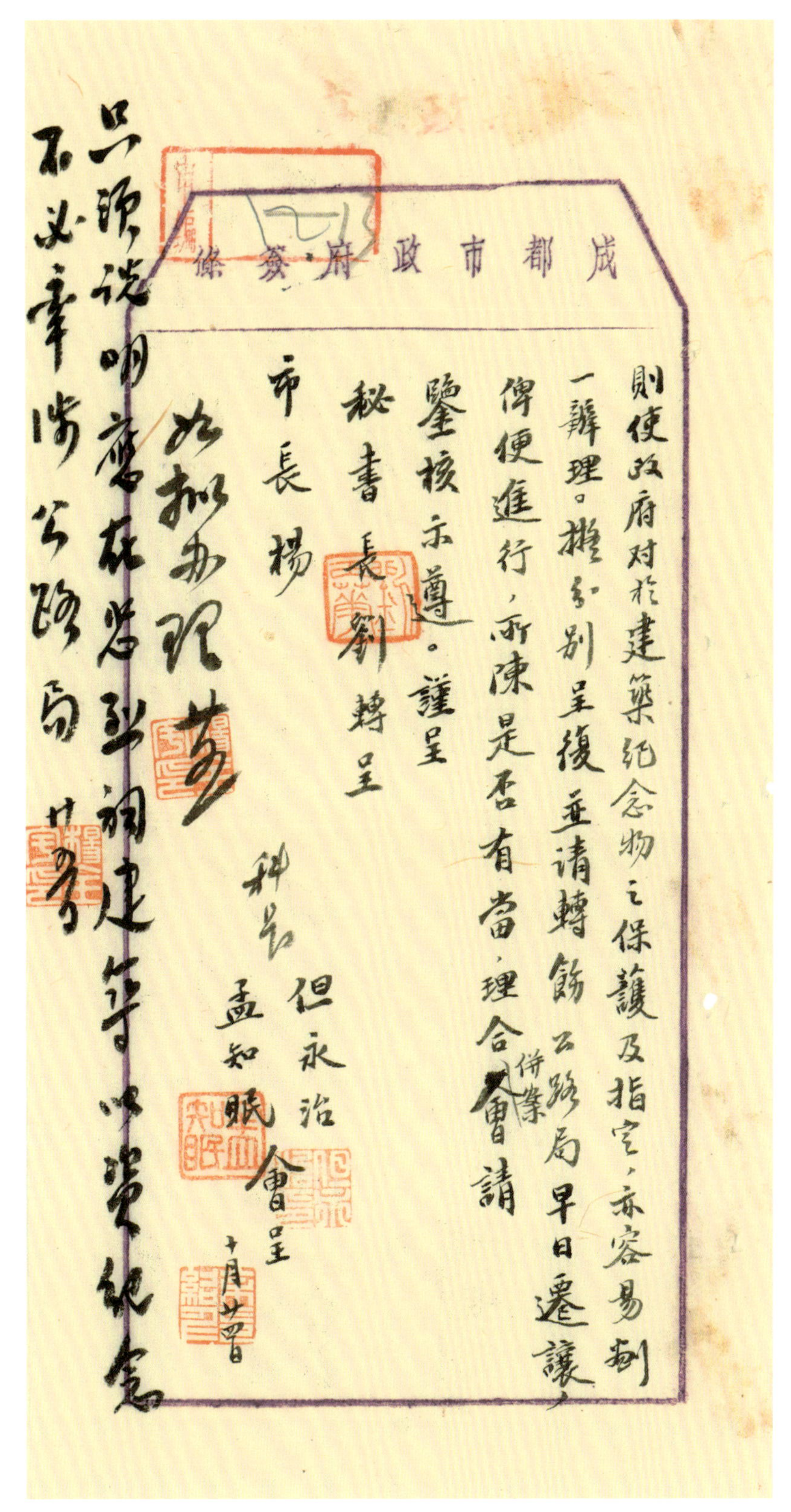

成都市政府簽條

則使政府对於建築紀念物之保護及指定，亦容易劃一辦理。擬分别呈復並请轉飭公路局早日遷讓，俾便進行。所陳是否有當，理合（併案）會請

鑒核示遵。謹呈

秘書長劉轉呈

市長楊

科長 但永治

孟知眠 會呈

十月廿四日

如擬辦理

只須説明應在忠烈祠建築以資紀念，不必牽涉公路局。廿四

成都市政府第三科关于划拨公地问题致成都市政府第二科的签条（一九三八年十月二十五日）

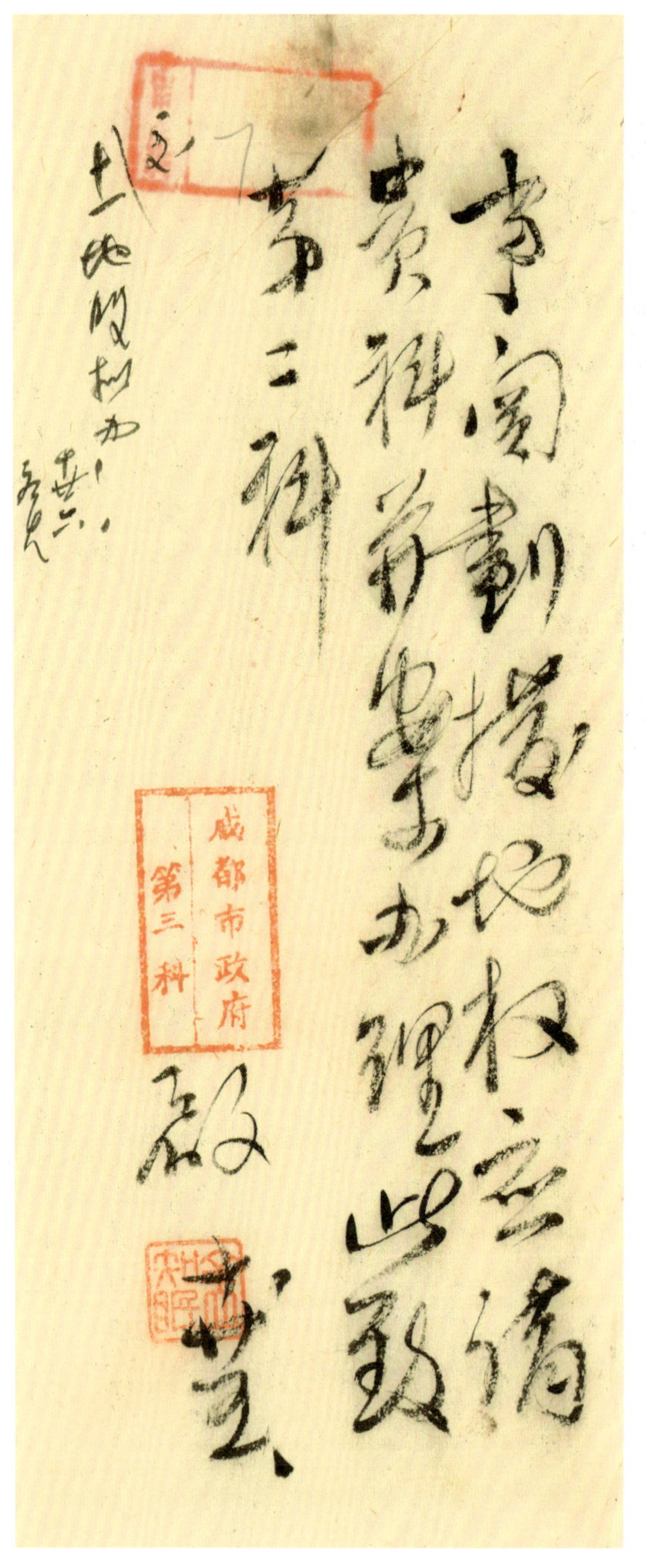
事關劃撥地權之請
貴科併案辦理此致
第二科
成都市政府
第三科
第三科啟

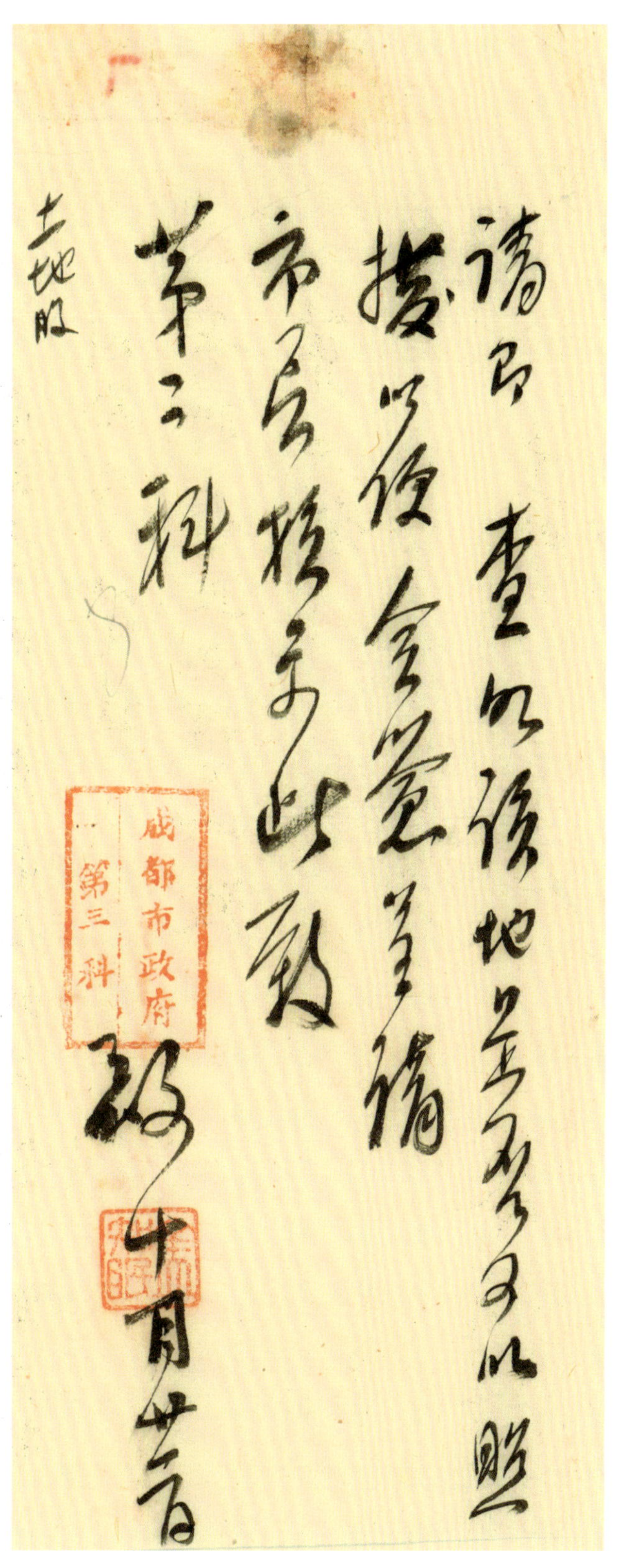

成都市政府
第三科

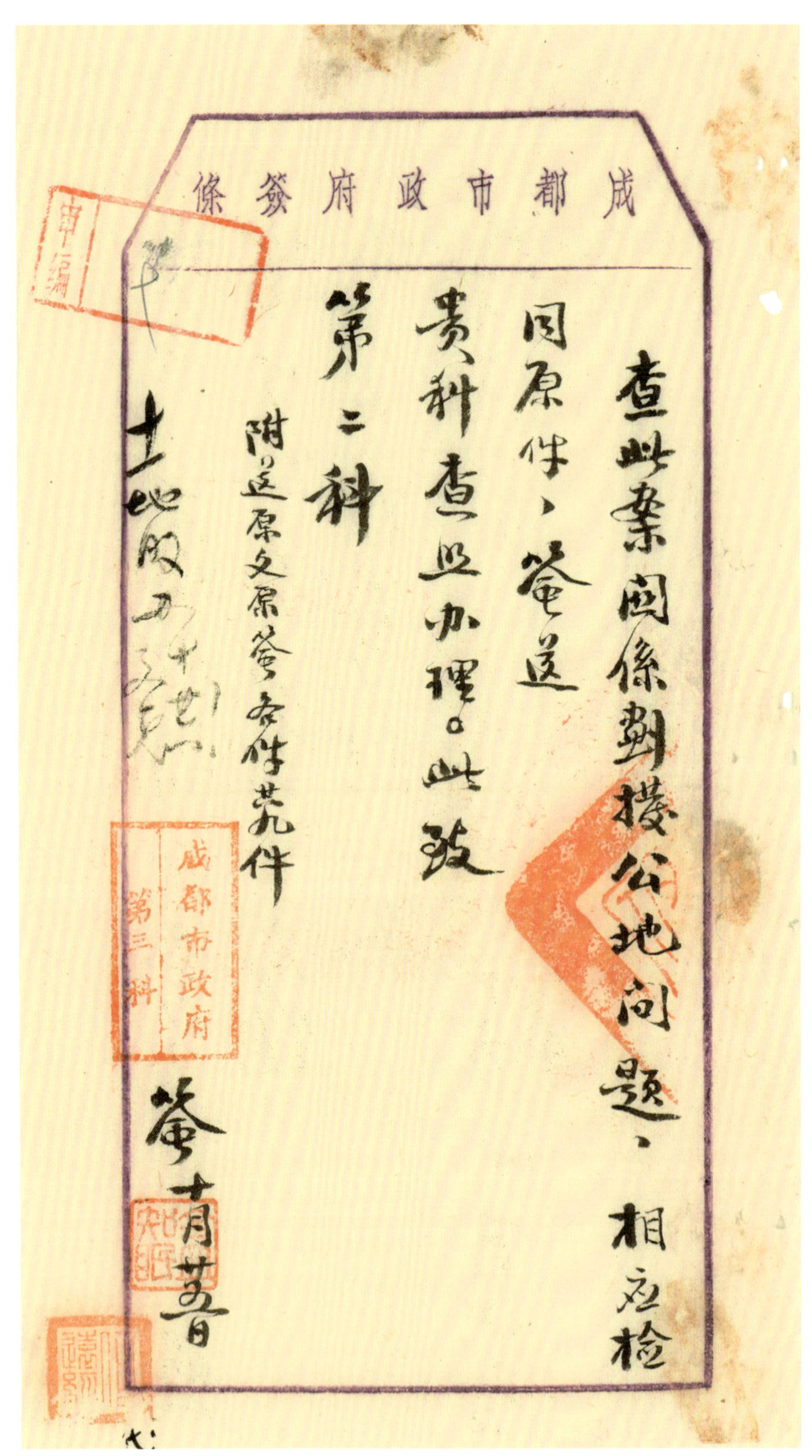

成都市政府签條

查此案因係劉援公地问题，相应检同原件，签送贵科查照办理。此致第二科

附送原文原签各件共九件

签 十二月廿一日

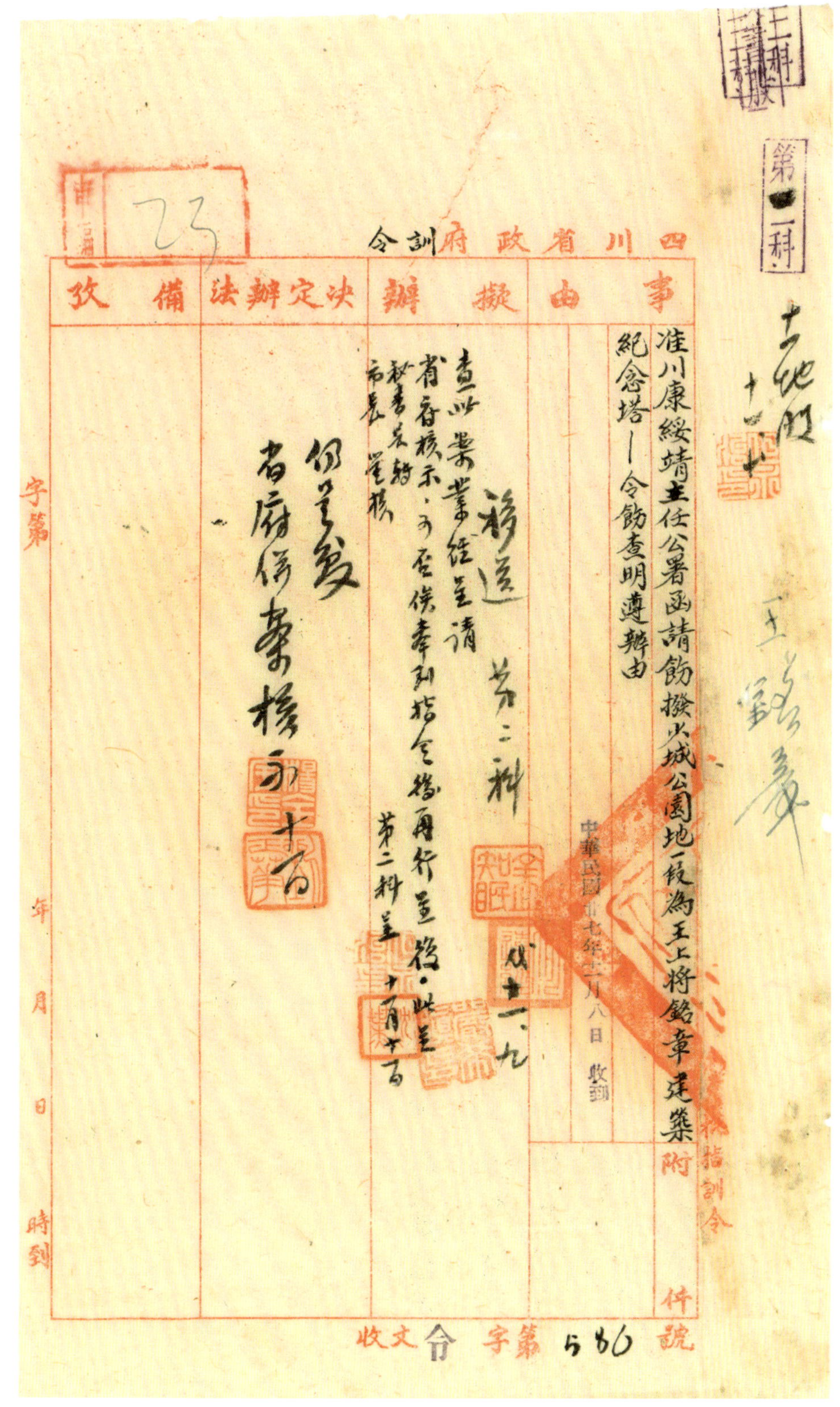

四川省政府訓令

事由	准川康綏靖主任公署函請飭撥少城公園地一段為王上將銘章建築紀念塔一令飭查明遵辦由
附件	抄指訓令
收到	中華民國廿七年十一月八日收到
擬辦	移送第二科 查此案業經呈請省府核示，可否候奉到指令後再行呈核。此呈秘書長轉呈市長鑒核 第二科呈
決定辦法	如擬
備攷	

收文 合字第586號

四川省政府关于拨少城公园地段为王铭章上将建纪念塔致成都市政府的训令（一九三八年十一月七日）

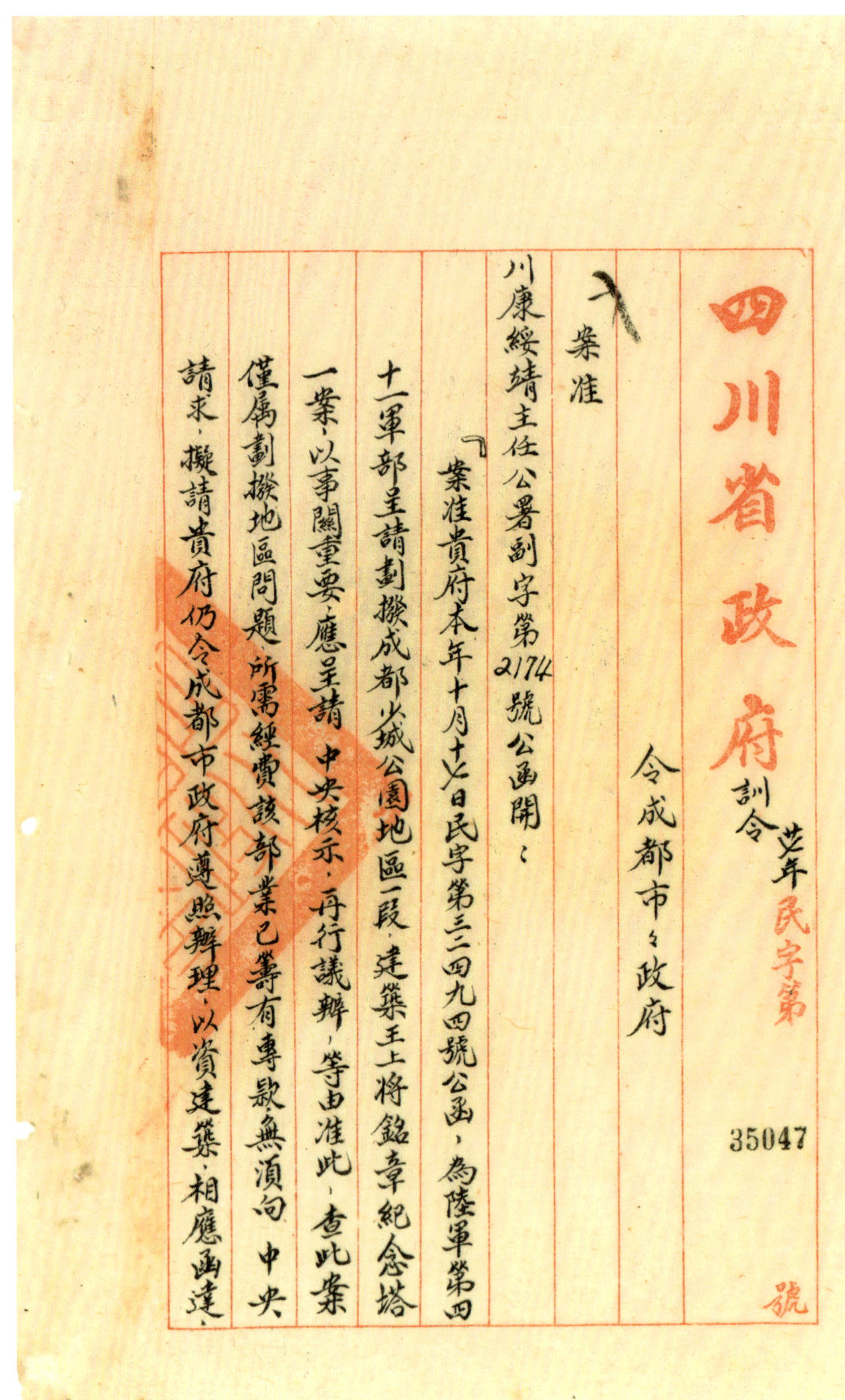

四川省政府训令 卅年民字第 号

35047

令成都市政府

案准

川康绥靖主任公署副字第2174号公函开：

「案准贵府本年十月十七日民字第三二四九四号公函，为陆军第四十一军部呈请划拨成都少城公园地区一段，建筑王上将铭章纪念塔一案，以事关重要，应呈请中央核示，再行议办，等由准此。查此案仅属划拨地区问题，所需经费该部业已筹有专款，无须向中央请求，拟请贵府仍令成都市政府遵照办理，以资建筑，相应函达，

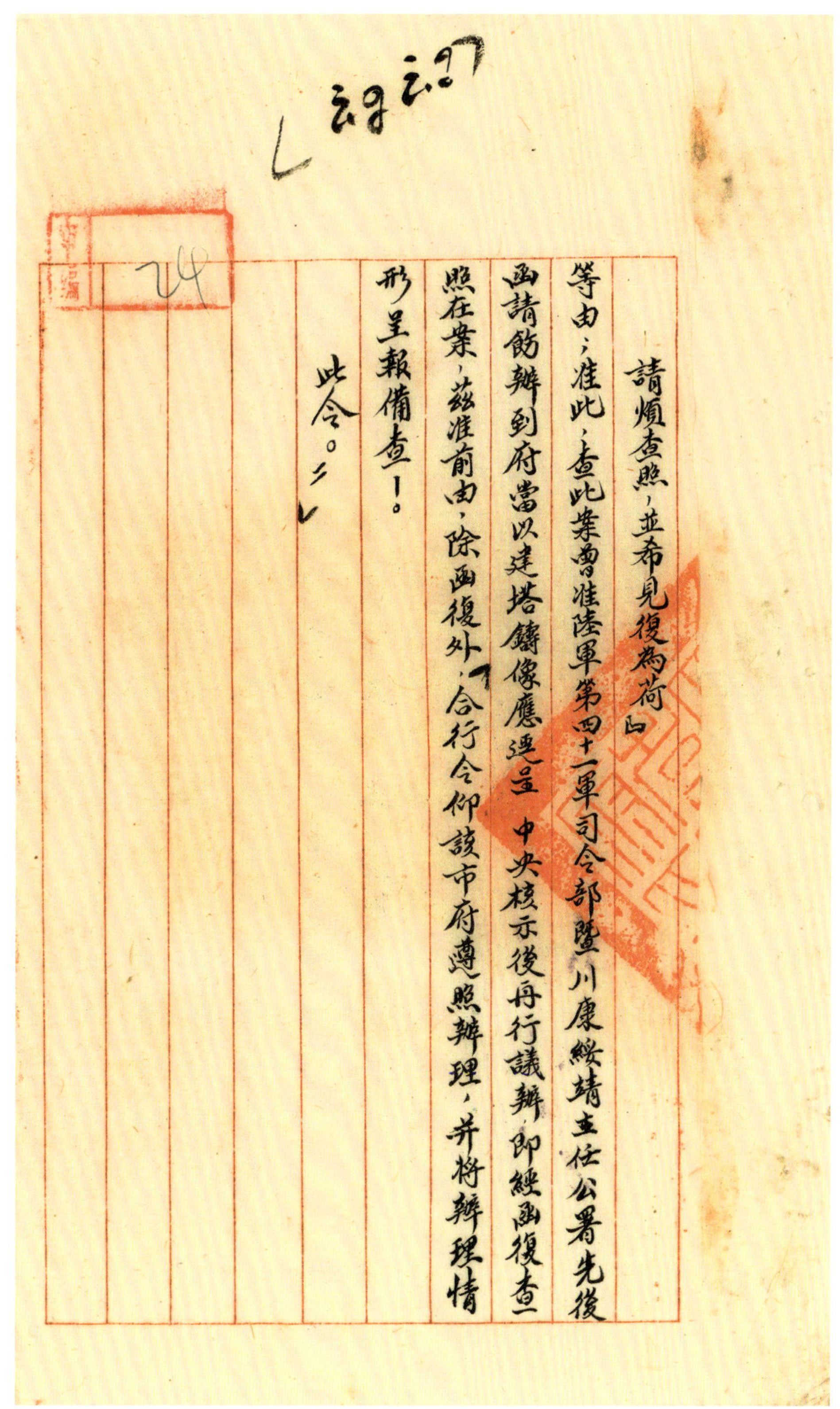

請煩查照，並希見復為荷」

等由，准此。查此案曾准陸軍第四十一軍司令部暨川康綏靖主任公署先後函請飭辦到府，當以建塔鑄像應逕呈 中央核示後毋行議辦，即經函復查照在案。茲准前由，除函復外，合行令仰該市府遵照辦理，并將辦理情形呈報備查！

此令。

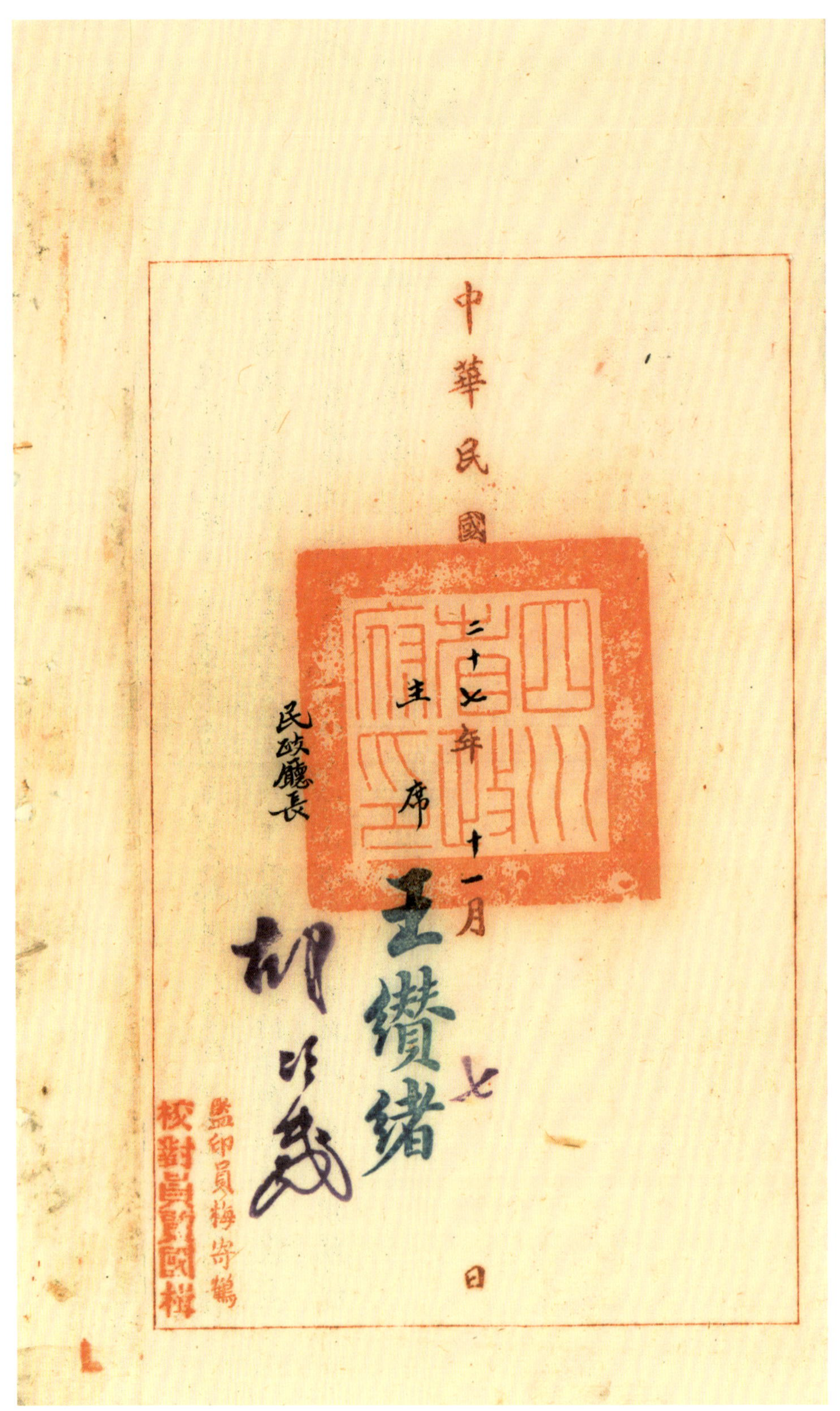

中華民國二十七年十一月七日

主席王纘緒

民政廳長胡次威

監印員梅寄鶴

校對員劉國樑

成都市政府关于呈请在忠烈祠或郊外择地妥建王铭章上将纪念塔致四川省政府的呈（一九三八年十一月十一日）

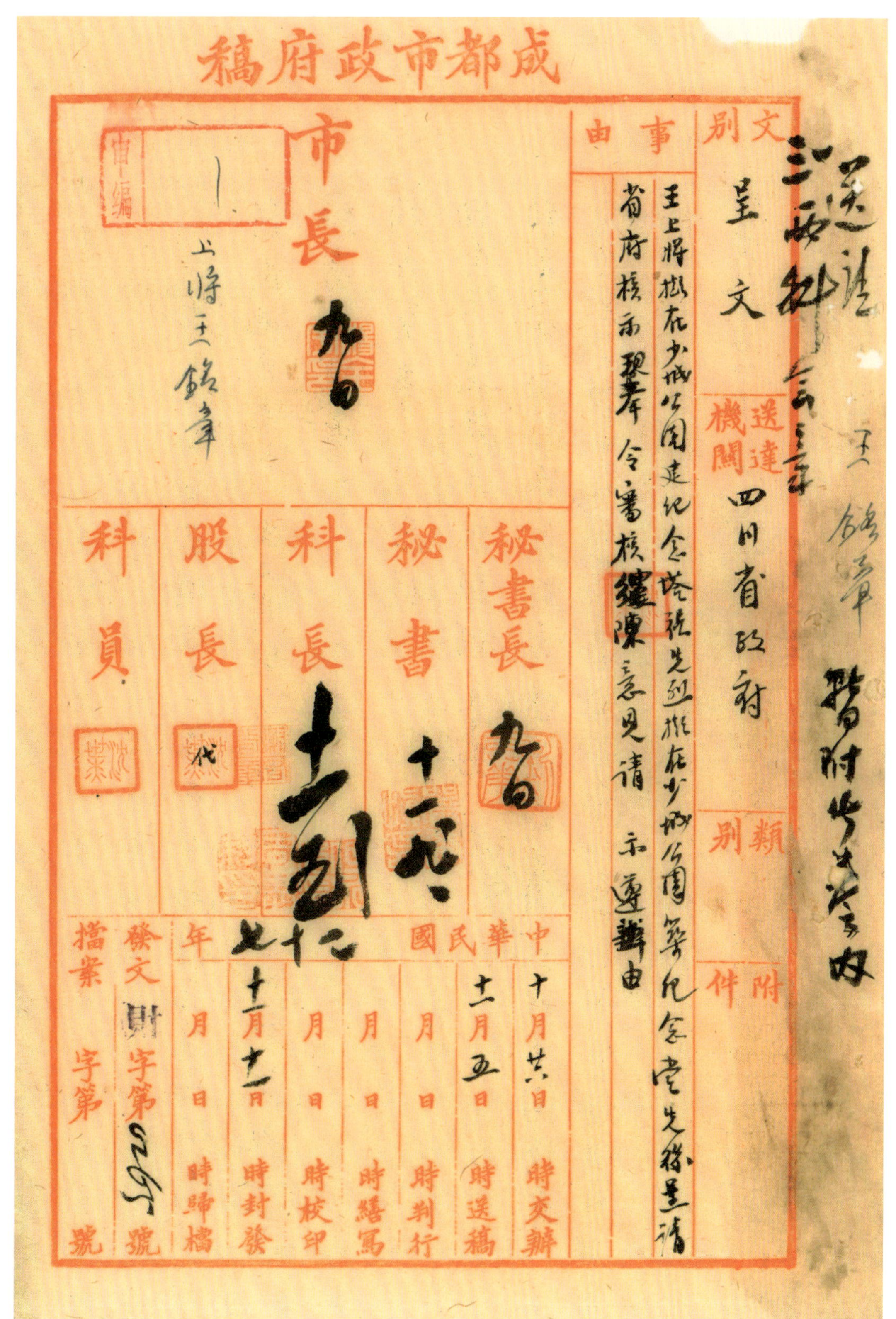

案查本府前准四十一军●部函，请在少城公园划拨地区建立　王上将铭章纪念塔，当以该部既已分呈绥署及省备案。钧府有案，自应候钧令示遵，再行办理。嗣奉钧座签发下孙军长巧电，案情同前，已核办，同后奉钧府民字三二七〇〇号代电开：令发张培爵公葬委员会改划少城公园网球场侧花园建筑纪念堂图样，饬即审核呈覆一案下府，经本府详加研讨，以王上将与张先烈功在党国，自应力加表彰，用垂久远，惟均拟在少城公园内划地

他萬園花園亦為公園設計，必需實無際地而從建樓臺塔。

五、我國抗戰政策，決定長期，忠良烈士，悲壯犧牲，繼續者當不止一二人，將來若墳場擠滿，請求勢必商於東郊另覓地方可撥，以便拆毀一切墳墓，盡量容納，則公園將改為忠烈祠。第二，為將來計，何如此時即於忠烈祠或郊外建築旅葬為妥當。

六、紫目前尚未決定，係本市幹道完成，在廣場之中心建立紀念像，既壯觀瞻，又重崇仰。

以上各緣由，是否有當，完全由鈞府核定示遵。

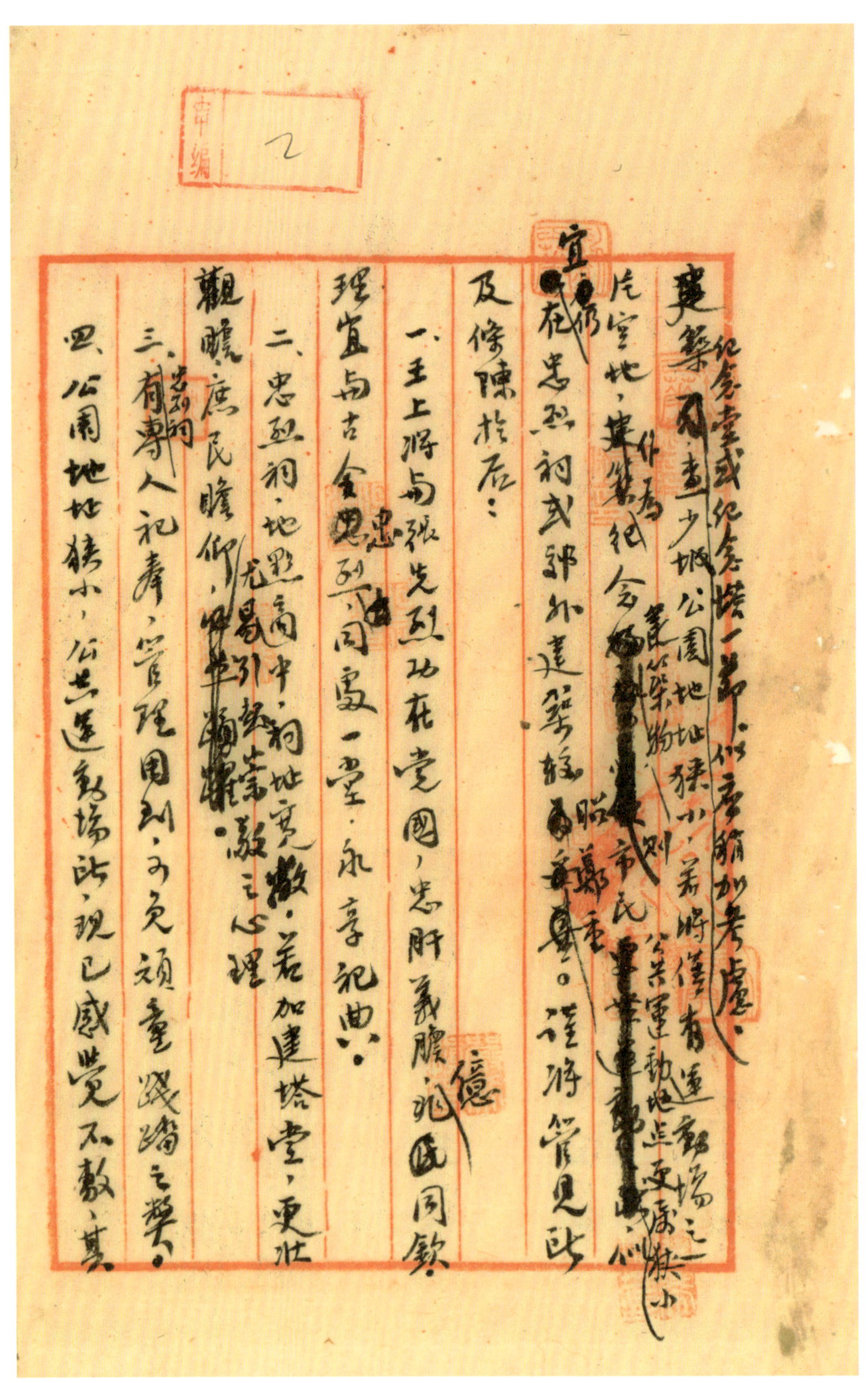

建築紀念堂或紀念塔一節，似應稍加考慮。因查少城公園地址狹小，若將僅有運動場之一片空地，作為紀念建築物，則市民公共運動地點更感狹小，宜移在忠烈祠或郊外建築，較為昭鄭重。謹將管見所及條陳於后：

一、王上將與張先烈功在黨國，忠肝義膽，兆民同欽，理宜與古今忠烈同處一堂，永享祀典。

二、忠烈祠地點適中，祠址寬敞，若加建塔堂，更壯觀瞻，尤易引起崇敬之心理。

三、忠烈祠有專人祀奉，管理周到，可免頑童踐踏之弊。

四、公園地址狹小，公共運動場所，現已感覺不敷，其

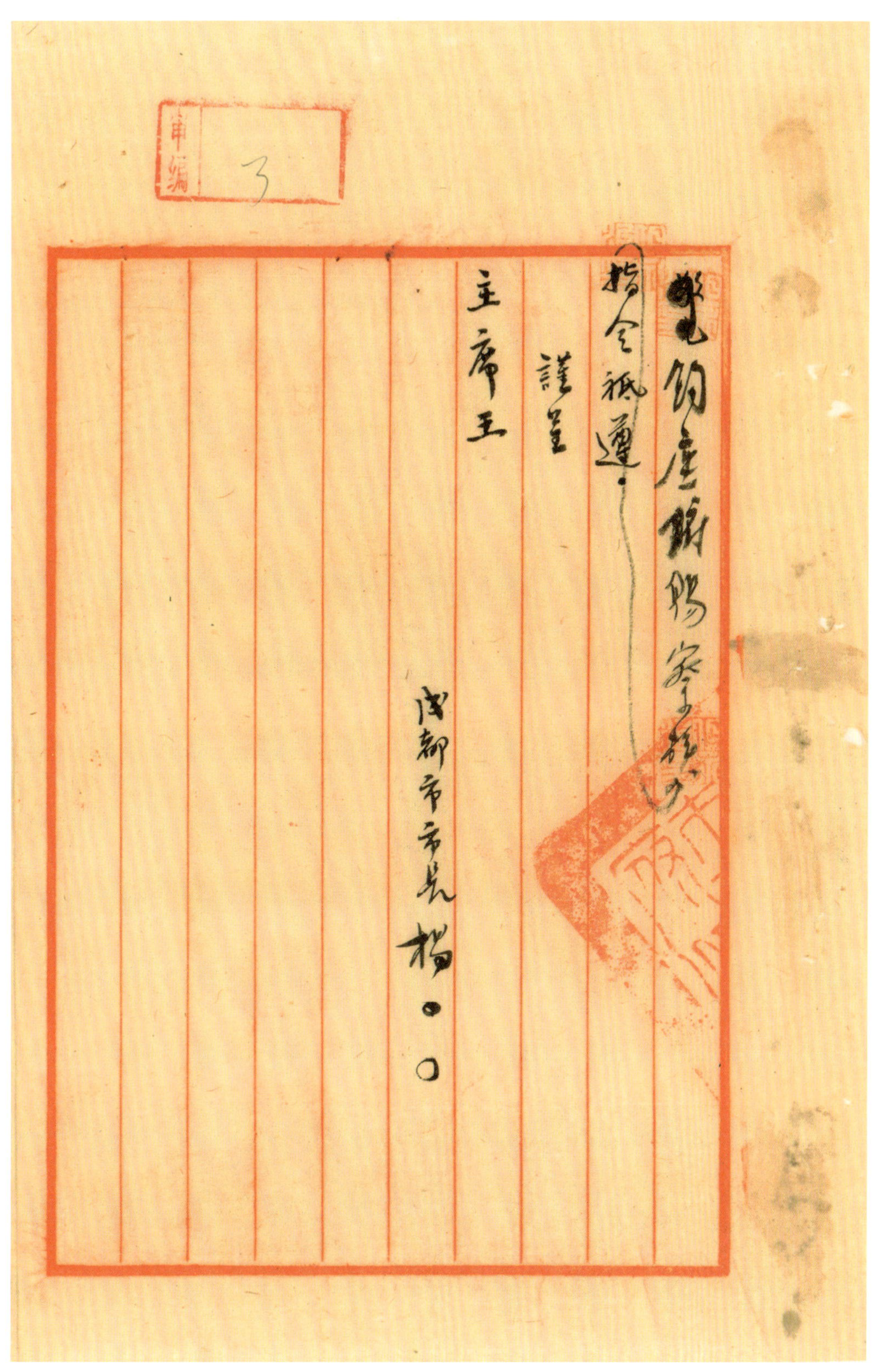

审编 3

業已飭屬辦理，案存核外，指令祇遵。

謹呈

主席王

成都市市長楊〇〇

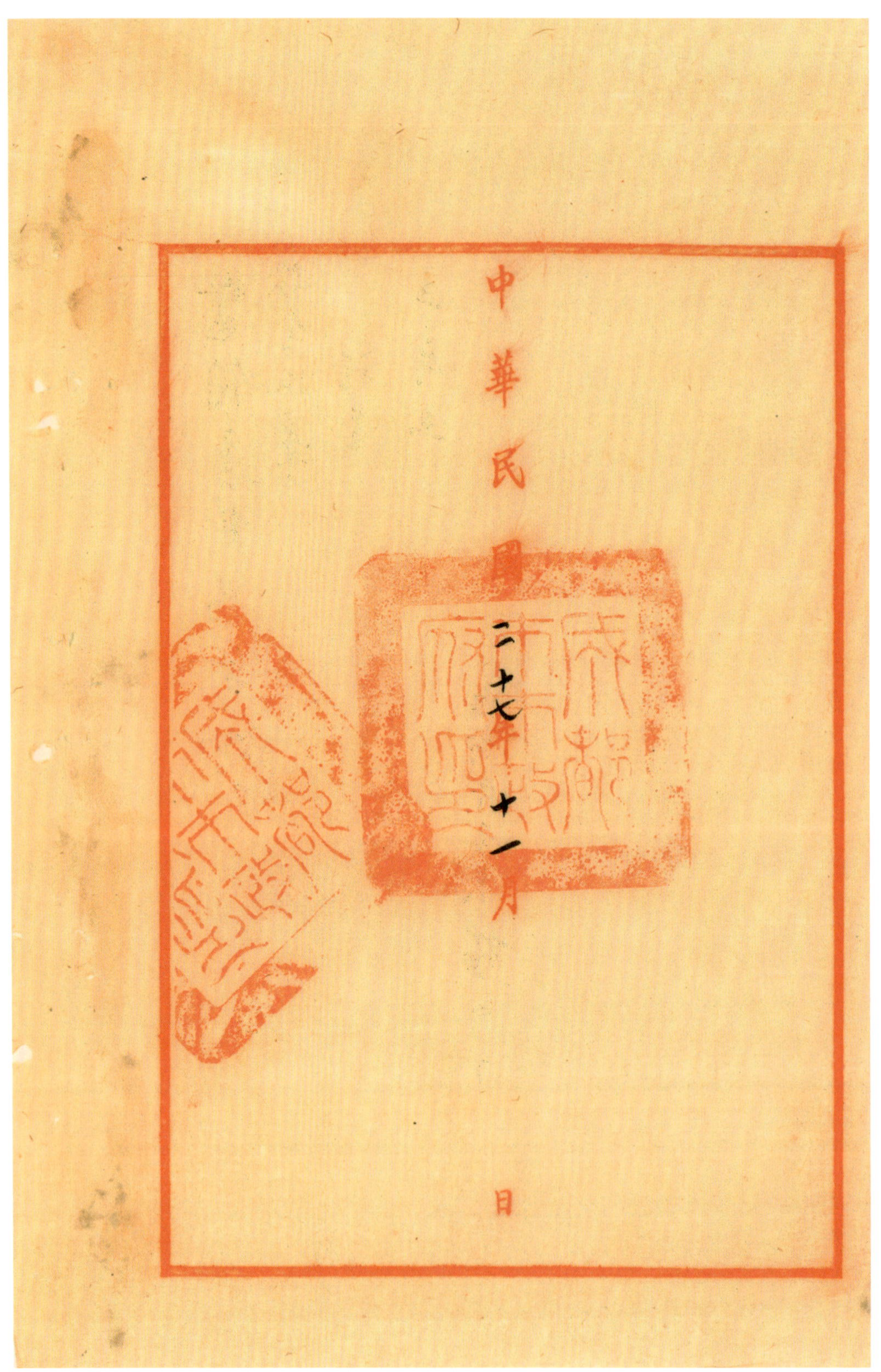

中華民國二十七年十一月　　日

成都市政府为拨少城公园地段为王铭章上将建纪念塔事致四川省政府的呈（一九三八年十一月十九日）

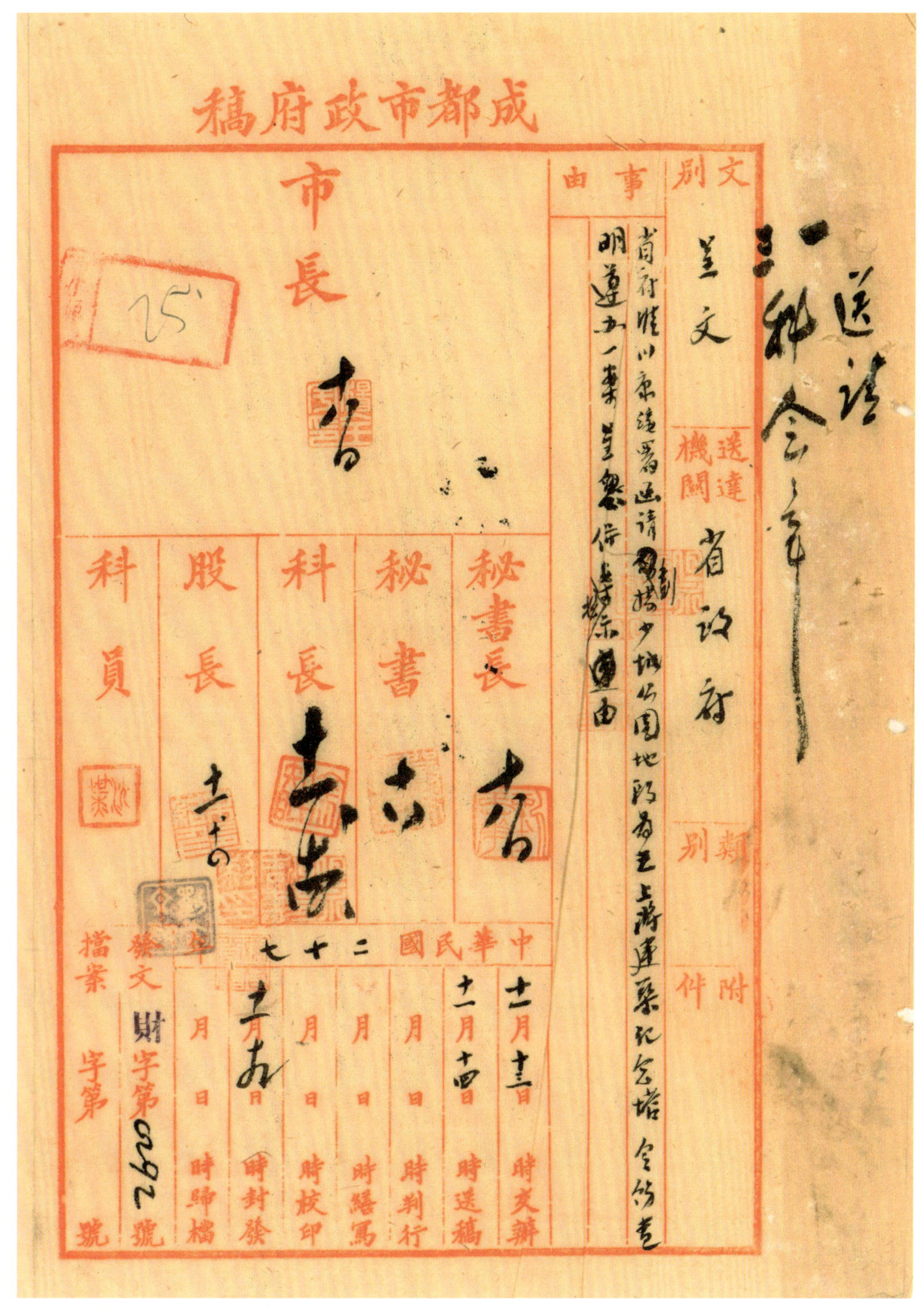

成都市政府稿

文别：呈文

事由：省府准川康绥署函请划拨少城公园地段为王上将建筑纪念塔，令饬查明遵办一案，呈祈鉴核由

送达机关：省政府

市长

秘书长

秘书

科长

股长

科员

中华民国二十七年

十一月十三日交辦

十一月十四日送稿

發文財字第0292號

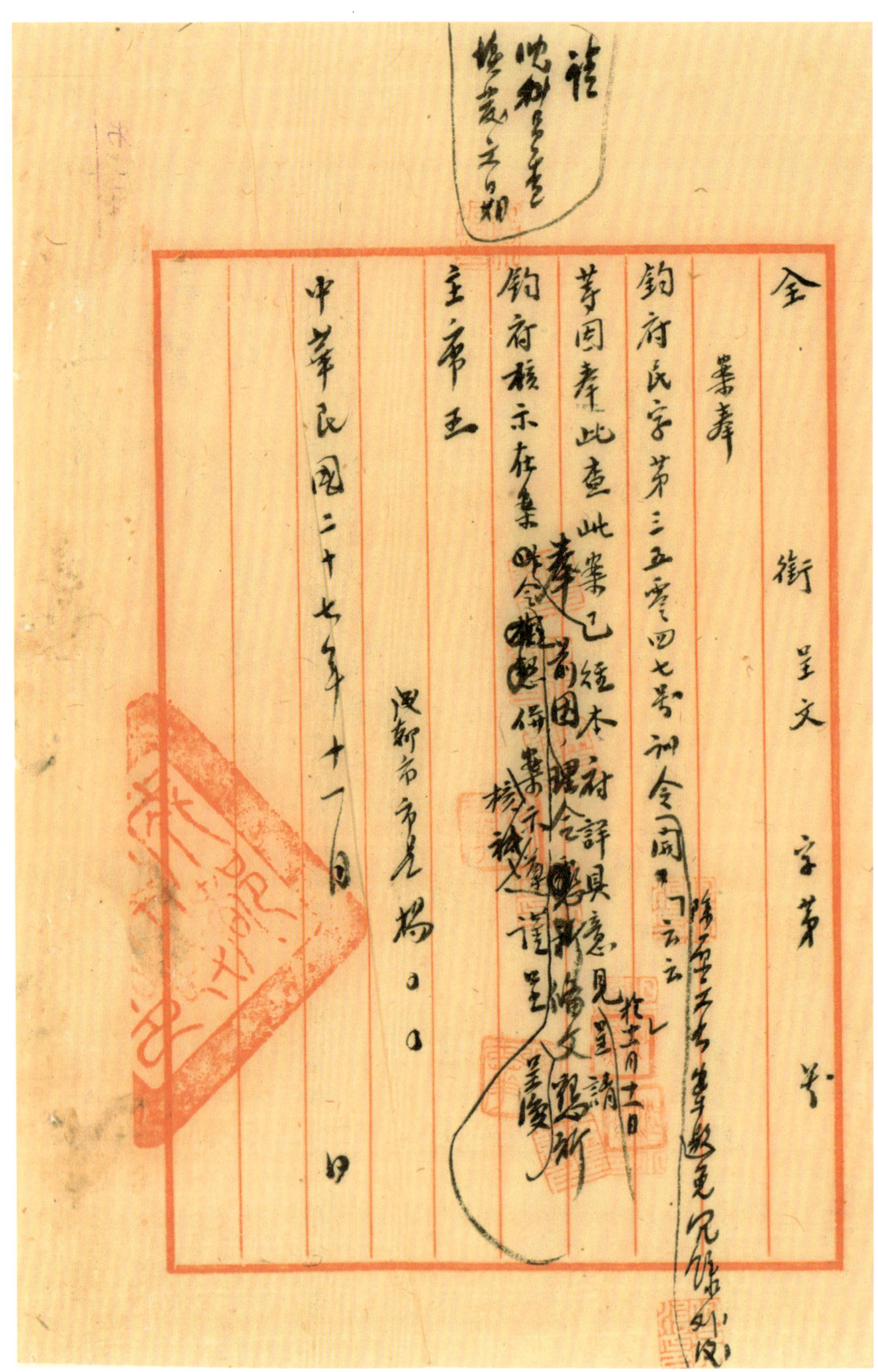

全銜　呈文　字第　號

案奉

鈞府民字第三五零四七號訓令開「……」云云

等因，奉此。查此案已經本府詳具意見呈請

鈞府核示在案。……

主席王

成都市市長楊○○

中華民國二十七年十一月　日

四川省政府关于仍在少城公园内划地建造王铭章上将纪念塔致成都市政府的训令
（一九三八年十二月十七日）

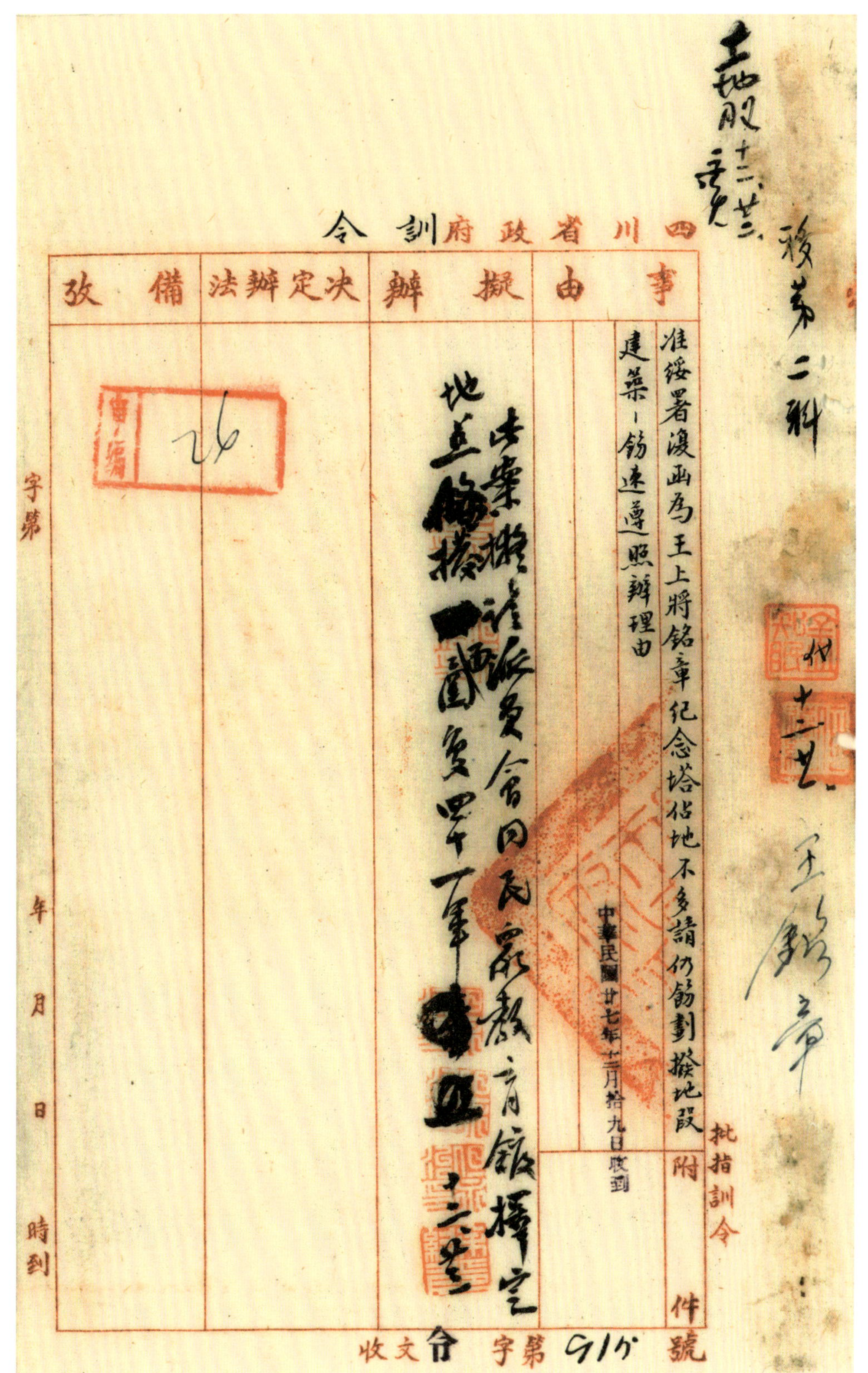

四川省政府訓令

事由	擬辦	決定辦法	備攷
准綏署渝函爲王上將銘章紀念塔佔地不多請仍飭劃撥地段建築！飭速遵照辦理由			

中華民國廿七年十二月拾九日收到

附件

批指訓令

收文 字第 915 號

四川省政府 訓令

廿七年 民字第 39137 號

令成都市政府

案查前據該府呈復為王上將銘章在少城公園建紀念塔張先烈培爵建紀念堂奉令審核，條陳意見六項，請予核示，正核辦間，復據該府呈復奉到本府民字第三五零四七號訓令仍懇併同前案核示各等情前來，當經轉函川康綏靖主任公署徵詢意見，并分令張先烈培爵公葬委員會核議去後，茲准 綏署副字第二二七二號 公函節開「查該市府所陳，不為無見，惟王上將銘章死事壯烈，國家卹典，非同恒泛，該軍請就少城公園建塔紀念，即所以崇敬殊功，公便易民庶瞻仰，且建塔無礙風景，塔址佔地不多，擇公園中相當地點劃撥一段，決非難事，仍請轉飭該市府遵照前函辦理，尅致劃出，俾便早日興工以彰忠烈」等由准此，合行令仰該府遵照迅速劃撥地段，以資建築而表忠烈，仍將辦理情形呈報查核。

此令。

中華民國廿七年十二月十七日

主席王纘緒

民政廳長胡次威

監印員梅寄鶴

校對員賣國楫

成都市政府关于请派员指拨接收在少城公园内为王铭章上将建造纪念塔事致陆军第四十一军军司令部的公函（一九三八年十二月二十四日）

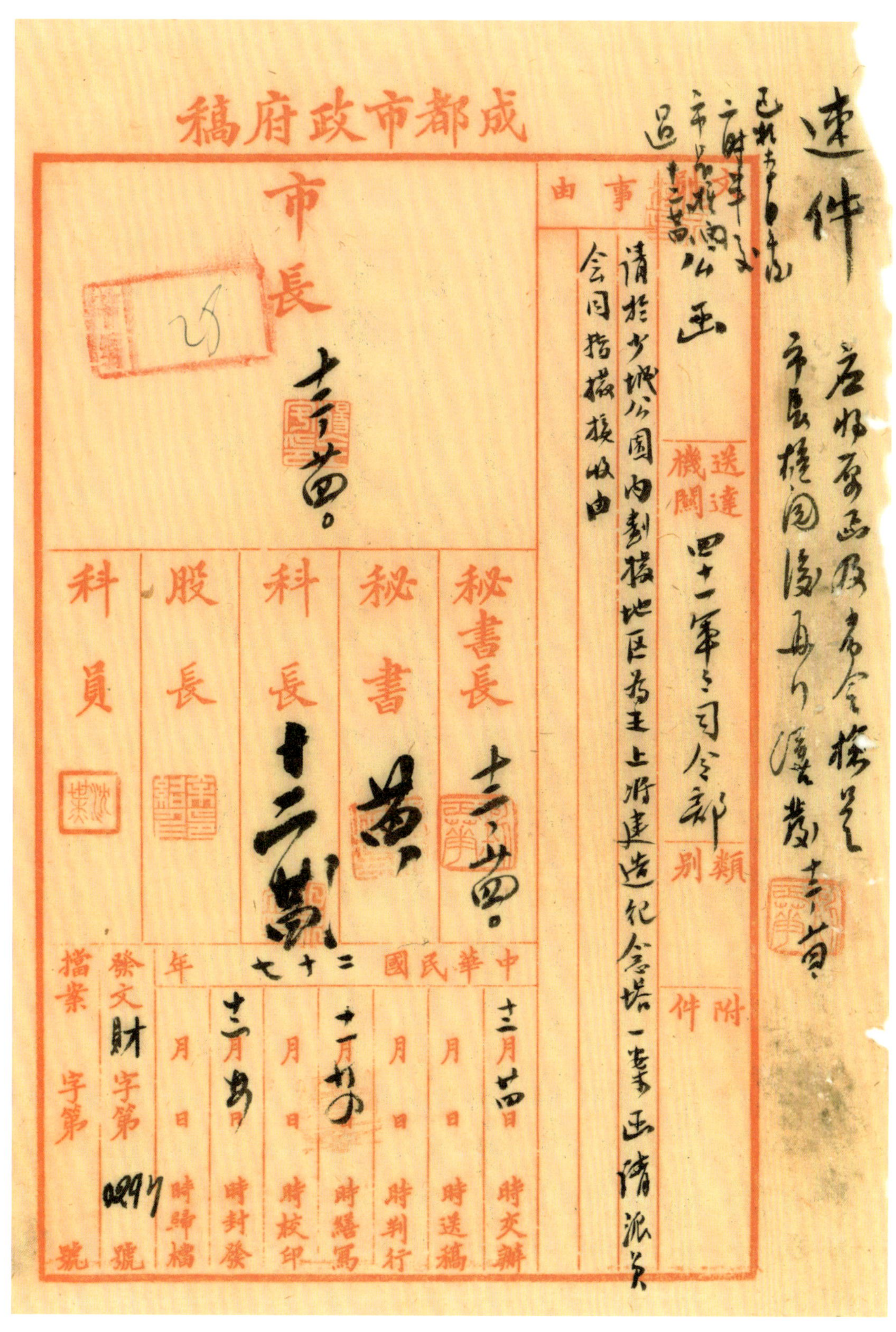

全衔　公函　字第1297號

案准

貴部廿七年叁法字第一二四號函，準原文有案不錄外，後開："應請貴府指派專員會同辦紀念王上將工事委員會推定委員廖仲和、熊子駿兩員，於少城公園內劃撥地區一段，俾便興工建築，事關表彰忠烈，深荷惠賜贊同，至深感禱，並請賜覆為荷"等由，准此。茲劃撥少城公園內半邊橋大门內品勝球房前面國術館对面中间空地一段，為王上將建築紀念塔地址，請煩轉達廖、熊兩委員於本

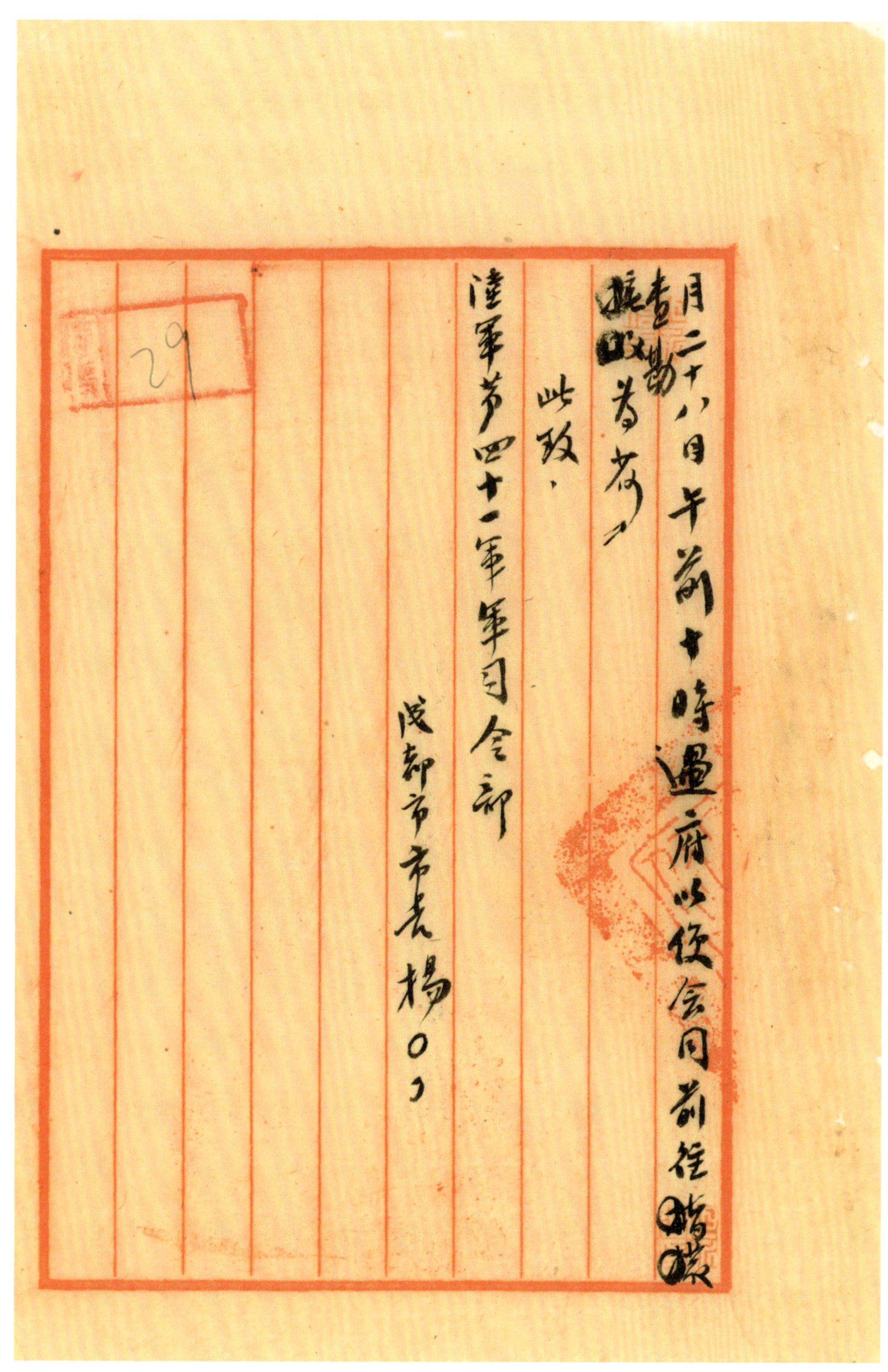

29

月二十八日午前十時還府以便会同前往查勘為荷。

此致

陸軍第四十一軍軍司令部

成都市市長楊〇〇

中華民國二十七年十二月廿四日

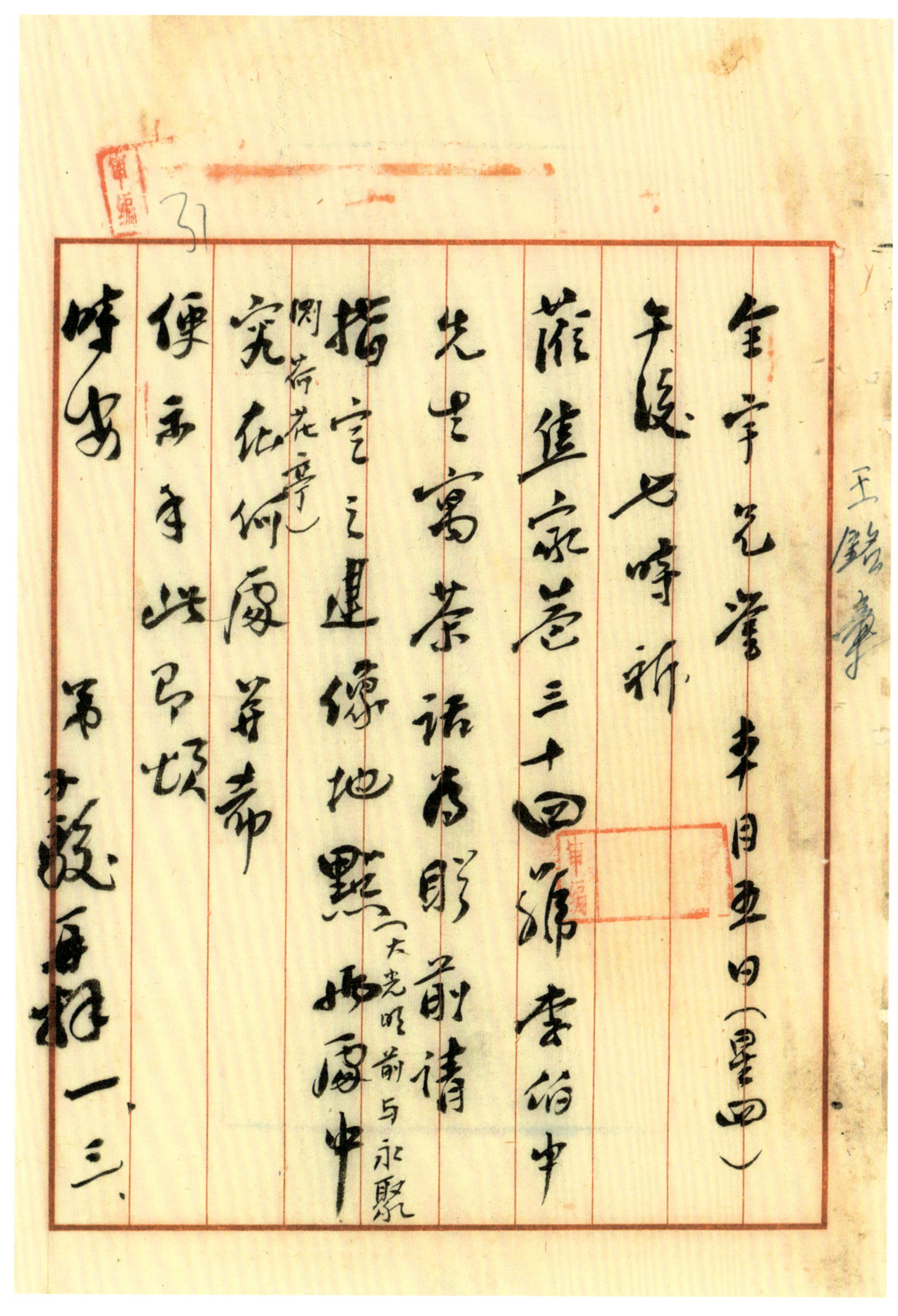

王铭章

全宇兄鉴：本月五日（星四）午后七时祈
莅进家巷三十四号李伯中
先生寓茶话为盼。前请
指定之建像地点（大光明前与永聚如属中（附荷花亭）
究在何处，并希
便示。手此即颂
时安
弟子骏再拜 一、三

第四十一军熊子骏为请选定王铭章上将建像地点致成都市长杨全宇的函（一九三九年一月三日）

成都市长杨全宇关于择少城公园内空地为王铭章上将建像致第四十一军熊子骏的函

（一九三九年一月十日）

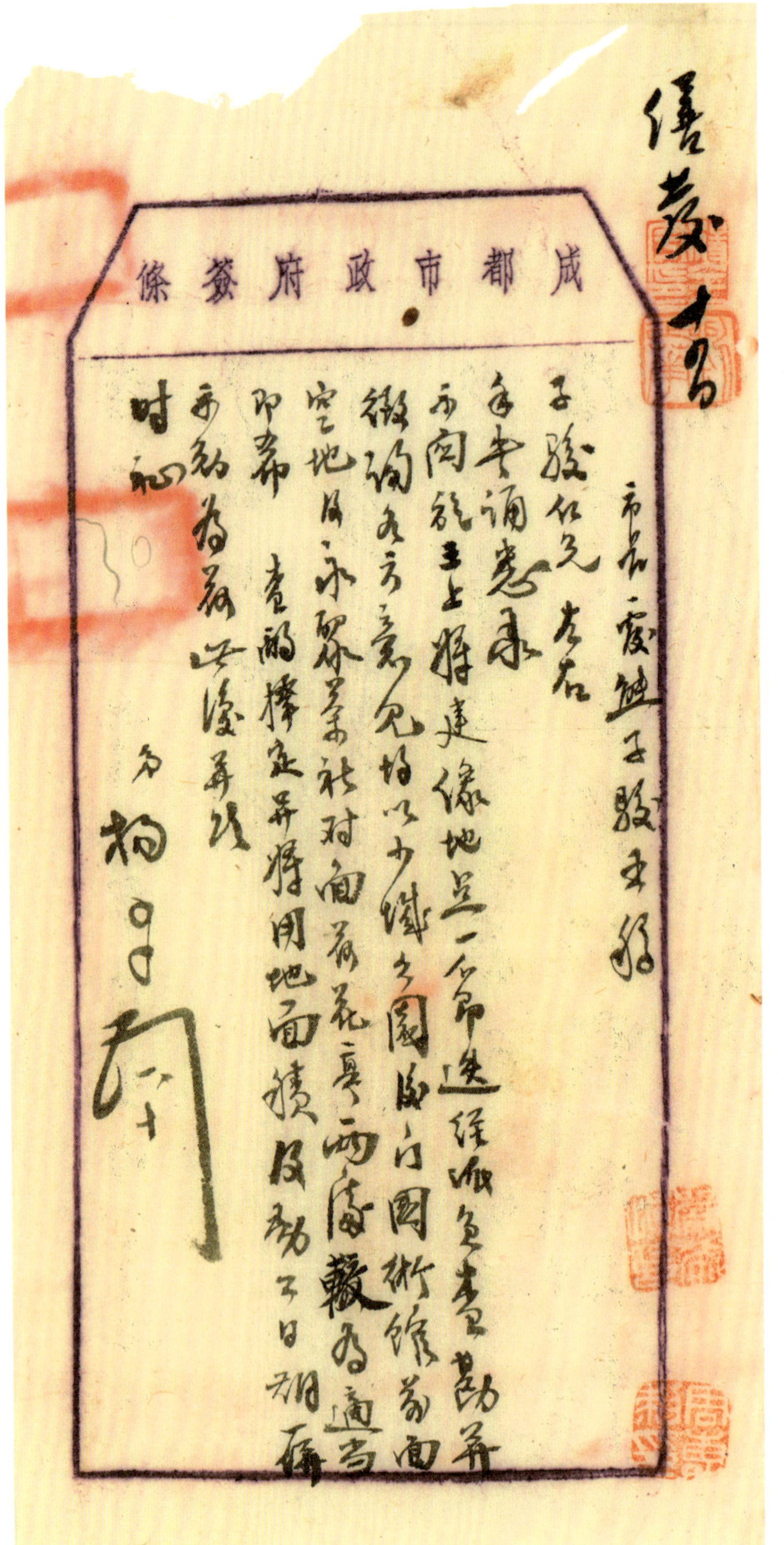

信發 十日

成都市政府箋條

市長復熊子駿手稿

子駿仁兄軍長台右：

年來誦悉，承

示為銘章上將建像地點一節，迭經派員查勘，並

徵詢各方意見，均以少城公園內圖書館前面

空地及永聚茶社對面前花亭兩側最為適當。

即希

查明擇定，並將用地面積及動工日期

示知為荷。此復，並頌

時祉

弟 楊全宇 一月十日

四川省政府关于速将少城公园荷花亭地点拨作为王铭章上将建纪念塔基址致成都市政府的训令

（一九三九年二月十五日）

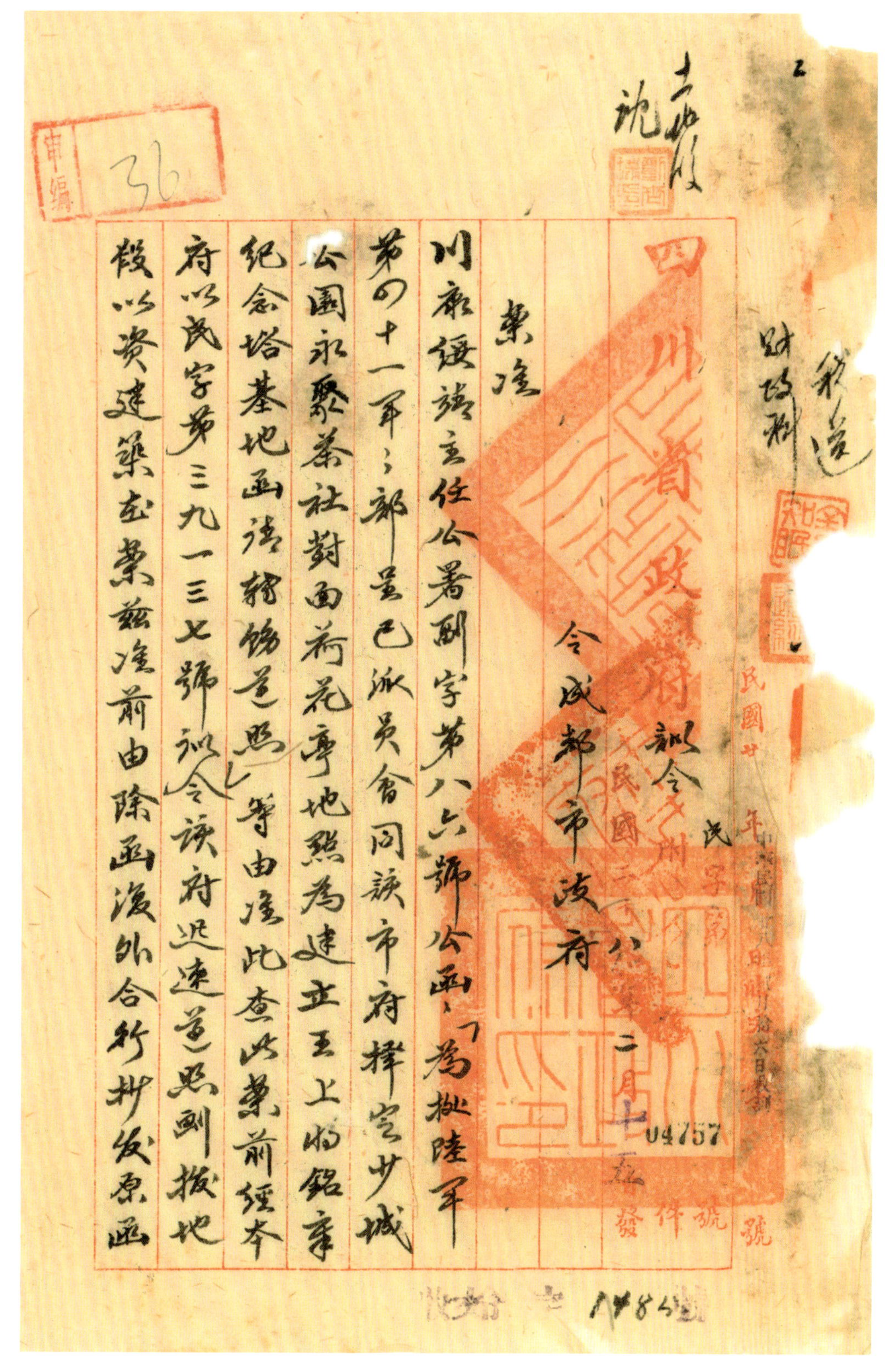

四川省政府训令　民字第　号

令成都市政府

案准

川康绥靖主任公署副字第八六号公函开：“为拟陆军第四十一军军部业已派员会同该市府择定少城公园永聚茶社对面荷花亭地点为建立王上将铭章纪念塔基地函请转饬遵照”等由，准此，查此案前经本府以民字第三九一三七号训令该府迅速遵照划拨地段以资建筑在案。兹准前由，除函复外，合行抄发原函

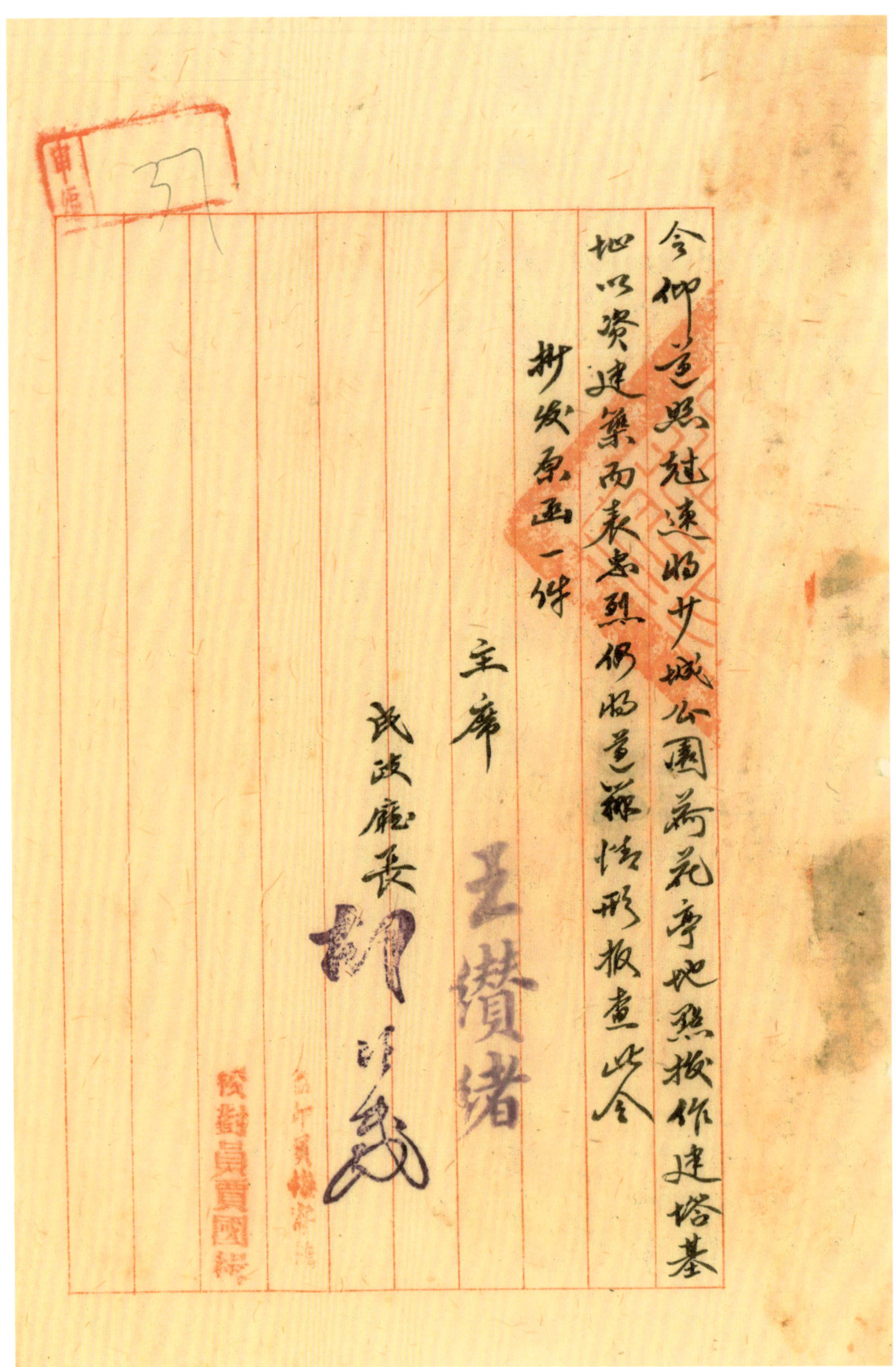
令仰遵照，赶速将少城公园荷花亭地点拨作建塔基地，以资建筑而表忠烈，仍将遵办情形报查。此令。

抄发原函一件

主席 王缵绪

民政厅长 胡次威

校对员贾国经

监印员杨深倬

附：川康绥靖公署主任邓锡侯关于派员协助办理建造王铭章上将纪念塔致四川省政府的公函（抄件）

（一九三九年一月三十日）

照抄原公函　制字第八六號

案據陸軍第四十一軍軍長孫震呈稱竊職部呈請鈞署轉
函省政府於少城公園內劃撥地區為王上將銘章建塔鑄像
一案奉鈞署二二零五號指令節開前准四川省政府二十七
年十一月民字第三五零四六號公函開案准貴公署制字第
二七四號公函以准本府後函為陸軍第四十一軍部呈請劃撥
少城公園建築王故上將銘章紀念塔一案僅屬劃撥地區問
題請查照飭令成都市政府遵照辦理以資建築并請見
復等由准此除令成都市政府遵照辦理具報外相應函復
請煩查照為荷等由准此合行令仰知照等因奉此遵[illegible]錫

派该部纪念王上将工事委员会委员熊子骏前往成都市政府会同办理去后，兹据熊委员报称：关于王上将建塔铸像事宜，迭经会同市府查勘地点，现准杨市长全宇函内开以少城公园内永聚茶社对面荷花亭地点较为适当，报请酌定等情前来。该部覆查无异，除供用地面积及动工日期另文呈报外，所有择定此项地点理合先行呈请钧署俯赐鉴核，立案并请转函成都市政府查照，实为德便。伏乞指令祇遵。等情。除指令准予备查外，相应函达，请烦查照为荷。此致

四川省政府

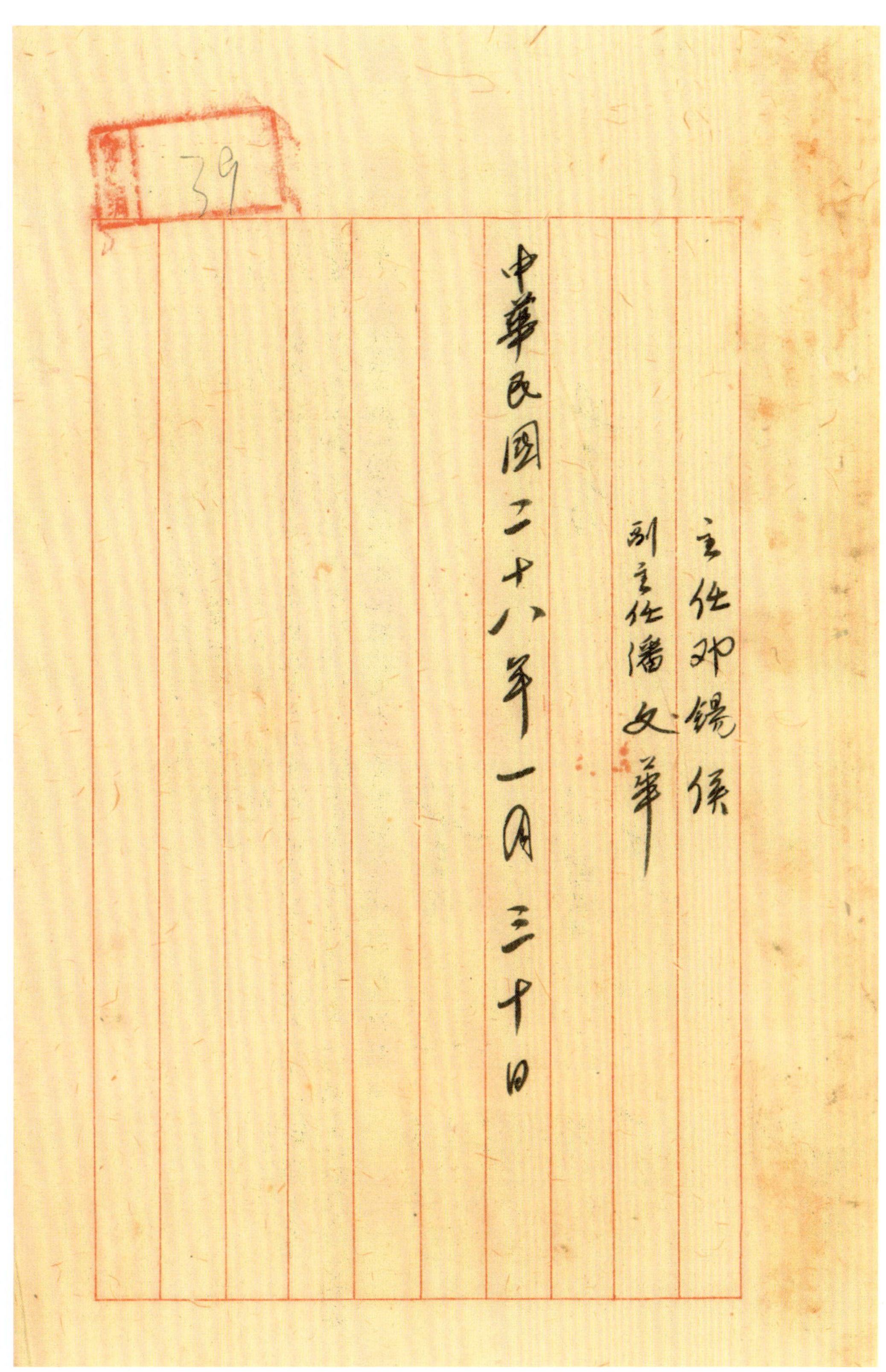
39

主任邓锡侯
副主任潘文华

中华民国二十八年一月三十日

成都市政府关于划拨少城公园荷花亭为王铭章上将建纪念塔致四川省政府的呈、致陆军第四十一军军司令部的公函、致市立民教育馆的训令（一九三九年三月一日）

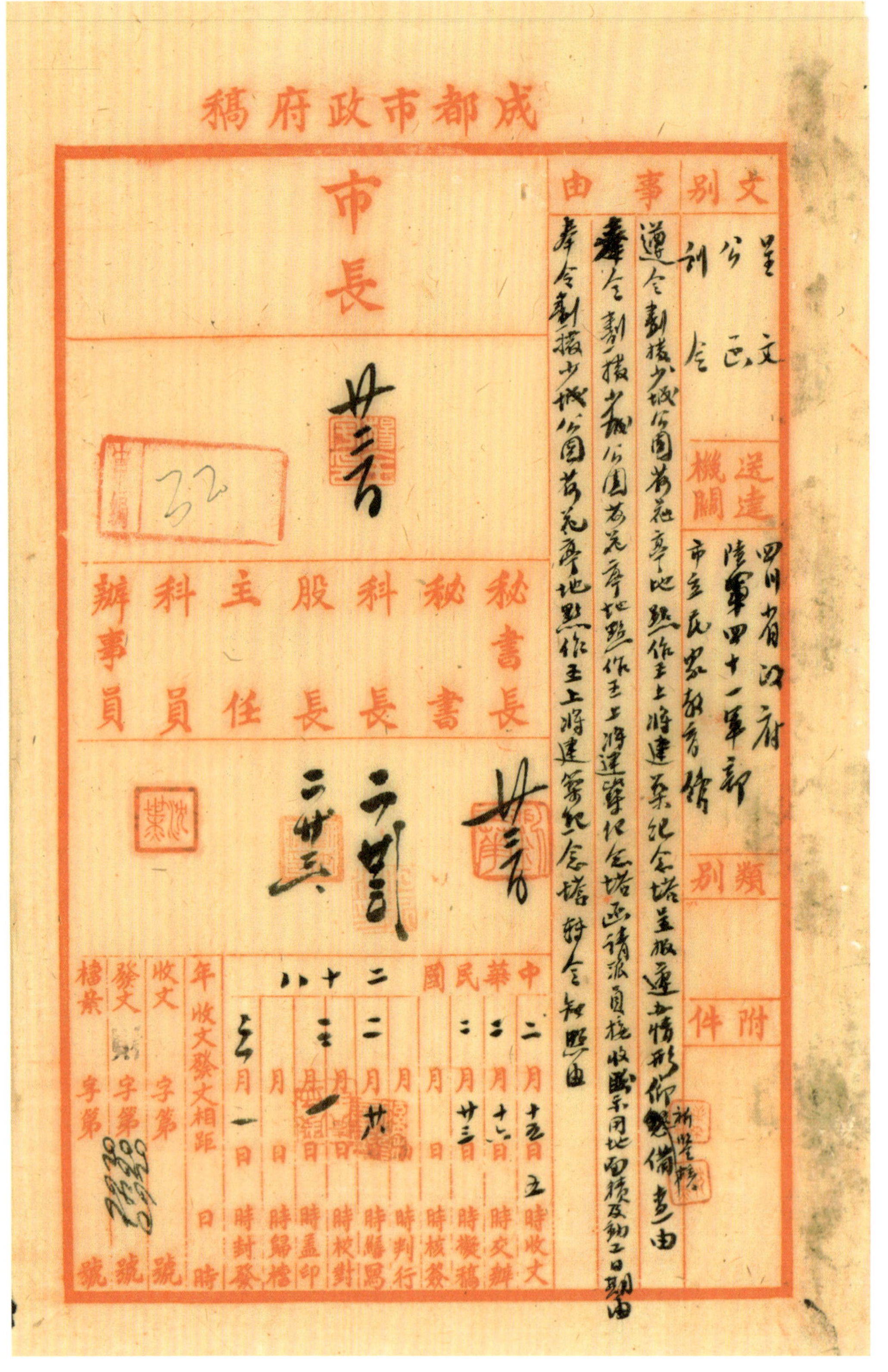

案奉

鈞府二十八年民字四七五七號訓令，飭遵照迅速將少城公園荷花亭地點撥作王上將建塔基地，以資建築而表忠烈，仍將遵辦情形報查，等因奉此，查此案前奉

鈞府二十七年民字第三九一三七號訓令，遵劃撥少城公園地段，以資建築王上將紀念塔，本府當即派員會同民眾教育館酌定少城公園後門內國術館前面空地及永聚茶社對面荷花亭兩處，函請陸軍第四十一軍軍部派員擇定，將用地面積及動工日期示知，以憑劃撥在案，茲奉前因，自應遵令將該荷花亭地段劃撥，除函請

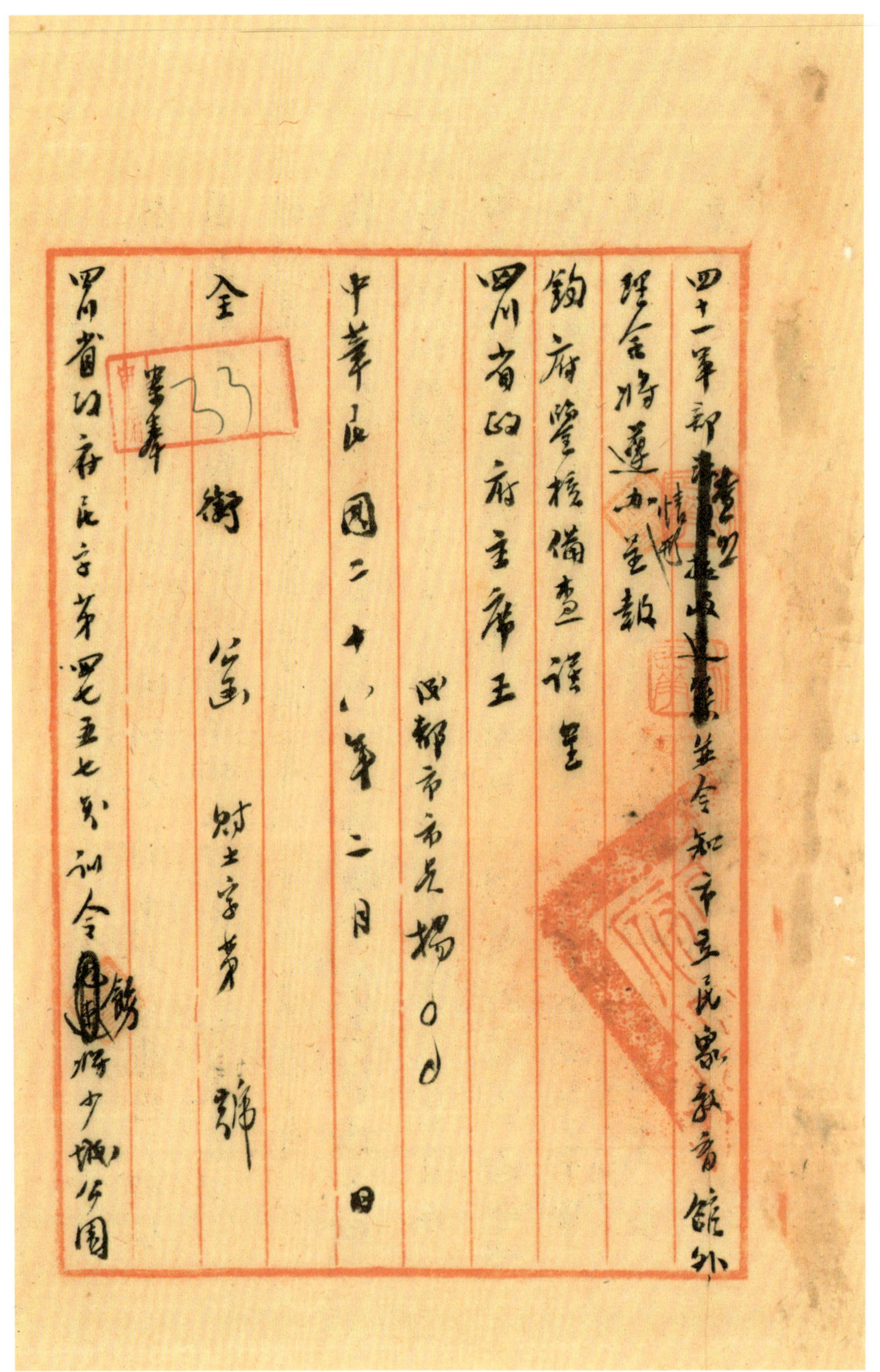

四十一军部□□□□□□并令知市立民众教育馆外，理合将遵办情形呈报

钧府鉴核备查。谨呈

四川省政府主席王

成都市市长杨〇〇

中华民国二十八年二月　日

全衔　签　财土字第　号

案奉

四川省政府民字第四七五七号训令饬将少城公园

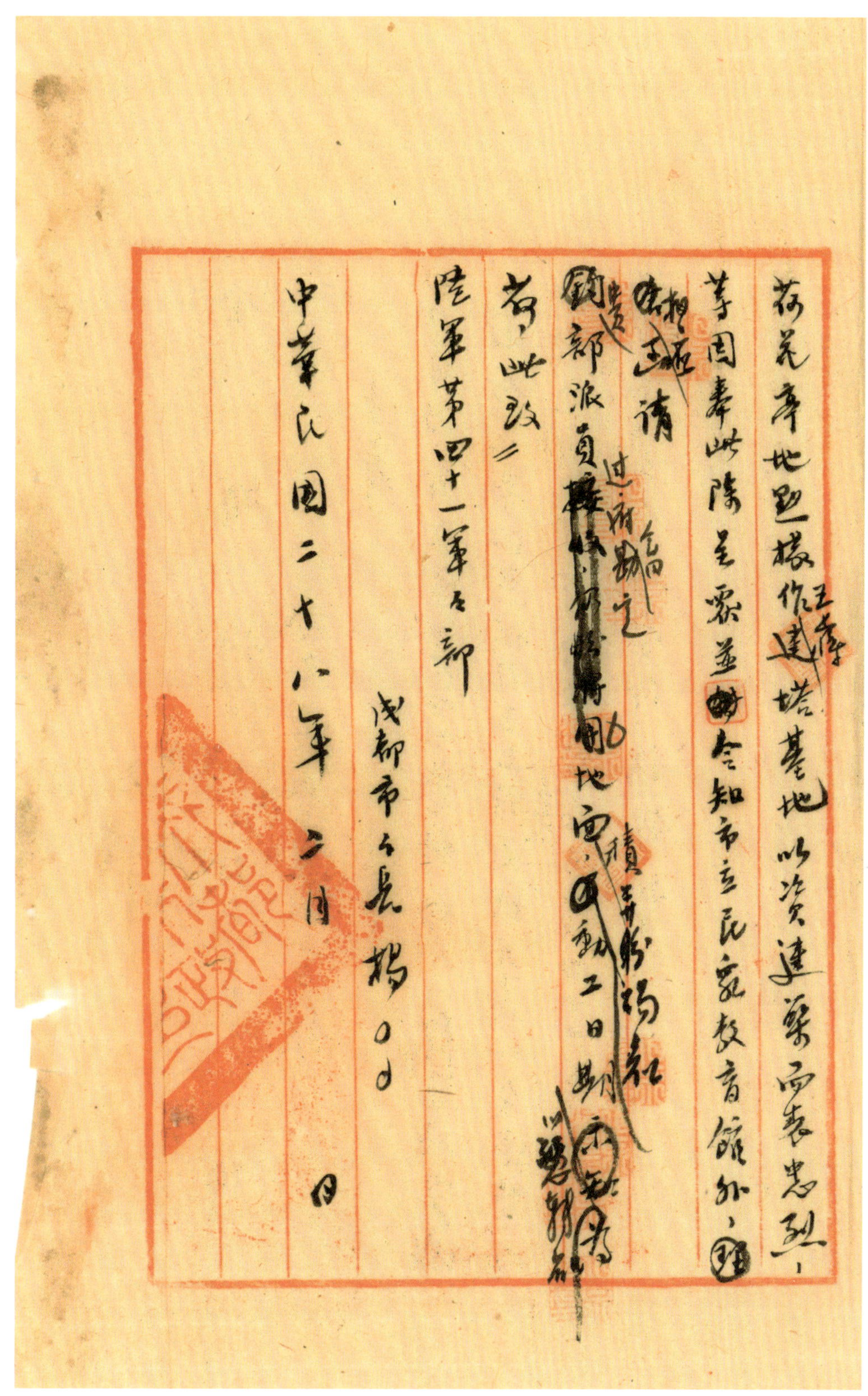

荷花亭地點擬作建王陵塔基地，以資建築而表忠烈，

等因奉此，除呈覆並令知市立民眾教育館外，相

應函請

貴部派員過府會勘定地面積，並將動工日期示知，以憑辦理

為荷。此致

陸軍第四十一軍軍部

成都市市長楊〇〇

中華民國二十八年二月　日

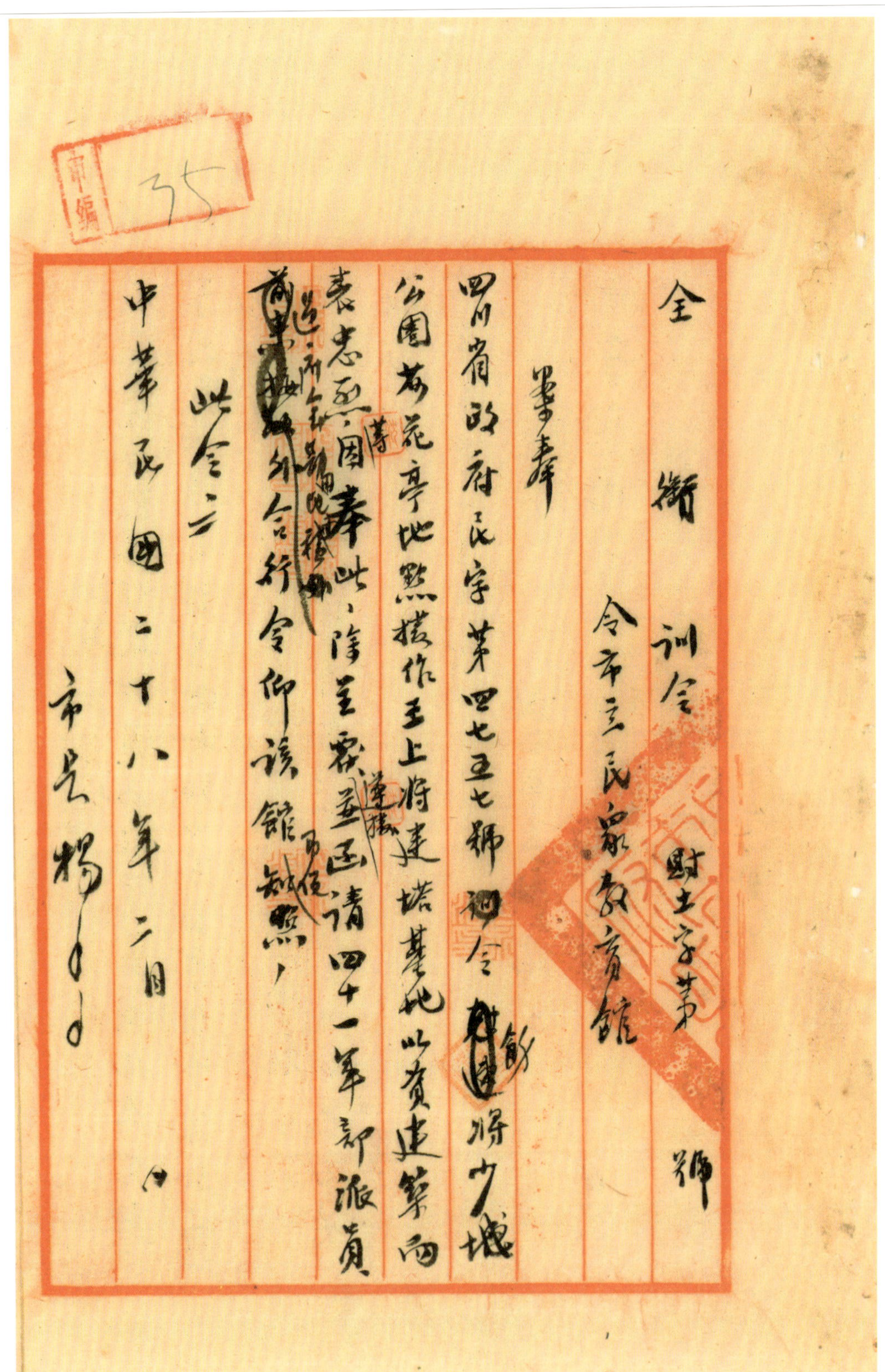

审编 35

全衔训令　　　　　　　　　　　　社字第　　号

令市立民众教育馆

案奉

四川省政府民字第四七五七号训令，饬将少城公园荷花亭地点拨作王上将建塔基地，以资建筑而表忠烈。等因。奉此，除呈覆并函请四十一军部派员前往接收外，合行令仰该馆知照。

此令。

中华民国二十八年二月　日

市长杨□□

中華民國　年　月　日

四川省政府关于准予划拨少城公园荷花亭为王铭章上将建纪念塔基址事致成都市政府的指令（一九三九年三月十八日）

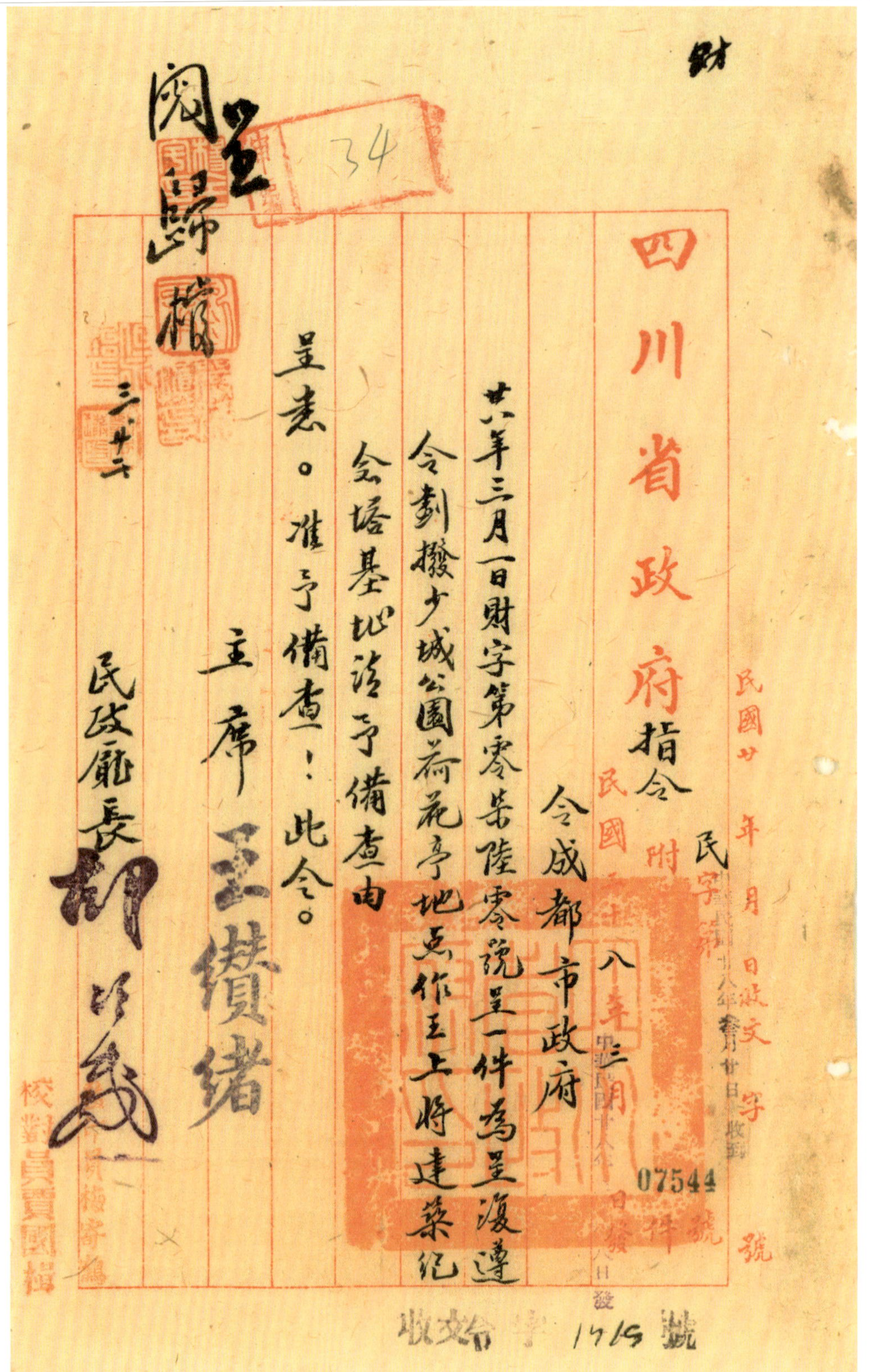

四川省政府指令　民字第　号　附件

令成都市政府

廿八年三月一日财字第零柒陆零号呈一件为呈复遵令划拨少城公园荷花亭地点作王上将建筑纪念塔基地请予备查由

呈悉。准予备查！此令。

主席 王缵绪

民政厅长 胡次威

校对员 贾国楫

财

阅 归档

34

三、廿二

07544

收文命字1719号

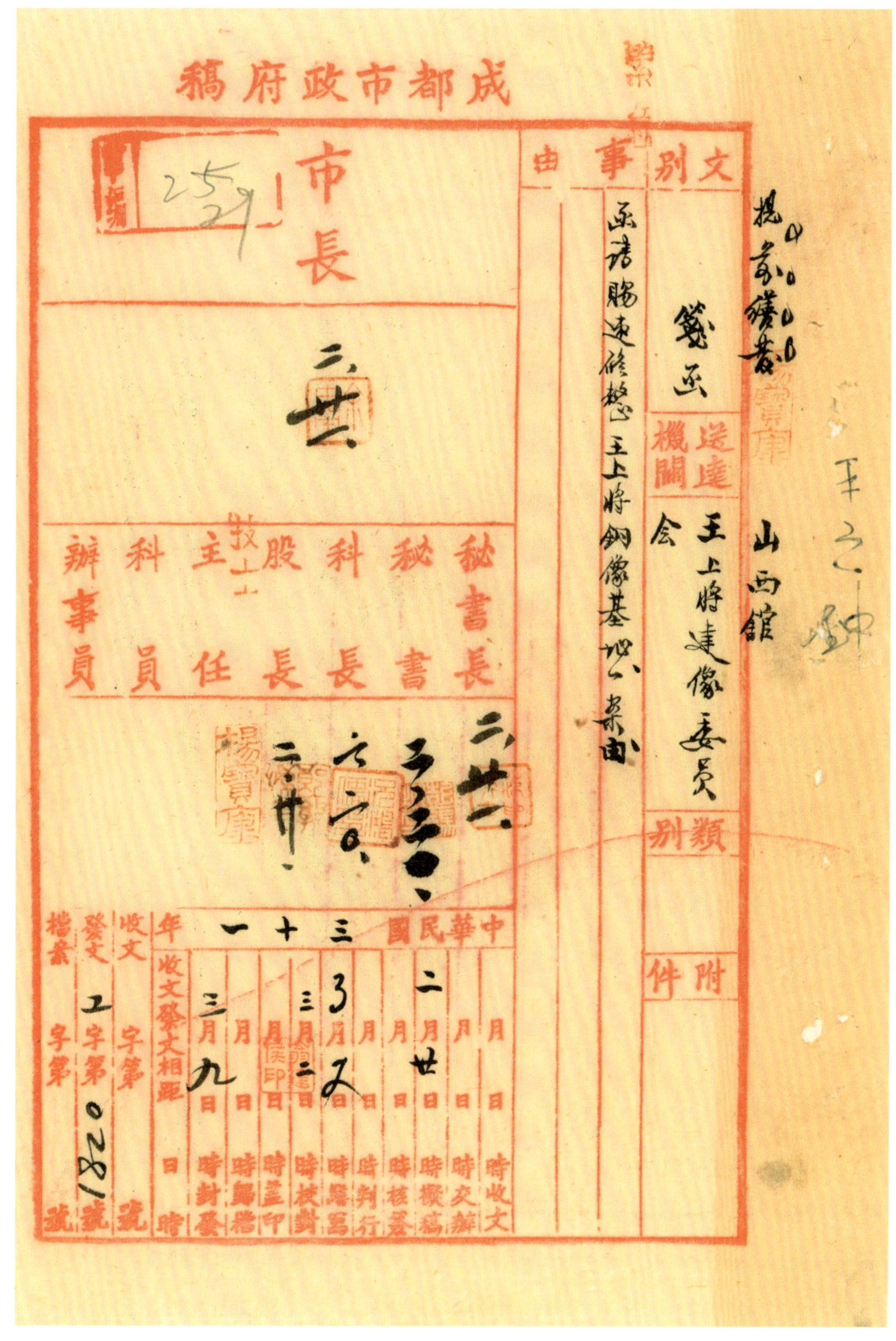

成都市政府关于请派工修整王铭章上将铜像基址致王上将建像委员会的笺函（一九四二年三月九日）

逕啟者：查少城公園內

王上將銅像基地，自去歲被炸後，迄未修理，凌亂不堪，相

應函請

貴會查照，派工賜速修整，以壯觀瞻，爲荷。此致

王上將建像委員會

府 市長 陳離

第二十二集团军总司令部、陆军第四十一军军司令部驻蓉办事处关于通知举行王铭章殉国四周年纪念典礼致聚兴诚银行的函（一九四二年三月十一日收）

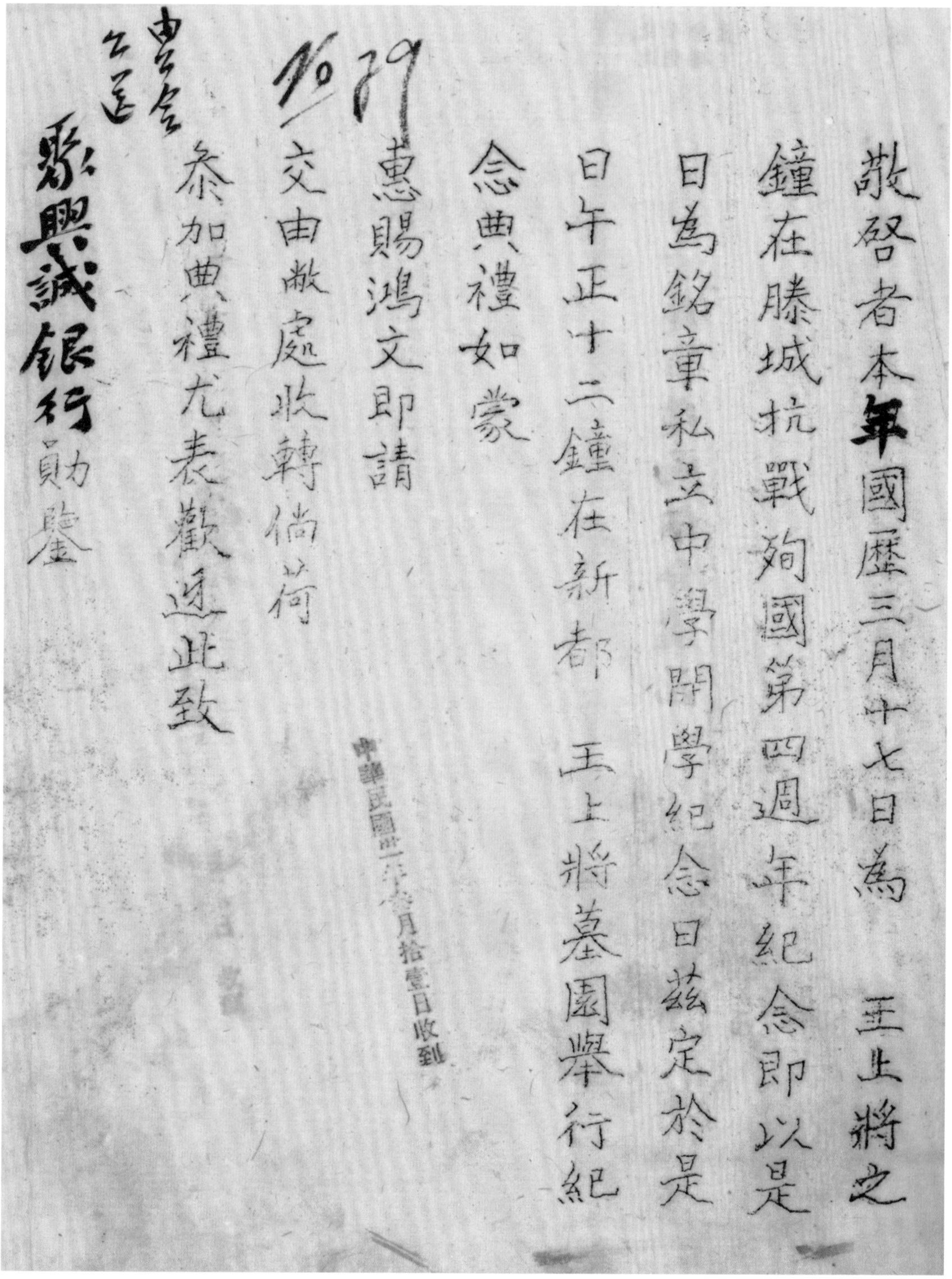

No 79

敬啓者本年國歷三月十七日為 王上將之
鐘在滕城抗戰殉國第四週年紀念即以是
日為銘章私立中學開學紀念日茲定於是
日午正十二鐘在新都 王上將墓園舉行紀
念典禮如蒙
惠賜鴻文即請
交由敝處收轉備荷
參加典禮尤表歡迎此致
聚興誠銀行
勛鑒

中華民國卅一年叁月拾壹日收到

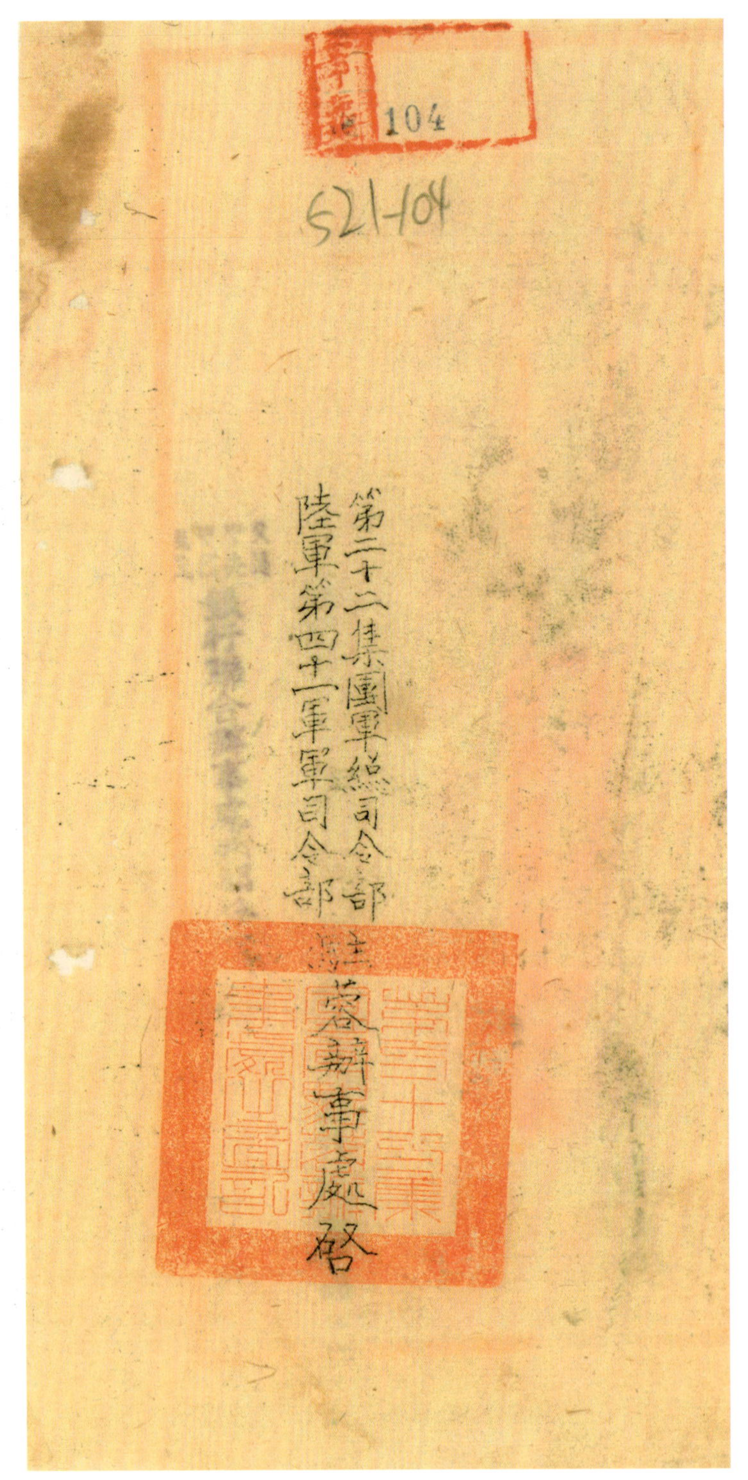

104

521-104

第二十二集團軍總司令部
陸軍第四十一軍軍司令部
駐蓉辦事處啓

第二十二集团军总司令部、陆军第四十一军军司令部驻蓉办事处关于通知举行王铭章殉国四周年纪念典礼致和成银行的函（一九四二年三月十一日收）

敬启者本年國歷三月十七日為　王上將之鐘在滕城抗戰殉國第四週年紀念即以是日為銘章私立中學開學紀念日茲定於是日午正十二鐘在新都　王上將墓園舉行紀念典禮如蒙惠賜鴻文即請交由敝處收轉備荷參加典禮尤表歡迎此致

和成銀行

勛鑒

第二十二集團軍總司令部
陸軍第四十一軍軍司令部
駐蓉辦事處啓

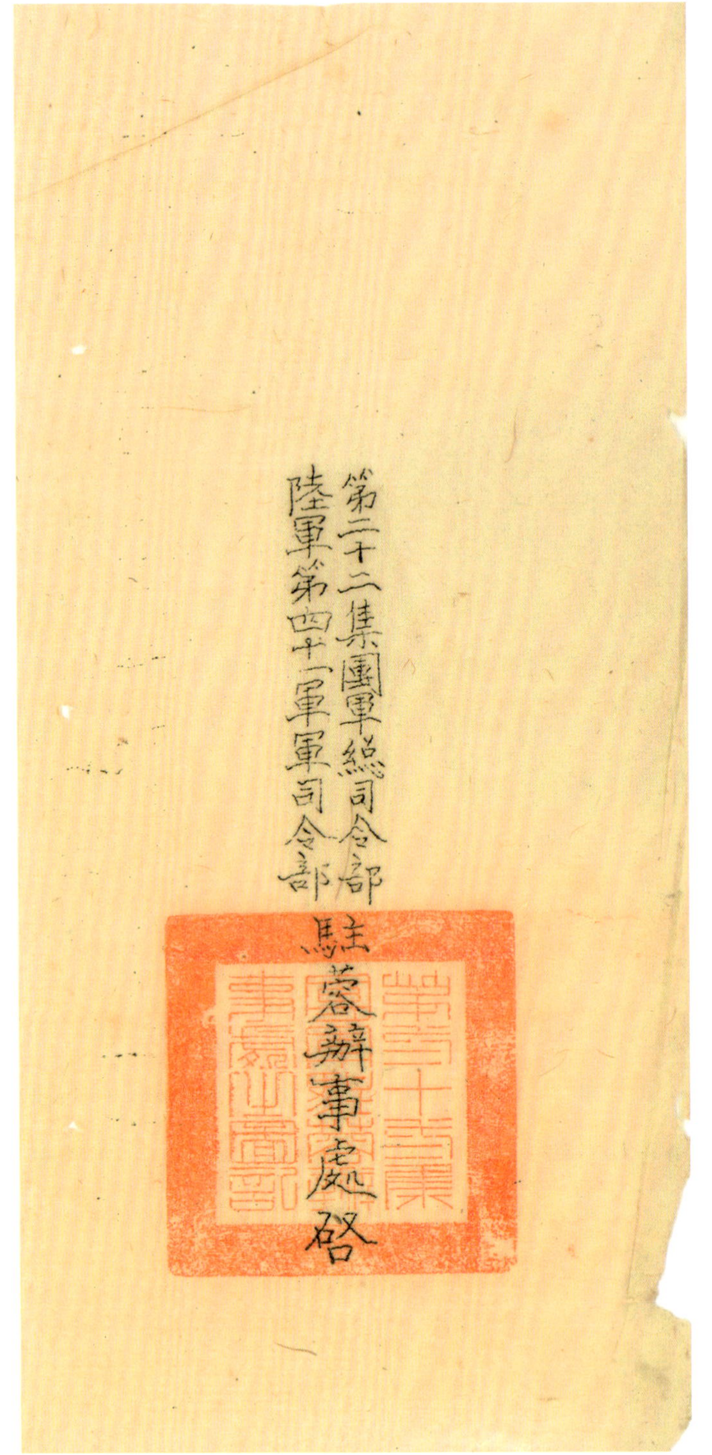

成都市银行商业同业公会关于推派王上将抗战殉职四周年纪念暨铭章私立中学开学纪念礼致中国银行、交通银行等银行的函（一九四二年三月十二日）

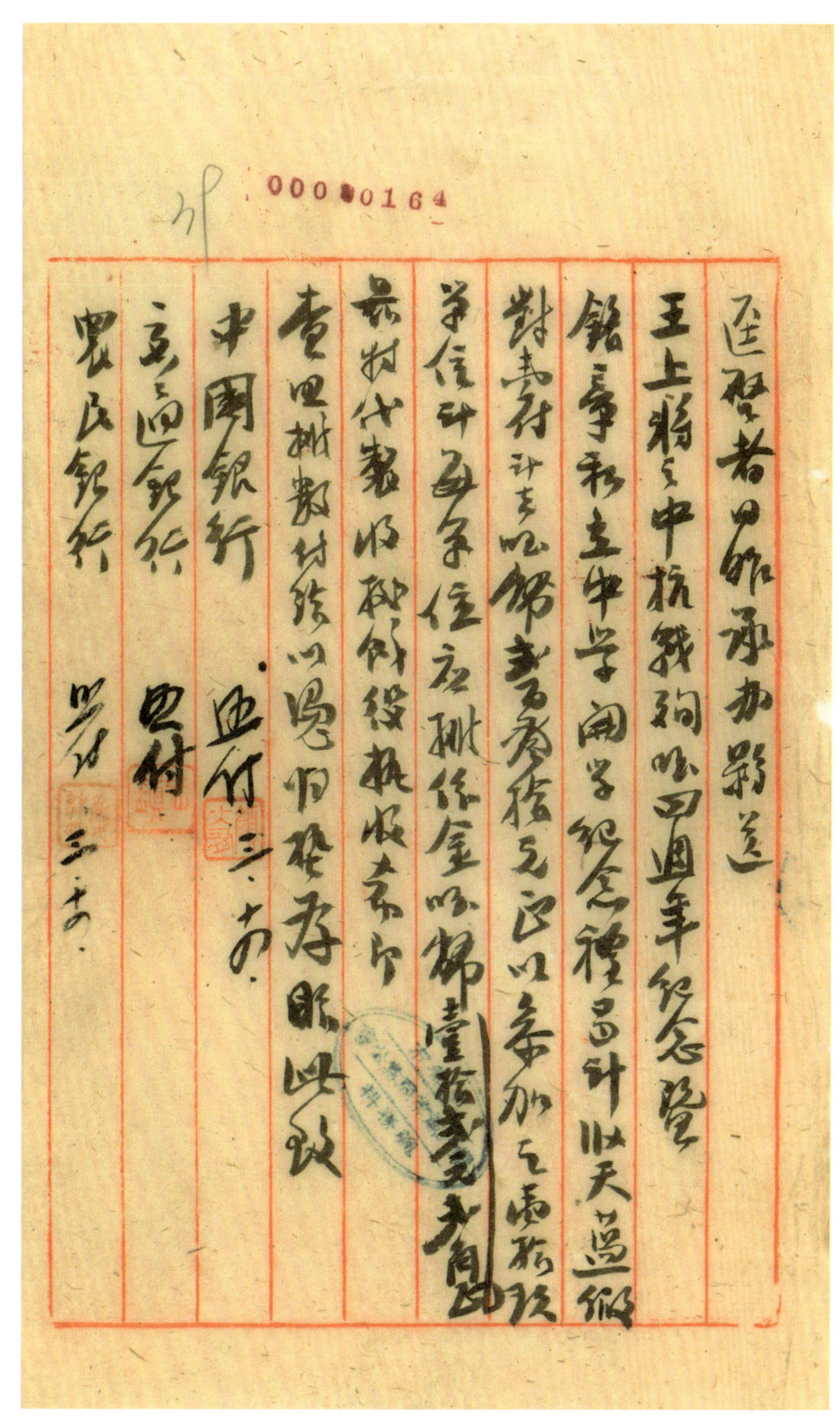

00080164

逕啟者：[illegible]

王上將之中抗戰殉職四週年紀念暨

銘章私立中學開學紀念禮[illegible]

[illegible]

[illegible]

[illegible]

貴[illegible]此致

中國銀行　逕付　三、十六

交通銀行　照付

農民銀行　照付　三、十六

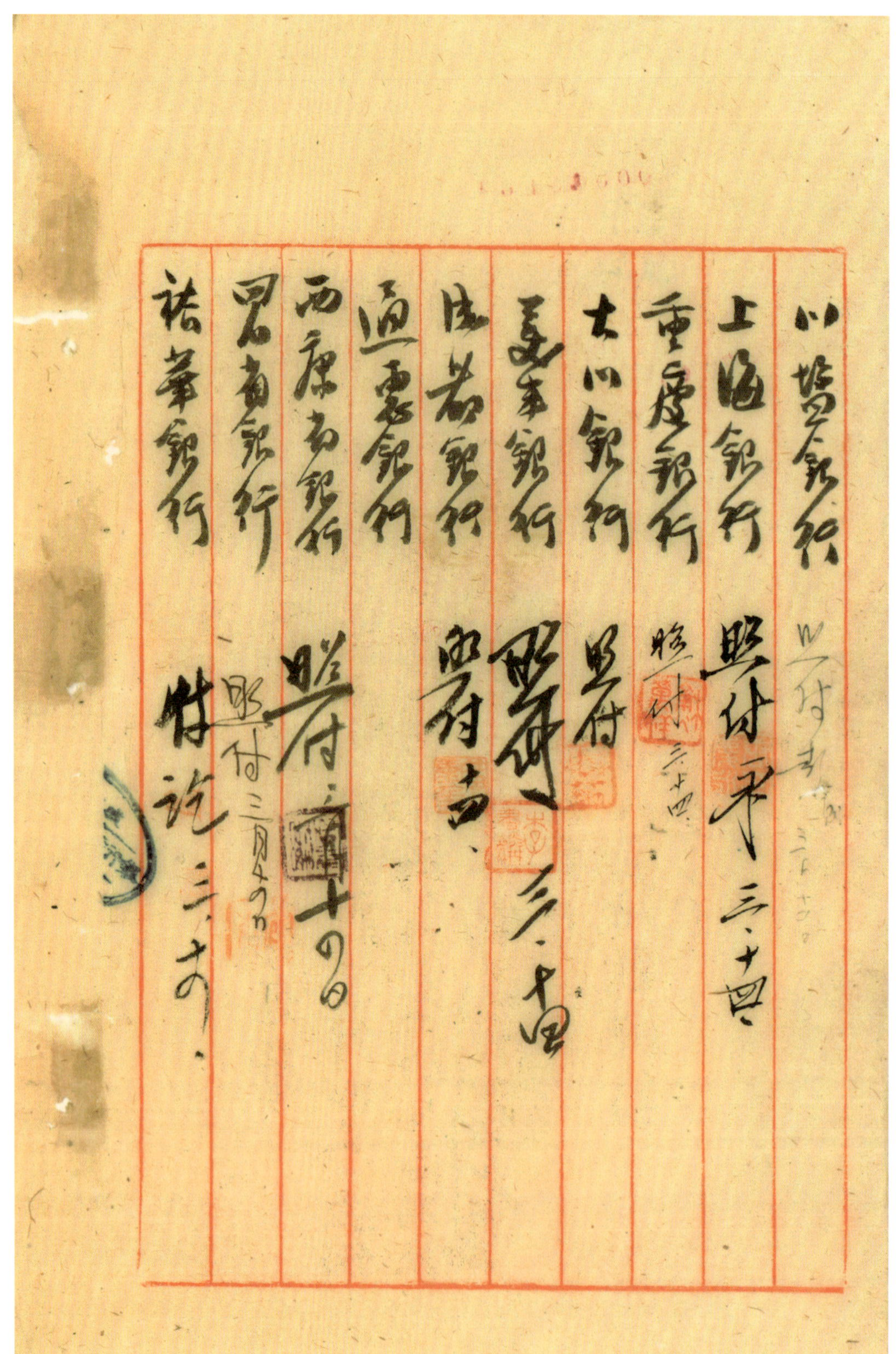

川盐银行 以付 三、十四

上海银行 照付 三、十四

重庆银行 照付 三、十四

大川银行 照付

美丰银行 照付 三、十四

川康银行 照付 十四

通惠银行

西康省银行 照付 三、十四

四川省银行 照付 三月十四日

裕华银行 付讫 三、十六

41

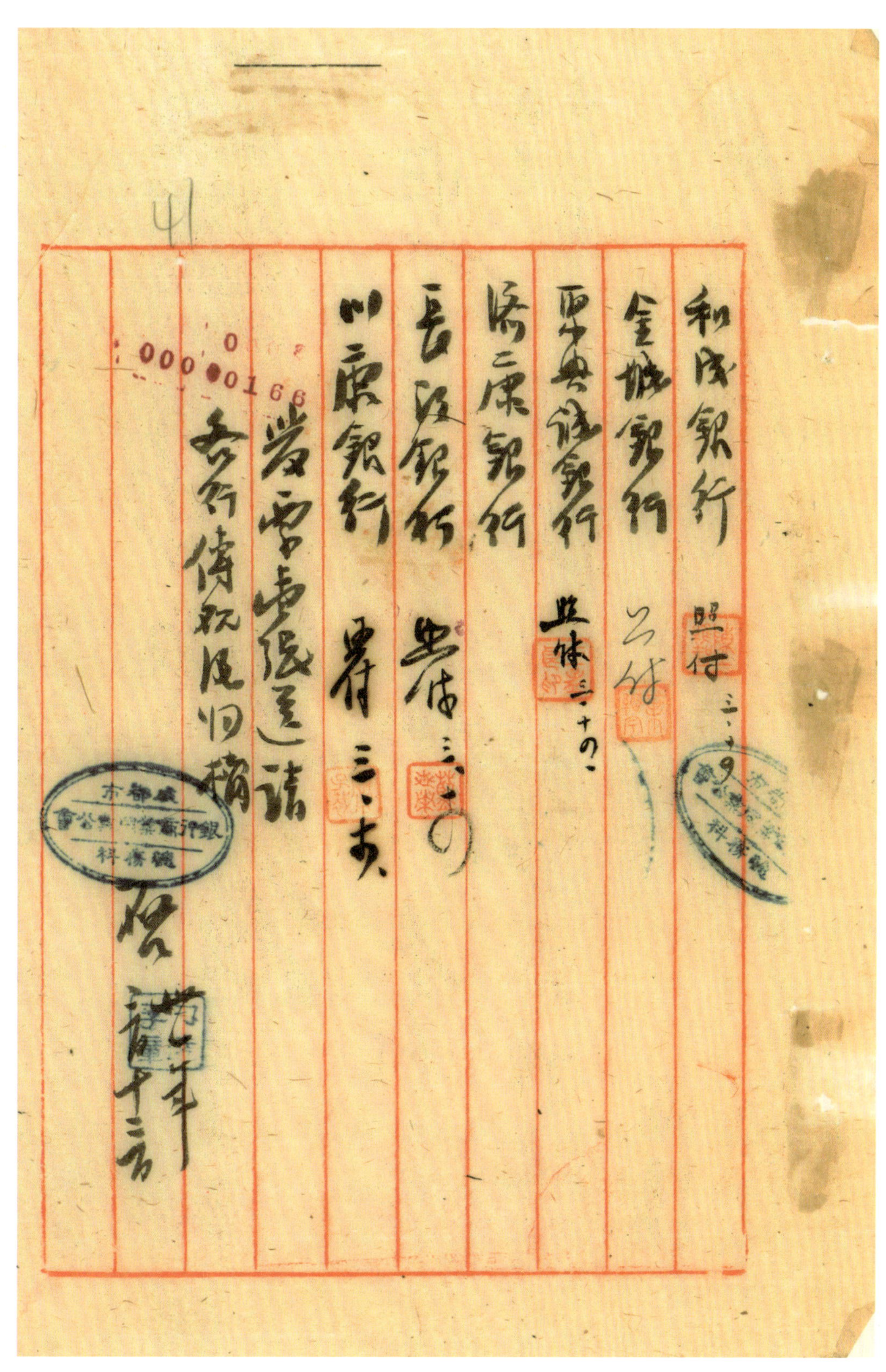

和成銀行 照付 三、十九

金城銀行 照付

聚興誠銀行 照付 三、十四

濟康銀行

長江銀行 照付 三、十五

川鹽銀行 照付 三、十六

當面點還 請

各行傳錄底簿

啓

卅七年十二月

000 00166

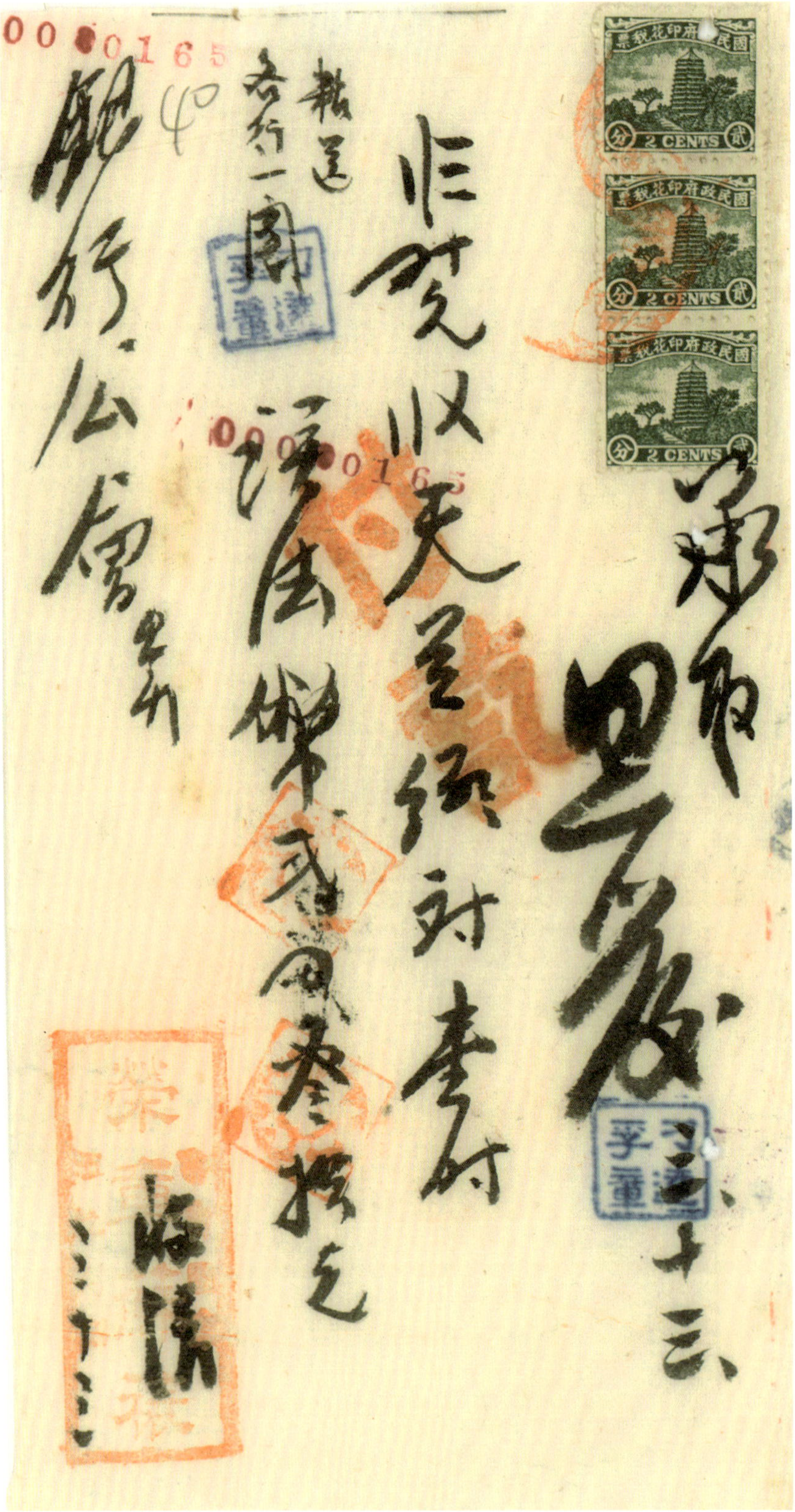
000165
國民政府印花税票
貳分 2 CENTS
國民政府印花税票
貳分 2 CENTS
國民政府印花税票
貳分 2 CENTS
000165

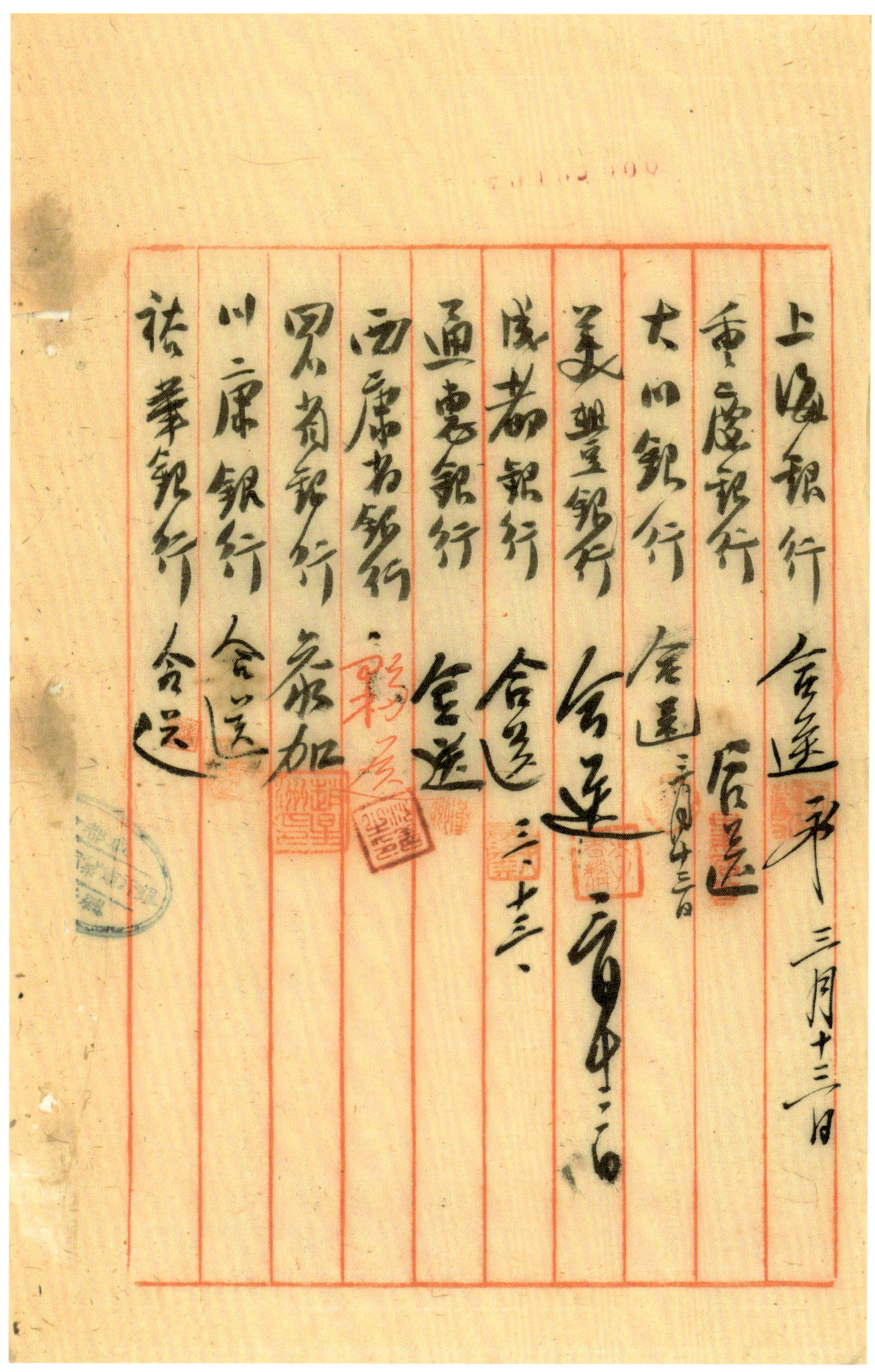

上海銀行　會送　彩　三月十三日

重慶銀行　會送

大川銀行　會送　三月十三日

美豐銀行　會送　三月十三日

成都銀行　會送　三、十三、

通惠銀行　會送

西康省銀行　會送

聚興銀行　參加

川康銀行　會送

裕華銀行　會送

成都市商会关于请转通知各业公会等参加王铭章上将铜像揭幕仪式典礼致成都市同业公会的函
（一九四二年十二月二十九日）

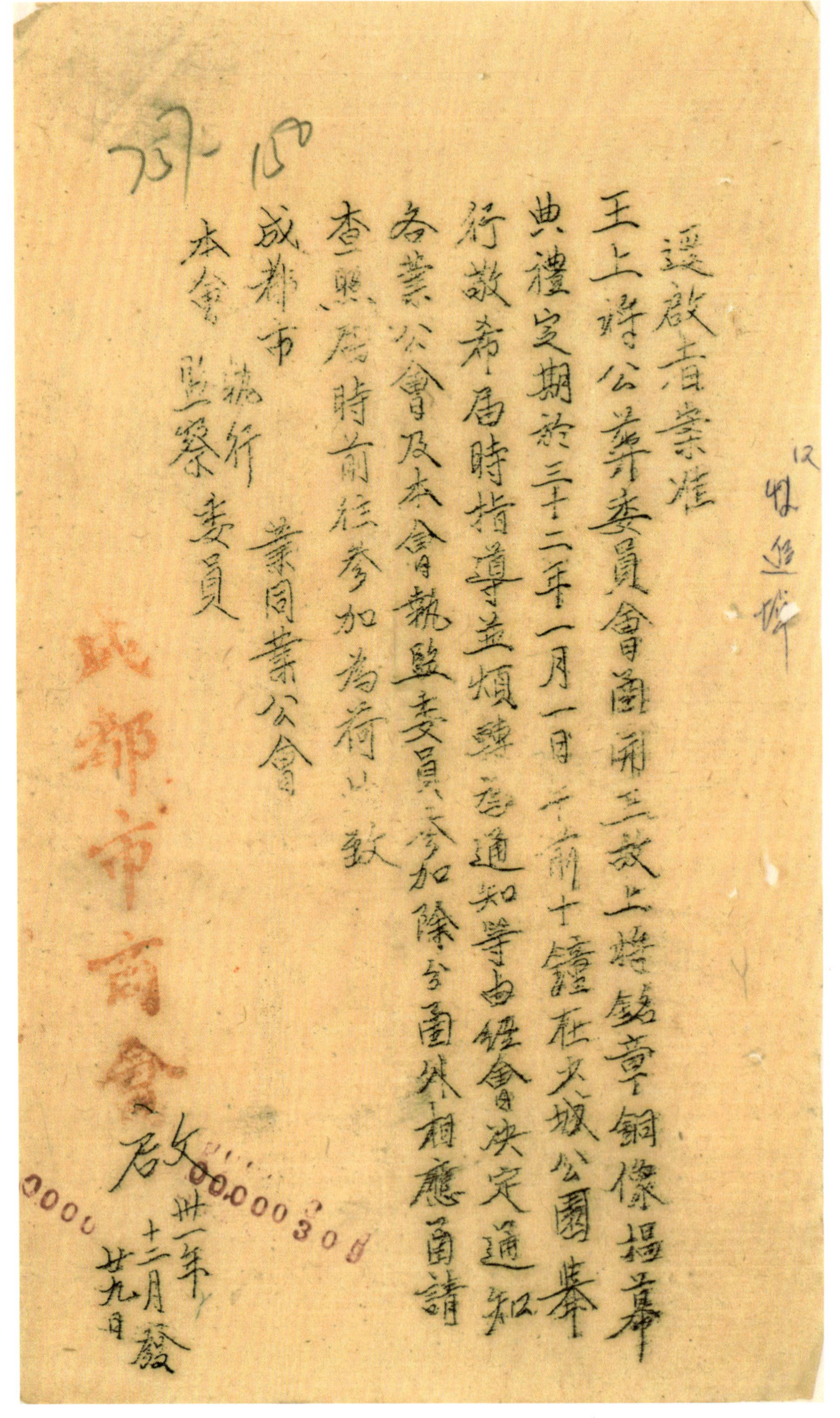

逕啟者案准
王上將公葬委員會函開："茲定故上將銘章銅像揭幕典禮定期於三十二年一月一日午前十鐘在少城公園舉行，敬希屆時指導並煩轉為通知"等由，經會決定通知各業公會及本會執監委員參加，除分函外，相應函請
查照，屆時前往參加為荷，此致
成都市　業同業公會
本會執行委員
監察委員

成都市商會啟
卅一年十二月廿九日發

二、毛发云（毛发荣）

成都市政府关于调查故兵毛发云遗族住址致第五区水津镇公所训令的存根（一九四一年五月）

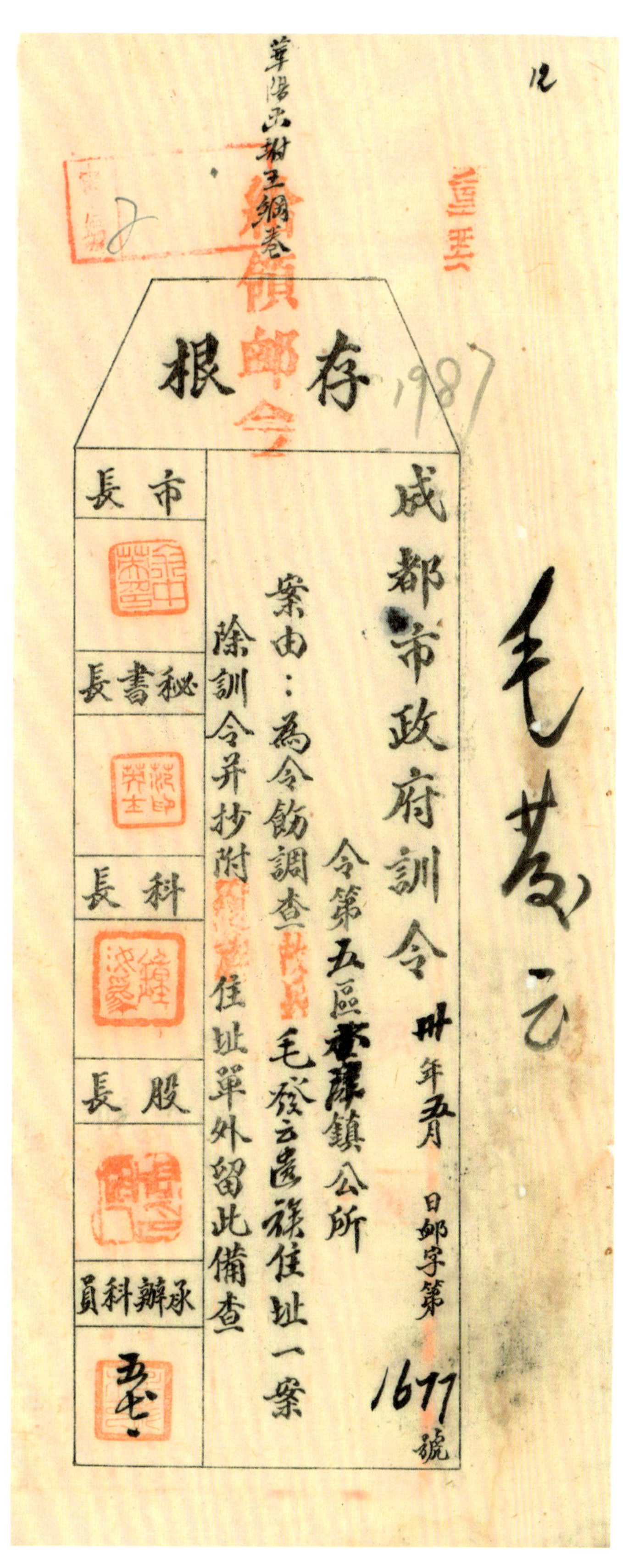
存根

成都市政府訓令　卅年五月　日郵字第1677號

令第五區水津鎮公所

案由：為令飭調查故兵毛發云遺族住址一案

除訓令并抄附故兵遺族住址單外留此備查

市長

秘書長

科長

股長

承辦科員

毛發云

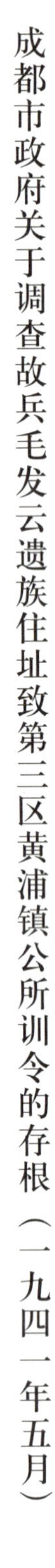

成都市政府关于调查故兵毛发云遗族住址致第三区黄浦镇公所训令的存根（一九四一年五月）

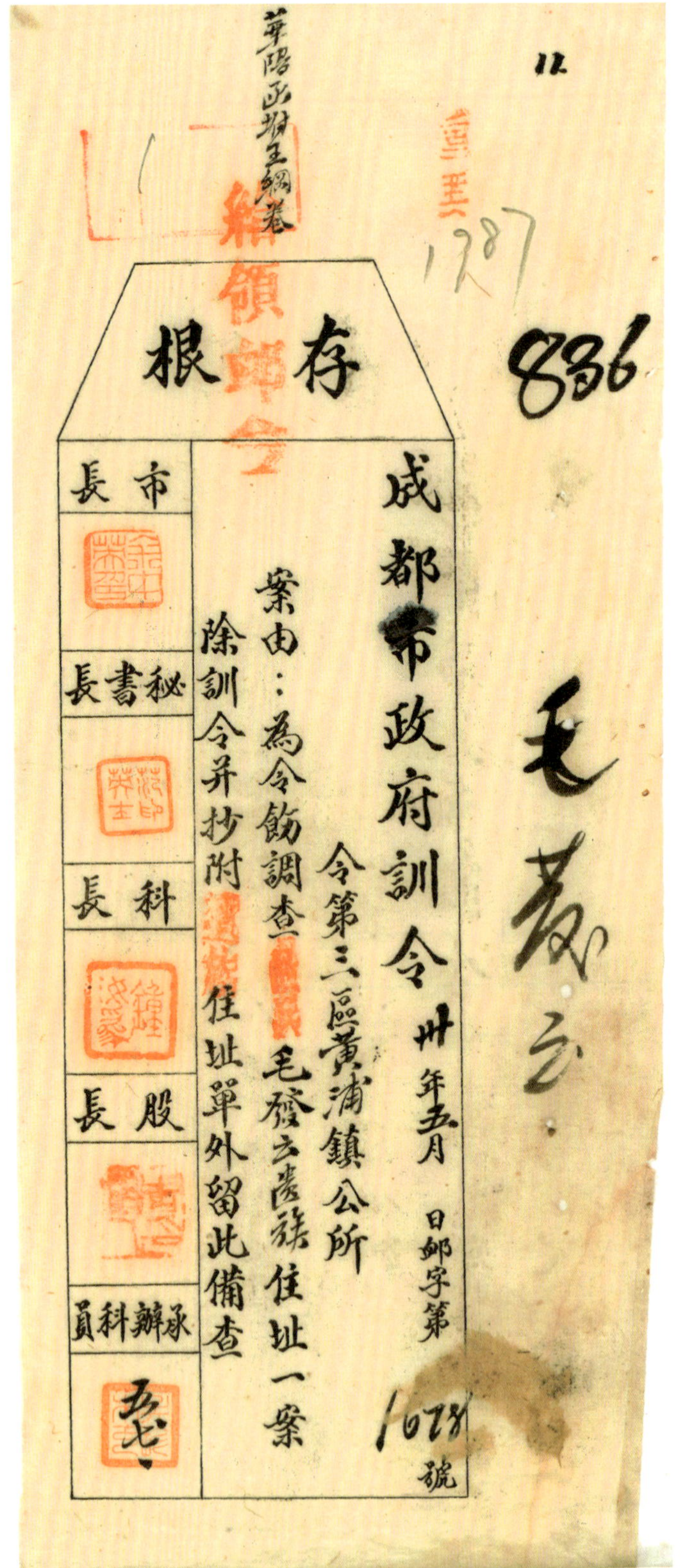

存根

成都市政府訓令 卅年五月 日 邮字第1628號

令第三區黃浦鎮公所

案由：為令飭調查故兵毛發云遺族住址一案

除訓令并抄附遺族住址單外留此備查

市長

秘書長

科長

股長

承辦科員

毛發云

886

毛青云关于申领故兵毛发荣（毛发云）第一次恤金的领恤申请书（一九四一年五月二十二日）

領卹申請書

傷故員兵姓名	籍貫	戰役	卹令字號	一次卹金或第幾年卹金	本年應領卹金數額	領卹人及其關係	備考
故兵毛發榮	四川華陽	湖北抗戰陣亡	會撫字第一六一四六號	一次卹金	壹佰元正	故兵之父毛青云	

上列應領卹金謹遵照轉發卹金辦法規定備具正副領據及保證書檢同卹金給與令賚請

鑒察核發謹呈

成都市政府核轉

四川省政府

附呈卹金給與令一件卹金正領據一件副領據二件保証書二件

請領卹金人毛青云 署名蓋章

詳細通信處成都市外東金龍街第六號附八號

中華民國三十年五月 日

附：抚恤金领据及具领恤金保证书

1987

5

此聯撫卹委員會第二處存查

撫卹金副領據

茲領到

部隊機關番號 第一三三師三九四團八連

階級 一等兵

職務 列兵

姓名 毛發云

卹金種類 一次卹金

國幣 壹百 元

右欵業已照數領訖此據

軍事委員會撫卹委員會第二處查照

領卹人 毛青云

毛青云章

中華民國 三十 年 五 月 日

字第 號

此聯轉報軍政部核轉

撫卹金正領據

茲領到

部隊機關番號 第一三三師三九四團八連

階級 一等兵

職務 列兵

姓名 毛發云

卹金種類 一次卹金

國幣 壹百 元

右欵業已照數領訖此據

軍事委員會撫卹委員會第二處查照

領卹 毛青云

毛青云章

中華民國 三十 年 五 月 日

具領卹金保證書

保證人住桂福　今保證領卹人毛青云　確係已故

部隊機關番號第三師六九團　連　階級一等兵　職務列兵　姓名毛發云

之遺族茲遵照

國民政府軍事委員會會撫字第六二〇四六號卹金給與令核准給與該

故兵一次　卹金國幣壹百　元整今由該遺族向

鈞會第二處如數領訖具領後如有發生爭議保証人願照

鈞會請領卹金須知第十六條之規定負法律上一切責任此證

謹呈

國民政府軍事委員會撫卹委員會

保証人姓名任桂福蓋章　籍貫外東水井　住址街一百三號　職務或職業紙煙業

（店鋪書東）蓋號章　（店鋪營業資本金額）壹仟伍佰元正

領卹人姓名毛青云蓋章　籍貫外東金龍　住址街六號　與故兵之關係父子

其他遺族姓名及關係　母毛陳氏　弟毛先樂

中華民國三十年五月　日

成都市政府关于核发故兵毛发云第一次恤金致毛青云的批（一九四一年六月二日）

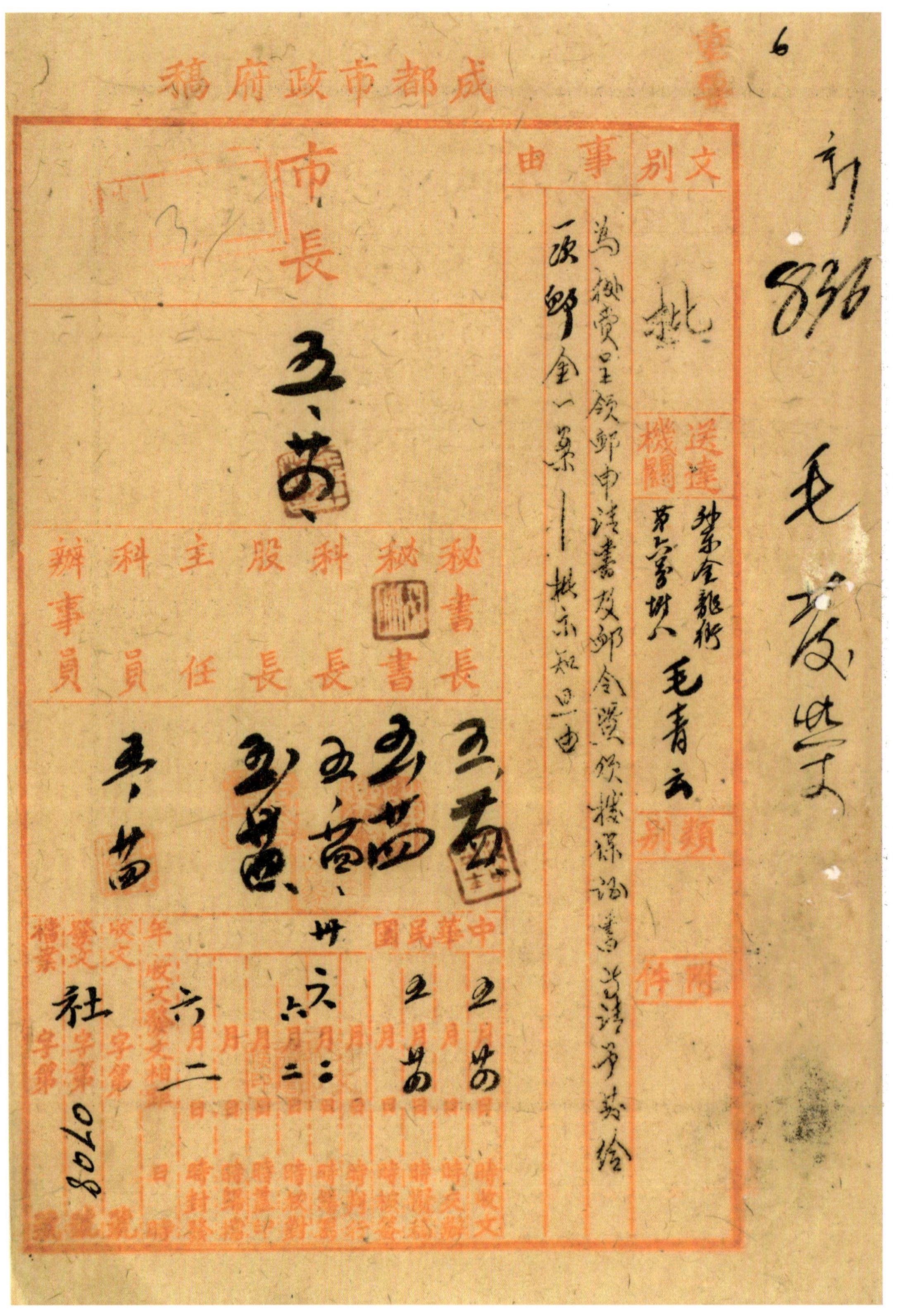
成都市政府稿

文别：批

事由：為核資呈領郵申請書及郵金證領據保證書，並請第一次郵金一案，一根示知照由

送達機關：外東金龍街第六寧坊八 毛青云

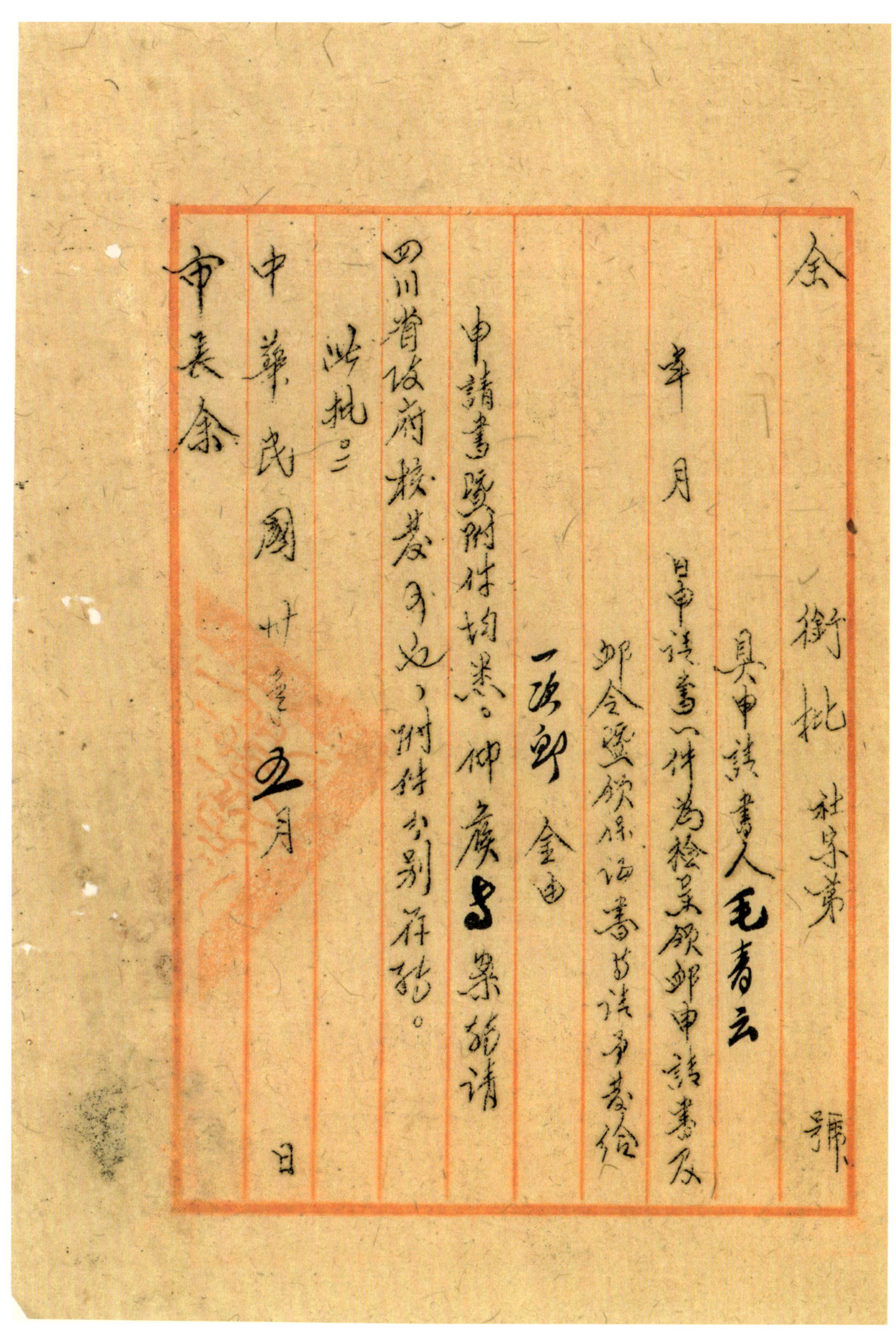

余　銜批　社字第　　號

具申請書人毛青云

年　月　日申請書一件為檢呈領郵申請書及

郵金證領保證書仰請予發給

一次郵　金由

申請書暨附件均悉。仰候呈案核請

四川省政府核發可也，附件分別存轉。

此批。

中華民國卅叁年五月　　日

市長余

成都市政府关于检发故兵毛发云第一次恤金致毛青云的通知（一九四一年九月六日）

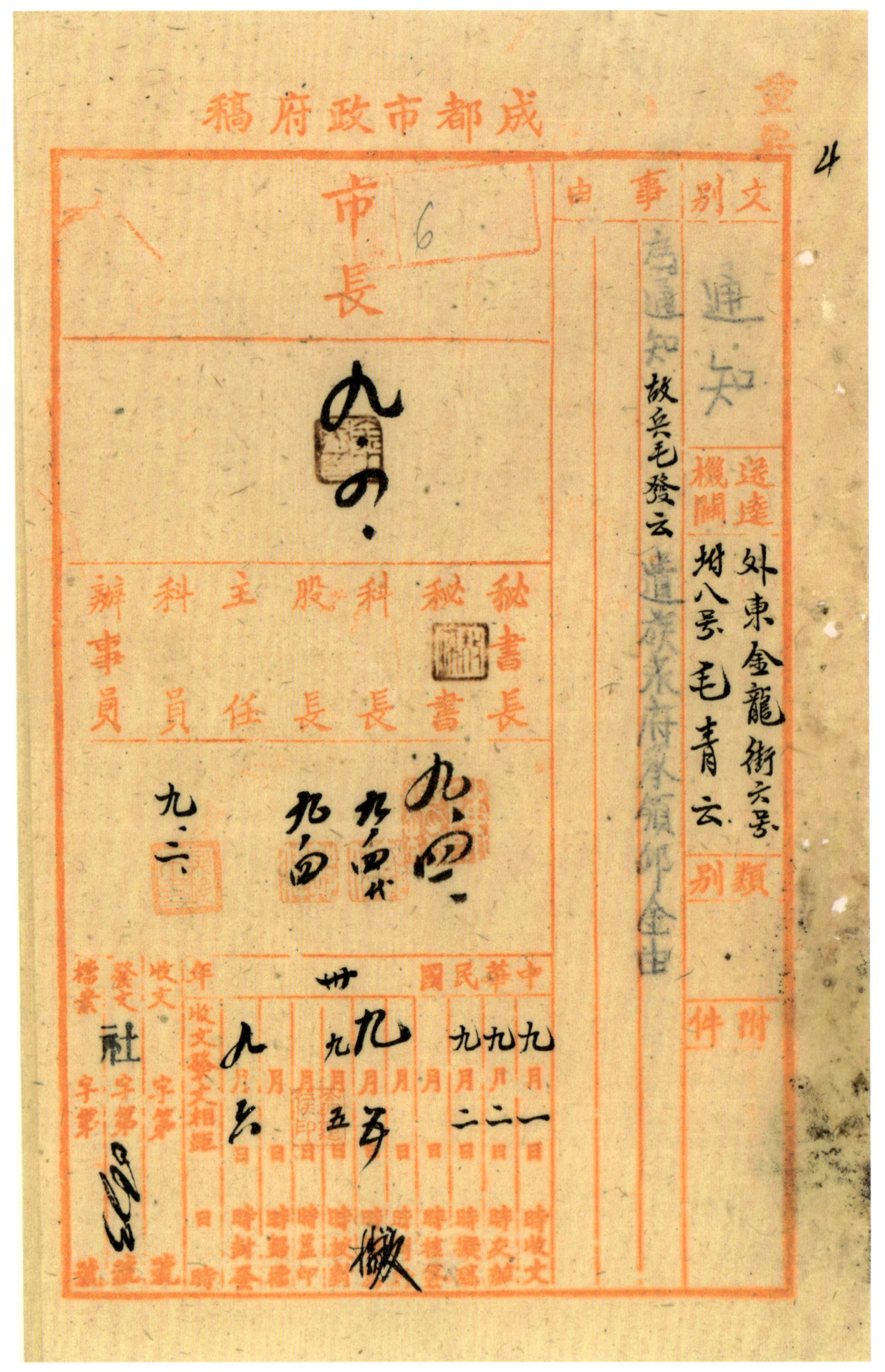

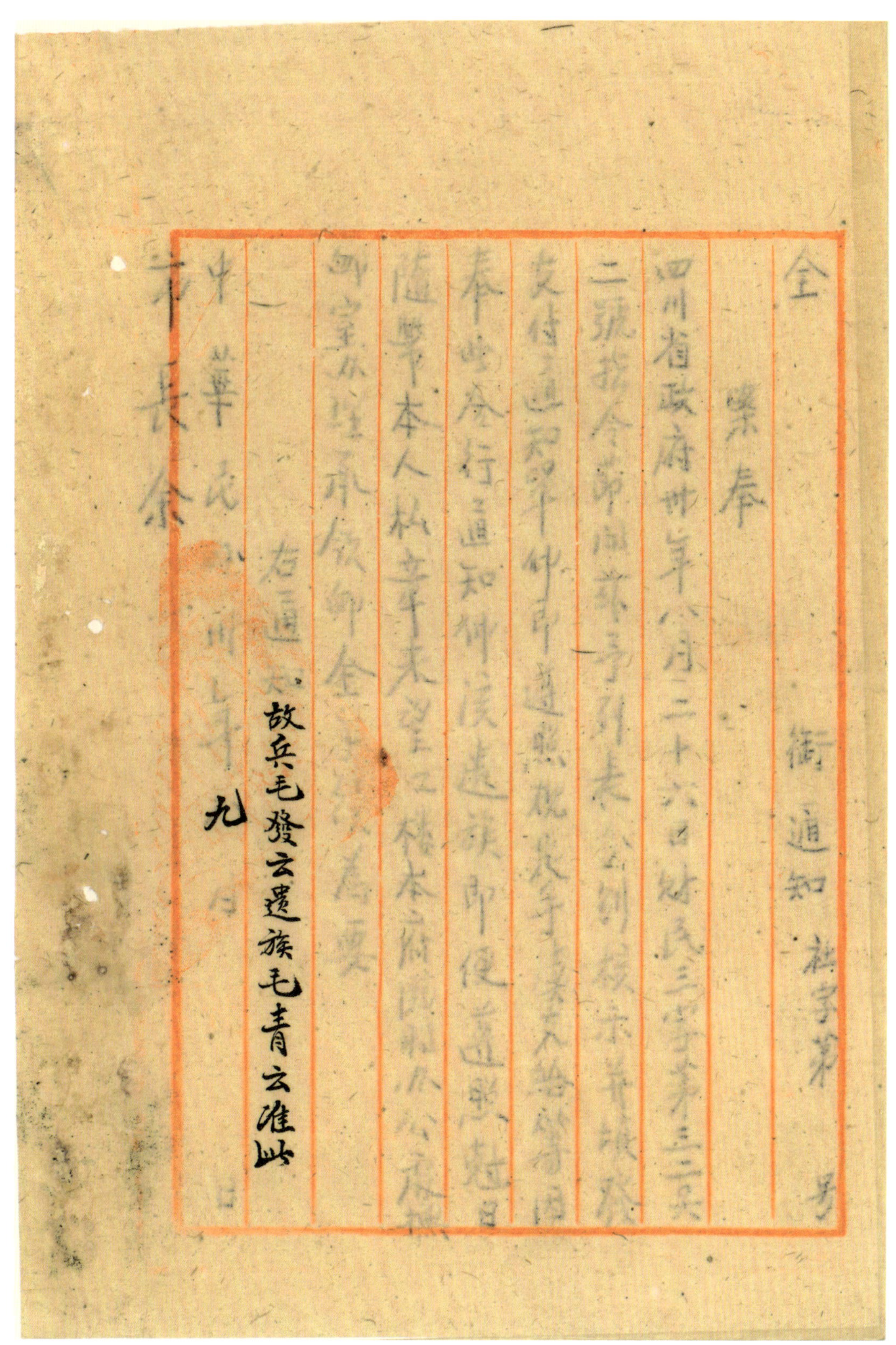

令　　　　銜通知　社字第　　號

案奉

四川省政府卅年八月二十六日社民三字第三二六

二號訓令節開茲奉部頒表式制發核發

交付通知單仰即遵照飭抗屬家長前來給領等因

奉此合行通知仰該遺族即便遵照於　日

隨帶本人私章來署以憑本府轉發公存撫

卹金以憑承領卹金為要

右通知故兵毛發云遺族毛青云准此

中華民國卅年九月　日

市長余

毛青云关于承领成都市政府发给故兵毛发荣抚恤令的收据（一九四一年九月十一日）

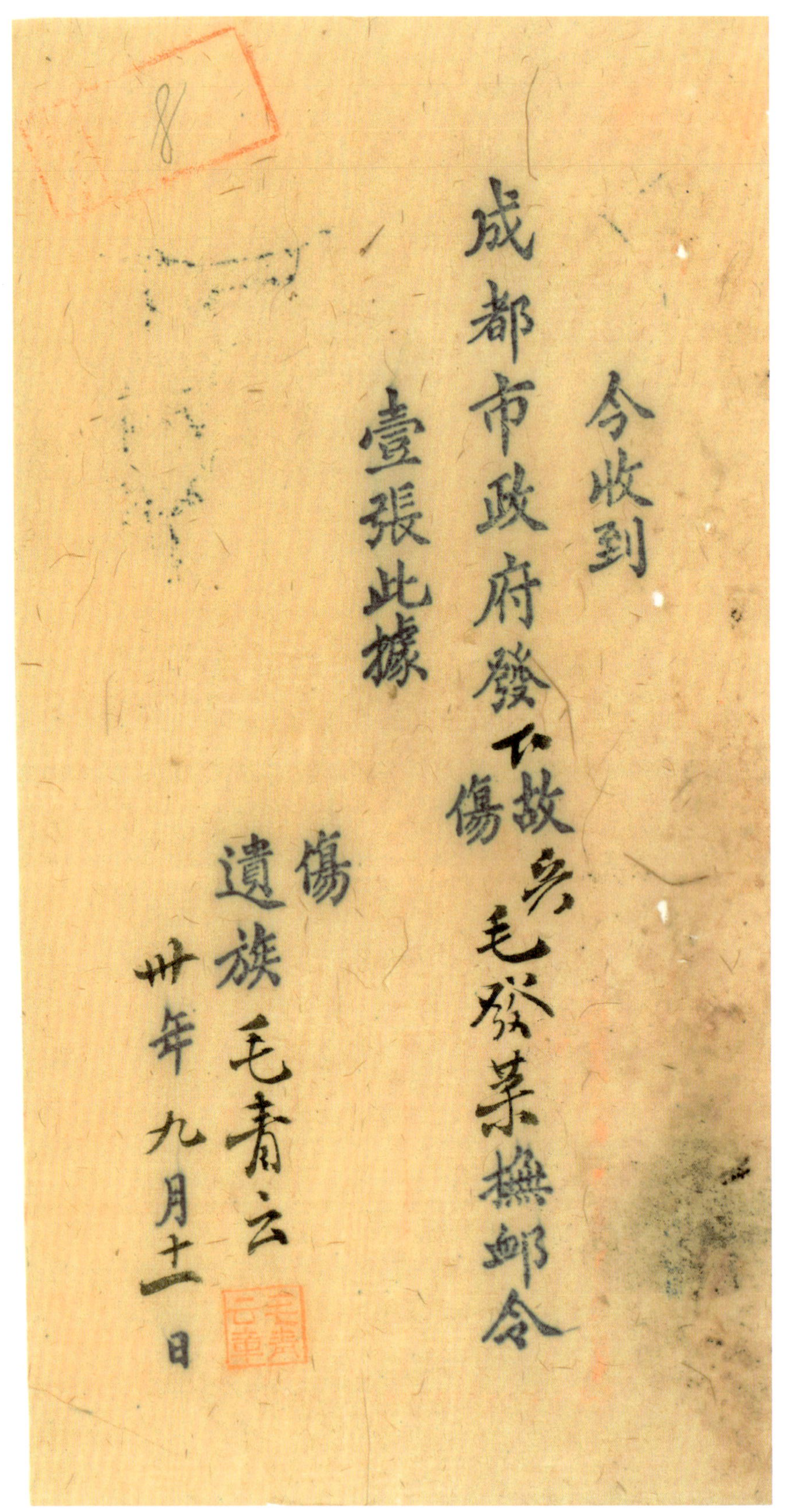
今收到
成都市政府发下阵亡故兵毛发荣抚卹令
壹張此據
阵亡遺族毛青云
卅年九月十一日

毛青云关于申领故兵毛发云第二年年恤金的领恤申请书（一九四二年三月）

申編 11

核轉 貝昇

領卹申請書

傷故員兵姓名	籍貫	戰役	卹令字號	一次卹金或第幾年卹金	本年應領卹金數額	領卹人及其關係	備考
故兵 毛發云	四川華陽	湖北陞七(?)	會撫字第二六二四六號	第二年卹金	法幣伍拾元	父 毛青云	

上列應領卹金謹遵照轉發卹金辦法規定備具正副領據及保證書檢同卹金給與令賚請

鑒察核發謹呈

成都市政府核轉

四川省政府

附呈卹金給與令一件卹金正領據一件副領據二件保証書二件

請領卹金人 毛青云 署名蓋章

詳細通信處成都外東青龍橋街第六號附八號

中華民國三十一年三月　日

……一年四月廿七日收

號文呈字3353號

附：抚恤金领据、具领恤金保证书

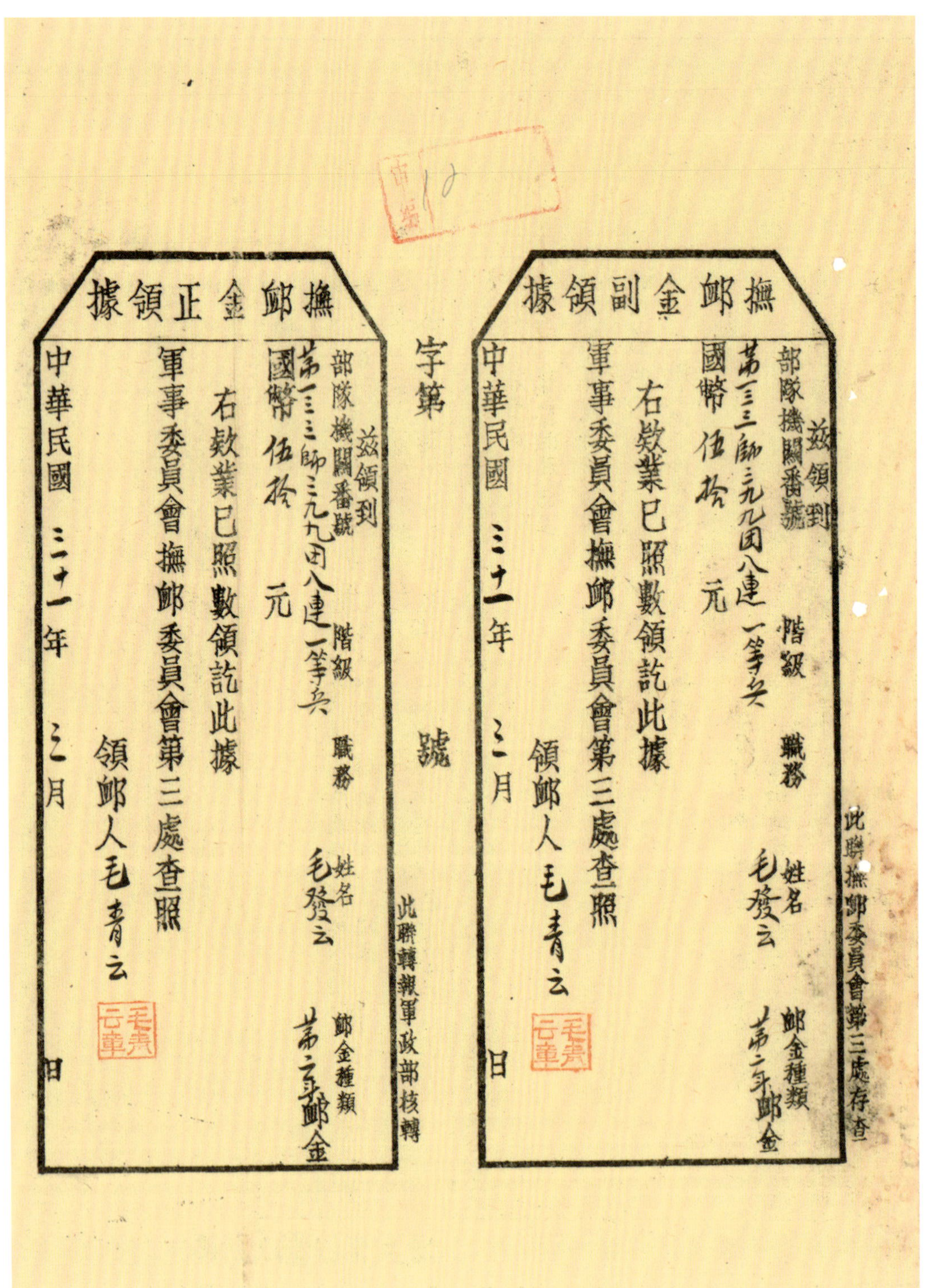

撫卹金副領據

茲領到

部隊機關番號 第一三三師三九九團八連 階級 一等兵 職務 姓名 毛發云 卹金種類 第一年卹金

國幣伍拾元

右款業已照數領訖此據

軍事委員會撫卹委員會第三處查照

領卹人毛青云 毛青云章

中華民國三十一年三月日

此聯撫卹委員會第三處存查

字第 號

此聯轉報軍政部核轉

撫卹金正領據

茲領到

部隊機關番號 第一三三師三九九團八連 階級 一等兵 職務 姓名 毛發云 卹金種類 第一年卹金

國幣伍拾元

右款業已照數領訖此據

軍事委員會撫卹委員會第三處查照

領卹人毛青云 毛青云章

中華民國三十一年三月日

具領郵金保證書

保證人 任和順 今保證領郵人 毛青云 確係已故

部隊機關番號 第三三師三九团八連 階級 一等兵 職務 姓名 毛發云

之遺族茲遵照

國民政府軍事委員會會撫字第一六一四六號郵金給與令核准給與該

故兵毛發云 郵金國幣 伍拾 元整今由該遺族向

鈞會第三處如數領訖具領後如有發生爭議保証人願照

鈞會請領郵金須知第六條之規定負法律上一切責任此證

謹呈

國民政府軍事委員會撫郵委員會

保証人姓名 任和順 蓋章 （任和順章）

（店舖書柬）（任和順號）

籍貫 華陽縣 住址 成都外東水井街五十三號 職業或職務 經商

（店舖營業資本金額）紙業 壹仟六百元

領郵人姓名 毛青云 蓋章 （毛青云章）

籍貫 四川華陽 住址 現住外東龍街六十八號 與故兵之關係 父子

其他遺族姓名及關係 母毛陳氏

中華民國三十一年 三月 日

成都市市長余中英

成都市政府关于核发故兵毛发云第二年年恤金致毛青云的批示及致四川省政府的呈文（一九四二年五月七日）

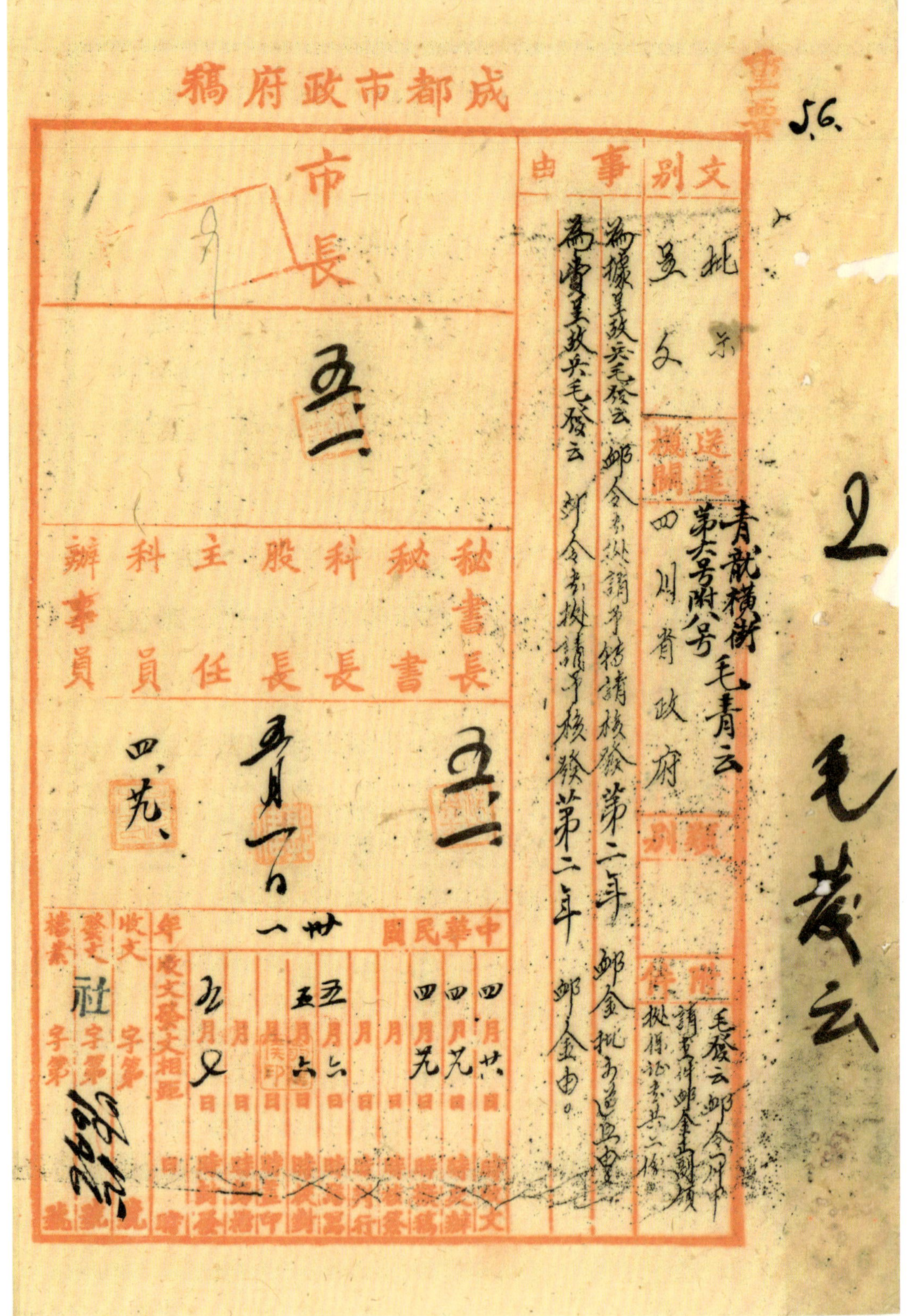

成都市政府稿

文别：批示 呈文

事由：爲據呈故兵毛發云卹令表擬請予轉請核發第二年卹金批示遵照由
爲賚呈故兵毛發云卹令表擬請予核發第二年卹金由。

送達機關：青龍横街第六号附公号 毛青云；四川省政府

附件：毛發云卹令……

市長：五、一
秘書長：五、一
五月一日
四、廿九

中華民國卅一年

呈 毛發云

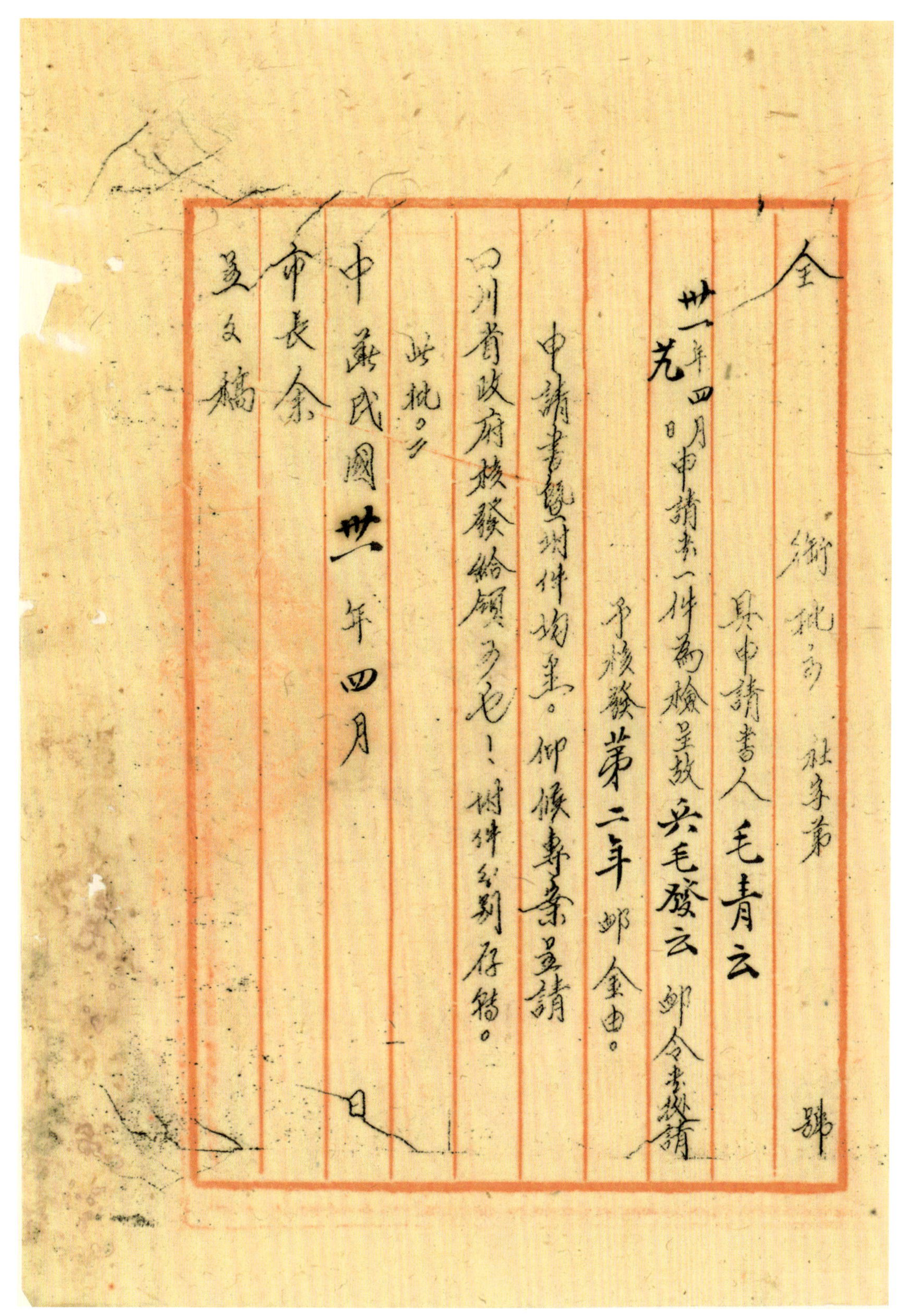

衔批示　社字第　號

具申請書人　毛青云

卅一年四月　日申請書一件為檢呈故兵毛發云卹令書擬請

予核發第二年卹金由。

申請書暨附件均悉。仰候專案呈請

四川省政府核發給領可也！附件分別存轉。

此批

中華民國卅一年四月　日

市長余

孟文稿

據保證書共三聯。

銜 名

中華民國卅六年四月 日

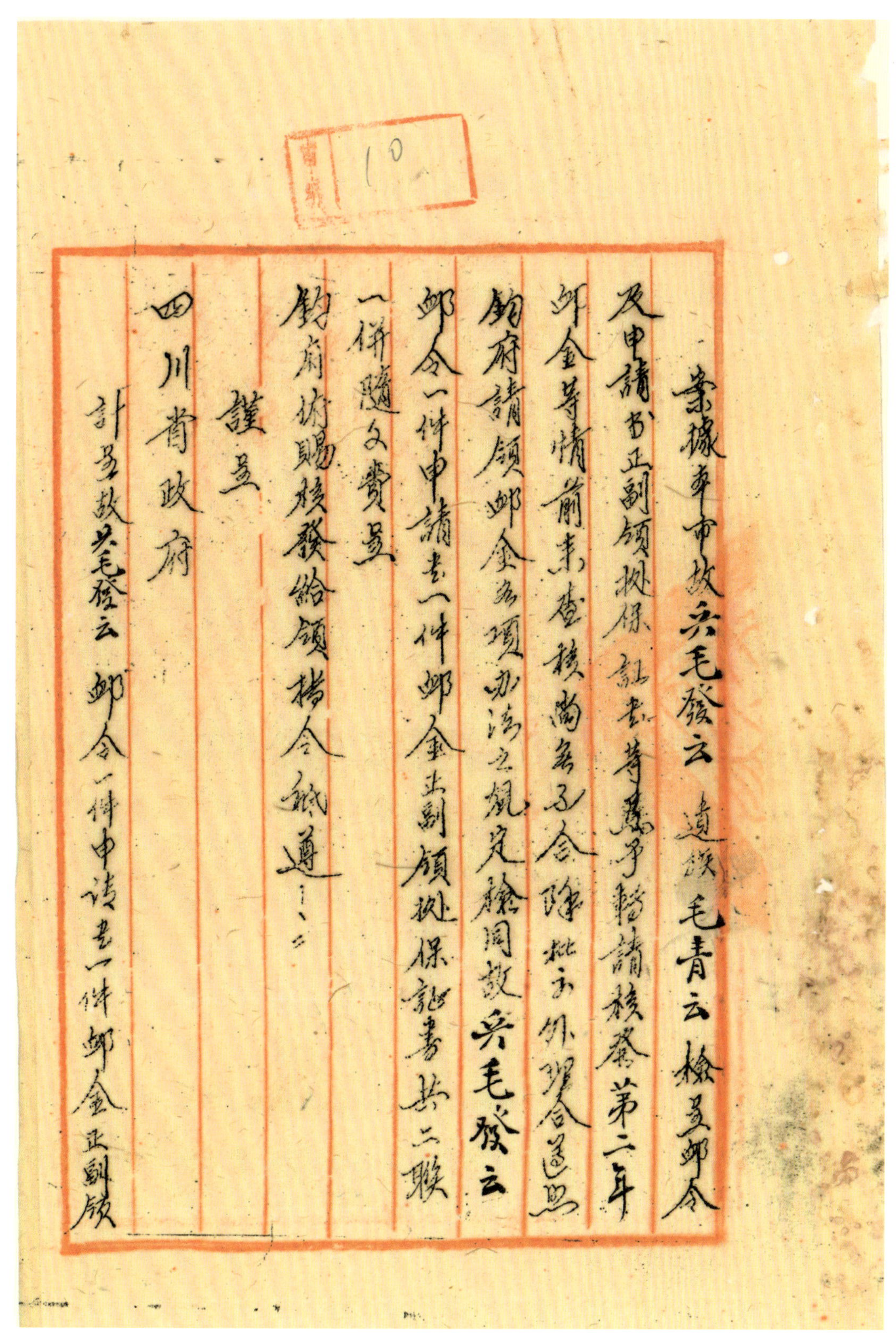

案據本市故兵毛發云遺族毛青云檢呈卹令
及申請書正副領據保證書等請予轉請核發第二年
卹金等情前來查核尚無不合除批示外理合遵照
鈞府請領卹金各項辦法之規定檢同故兵毛發云
卹令一件申請書一件卹金正副領據保證書共二聯
一併隨文賫呈
鈞府俯賜核發給領指令祇遵！
謹呈
四川省政府
計呈故兵毛發云 卹令一件申請書一件卹金正副領據

四川省政府关于核发故兵毛发云第二年年恤金致成都市政府的指令（一九四二年六月十二日）

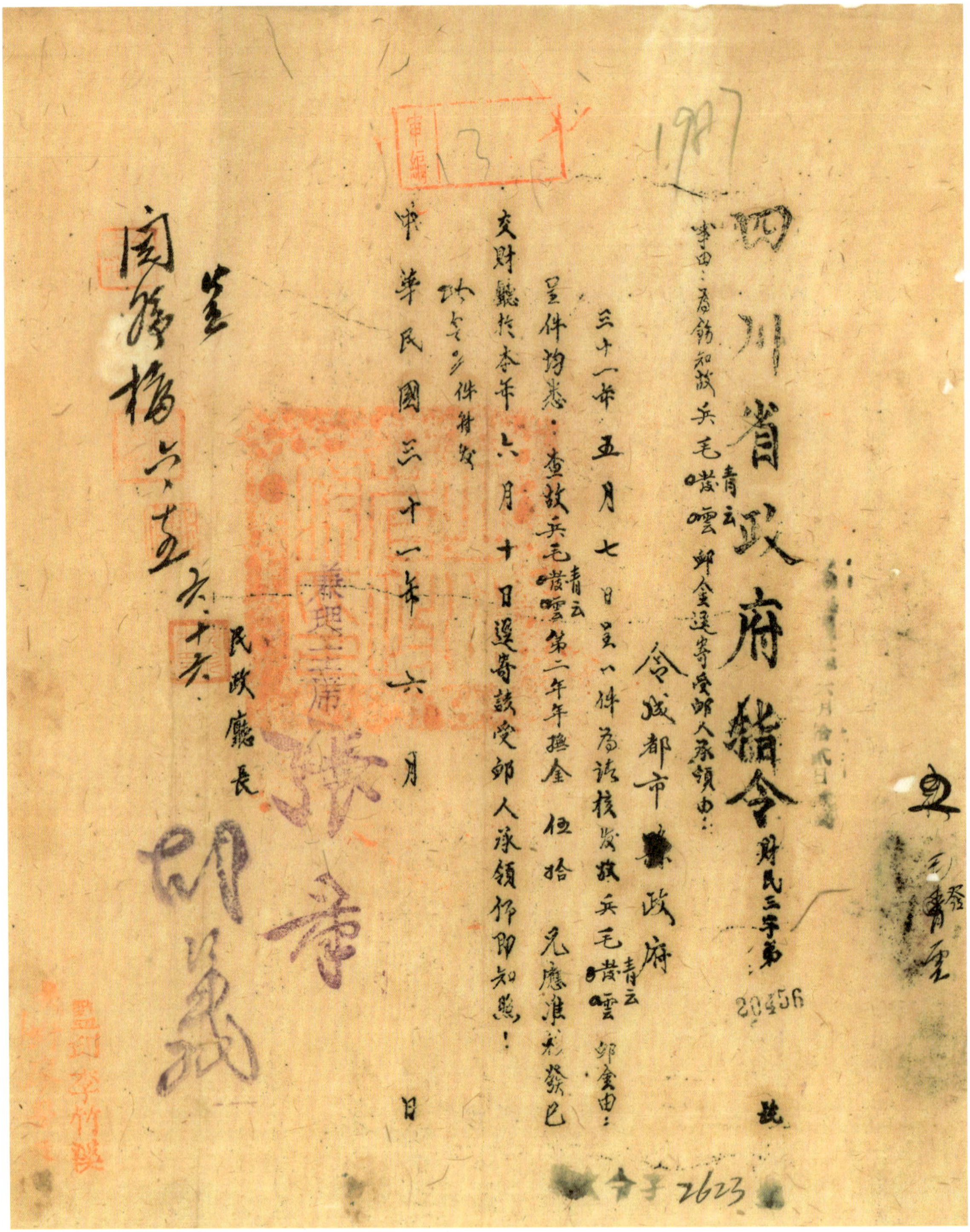

四川省政府指令 財民三字第20456號

事由：為飭知故兵毛發雲卹金逕寄受卹人承領由

令成都市政府

三十一年五月七日呈一件為請核發故兵毛發雲卹金由：呈件均悉。查故兵毛發雲第二年年撫金伍拾元應准形發，已交財廳於本年六月十日逕寄該受卹人承領，仰即知照！

此令

中華民國三十一年六月　日

民政廳長

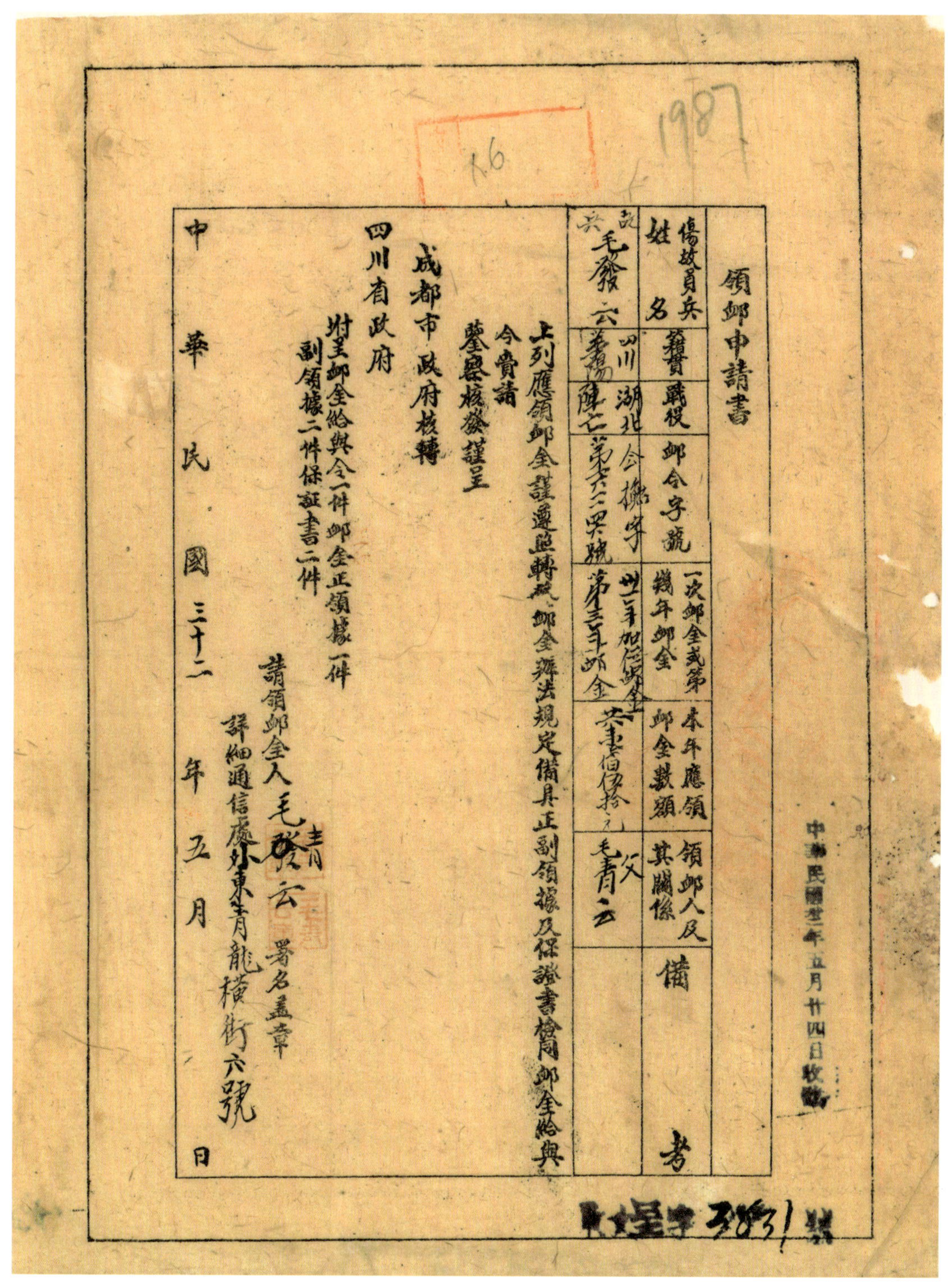

领卹申請書

傷故員兵姓名	籍貫	戰役	卹令字號	一次卹金或第幾年卹金	本年應領卹金數額	領卹人及其關係	備考
故兵 毛發云	四川蒼溪	湖北陣亡	公撫字第[illegible]號	第二年加倍卹金 第三年年卹金	共壹佰伍拾元	父 毛青云	

上列應領卹金謹遵照轉發卹金辦法規定備具正副領據及保證書檢同卹金給與令一件卹金正領據一件副領據二件保證書二件

今賫請

鑒察核發謹呈

成都市政府核轉

四川省政府

請領卹金人 毛青云 署名蓋章

詳細通信處 外東青龍橫街六號

中華民國三十二年五月 日

中華民國卅二年五月廿四日收

收呈字3831號

毛青云关于申领故兵毛发云第二年加倍恤金、第三年年恤金的领恤申请书（一九四三年五月二十四日）

附：抚恤金领据及具领恤金保证书

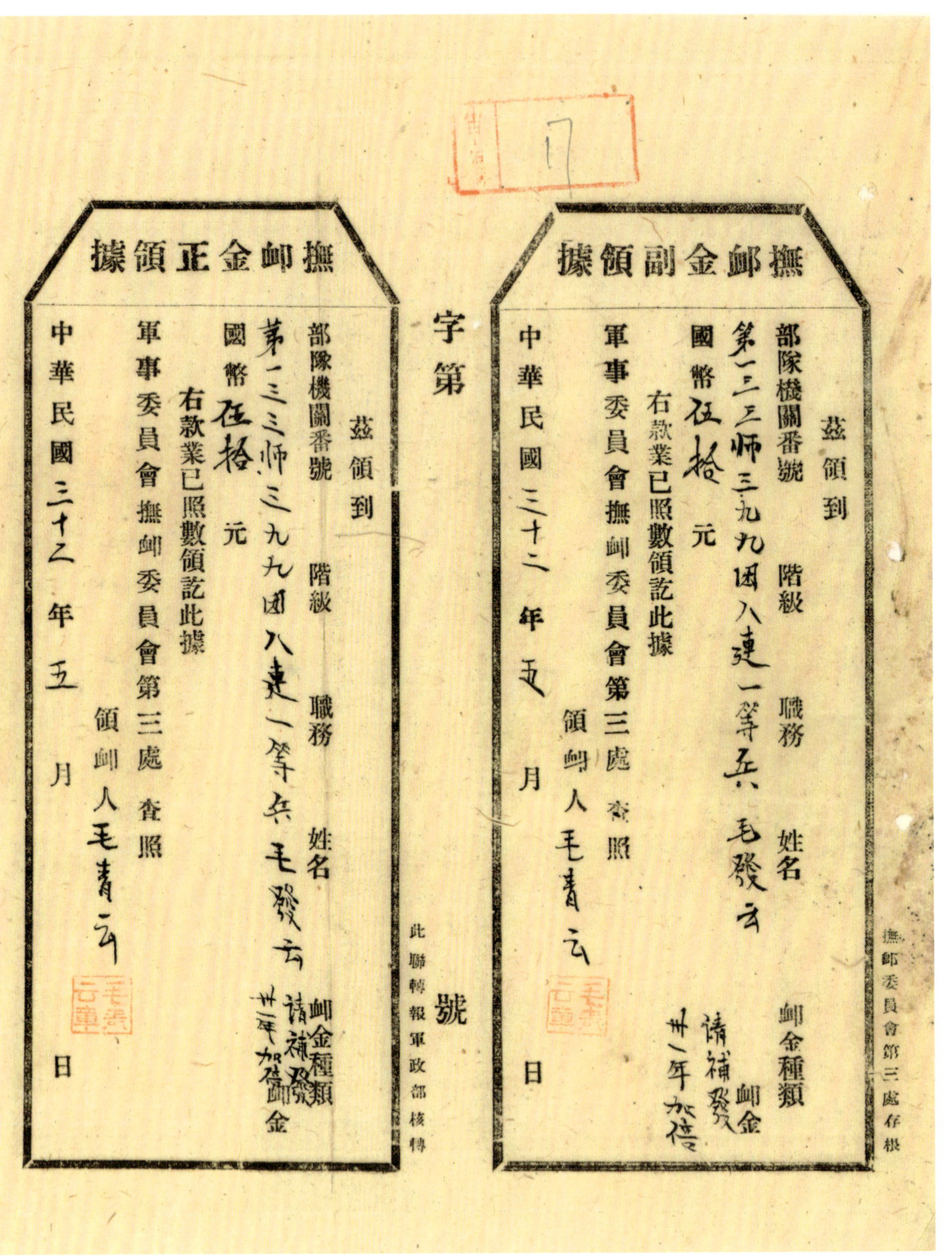

撫卹委員會第三處存根

撫卹金副領據

茲領到

部隊機關番號 第一三三师三九九团八連 階級 一等兵 職務 姓名 毛發云 卹金種類 請補發卅一年加倍卹金

國幣伍拾元

右款業已照數領訖此據

軍事委員會撫卹委員會第三處 查照

領卹人 毛青云

中華民國三十二年五月 日

字第 號

此聯轉報軍政部核轉

撫卹金正領據

茲領到

部隊機關番號 第一三三师三九九团八連 階級 一等兵 職務 姓名 毛發云 卹金種類 請補發卅一年加倍卹金

國幣伍拾元

右款業已照數領訖此據

軍事委員會撫卹委員會第三處 查照

領卹人 毛青云

中華民國三十二年五月 日

具領卹金保證書

保證人任和順　今保證領卹人毛青云　確係已故

部隊機關番號第一三三師三九团八連　階級一等兵　職務　姓名毛發云

之遺族茲遵照

國民政府軍事委員會會撫字第一六二四四號卹金給與令核准給與該

故員卅一年加倍金國幣伍佰元整令由該遺族向

鈞會第三處如數領訖具領後如有發生爭議保證人願照

鈞會請領卹金須知第六條之規定負法律上一切責任此證

謹呈

國民政府軍事委員會撫卹委員會

保證人　姓名　任和順　蓋章　籍貫住址　水津街十五號　職業或職務　香煙業　（店舖營業資本金額）壹仟元

領卹人　姓名　毛青云　蓋章　籍貫住址　四川華陽外東青龍場[illegible]　與故兵之關係　父子

其他遺族姓名及關係　母毛陳氏

成都市市長　余中英

中華民國三十二年五月　日

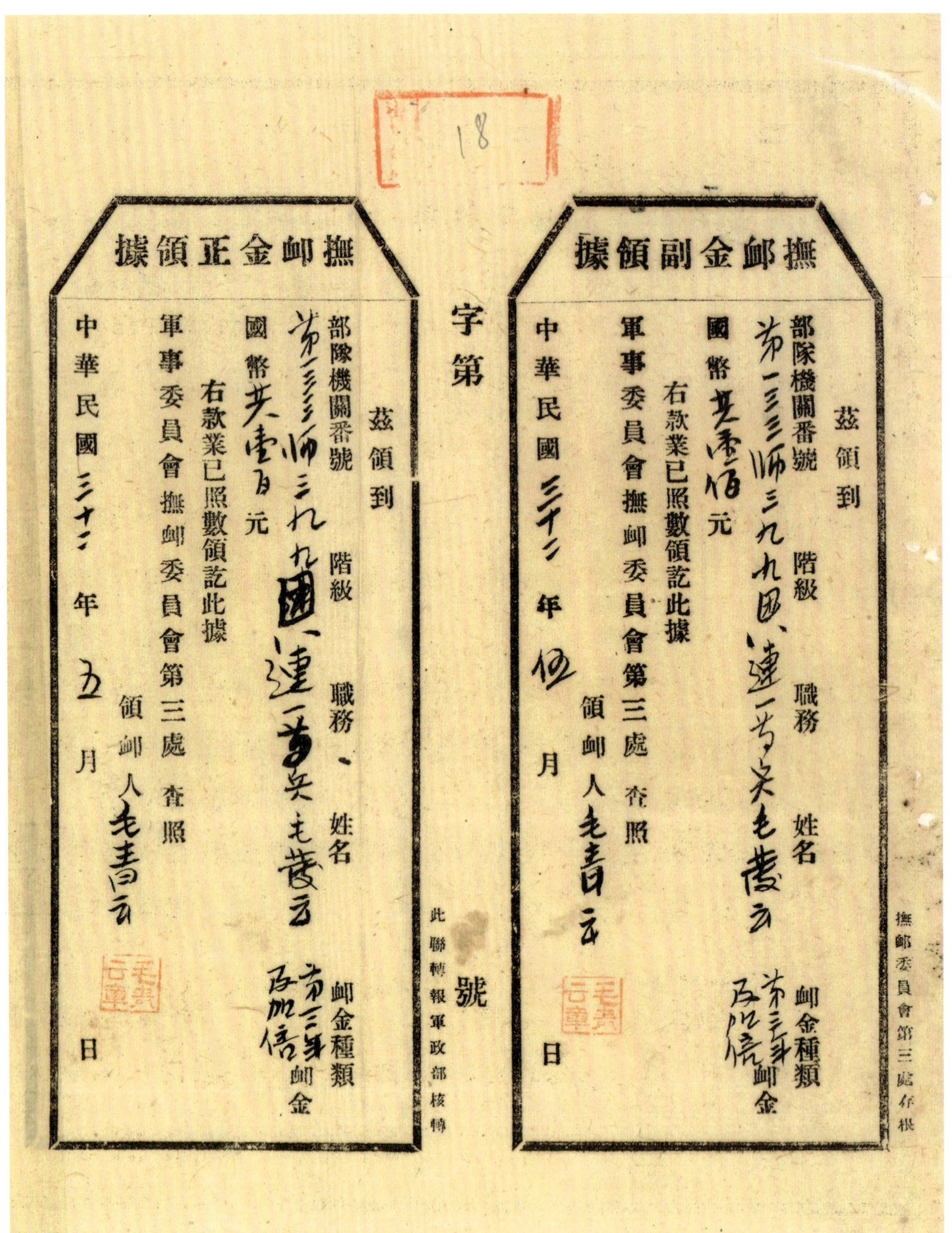

18

撫卹金正領據

字第　號

茲領到

部隊機關番號 第一三三師三九九團、連 階級 職務、一等兵 姓名 毛發云

卹金種類 第三等卹金及加倍

國幣 共壹百元

右款業已照數領訖此據

軍事委員會撫卹委員會第三處 查照

領卹人 毛青云

中華民國三十二年五月　日

此聯轉報軍政部核轉

撫卹金副領據

茲領到

部隊機關番號 第一三三師三九九團、連 階級 職務 一等兵 姓名 毛發云

卹金種類 第三等卹金及加倍

國幣 共壹佰元

右款業已照數領訖此據

軍事委員會撫卹委員會第三處 查照

領卹人 毛青云

中華民國三十二年伍月　日

撫卹委員會第三處存根

具領卹金保證書

保證人 任和順 今保證領卹人 毛青云 確係

部隊機關番號 第一三三師一九九团連 階級 一等兵 職務 姓名 毛安云

之遺族遵照

國民政府軍事委員會會撫字第一六二四六號卹金給與令核准給與該

故兵第三年份卹金國幣 五十 元整令由該遺族向

鈞會第三處如數領訖具領後如有發生爭議保證人願照

鈞會請領卹金須知第六條之規定負法律上一切責任此證

謹呈

國民政府軍事委員會撫卹委員會

保證人 姓名 任和順 蓋章 籍貫住址 水津街十五号 職務或職業 商業

（店鋪書柬）任和順號

領卹人 姓名 毛青云 蓋章 籍貫住址 四川華陽 住本縣外東寺誌橫街六号 （店鋪營業資本金額）壹仟元 與故兵之關係 父子

其他遺族姓名及關係 母毛陳氏

中華民國三十二年 五 月 日

成都市市長 余中英

成都市政府关于核发故兵毛发云第二年加倍恤金及第三年年恤金致毛青云的批示、致四川省政府的呈文（一九四三年六月二十二日）

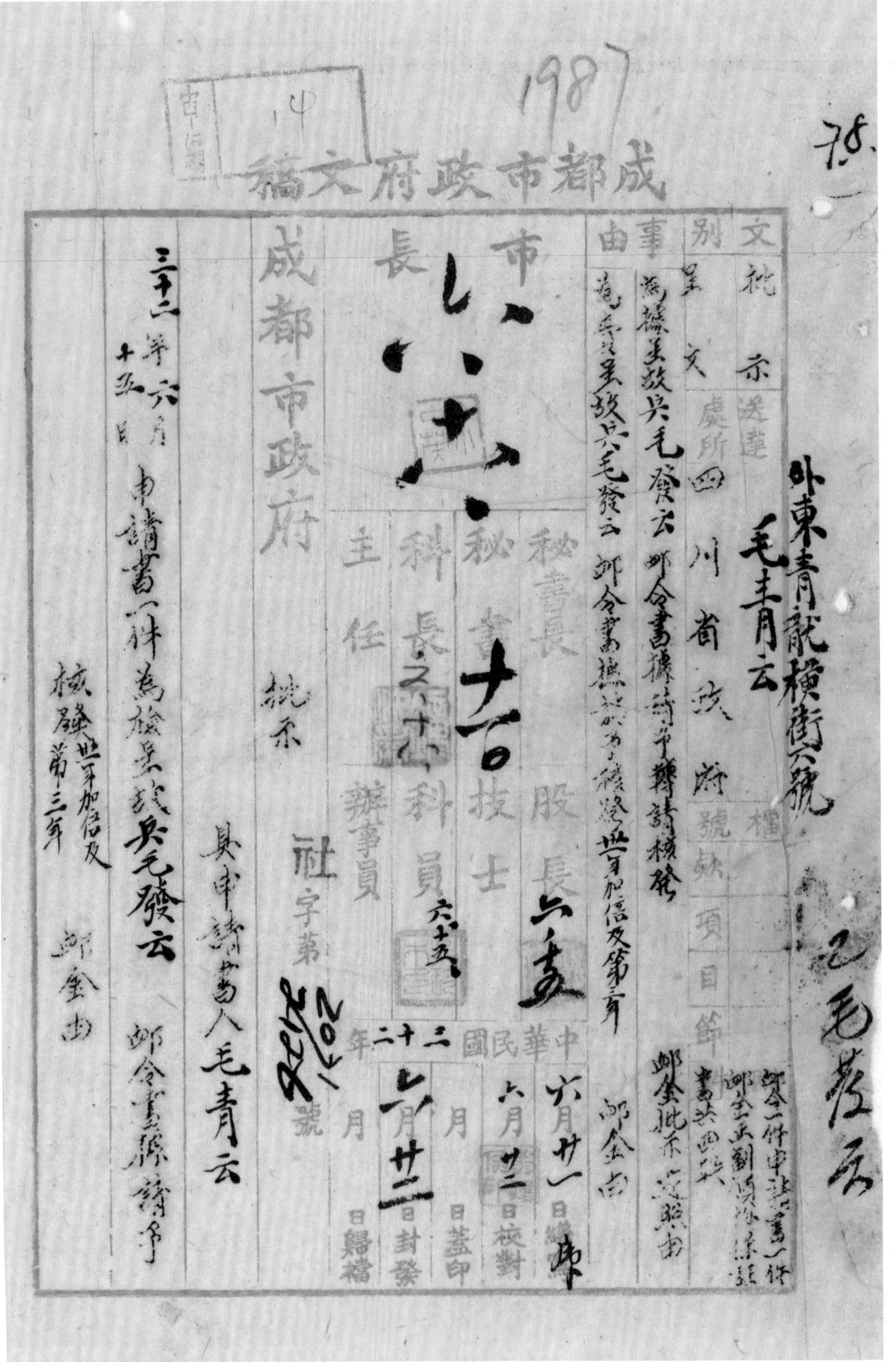

申請書暨附件均悉。仰候專案呈請

四川省政府核發給領可也！　附件分別存轉

此批。

中華民國三十二年六月日

市長余

參文稿

案據本市故兵毛發云遺族毛青云檢呈邮金八年

請書正副領據保證書等懇予轉請核發卅一年加倍邮金及第三年邮金

邮金等情前來查核尚無不合除批示外理合連照

鈞府請領邮金各項辦法之規定檢同故兵毛發云

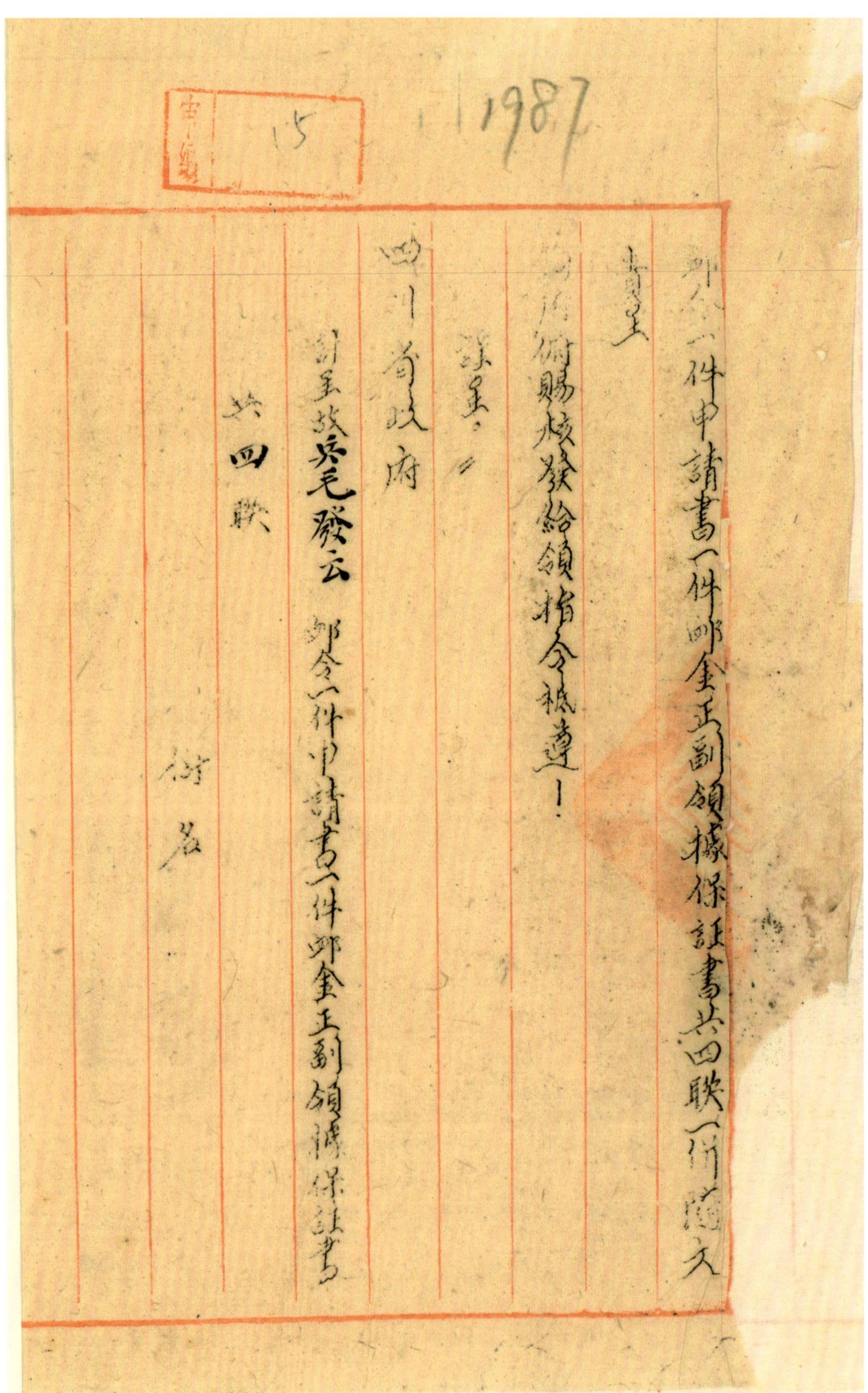

15

1987

鄉公一件申請書一件鄉金正副領據保証書共四聯一併隨文

賚呈

鈞府備賜核發給領指令祗遵！

謹呈

四川省政府

計呈故兵毛發云

鄉令一件申請書一件鄉金正副領據保証書

共四聯

衔名

四川省政府关于核发故兵毛发云第二年加倍恤金、第三年年恤金致成都市政府的指令（一九四三年八月三十一日）

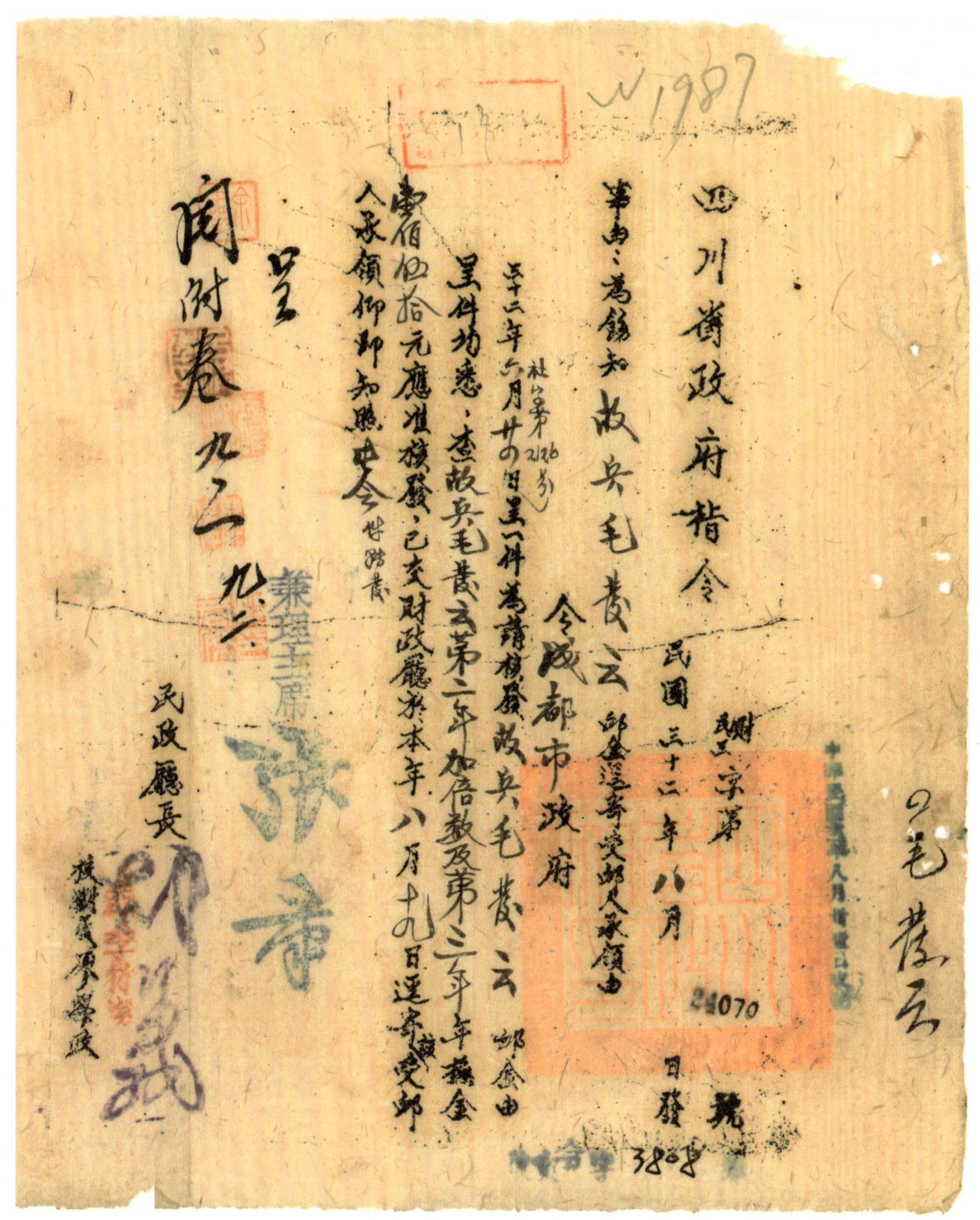

四川省政府指令

民國三十二年八月 日發 字第 號

事由：為飭知故兵毛發云邮金逕寄受邮人承領由

令成都市政府

三十二年六月廿四日呈一件為請核發故兵毛發云邮金由（社字第2216號）

呈件均悉。查故兵毛發云第二年加倍數及第三年年撫金壹佰捌拾元，應准核發，已交財政廳於本年八月十九日逕寄受邮人承領，仰即知照。此令。

兼理主席

民政廳長

三、冯云

成都市政府关于奉令转发故员冯云恤令致冯文蜀尧的通知（一九四一年十二月二十二日）

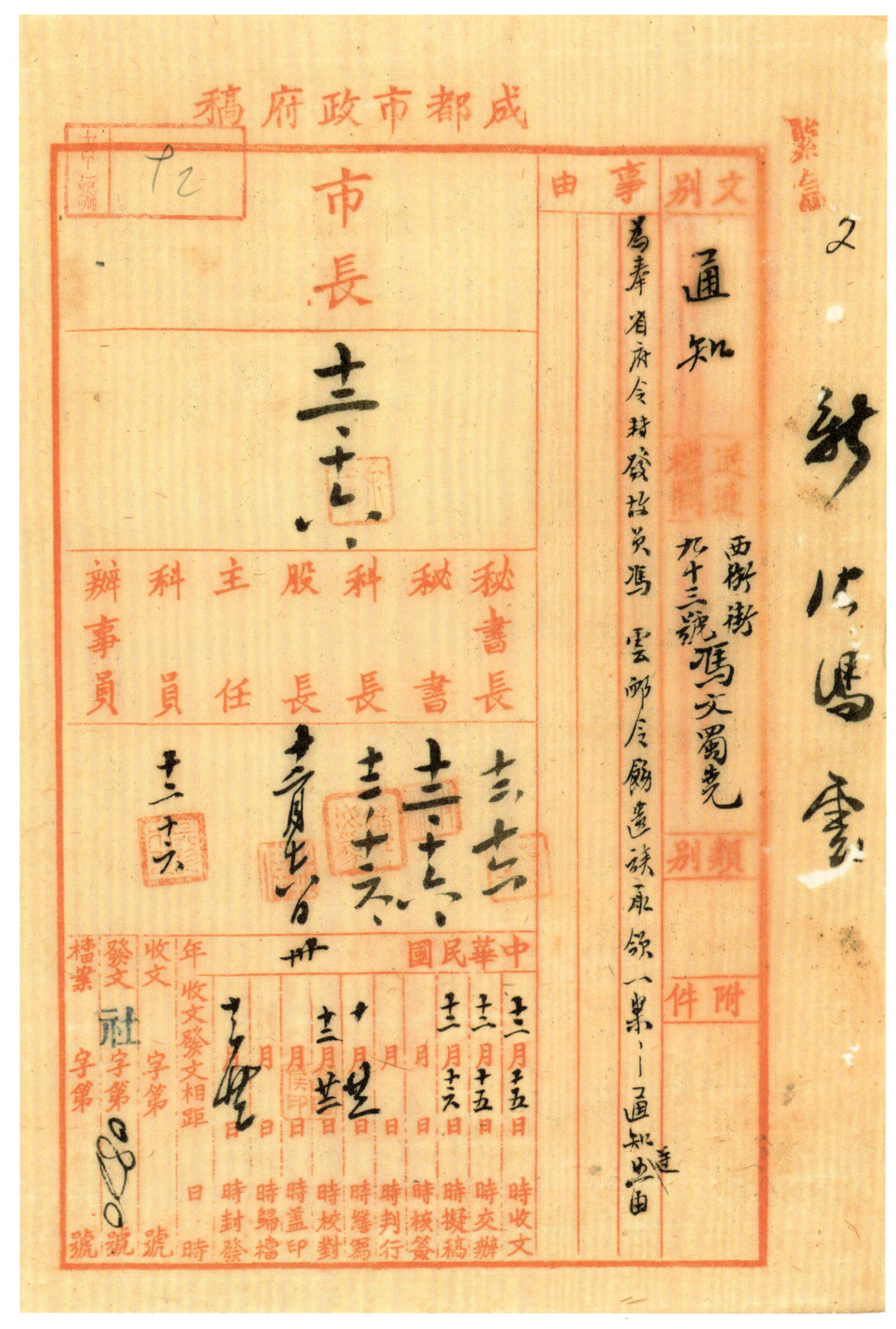
成都市政府稿
文別：通知
事由：為奉省府令封發故員馮雲卹令飭遵謀承領一案，一通知出由
西御街九十三號馮文蜀堯
市長
秘書長
秘書
科長
股長
主任
科員
辦事員
中華民國　年　月　日　時收文
月　日　時交辦
月　日　時擬稿
月　日　時核簽
月　日　時判行
月　日　時繕寫
月　日　時校對
月　日　時蓋印
月　日　時歸檔
月　日　時封發
年收文發文相距　日　時
收文　字第　號
發文　字第　號
檔案　字第　號

全　　　　衔　通知　社字第　　號

案奉

四川省政府卅年十二月九日財民三一字第四二一九六號訓令為故員馮雲遠族清仁壽縣政府將部令移本府轉發承領飭遵照規定辦理具報為要等因抄發部令一併奉此合行通知仰該遺族即便遵照尅日來望江樓本府臨時辦公處撫卹室辦理承領部令手續為要

右通知故員馮雲遠族馮文蜀　准此

中華民國卅年十二月　　日

市長余

冯文蜀尧关于收到成都市政府核发故员冯云抚恤令的收据（一九四一年十二月二十四日）

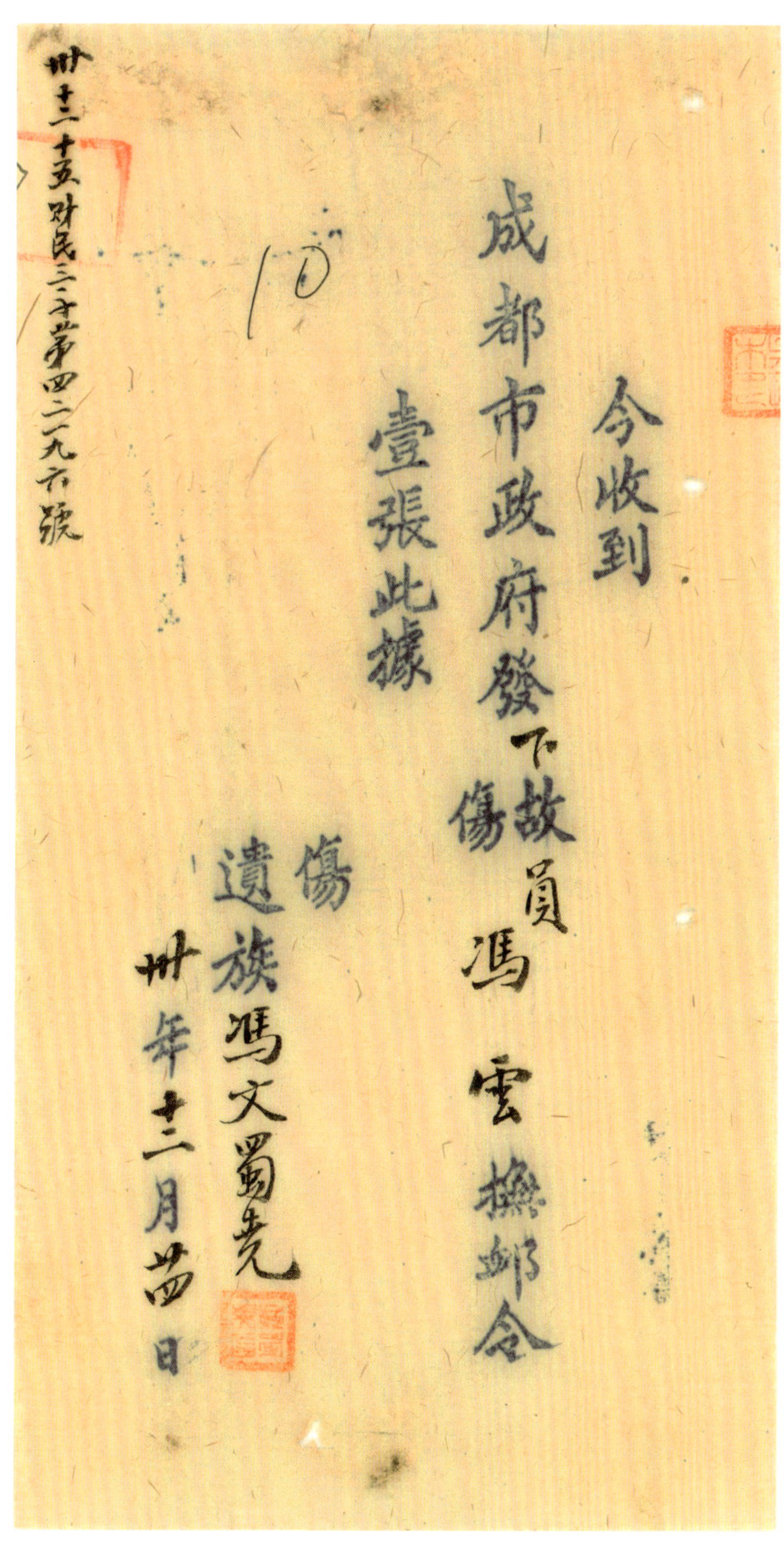
卅十二十五 財民三〇字第四二一九六號

令收到
成都市政府發下故傷員馮雲撫邺令
壹張此據
傷遺族馮文蜀尧
卅年十二月卄四日

成都市政府关于核发故员冯云一次恤金及第一年恤金致四川省政府的呈、致冯文蜀尧的批示（一九四一年十二月二十九日收）

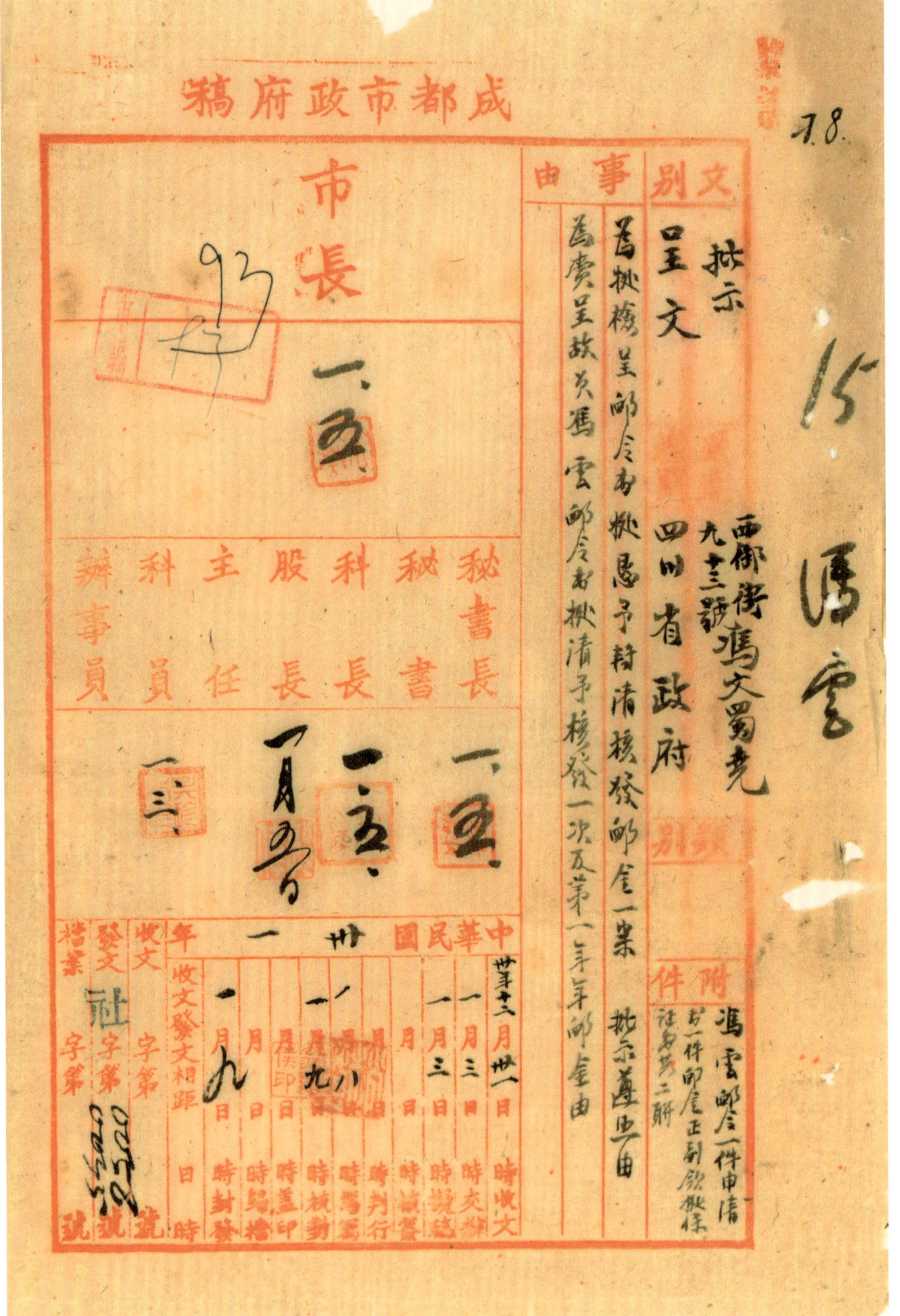

全

銜 批示 社二字第 號

具申請書人馮文蜀堯

卅年十二月卅一日申請書一件 為檢呈故員馮雲卿令書據請予轉請核發一次及年撫金由

申請書暨附件均悉 仰候專案呈請

四川省政府核發給領可也 附件分別存轉 此批

中華民國三十一年一月 日

市長余

呈文稿

案據本市故員馮雲卿遺族馮文蜀堯檢

呈部令申請書及正副領據保證書甘結予轉
請核發一次卹金及第一年年撫金甘結前
未查核尚無不合除批示外理合遵照
鈞府奉頒請卹各項辦法之規定檢同故
員馮雲部令一件領卹申請書一件卹金正
副領據保證書共二聯一併隨文賚呈
鈞府俯賜核發給領指令祇遵再者據該
遺族云申請書所填住地房屋主人行將改建
恐有搬遷擬請將卹金發給本府通知承領
免生周折是否可行之處伏候

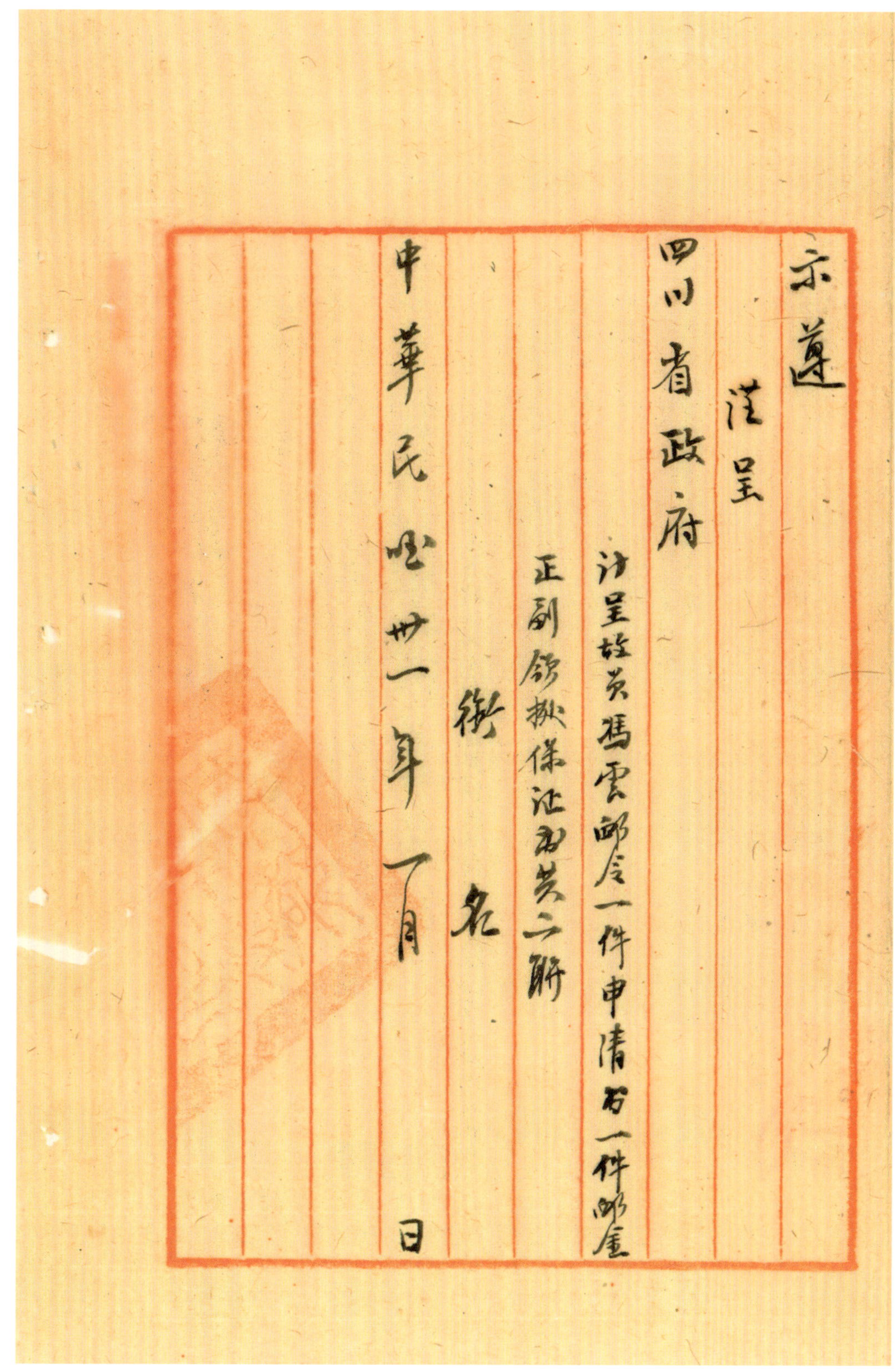

示遵

謹呈

四川省政府

計呈驗黃瑪雲郵令一件申請書一件郵金

正副領據保証書共二聯

銜名

中華民國卅一年　月　日

附：冯文蜀尧关于请予核发故员冯云一次及第一年恤金致成都市政府的领恤申请书、抚恤金领据、具领恤金保证书（一九四一年十二月）

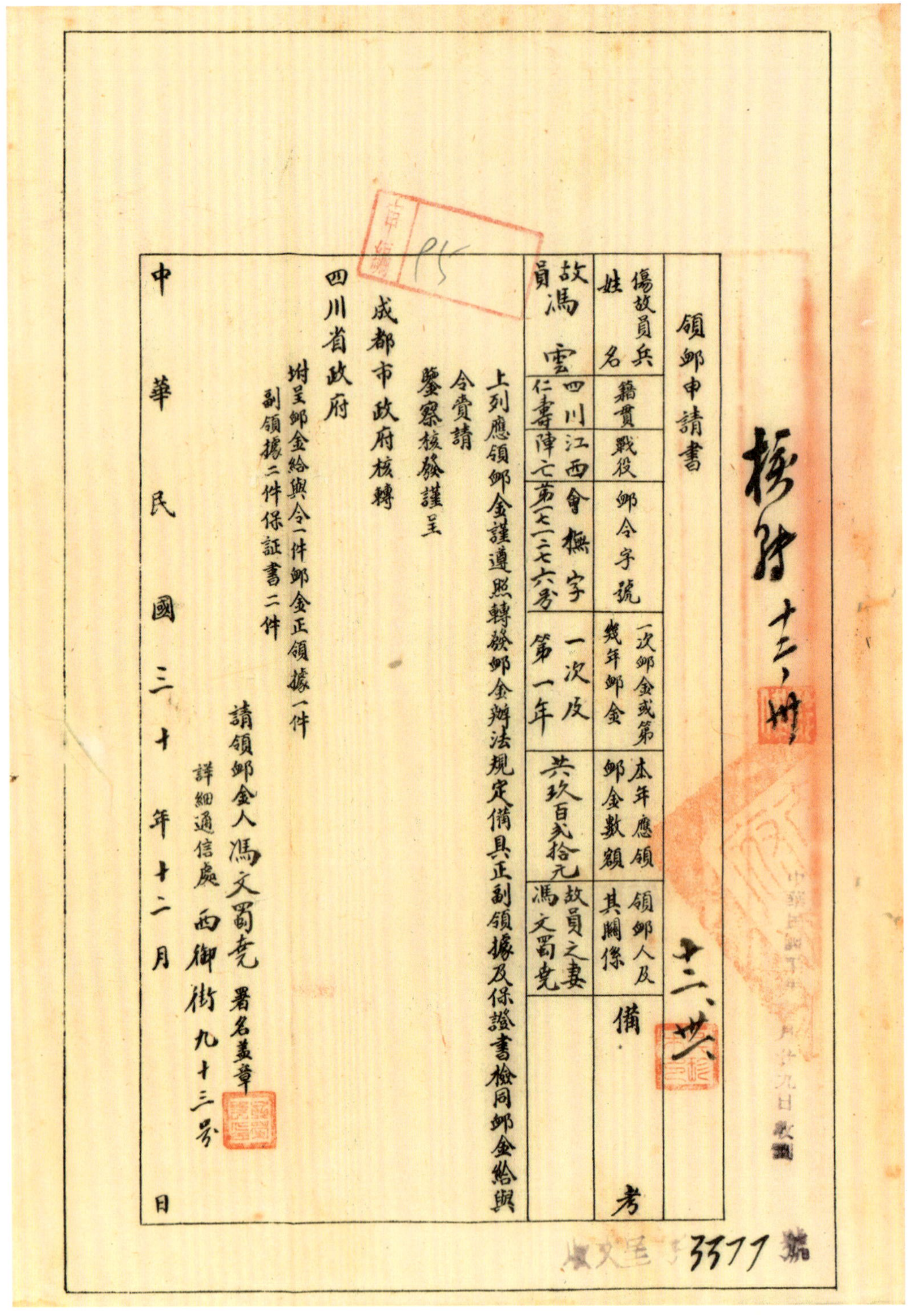

领卹申請書

傷故員兵姓名	籍貫	戰役	卹令字號	一次卹金或第幾年卹金	本年應領卹金數額	領卹人及其關係	備考
故員 馮雲	四川仁壽	江西會戰	撫字第（七）一二七六號	一次及第一年	共玖百弍拾元	故員之妻 馮文蜀堯	

上列應領卹金謹遵照轉發卹金辦法規定備具正副領據及保證書檢同卹金給與令賚請

鑒察核發謹呈

成都市政府核轉

四川省政府

附呈卹金給與令一件卹金正領據一件
副領據二件保証書二件

請領卹金人馮文蜀堯 署名蓋章

詳細通信處 西御街九十三號

中華民國三十年十二月 日

此聯撫卹委員會第三處存查

撫卹金副領據

茲領到

部隊機關番號 新編第一六師三团一連　階級 中尉　職務 排長　姓名 馮雲

國幣共玖百弍拾　元　卹金種類 一次及第一年〃卹金

右款業已照數領訖此據

軍事委員會撫卹委員會第三處查照

領卹人馮文蜀堯

中華民國 三十 年 十二 月　日

16.

字第　　號

此聯轉報軍政部核轉

撫卹金正領據

茲領到

部隊機關番號 新編第一六師三團一連　階級 中尉　職務 排長　姓名 馮雲

國幣共玖百弍拾　元　卹金種類 一次及第一年卹金

右款業已照數領訖此據

軍事委員會撫卹委員會第三處查照

領卹人馮文蜀堯

中華民國 三十 年 十二 月　日

具領郵金保證書

保證人劉劍齋 今保證領卹人 馮大蜀光 確係已故

部隊機關番號 新編第二十六師二團二連 階級 中尉 職務 排長 姓名 馮雲

之遺族茲遵照

國民政府軍事委員會 會卹字第二六二六號卹金給與令核准給與該故

故員一次卹 卹金國幣壹仟伍百六拾 元整今由該遺族向

鈞會第三處如數領訖具領後如有發生爭議保証人願照

鈞會請領卹金須知第六條之規定負法律上一切責任此證

謹呈

國民政府軍事委員會撫卹委員會

保証人（店鋪書東） 姓名 劉劍齋 蓋章

籍貫 四川營山縣 住址 成都中市街三十號 職務 蜀四友龍紙號 職業 經理

（店鋪資本金額 營業） 叁仟元

領卹人 姓名 馮大蜀光 蓋章

籍貫 四川仁壽縣 住址 成都西御街九十三號 與故員之關係 夫妻

其他遺族姓名及關係 子馮志文良

成都市市長余中英

中華民國三十年十二月 日

冯文蜀尧关于领到故员冯云抚恤令及一次恤金的领结（一九四一年十二月）

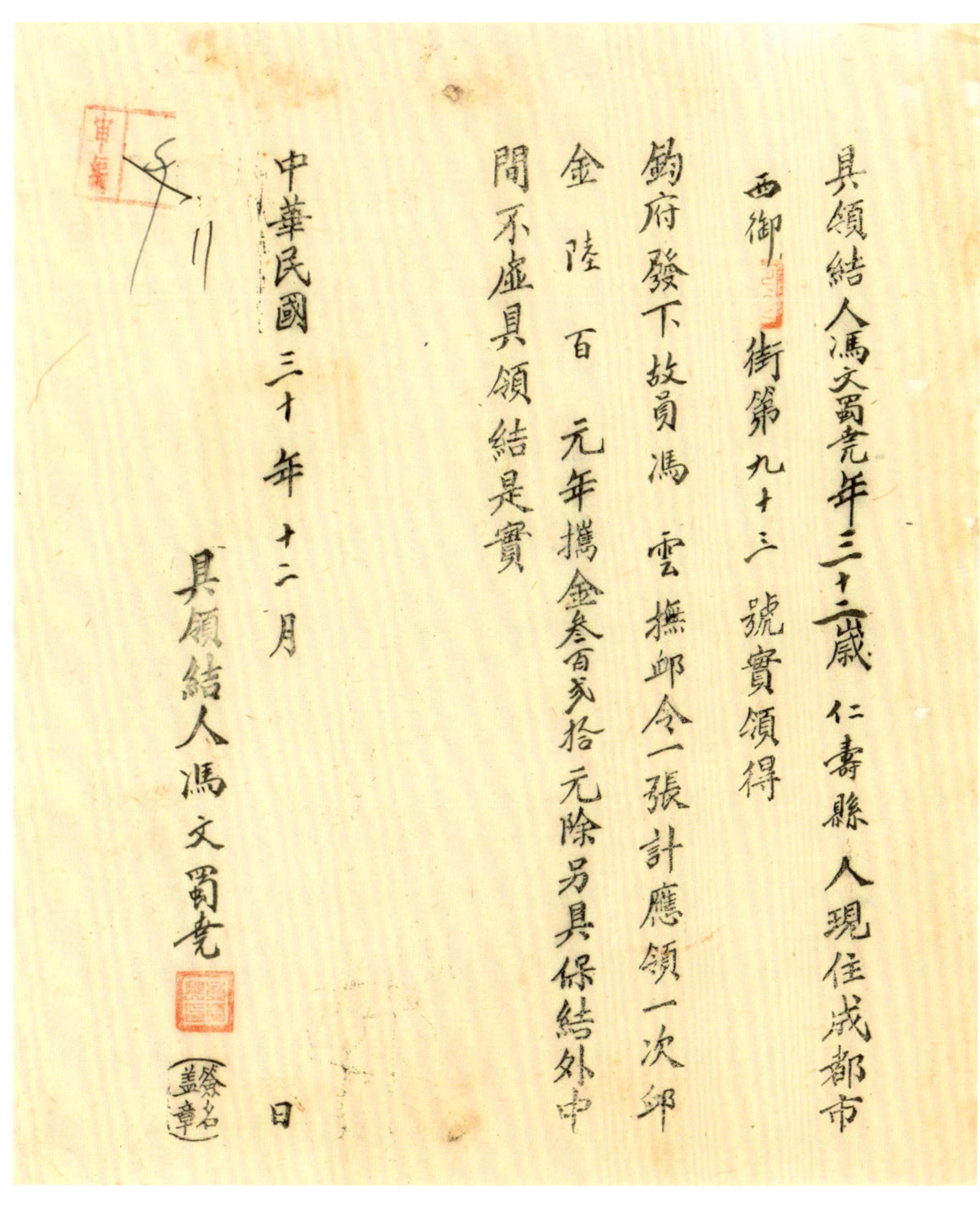
具領結人馮文蜀尧年三十二歲仁壽縣人現住成都市

西御街第九十三號實領得

鈞府發下故員馮雲撫卹令一張計應領一次卹

金陸百元年攜金叁百弍拾元除另具保結外中

間不虛具領結是實

具領結人馮文蜀尧（簽名蓋章）

中華民國三十年十二月　日

冯文敷关于故员冯云遗族一次恤金领取属实的保结（一九四一年十二月）

具保結人馮文敷 住成都市新村十五街第捌號

實保得

鈞 發下新編第一六師三團一連中尉排長馮 雲

撫卹令一張計一次卹金 陸 百 元年撫金

叁百弍拾元由該故員之妻馮文蜀甕 承領中間不虛

具保結是實

中華民國三十年十二月 日

具保結人馮 文敷（簽名蓋章）

保長丁義之（簽名蓋章）

四川省政府关于转发故员冯云恤令致成都市政府的训令（一九四一年十二月九日）

為轉發故員馮雲卹令由

訓令 財辰三

三 十二

令成都市政府

案據仁壽縣政府本年九月九日呈，據故員馮雲遺族馮文蜀先呈報搬遷成都市西御街九十三號，並請送該卹金一案，繳還卹令，轉請遷同卹金發交成都市政府給領等情到府，除指令外，合行檢發故員馮雲卹令一聯，令仰該市政府轉給承領，遵照規定申請發卹為要。此令。附發馮雲卹令一聯

中華民國三十年十二月初九日發出

42196

1137
兼理主席 张群
民政厅长 胡次威

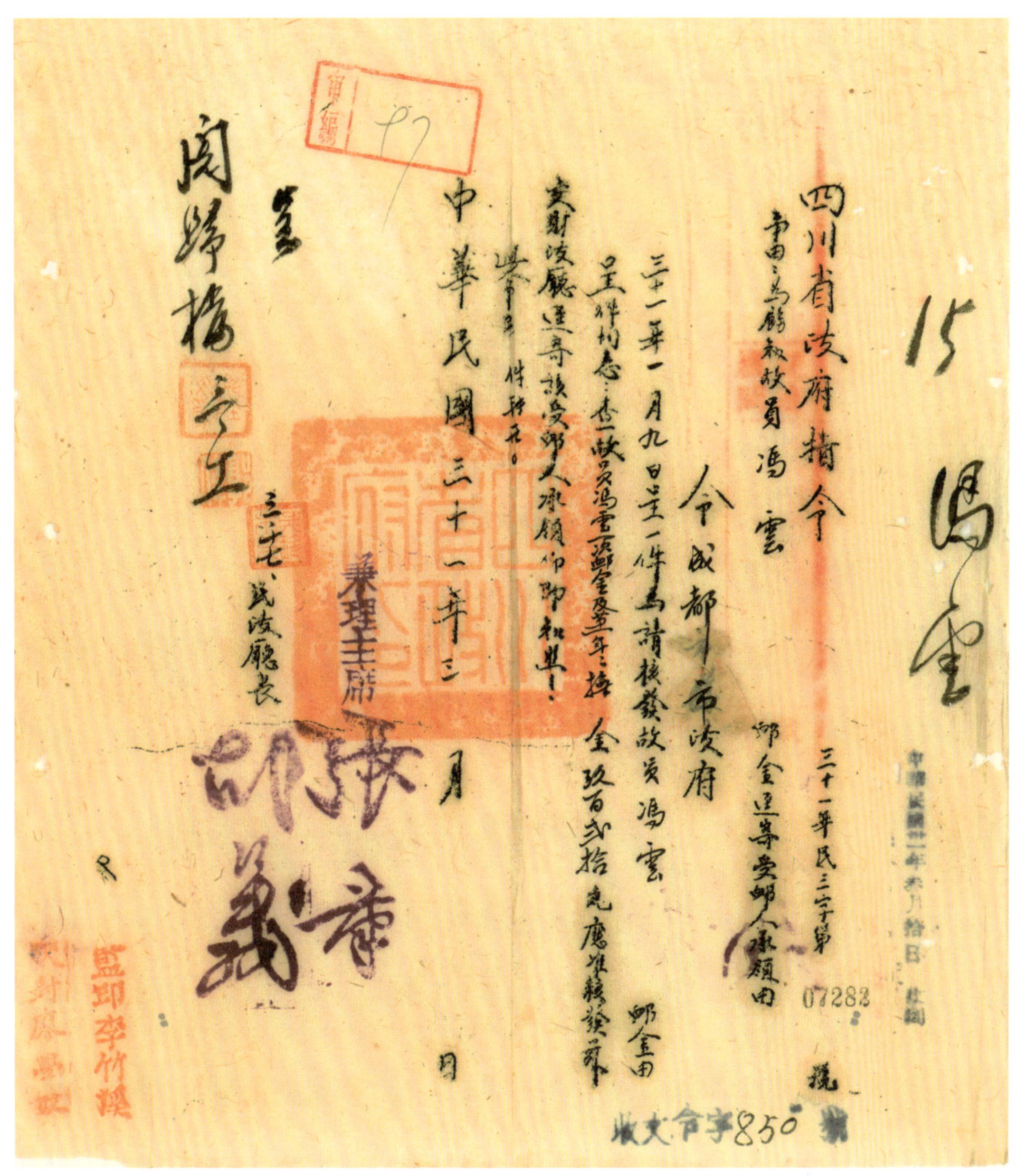
四川省政府指令

三十一年民三六字第　號

事由：為[illegible]故員馮雲卹金逕寄受卹人承領由

令成都市政府

三十一年一月九日呈一件，為請核發故員馮雲卹金由。

呈件均悉。查故員馮雲一次卹金及第一年年撫金玖百貳拾元，應准核發，業令財政廳逕寄該受卹人承領。仰即知照！此令。件存。

兼理主席

中華民國三十一年三月　日

收文令字850號

四川省政府关于准予核发故员冯云一次恤金及第一年恤金致成都市政府的指令（一九四二年三月十日收）

成都市政府关于核发故员冯云第二年恤金致四川省政府的呈、致冯文蜀尧的批示（一九四二年四月八日）

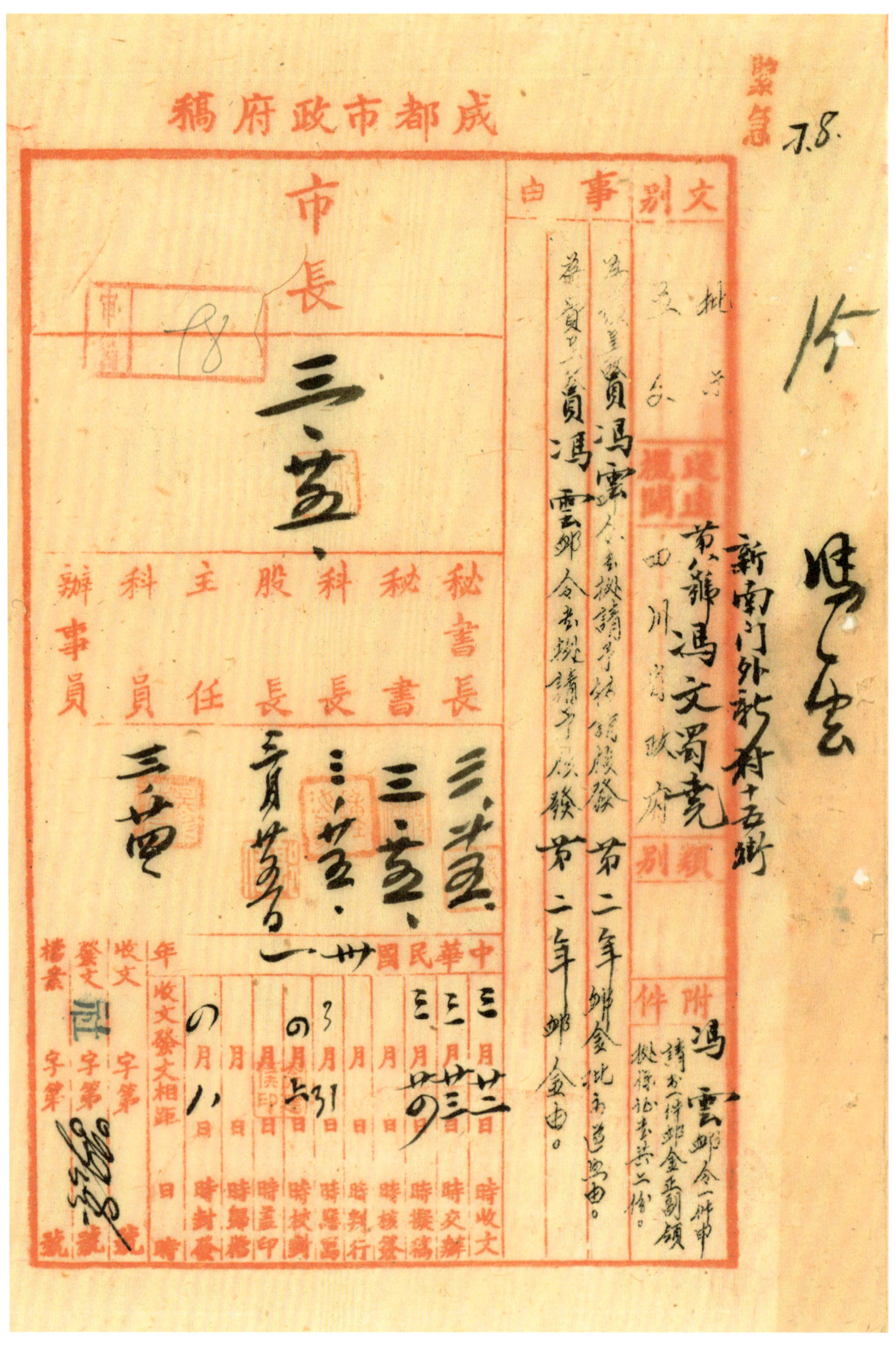
緊急

成都市政府稿

文别	批 呈
事由	为故员冯云郵令业经……第二年郵金…… ……员冯雲郵令……第二年郵金由。
送達機關	四川省政府 新南门外新村十五街 黄龍冯文蜀尧
類別	
附件	冯雲郵令一件

市長

秘書長　秘書　科長　股長　主任　科員　辦事員

中華民國卅一年

收文　發文　檔案　字第　號

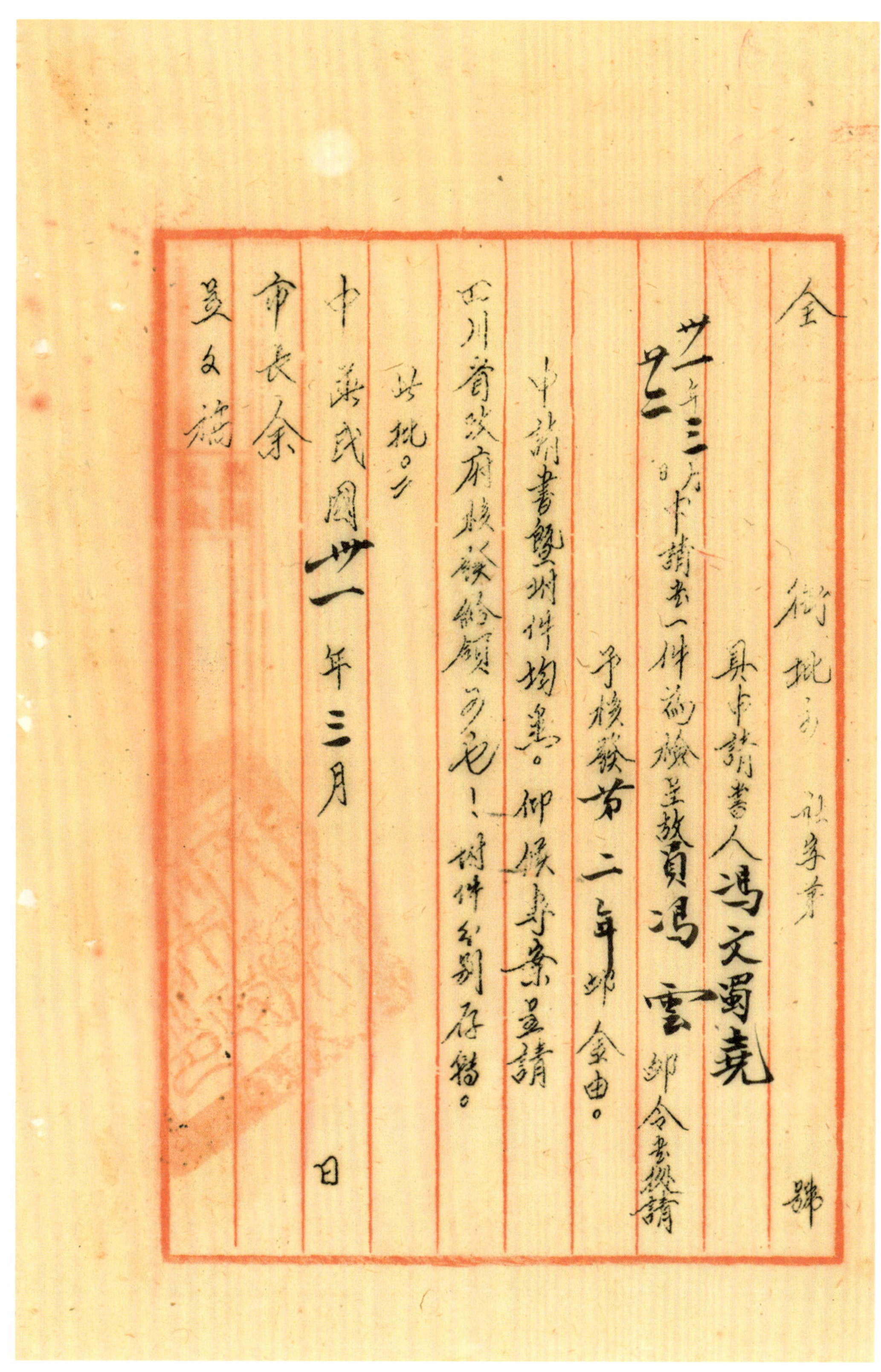

全衔批示　　社字第　　號

具申請書人馮文蜀堯

卅一年三月廿二日申請書一件為檢呈故員馮雲卿令書懇請

予核發第二年卹金由。

申請書暨附件均悉。仰候專案呈請

四川省政府核發給領可也！附件分別存轉。

此批。

中華民國卅一年三月　日

市長余

兼文稿

四、刘志华

成都县政府关于转送故士刘志华乙种请恤书表致成都市政府的公函（一九四〇年六月十九日）

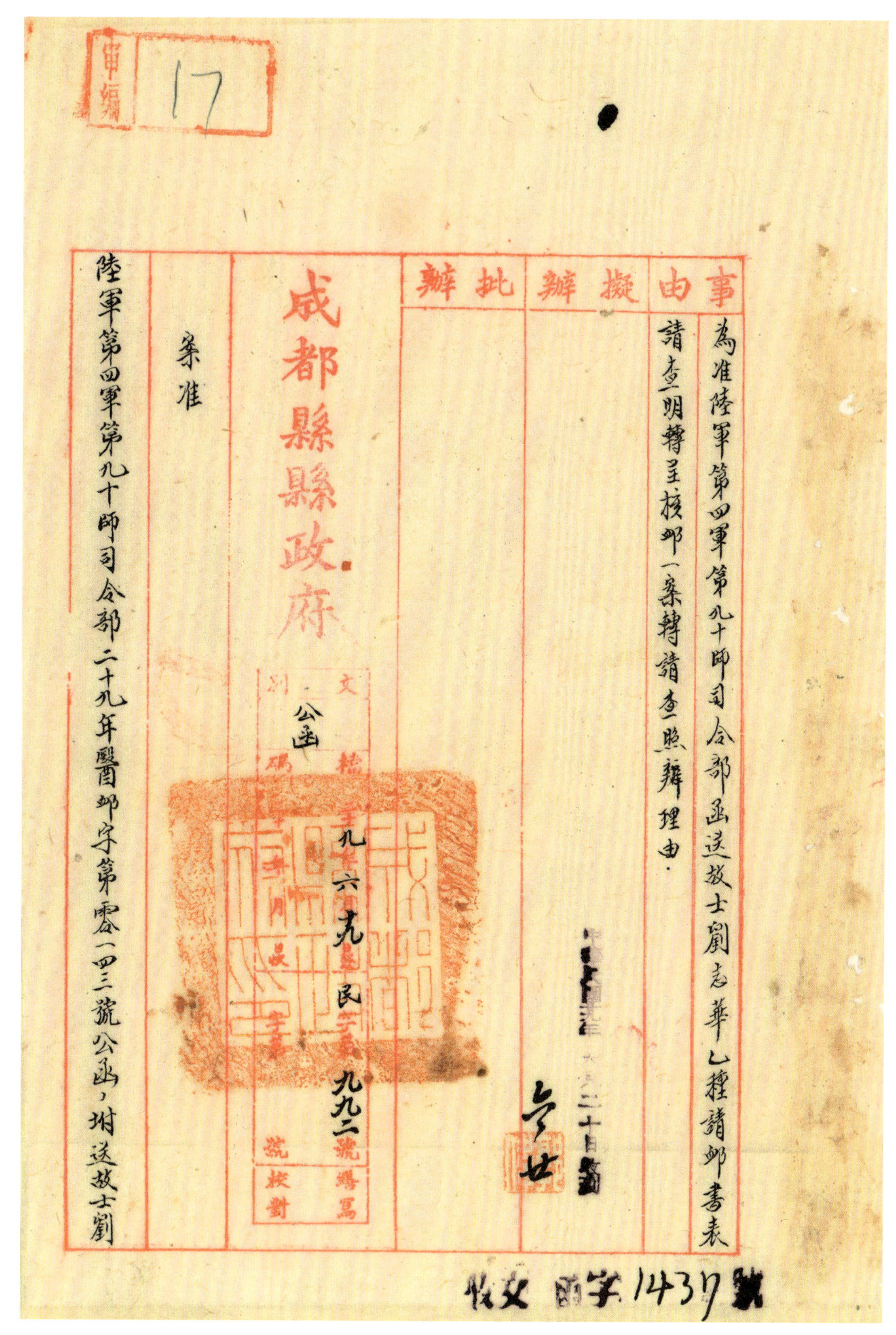

審編 17

事由：為准陸軍第四軍第九十師司令部函送故士劉志華乙種請卹書表請查明轉呈核卹一案轉請查照辦理由

擬辦

批辦

中華民國二十九年六月二十日

成都縣政府

文別：公函

總字第九六九號

民字第九九二號

繕寫 校對

案准

陸軍第四軍第九十師司令部二十九年醫卹字第零一四三號公函，附送故士劉

收文 酉字1437號

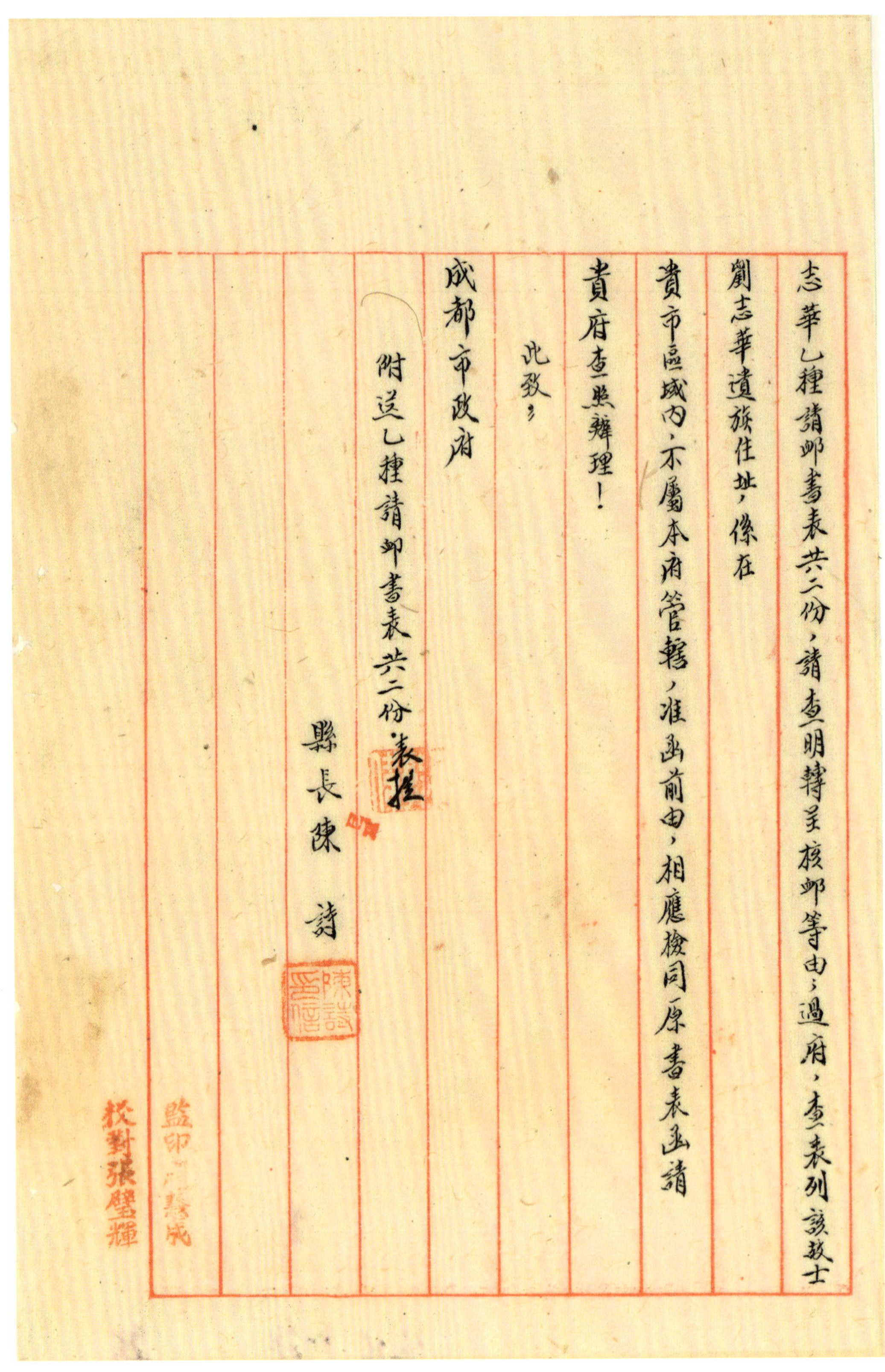

志華乙種請卹書表共二份，請查明轉呈核卹等由；過府，查表列該故士

劉志華遺族住址，係在

貴市區域内，不屬本府管轄，准函前由，相應檢同原書表函請

貴府查照辦理！

此致

成都市政府

附送乙種請卹書表共二份

縣長陳　詩

監印[illegible]成

校對張璧輝

附：陆军战（平）时死亡官佐士兵乙种证明书（空白）

陸軍平戰時死亡官佐士兵乙種證明書

所屬部隊	
階級及職務	
姓名	
年齡籍貫	
死亡日期	
死亡地點	
死亡類別	
致死原因	
遺族	祖父母（姓名） 年 歲（存或歿） 父母（姓名） 年 歲（存或歿） 妻（姓名） 年 歲 子女（名） 年 歲 孫（名） 年 歲 胞弟妹（名） 年 歲 通訊地址
備攷	

中華民國　　年　　月　　日　　縣縣長　　具

附記

一、此證書由死亡者本籍地方長官查明塡具連同其遺族塡繳之乙種調查表呈繳省市政府轉送軍政部核辦

二、遺族欄須詳細查明塡報不准混合

三、死亡類別欄塡明爲陣亡或因公殞命或積勞病故

四、如有特別情形必須聲明者均於備考欄內塡報之

五、年月日上必須加蓋縣市印縣長市長必須署名蓋章

六、翻印此項證書其格式大小須與本表所頒發者相同

成都市政府关于调查故士刘志华遗族住址致第四区五岳镇公所训令的存根（一九四〇年六月二十一日）

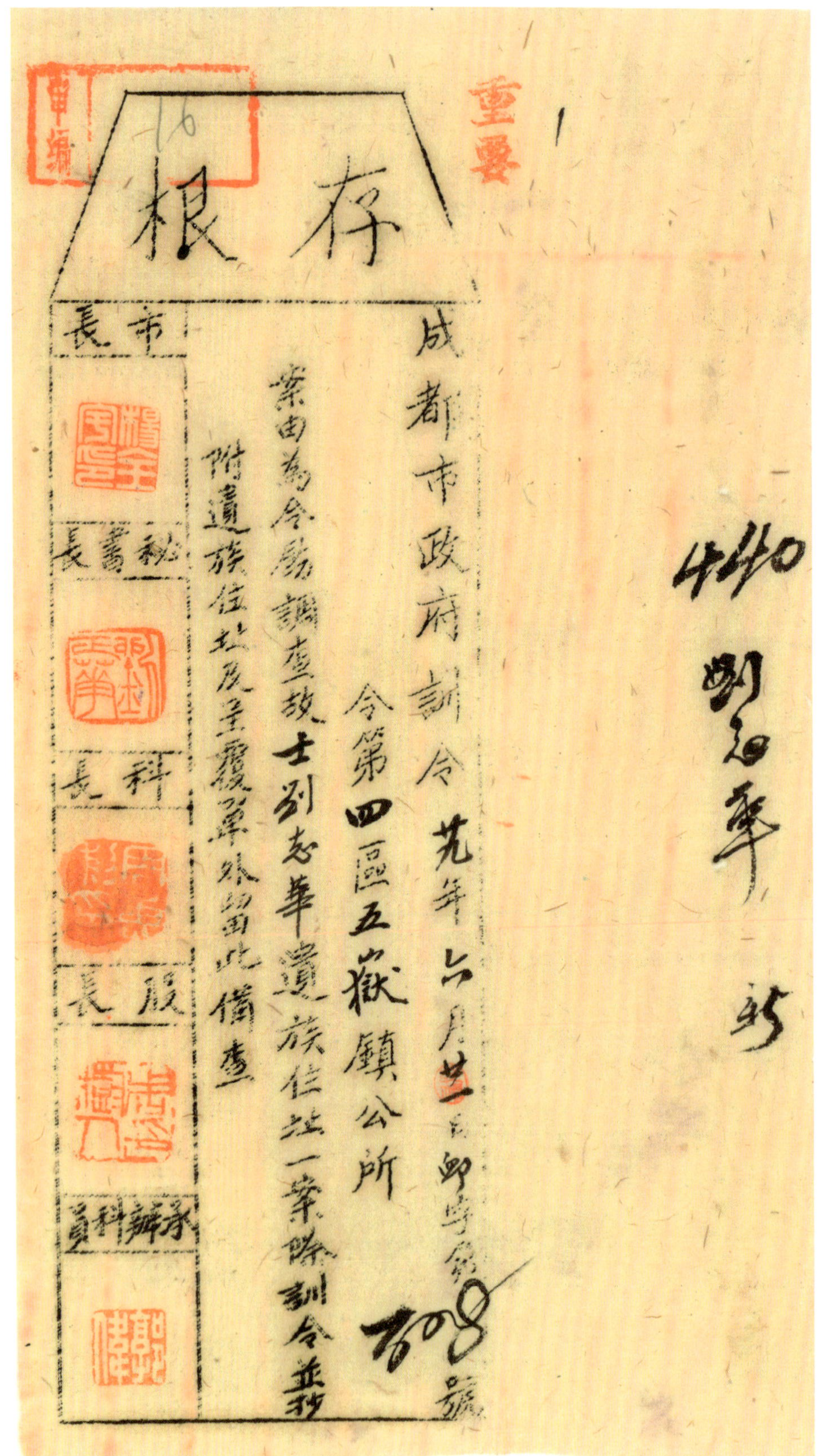

重要

存根

市長

秘書長

科長

股長

承辦科員

成都市政府訓令 廿九年六月廿一日 卯字第608號

令第四區五嶽鎮公所

案由為令飭調查故士刘志華遺族住址一案除訓令並抄附遺族住址及呈覆單外留此備查

五岳镇公所关于调查故兵刘志华遗族住址致成都市政府的呈复单（一九四〇年六月二十五日）

440

呈覆單

到文月日及字號：二九年六月二十二日　函字第三〇八號訓令

案由：為奉令飭查故兵劉志華遺族住址一案由

調查結果：查故兵劉志華遺族原住白云寺街興發園親戚處借住成
轉飭第二保一百〇四甲甲長前往詳細調查呈稱住址屬實故士
劉志華現有父親劉鴻發年逾古稀住在興發園已通知剋日到府辦
理請卹手續理合遵令填具呈覆單報查謹呈

成都市政府

中華民國二十九年六月二十五日

五嶽鎮鎮長張子貞
副鎮長李孔嘉

成都市第四區五嶽鎮公所圖記

故士刘志华的陆军战时死亡士兵乙种调查表（一九四〇年八月八日）

陸軍戰時死亡士兵乙種調查表

隊號	陸軍九〇師三七〇旅五四〇团一營營部
階級	中士
職務	
姓名	劉志華
籍貫	四川成都
年齡	二八岁
家族名號 祖父 祖母	劉邦里 劉鄔氏 年七六 六七歲 均殁（存或殁）
家族名號 父 母	劉洪發 劉吴氏 年七一 四二歲 俱存（存或殁）
家族名號 弟 妹	均無 年 歲
家族名號 妻	無 年 歲
家族名號 子 女	無 年 歲
原來職業	農
入伍日期	民國二四年八月一日
死亡事由	抗戰陣亡
死亡年月日	二八年八月
死亡地點	河南
埋葬地點	
相貌或特徵	
遺族領卹人	父
名號及住址	劉洪發住白雲寺街四十九號
備攷	

中華民國二九年八月八日四川省成都市遺族領卹人劉洪發具

成都市第四区第二保长、第一二甲甲长及族长关于故士刘志华遗族情况的保结（一九四〇年八月八日）

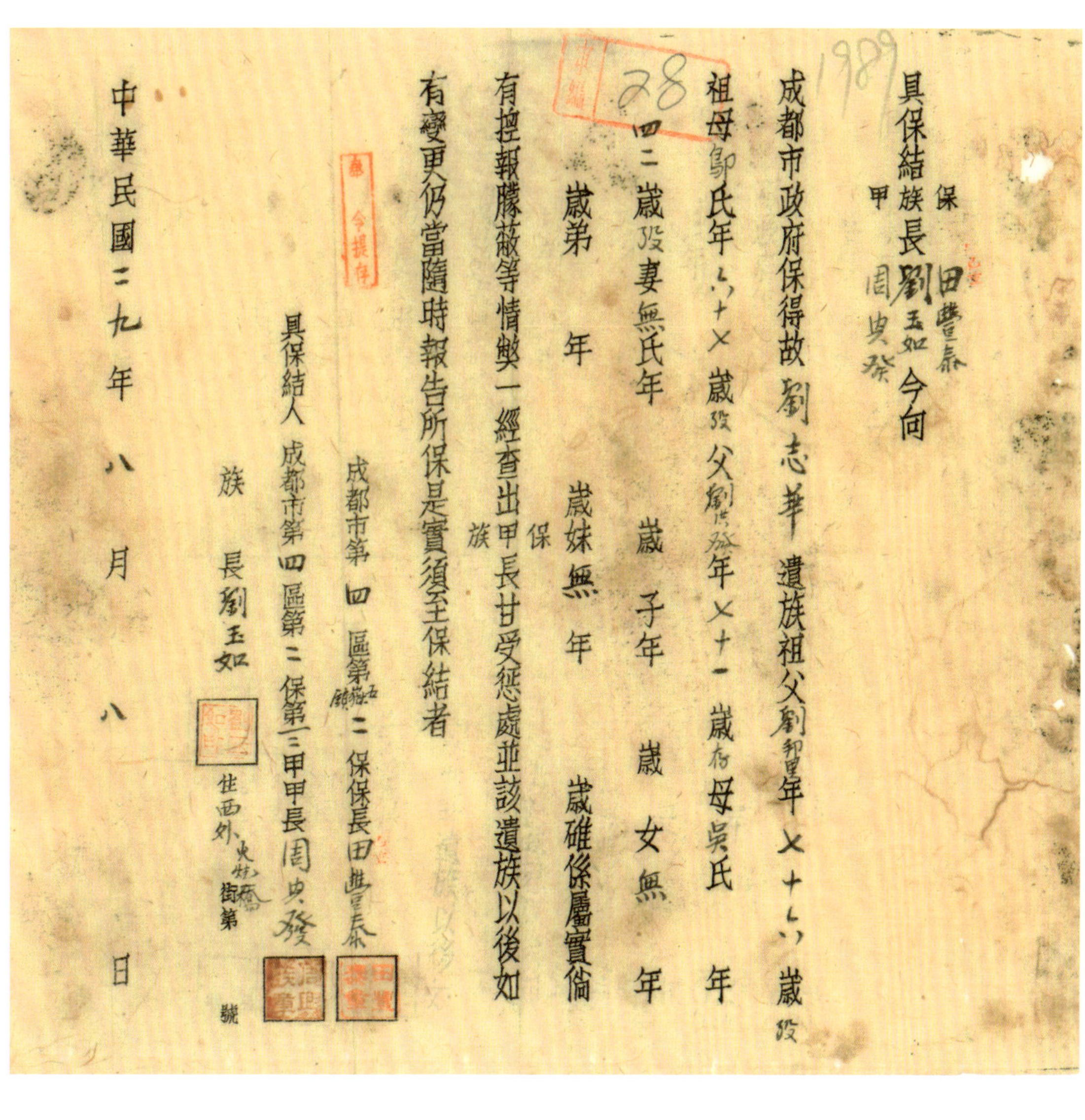

具保結保田豐泰甲周典發族長劉玉如今向

成都市政府保得故劉志華遺族祖父劉□□年七十六歲歿

祖母鄔氏年六十七歲歿父劉興發年七十一歲存母吳氏年

四二歲歿妻無氏年　歲子年　歲女無年

歲弟　年　歲妹無年　歲確係屬實倘

有捏報朦蔽等情與一經查出保甲族長甘受懲處並該遺族以後如

有變更仍當隨時報告所保是實須至保結者

成都市第四區第二保保長田豐泰

具保結人成都市第四區第二保第三甲甲長周典發

族長劉玉如　住西外火灶街第　號

中華民國二九年八月八日

故士刘志华的陆军战时死亡官佐士兵乙种证明书（一九四〇年八月）

陸軍戰時死亡官佐士兵乙種證明書

所屬部隊	陸軍九〇師三七〇旅五四〇團一營三部
階級及職務	中士
姓名	劉志華
年齡及籍貫	二十八歲四川成都
死亡日期	廿八年八月
死亡地點	河南
死亡類別	
死亡原因	抗戰陣亡
遺族	祖父邱星 祖母郭氏 年七六 六七 歲 歿 存（存或歿） 父洪武 母吳氏 年七一 四二 歲 存 歿（存或歿） 妻無 年 歲 子女無 年 歲 孫 年 歲 胞弟妹均無 年 歲 通訊地址成都市白雲寺街四十九號
備考	

中華民國二十九年八月 日成都市市長楊[illegible] 具

照繕二份呈送省府

四川省政府关于检发故士刘志华等恤令致成都市政府的训令（一九四一年三月）

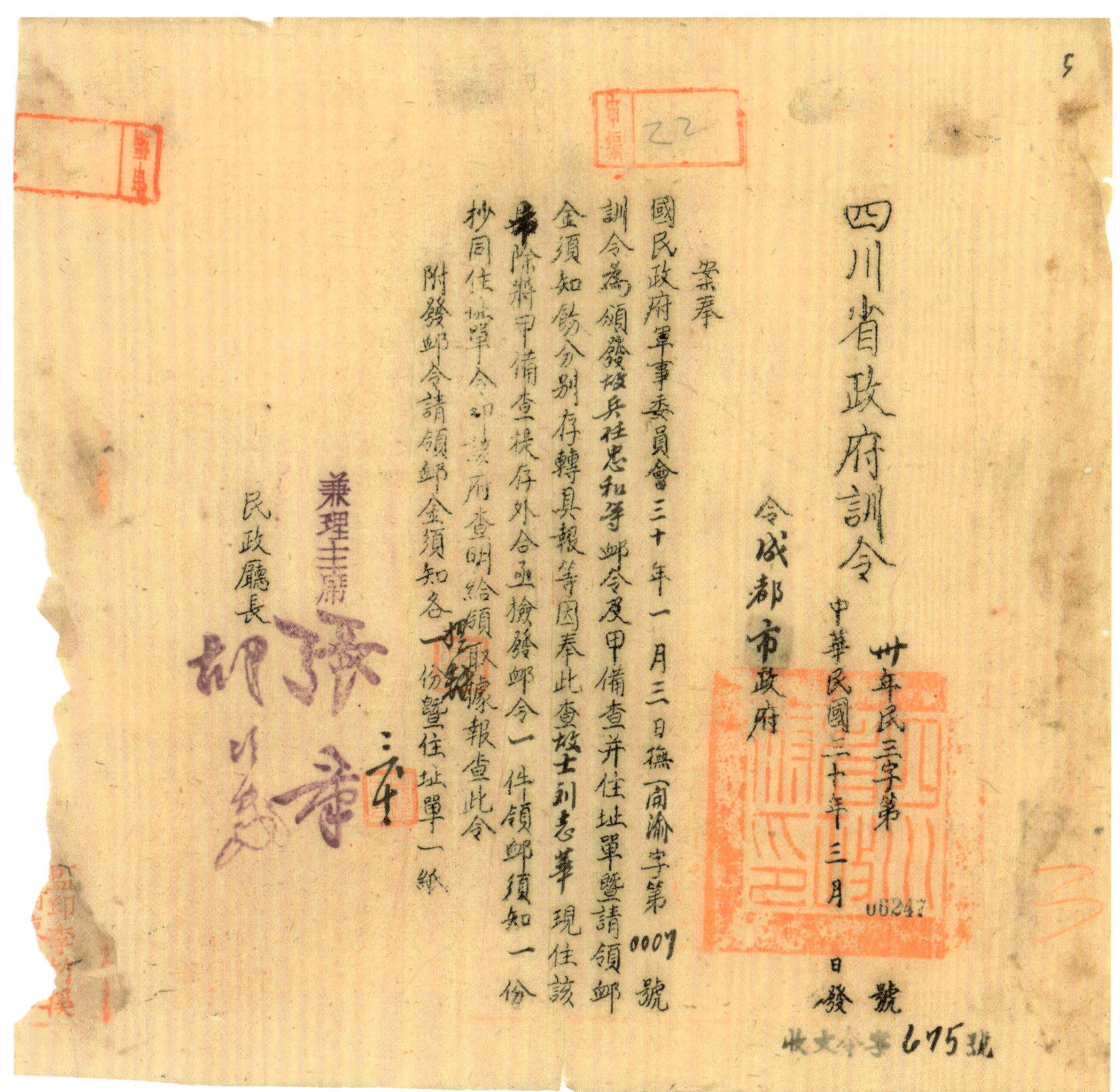

四川省政府訓令

卅年民三字第　　號

中華民國三十年三月　　日發

令成都市政府

案奉

國民政府軍事委員會三十年一月三日撫甫渝字第0007號訓令為頒發故兵任忠和等卹令及甲備查并住址單暨請領卹金須知飭分別存轉具報等因奉此查故士刘志華現住該市除將甲備查摸存外合亟檢發卹令一件領卹須知一份抄同住址單令仰該府查明給領取據報查此令

附發卹令請領卹金須知各一份暨住址單一紙

兼理主席　蔣中正

民政廳長　胡次威

收文令字675號

附：故士刘志华遗族住址单

23

遗族住址单

四川省

刘志华遗族照卹令所载

成都市白云寺街吴葆家 四五

右一名

成都市政府关于调查故士刘志华遗族住址致第四区五岳镇公所训令的存根（一九四一年三月十日）

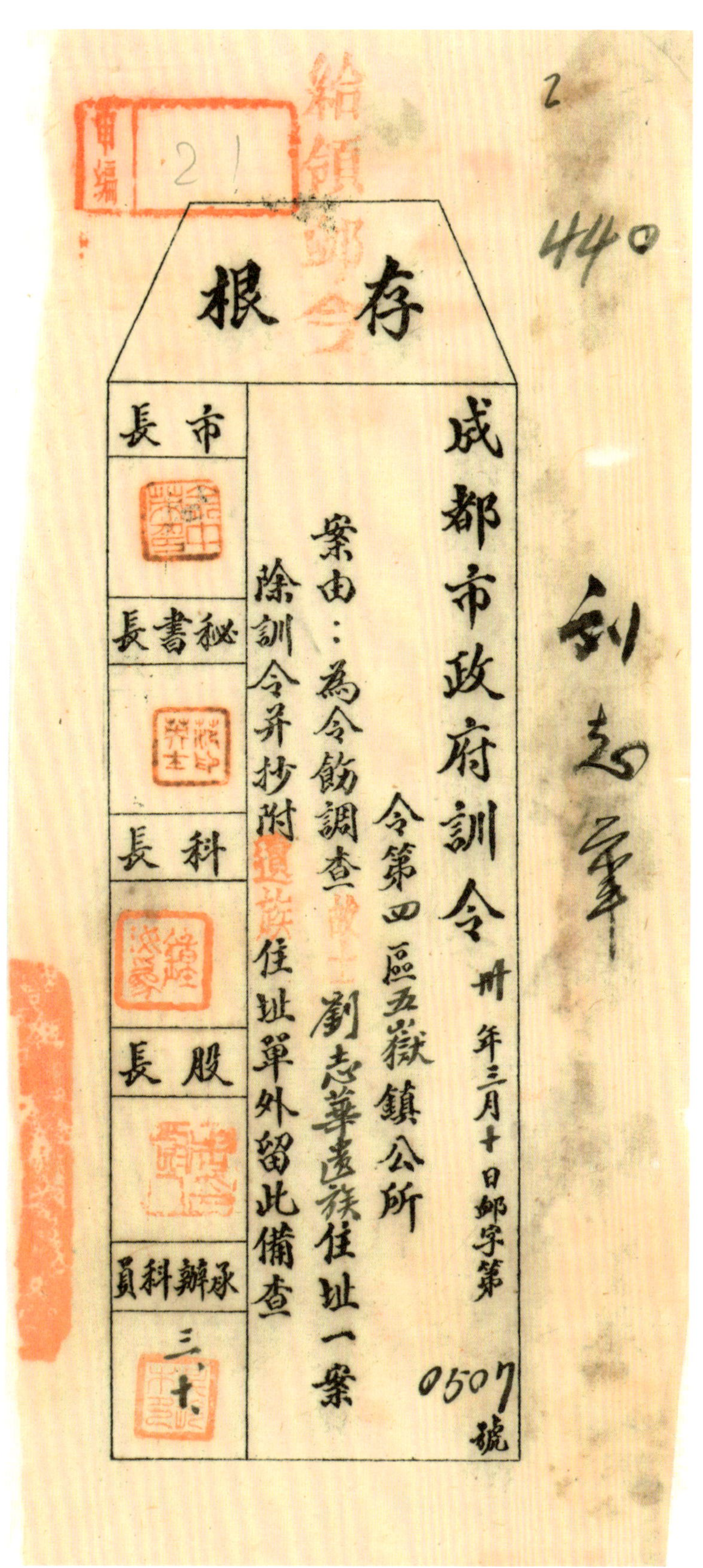

存根

成都市政府訓令 卅年三月十日邮字第0507號

令第四區五嶽鎮公所

案由：為令飭調查故士劉志華遺族住址一案

除訓令并抄附遺族住址單外留此備查

市長	秘書長	科長	股長	承辦科員
				三、十

刘冲兴关于申领故士刘志华一次恤金及第一年年恤金的领恤申请书（一九四一年九月十二日）

审编 27

核发 九、十三

领䘏申请书

伤故员兵姓名	籍贯	战役	䘏令字号	一次䘏金或第几年䘏金	本年应领䘏金数额	领䘏人及其关系	备考
故士刘志华	四川	湖北抗战阵亡	会䘏字第一五六三六八号	一次䘏金及第一年䘏金	贰百叁拾元	故士之父刘冲兴	

上列应领䘏金谨遵照转发䘏金办法规定备具正副领据及保证书检同䘏金给与令费请

鉴察核发谨呈

成都市政府核转

四川省政府

附呈䘏金给与令一件䘏金正领据一件副领据二件保证书二件

请领䘏金人刘冲兴（刘冲兴印）署名盖章

详细通信处外东白云寺街四十一号

中华民国三十年九月日

收文呈字2631号

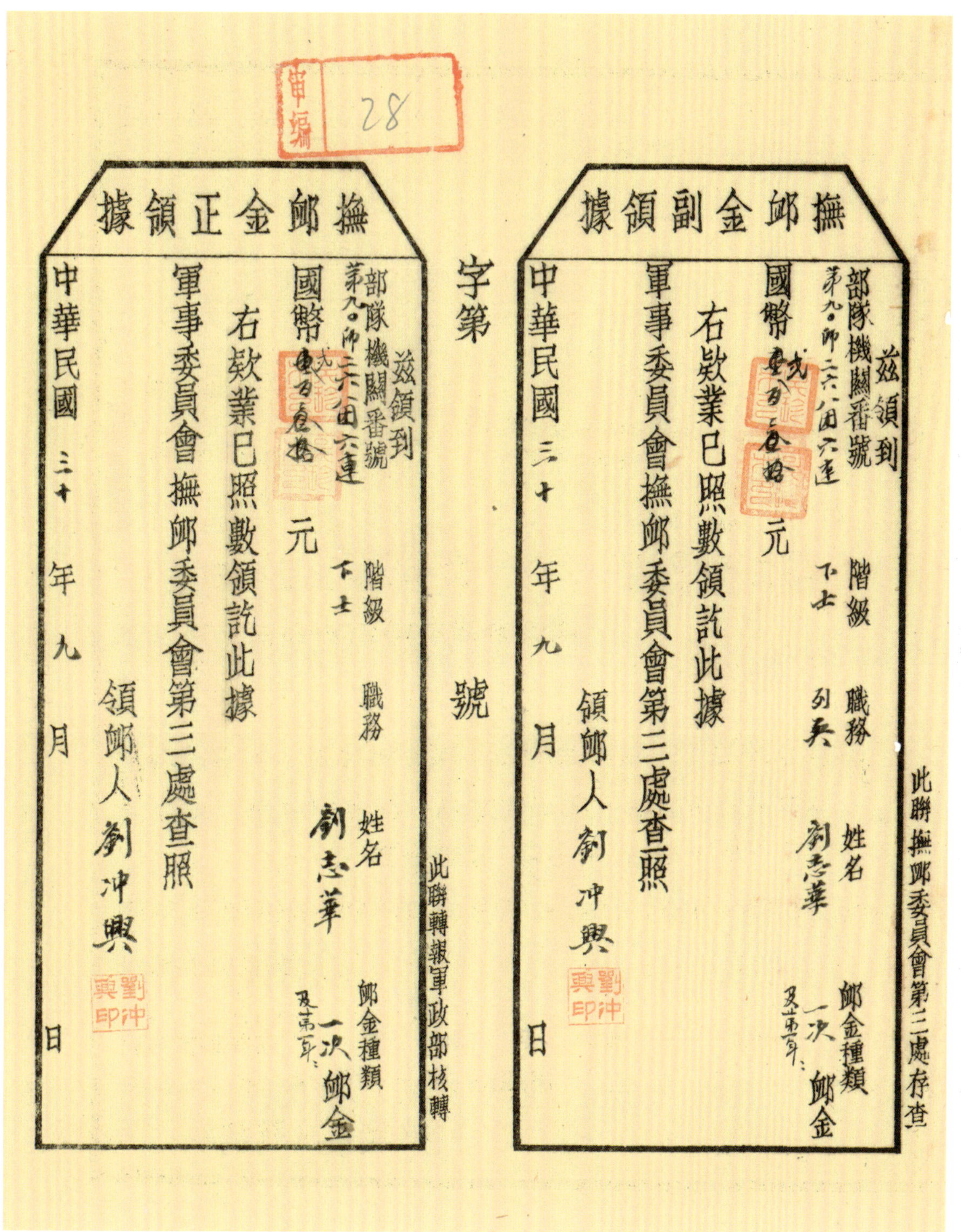

審編 28

撫卹金副領據

此聯撫卹委員會第三處存查

茲領到

部隊機關番號 第九〇師二六八團六連

階級 下士

職務 列兵

姓名 劉志華

卹金種類 一次卹金 及第一年

國幣[illegible]元

右欵業已照數領訖此據

軍事委員會撫卹委員會第三處查照

領卹人 劉冲興 （印：劉冲興印）

中華民國三十年九月日

字第　號

此聯轉報軍政部核轉

撫卹金正領據

茲領到

部隊機關番號 第九〇師二六八團六連

階級 下士

職務

姓名 劉志華

卹金種類 一次卹金 及第一年

國幣[illegible]元

右欵業已照數領訖此據

軍事委員會撫卹委員會第三處查照

領卹人 劉冲興 （印：劉冲興印）

中華民國三十年九月日

具領卹金保證書

保證人周興發 今保證領卹人劉沖興 確係已故

部隊機關番號 第九〇師二六四團三連 階級 下士 職務 姓名 劉志華

之遺族茲遵照

國民政府軍事委員會會撫字第一五三六八號卹金給與令核准給與該故

下士一次卹金國幣 元整今由該遺族向

鈞會第二處如數領訖具領後如有發生爭議保證人願照

鈞會請領卹金須知第六條之規定負法律上一切責任此證

謹呈

國民政府軍事委員會撫卹委員會

保證人姓名 周興發 蓋章 籍貫 住址 職業或職務 店舖（商業）資本金額 一千元

領卹人姓名 劉沖興 蓋章 籍貫 住址 與故士之關係 父子

其他遺族姓名及關係

中華民國三十年九月 日

成都市市長余中英

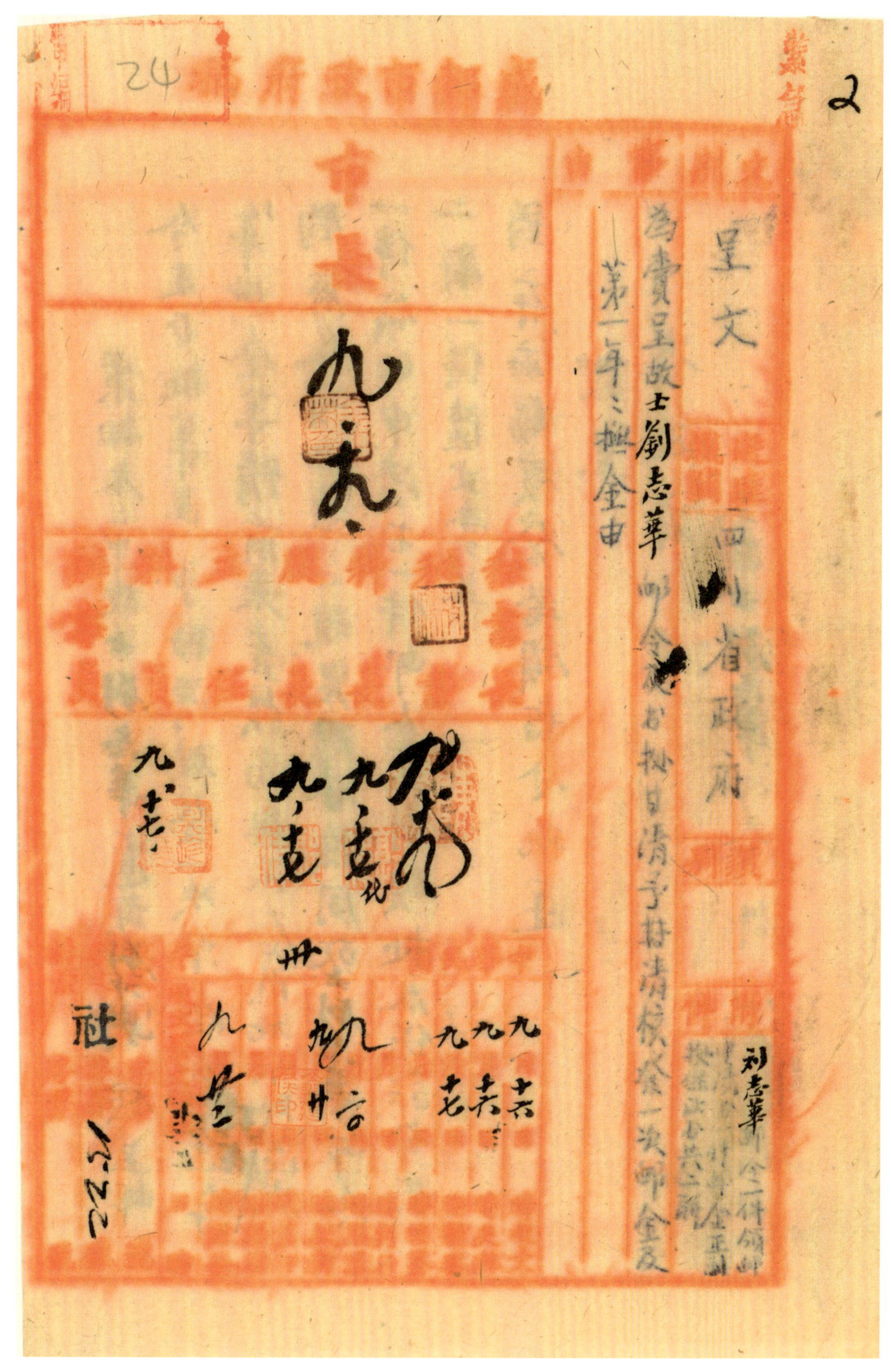
呈文
四川省政府
為賫呈故士劉志華卹金……
第一年年撫金由
劉志華

成都市政府关于核发故士刘志华一次恤金、第一年年恤金致四川省政府的呈文（一九四一年九月二十二日）

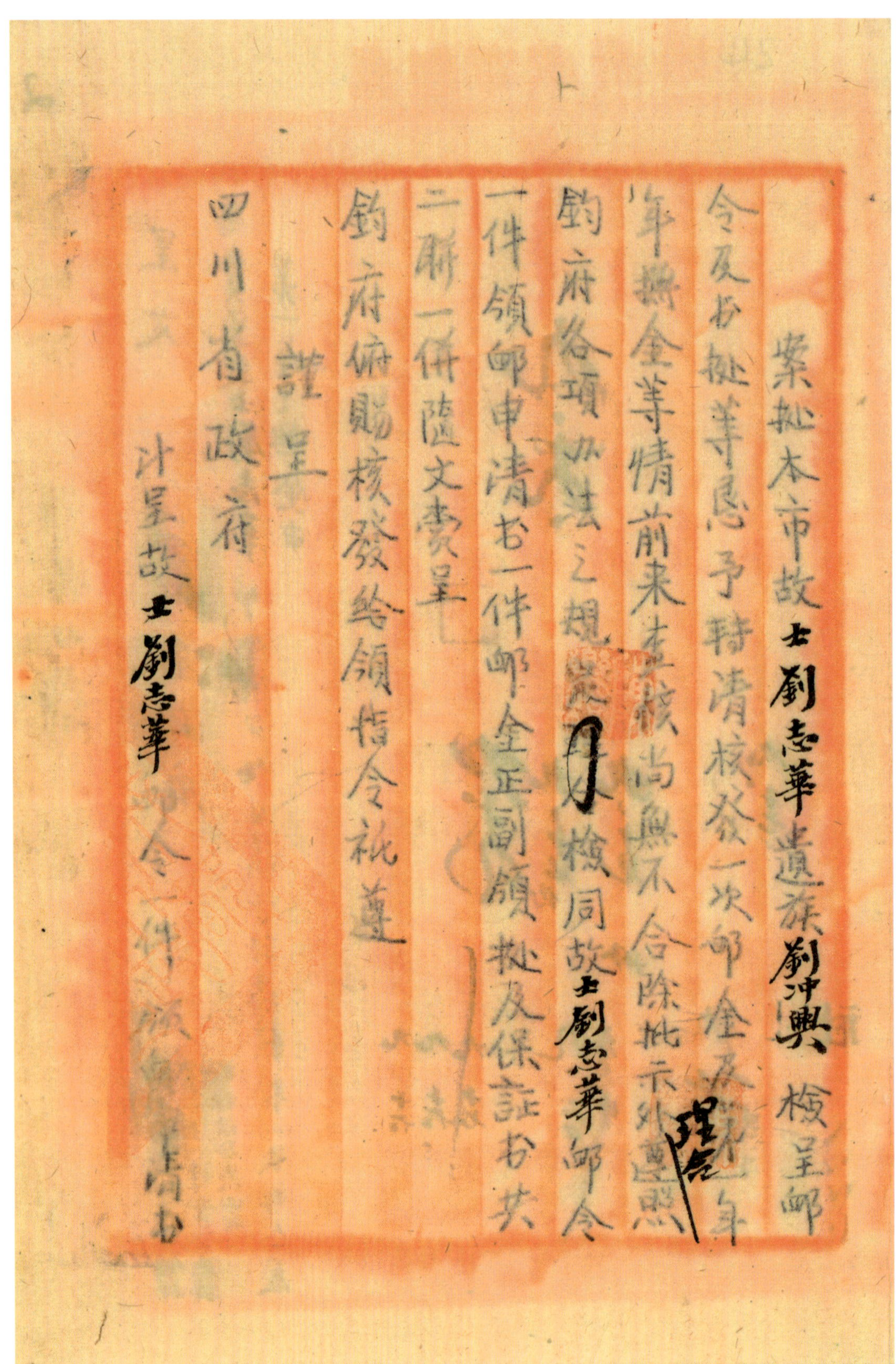

案據本市故士劉志華遺族劉冲興檢呈邮令及书據等恳予轉請核發一次邮金及[illegible]年年撫金等情前来查核尚無不合除批示外遵照鈞府各項办法之規定[illegible]檢同故士劉志華邮令一件領邮申請书一件邮金正副領據及保證书共二聯一併隨文賫呈鈞府俯賜核發給領指令祗遵

謹呈

四川省政府

计呈故士劉志華邮令一件領邮申請书

25

一件卯金正副[illegible]保結[illegible]册

銜　名

中華民國三十年九月　日

成都市政府关于核发故士刘志华一次恤金及第一年年恤金致刘冲兴的批（一九四一年九月二十五日）

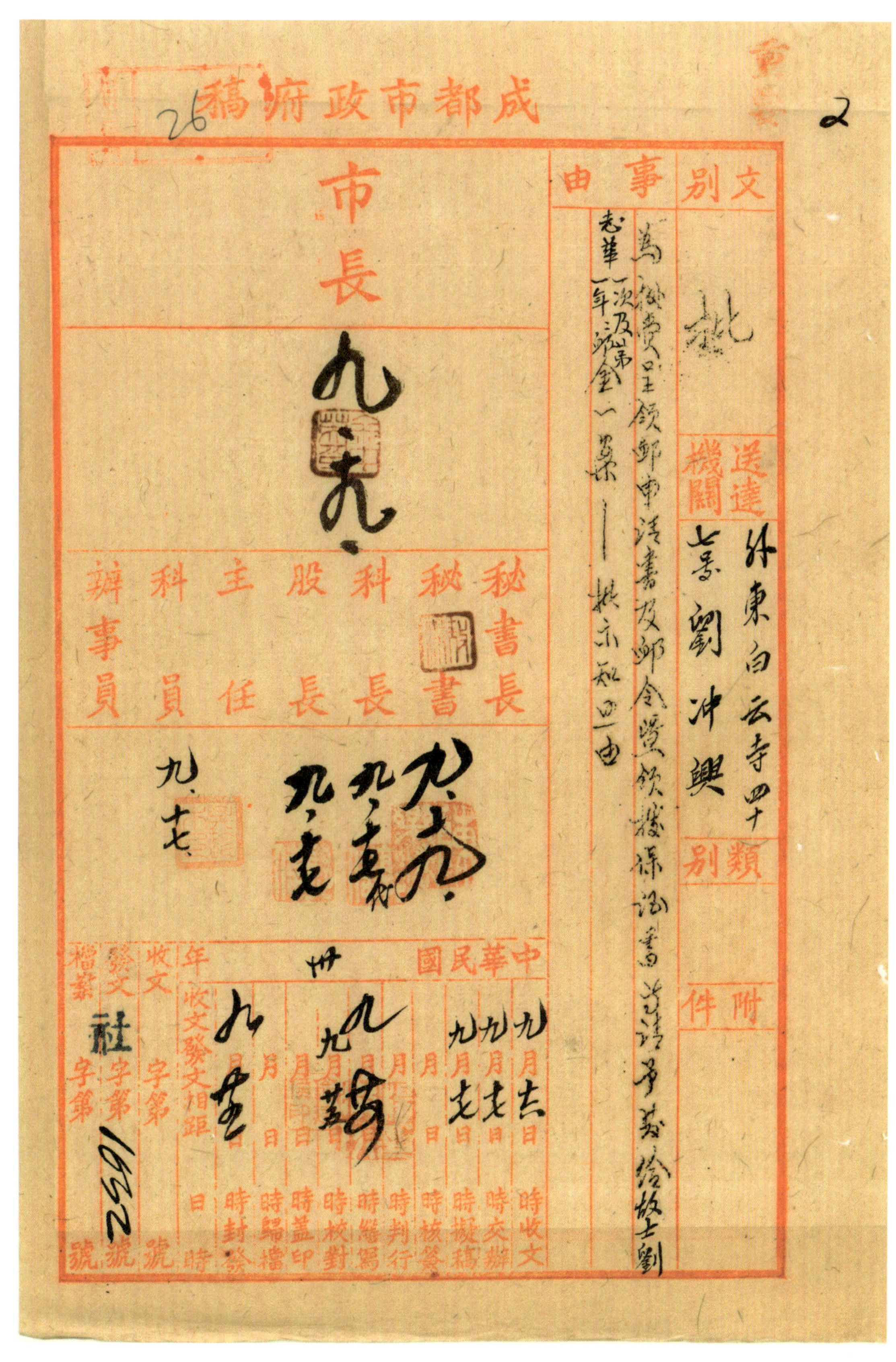
成都市政府稿

文别：批

事由：为检发呈领邮寄请书及邮令暨领据保证书等，请予发给故士刘志华一次及第一年恤金一案，批示知照由

送达机关：外东白云寺四十号 刘冲兴

市长 九、廿九

秘书长 秘书 科长 股长 主任 科员 办事员

中华民国卅年 九月廿七日收文 九月廿七日交办 九月廿七日拟稿 九月廿九日判行 九月廿九日封发

发文社字第1652号

令

衔批　社字第　號

具申請書人劉沖興

卅年九月十六日申請書一件為檢呈領卹申請書及

卹令暨領保證書等請予發給

一次及第一年撫金由

申請書暨附件均悉。仰候彙案轉請

四川省政府核發可也。附件分別存轉。

此批。二

中華民國卅年九月　日

市長　令

四川省政府关于核发故士刘志华一次恤金、第一年年恤金致成都市政府的指令（一九四一年十二月十九日）

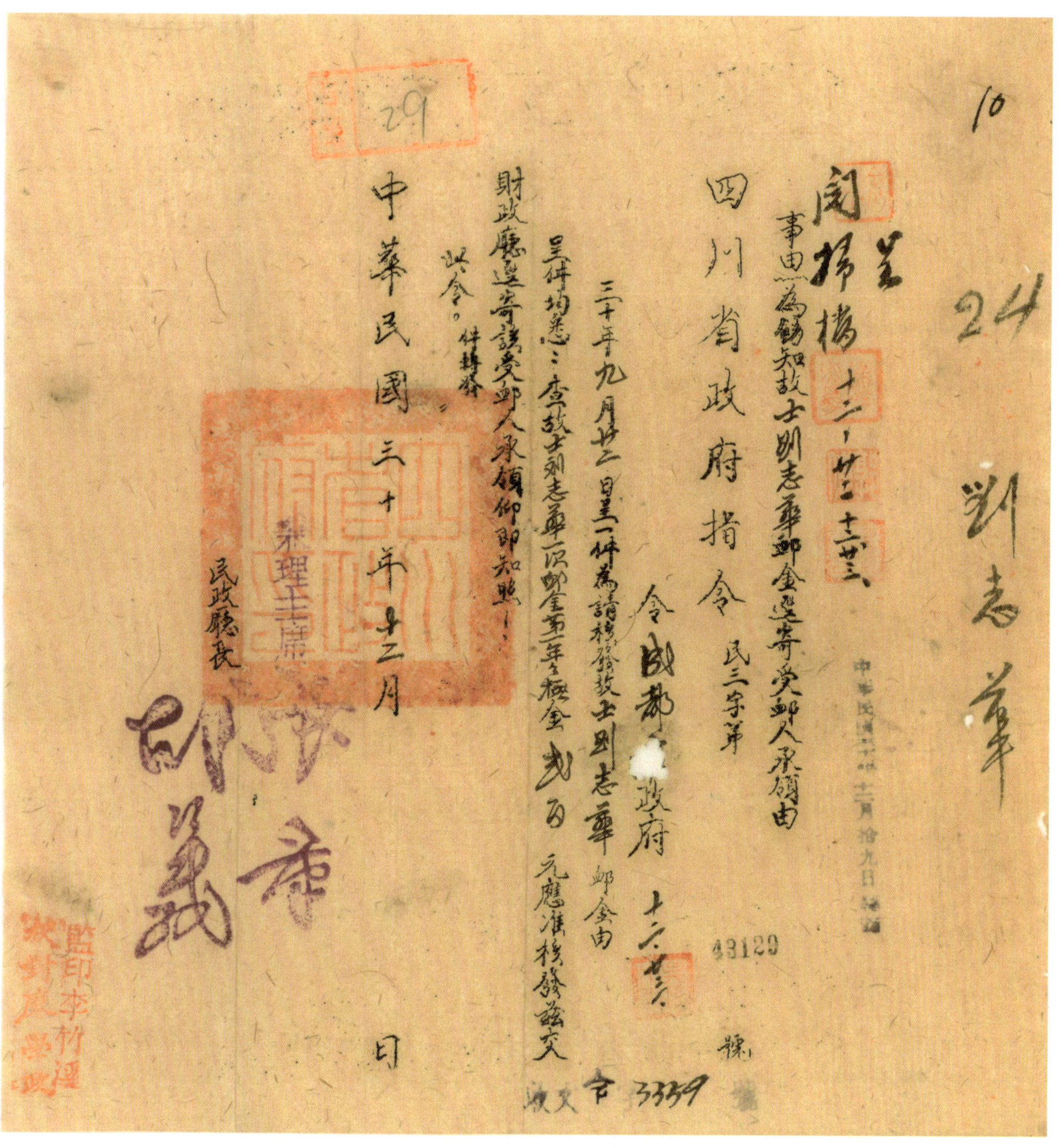

事由：為飭知故士劉志華卹金逕寄受卹人承領由

四川省政府指令　民三字第　號

令成都市政府

三十年九月廿二日呈一件為請核發故士劉志華卹金由

呈件均悉。查故士劉志華一次卹金第一年年卹金共　元應准核發，茲交

財政廳逕寄請受卹人承領，仰即知照！

此令。件存

兼理主席

民政廳長

中華民國三十年十二月　日

刘洪发关于申领故士刘志华第二年年恤金的领恤申请书（一九四二年四月）

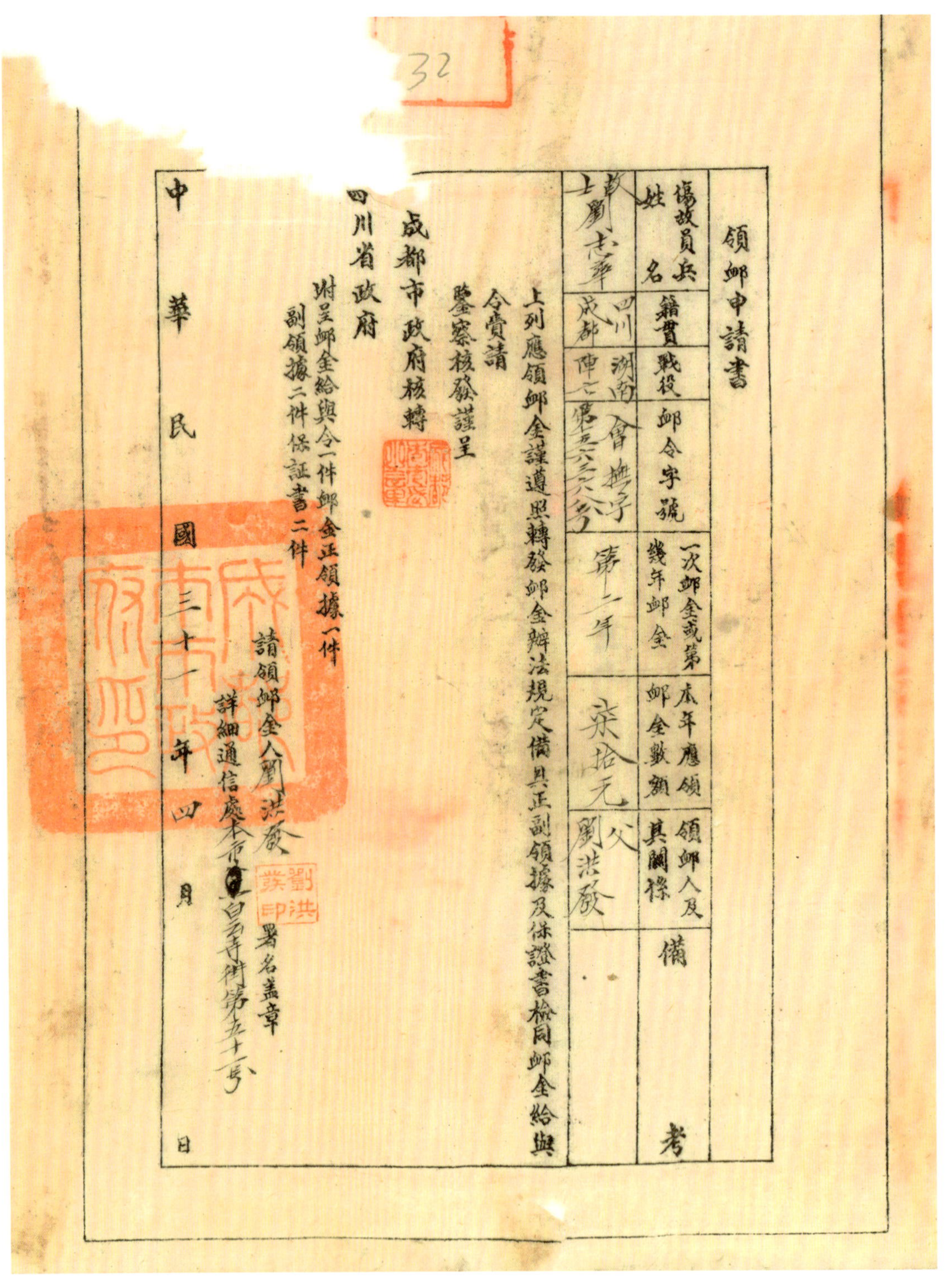

32

領卹申請書

傷故員兵姓名	故士劉志華
籍貫	四川成都
戰役	湖南陣亡
卹令字號	會撫字第五六三六號
一次卹金或第幾年卹金	第二年
本年應領卹金數額	柒拾元
領卹人及其關係	父劉洪發
備考	

上列應領卹金謹遵照轉發卹金辦法規定備具正副領據及保證書檢同卹金給與令賫請

鑒察核發謹呈

成都市政府核轉

四川省政府

附呈卹金給與令一件卹金正領據一件副領據二件保証書二件

請領卹金人劉洪發（劉洪發印）署名蓋章

詳細通信處本市□白石寺街第五十號

中華民國三十一年四月　日

附：抚恤金领据、具领恤金保证书

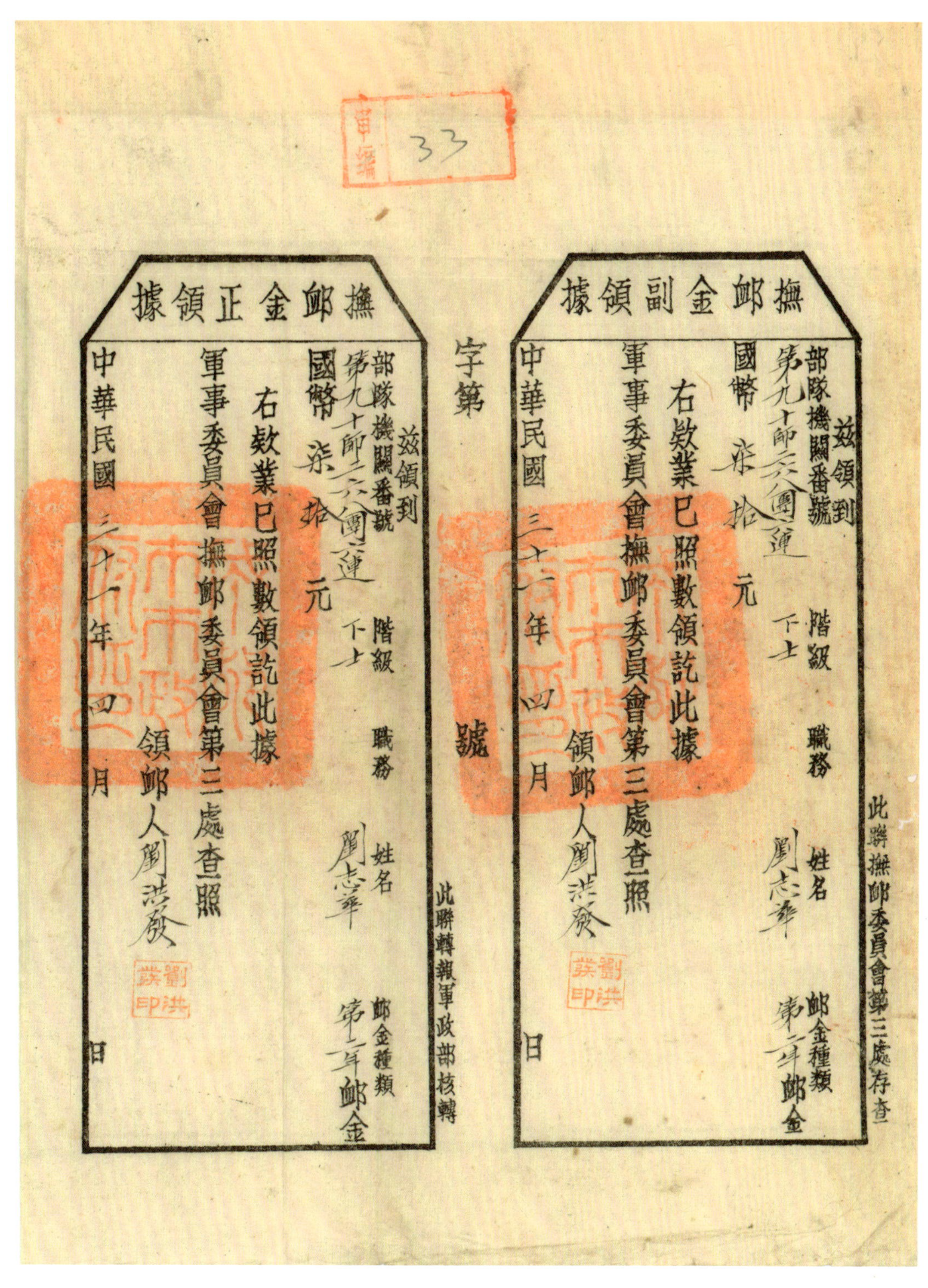

軍編 33

此聯撫卹委員會第三處存查

撫卹金副領據

茲領到

部隊機關番號 第九十師二六〇團 連 階級 下士 職務 姓名 劉志華 卹金種類 第一年卹金

國幣 柒拾 元

右款業已照數領訖此據

軍事委員會撫卹委員會第三處查照

中華民國三十一年四月 日

領卹人劉洪發（劉洪發印）

字第 號

此聯轉報軍政部核轉

撫卹金正領據

茲領到

部隊機關番號 第九十師二六〇團 連 階級 下士 職務 姓名 劉志華 卹金種類 第一年卹金

國幣 柒拾 元

右款業已照數領訖此據

軍事委員會撫卹委員會第三處查照

中華民國三十一年四月 日

領卹人劉洪發（劉洪發印）

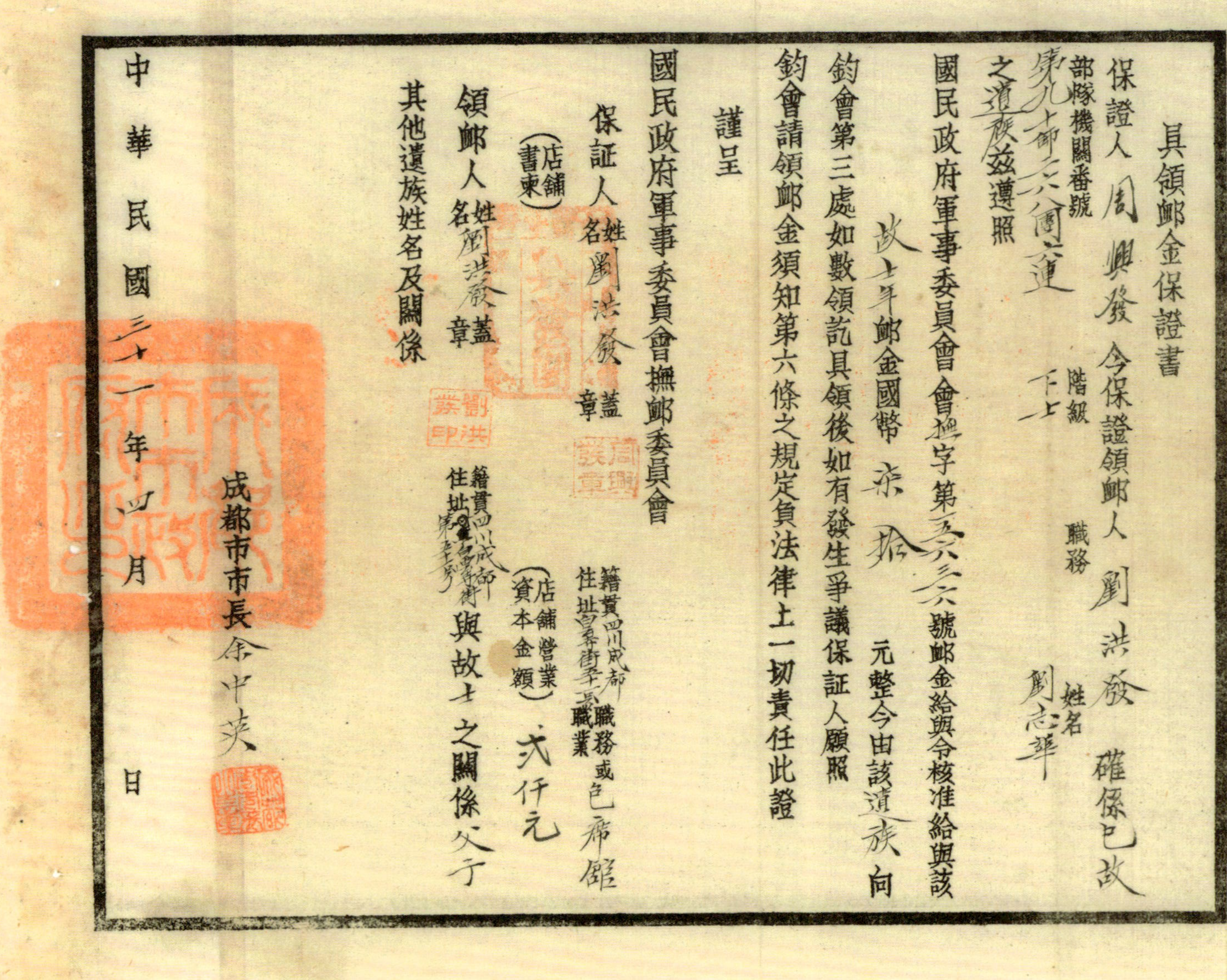

具領卹金保證書

保證人周興發 今保證領卹人劉洪發 確係已故

部隊機關番號 第九十一師二六一團三連 階級 下士 職務 姓名 劉志華

之遺族茲遵照

國民政府軍事委員會撫字第二六三六號卹金給與令核准給與該

故士年卹金國幣柒拾元整今由該遺族向

鈞會第三處如數領訖具領後如有發生爭議保証人願照

鈞會請領卹金須知第六條之規定負法律上一切責任此證

謹呈

國民政府軍事委員會撫卹委員會

保証人 姓名 劉洪發 蓋章 籍貫 四川成都 住址 [illegible] 職業 [illegible]（店舖營業資本金額）貳仟元

領卹人 姓名 劉洪發 蓋章 籍貫 四川成都 住址 [illegible] 與故士之關係 父子

其他遺族姓名及關係

中華民國三十一年四月 日

成都市市長余中英

成都市政府关于核发故士刘志华第二年年恤金致刘洪发的批示及致四川省政府的呈文
（一九四二年九月十七日）

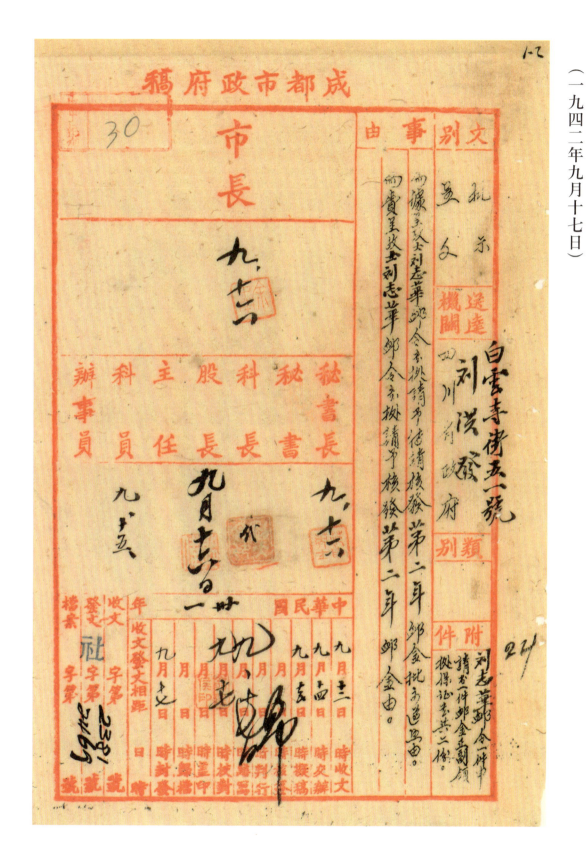

成都市政府稿

文别	批示 呈文
事由	据呈故士刘志华郵令并拟请予核发第二年郵金批示遵照由。 呈赍呈故士刘志华郵令并拟请予核发第二年郵金由。
送达机关	刘洪發 白雲寺街五一號 四川省政府
类别	
附件	刘志华郵令一件 申请书一件 郵金息圖領 拟保证书共二件

市长 九、十六

秘书长 九、十六

科长 九月十六

主任科员 九、十五

中华民国 年 月 日

收文 字第 23581 號

发文 字第 24669 號

档案 字第 號

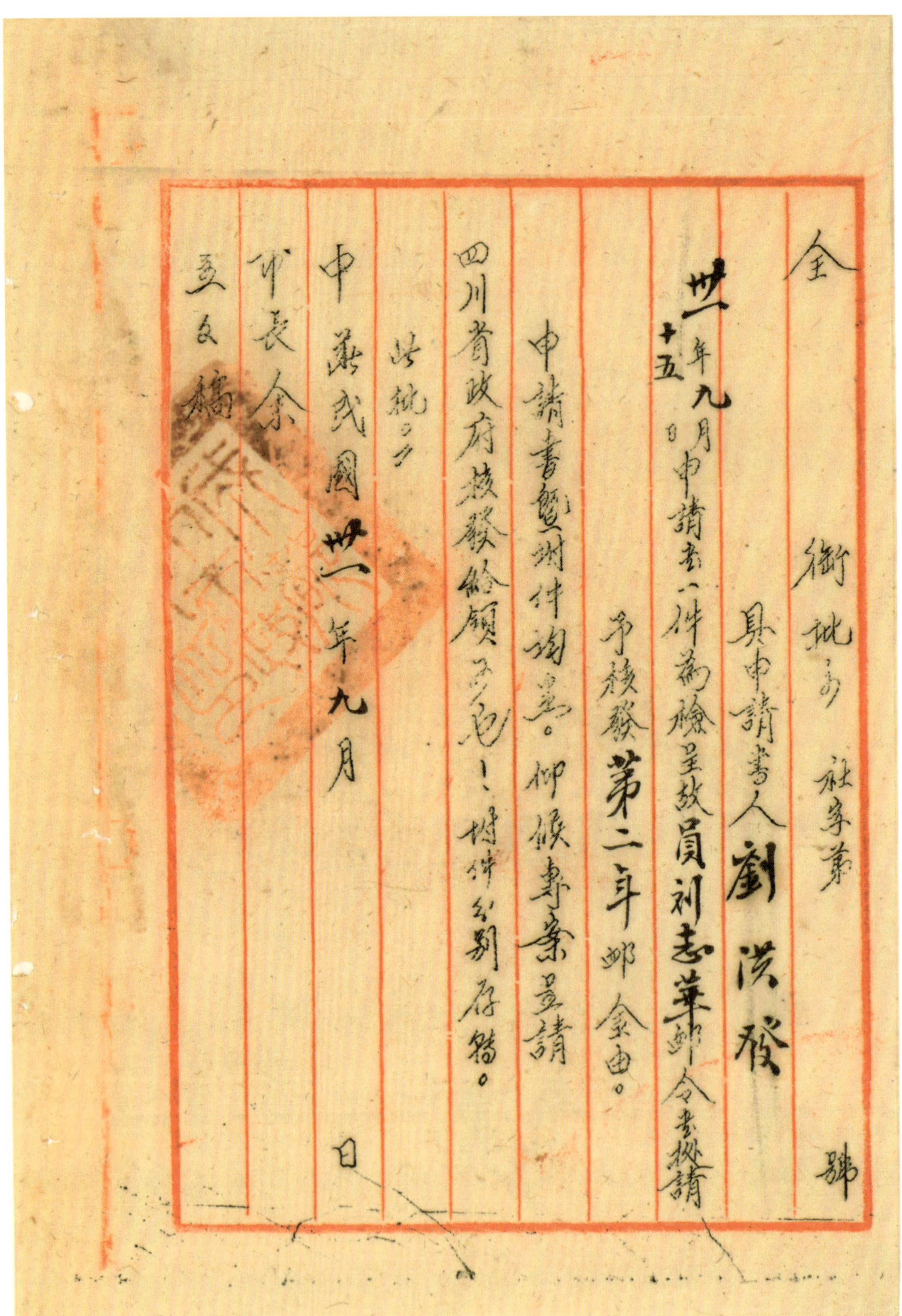

仝

衔批示 社字第　號

具申請書人劉洪發

卅一年九月十五日申請書一件為檢呈故員劉志華卹令書擬請

予核發第二年卹金由。

申請書暨附件均悉。仰候專案呈請

四川省政府核發給領可也！此件分別存轉。

此批。

中華民國卅一年九月　日

市長余

丞文稿

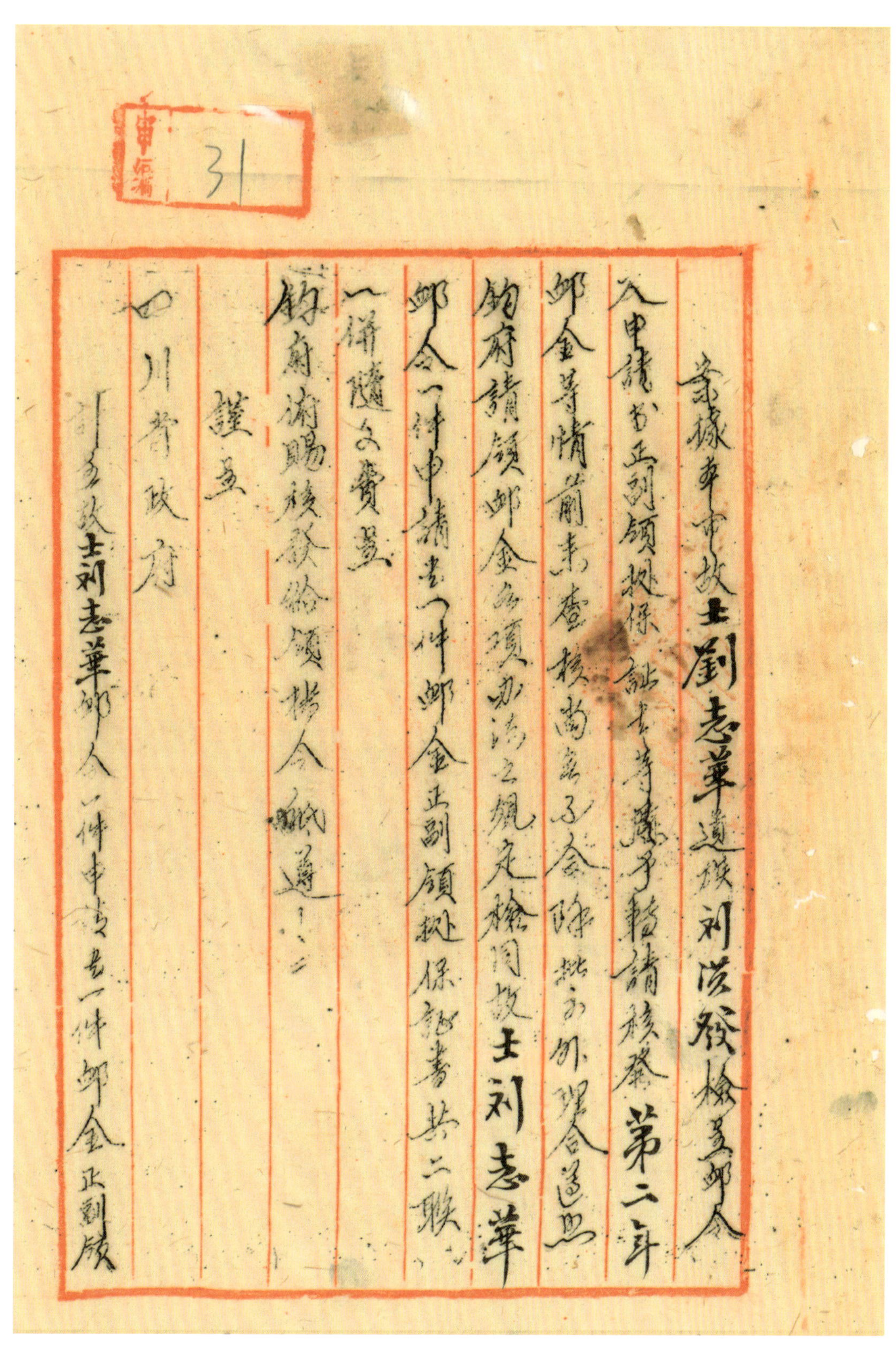

案據本市故士劉志華遺族劉從發檢呈卹令
及申請書正副領據保證書等據，予轉請核發第二年
卹金等情前來，查核尚無不合，除批示外，理合送呈
鈞府請領卹金各項辦法之規定，檢同故士劉志華
卹令一件、申請書一件、卹金正副領據保證書共二聯，
一併隨文賫呈
鈞府俯賜核發給領，據令祗遵！！

謹呈

四川省政府

計呈故士劉志華卹令一件、申請書一件、卹金正副領

據保證書共二紙

銜 名

中華民國卅一年九月 日

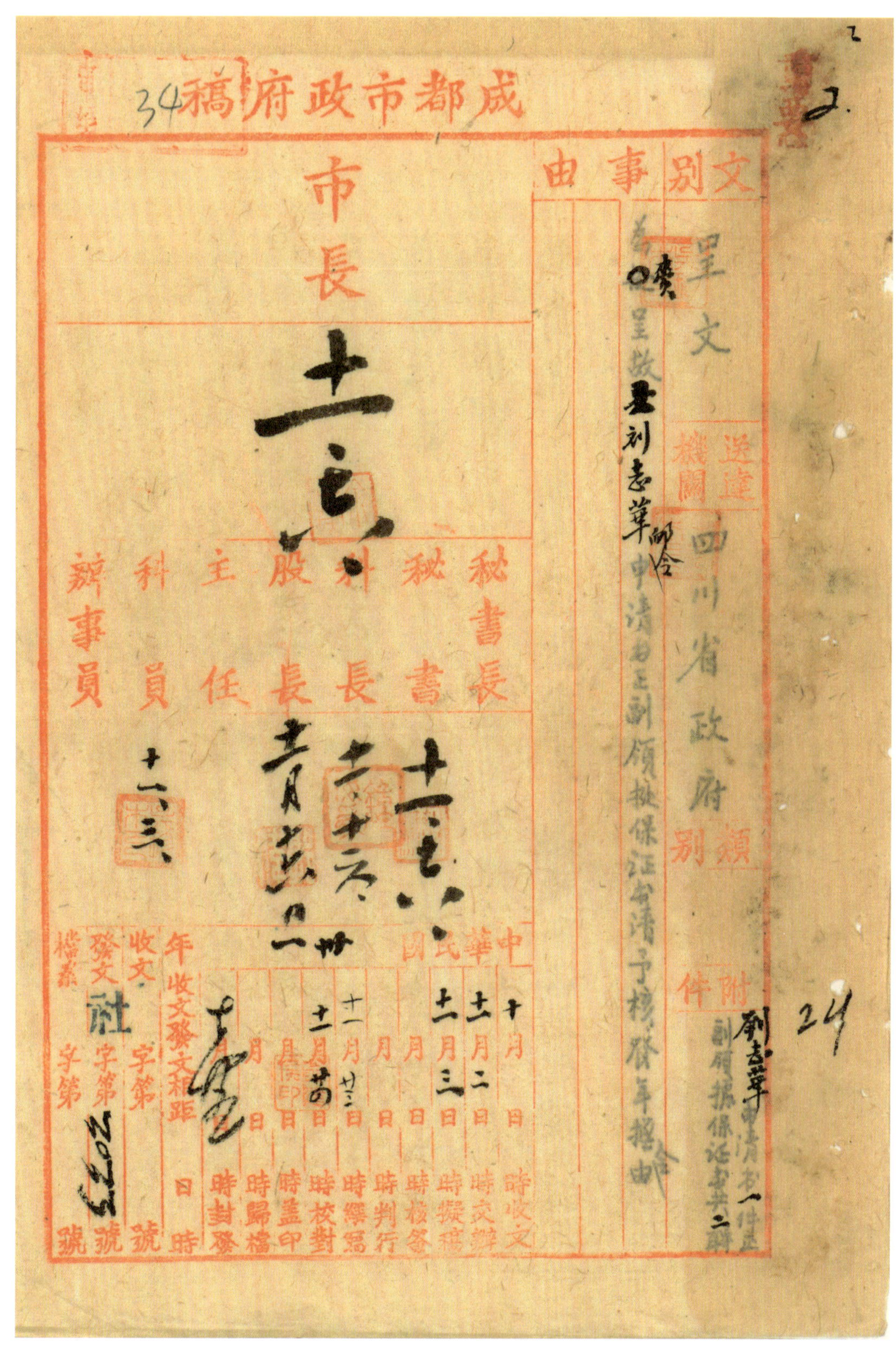

成都市政府稿

文别	呈文
事由	為呈故士刘志華申請…副領撫保證書請予核發年撫由
送達機關	四川省政府
類別	
附件	劉志華…副領撫保證書各一件

市長

秘書長

秘書

股長

主任

科員

辦事員

中華民國 年 月 日

收文 月 日 時

交辦 十一月二日 時

擬稿 十一月三日 時

核簽 月 日 時

判行 月 日 時

繕寫 十一月廿三日 時

校對 十一月廿四日 時

蓋印 月 日 時

歸檔 月 日 時

封發 月 日 時

年收文發文相距 日 時

收文 字第 號

發文 字第 號

檔案 字第 號

成都市政府关于检送故士刘志华抚恤金领据、保证书致四川省政府的呈文（一九四二年十一月二十五日）

案奉

钧府卅年十月六日民三字第三四七〇三號指令為故士刘志華ゝ年撫金奉 軍事委員會令飭卅一年度起年撫金加倍發給仰將書據更正仍按受卹單位分案呈核等因奉此自應遵辦即通知該遺族並函去訖茲據該遺族檢呈更正清發年撫金及加倍年撫金書據前來查核尚無不合除遵照

钧府先令各令清領卹金各項辦法之規定辦理外理合檢同故士刘志華卹令一件申請書一件正副領撫保證書共二份一併隨文賫呈

鈞府核發給飭拔令祇遵

謹呈

四川省政府

計呈劉志華郵令一件申請書一件

正副飭拔保證書共二聯

銜名

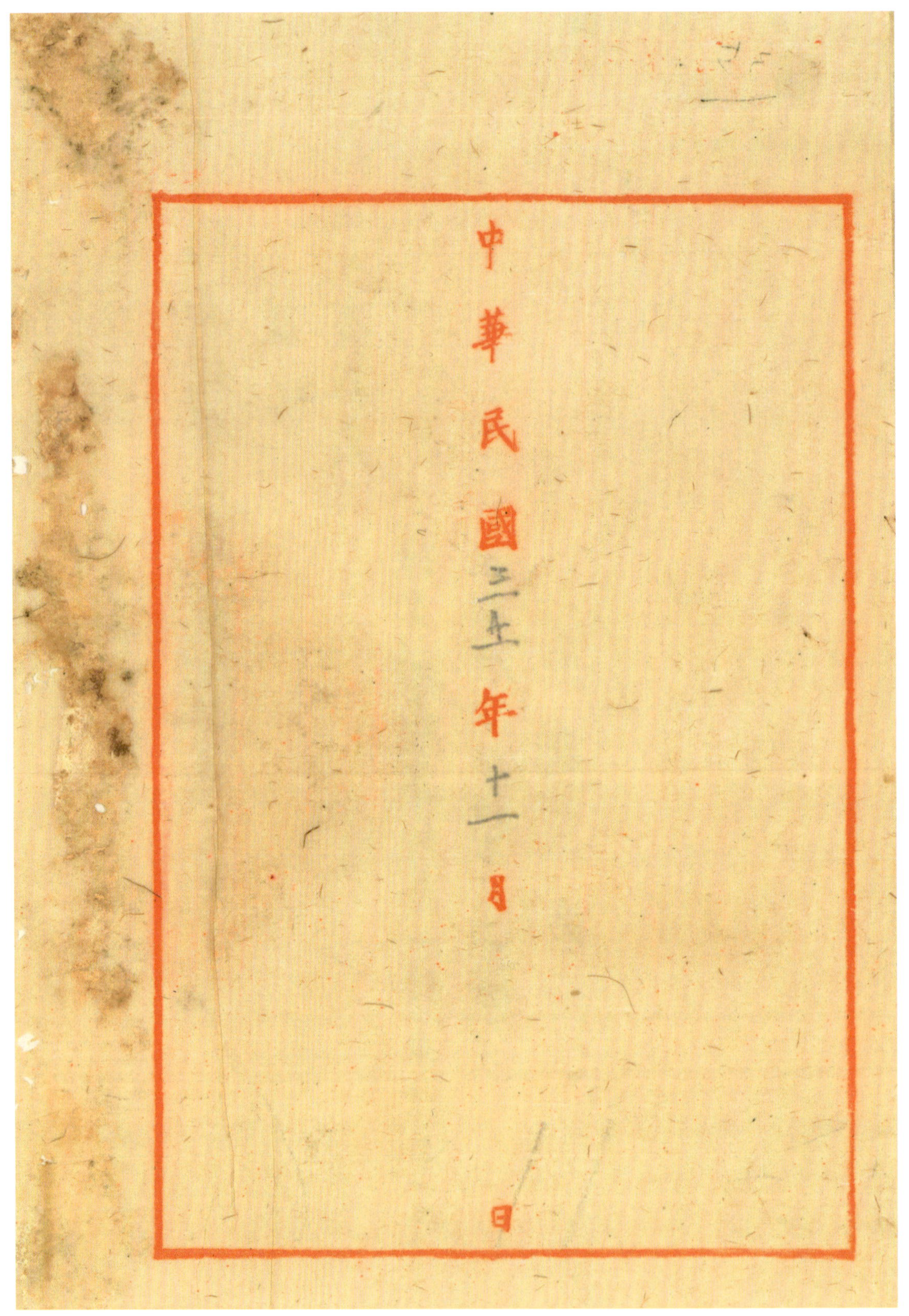

中華民國三十年十一月 日

四川省政府关于更正故士兵刘志华等恤金书据致成都市政府的指令（一九四二年十二月十八日）

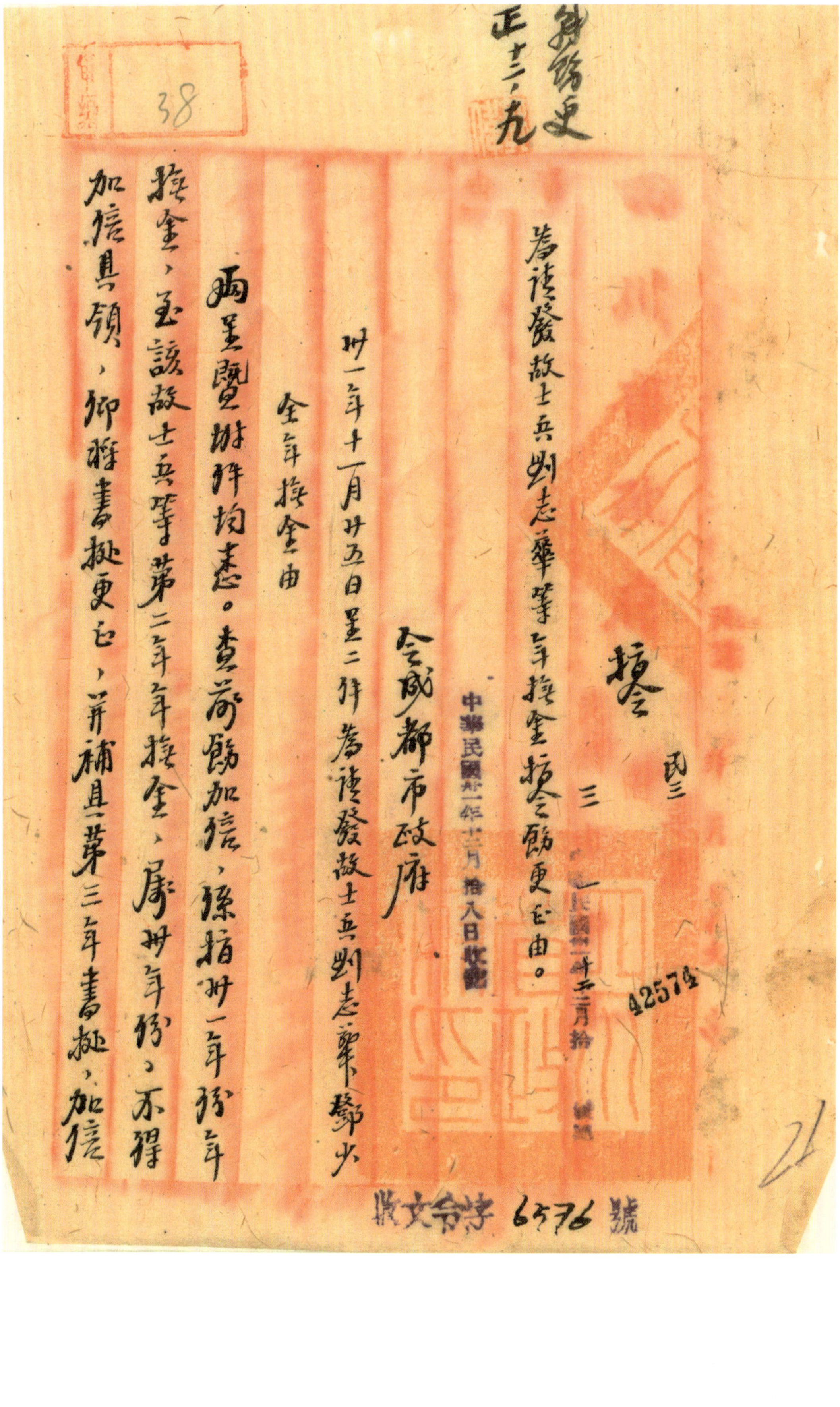

指令　民三

為請發故士兵劉志華等年撫金據令飭更正由。

令成都市政府

卅一年十一月廿五日呈二件為請發故士兵劉志華、鄧少

全年撫金由

兩呈暨册件均悉。查前飭加倍，係指卅一年份年撫金，至該故士兵等第二年年撫金，屬卅年份，不得加倍具領，仰將書據更正，并補具第三年書據，加倍

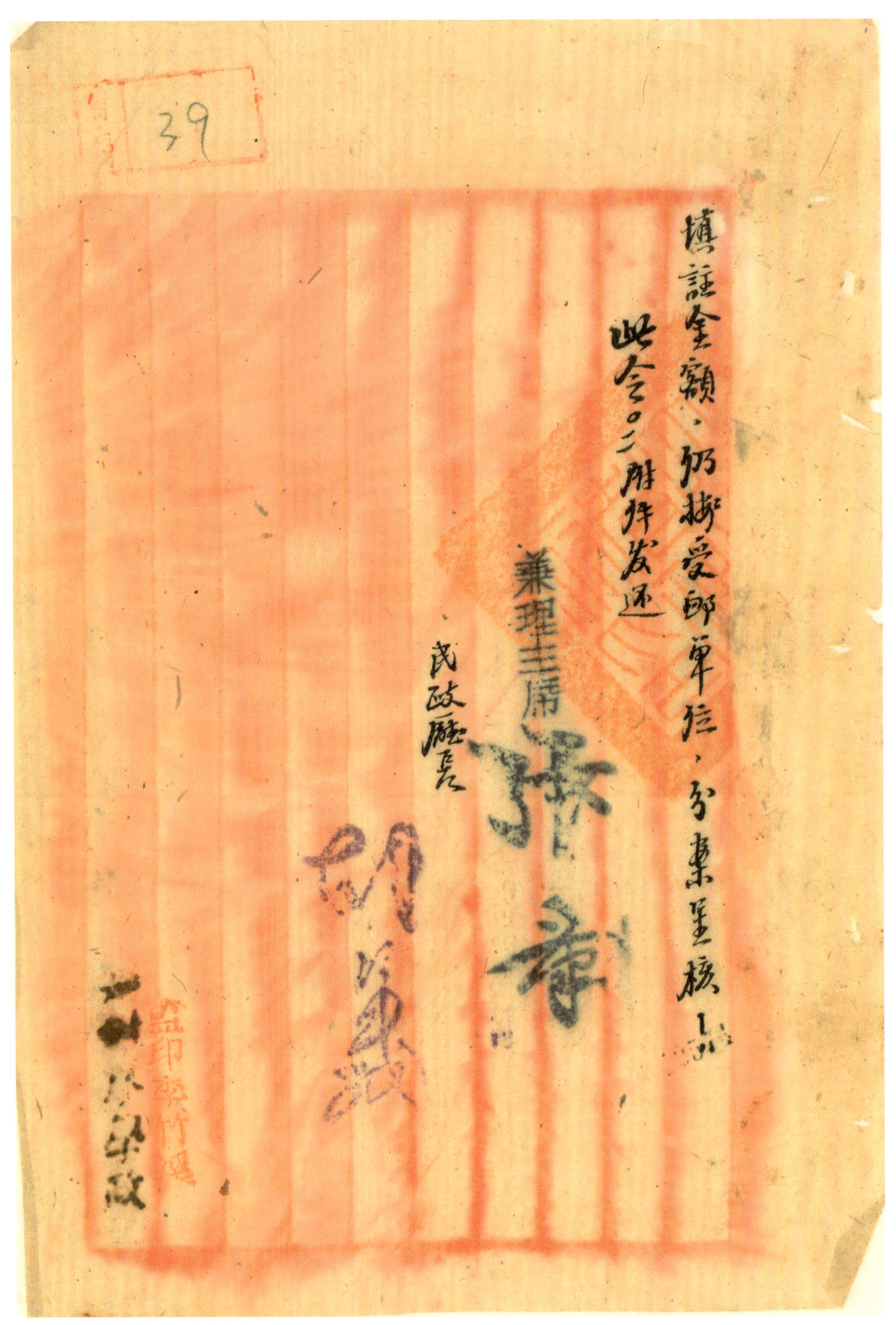

39

填註金額，仍掣受郵单位，分案呈核。

此令。（附件发还）

兼理主席 張羣

民政厅长 胡次威

监印 嵇竹纓

校對 李敏

刘洪发关于申领故士刘志华第二年年恤金，第三年、第四年年恤金及加倍恤金的领恤申请书（一九四二年十二月至一九四三年一月）

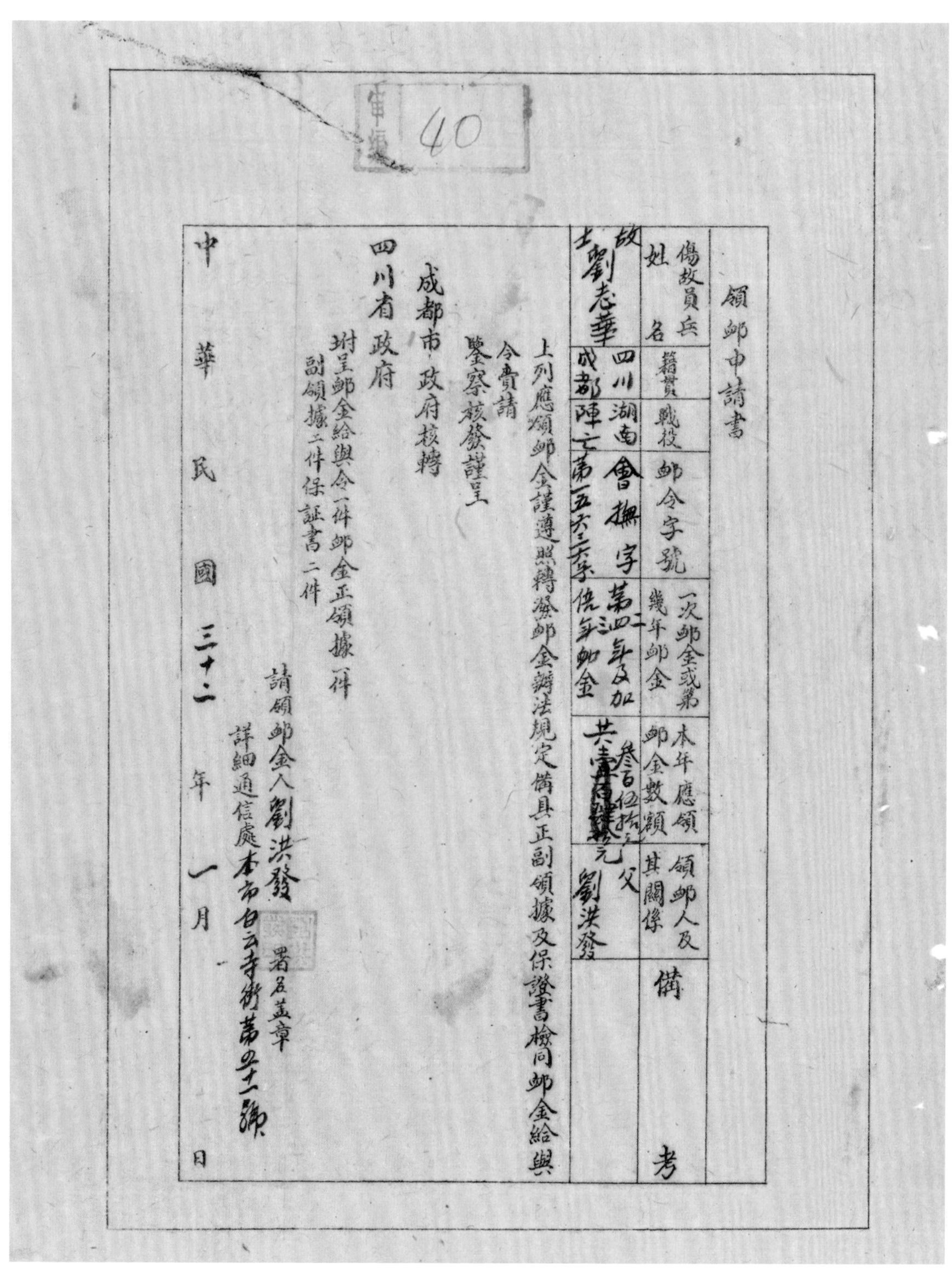

40

領卹申請書

傷故員兵姓名	籍貫	戰役	卹令字號	一次卹金或第幾年卹金	本年應領卹金數額	領卹人及其關係	備考
故士劉志華	四川成都	湖南陣亡	會撫字第一五六三六號	第二、三、四年及加倍年卹金	共[illegible]叁百伍拾元	父 劉洪發	

上列應領卹金謹遵照轉發卹金辦法規定備具正副領據及保證書檢同卹金給與令賫請

鑒察核發謹呈

成都市政府核轉

四川省政府

附呈卹金給與令一件卹金正領據一件副領據二件保證書二件

請領卹金人劉洪發 署名蓋章

詳細通信處本市白云寺街第五十一號

中華民國三十二年一月 日

附：抚恤金领据、具领恤金保证书

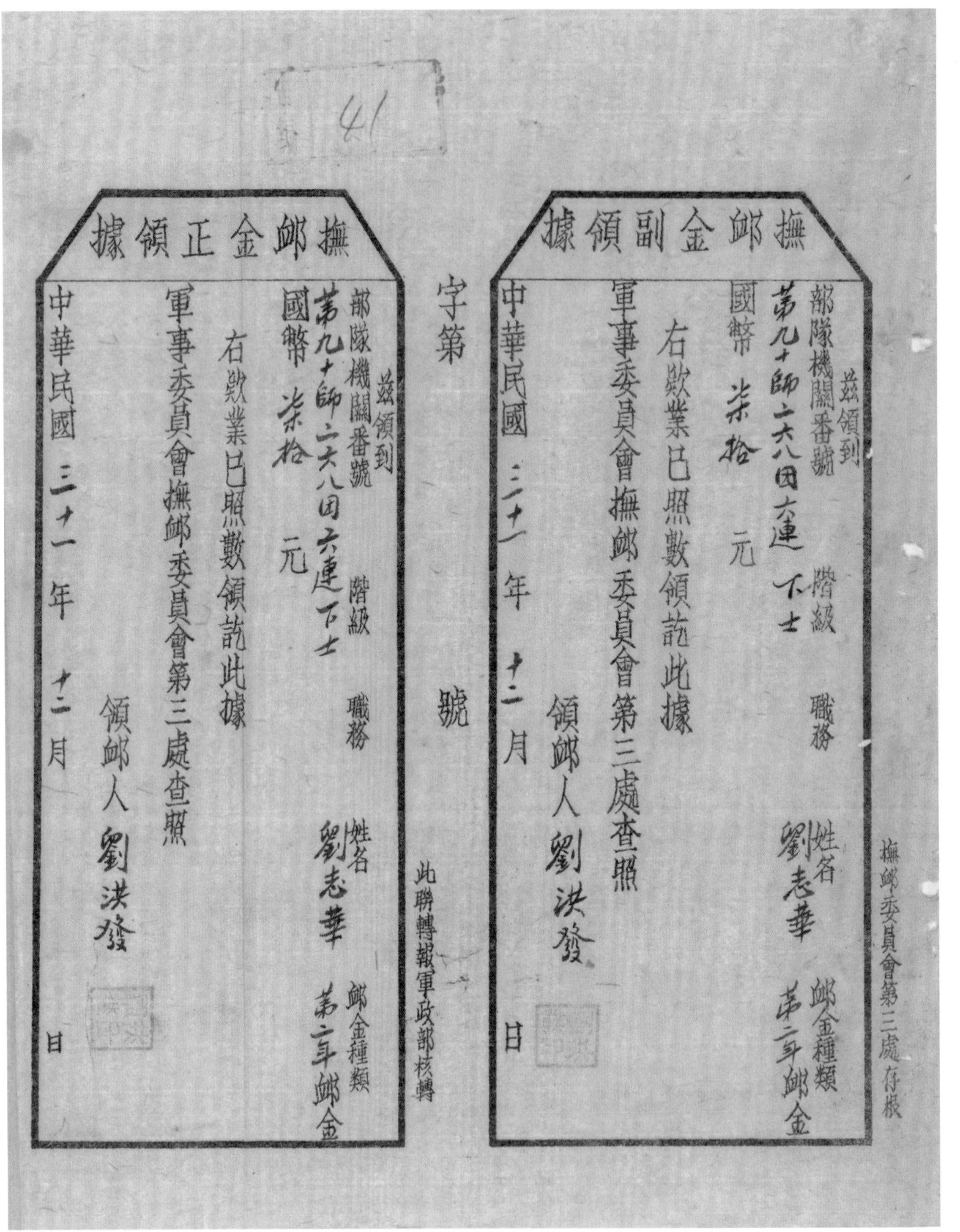
撫卹委員會第三處存根

撫卹金副領據

茲領到

部隊機關番號 第九十師二六八团六連 階級 下士 職務 姓名 劉志華 卹金種類 第二年卹金

國幣 柒拾 元

右款業已照數領訖此據

軍事委員會撫卹委員會第三處查照

領卹人 劉洪發

中華民國 三十一 年 十二 月 日

字第 號

此聯轉報軍政部核轉

撫卹金正領據

茲領到

部隊機關番號 第九十師二六八团六連 階級 下士 職務 姓名 劉志華 卹金種類 第二年卹金

國幣 柒拾 元

右款業已照數領訖此據

軍事委員會撫卹委員會第三處查照

領卹人 劉洪發

中華民國 三十一 年 十二 月 日

具領卹金保證書

保證人周興發　今保證領卹人　劉洪發　確係已故

部隊機關番號 第九十師二六八團六連　階級 下士　職務　姓名 劉志華

之遺族茲遵照

國民政府軍事委員會會撫字第一五六三六號卹金給與令核准給與該

故士兵　卹金國幣　柒拾　元整今由該遺族向

鈞會第三處如數領訖具領後如有發生爭議保証人願照

鈞會請領卹金須知第六條之規定負法律上一切責任此證

謹呈

國民政府軍事委員會撫卹委員會

保証人姓名 周興發 蓋章　（店鋪書柬）　籍貫 四川成都　住址 白云寺街五十一號　職務或職業 色帋館　（店鋪營業資本金額） 弍仟元

領卹人姓名 劉洪發 蓋章　籍貫 四川成都　住址 白云寺街五十一號　與故士之關係 父子

其他遺族姓名及關係

成都市市長 余中英

中華民國三十一年十二月　日

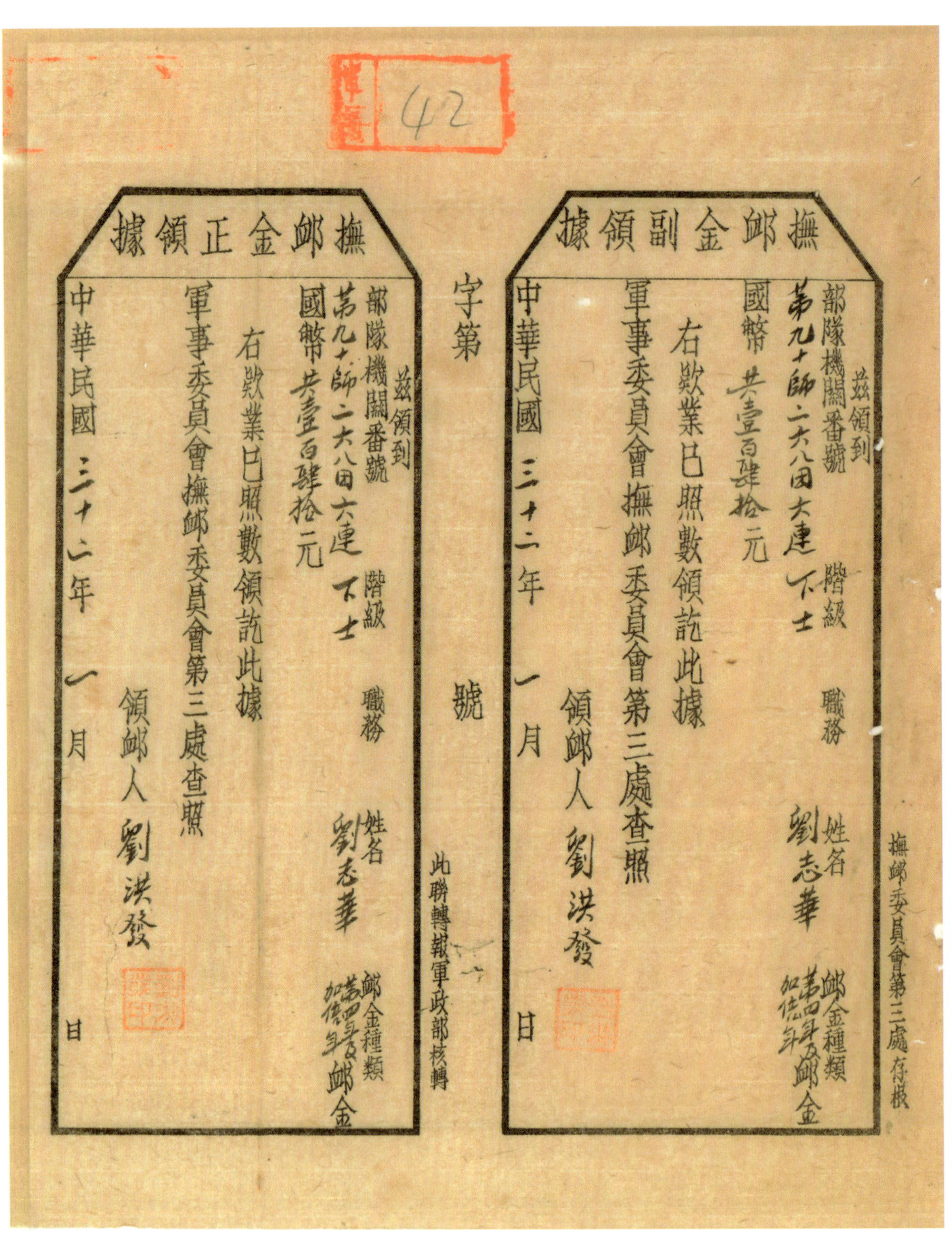

42

撫卹金副領據

茲領到

部隊機關番號 第九十師二六八团六連　階級 下士　職務　姓名 劉志華　卹金種類 第四年及加倍年卹金

國幣 共壹百肆拾元

右欵業已照數領訖此據

軍事委員會撫卹委員會第三處查照

領卹人 劉洪發

中華民國 三十二年 一月 日

撫卹委員會第三處存根

字第　號

此聯轉報軍政部核轉

撫卹金正領據

茲領到

部隊機關番號 第九十師二六八团六連　階級 下士　職務　姓名 劉志華　卹金種類 第四年及加倍年卹金

國幣 共壹百肆拾元

右欵業已照數領訖此據

軍事委員會撫卹委員會第三處查照

領卹人 劉洪發

中華民國 三十二年 一月 日

具領卹金保證書

保證人周興發　今保證領卹人　劉洪發　確係已故

部隊機關番號第九十師二六八四六連　階級下士　職務　姓名劉志華

之遺族茲遵照

國民政府軍事委員會會撫字第一五六三六號卹金給與令核准給與該

故士加倍年卹金國幣　共壹百肆拾　元整今由該遺族向

鈞會第三處如數領訖具領後如有發生爭議保証人願照

鈞會請領卹金須知第六條之規定負法律上一切責任此證

謹呈

國民政府軍事委員會撫卹委員會

保証人姓名周興發蓋章　籍貫四川成都　住址白云寺街五十一號　職務或職業　包席館

（店鋪書柬）　（店鋪營業資本金額）　弍仟元

領卹人姓名劉洪發蓋章　籍貫四川成都　住址白云寺街五十一號　與故士之關係　父子

其他遺族姓名及關係……

中華民國三十二年一月　日

成都市市長　余中英

成都市政府关于更正故士刘志华恤金书据致四川省政府的呈（一九四三年三月十日）

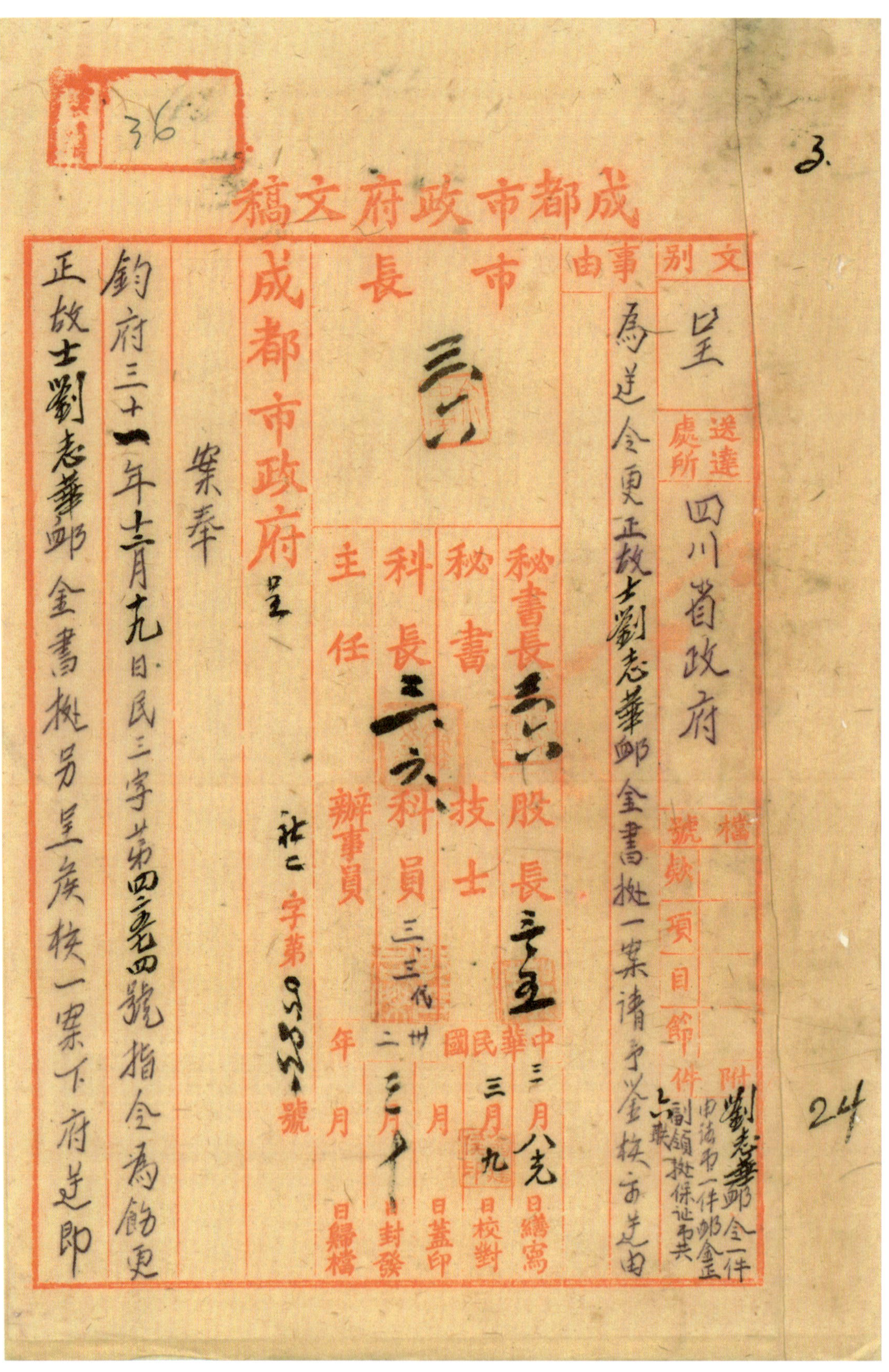

36

成都市政府文稿

文别	呈
送達處所	四川省政府
事由	為送令更正故士劉志華卹金書據一案請予鑒核示遵由
檔號	
款項目節	
附件	劉志華卹金一件

市長 三、六

秘書長 三、六

秘書

科長 三、六

主任

股長 三、五

技士

科員 三、三代

辦事員

中華民國三十二年三月八日繕寫

三月九日校對

月 日蓋印

三月十日封發

年 月 日歸檔

社〇字第　號

成都市政府呈

案奉

鈞府三十一年十二月九日民三字第四二七四四號指令為飭更正故士劉志華卹金書據另呈候核一案下府遵即

转饬遵办去讫。兹据故士刘志华遗族刘兴发遵令更正书据请予核转，前来。查核尚无不合，理合检同领恤申请书一份、恤金正副领据共三联，暨恤令一件，一併随文赍呈钧府，俯赐核发给领，指令祗遵！

谨呈。

四川省政府

计呈故士刘志华恤令一件、领恤申请书一份、恤金正副领据共三联

衔名

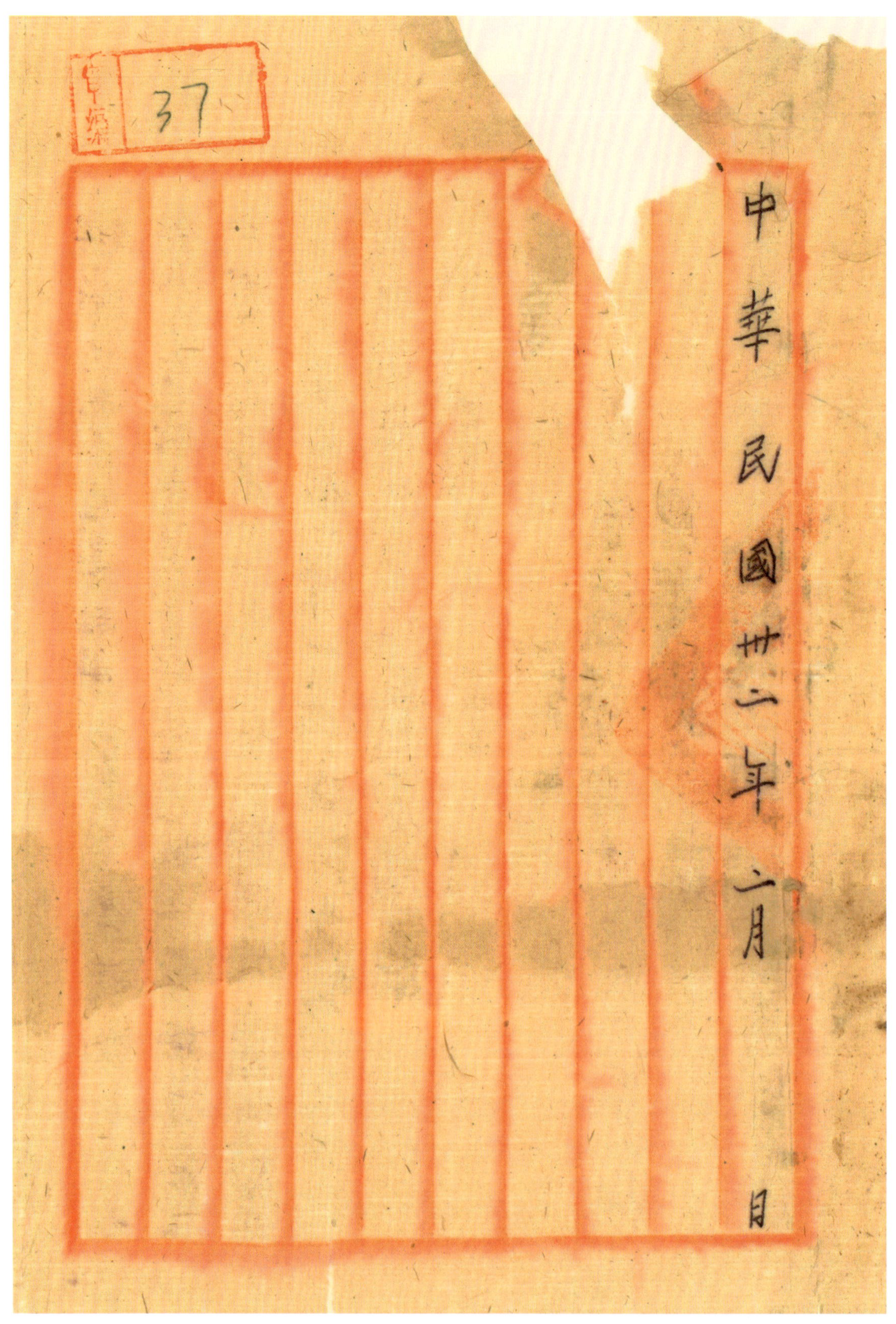
37

中華民國卅二年二月　日

四川省政府关于核发故士刘志华第二年年恤金，第三年、第四年年恤金及加倍恤金致成都市政府的指令
（一九四三年五月七日）

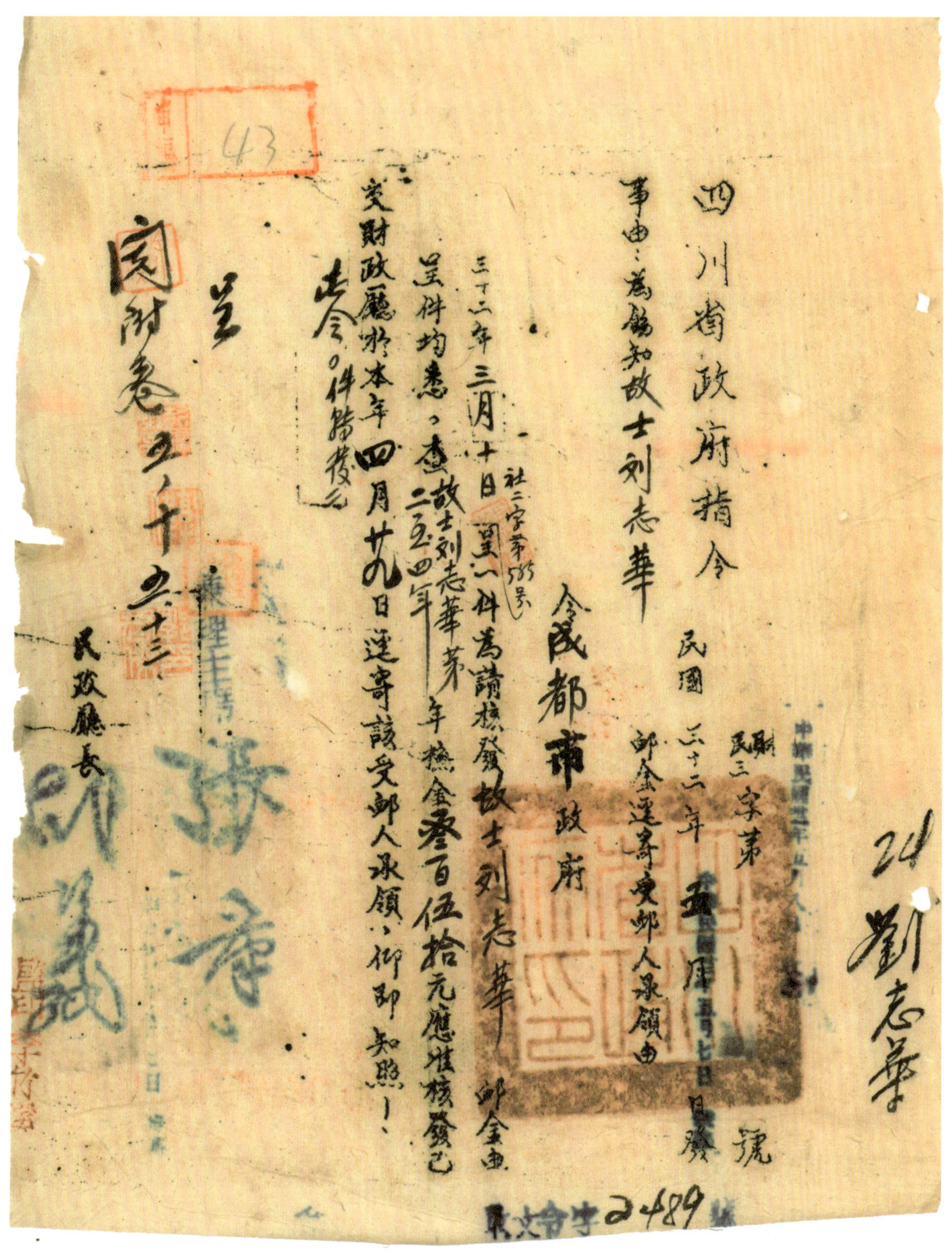

四川省政府指令

民国三十二年五月七日發

財民三字第　　號

事由：為飭知故士刘志華卹金運寄受卹人承領由

令成都市政府

三十二年三月十日社二字第535號呈一件為請核發故士刘志華卹金由

呈件均悉。查故士刘志華第二至四年年撫金叁百伍拾元應准核發，已交財政廳於本年四月廿九日運寄該受卹人承領，仰即知照！

此令。件歸檔

主席

民政廳長

刘志華

五、江庆云

故兵江庆云陆军战时死亡士兵乙种调查表（一九四〇年八月）

陸軍戰時死亡士兵乙種調查表

隊號	十三師獨立第二連
階級	一等兵
職務	
姓名	江慶雲
籍貫	四川成都
年齡	十九歲
家族名號 祖父母	江鴻鈞 李氏 年六十七 六十四歲 均歿（存或歿）
家族名號 父母	德明 敖氏 年四〇 三八歲 均存（存或歿）
家族名號 弟妹	無 光蓉〃光德 年一三·二歲
家族名號 妻	無 年 歲
家族名號 子女	無 年 歲
原來職業	商
入伍日期	二十四年十月八日
死亡事由	抗戰陣亡
死亡年月日	二十七年六月十日
死亡地點	湖北宜都
埋葬地點	仝右
相貌或特徵	
遺族領卹人	父
名號及住址	江德明住成都外南柳陰街一二七號
備攷	

中華民國二十九年八月 日 四川省成都市遺族領卹人江德明 具

成都市外南区第一保保长、第三七甲甲长及族长关于故兵江庆云遗族情况的保结（一九四〇年八月）

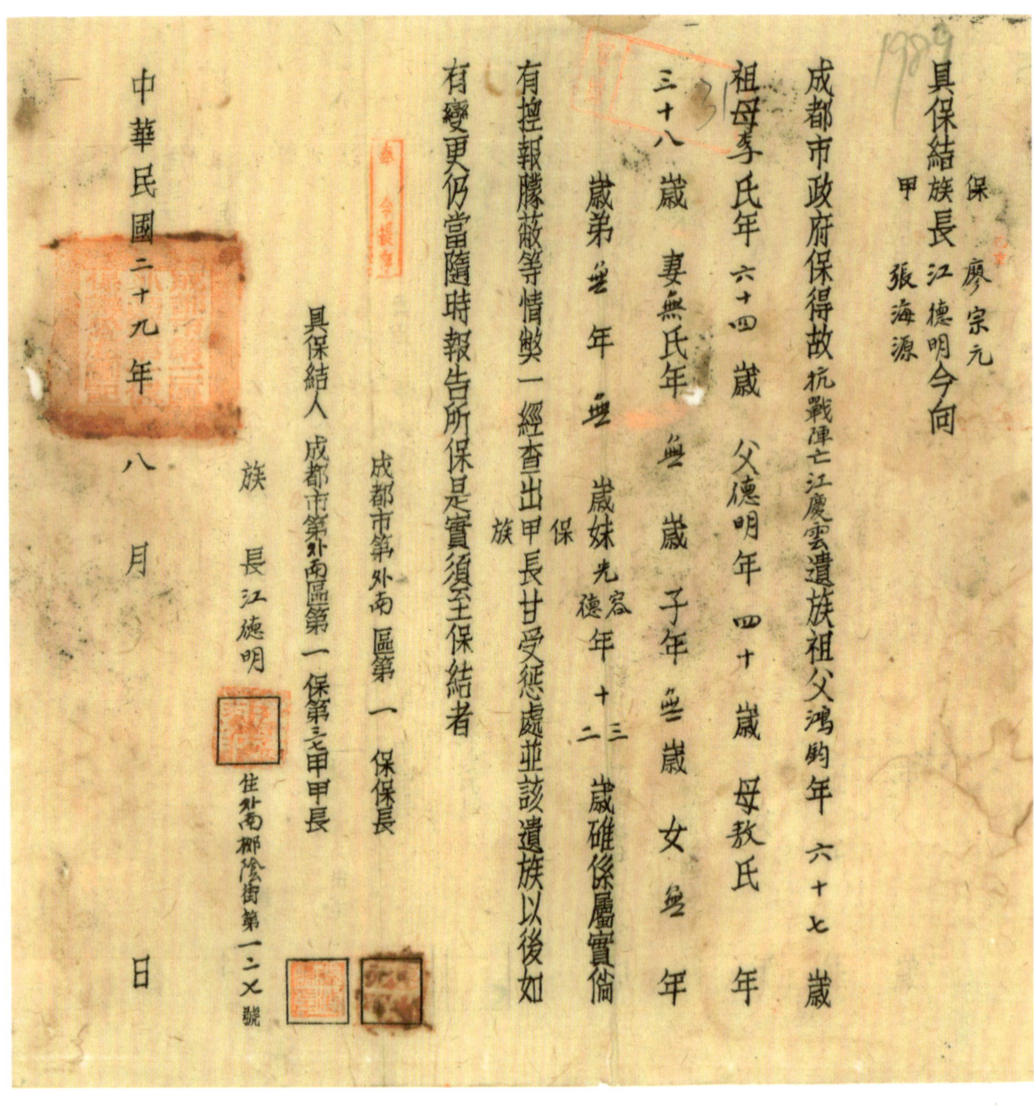

保 廖宗元
甲 張海源
具保結族長 江德明 今向
成都市政府保得故抗戰陣亡江慶雲遺族祖父鴻鈞年 六十七 歲
祖母李氏年 六十四 歲 父德明年 四十 歲 母敖氏 年
三十八 歲 妻無氏年 無 歲 子年 無 歲 女 無 年
歲弟 無 年 無 歲妹 光容 德 年 十三 十二 歲確係屬實倘
有捏報朦蔽等情弊一經查出甲長 保 族 甘受懲處並該遺族以後如
有變更仍當隨時報告所保是實須至保結者

成都市第外南區第一保保長
具保結人 成都市第外南區第一保第三七甲甲長
族 長江德明
住外南柳陰街第一二七號

中華民國二十九年 八 月 日

故兵江庆云陆军战时死亡官佐士兵乙种证明书（一九四〇年八月）

陸軍戰時死亡官佐士兵乙種證明書

所屬部隊	十三師獨立第二連
階級及職務	一等兵
姓名	江慶雲
年齡及籍貫	十九歲 四川成都
死亡日期	二十七年六月十日
死亡地點	湖北宜都
死亡類別	
死亡原因	抗戰陣亡
遺族	祖父鴻鈞 年六七歲歿；祖母李氏 年六四歲歿（存或歿） 父德明 年四〇歲存；母敖氏 年三八歲存（存或歿） 妻無 年 歲；子女無 年 歲；孫 年 歲 胞弟無 胞妹光蓉 年一二歲 通訊地址 成都市外南柳蔭街一二七號
備考	

中華民國二十九年八月 日 成都市市長 楊[illegible] 具

出填二份呈送 省府

28

1989

四川省政府关于通知故兵江庆云遗族出具证件致成都市政府的训令（一九四一年十一月二十八日）

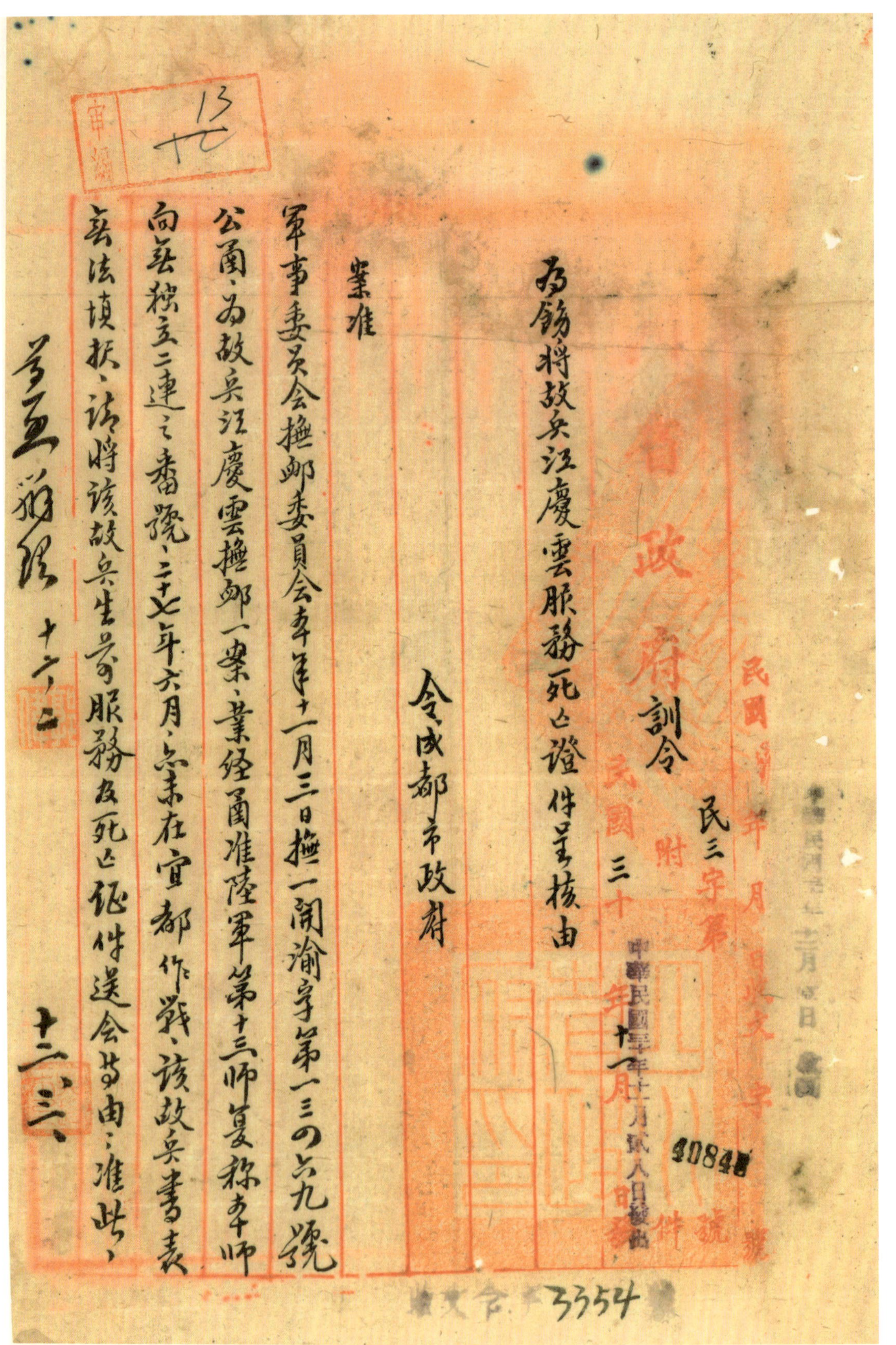

省政府训令

民三字第　号

令成都市政府

为饬将故兵江庆云服务死亡证件呈核由

案准

军事委员会抚恤委员会本年十一月三日抚一阅渝字第一三〇六九号公函，为故兵江庆云抚恤一案，业经函准陆军第十三师复称本师向兹独立二连二番号，二十七年六月，在宜都作战，该故兵书表去法填报，请将该故兵生前服务及死亡证件送会等由，准此，

中华民国三十年十一月贰八日发出

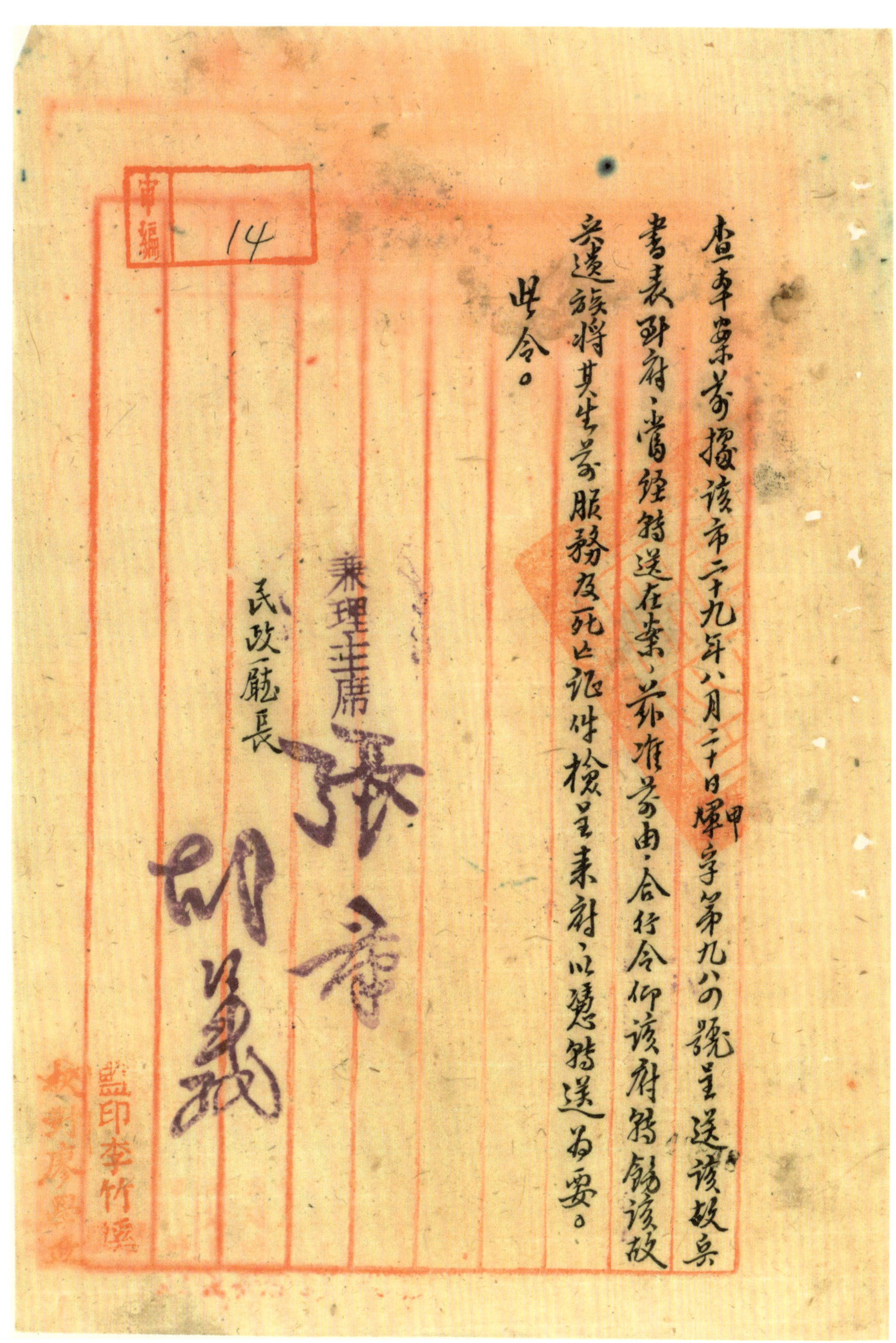

審編 14

查本案前據該市二十九年八月二十日揮甲字第九八四號呈送該故兵書表到府，當經轉送在案。茲准前由，合行令仰該府轉飭該故兵遺族將其生前服務及死亡證件檢呈來府，以憑轉送為要。

此令。

兼理主席 張群

民政廳長 胡次威

監印李竹溪

成都市政府关于检送故兵江庆云证件致四川省政府的呈文（一九四二年二月三日）

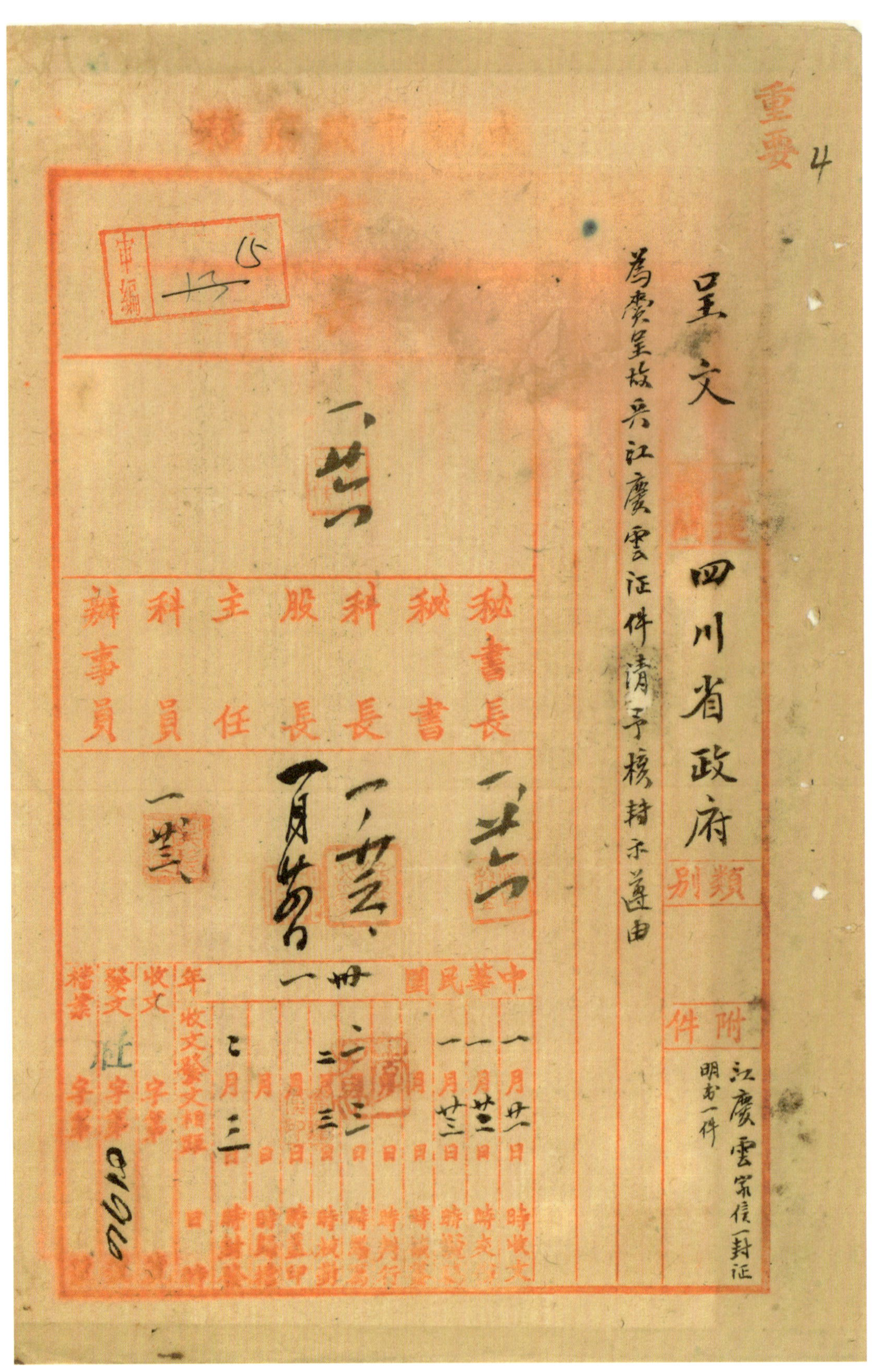
重要 4

呈文

四川省政府

為處呈故兵江慶雲証件請予核轉示遵由

附件：江慶雲家信一封 証明書一件

秘書長　秘書　科長　股長　主任　科員　辦事員

中華民國卅一年

一月廿一日 時收文
一月廿三日 時交辦
一月廿三日 時擬稿
二月二日 時核判
二月三日 時蓋印
二月三日 時封發

案奉

鈞府卅年十一月二十八日民三子第四〇八四八號訓令為飭檢故吳江慶雲生前服務及死亡証件呈送來府以憑轉送爲要廿因奉此自應遵照當即通知該故吳江慶雲遺族遵照去訖茲據該遺族江德明檢呈故吳江慶雲生前服務部隊家信一封及鎮保証明死亡証明書遺失一件廿情前來查核屬實理合檢同故吳江慶雲遺族

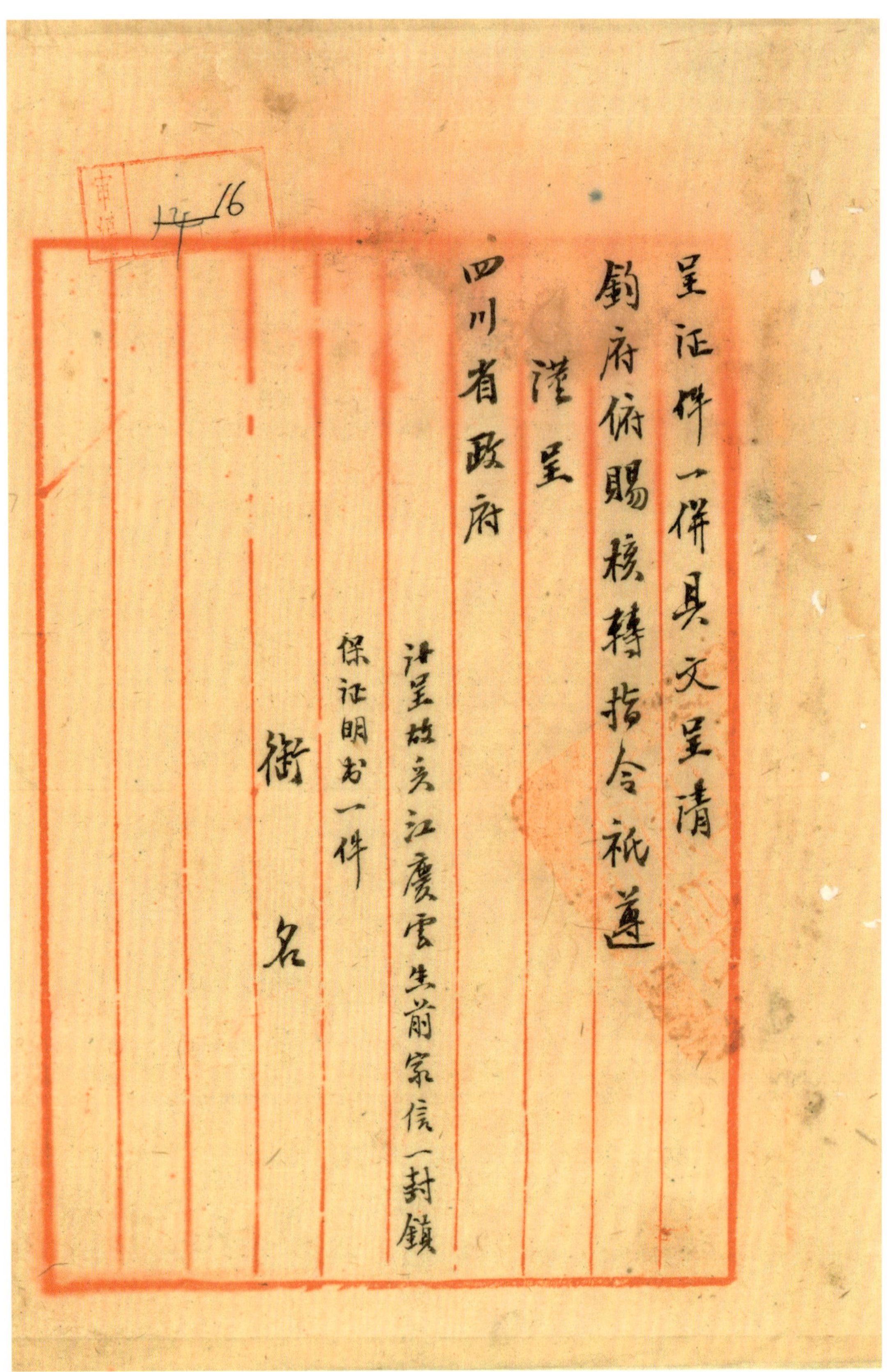
呈证件一併具文呈请
钧府俯赐核转指令祇遵
谨呈
四川省政府
计呈故兵江庆云生前家信一封镇保证明书一件
衔名

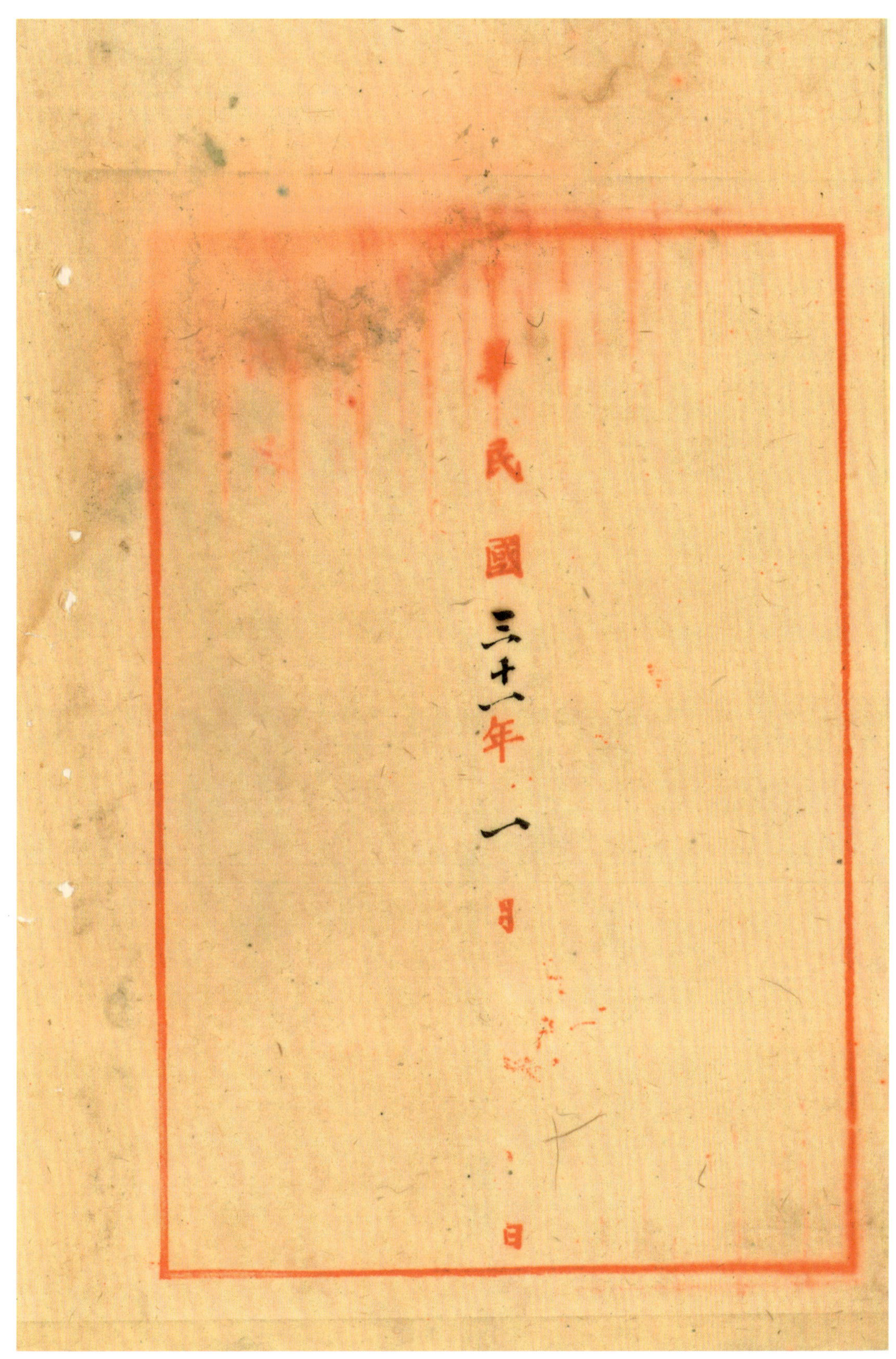
中華民國三十一年一月　日

四川省政府关于转送故兵江庆云证件到国民政府军委会抚恤委员会致成都市政府的指令（一九四二年二月二十六日）

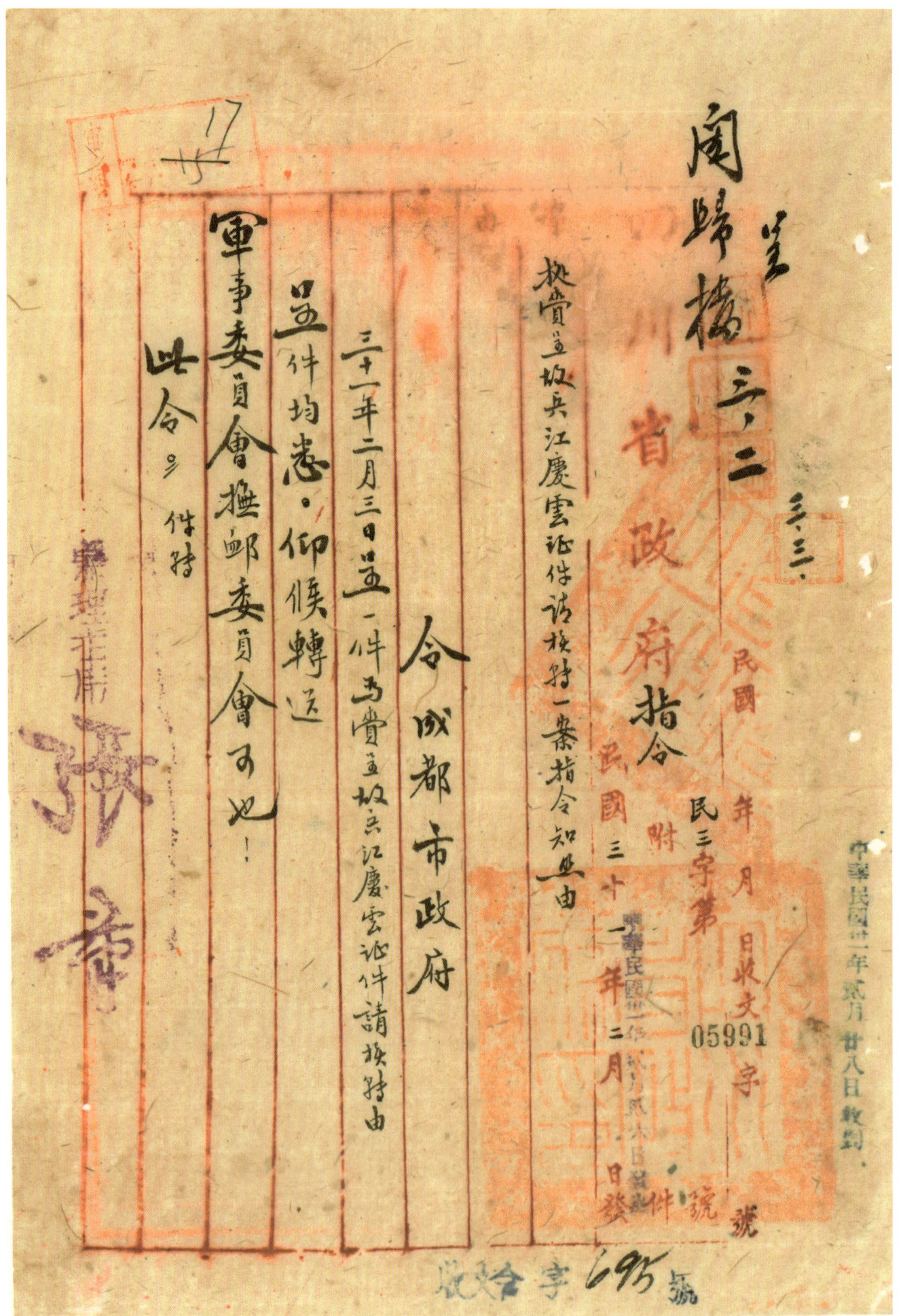

四川省政府指令

民三字第　　號

令成都市政府

三十一年二月三日呈一件為賫呈故兵江慶雲証件請核轉由

呈件均悉。仰候轉送軍事委員會撫卹委員會可也！

此令。件存

民國三十一年二月　日發

抄賫呈故兵江慶雲証件請核轉一案指令知照由

古 18

民政廳長

国民政府军委会抚恤委员会关于核发故兵江庆云恤令致成都市政府的训令（一九四二年九月三十日）

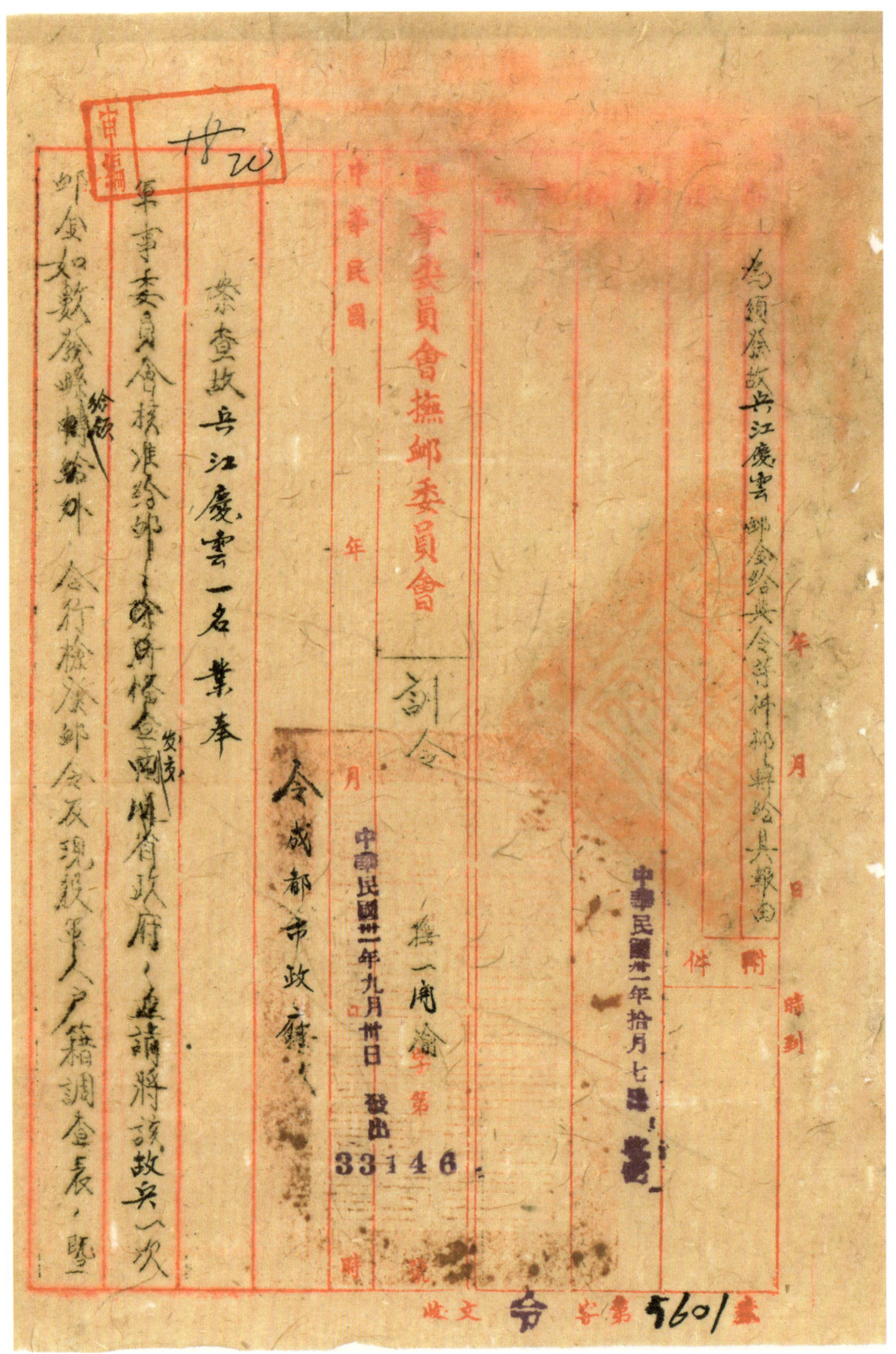

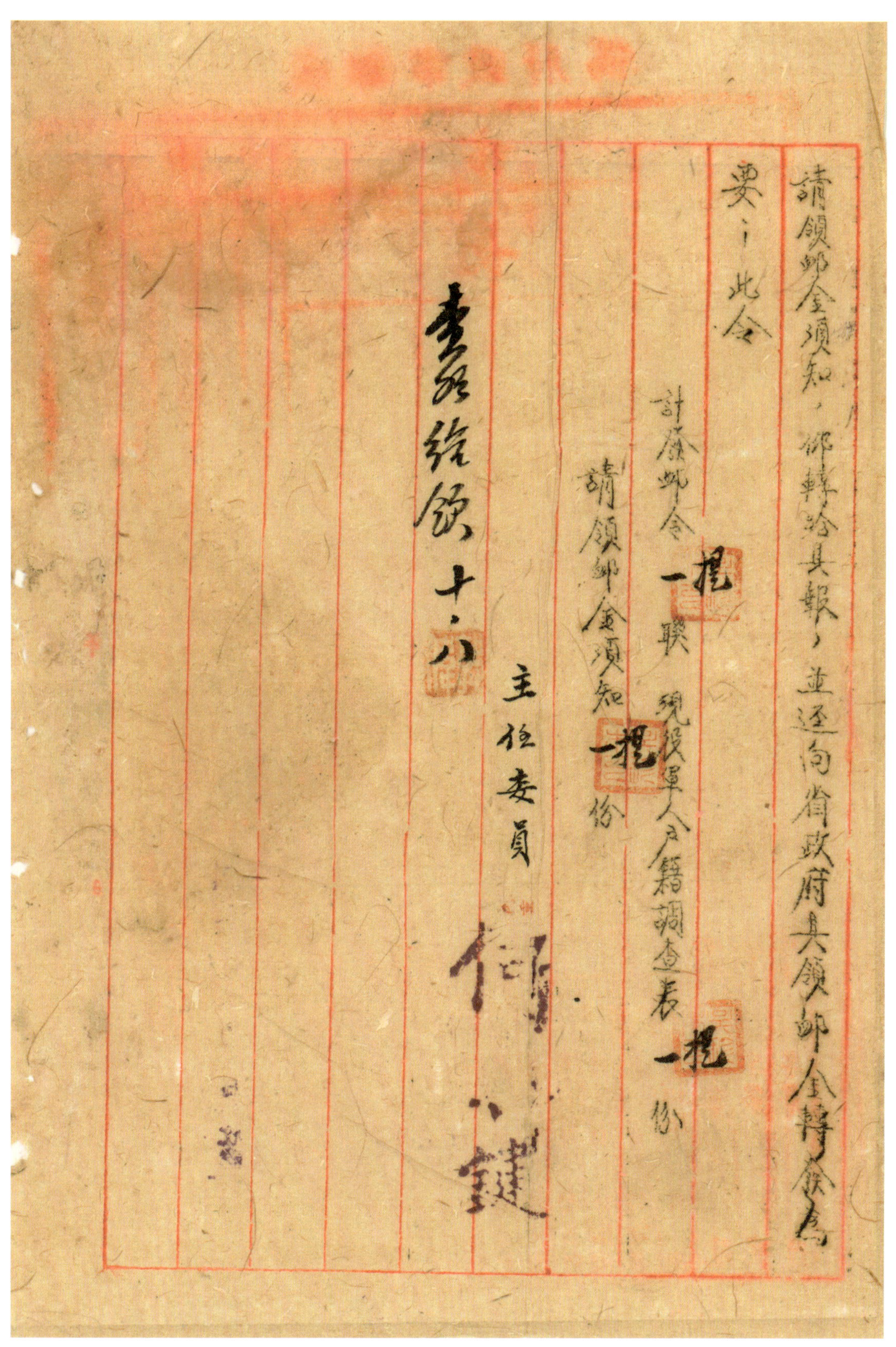

請領郵金須知，仰轉給具報，並逕向省政府具領郵金轉發爲

要！此令

計發郵令一摺聯

請領郵金須知一摺份

現役軍人戶籍調查表一摺份

主任委員 何鍵

書繕　十，八

成都市政府关于核发故兵江庆云恤令致江德明的通知（一九四二年十月二十八日）

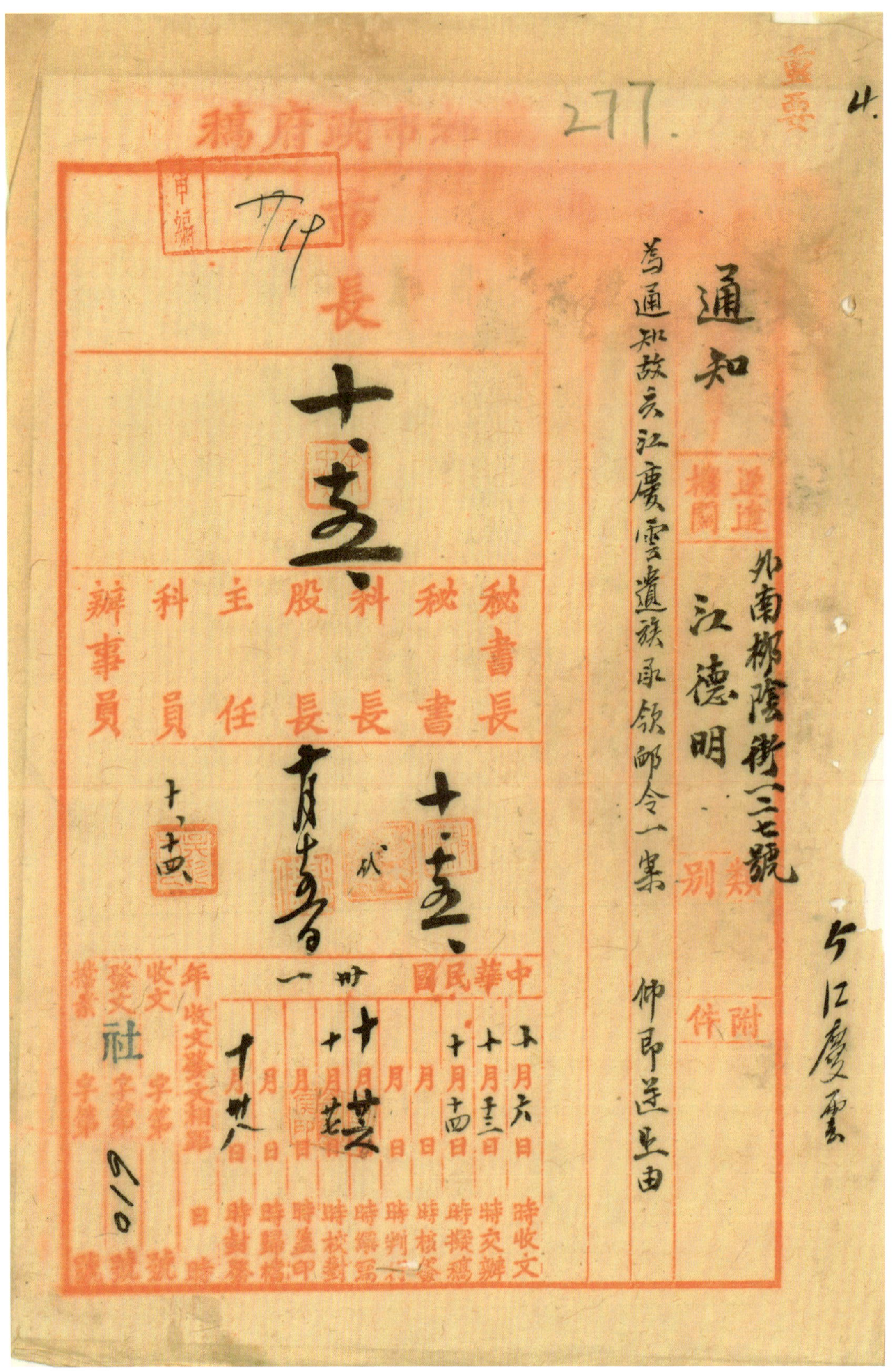
成都市政府稿

市長

秘書長
秘書
科長
股長
主任
科員
辦事員

通知

江德明

外南柳陰街一三七號

為通知故兵江慶雲遺族承領卹令一案仰即遵照由

附件

江慶雲

全　衙通知社字第　号

案奉

軍事委員會撫卹委員會卅一年九月廿日撫一周渝字第三三一四六號訓令檢發故兵江慶雲卹令飭轉給具報等因奉此合行通知仰該遺族即便遵照速來望江樓本府臨時辦公處撫卹室承領卹令為要

右通知故兵江慶雲遺族江德明准此

中華民國卅一年十月　日

市長吳

江德明关于申领故兵江庆云一次恤金的领恤申请书（一九四二年十一月四日）

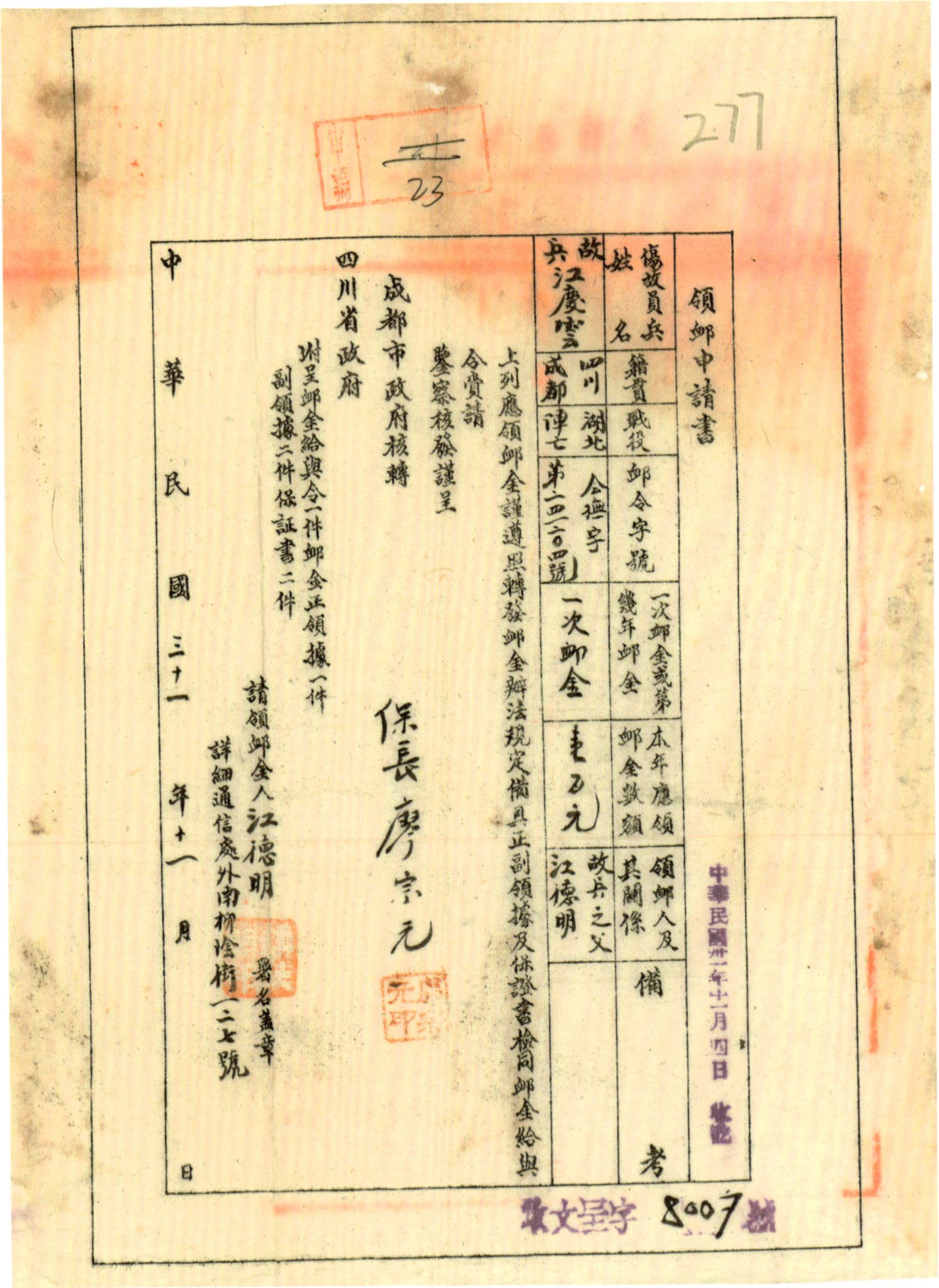

領卹申請書

傷故員兵姓名	籍貫	職役	卹令字號	一次卹金或第幾年卹金	本年應領卹金數額	領卹人及其關係	備考
故兵江慶雲	四川成都	湖北陣亡	令撫字第二四二〇四號	一次卹金	壹百元	故兵之父江德明	中華民國卅一年十一月四日收訖

上列應領卹金謹遵照轉發卹金辦法規定備具正副領據及保證書檢同卹金給與令賫請鑒察核發謹呈

成都市政府核轉

四川省政府

附呈卹金給與令一件卹金正領據一件副領據二件保証書二件

保長廖宗元

請領卹金人江德明 署名蓋章

詳細通信處外南柳陰街（二七號）

中華民國三十一年十一月 日

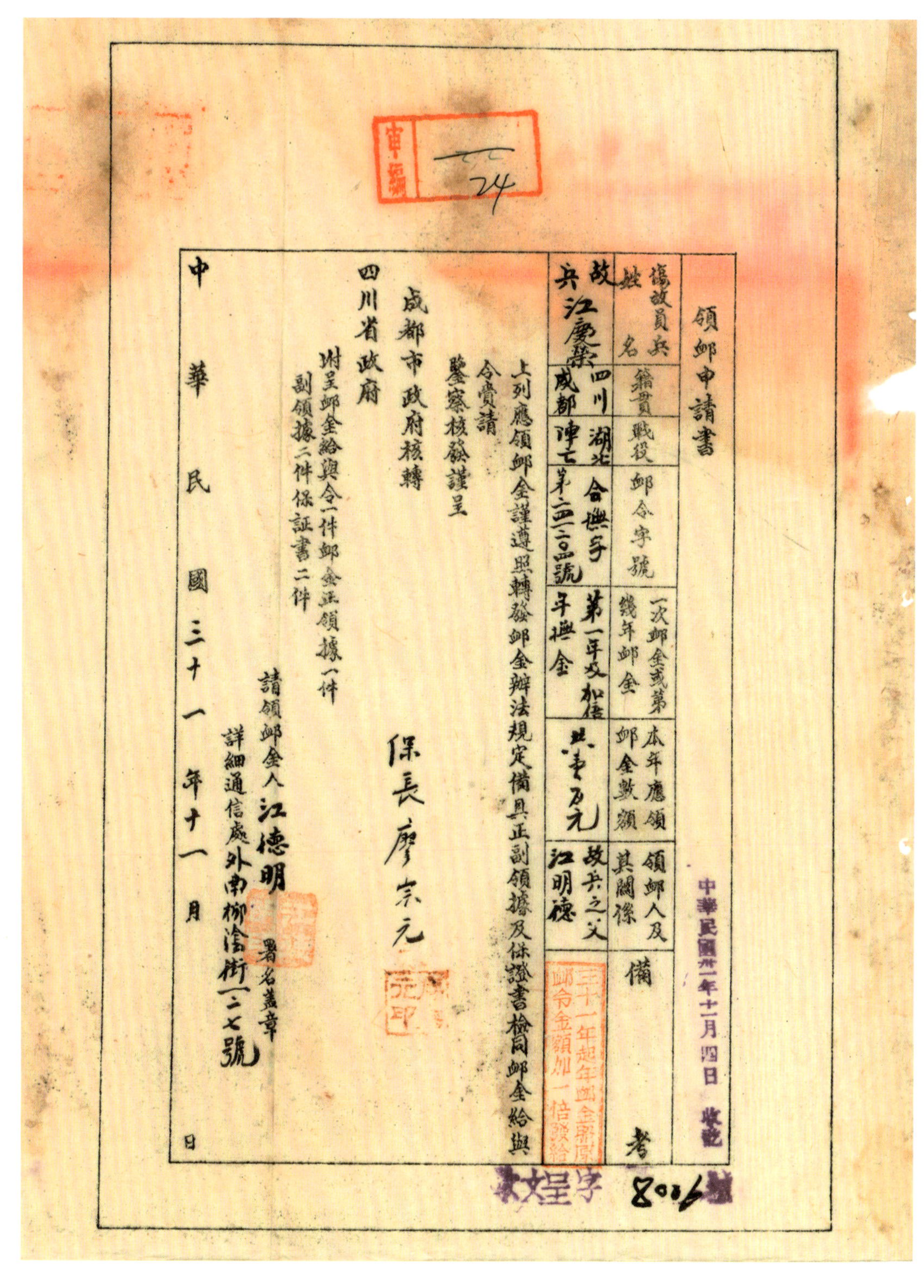

領卹申請書

傷故員兵姓名	籍貫	戰役	卹令字號	一次卹金或第幾年卹金	本年應領卹金數額	領卹人及其關係	備考
故兵江慶雲	四川成都	湖北陣亡	合撫字第二四一二四號	第一年及加倍年撫金	共壹百元	故兵之父江明德	三十一年起年卹金額照卹令金額加一倍發給

上列應領卹金謹遵照轉發卹金辦法規定備具正副領據及保證書檢同卹金給與令賫請

鑒察核發謹呈

成都市政府核轉

四川省政府

附呈卹金給與令一件卹金正領據一件副領據二件保証書二件

保長廖宗元（印）

請領卹金人江德明（印）署名蓋章

詳細通信處外南柳陰街一二七號

中華民國三十一年十一月　日

中華民國卅一年十一月四日收訖

字8027

江德明关于申领故兵江庆云第一年恤金及加倍恤金的领恤申请书（一九四二年十一月四日）

附：抚恤金领据、具领恤金保证书

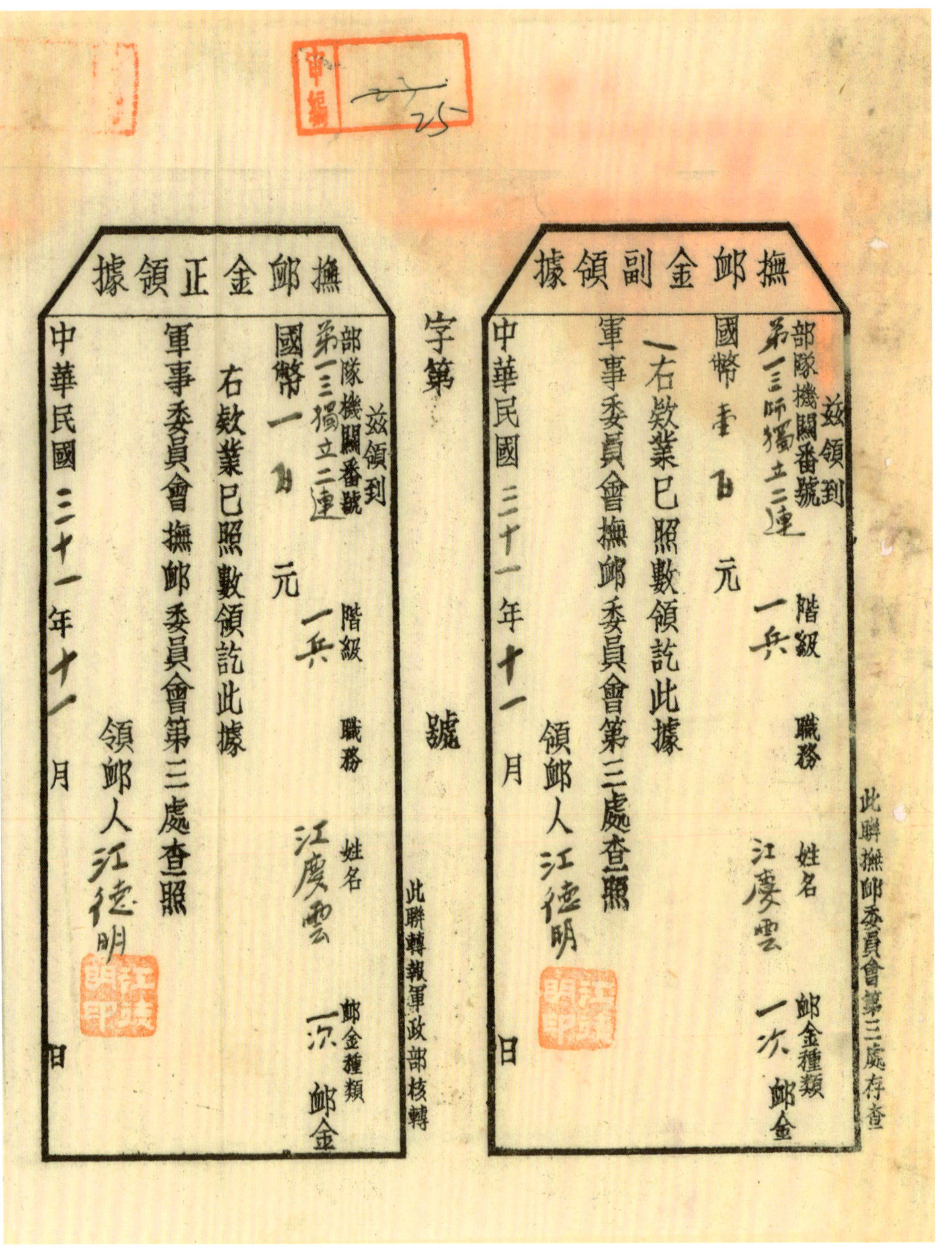

撫卹金副領據

茲領到

部隊機關番號 第一三師獨立二連 階級 一兵 職務 姓名 江慶雲 卹金種類 一次卹金

國幣壹百元

右款業已照數領訖此據

軍事委員會撫卹委員會第三處查照

中華民國三十一年十一月 日

領卹人 江德明

此聯撫卹委員會第三處存查

第 字 號

撫卹金正領據

茲領到

部隊機關番號 第一三獨立二連 階級 一兵 職務 姓名 江慶雲 卹金種類 一次卹金

國幣一百元

右款業已照數領訖此據

軍事委員會撫卹委員會第三處查照

中華民國三十一年十一月 日

領卹人 江德明

此聯轉報軍政部核轉

具領郵金保證書

保證人李雅泉　今保證領郵人江德明　確係已故

部隊機關番號 第一三〇師獨立三連　階級 一等兵　職務　姓名 江廖雲

之遺族茲遵照

國民政府軍事委員會會　字第二四一三〇四號郵金給與令核准給與該

故兵一次郵金國幣壹百　元整今由該　向

鈞會第三處如數領訖具領後如有發生爭議保證人願照

鈞會請領郵金須知第六條之規定負法律上一切責任此證

謹呈

國民政府軍事委員會撫郵委員會

保証人（店舖書柬）姓名 李雅泉 蓋章　籍貫 住址 外南柳蔭街第一〇八號　職務或職業 炭業　（店舖營業資本金額）弍仟元

領郵人姓名 江德明 蓋章　籍貫 住址 外東柳蔭街一三〇號　與故兵之關係

其他遺族姓名及關係　母江敖氏　弟江光德

保長 廖宗元

成都市市長 余中英

中華民國三十一年十一月　日

江德明关于承领故兵江庆云一次恤金及第一年年恤金的领结书（一九四二年十一月）

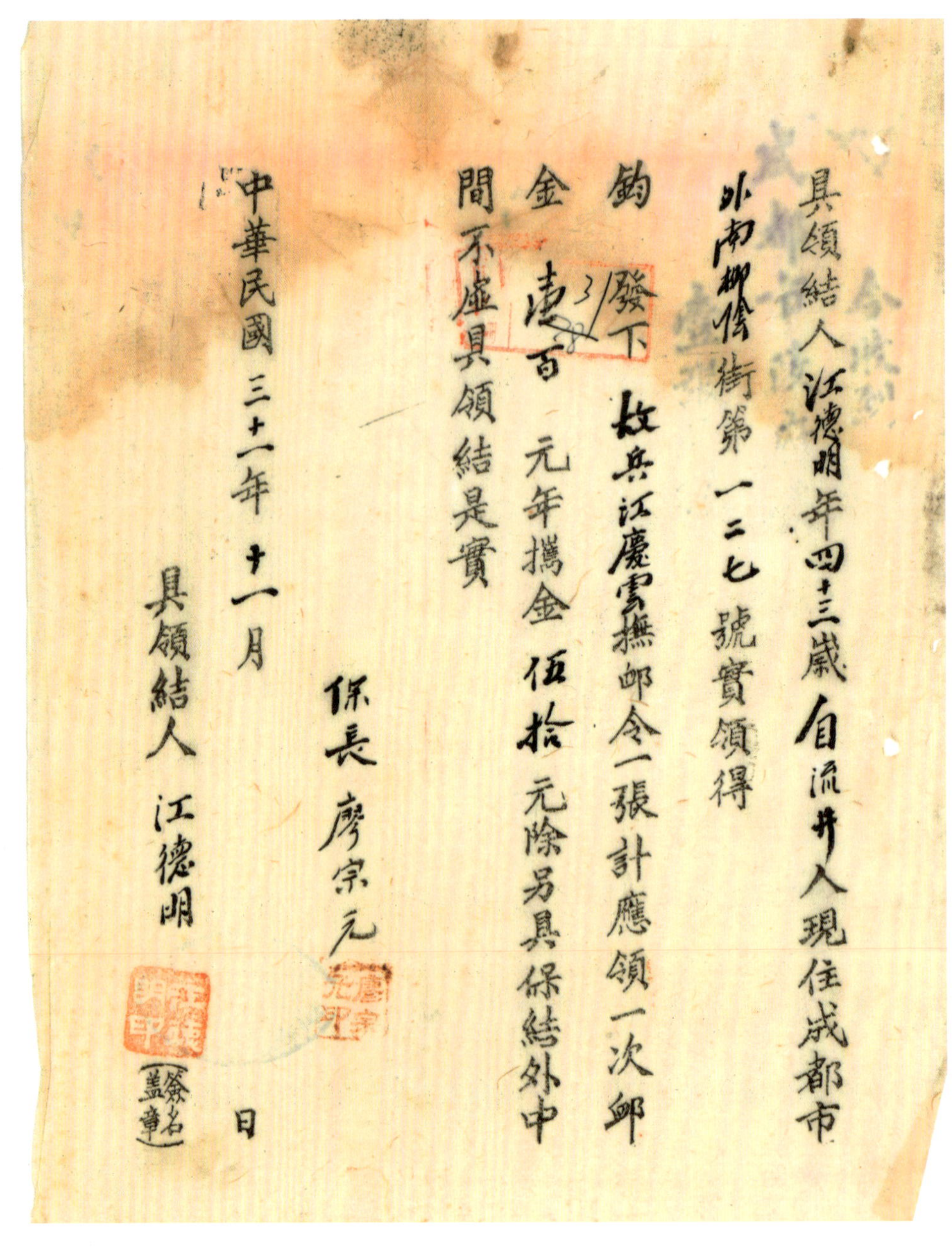

具領結人江德明年四十三歲自流井人現住成都市外南柳蔭街第一二七號實領得

鈞發下故兵江庆雲撫卹令一張計應領一次卹金壹百元年撫金伍拾元除另具保結外中間不虛具領結是實

保長　廖宗元

具領結人　江德明（簽名蓋章）

中華民國三十一年十一月　日

李雅泉等关于江德明承领恤金的保结（一九四二年十一月）

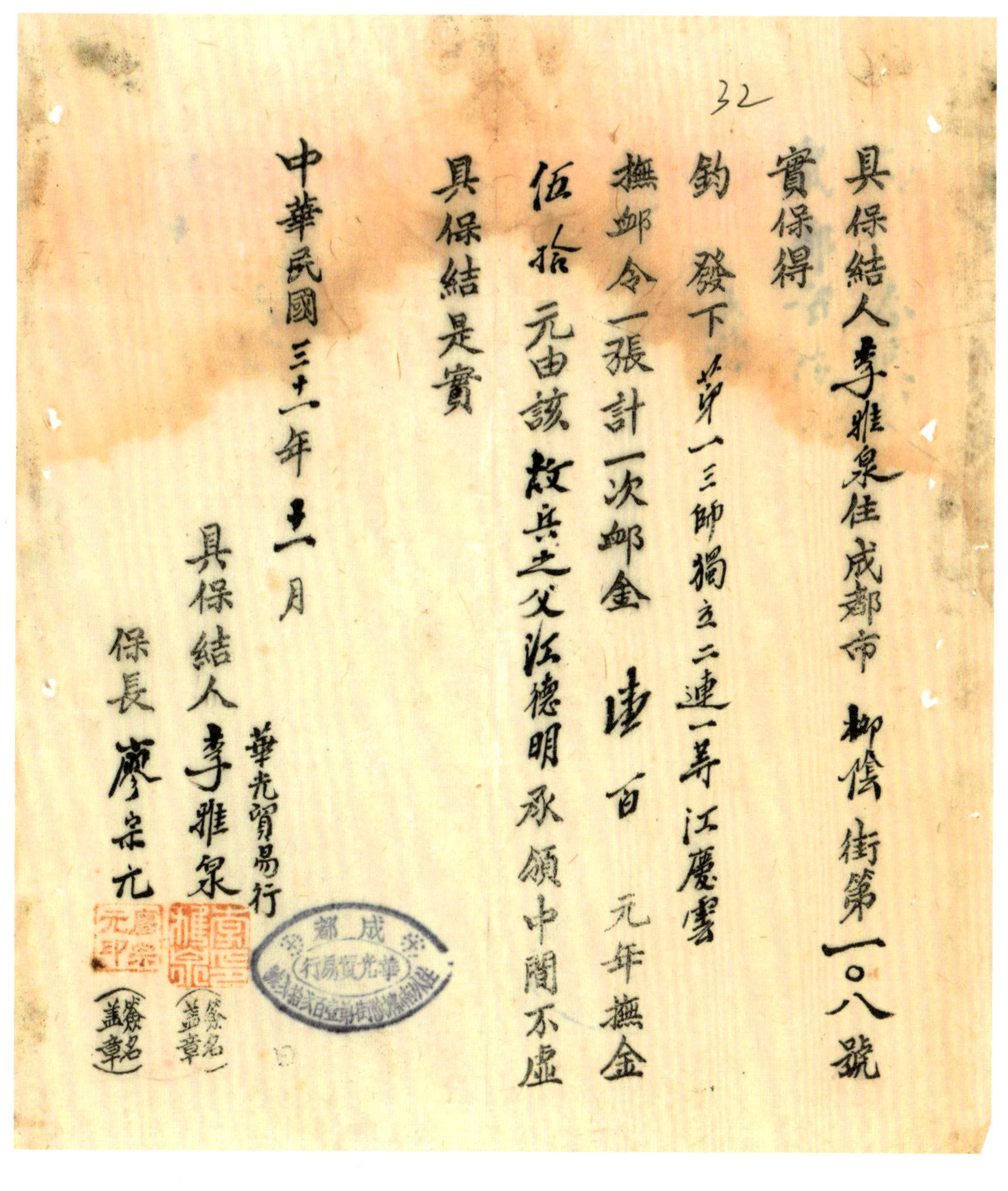

32

具保結人李雅泉住成都市柳蔭街第一〇八號

實保得

鈞　發下第一三師獨立二連一等兵江慶雲

撫卹令一張計一次卹金　陸　百　元年撫金

伍拾　元由該故兵之父江德明承領中間不虛

具保結是實

中華民國三十一年十一月

華光貿易行

具保結人李雅泉（簽名蓋章）

保長廖宗元（簽名蓋章）

江德明关于承领成都市政府发给故兵江庆云抚恤令的收据（一九四二年十一月三日）

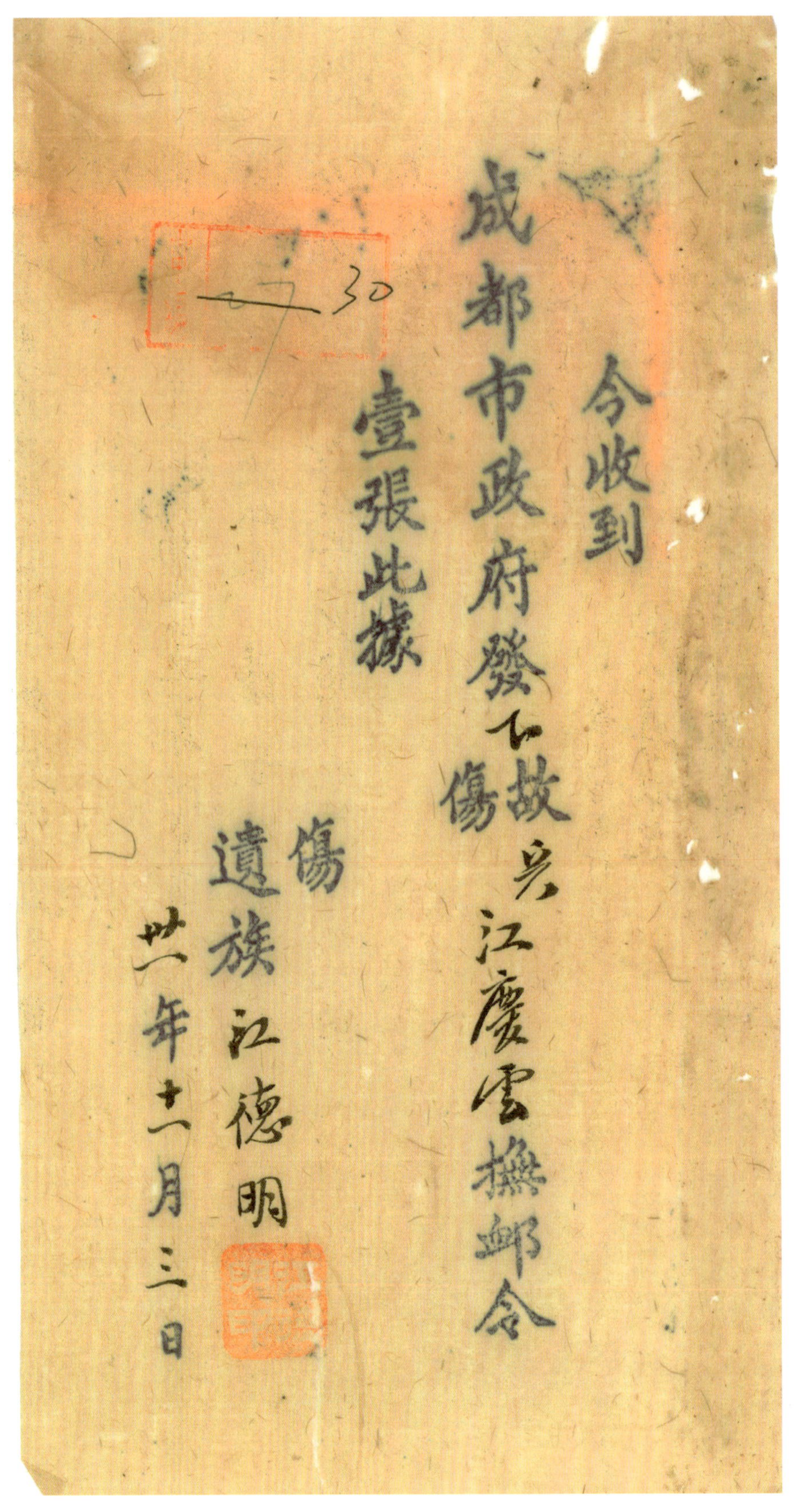

令收到
成都市政府發下故兵江慶雲撫卹令
傷
壹張此據
傷遺族江德明
卅一年十一月三日

成都市政府关于核发故兵江庆云一次恤金、第一年年恤金及加倍恤金致江德明的批示及致四川省政府的呈文（一九四二年十二月二日）

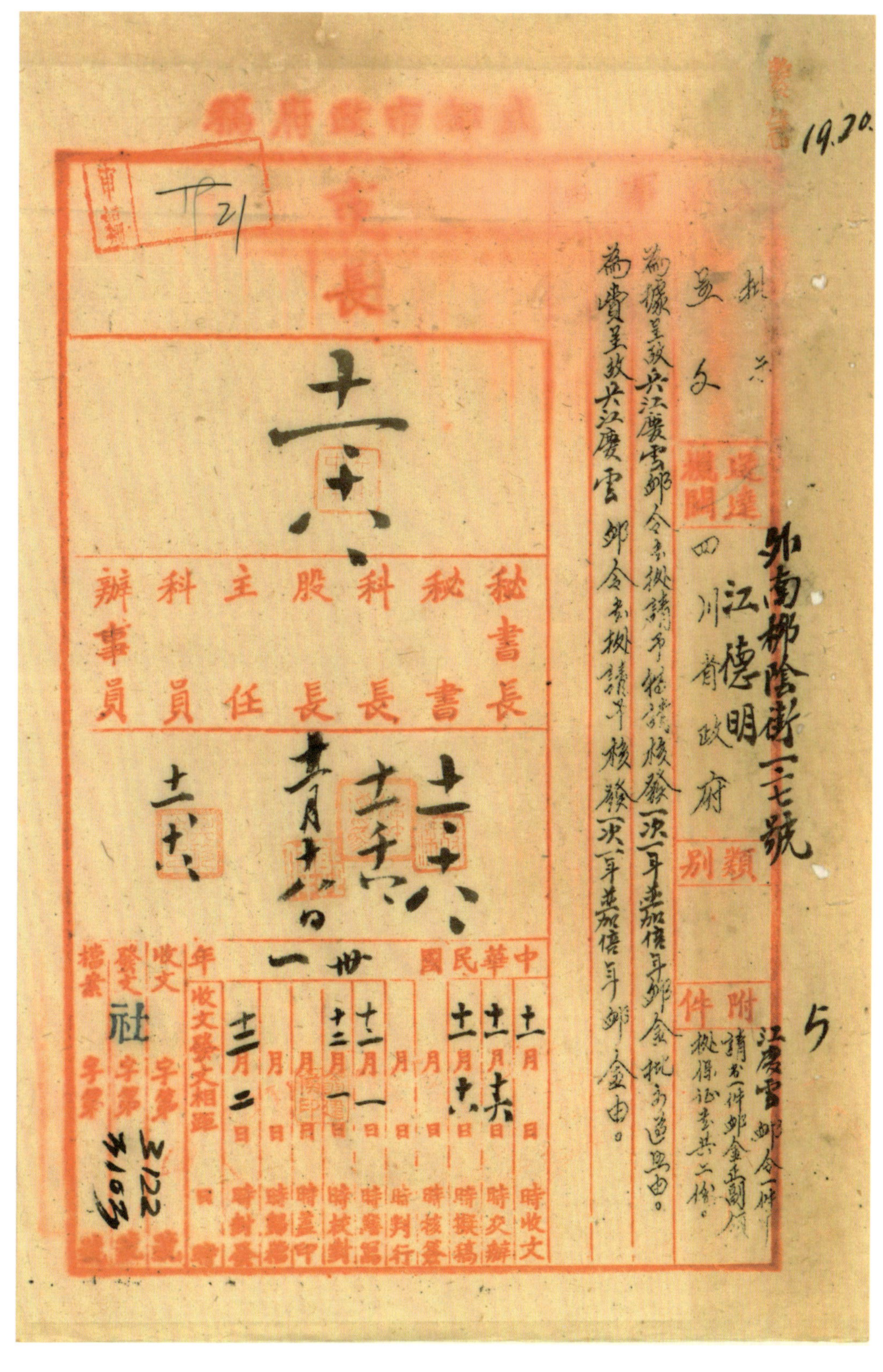

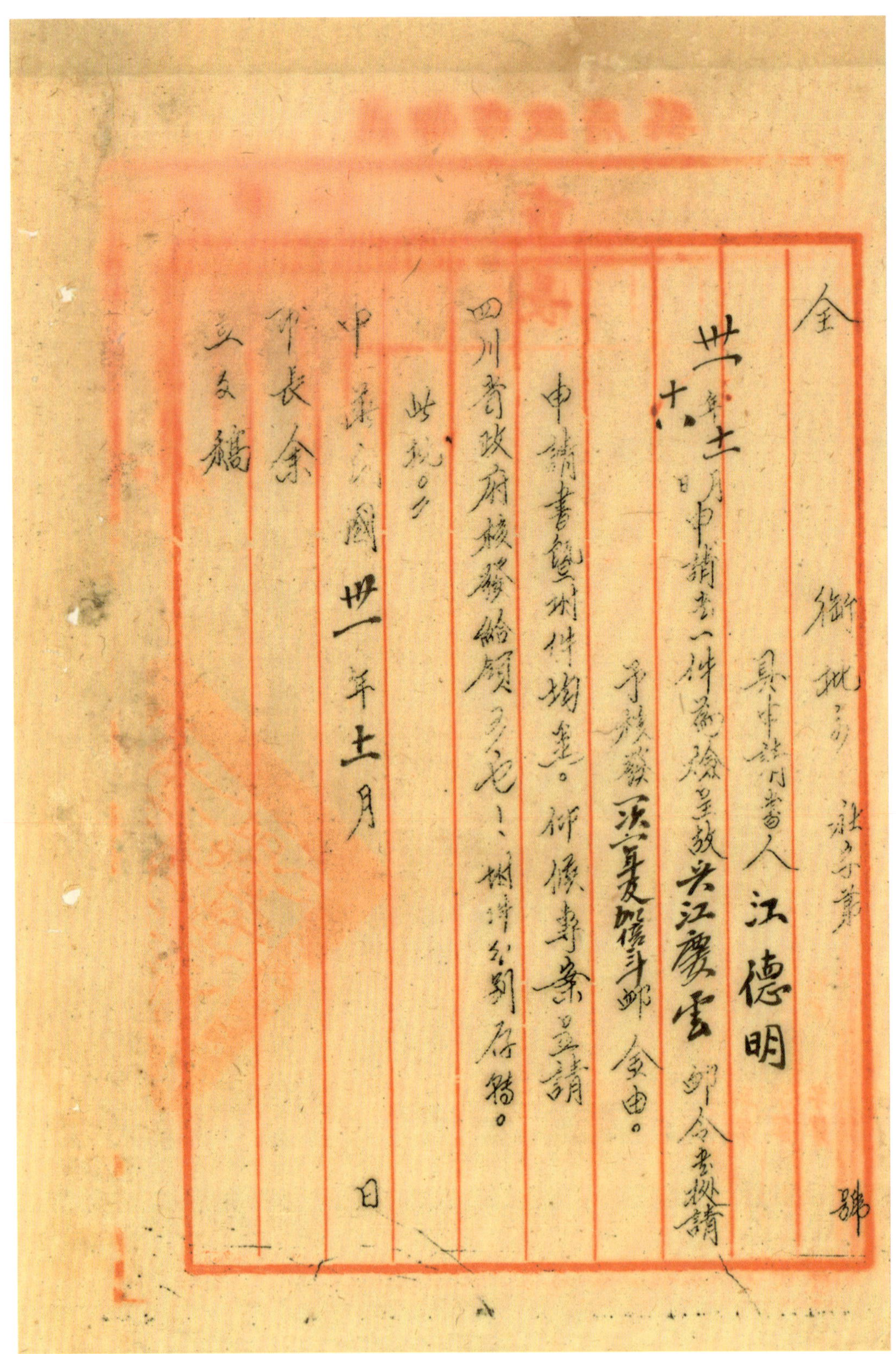

令　　　　　　銜批示　　批示第　　號

具申請書人江德明

卅一年十一月十六日申請書一件爲檢呈故兵江慶雲郵令書擬請

予核發一次卹金由。

申請書暨附件均悉。仰候專案呈請

四川省政府核發給領可也。附件分別存轉。

此批。

中華民國卅一年十一月　　日

市長余

立文稿

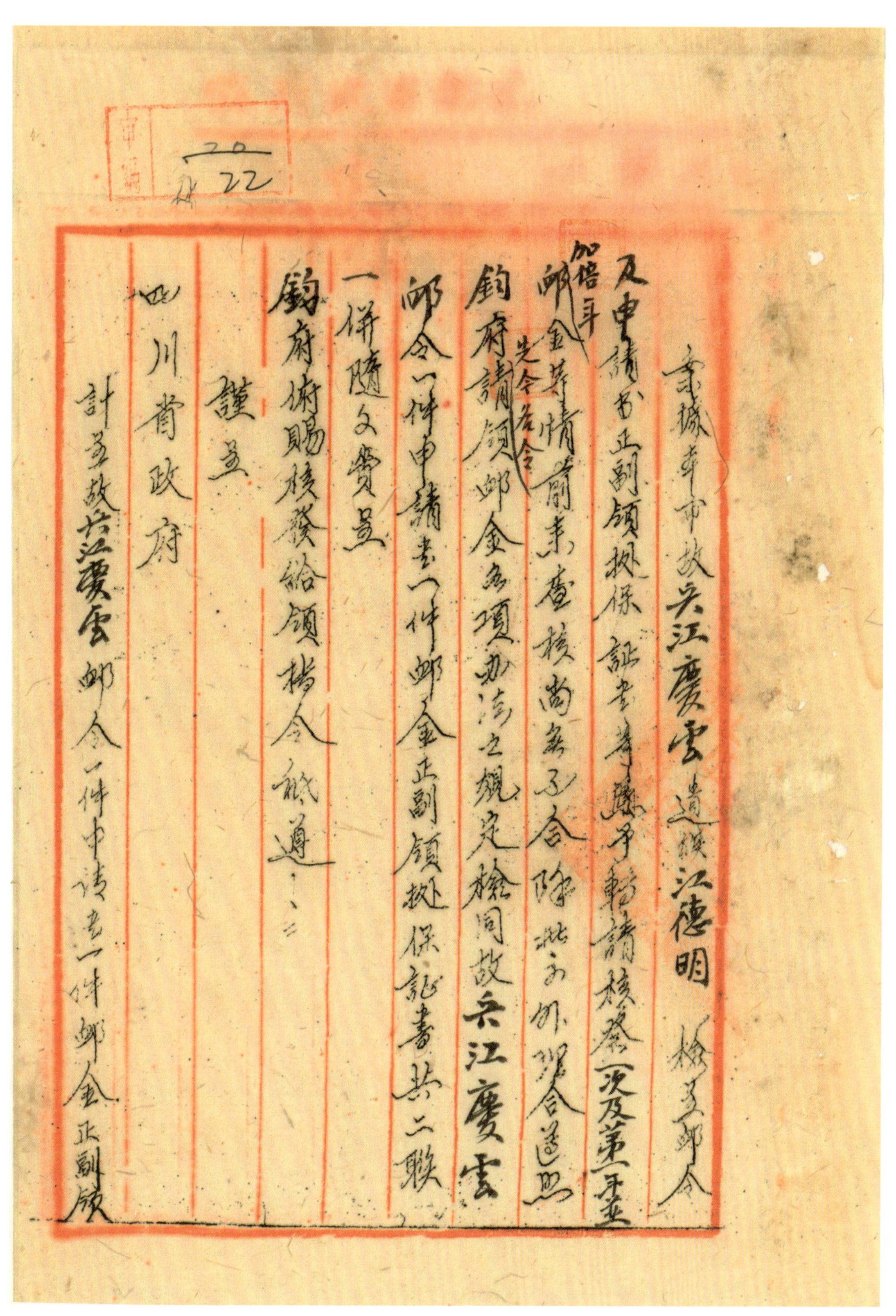

20
22

金堂縣市故兵江慶雲遺族江德明檢呈卹令
及申請書正副領據保證書等據呈轉請核發一次及第一年並
加倍年卹金等情前來查核尚無不合除批示外理合遵照
鈞府請領卹金各項辦法之規定檢同故兵江慶雲
卹令一件申請書一件卹金正副領據保證書共二聯
一併隨文賫呈
鈞府俯賜核發給領務令祇遵
謹呈
四川省政府
計呈故兵江慶雲卹令一件申請書一件卹金正副領據

據保證書共二聯。

衛 局

華民國卅一年十二月　日

277

70/34

省（市）縣現役軍人户籍調查表

姓名	江慶雲	別號		服務機關或部隊	十三師独立二連	調查時之級職	一等兵	年齡	一九岁	出身年月日	庚申年九月初十日
出身	小商業			任職或入伍日期	二四年十月八日入伍	相特職徵		通訊處	永久及現在	成都外南柳陰街一二七號 仝上	相片

住址		
世居	四川省（縣）（市）鎮 鄉 保 甲 外南柳陰街 巷第一二七號門牌	
現住	四川省成都（市）鎮 鄉 保 甲 户 成柳陰街 巷第一二七號門牌	

家屬及同居親屬人口

稱謂	姓名	年齡	存歿	職業		是否中國國民黨員	備考
祖父							1. 家庭是否分爨及经濟狀況
祖母							2. 原籍尚有何人
父	德明	四〇岁	存	軍界	会理鐵鑛（厰）		3. 住址是否再要遷移
母	敖氏	三八岁	存	手工業	精羊毛厰		1 家庭未分爨由該故兵父母主持都市居住
妻	無						無有恒产各謀職業以維生活堪清自足
子	無						富逼
女	無						1 原籍有族人無胞兄弟
胞弟	光蓉 光德	13、12岁	存	讀書業	紡織		1 住址不再迁移
胞妹	無						1 家屬無有像片
孫	無						

調查 年 月 日

故兵江庆云的现役军人户籍调查表（一九四二年十二月）

故兵江庆云的死亡官兵现役军人户籍调查表清册（一九四二年十二月）

补送死亡官兵现役軍人户籍調查表清册

番號	職級	姓名	死亡事由	死亡種類	死亡年月	死亡地點	備考
第十三师独立二連	一等兵	江慶雲	抗戰陣亡		二十七年六月	湖北	

中華民國三十一年十二月 日成都市市長余中英

四川省政府关于核发故兵江庆云一次恤金、第一年年恤金及加倍恤金致成都市政府的指令

（一九四三年二月八日）

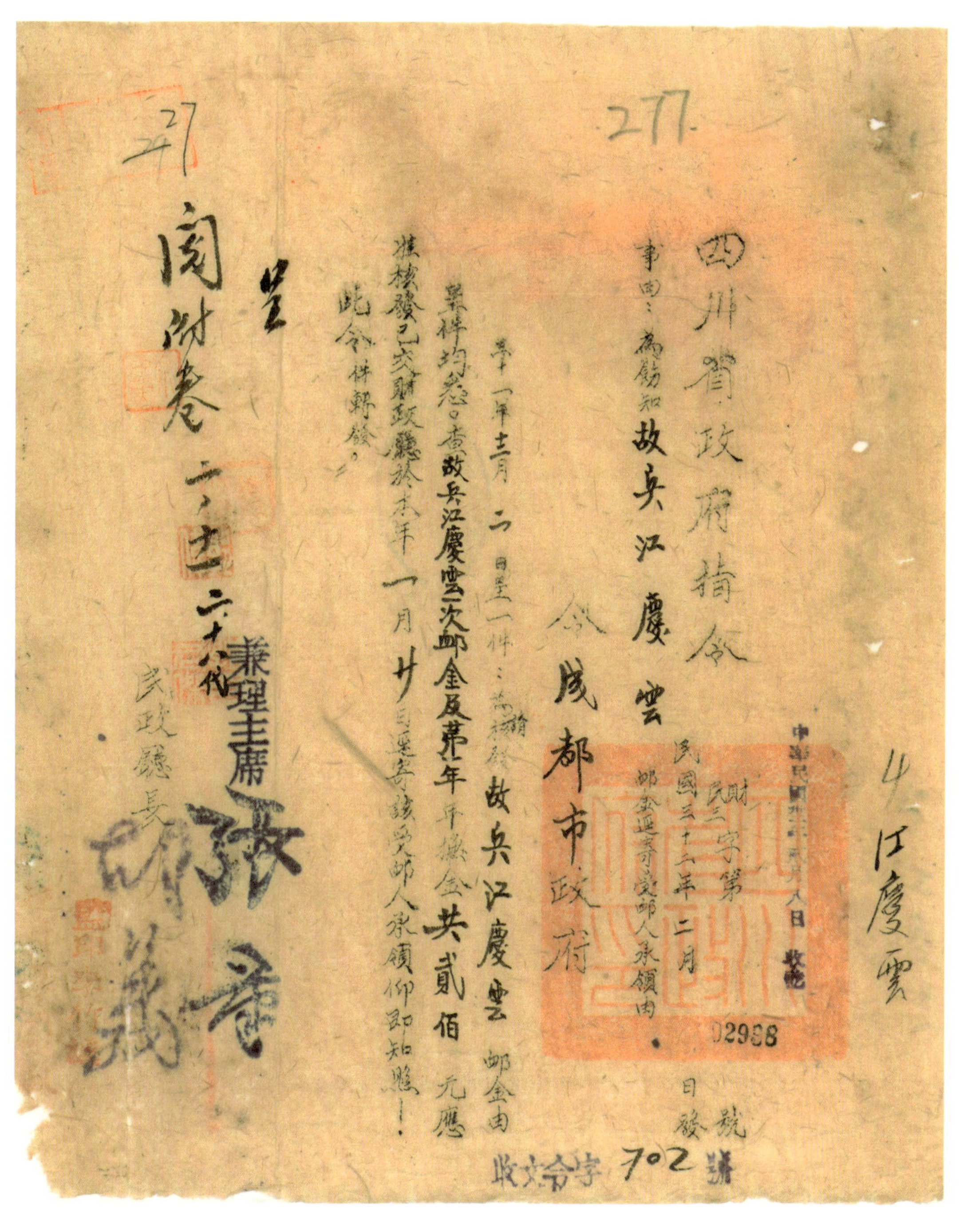

四川省政府指令

事由：為飭知故兵江慶雲卹金由郵匯寄領卹人承領由

令成都市政府

財民三字第　號

民國三十二年二月　日發

三十一年十二月二日呈一件：為請核發故兵江慶雲卹金由。

呈件均悉。查故兵江慶雲一次卹金及第一年年撫金共貳佰元，應准核發。已交財政廳於本年一月廿日送寄該領卹人承領，仰即知照！

此令。件存發。

兼理主席　張羣

民政廳長　胡次威

江德明关于申领故兵江庆云第二年年恤金及加倍恤金的领恤申请书（一九四三年一月）

核發 三 廿

中華民國卅二年叁月廿六日

領卹申請書

傷故員兵姓名	籍貫	戰役	卹令字號	一次卹金或第幾年卹金	本年應領卹金數額	領卹人及其關係	備考
故兵江慶雲	四川成都	湖北陣亡	會卹字第西二三號	第二年及加倍年卹金	共壹百元	父 江德明	

上列應領卹金謹遵照轉發卹金辦法規定備具正副領據及保證書檢同卹金給與令賫請

鑒察核發謹呈

成都市政府核轉

四川省政府

附呈卹金給與令一件卹金正領據一件副領據二件保証書二件

請領卹金人江德明 署名蓋章

詳細通信處外南柳蔭街一二七號

中華民國三十二年一月 日

字1950號

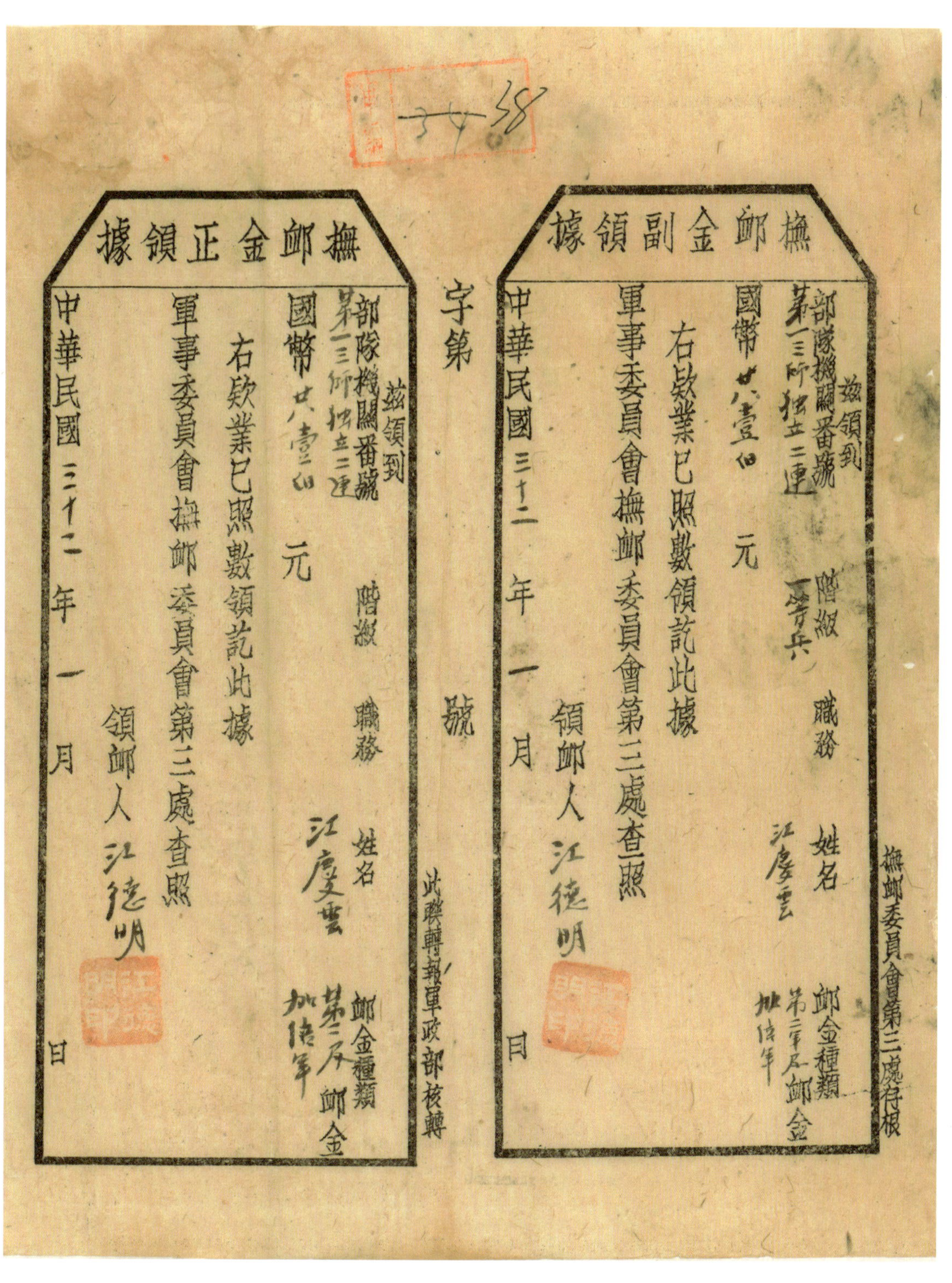

撫卹委員會第三處存根

撫卹金副領據

茲領到

部隊機關番號 第一三師独立三連　階級 一等兵　職務　姓名 江慶雲　卹金種類 第三年尽卹金 加給年

國幣廿八壹佰　元

右款業已照數領訖此據

軍事委員會撫卹委員會第三處查照

中華民國三十二年一月　日

領卹人 江德明

字第　號

此聯轉報軍政部核轉

撫卹金正領據

茲領到

部隊機關番號 第一三師独立三連　階級　職務　姓名 江慶雲　卹金種類 第三年尽卹金 加給年

國幣廿八壹佰　元

右款業已照數領訖此據

軍事委員會撫卹委員會第三處查照

中華民國三十二年一月　日

領卹人 江德明

具領卹金保證書

保證人 今保證領卹人 江德明 確係已故

部隊機關番號 第三師四九七團三營 階級 一等兵 職務 姓名 江應先

之遺族茲遵照

國民政府軍事委員會會 字第 號卹令給與年撫卹令核准給與遺族

故兵第二年及附倍 卹金國幣 元整今由該 向

約會第三處如數領訖具領後如有發生爭議保証人願照

約會請領卹金須知第六條之規定負法律上一切責任此證

謹呈

國民政府軍事委員會撫卹委員會

保証人姓名（店舖牌號） 蓋章 籍貫 住址 職業或資本金額（店舖營業）

領卹人姓名 江德明 蓋章 籍貫 四川成都 住址 外北李家村一三七號 與故 之關係

其他遺族姓名及關係 母 張氏 弟 江光德

成都市市長 余中英

中華民國三十二年一月 日

成都市政府关于核发故兵江庆云第二年年恤金及加倍恤金致江德明的批示及致四川省政府的呈文
（一九四三年四月二十二日）

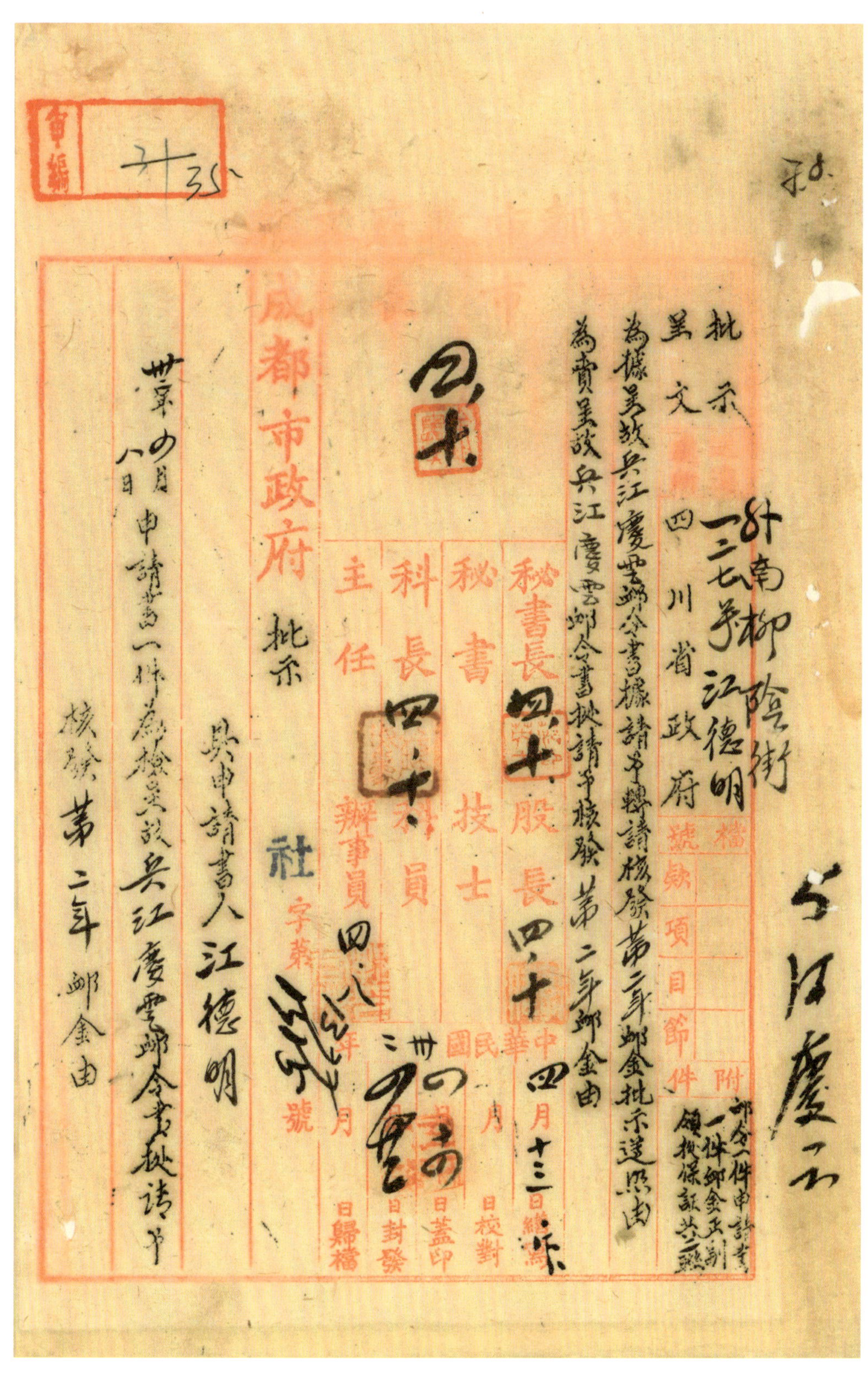
批示
呈文 四川省政府
為據呈故兵江慶雲䘏令書據請予換請核發第二年䘏金批示遵照由
為賫呈故兵江慶雲䘏令書挼請予核發第二年䘏金由
秘書長 股長
秘書 技士
科長 科員
主任 辦事員
中華民國 年 月 日繕寫 日校對 日蓋印 日封發 日歸檔
成都市政府 批示 社字第 號
具申請書人江德明
卅二年四月八日申請書一件為檢呈故兵江慶雲䘏令書挼請予
核發第二年䘏金由

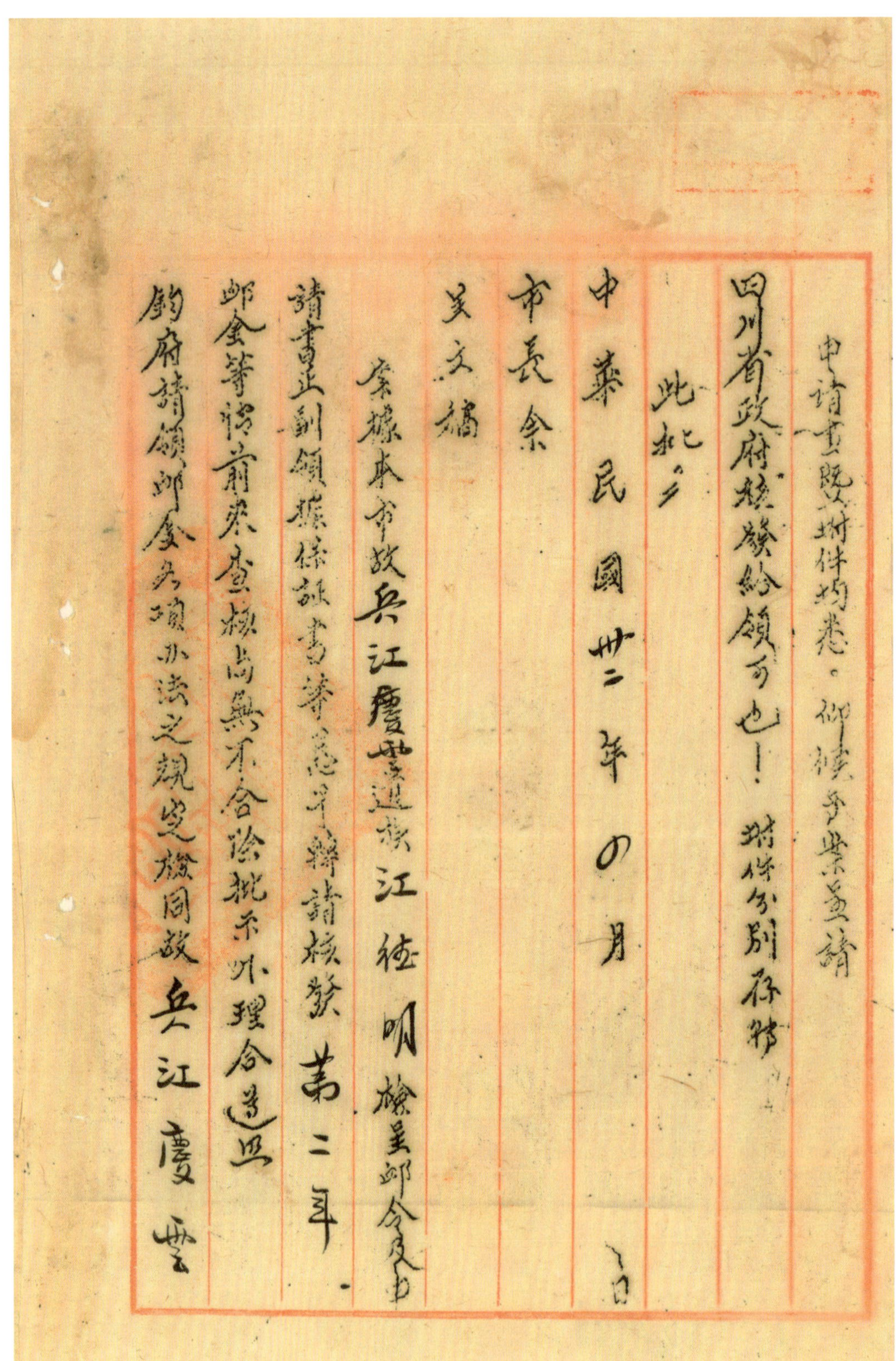

申請書暨附件均悉。仰候予以彙請
四川省政府核發給領可也！附件分别存轉
此批。
中華民國卅二年四月　日
市長余
吴文鎬
案據本市故兵江慶雲遺族江佐明檢呈卹令及卹
請書並副領據保証書等件，懇予轉請核發第二年
卹金等情，前來查核尚無不合，除批示外，理合遵照
鈞府請領卹金各項辦法之規定，檢同故兵江慶雲

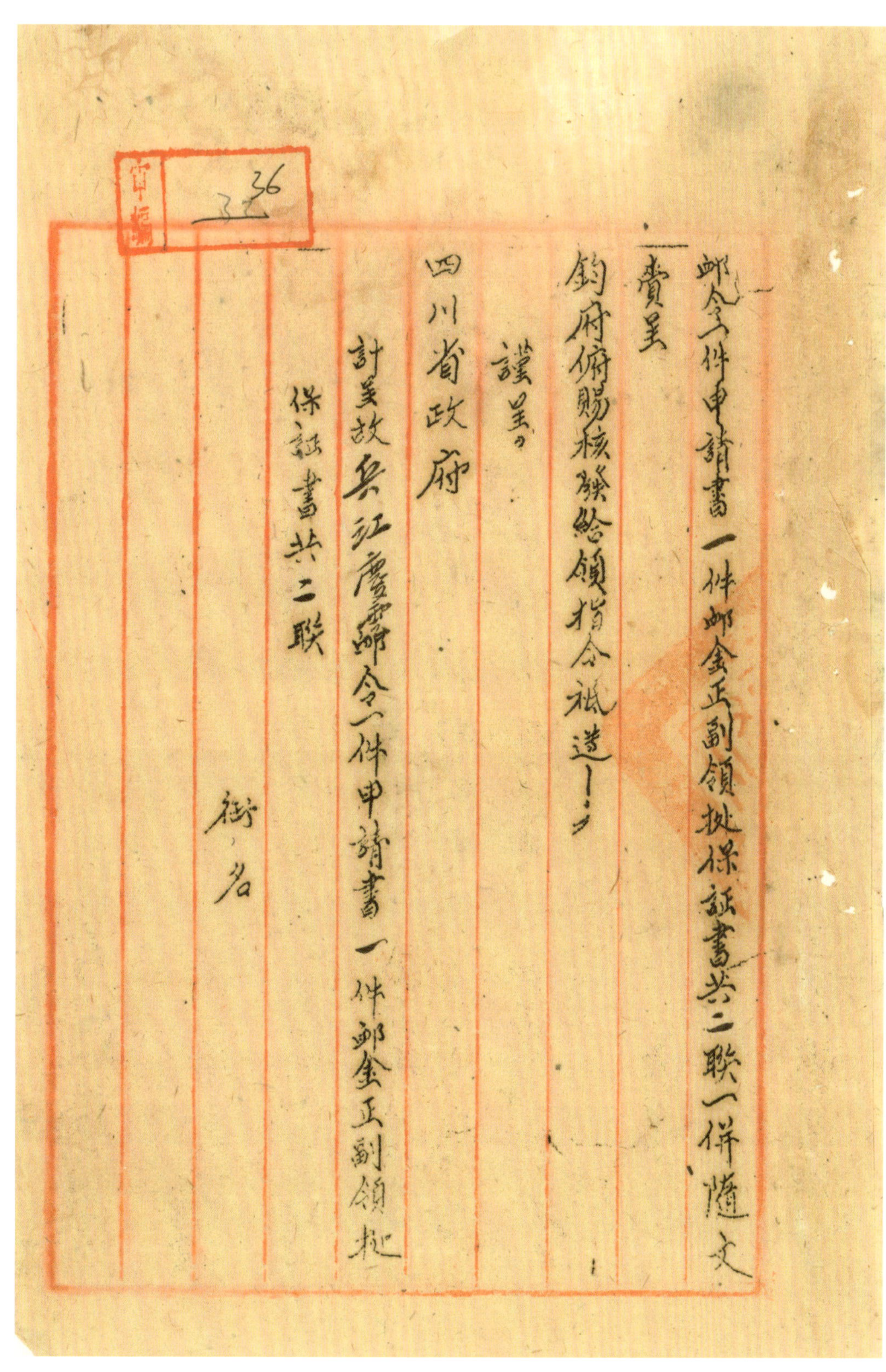
审编 36

郵金一件申請書一件郵金正副領拟保証書共二聯一併隨文

賫呈

鈞府俯賜核發給領指令祗遵！！

謹呈

四川省政府

計呈故兵江慶霖郵金一件申請書一件郵金正副領拟

保証書共二聯

銜名

成都市政府关于检送故兵江庆云户籍表册及领保结致四川省政府的呈（一九四三年四月二十一日）

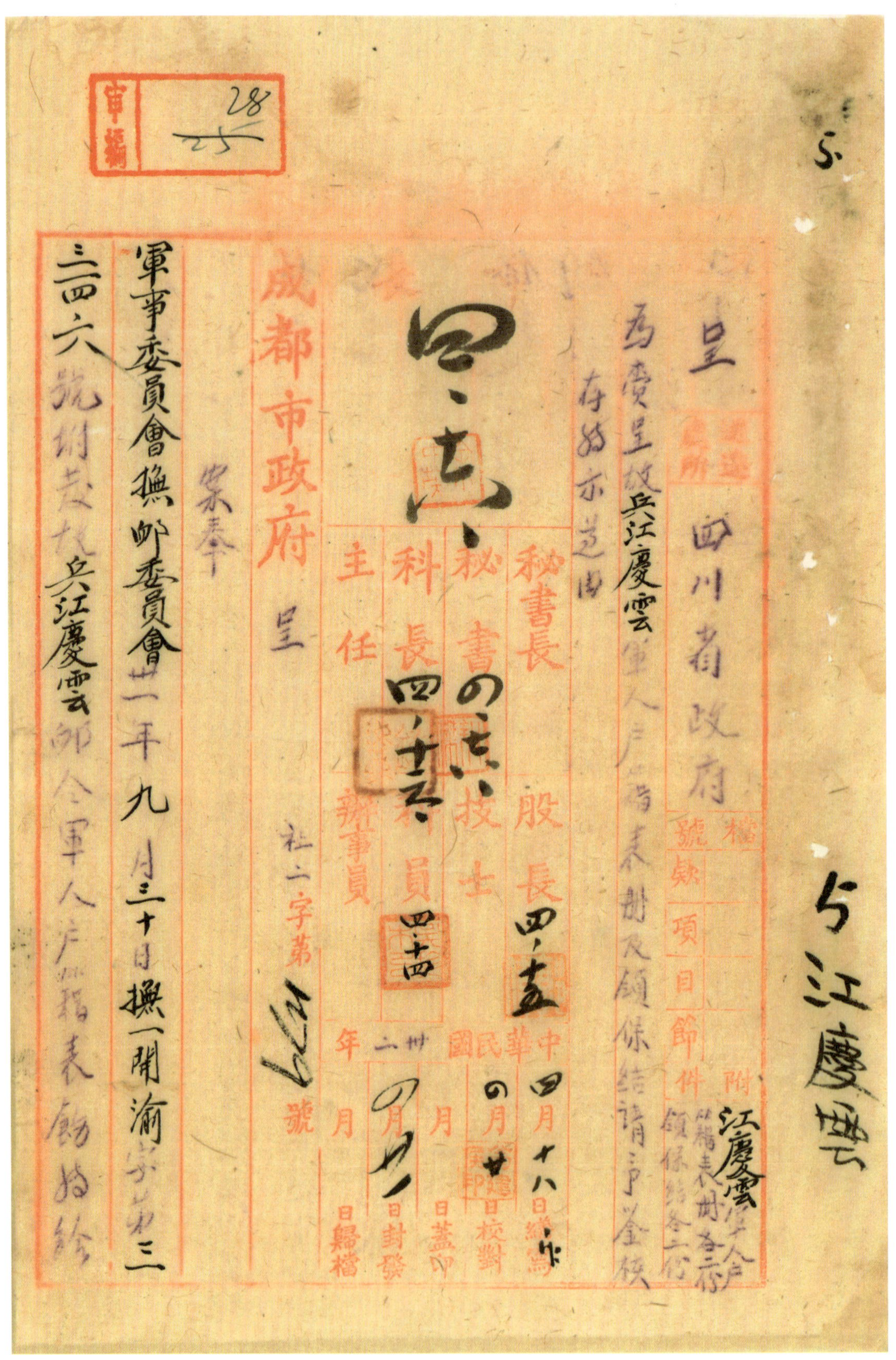

江慶雲

呈

送達處所　四川省政府

為賫呈故兵江慶雲軍人户籍表册及領保結請予鑒核

檔號

款項目節

附件　江慶雲軍人户籍表册各一份　領保結各二份

秘書長

秘書

科長

主任

股長

技士

科員

辦事員

中華民國　卅二年　四月十八日繕寫　四月廿日校對　月　日蓋印　四月廿一日封發　年　月　日歸檔

成都市政府　呈　社二字第　號

案奉

軍事委員會撫卹委員會卅一年九月三十日撫一開渝字第三二三四六號

故兵江慶雲

軍人户籍表

具報前因，本此當即通知該選族承領部令並
派員調查戶籍去訖。茲據該員呈報調查情形及
選族填注表列各欄相符，復檢呈領條結請予
核發，以令等情前來。查核尚屬相符，除將部令
及發戶籍表冊加蓋印信官章外，理合檢同故兵
江慶雲現役軍人戶籍調查表清冊各二份、領
條結各二份一併隨文賫呈
鈞府鑒核存發指令。
謹呈
四川省政府

计呈吴江庆云……籍表册及领保
结一纸
名

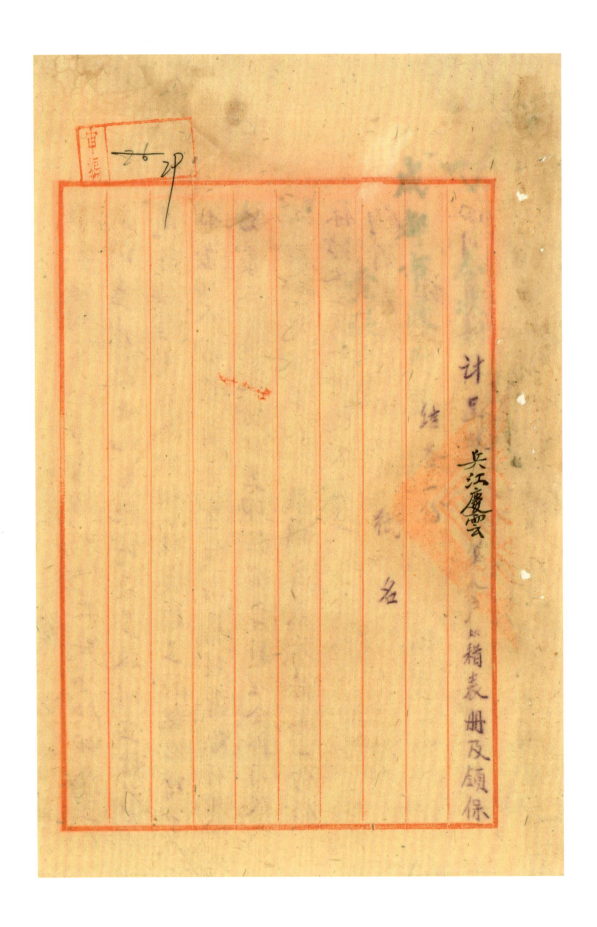

四川省政府关于核发故兵江庆云第二年年恤金及加倍恤金致成都市政府的指令（一九四三年七月十四日）

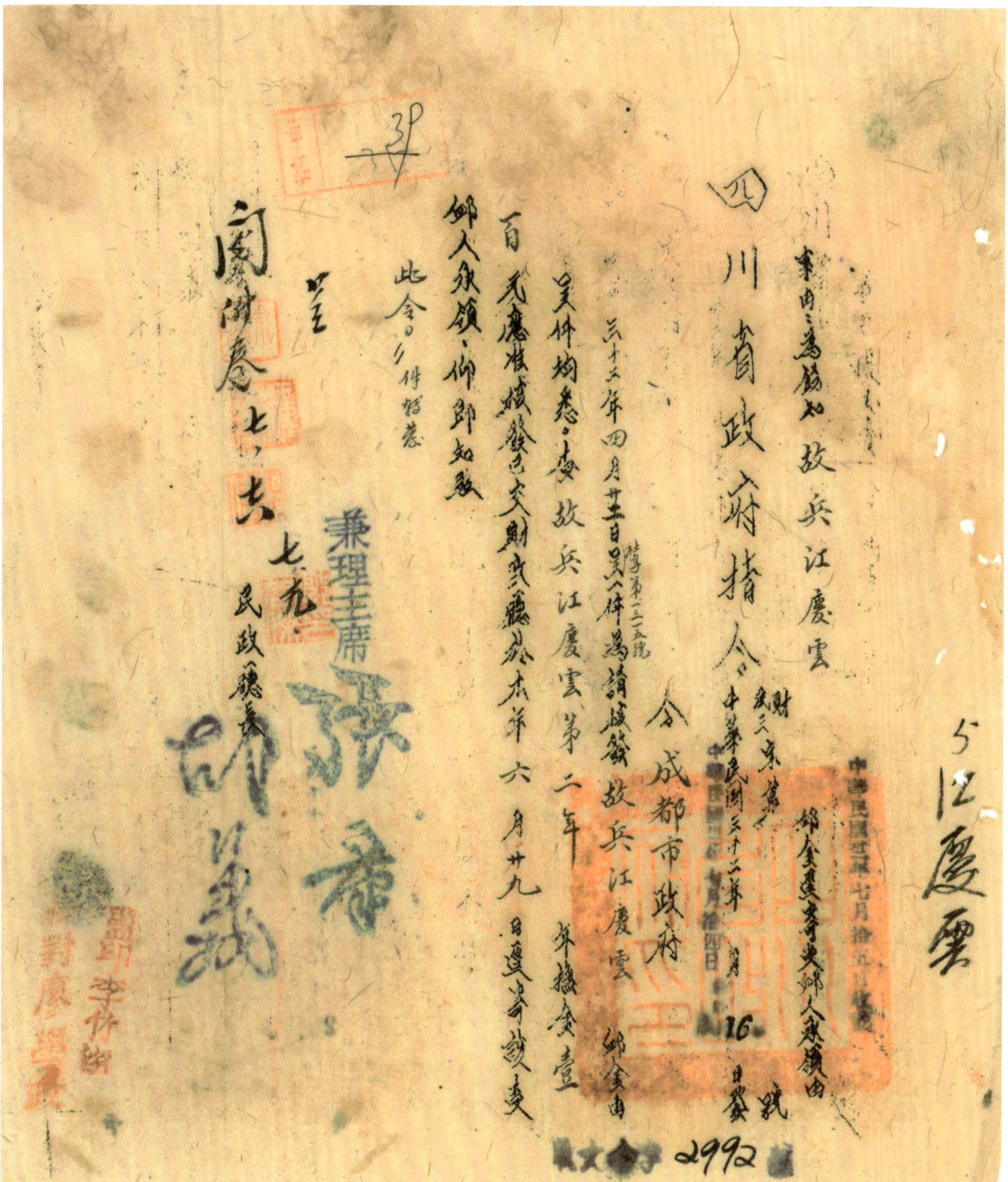

江慶雲

中華民國卅二年七月拾五日收文

事由：為飭知故兵江慶雲鄉人具領由

四川省政府指令 財民二字第 號

中華民國三十二年七月14日發

令成都市政府

三十二年四月十三日呈一件為請核發故兵江慶雲第二年年撫金壹百元，應准核發，交財政廳於本年六月廿九日匯寄該縣鄉人具領，仰即知照。

此令。附件存。

兼理主席 張群

民政廳長 胡次威

六、许伯龄

陆军第四十一军军司令部关于函送故员许伯龄阵亡请恤乙表请依例查报请恤致成都市政府的公函

（一九四一年十月十六日）

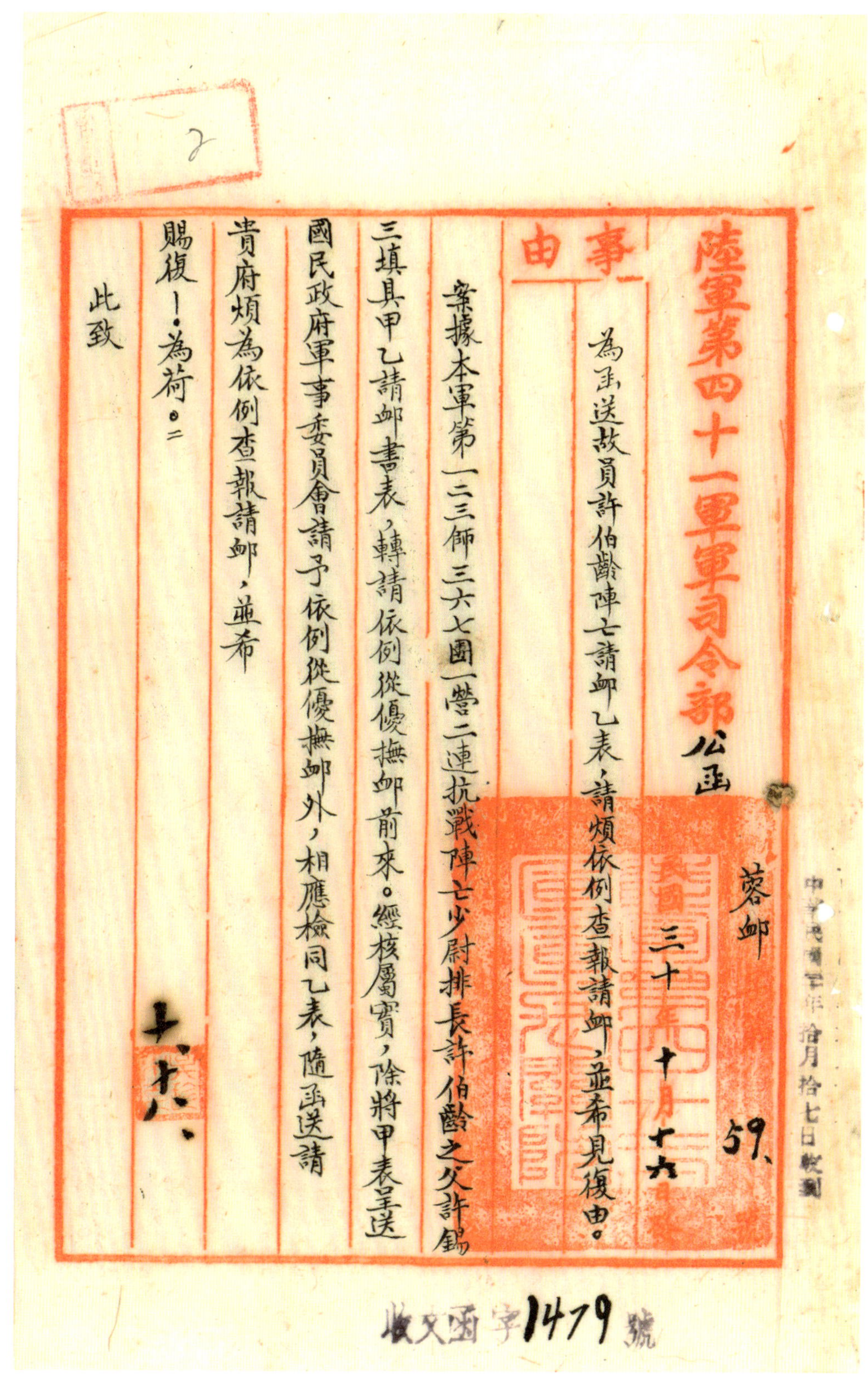

陸軍第四十一軍軍司令部公函　蓉卹 59

事由：為函送故員許伯齡陣亡請卹乙表，請煩依例查報請卹，並希見復由。

民國三十年十月十六日

案據本軍第一二三師三六七團一營二連抗戰陣亡少尉排長許伯齡之父許錫三填具甲乙請卹書表，轉請依例從優撫卹前來。經核屬實，除將甲表呈送國民政府軍事委員會請予依例從優撫卹外，相應檢同乙表，隨函送請貴府煩為依例查報請卹，並希賜復！為荷。

此致

十、十六

中華民國三十年拾月拾七日收到

收文函字1479號

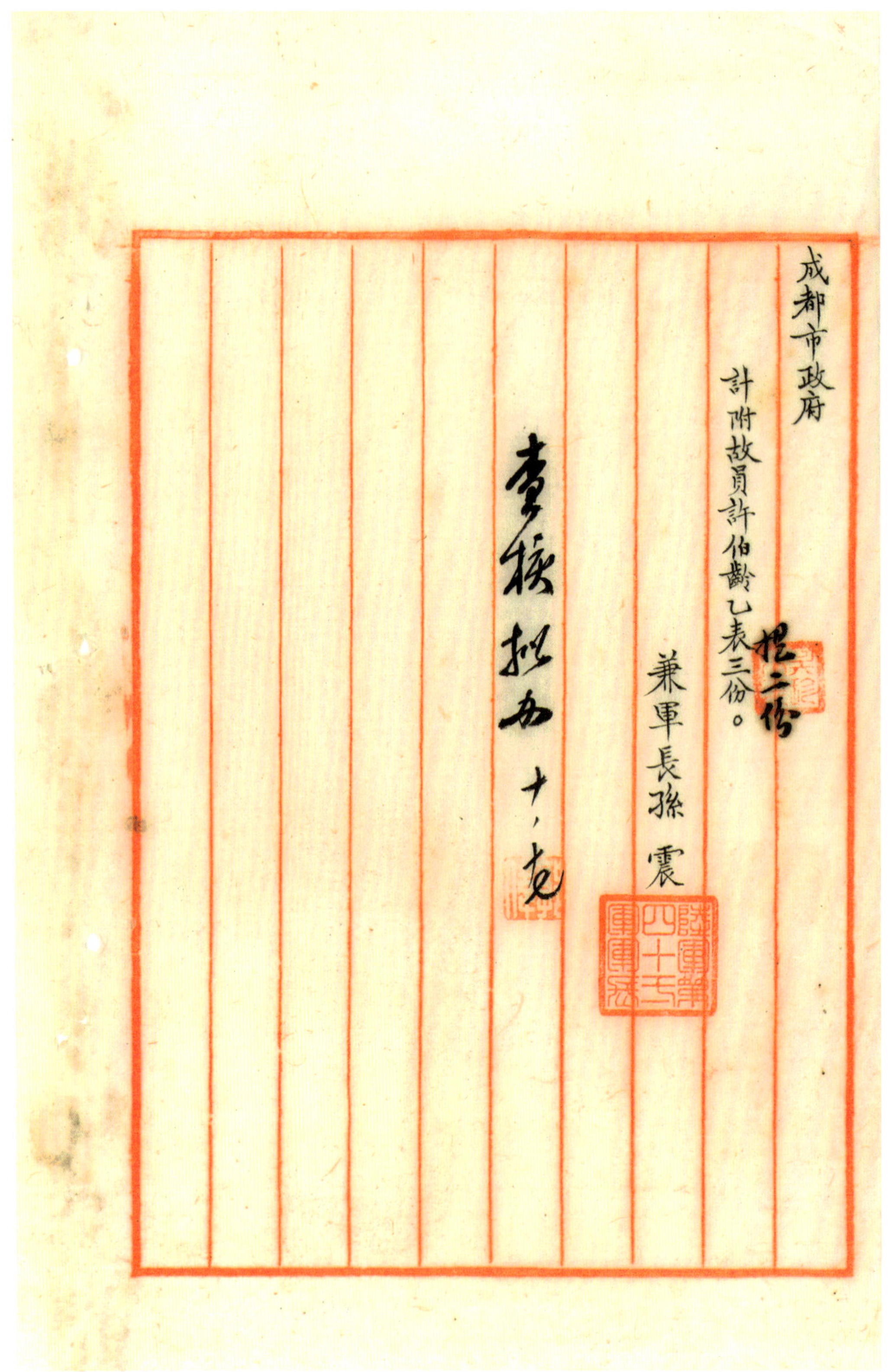
成都市政府

計附故員許伯齡乙表三份。

兼軍長孫　震

附：故员许伯龄陆军死亡官佐士兵乙种请恤调查表（一九四一年八月）

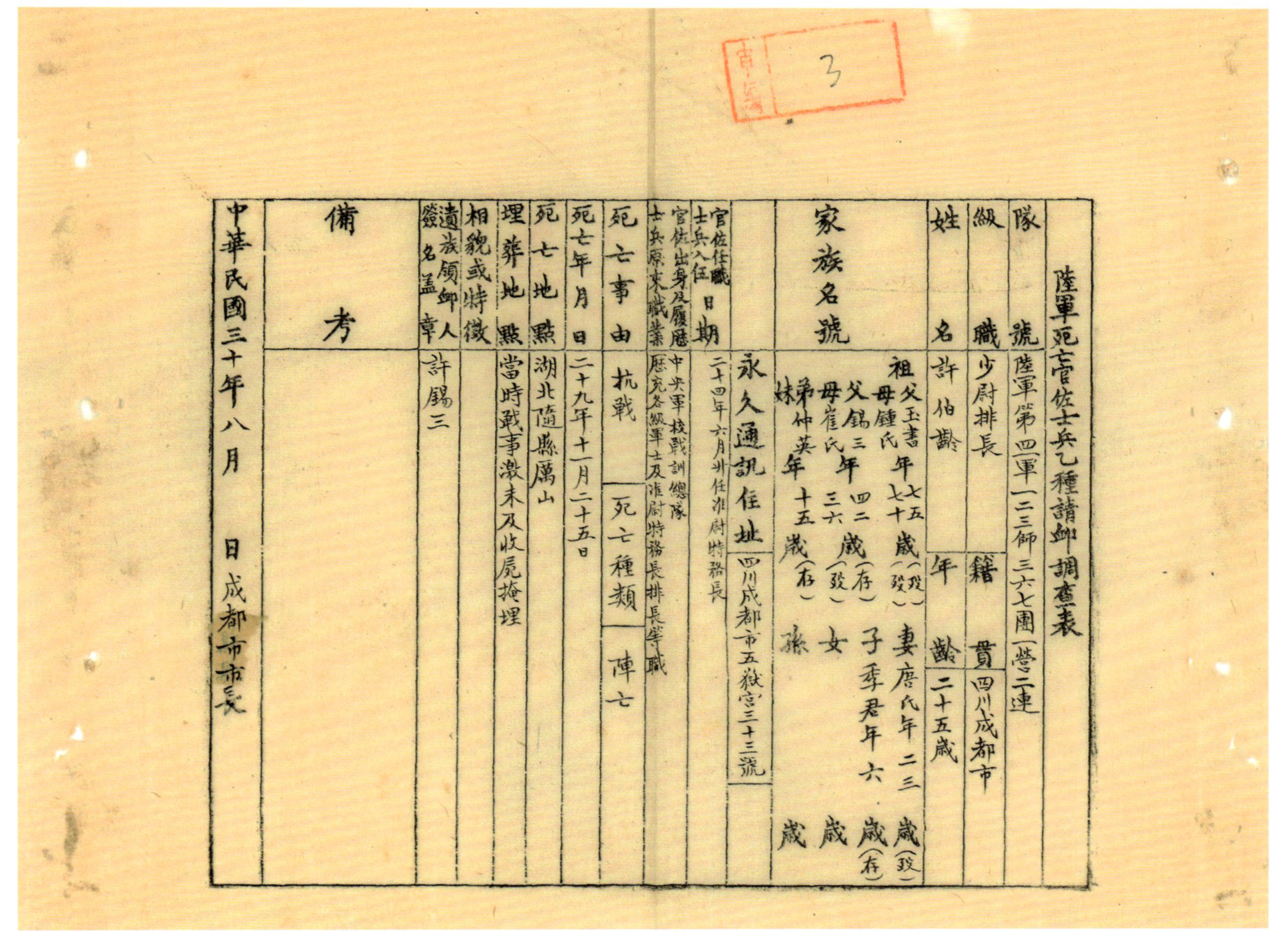

陸軍死亡官佐士兵乙種請卹調查表

隊號	陸軍第四軍一三三師三六七團一營二連
級職	少尉排長
籍貫	四川成都市
姓名	許伯齡
年齡	二十五歲
家族名號	祖父玉書 年七十五歲（歿） 妻唐氏 年二三歲（歿） 祖母鍾氏 年七十歲（歿） 父錫三 年四二歲（存） 子季君 年六歲（存） 母崔氏 年三六歲（歿） 女 歲 弟仲英 年十五歲（存） 妹 孫 歲
永久通訊住址	四川成都市五嶽宮三十三號
官佐任職士兵入伍日期	二十四年六月廿任准尉特務長
官佐出身及履歷士兵原來職業	中央軍校戰訓總隊 歷充各級軍士及准尉特務長排長等職
死亡事由	抗戰
死亡種類	陣亡
死亡年月日	二十九年十一月二十五日
死亡地點	湖北隨縣厲山
埋葬地點	當時戰事激未及收屍掩埋
相貌或特徵	
遺族領卹人簽名蓋章	許錫三
備考	

中華民國三十年八月 日 成都市市長

3

成都市政府关于调查许伯龄遗族住址致第四区五岳镇镇公所训令的存根（一九四一年十月二十日）

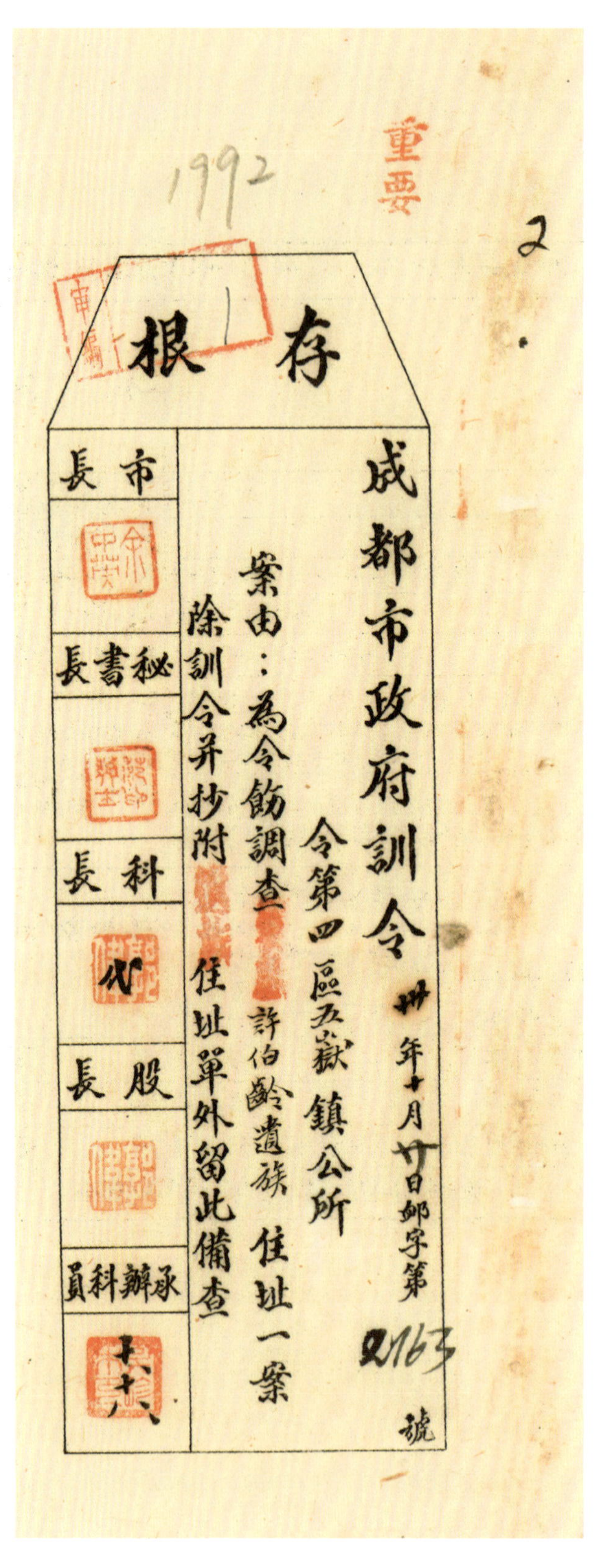

重要

存根

成都市政府訓令 卅年十月廿日郵字第2163號

令第四區五嶽鎮公所

案由：為令飭調查許伯齡遺族住址一案

除訓令并抄附住址單外留此備查

市長

秘書長

科長

股長

承辦科員 十六、

成都市政府关于查照办理故员许伯龄请恤事宜致陆军第四十一军军司令部的公函（一九四一年十月二十一日）

成都市政府稿

市長	十八
秘書長	十八
秘書	
科長	十廿代
股長	十廿
主任	
科員	十六
辦事員	
文別	公函
送達機關	陸軍四十一軍司令部
類別	
附件	
事由	為准函送故員許伯齡請卹表查明办理一案之复請查照由

中華民國 卅 年

收文	交辦	擬稿	核發	判行	繕寫	校對	蓋印	歸檔	封發
十月十七日時	十月十七日時	十月十六日時	月日時	月日時	十月廿日時	十月廿一日時	月日時	月日時	十月廿一日時

收文發文相距　日　時

收文　字第　號

發文　社字第 21378 號

檔案　字第　號

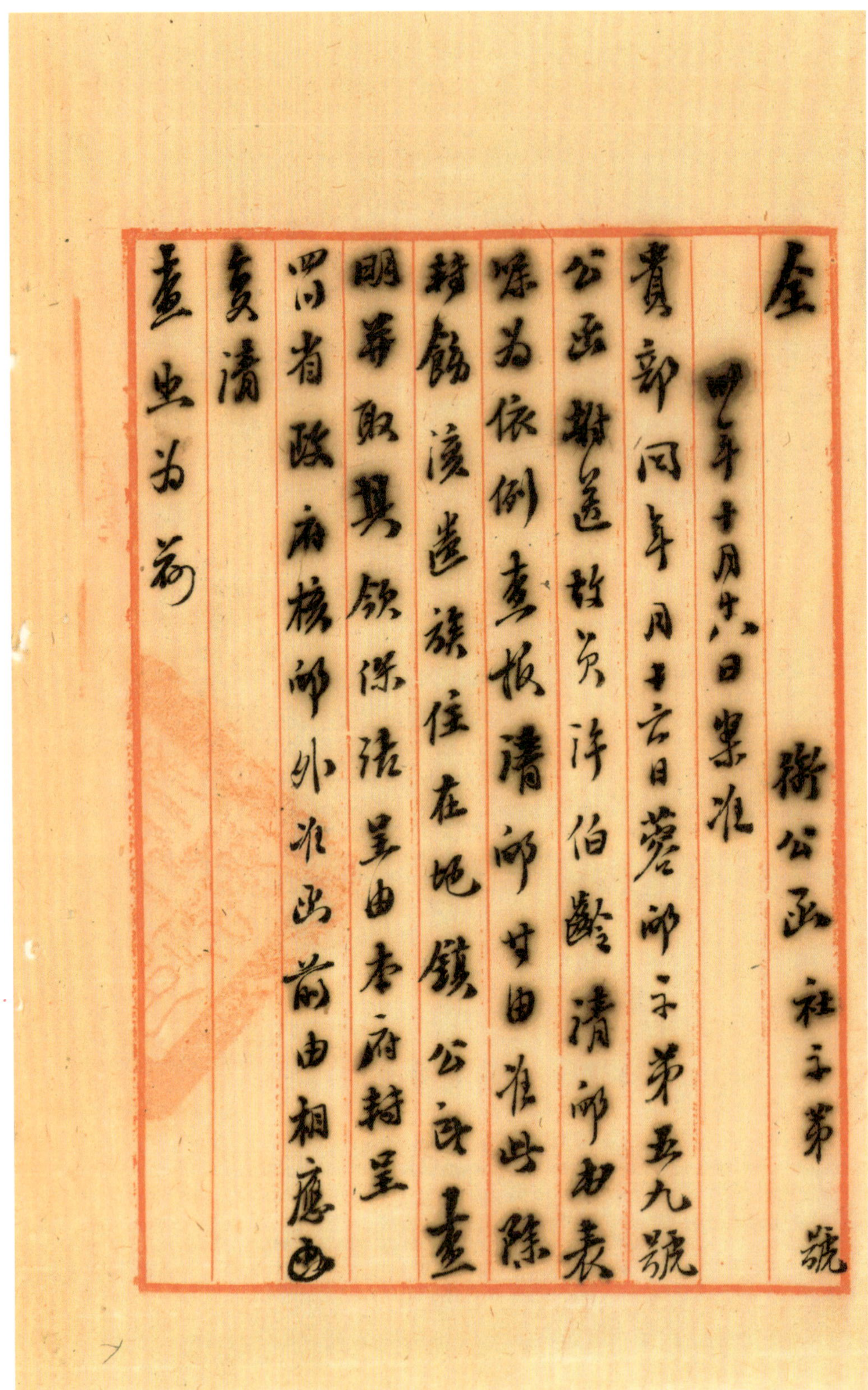

仝

銜公函 社字第　號

卅四年十月廿八日案准

貴部同年月十六日蓉部字第五九號

公函：轉送故員許伯齡請卹書表

係為依例查報請卹等由。准此。除

轉飭該遺族住在地鎮公所查

明，并取具領係結呈由本府轉呈

四川省政府核卹外，准函前由，相應函

復，請

查照為荷

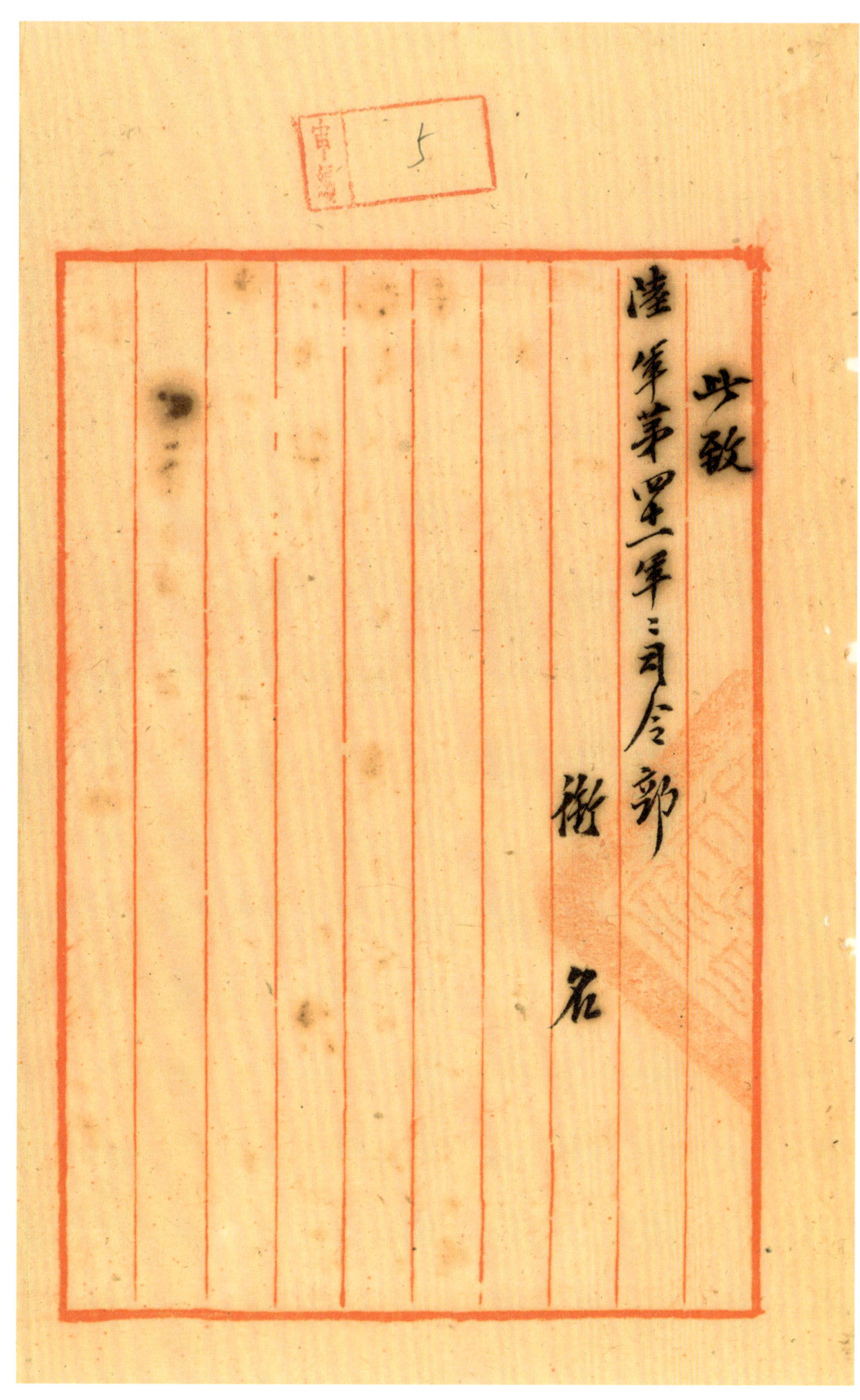

5

此致

陸軍第四十一軍司令部

銜名

中華民國三十年十月日

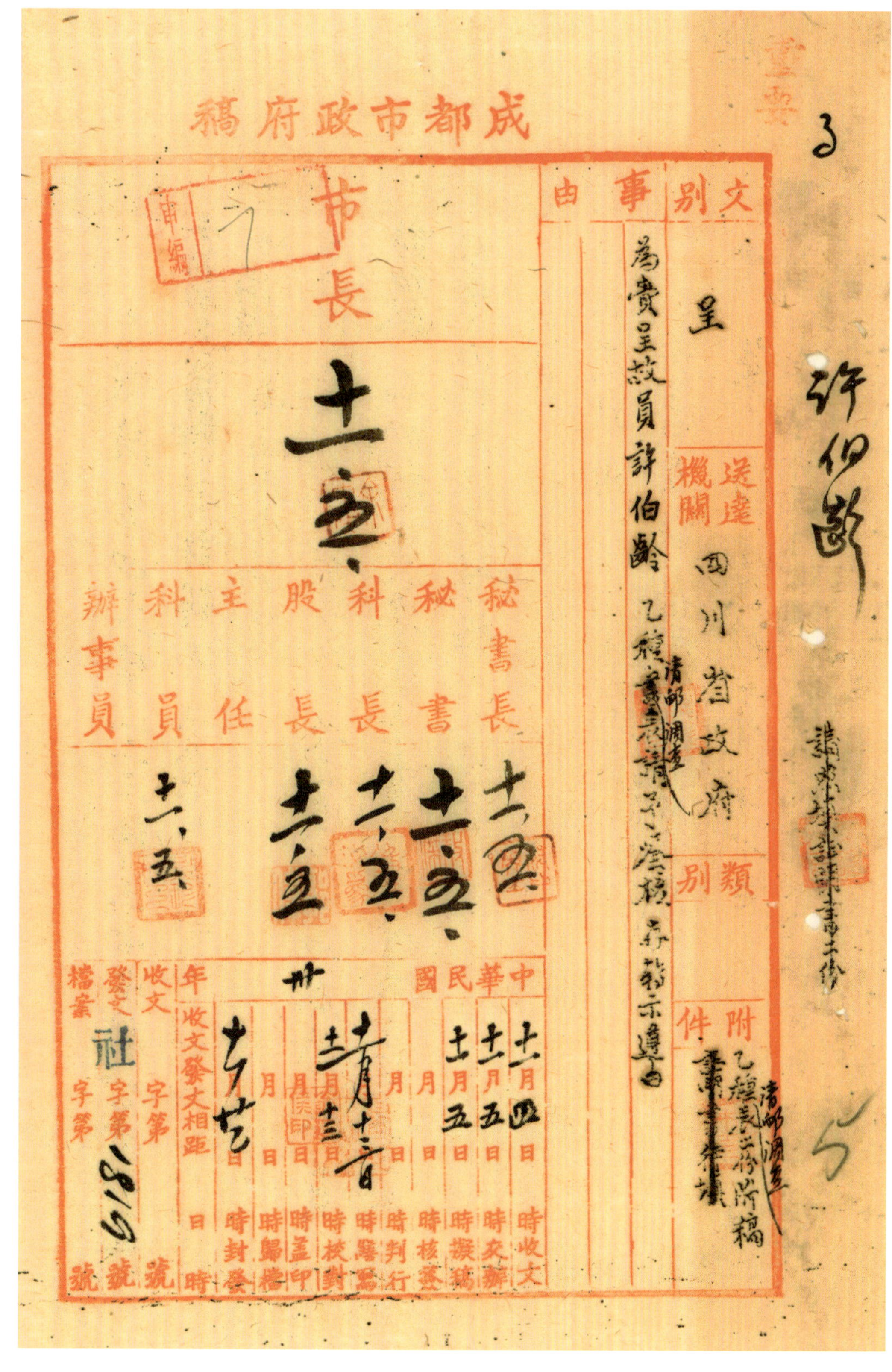

成都市政府稿

文別	呈
送達機關	四川省政府
類別	
附件	乙種請卹調查表二份 附稿
事由	為賫呈故員許伯齡乙種請卹調查表……祈鑒核示遵由

市長

秘書長　秘書　科長　股長　主任　科員　辦事員

中華民國　　年　月　日

收文　字第　號

發文　字第1815號

檔案　字第　號

成都市政府关于送请鉴核故员许伯龄乙种请恤调查表致四川省政府的呈（一九四一年十一月二十二日）

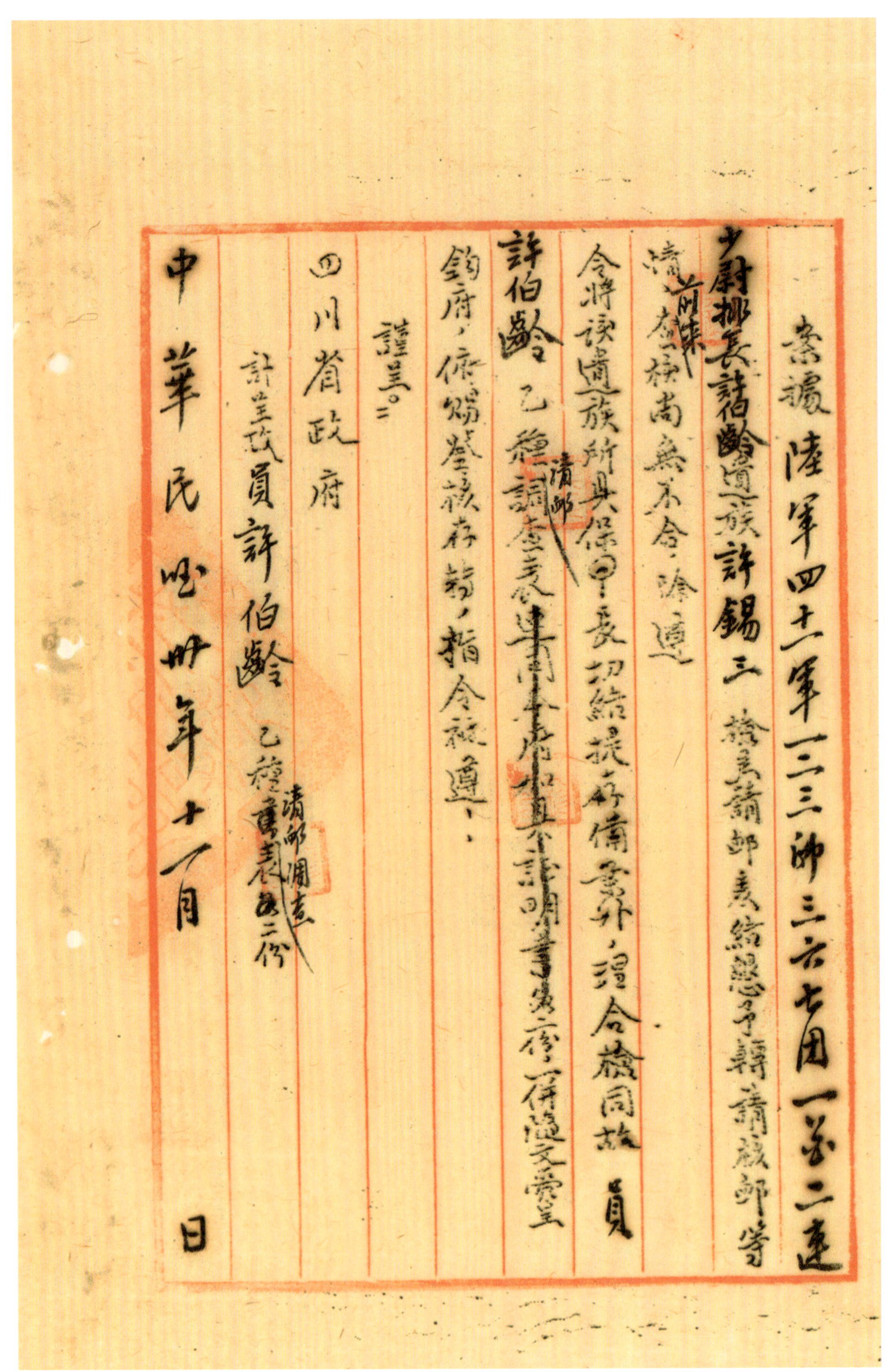

案據陸軍四十一軍一二三師三六七團一營二連少尉排長許伯齡遺族許錫三檢具請卹表結，懇予轉請核卹等情前來，查核尚無不合，除遵令將該遺族所具保甲長切結提存備案外，理合檢同故員許伯齡乙種請卹表、遺囑、本府證明書各二份，一併隨文賫呈鈞府，俯賜鑒核存轉，指令祇遵。

謹呈

四川省政府

計呈故員許伯齡乙種請卹表、遺囑、證明書各二份

中華民國卅年十一月　日

附：故员许伯龄陆军死亡官佐士兵乙种请恤调查表

陸軍死亡官佐士兵乙種請卹調查表　十六四

隊號	陸軍第四十一軍一二三師三六七團一營二連
級職	少尉排長
籍貫	四川成都市
姓名	許伯齡
年齡	二十五歲
家族名號	祖父王書年七十五歲歿　祖母鍾氏年七十歲存（歿存） 父錫三年四二歲存　母崔氏年三六歲歿（歿存） 妻唐氏年二三歲歿 子李君年六歲　女無　孫無 胞弟仲英年一五歲　妹無
永久通訊處住址	四川成都市五嶽宮街三十三號
官佐任職士兵入伍日期	二十四年六月升准尉特務長二十七年升少尉排長等職
官佐出身及履歷士兵原來職業	六十一師軍官教育團畢業後復在軍官總隊（中央軍校）畢業
死亡事由	抗戰陣亡
死亡種類	
死亡年月日	二十九年十一月二十五日
死亡地點	湖北隨縣厲山
埋葬地點	當時戰事激烈未及收屍掩埋
相貌或特徵	
遺族領卹人簽名蓋章	許錫三（許錫三章）
備攷	

中華民國三十年十一月　日　成都市市長

附記

一、此表發給死亡者本籍或住在地方長官給其遺族

二、遺族領卹人應按照本表切實填註簽名蓋章後交送本籍地方長官

三、各該地方官應據已填之表切實調查後署名蓋章並於年月日上加蓋縣市印呈繳省政府轉呈軍事委員會核辦

四、如有特別情形必須聲明者均於備考欄內填報之

五、翻印此表時其格式大小須與本表相同

成都市第四区第四保保甲长关于许伯龄遗族情况的保结（一九四一年十一月）

具保結保甲族長 胡世興 廖明善 今向

成都市政府保得故員許伯齡遺族祖父許玉書年七五歲歿

祖母鍾氏年七十歲存父許錫三年四十二歲存母崔氏年

三十六歲歿妻唐氏年二十三歲歿子李君年六歲女無年

歲弟仲英年十五歲妹無年歲確係屬實

倘有捏報朦蔽等情弊一經查出保甲族長甘受懲處並該遺族以

後如有變更仍當隨時報告所保是實須至保結者

成都市第四區第四保保長胡世興

具保結人成都市第四區第四保第九甲甲長廖明善 廖明善印

族長 住 街第 號

中華民國三十年十一月 日

成都市政府关于核查故员许伯龄乙种请恤表致许锡三的通知（一九四二年三月十四日）

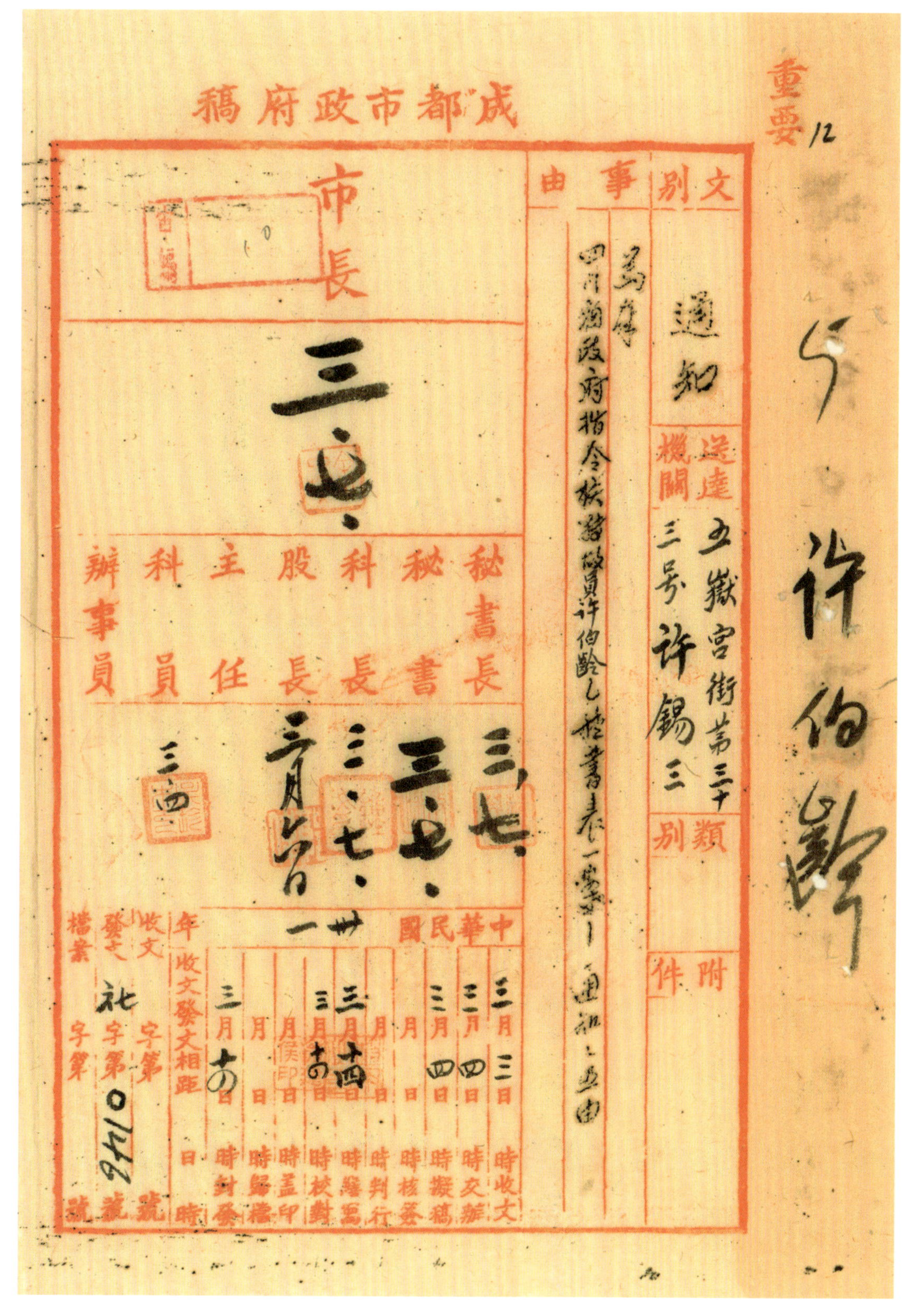
成都市政府稿

重要

文别：通知

事由：為准四川省政府指令核發故員許伯齡乙種恤書表一案一通知上由

送達機關：五嶽宮街第三十三号許錫三

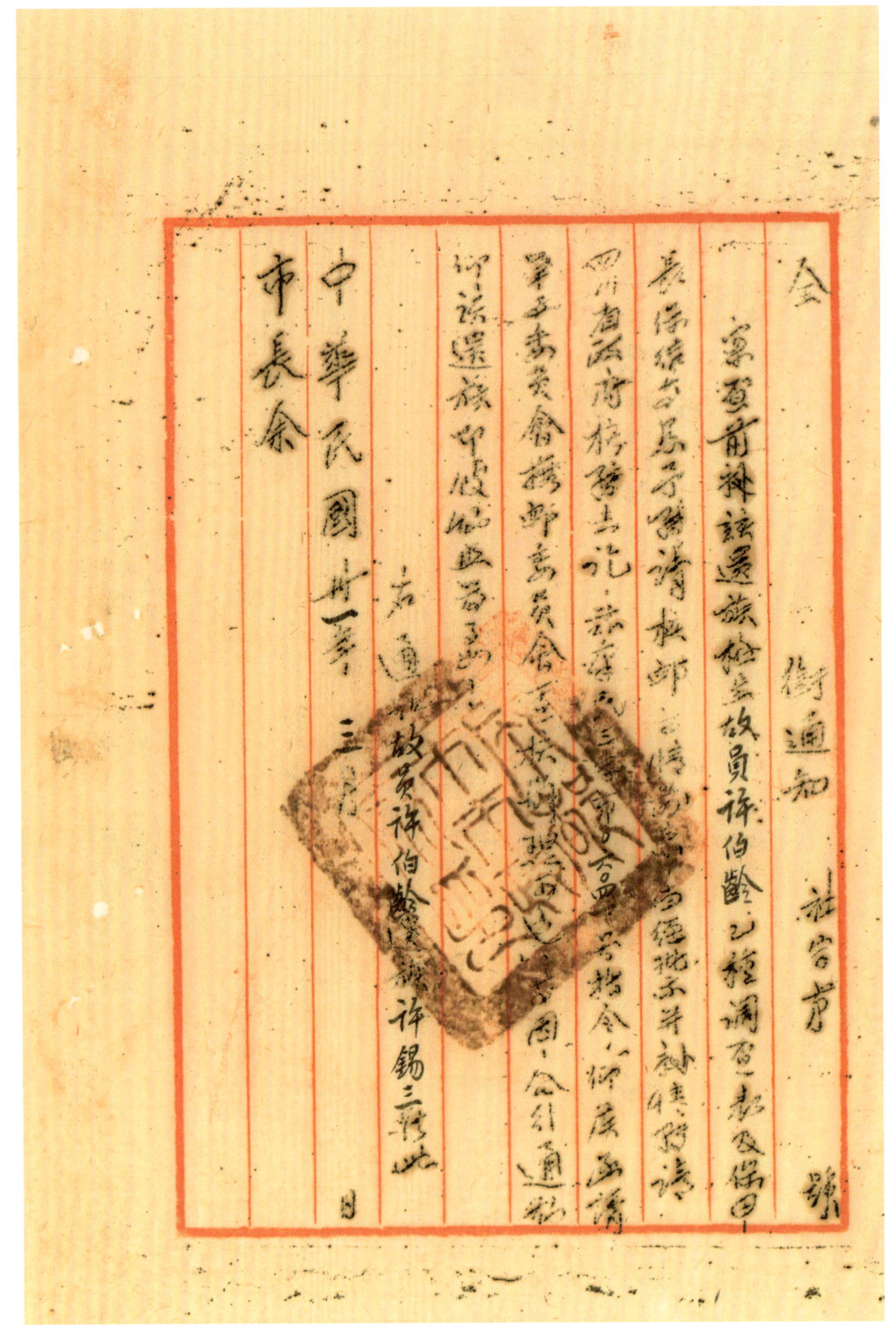

令　　　　　　　　　銜通知　　社字第　　號

案查前准該遺族檢呈故員許伯齡之履歷調查表及保甲

長保結各壹分，呈請核卹一案等情；當經批示並抄件轉請

四川省政府核轉去訖。茲奉省府三[illegible]字第六四[illegible]號指令，以仰候函請

軍事委員會撫卹委員會[illegible]等因，合行通知

仰該遺族即便知照為要！此

右通知故員許伯齡遺族許錫三　准此

中華民國卅一年三月　　日

市長　余

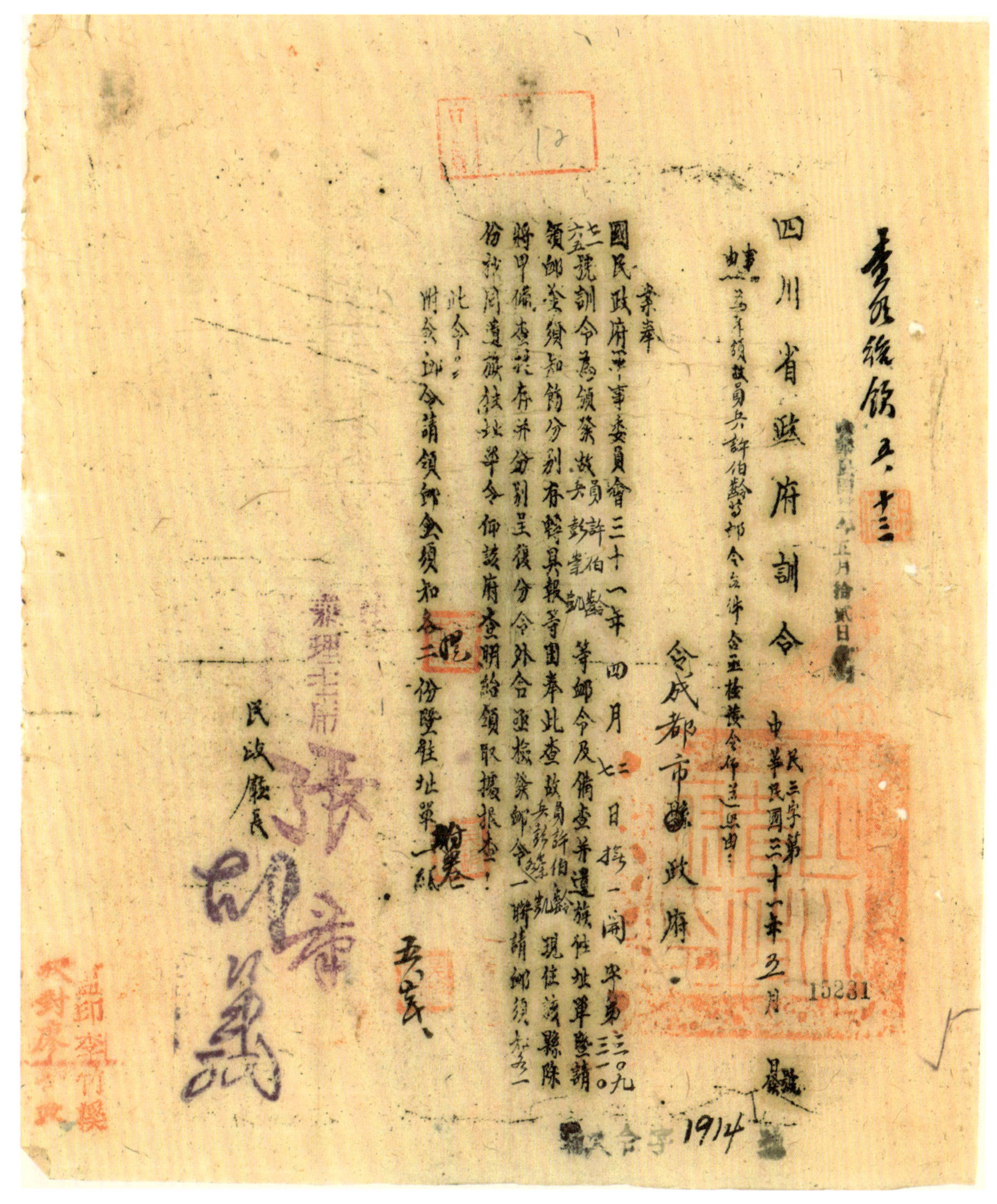

四川省政府訓令　民三字第　號

中華民國三十一年五月　日

事由：為準頒故員兵許伯齡等卹令並檢發令飭查收由

令成都市政府

案奉

國民政府軍事委員會三十一年四月七日撫一閩字第三二〇九六七二號訓令為頒發故員兵許伯齡等卹令及備查并遺族住址單暨請領卹金須知飭分別存轉具報等因奉此查故員兵許伯齡現住該縣除將甲備查存并分別呈復分令外合亟檢發卹令一聯請領卹金須知一份抄同遺族住址單令仰該府查明給領取據報查

此令

附發卹令請領卹金須知各一份暨住址單一紙

民政廳長

四川省政府关于核发故员兵许伯龄等恤令致成都市政府的训令（一九四二年五月十二日收）

附：故员兵许伯龄等的遗族住址单

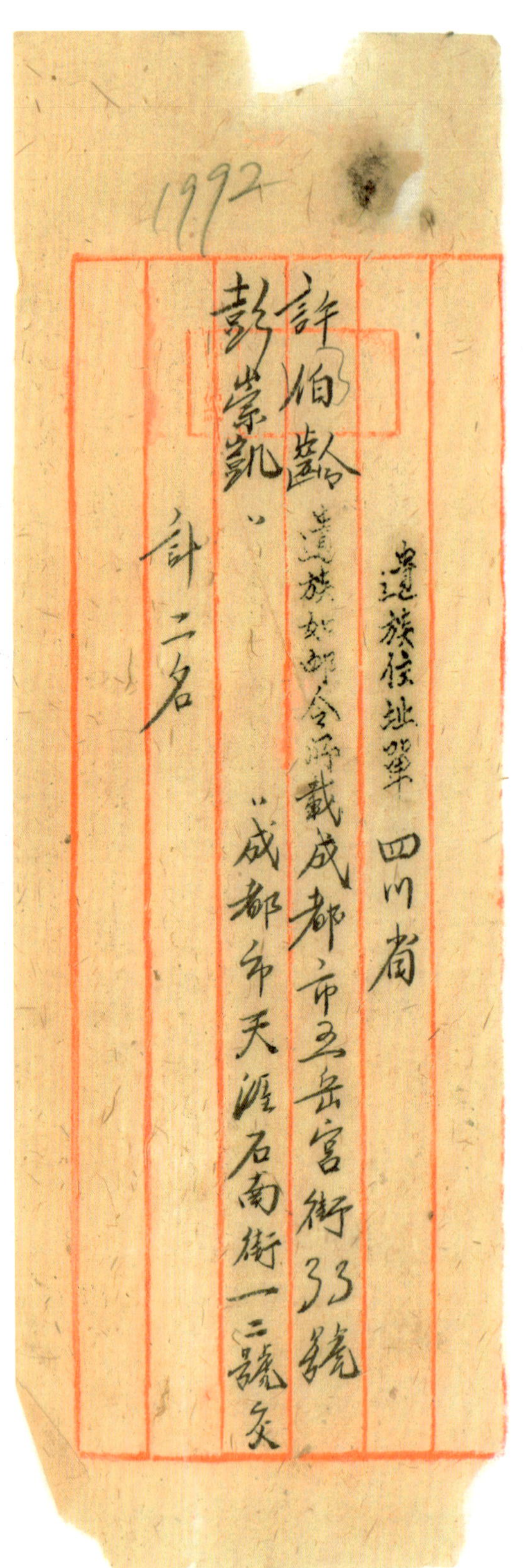
1992

遺族住址單　四川省

許伯齡　遺族如部令所載成都市五岳宫街33號

彭崇凱　〃　〃成都市天涯石南街一二號交

計二名

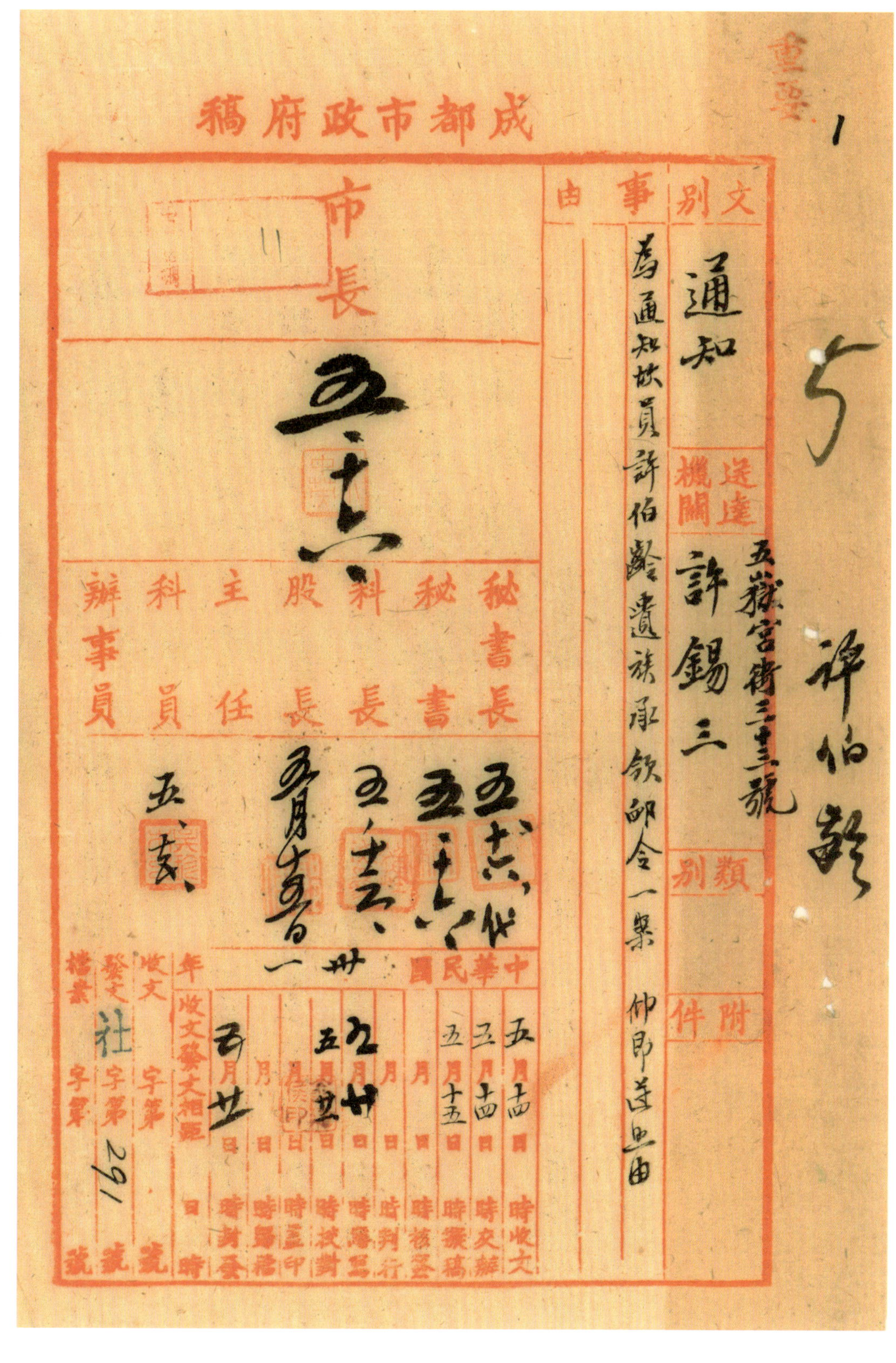

成都市政府稿

文别	通知
送達機關	許錫三　五嶽宮街三十三號
事由	為通知故員許伯齡遺族承領卹令一案　仰即遵照由
類别	
附件	

市長

秘書長　秘書　科長　股長　主任　科員　辦事員

中華民國　年　月　日　時收文　時交辦　時擬稿　時核簽　時判行　時繕寫　時校對　時蓋印　時歸檔　時封發

收文發文相距　日　時

收文　字第　號

發文　字第　號

檔案　字第　號

許伯齡

成都市政府关于故员许伯龄遗族承领恤令致许锡三的通知（一九四二年五月二十一日）

全衔 通知 社字第 号

案奉

四川省政府卅一年五月 日民三字第一五二八一號訓令附發故員許伯齡卹令一件仰查明給領取據報查等因奉此合亟通知仰該遺族即便遵照尅日來望江樓本府臨時辦公處撫卹室辦理承領卹令手續為要

右通知故員許伯齡遺族許錫三准此

中華民國卅一年五月 日

市長余

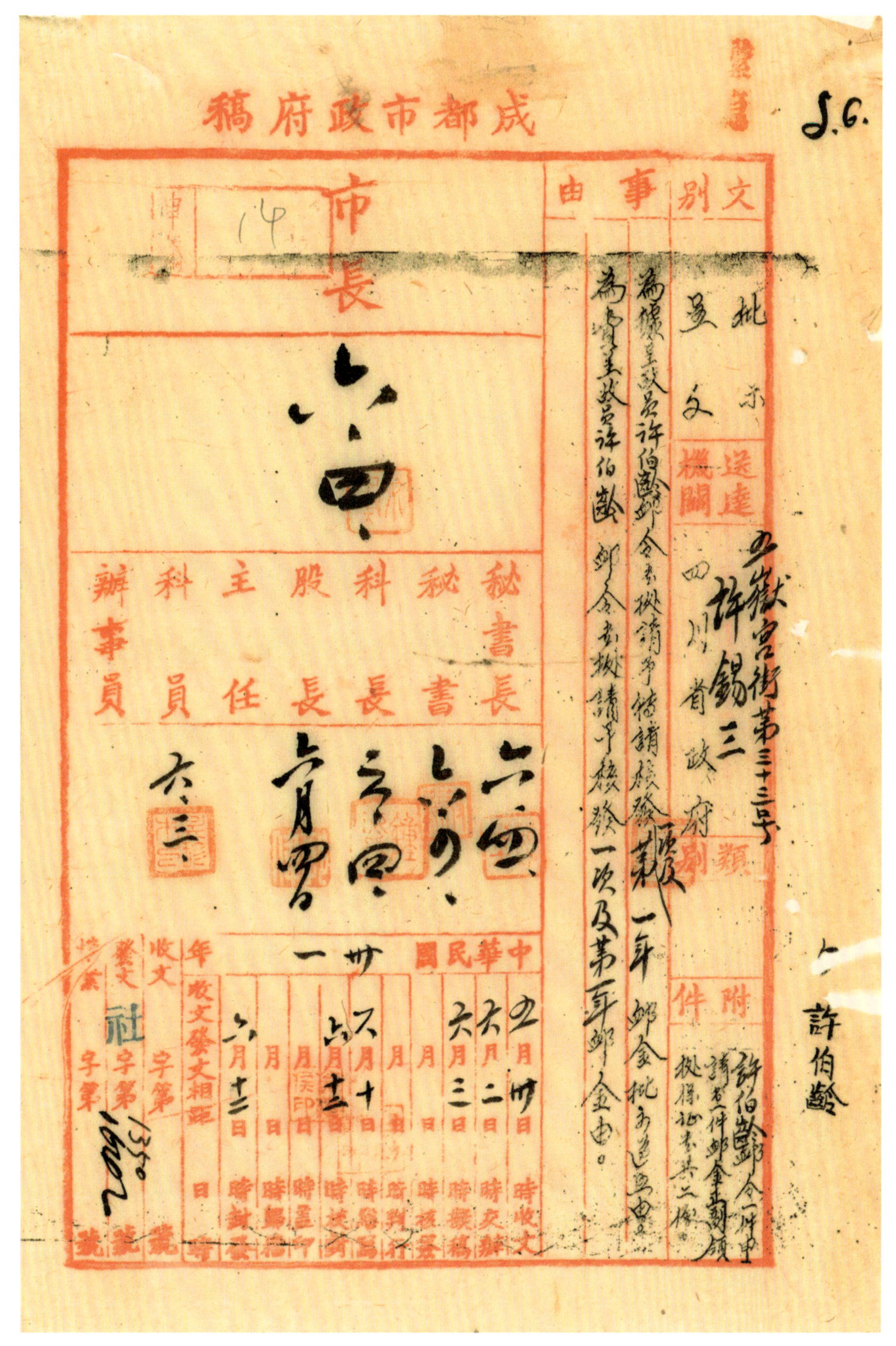

成都市政府稿

文别：批示　呈文

事由：為據呈故員許伯齡卹金擬請予核轉核發一次及第一年卹金批示並呈由

送達機關：四川省政府

附件：許伯齡卹金一件

市長　六、十四

秘書長、秘書、科長、股長、主任、科員、辦事員

中華民國卅一年

許伯齡

成都市政府关于核发故员许伯龄一次恤金及第一年恤金致四川省政府的呈、致许锡三的批示（一九四二年六月十二日）

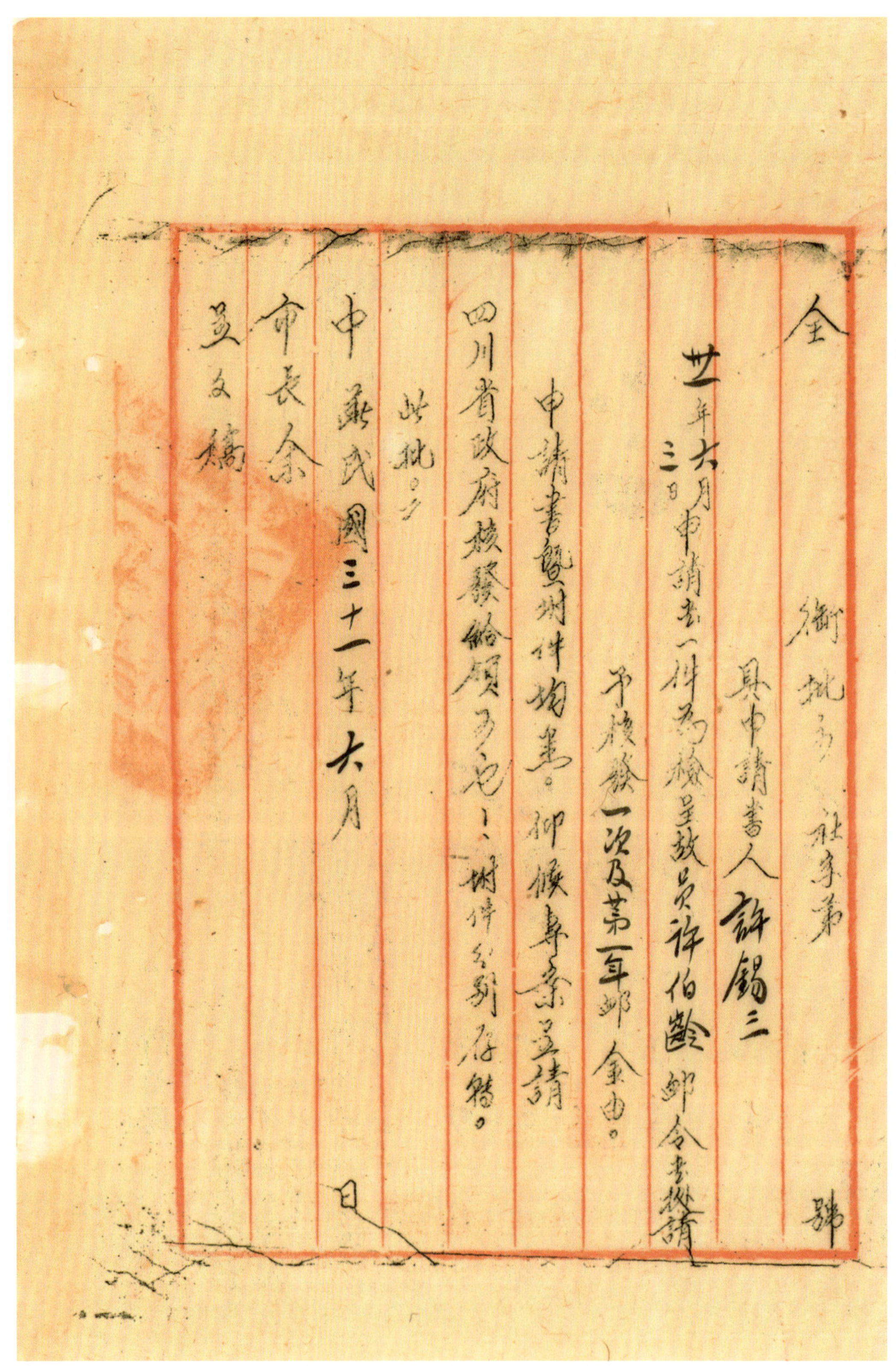

令
衔批示 社字第 號
具申請書人許錫三
卅一年六月三日申請書一件為檢呈故員許伯齡卹令懇請
予核發一次及第一年卹金由。
申請書暨附件均悉。仰候專案呈請
四川省政府核發給領可也。附件分別存轄。
此批。
中華民國三十一年六月　日
市長余
發文稿

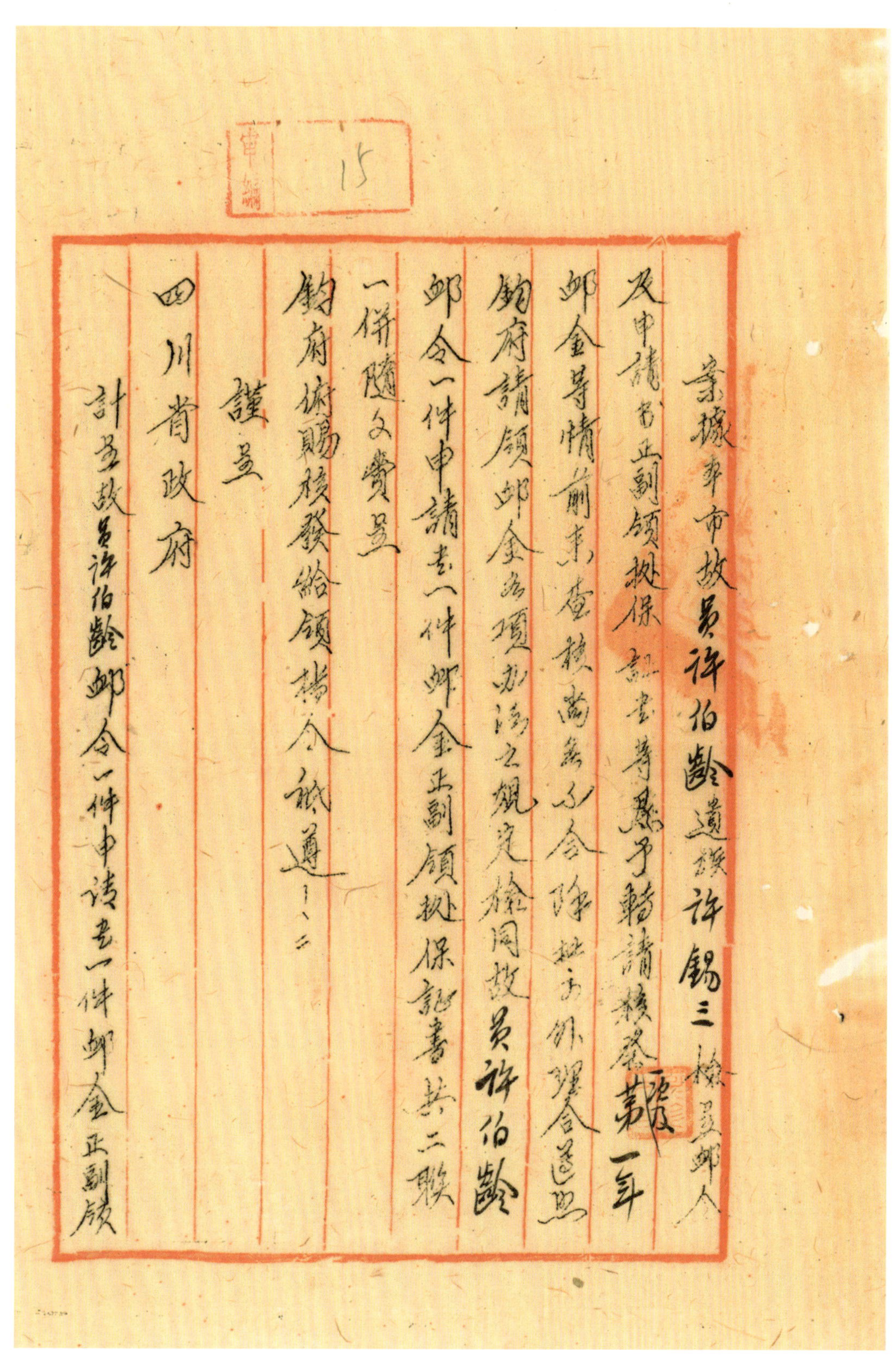

審編 15

案據本市故員許伯齡遺族許錫三檢呈卹令
及申請書正副領據保證書等懇予轉請核發第一年
卹金等情前來查核尚無不合除批示外理合遵照
鈞府請領卹金各項書表之規定檢同故員許伯齡
卹令一件申請書一件卹金正副領據保證書共二聯
一併隨文賫呈
鈞府俯賜核發給領指令祗遵
謹呈
四川省政府
計呈故員許伯齡卹令一件申請書一件卹金正副領

據保證書並□□

銜名

中華民國三十二年六月　日

領卹申請書

傷故員兵姓名	籍貫	戰役	卹令字號	一次卹金或第幾年卹金	本年應領卹金數額	領卹人及其關係	備考
故員許伯齡	四川成都	偏山陣亡	會撫字第二八六二六號	一次及第一年卹金	共柒百肆拾元	故員之父許錫三	

上列應領卹金謹遵照轉發卹金辦法規定備具正副領據及保證書檢同卹金給與

令賫請

鑒察核發謹呈

成都市政府核轉

四川省政府

附呈卹金給與令一件卹金正領據一件

副領據二件保証書二件

請領卹金人 許錫三 署名蓋章

詳細通信處 五嶽宮街三十三號

許錫三章

中華民國 三十一 年 五 月 日

附：领恤申请书、抚恤金领据、具领恤金保证书（一九四二年五月二十五日收）

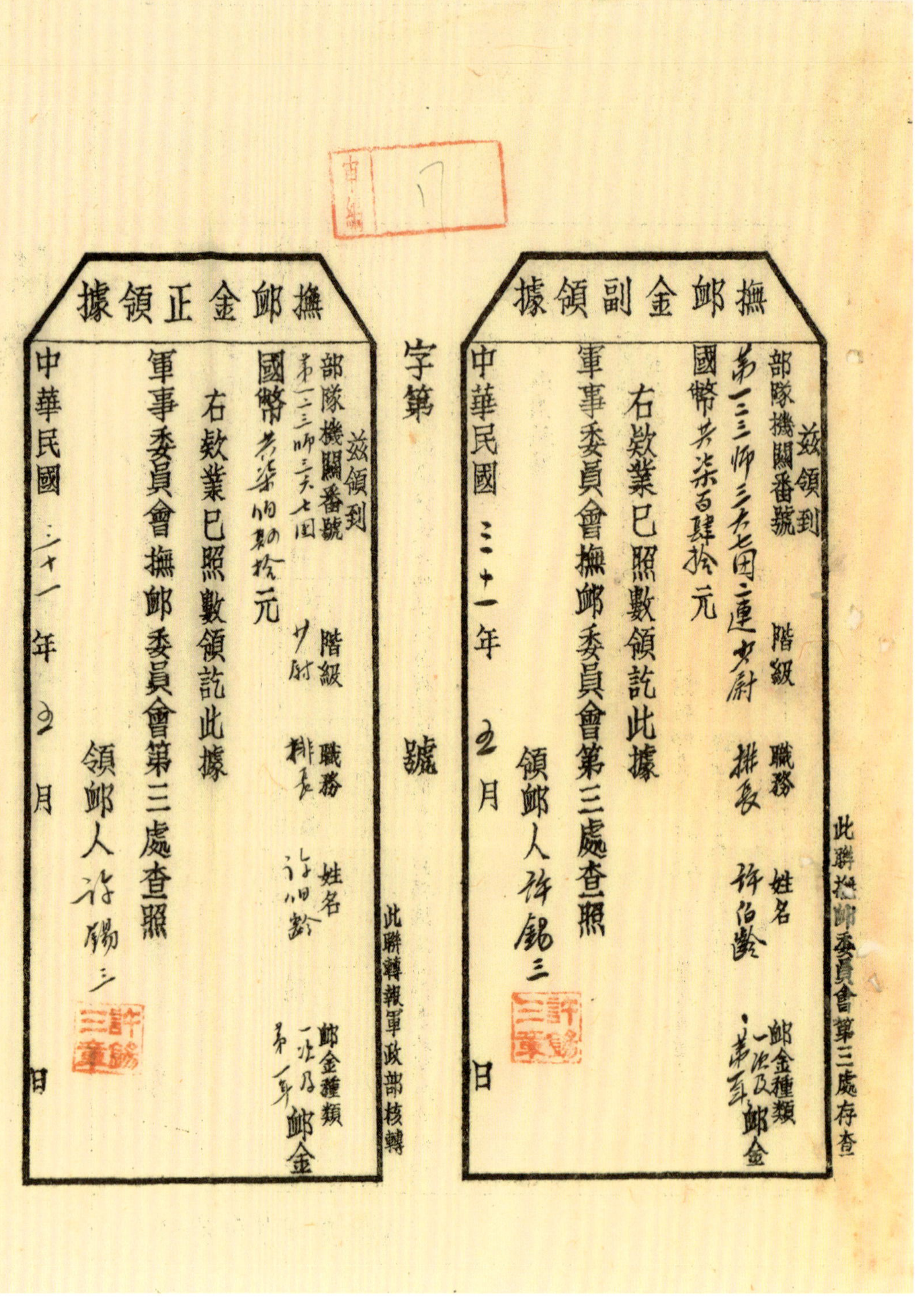

撫卹金副領據

茲領到

部隊機關番號 第一三三师三九七团二連 階級 少尉 職務 排長 姓名 許伯齡

國幣共柒百肆拾元

右款業已照數領訖此據

軍事委員會撫卹委員會第三處查照

卹金種類 一次及第一年卹金

領卹人 許錫三

中華民國 三十一 年 五 月 日

此聯撫卹委員會第三處存查

第 字 號

撫卹金正領據

茲領到

部隊機關番號 第一三三师三九七团 階級 少尉 職務 排長 姓名 許伯齡

國幣共柒佰肆拾元

右款業已照數領訖此據

軍事委員會撫卹委員會第三處查照

卹金種類 一次及第一年卹金

領卹人 許錫三

中華民國 三十一 年 五 月 日

此聯轉報軍政部核轉

具領卹金保證書

保證人林金源今保證領卹人許錫三確係已故

部隊機關番號第三三師三六七團二連階級少尉職務排長姓名許伯勳

之遺族茲遵照

國民政府軍事委員會會撫字第三八六三號卹金給與令核准給與該

故員歿及年卹金國幣貳千柒百肆拾元整今由該遺族向

鈞會第三處如數領訖具領後如有發生爭議保証人願照

鈞會請領卹金須知第六條之規定負法律上一切責任此證

謹呈

國民政府軍事委員會撫卹委員會

保証人姓名林金源蓋章　籍貫資陽　住址蜀國公子街七十號　職務或職業捲烟

（店舖書柬）　（店舖營業資本金額）伍仟元正

領卹人姓名許錫三蓋章　籍貫四川成都　住址五嶽宮街第三十三號　與故員之關係父子

其他遺族姓名及關係　妻唐氏　子許季君　弟仲英

中華民國三十一年五月　日

成都市市長余中英

四川省政府关于准予核发故员许伯龄一次及第一年恤金致成都市政府的指令（一九四二年七月十一日）

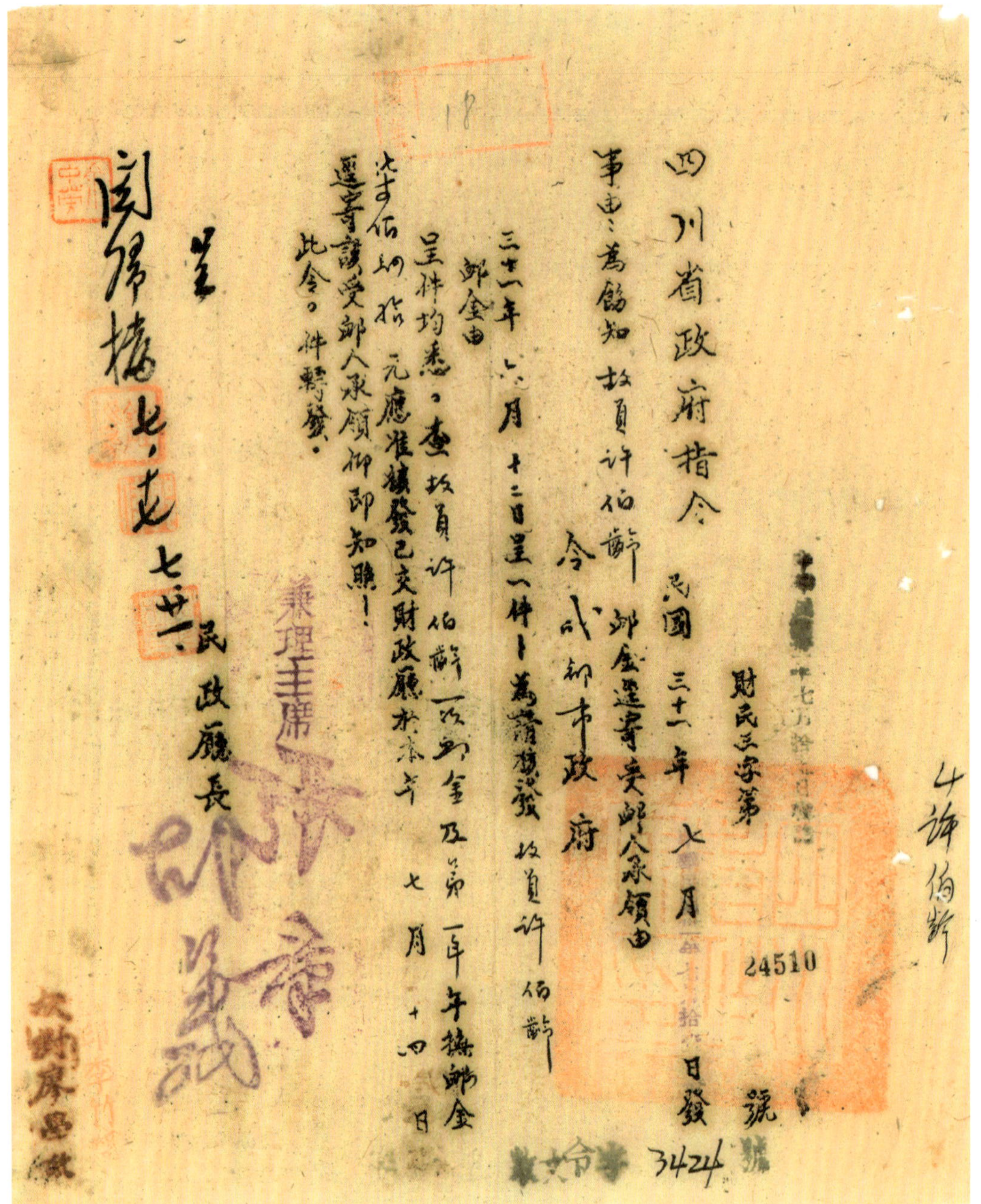

四川省政府指令 財民三字第 號

民國三十一年七月 日發

事由：為飭知故員許伯齡卹金選寄受卹人承領由

令成都市政府

三十一年六月十二日呈一件，為請核發故員許伯齡卹金由。

呈件均悉。查故員許伯齡一次卹金及第一年年撫卹金洋[illegible]佰[illegible]拾元，應准核發，已交財政廳於本年七月十四日選寄該受卹人承領，仰即知照！此令。件轉發。

兼理主席

民政廳長

成都市政府关于补发故员许伯龄民国三十一年加倍恤金致四川省政府的呈、致许锡三的批示
（一九四二年十二月二十三日）

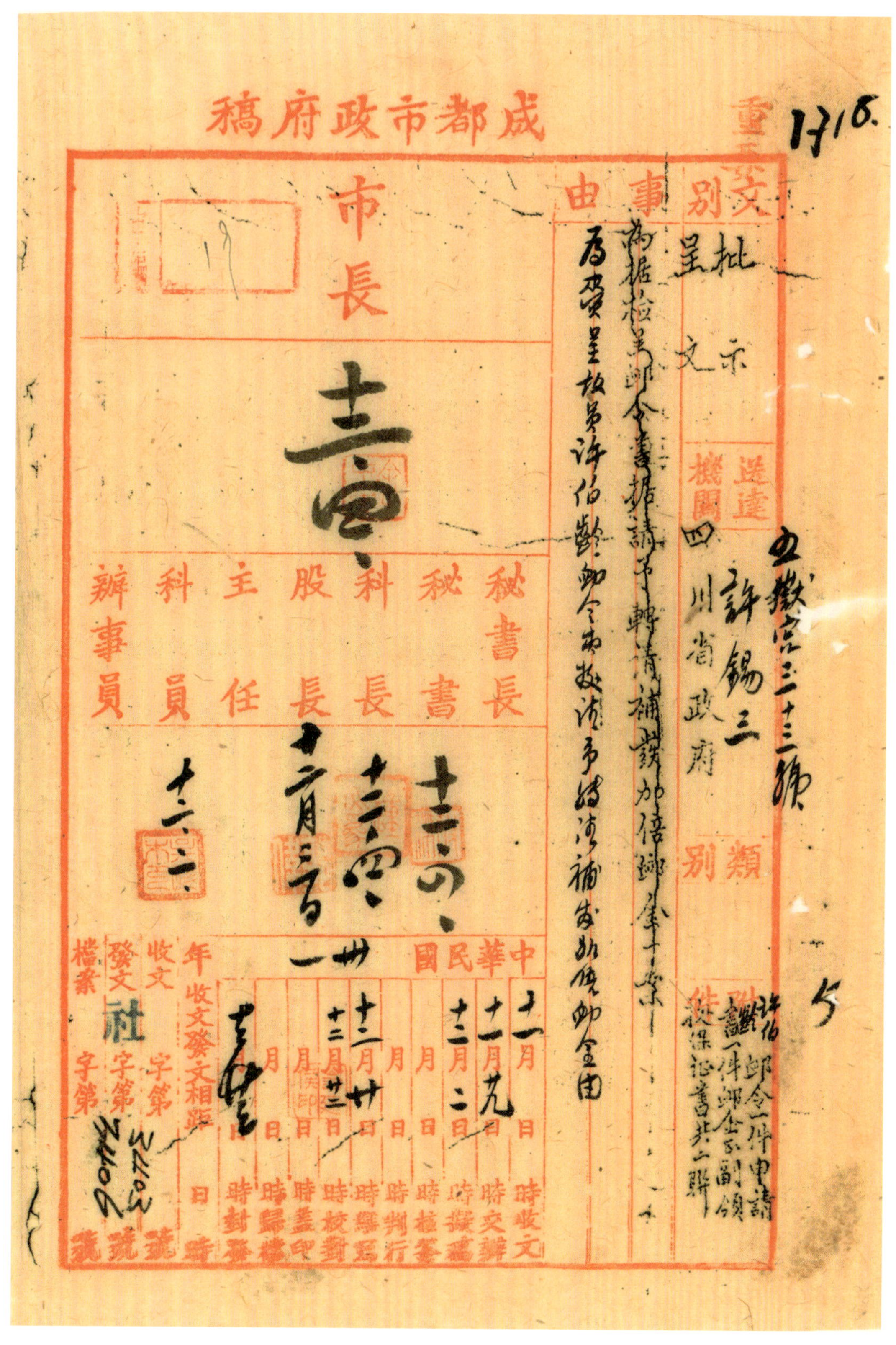

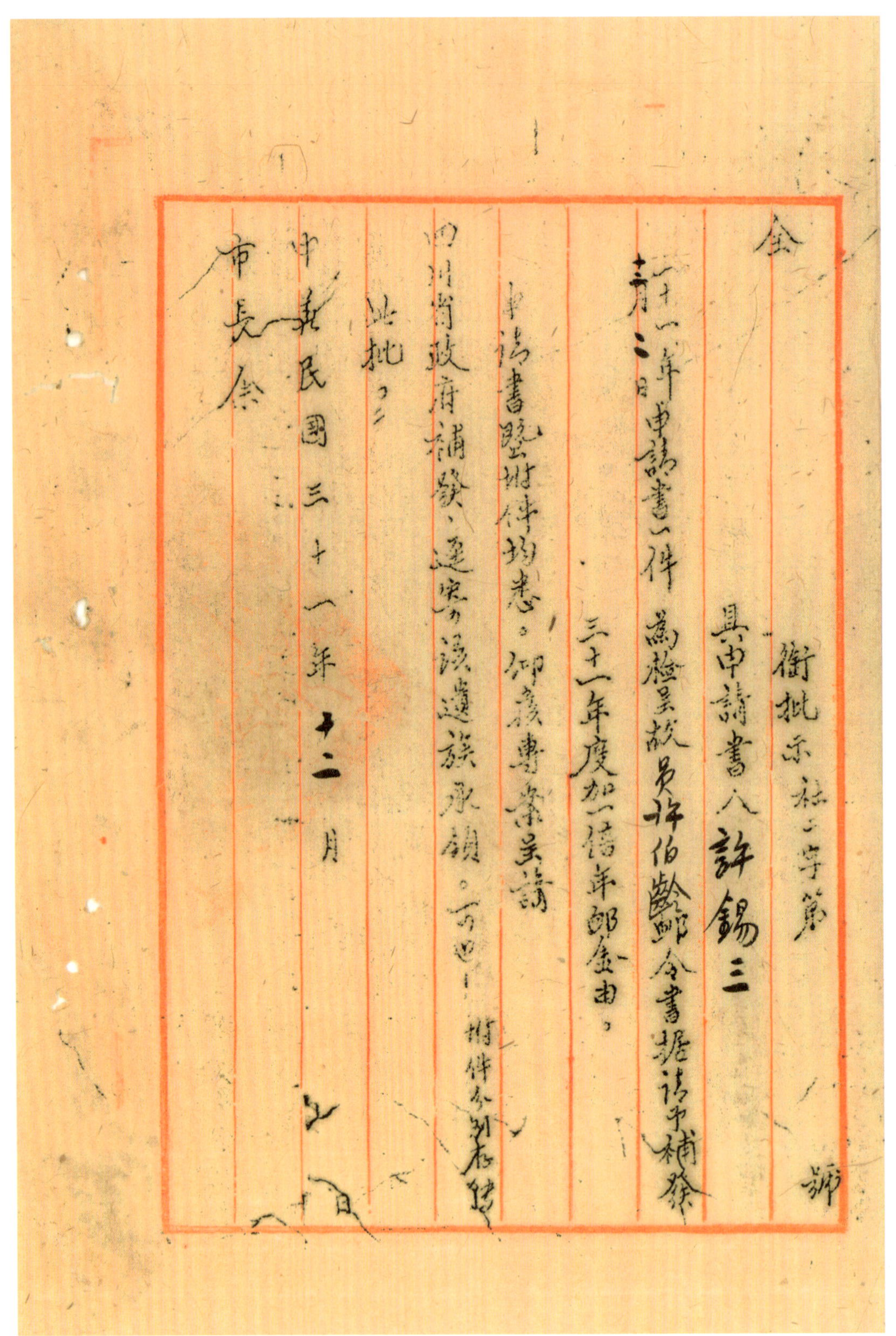

銜批示社二字第　號

令

具申請書人許錫三

三十一年十二月二日申請書一件　為檢呈故員許伯齡卹令書據請予補發三十一年度加一倍年卹金由。

申請書暨附件均悉。仰候專案呈請四川省政府補發，逕寄該遺族承領。可也！附件分別存發。

此批。

中華民國三十一年十二月　日

市長余

案據本市故員許伯齡遺族許錫三檢呈卹令及申請書正副領据保証書各一，懇予轉請補發三十一年度加一倍年撫金等情；前來。查核尚無不合，除批示外，理合遵照

鈞府請領卹金先令各項辦法之規定，檢同故員許伯齡卹令一件、申請書一件、卹金正副領據保証書共二聯，一併備文齎呈

鈞府，俯賜核發給領，指令祇遵！

謹呈

四川省政府

計呈故員許伯齡卹令一件、申請書一件、卹金正副領据保証書共二聯

成都市市長余〇〇

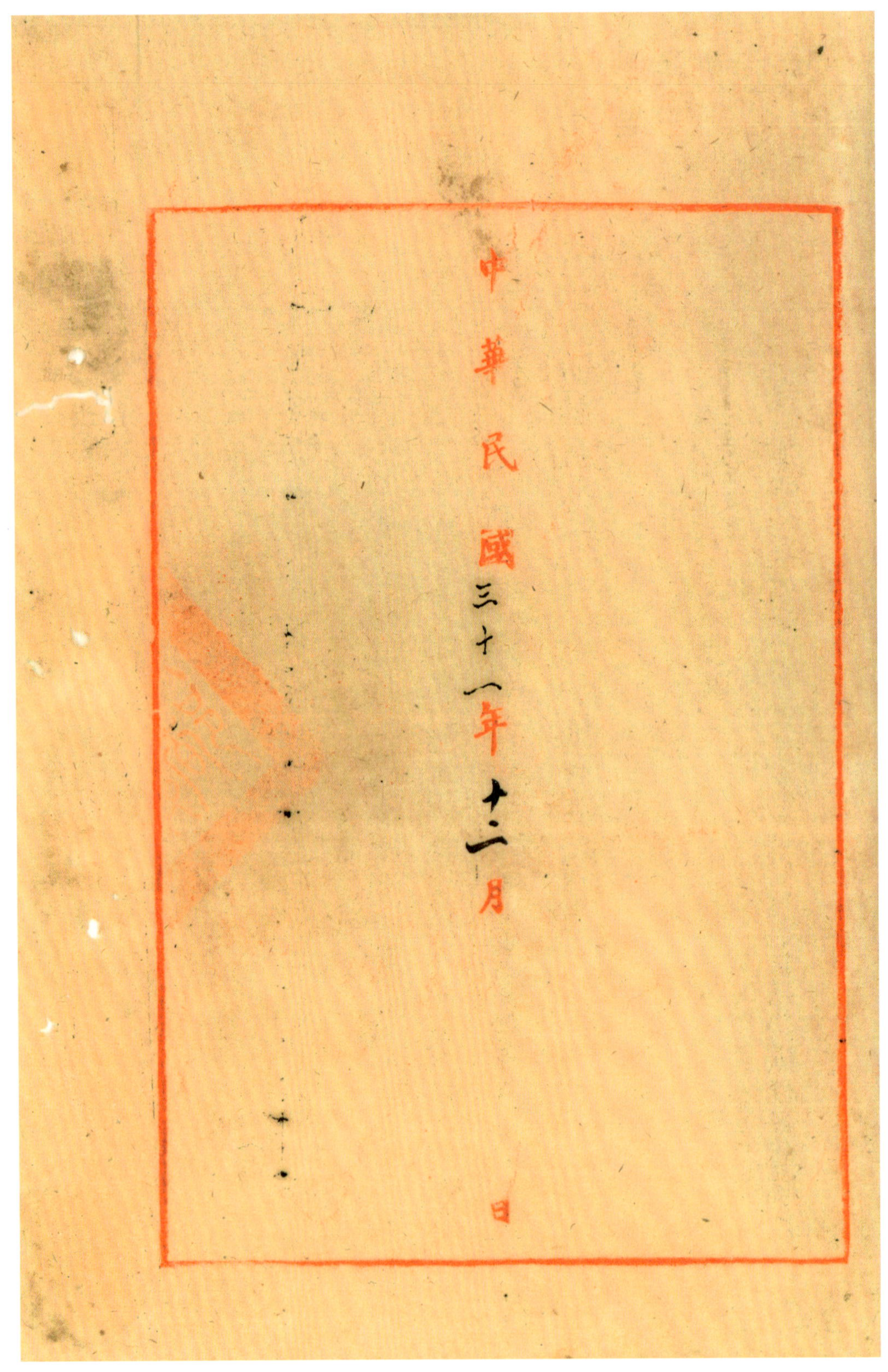

中華民國三十一年十二月　日

附：领恤申请书、抚恤金领据、具领恤金保证书（一九四二年十一月十一日收）

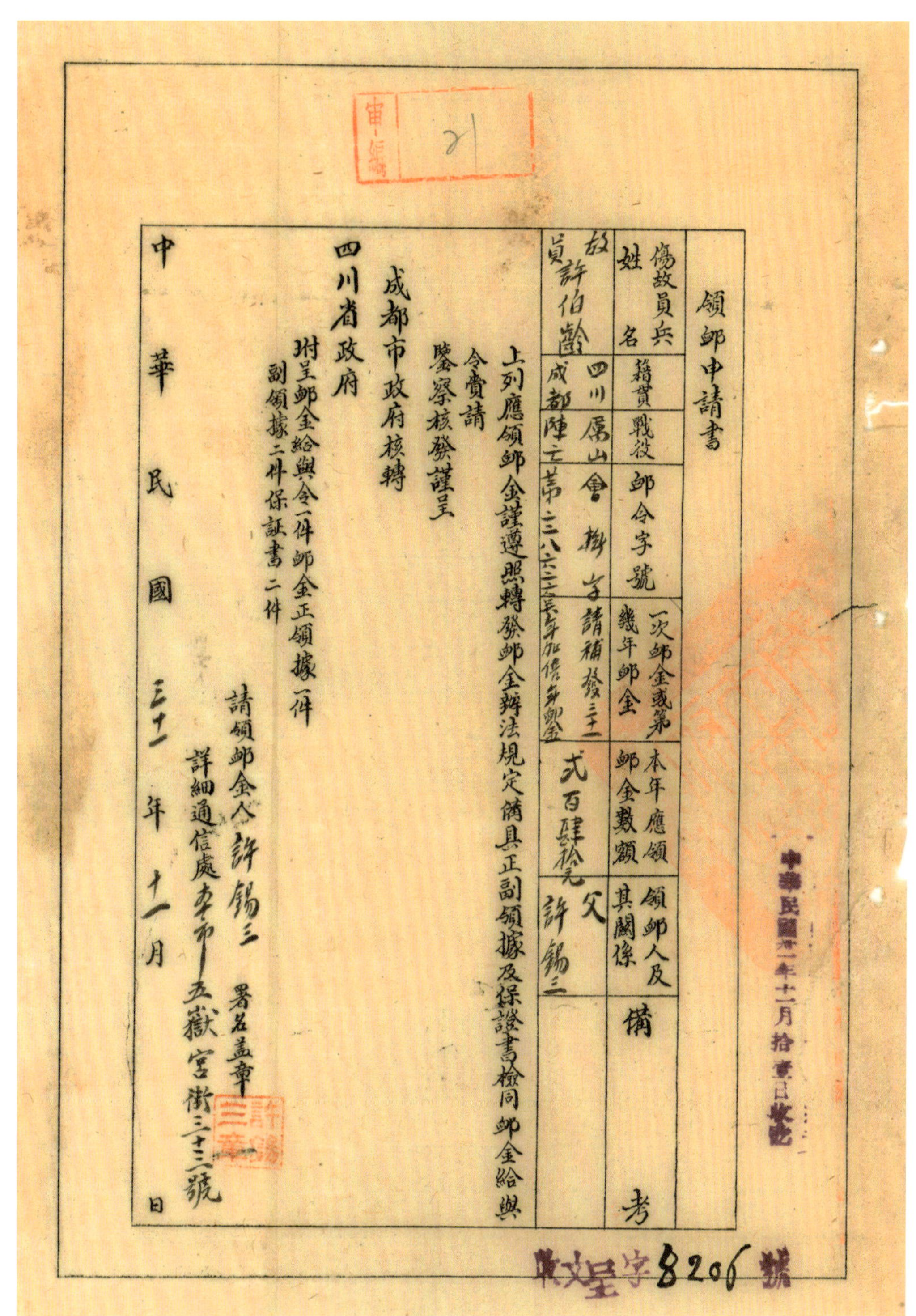

審編 21

領卹申請書

傷故員兵姓名	籍貫	戰役	卹令字號	一次卹金或第幾年卹金	本年應領卹金數額	領卹人及其關係	備考
故員許伯齡	四川成都	屬山陣亡	會撫字第三八六二三	請補發三十一年加倍年卹金	弍百肆拾元	父許錫三	

上列應領卹金謹遵照轉發卹金辦法規定備具正副領據及保證書檢同卹金給與令賫請

鑒察核發謹呈

成都市政府核轉

四川省政府

附呈卹金給與令一件卹金正領據一件

副領據二件保証書二件

請領卹金人許錫三 署名蓋章 [印：許錫三章]

詳細通信處本市五嶽宮街三十三號

中華民國三十一年十一月 日

中華民國卅一年十一月拾壹日收訖

收文呈字8206號

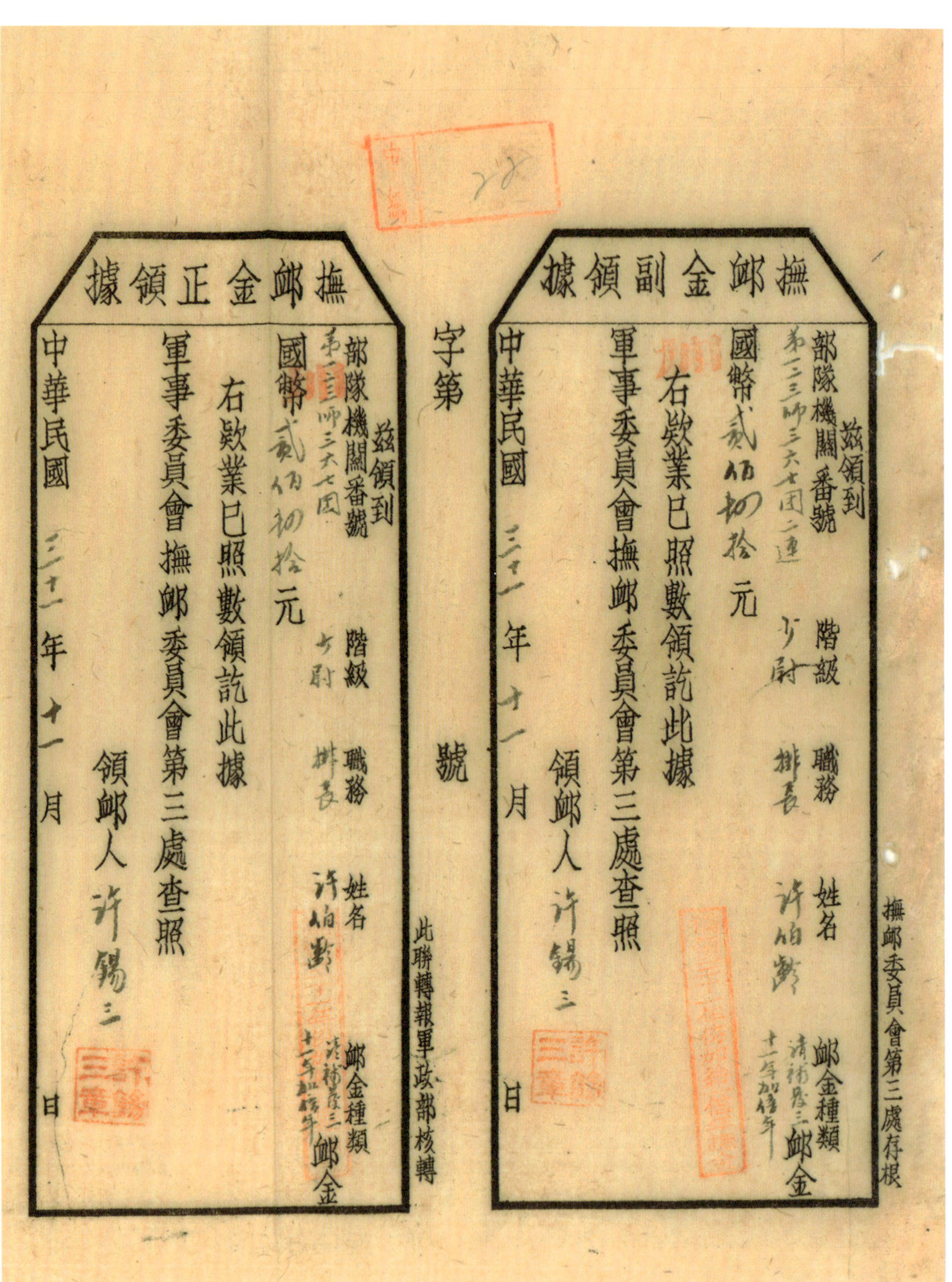

撫卹金副領據

茲領到

部隊機關番號 第一二三師三六七團二連 階級 少尉 職務 排長 姓名 許伯勳 卹金種類 清補應三十一年加倍年卹金

國幣貳佰捌拾元

右款業已照數領訖此據

軍事委員會撫卹委員會第三處查照

領卹人 許錫三

中華民國 三十一 年 十一 月 日

撫卹委員會第三處存根

字第 號

此聯轉報軍政部核轉

撫卹金正領據

茲領到

部隊機關番號 第一二三師三六七團 階級 少尉 職務 排長 姓名 許伯勳 卹金種類 清補應三十一年加倍年卹金

國幣貳佰捌拾元

右款業已照數領訖此據

軍事委員會撫卹委員會第三處查照

領卹人 許錫三

中華民國 三十一 年 十一 月 日

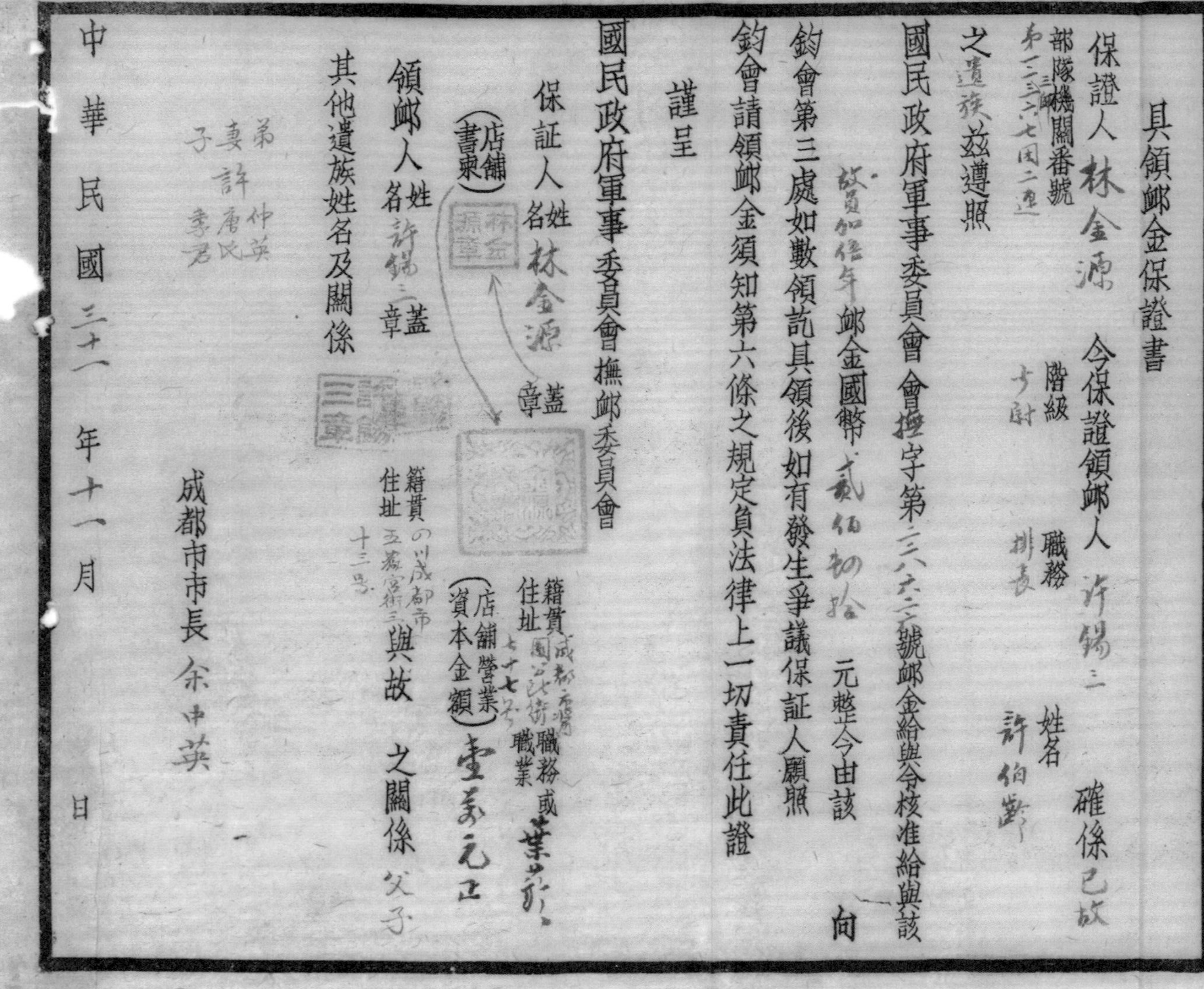

具領卹金保證書

保證人 林金源 今保證領卹人 許錫三 確係已故

部隊機關番號 第二三八六七團二連 階級 少尉 職務 排長 姓名 許伯勛

之遺族 茲遵照

國民政府軍事委員會 會撫字第三八六二號卹金給與令核准給與該

故員加倍年卹金國幣 貳佰捌拾 元整 今由該 向

鈞會第三處如數領訖 具領後如有發生爭議保証人願照

鈞會請領卹金須知第六條之規定負法律上一切責任 此證

謹呈

國民政府軍事委員會撫卹委員會

保証人姓名 林金源 蓋章（店舖書柬）

籍貫 成都市 住址 七十七號 職務 職業

（店舖營業資本金額）

與故 之關係

領卹人姓名 許錫三 蓋章

籍貫 四川成都市 住址 五嶽宮街三十三號 與故 之關係 父子

其他遺族姓名及關係 弟 許仲英 妻 許唐氏 子 許孝君

中華民國三十一年十一月 日

成都市市長 余中英

成都市政府关于核发故员许伯龄第二年恤金致四川省政府的呈、致许锡三的批示（一九四三年七月二十一日）

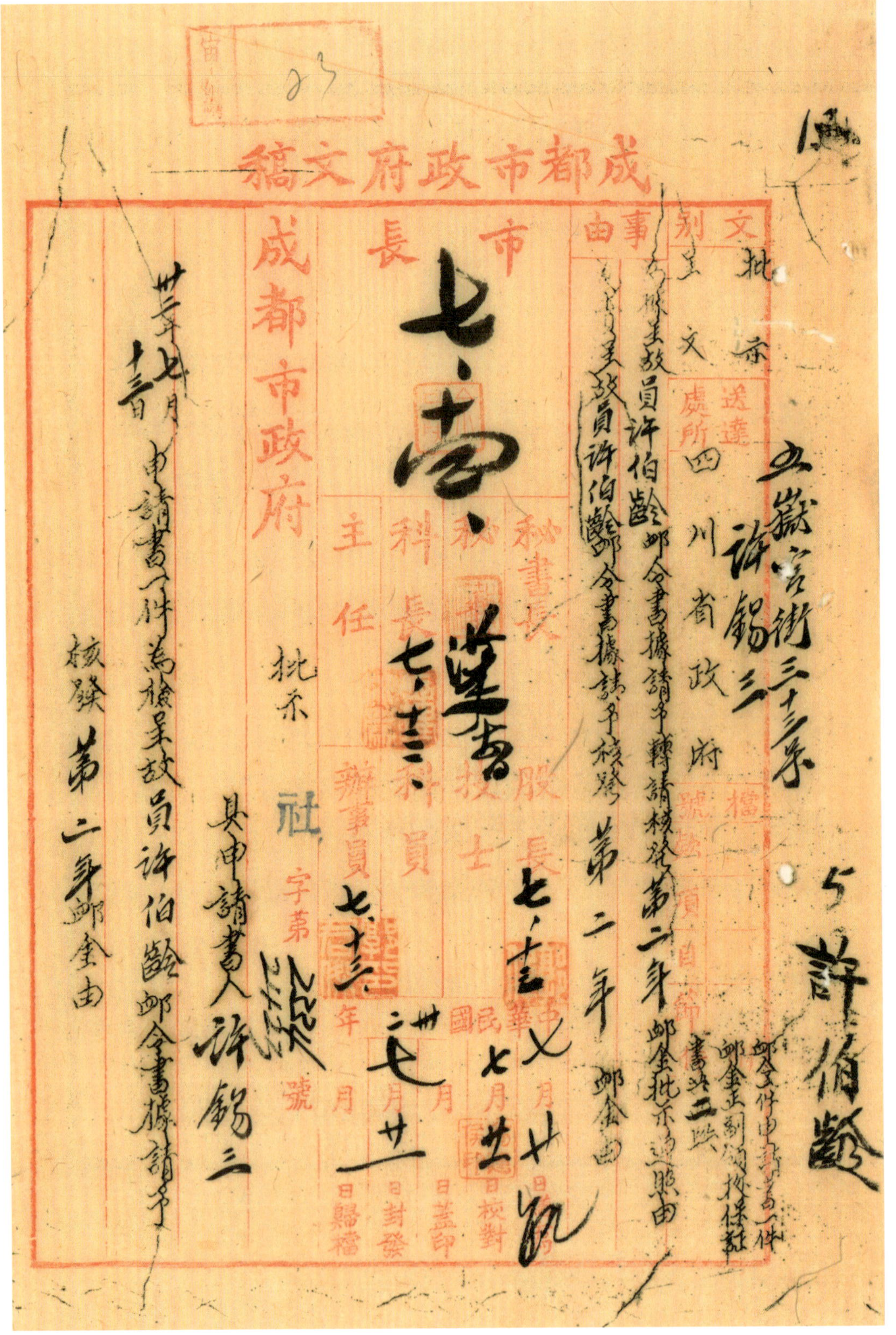

成都市政府文稿

文别：呈文　批示

送达处所：四川省政府

五岳宫街三十三号 许锡三

许伯龄

事由：为呈故员许伯龄恤令书据请予转请核发第二年恤金由

市長 七、廿一

秘書長

科長 七、廿一

主任

具申请书人许锡三

卅二年七月十三日申请书一件为检呈故员许伯龄恤令书据请予核发第二年恤金由

批示

核发第二年恤金由

中華民國 卅二年七月廿一日

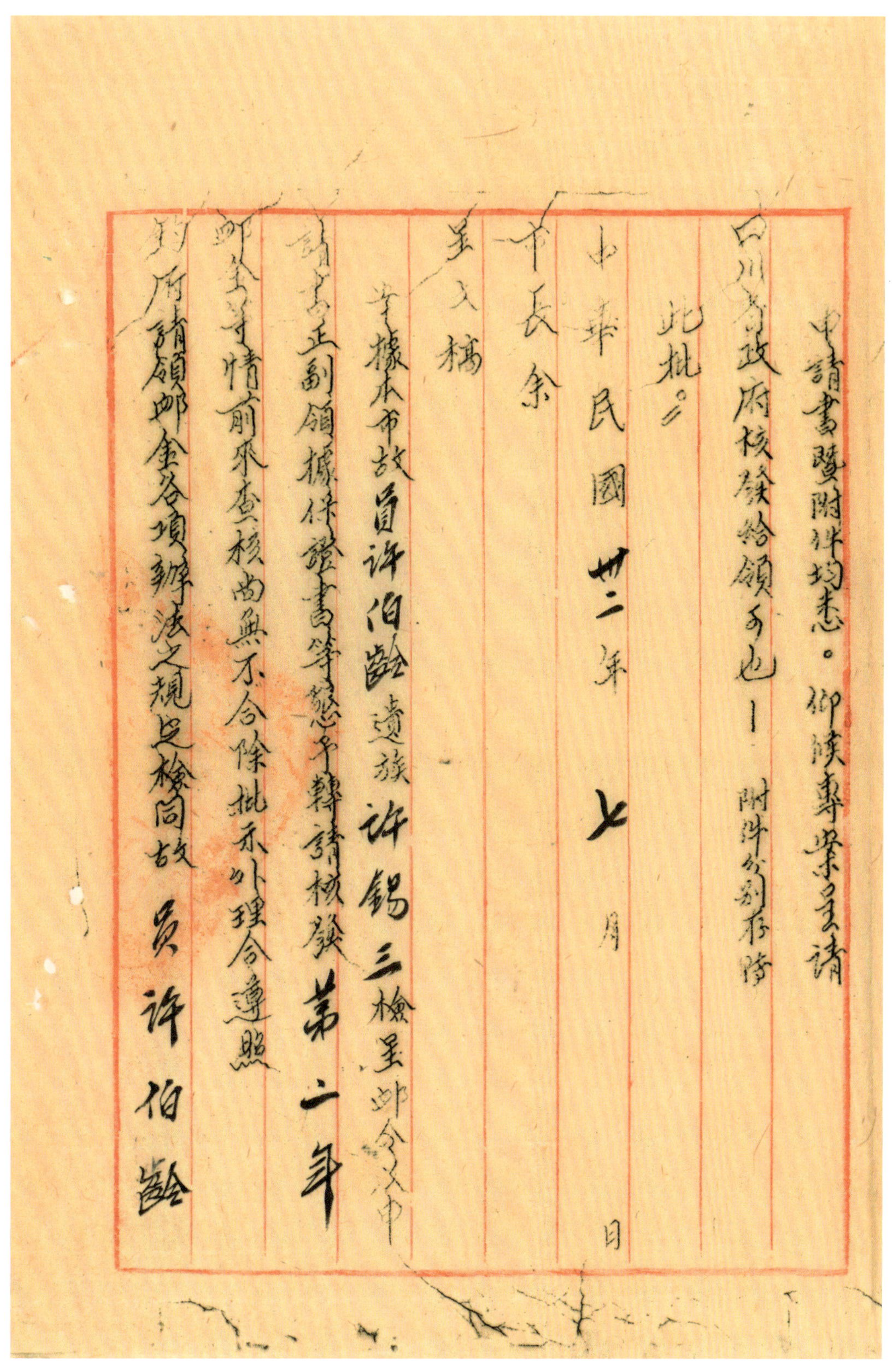

申請書暨附件均悉。仰候專案呈請
四川省政府核發給領可也。此批 附件分別存轉
此批。
中華民國卅二年七月日
市長余
呈文稿
案據本市故員許伯齡遺族許錫三檢呈卹令文申
請書正副領據保證書等懇予轉請核發第二年
卹金等情前來。查核尚無不合，除批示外，理合遵照
鈞府請領卹金各項辦法之規定，檢同故員許伯齡

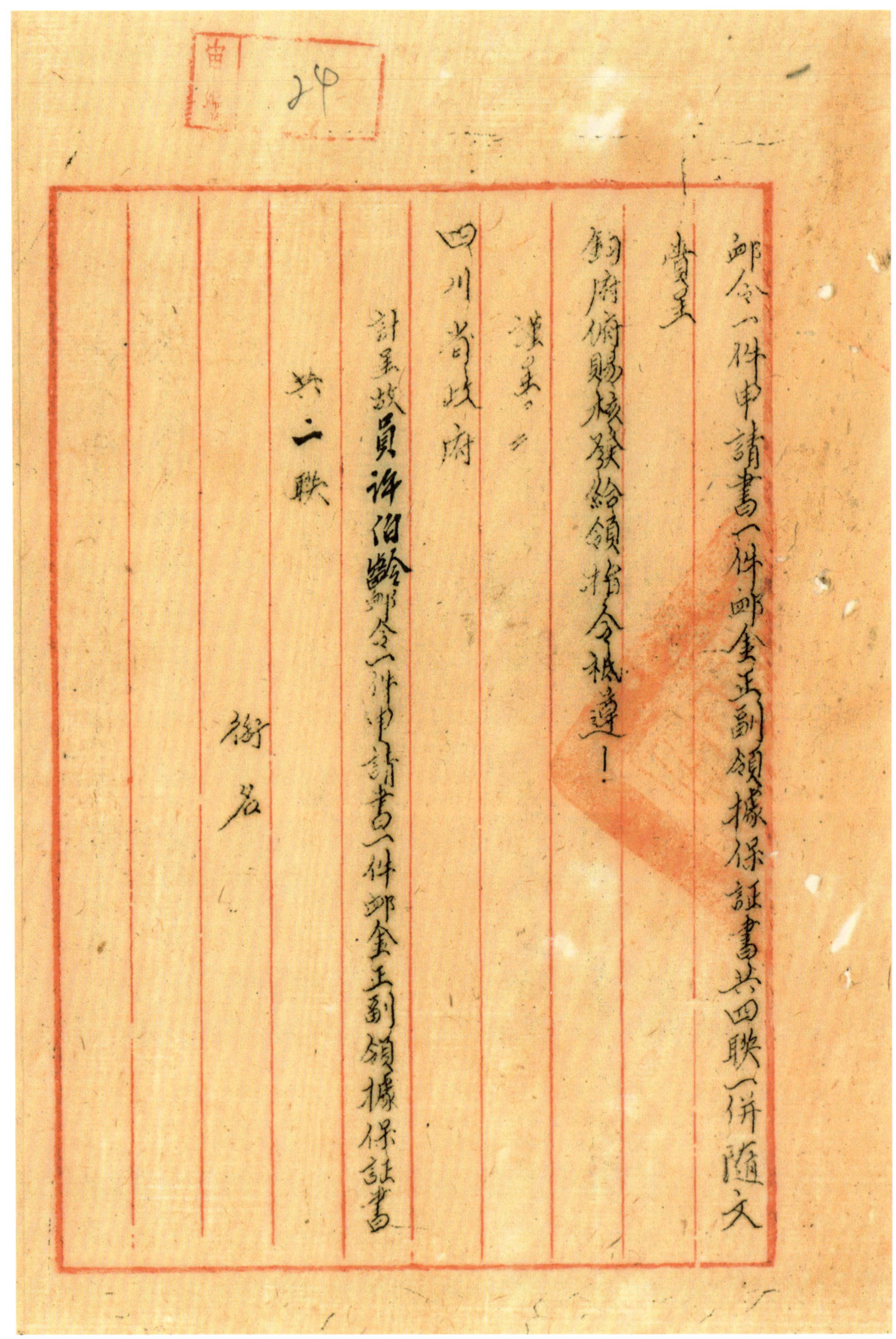

卹令一件申請書一件卹金正副領據保証書共四聯一併隨文
賫呈
鈞府俯賜核發給領指令祗遵！
謹呈
四川省政府
計呈故員許伯齡卹令一件申請書一件卹金正副領據保証書
共二聯
銜名

附：领恤申请书、抚恤金领据、具领恤金保证书（一九四三年七月三日收）

25

領卹申請書

傷故員兵姓名	籍貫	戰役	卹令字號	一次卹金或第幾年卹金	本年應領卹金數額	領卹人及其關係	備考
故員許伯齡	四川成都	屬山陣亡	會撫字第三六八六二六號	請第二年並加倍卹金	共肆百捌拾元	父許錫三	

上列應領卹金謹遵照轉發卹金辦法規定備具正副領據及保證書檢同卹金給與令賚請

鑒察核發謹呈

成都市政府核轉

四川省政府

附呈卹金給與令一件卹金正領據二件

副領據二件保證書二件

請領卹金人許錫三署名蓋章 〔印：許錫三章〕

詳細通信處五嶽宮街三十三號

中華民國三十二年七月日

書據備齊呈請委會核轉

核轉七、五

中華民國三十二年七月三日收

附件第4581號

26.

撫卹金副領據

字第　　號

茲領到

部隊機關番號 第二三師三六七團二連　階級 少尉　職務 排長　姓名 許伯齡　卹金種類 第二年卹金及加給

國幣柒肆百捌拾元

右款業已照數領訖此據

軍事委員會撫卹委員會第三處 查照

領卹人 許錫三

中華民國 三十二 年 七 月 日

撫卹委員會第三處存根

撫卹金正領據

茲領到

部隊機關番號 第二三師三六七團二連　階級 少尉　職務 排長　姓名 許伯齡　卹金種類 第二年卹金及加給

國幣柒肆百捌拾元

右款業已照數領訖此據

軍事委員會撫卹委員會第三處 查照

領卹人 許錫三

中華民國 三十二 年 七 月 日

此聯轉報軍政部核轉

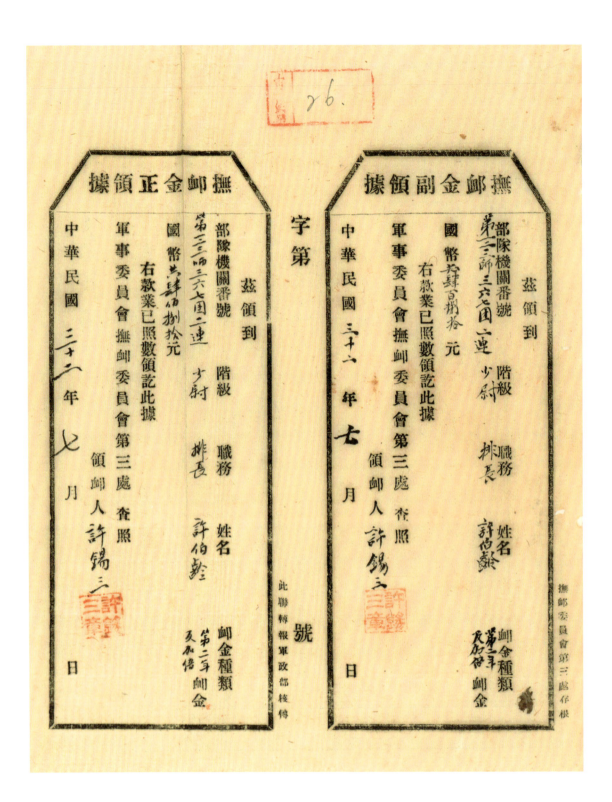

具領卹金保證書

保證人 陳用支 今保證領卹人 許錫三 確係已故

部隊機關番號 第一六三師六八九團三連 階級 少尉 職務 排長 姓名 許伯齡

之遺族 茲遵照

國民政府軍事委員會會撫字第三六八〇六六號卹金給與令核准給與該

[illegible] 金國幣共肆佰捌拾元整令由該遺族 向

鈞會第三處如數領訖具領後如有發生爭議保證人願照

鈞會請領卹金須知第六條之規定負法律上一切責任此證

謹呈

國民政府軍事委員會撫卹委員會

保證人 姓名 陳用支 蓋章 （店舖書柬） 籍貫住址 成都楊柳職務或職業 商 （店舖營業資本金額） 伍萬元正

領卹人 姓名 許錫三 蓋章 籍貫住址 五嶽宮街十號 與故員之關係 父子

其他遺族姓名及關係

中華民國三十二年七月　日

成都市市長余中英

四川省政府关于准予核发故员许伯龄第二年恤金成都市政府的指令（一九四三年十月八日）

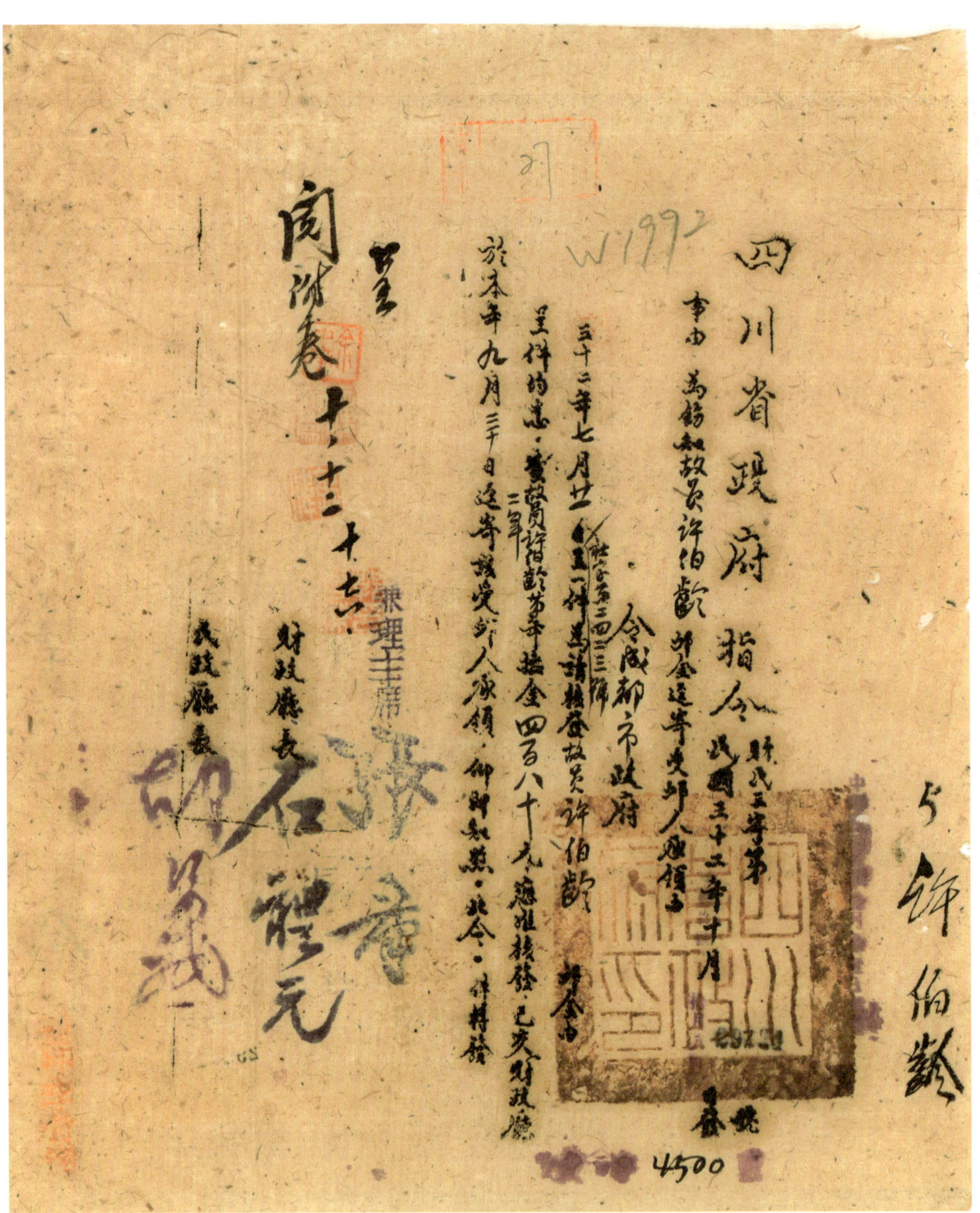

四川省政府指令

事由：为饬知故员许伯龄卹金送寄发给人承领由

民国三十二年十月 日

令成都市政府

三十二年七月廿一日呈一件为请核发故员许伯龄卹金由

呈件均悉。查故员许伯龄第二年卹金四百八十元，应准核发，已交财政厅于本年九月三十日送寄发给人承领，仰即知照。此令。件存。

兼理主席 张群

财政厅长 石体元

民政厅长 胡次威

七、许国璋

中国国民党四川省执行委员会关于召开会议商讨许国璋师长追悼事宜致成都市政府的函（一九四三年十二月十三日）

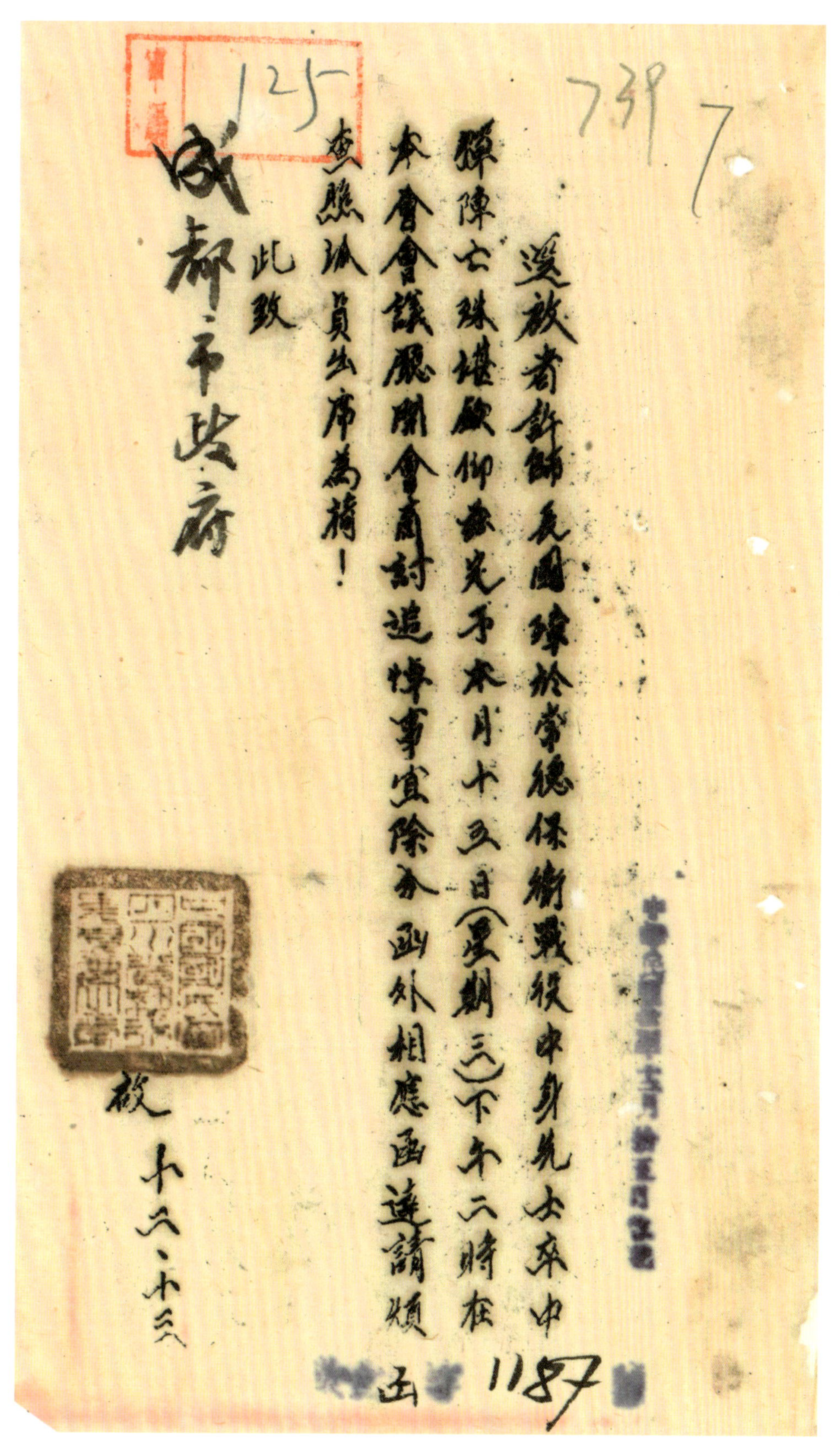

逕啟者：許師長國璋於常德保衛戰役中身先士卒，中彈陣亡，殊堪欽仰。茲定于本月十五日（星期三）下午二時在本會會議廳開會商討追悼事宜，除分函外，相應函達，請煩查照派員出席為禱！

此致

成都市政府

啟 十二、十三

「四川省会各界迎接许故师长国璋灵榇、追悼湘鄂会战阵亡将士大会」第一次筹备会议记录
（一九四三年十二月十五日）

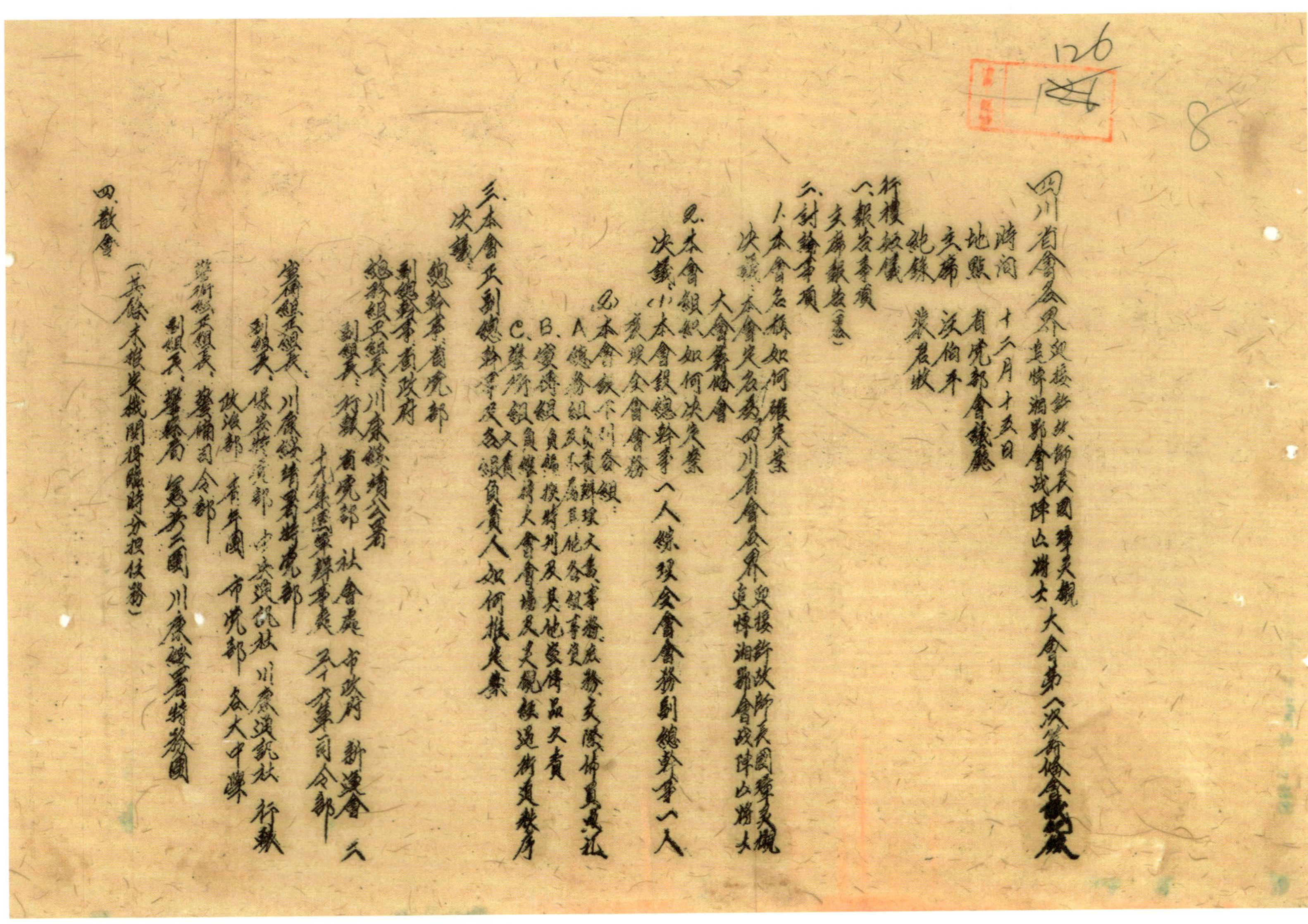

四川省會各界迎接許故師長國璋靈櫬追悼湘鄂會戰陣亡將士大會第一次籌備會議紀錄

時間 十二月十五日

地點 省黨部會議廳

主席 沈伯升

紀錄 袁君牧

行禮如儀

一、報告事項

主席報告（略）

二、討論事項

1.本會名稱如何確定案

決議：本會定名為四川省會各界迎接許故師長國璋靈櫬追悼湘鄂會戰陣亡將士大會

2.本會組織如何決定案

決議：（1）本會設總幹事一人，綜理全會會務；副總幹事一人，襄理全會會務

（2）本會設下列各組：

A、總務組 負責辦理文書、事務、庶務、交際、佈置及不屬其他各組事宜

B、宣傳組 負編撰特刊及其他宣傳品之責

C、警衛組 負維持大會會場及靈櫬經過街道秩序

三、本會正副總幹事及各組負責人如何推定案

決議：

總幹事：省黨部

副總幹事：省政府

總務組正組長：川康綏靖公署

副組長：行轅、省黨部、社會處、市政府、新運會

宣傳組正組長：川康綏靖署特黨部

副組長：保安處、政治部、十九集團軍辦事處、兵役司令部、中央通訊社、川康通訊社、行轅、青年團、市黨部、各大中學

警衛組正組長：警備司令部

副組長：警察局、憲兵二團、川康綏署特務團

（其餘未推定機關得臨時分擔任務）

四、散會

中国国民党四川省执行委员会关于召开第二次会议商讨许国璋追悼事宜致成都市政府的函（一九四三年十二月二十八日）

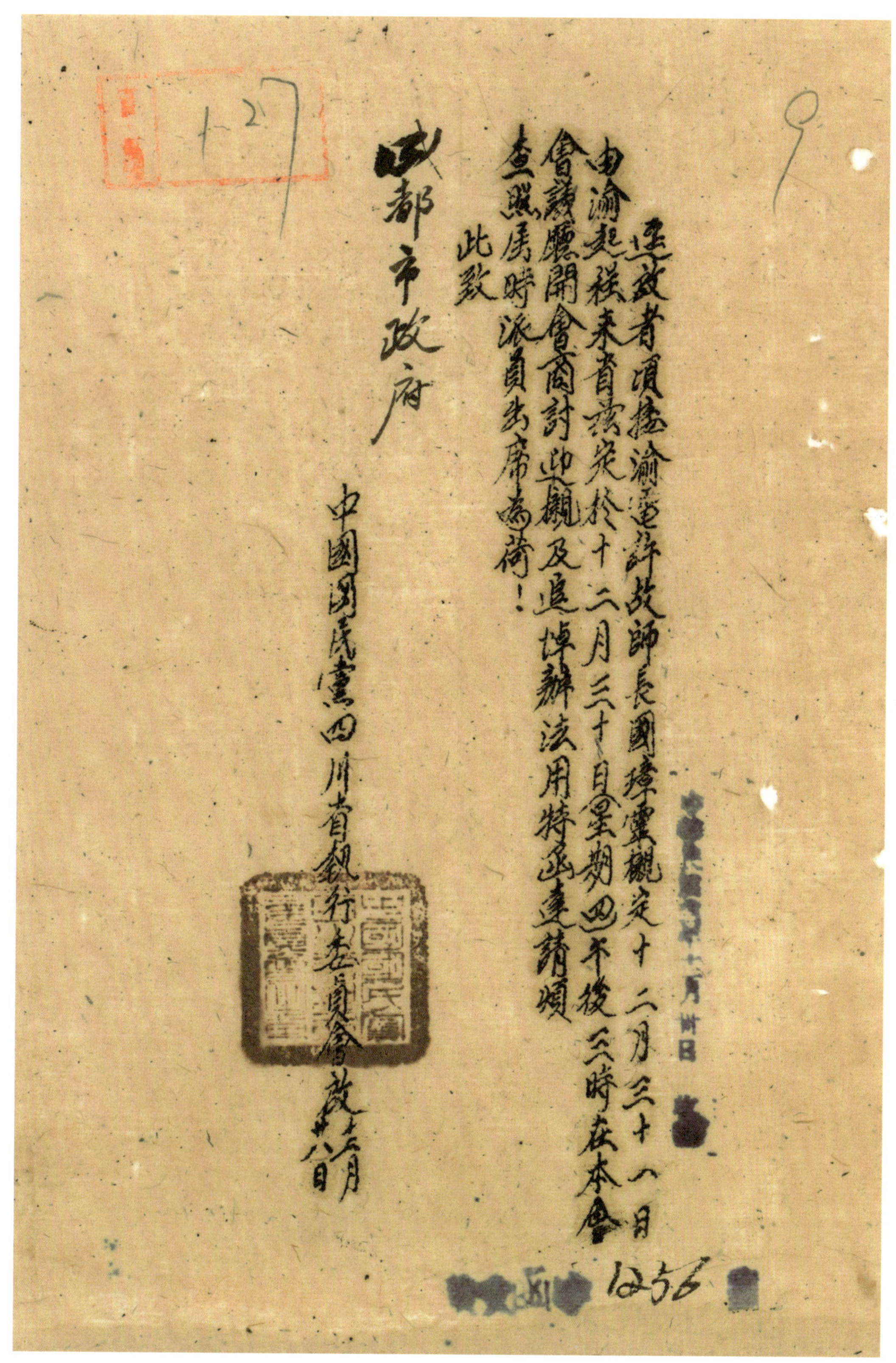

逕啟者：頃據渝遝許故師長國璋靈櫬定十二月三十一日由渝起程來省，茲定於十二月三十日（星期四）午後三時在本會會議廳開會商討迎櫬及追悼辦法，用特函達，請煩查照，屆時派員出席為荷！

此致

成都市政府

中國國民黨四川省執行委員會啟 十二月廿八日

第二次筹备会议记录（一九四三年十二月三十日）

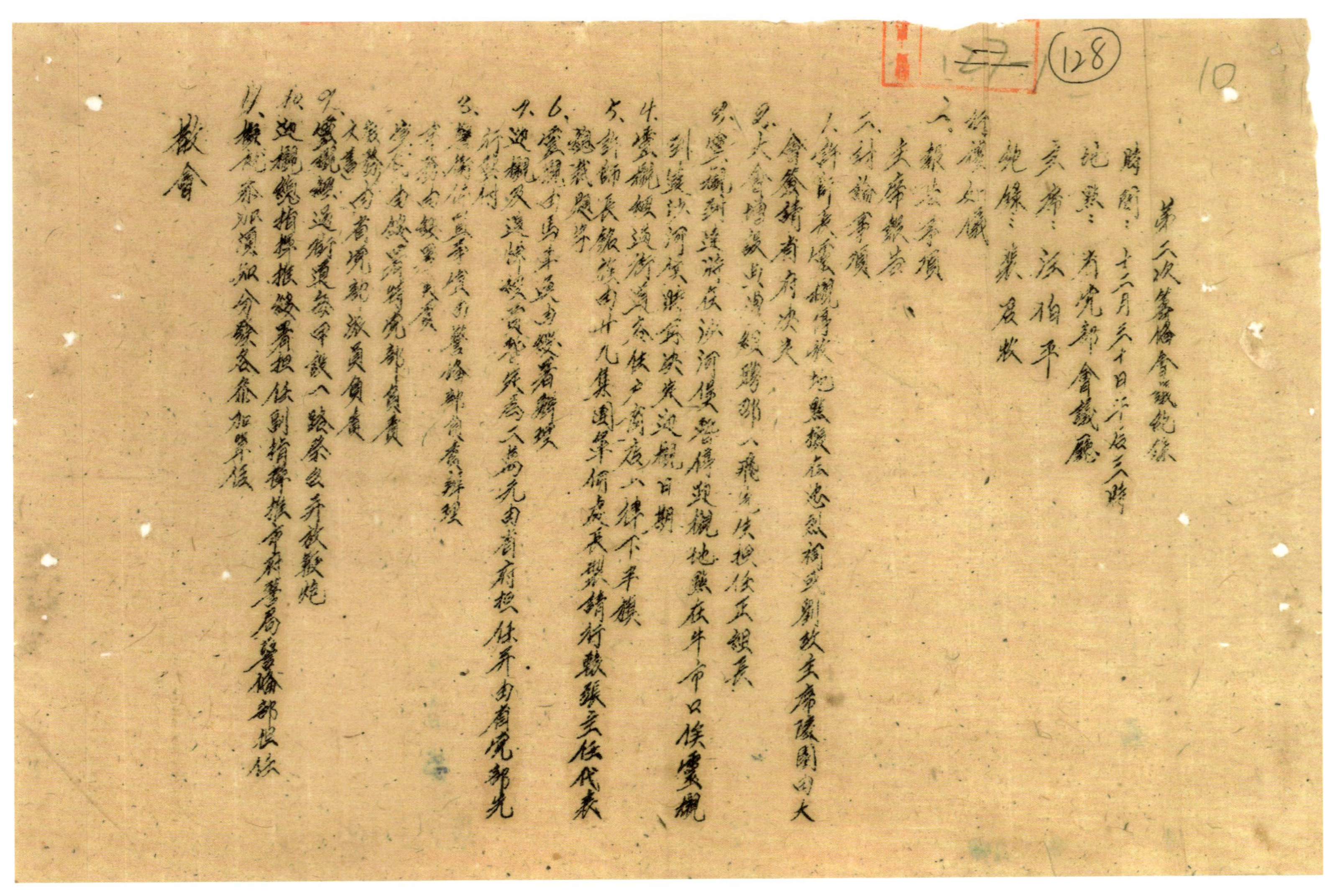

第二次筹备会议纪录

时间：十二月三十日下午三时

地点：省党部会议厅

主席：汪伯平

纪录：龚君牧

行礼如仪

一、报告事项

二、主席报告

三、讨论事项

1、许前县长灵榇停放地点拟在忠烈祠或刘故主席陵园内

会议请省府决定

2、大会增设此项，[illegible]部八[illegible]依照[illegible]组长

3、灵榇到达时[illegible]迎灵地点在牛市口候灵榇

到达[illegible]河[illegible]

4、灵榇经过街道各[illegible]铺户商店一律下半旗

5、许师长[illegible]由廿九集团军何处长[illegible]张主任代表[illegible]

6、灵榇由[illegible]着办理

7、迎榇及送殡[illegible]为[illegible]由省府会同省党部先行[illegible]

8、警卫[illegible]由警备部负责办理

宣传[illegible]

[illegible]省党部[illegible]负责

[illegible]负责

文书[illegible]

9、灵榇经过街道[illegible]

10、迎榇总指挥推请[illegible]市长[illegible]警备部[illegible]

11、[illegible]分发各参加单位

散会

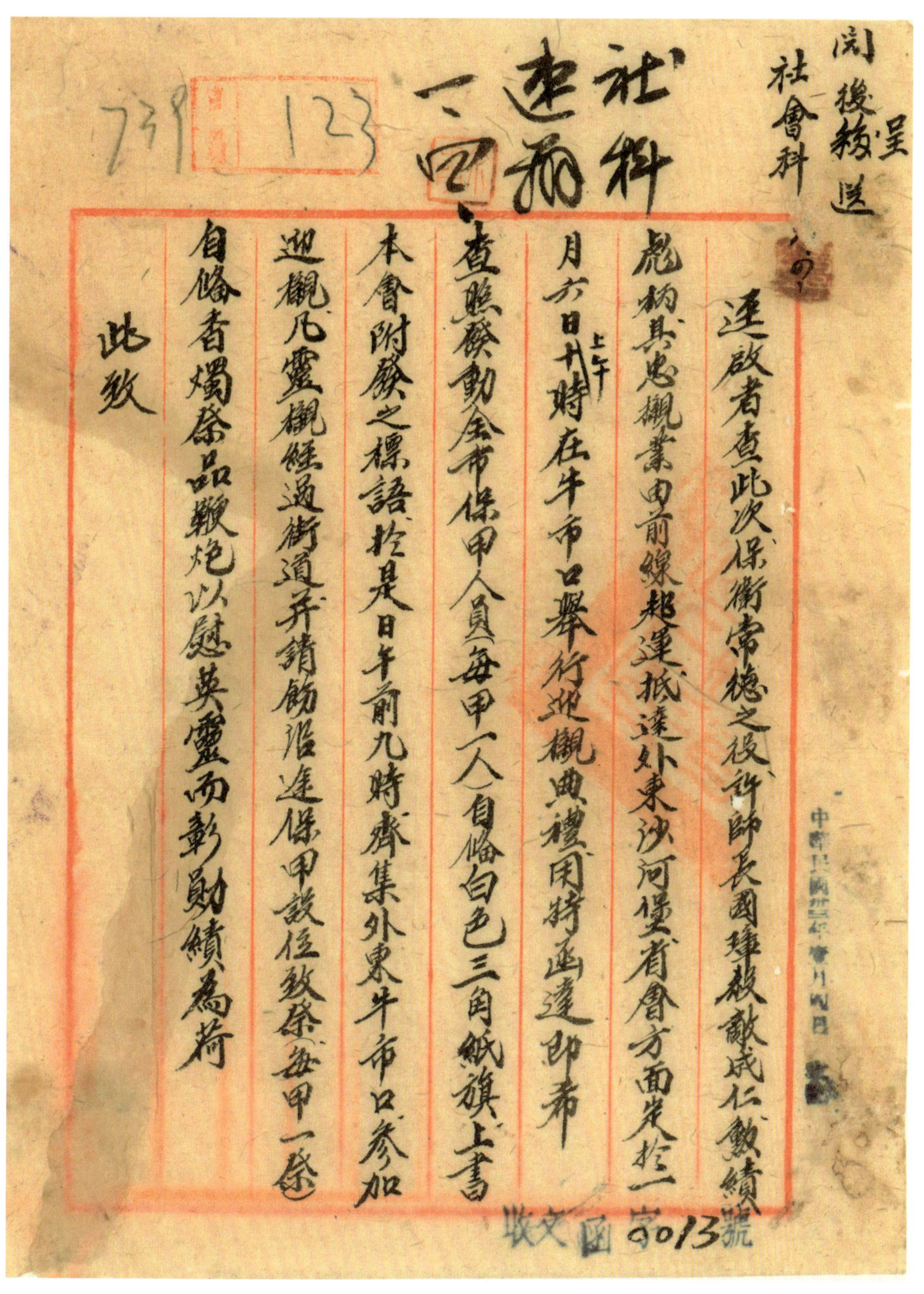

閱後務送
社會科
呈

社科
速辦

逕啟者查此次保衛常德之役許師長國璋殺敵成仁厥績彪炳其忠櫬業由前線起運抵達外東沙河堡省會方面定於一月六日上午十時在牛市口舉行迎櫬典禮用特函達即希查照發動全市保甲人員（每甲一人）自備白色三角紙旗上書本會附發之標語於是日午前九時齊集外東牛市口參加迎櫬凡靈櫬經過街道并請飭沿途保甲設位致祭（每甲一案）自備香燭祭品鞭炮以慰英靈而彰勳績為荷

此致

收文函字9013號

「四川省会各界迎接许故师长国璋灵榇、追悼湘鄂会战阵亡将士大会筹备会」关于迎榇事宜致成都市政府的函（一九四四年一月三日）

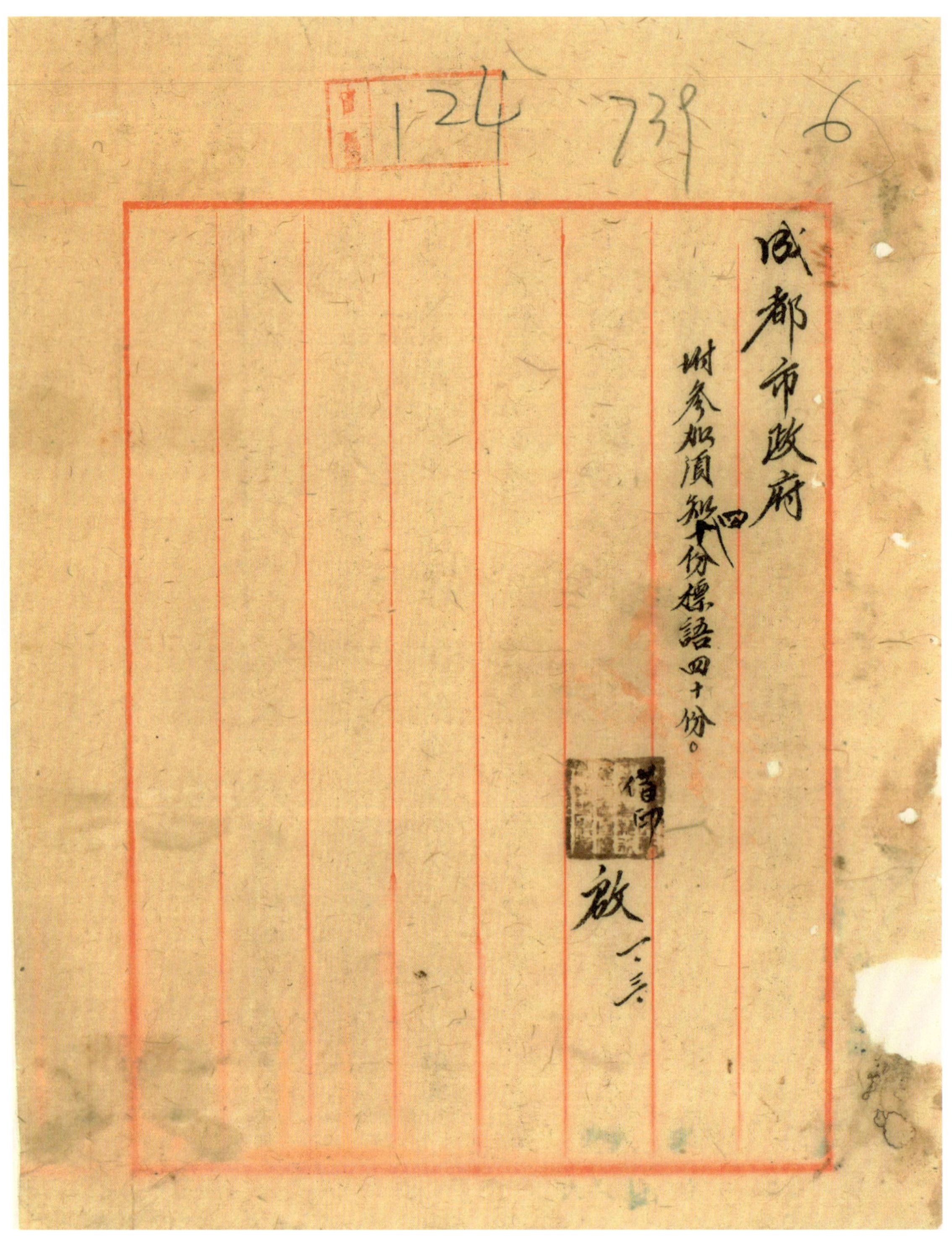

成都市政府

附参加须知四十份，标语四十份。

借印

启 一、三

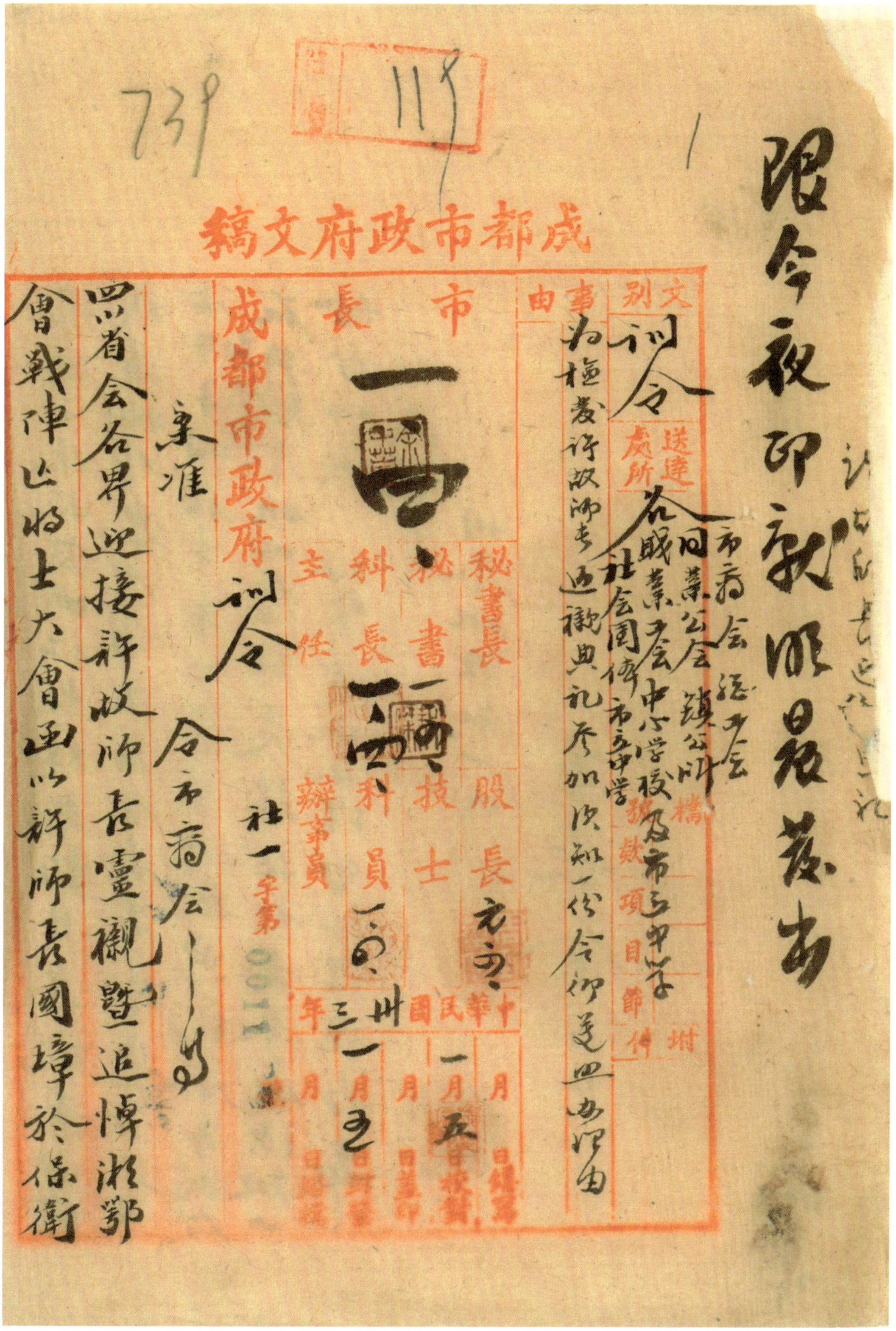

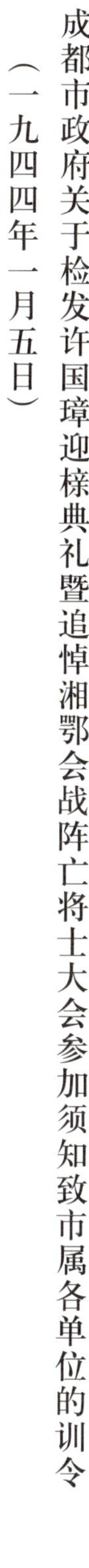

成都市政府关于检发许国璋迎榇典礼暨追悼湘鄂会战阵亡将士大会参加须知致市属各单位的训令（一九四四年一月五日）

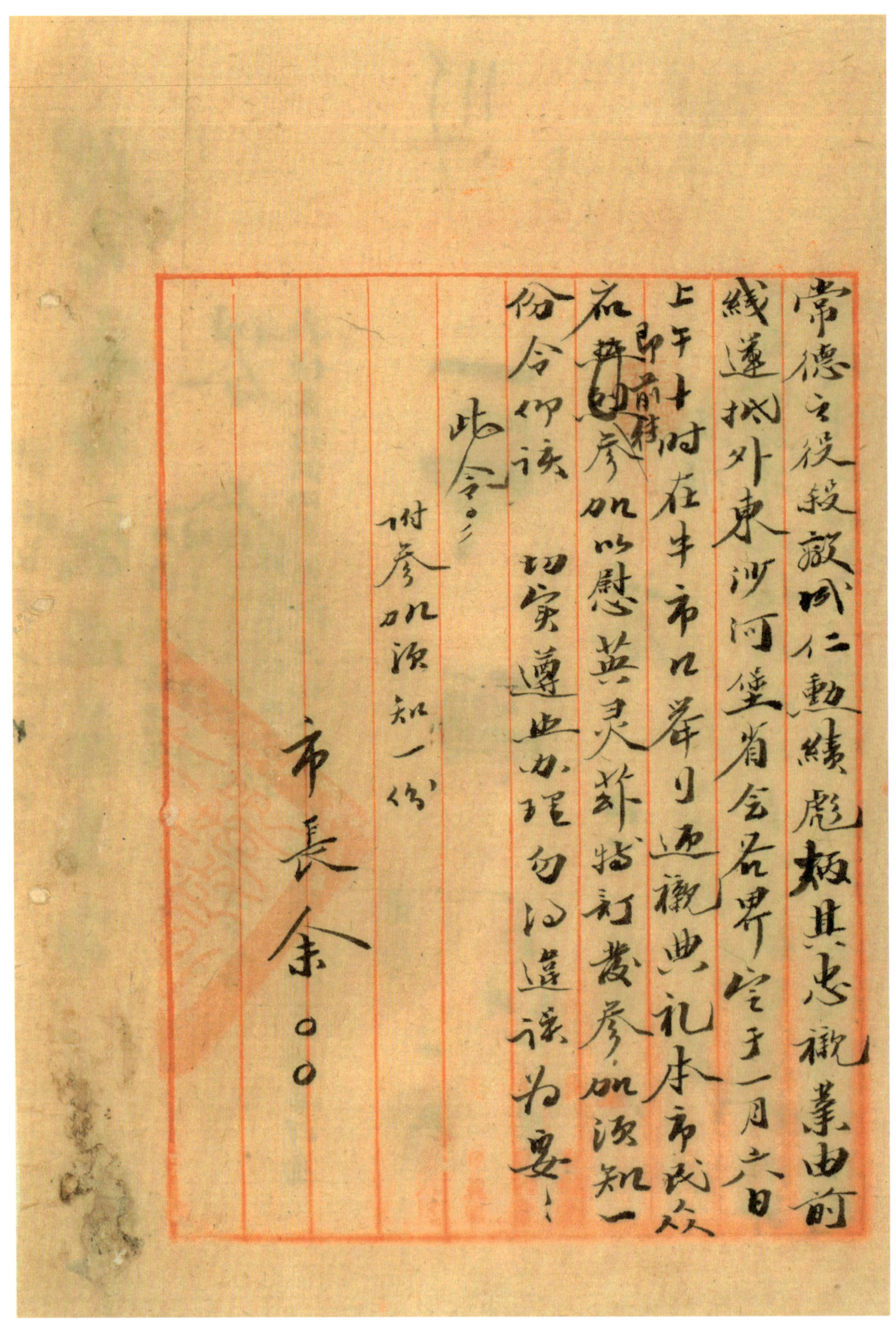

常德之役殺敵成仁勳績彪炳其忠櫬業由前
綫運抵外東沙河堡省会各界定于一月六日
上午十时在牛市口舉行迎櫬典礼本市民众
務希即前往參加以慰英灵兹特訂發參加須知一
份令仰該　切實遵照办理勿得違誤為要！
此令。
附參加須知一份
市長余〇〇

附：成都市各界迎接许故师长国璋灵榇暨追悼湘鄂会战阵亡将士大会参加须知

成都市各界迎接許故師長國璋靈櫬暨追悼湘鄂會戰陣亡將士大會參加須知

(一) 開會時間：民國卅三年一月七日午前九時

(二) 迎櫬地點：本市外東牛市口

(三) 參加單位及人數：

一、市商會及各同業公會——每會各派代表卅人

二、市總工會及各職業工會——每會各派代表卅人

三、市農會及各區農會——每會各派代表卅人

四、市婦女會及其他社會團体——每會各派代表卅人

五、市立中學及各中心學校——每校各派代表五十人至一百人

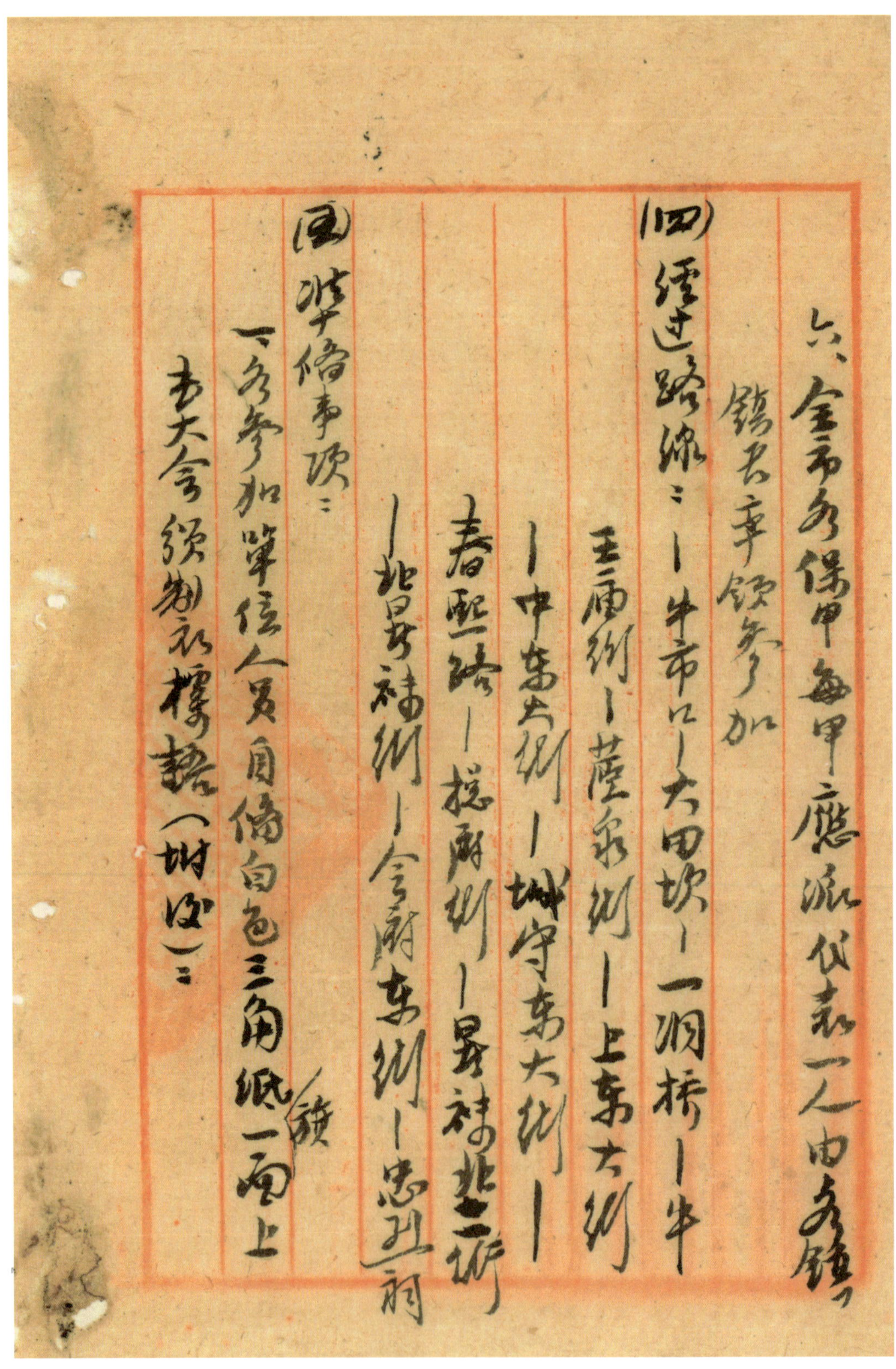

六、全市各保甲每甲应派代表一人由各镇镇长率领参加

（四）经过路线：——牛市口——大田坎——一洞桥——牛王庙街——蓝家街——上东大街——中东大街——城守东大街——春熙路——总府街——暑袜北二街——北暑袜街——会府东街——忠烈祠

（五）准备事项：

一、各参加单位人员自备白色三角纸旗一面上书大会颁制标语（附后）：

(1)許故師長精神不死

(2)許故師長忠勇殉國是四川的光榮

(3)效法許故師長忠勇殉國精神努力驅除倭寇

(4)努力爭取抗戰勝利以慰許故師長英靈

(5)踏着湘鄂會戰陣亡將士的血跡去完成抗建大業

(6)繼續湘鄂會戰精神加緊對敵作戰

二、許故師長靈櫬經過街道各商店住戶

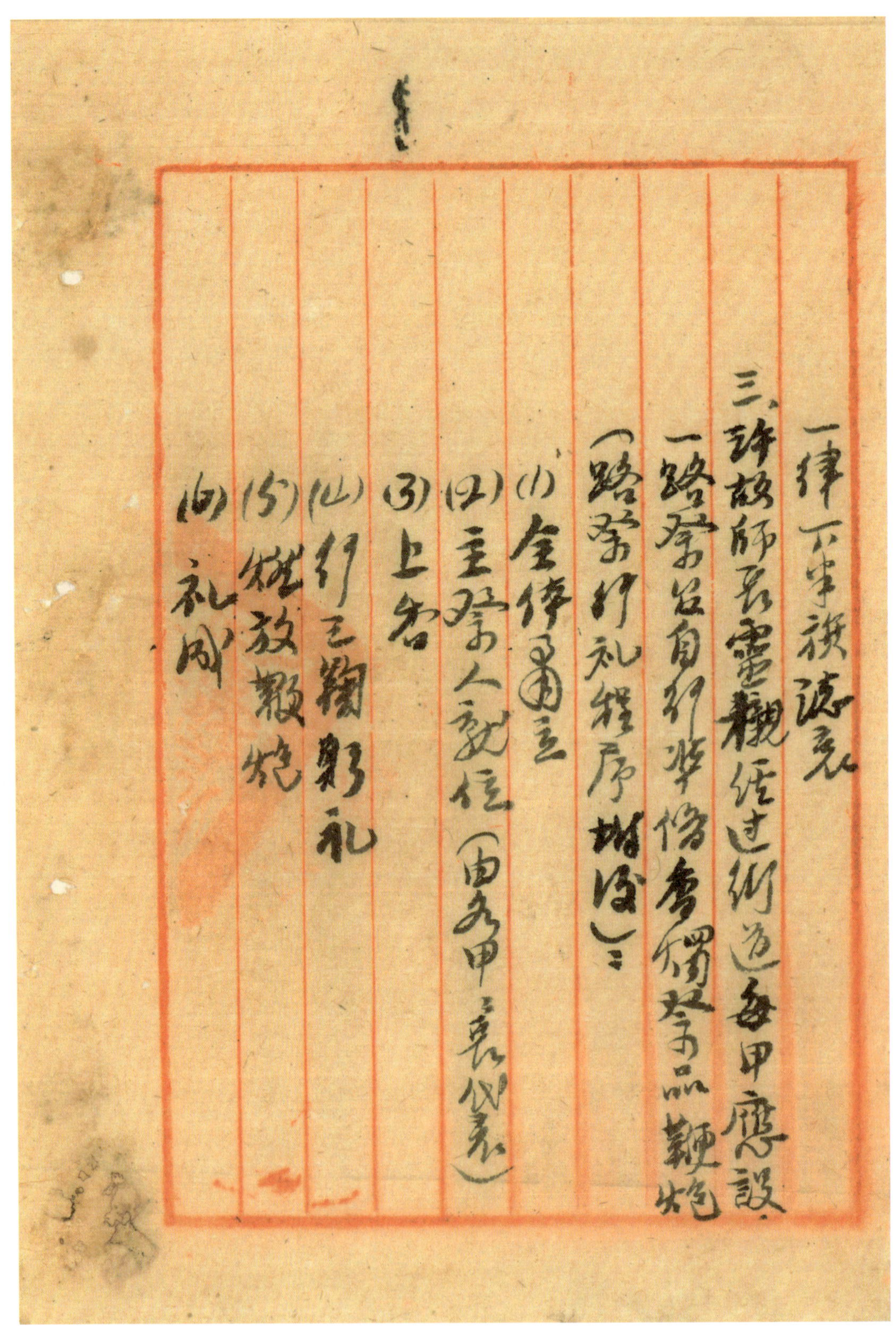

一律下半旗誌哀

三、許故師長靈櫬經過街道每甲應設一路祭台自行準備香燭及祭品鞭炮（路祭行禮程序如後）：

(1)全体肅立

(2)主祭人就位（由各甲長代表）

(3)上香

(4)行三鞠躬礼

(5)燃放鞭炮

(6)礼成

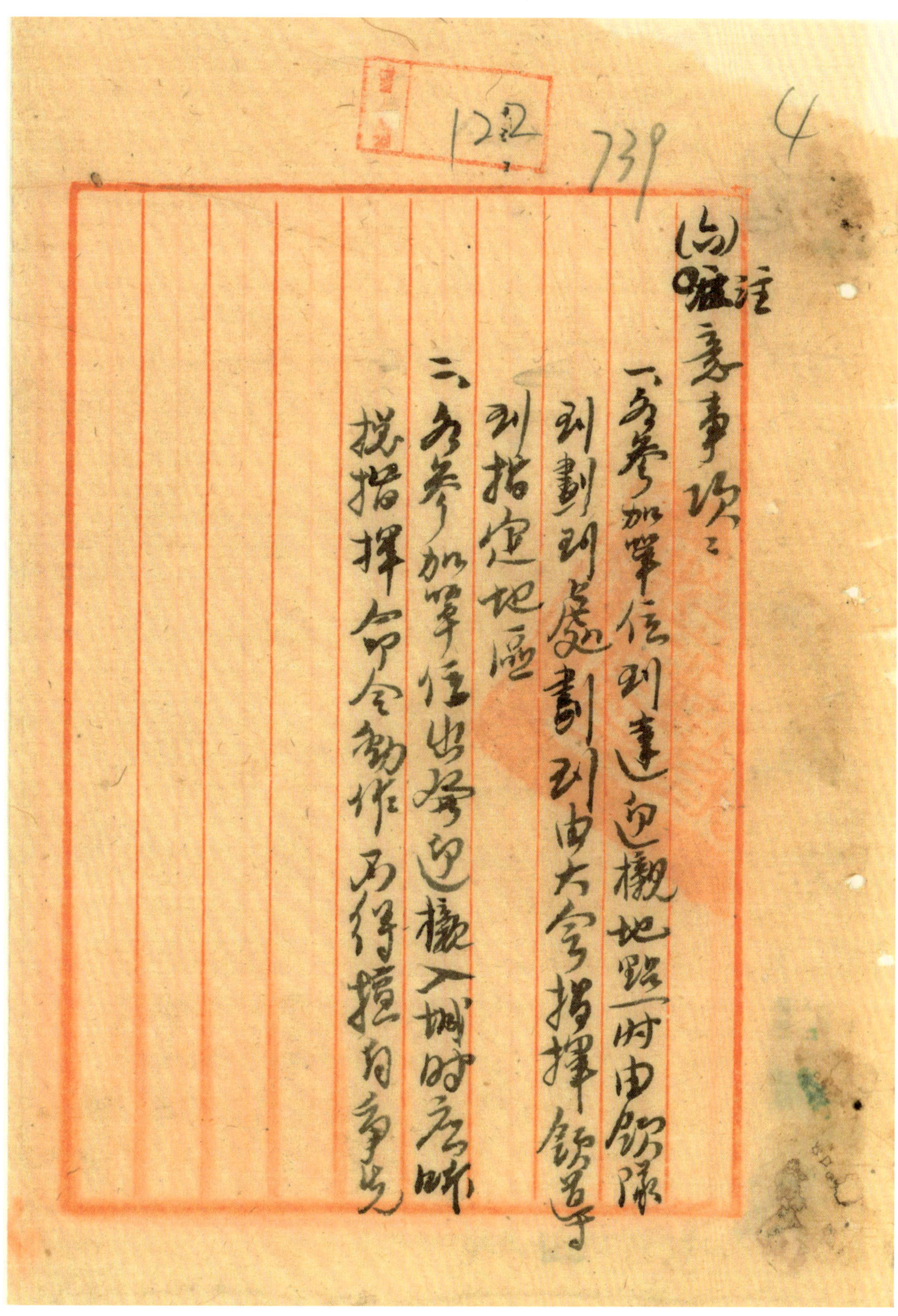

（六）注意事項：

一、各參加單位到達迎櫬地點時由領隊引到劃到處劃到由大會指揮領導到指定地區

二、各參加單位出發迎櫬入城時應聽從指揮命令動作不得擅自爭先

「四川省会各界迎接许故师长国璋灵榇、追悼湘鄂会战阵亡将士大会筹备会」关于召开第三次会议商讨许国璋追悼事宜致成都市政府的函（一九四四年一月五日）

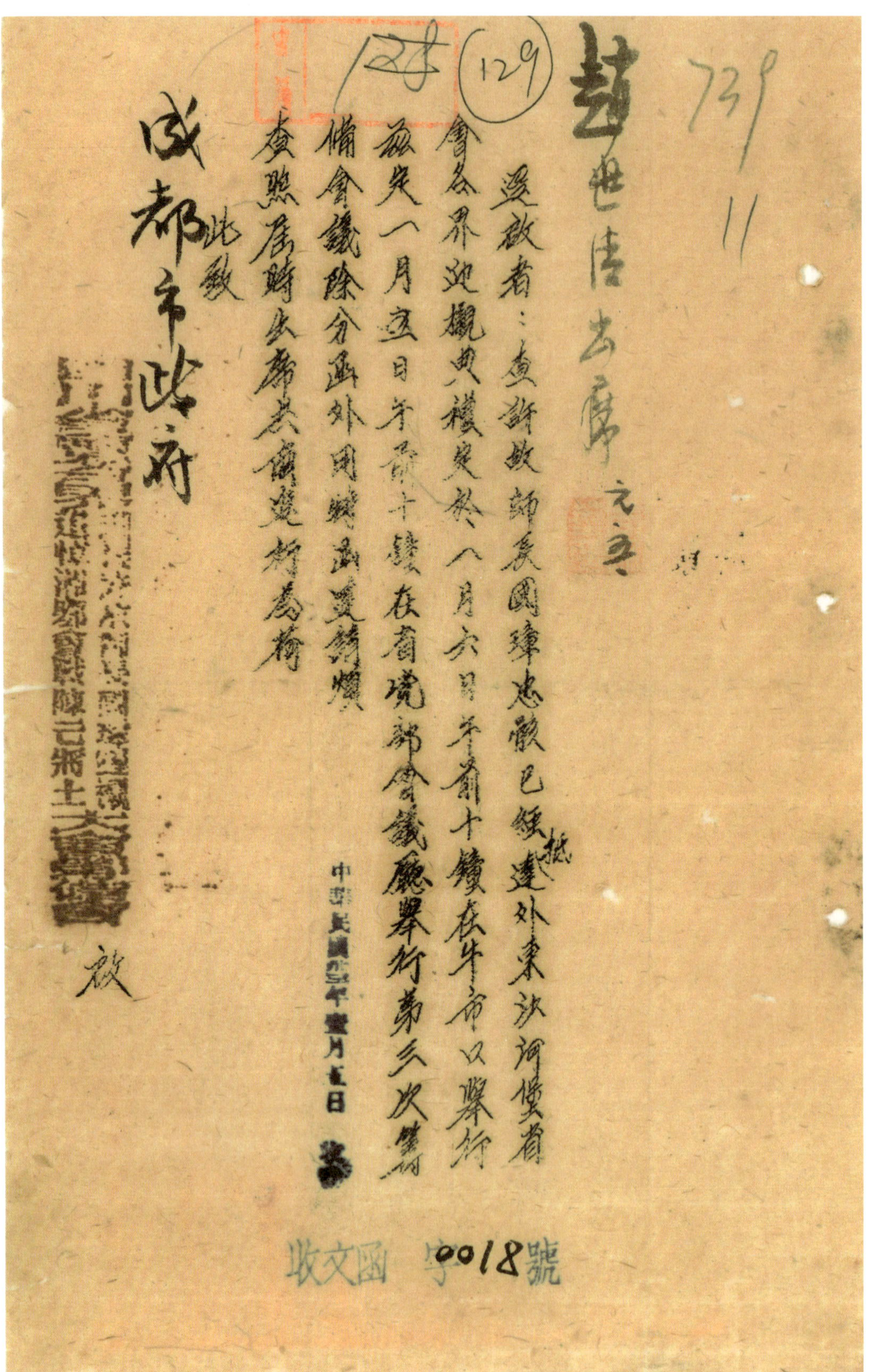
封世清出席 元五

逕啟者：查許故師長國璋忠骸已經抵達外東沙河堡，省會各界迎櫬典禮定於一月六日上午十鐘在牛市口舉行，茲定一月五日上午十鐘在省黨部會議廳舉行第三次籌備會議，除分函外，用特函達，請煩查照屆時出席共商進行為荷

此致

成都市政府

四川省會各界迎接許故師長國璋靈櫬追悼湘鄂會戰陣亡將士大會籌備會　啟

中華民國三十三年壹月五日

收文函字0018號

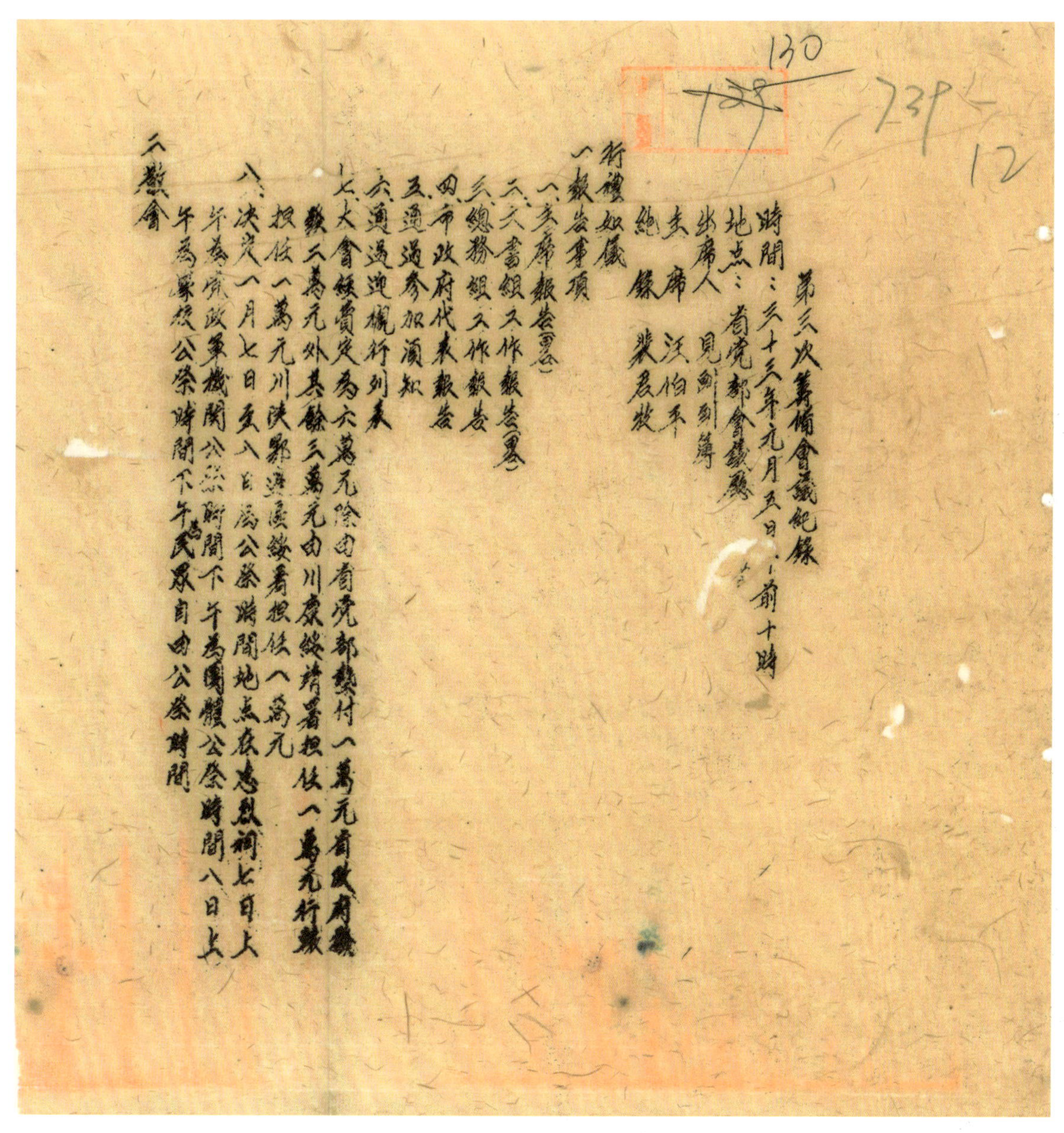

第三次筹備會議紀錄

時間：三十三年元月五日上午十時

地点：省党部會議廳

出席人：見簽到簿

主　席：汪伯平

紀　錄：裴君牧

行禮如儀

一、報告事項

（一）主席報告（略）

（二）文書組工作報告（略）

（三）總務組工作報告

（四）市政府代表報告

（五）通過參加須知

（六）通過廻觀行列表

（七）大會經費定為六萬元，除由省党部墊付一萬元，省政府撥款二萬元外，其餘三萬元由川康綏靖署捐款一萬元，行轅捐款一萬元，川陝鄂邊區綏署捐款一萬元

（八）決定一月七日至八日為公祭時間，地点在忠烈祠，七日上午為黨政軍機關公祭時間，下午為團體公祭時間，八日上午為學校公祭時間，下午為民眾自由公祭時間

二、散會

成都市政府关于通知公祭许国璋及灵榇出殡事宜致市属各单位的训令（一九四四年七月三日）

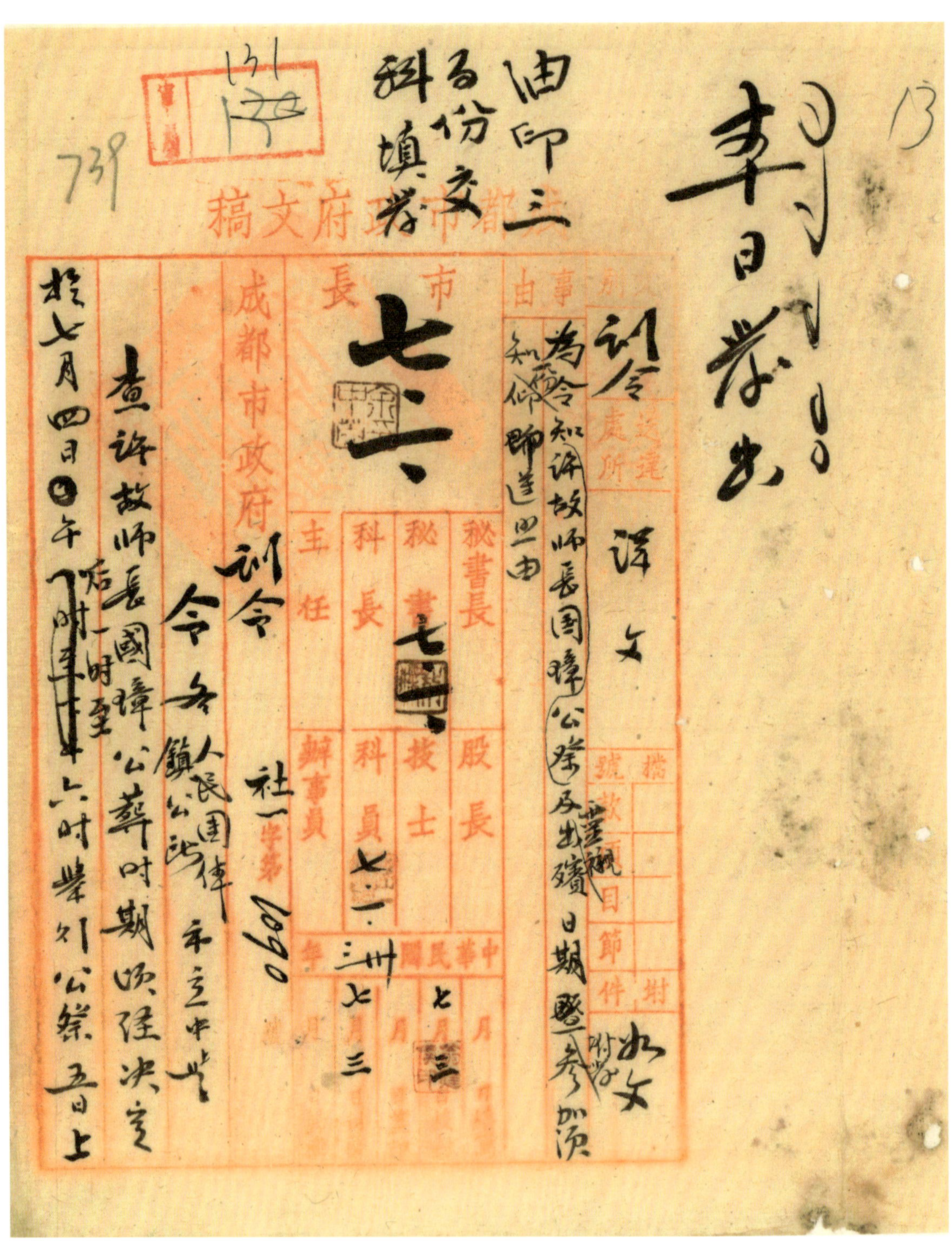

午九时出殡各在案本市各界民众亟应分别参
加以彰忠烈而慰英灵，并有应行致送之花圈
挽联，即由各该团体自备，届时前往忠烈祠公祭，
翌日出殡程序并随令附发参加须知一份，令
仰该 切实遵照办理，勿得违误为要！

此令。 附参加须知一份

市长 金○○

附：成都市各界恭送许故师长国璋忠榇出殡参加须知

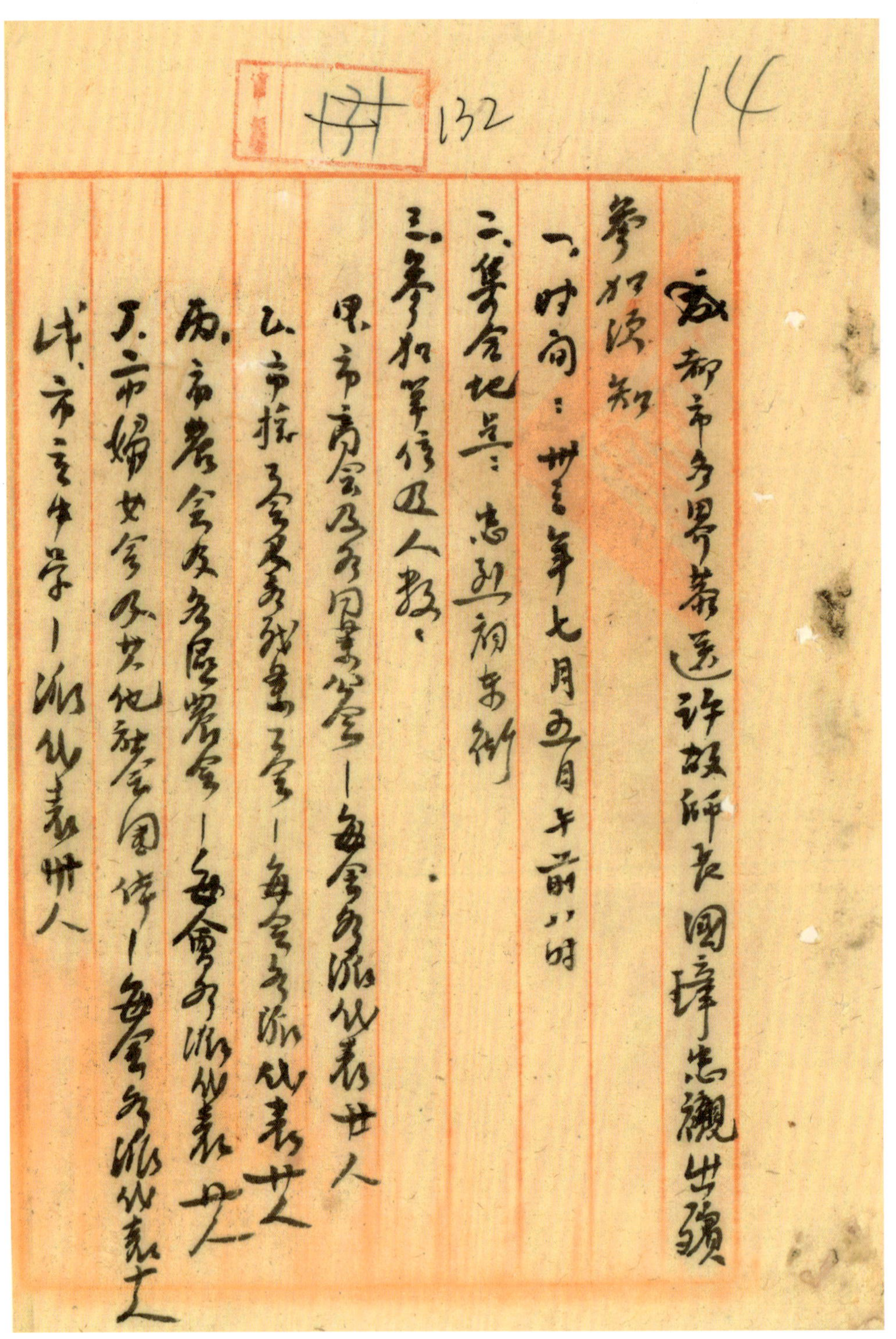

131 132 14

成都市各界恭送許故師長國璋忠櫬出殯

參加須知

一、時間：卅三年七月五日午前八時

二、集合地點：忠烈祠南街

三、參加單位及人數：

甲、市商會及各同業公會——每會各派代表廿人

乙、市總工會及各職業工會——每會各派代表廿人

丙、市農會及各區農會——每會各派代表廿人

丁、市婦女會及其他社會團體——每會各派代表十人

戊、市立中學——派代表卅人

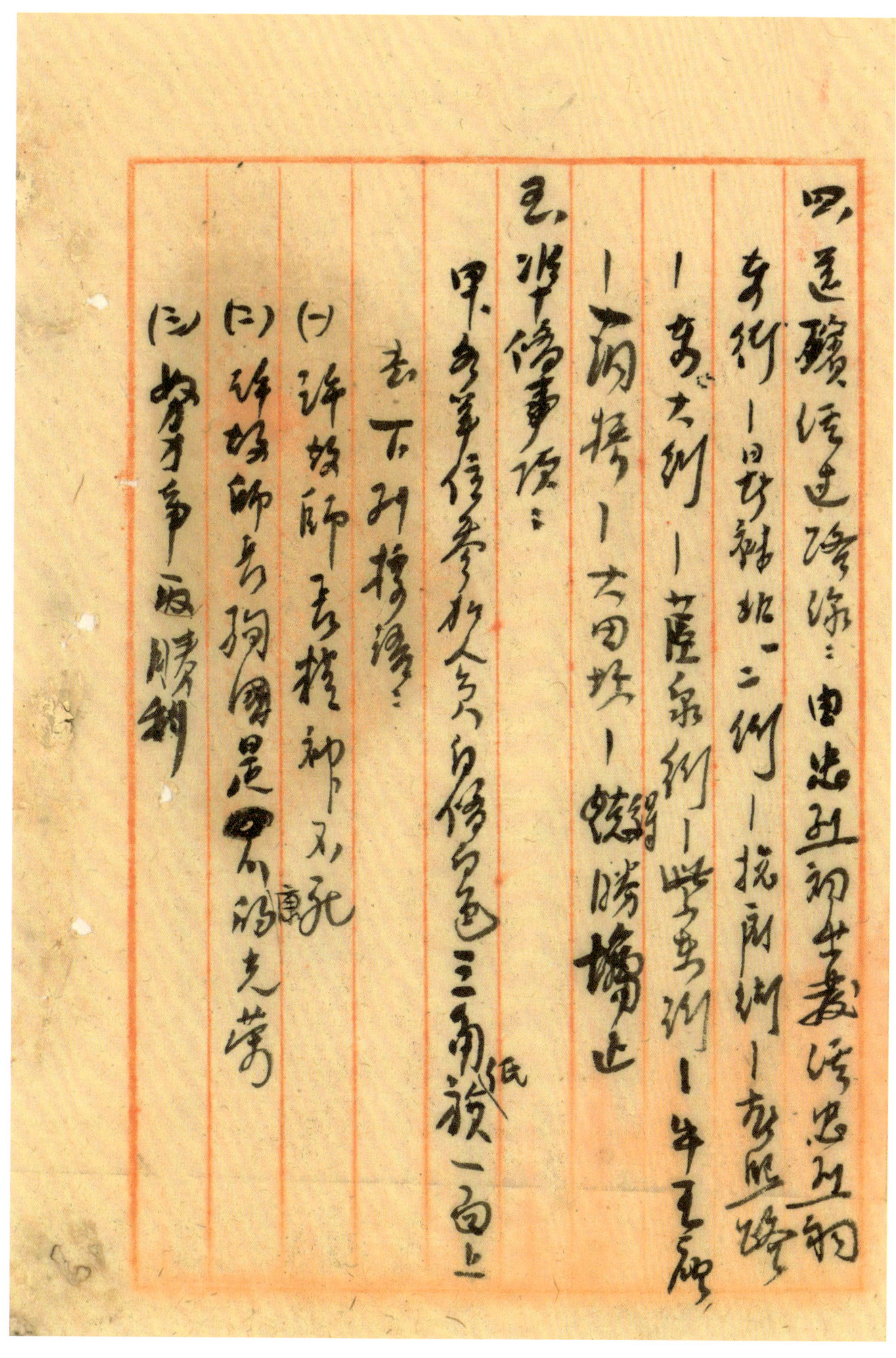

四、遊行經過路線：由忠烈祠出發經忠烈祠東街—暑襪北一二街—總府街—春熙路—東大街—蓮泉街—興東街—牛王廟—兩橋—大田坎—總勝壩止

五、準備事項：

甲、每單位參加人員自備紙三角旗一面止

乙、下列標語：

(一)許故師長精神不死

(二)許故師長殉國是四川的光榮

(三)努力爭取勝利

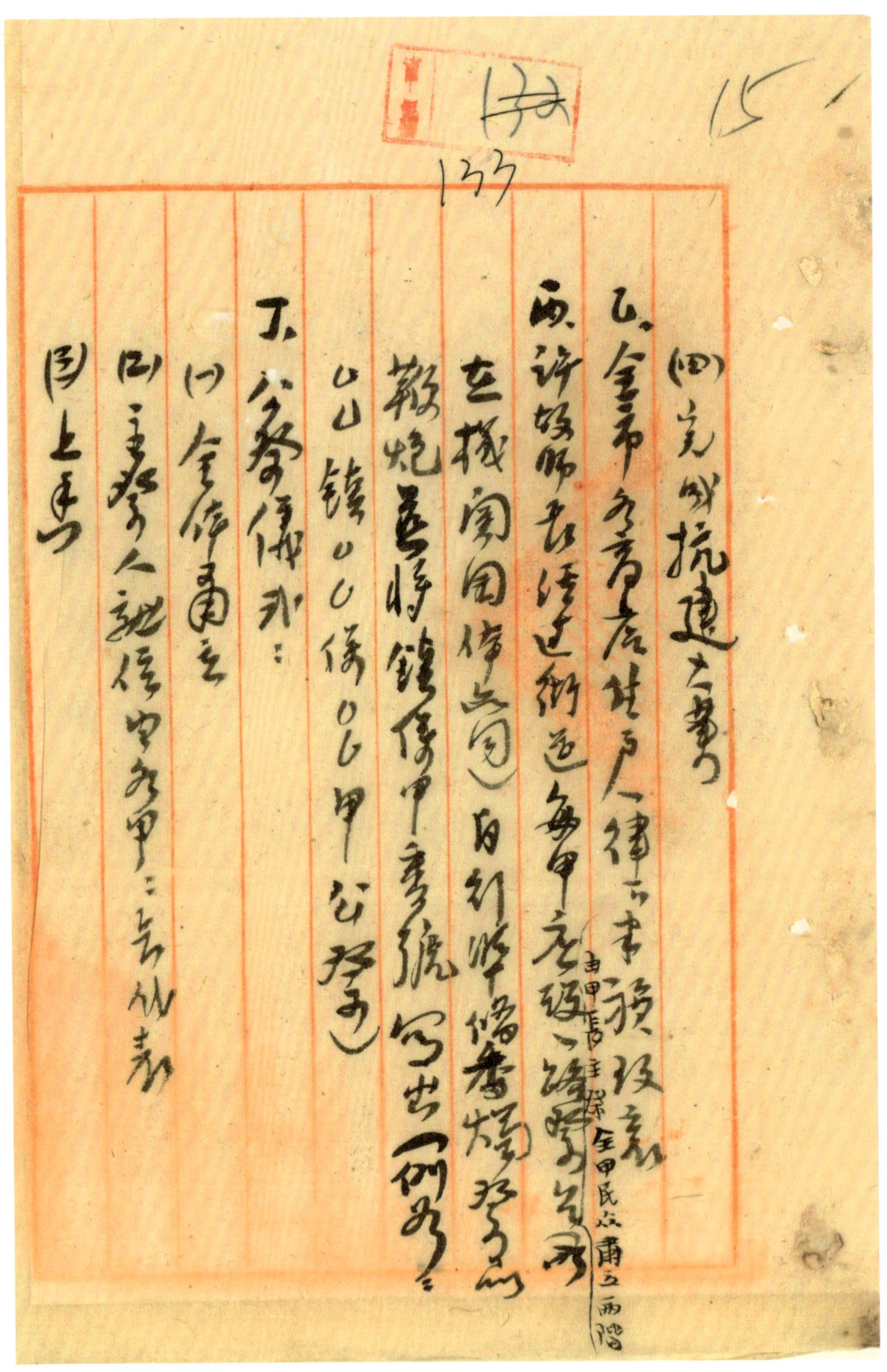

（四）完成抗建大业

乙、全市各商店住户一律[illegible]致敬

丙、许颁布告通过街道，每甲应致一旗，以资致敬（由甲长主持，全甲民众肃立两旁）

在机关团体公司（商）自行准备香烛致敬，以及鞭炮，并将镇、保、甲番号写出，例如：

××镇××保××甲公祭（祭）

丁、公祭仪式：

（一）全体肃立

（二）主祭人就位，由各甲二[illegible]献[illegible]

（三）上香

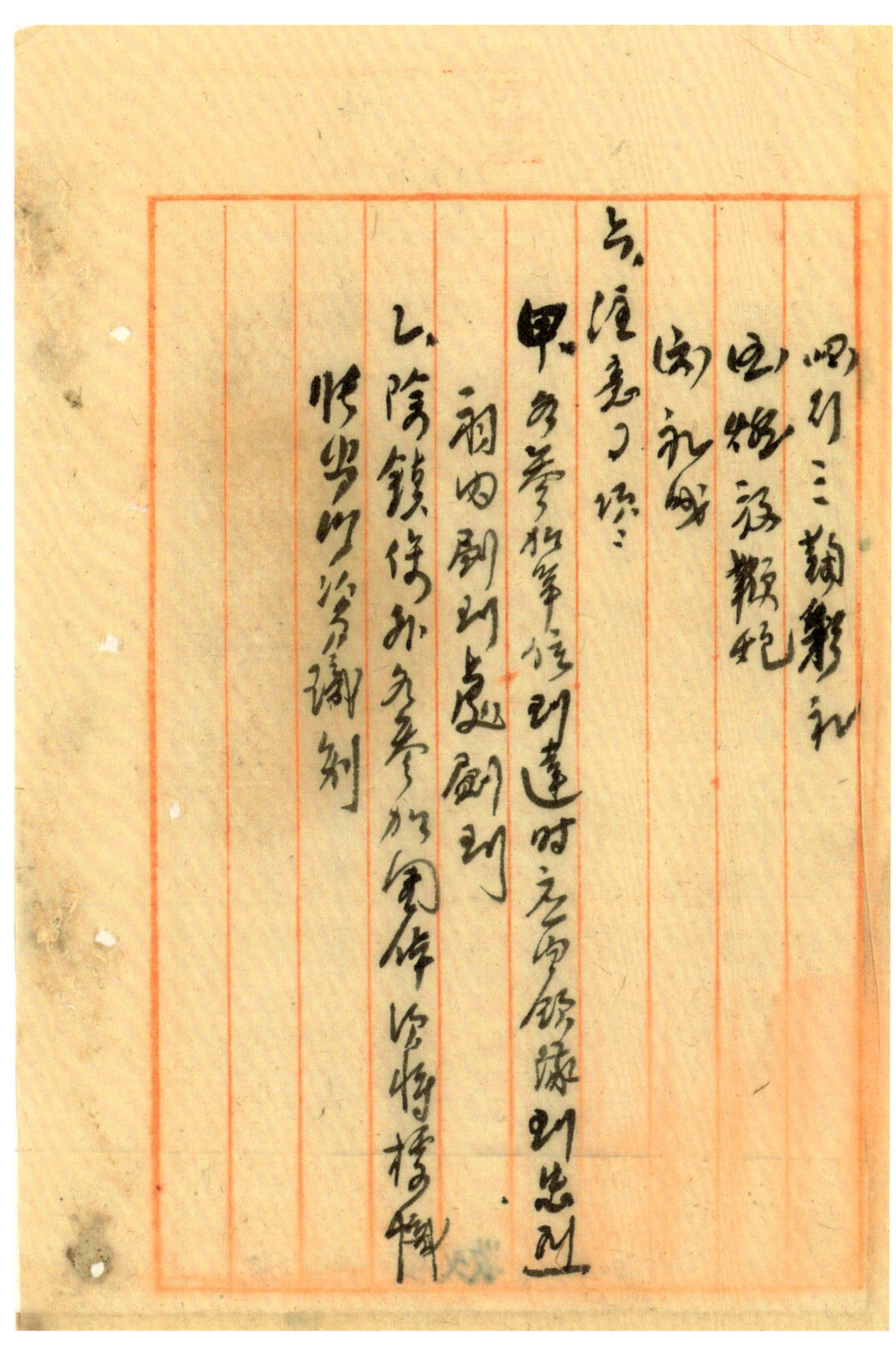

四、行三鞠躬礼

五、证婚致颂词

六、礼成

七、注意事项：

甲、各参加单位到达时应即报到到总处

再由副到处副到

乙、除镇保外各参加团体须将标帜

悬出以资识别

许师长国璋治丧委员会关于拟请成都市政府派员担任许国璋公祭出殡活动副指挥致成都市政府的函

（一九四四年七月三日）

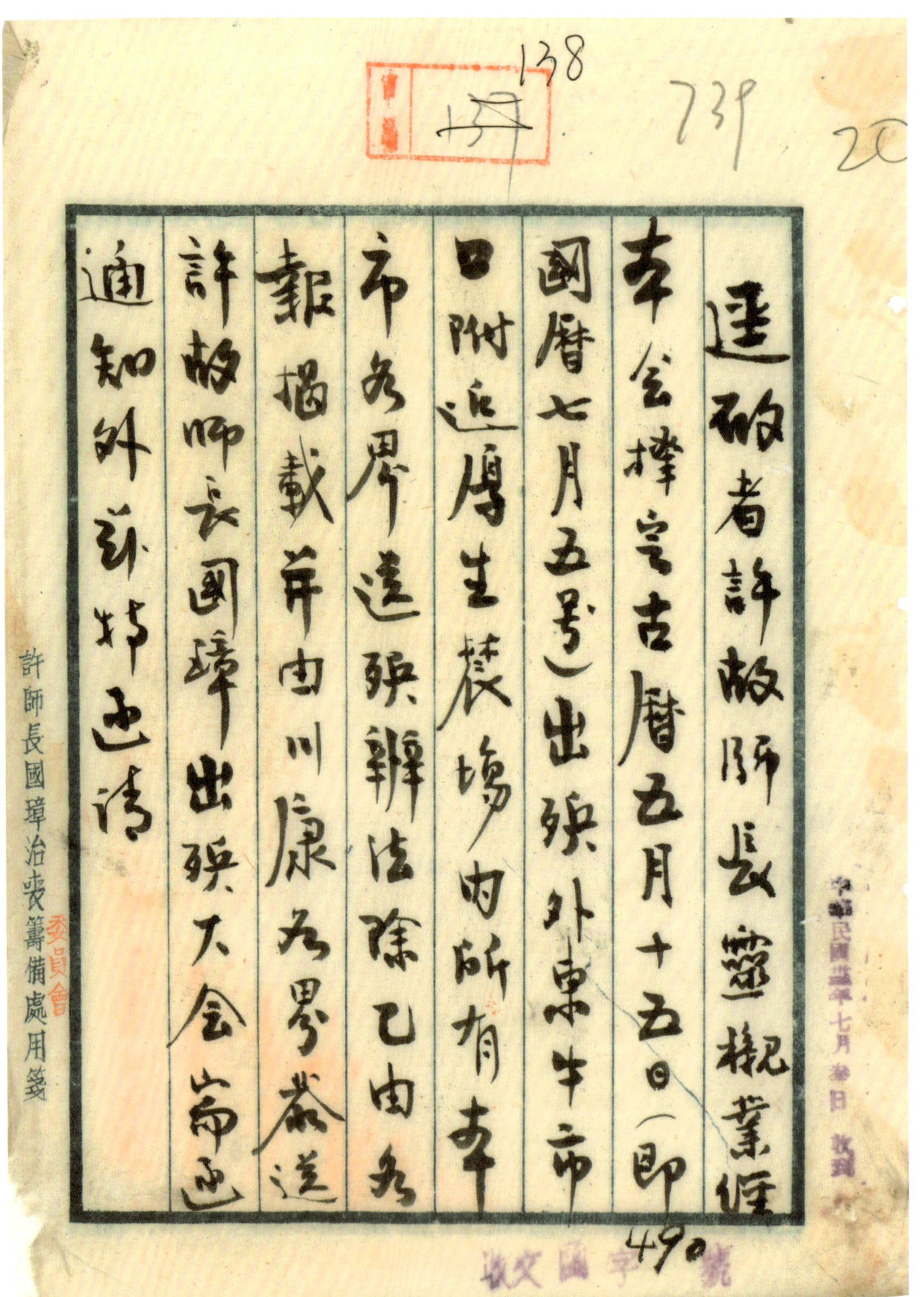

逕啟者：許故師長靈櫬業經本会擇定古曆五月十五日（即國曆七月五號）出殯外東牛市口附近農場內，所有本市各界送殯辦法除已由各報揭載并由川康各界恭送許故師長國璋出殯大会函通知外，茲特函請

許師長國璋治喪籌備處用箋

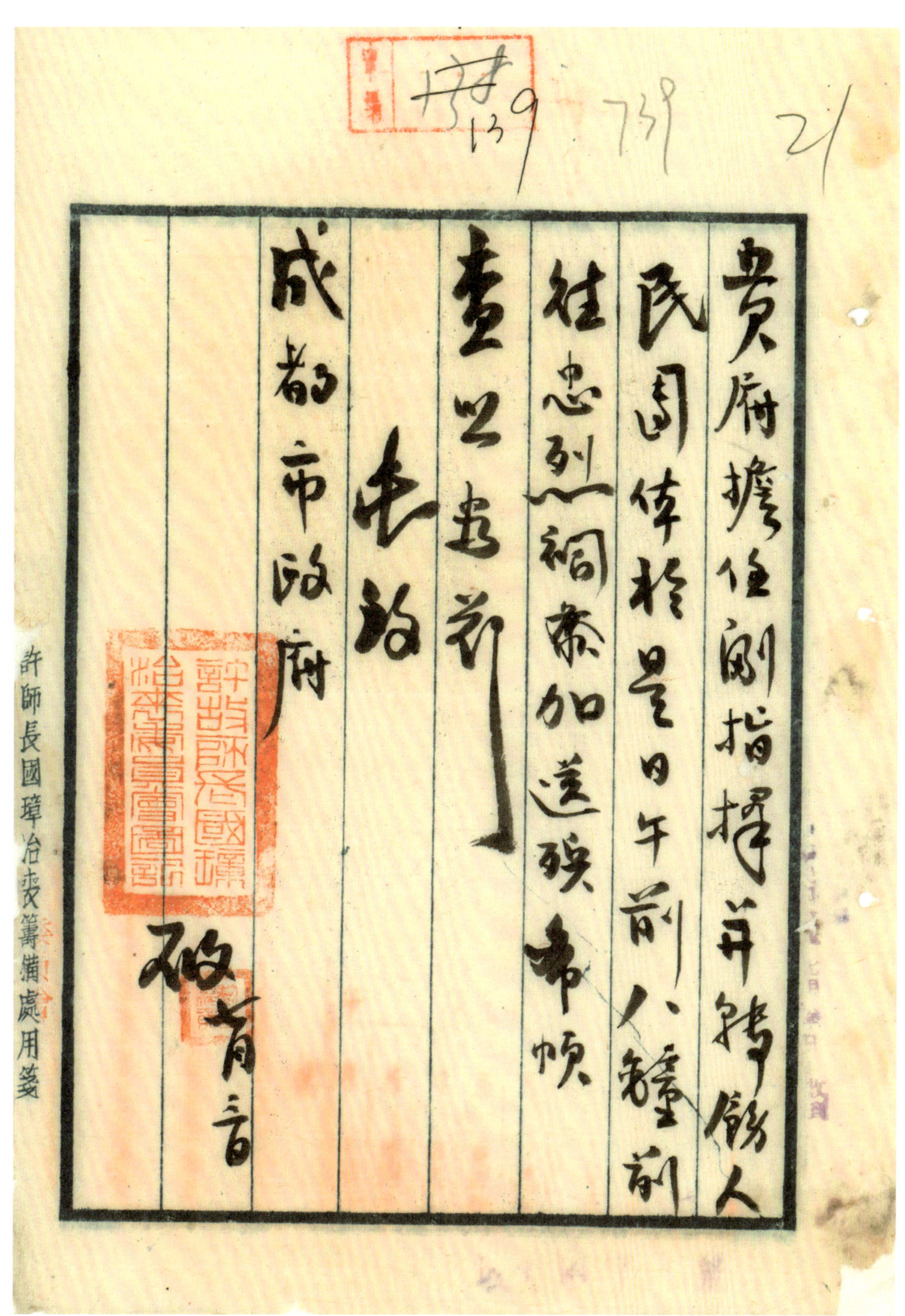

139 739 21

貴府擔任總指揮并轉飭人

民團体於是日午前八鐘前

往忠烈祠參加送殯為幸

查照為荷

此致

成都市政府

[illegible]

許師長國璋治喪籌備處用箋

「四川省会各界迎接许故师长国璋灵榇、追悼湘鄂会战阵亡将士大会筹备会」关于许国璋出殡相关事宜致成都市政府的函（一九四四年七月四日）

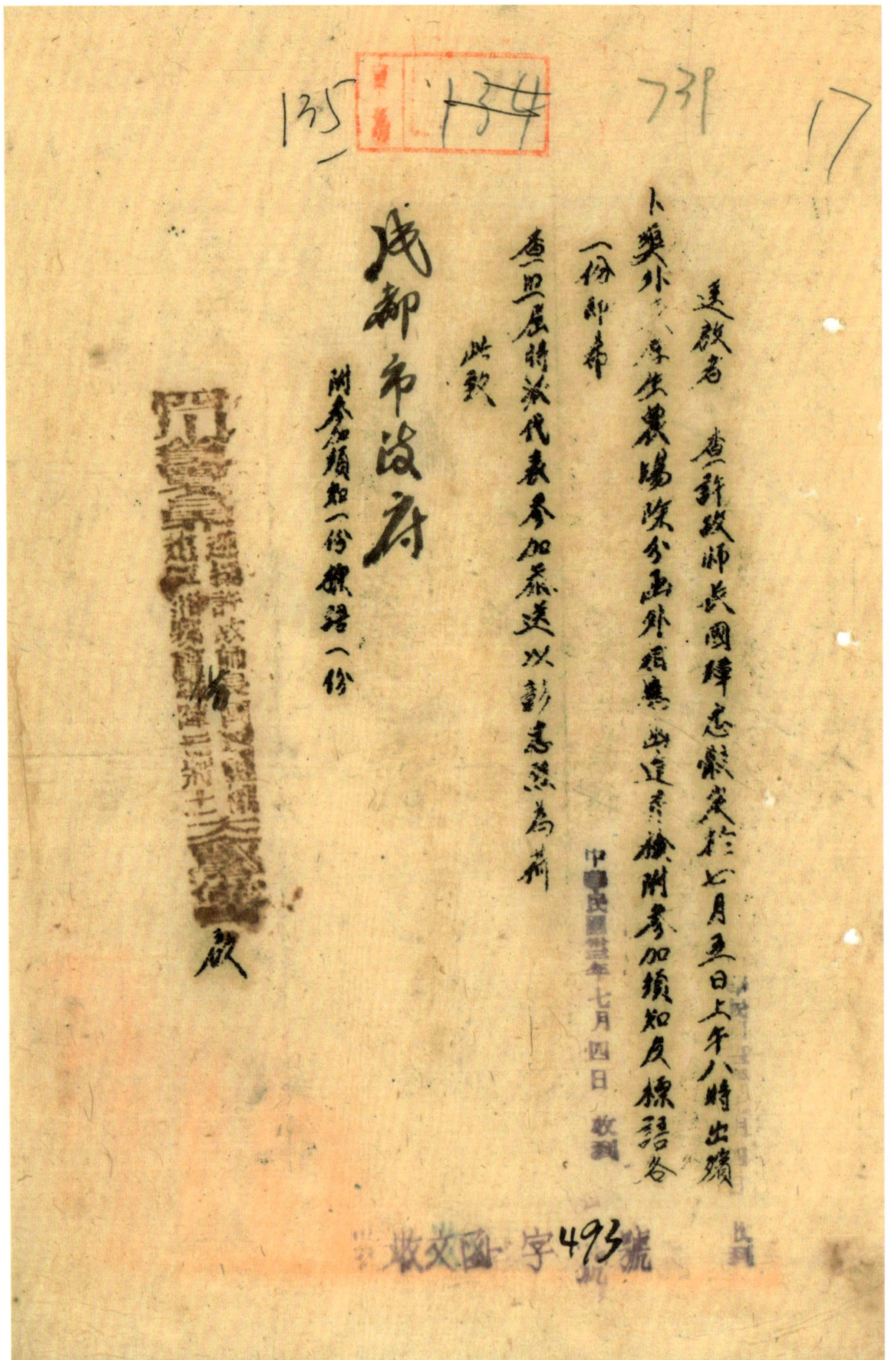

逕啟者：查許故師長國璋靈櫬定於七月五日上午八時出殯，卜葬外[illegible]學生農場。除分函外，相應函達，檢附參加須知及標語各一份，即希

查照屆時派代表參加恭送，以彰忠烈為荷。

此致

成都市政府

附參加須知一份、標語一份

四川省會各界迎接許故師長國璋靈櫬追悼湘鄂會戰陣亡將士大會籌備會 啟

中華民國卅三年七月四日 收到

收文函字493號

附：川康各界恭送许故师长国璋出殡大会参加须知

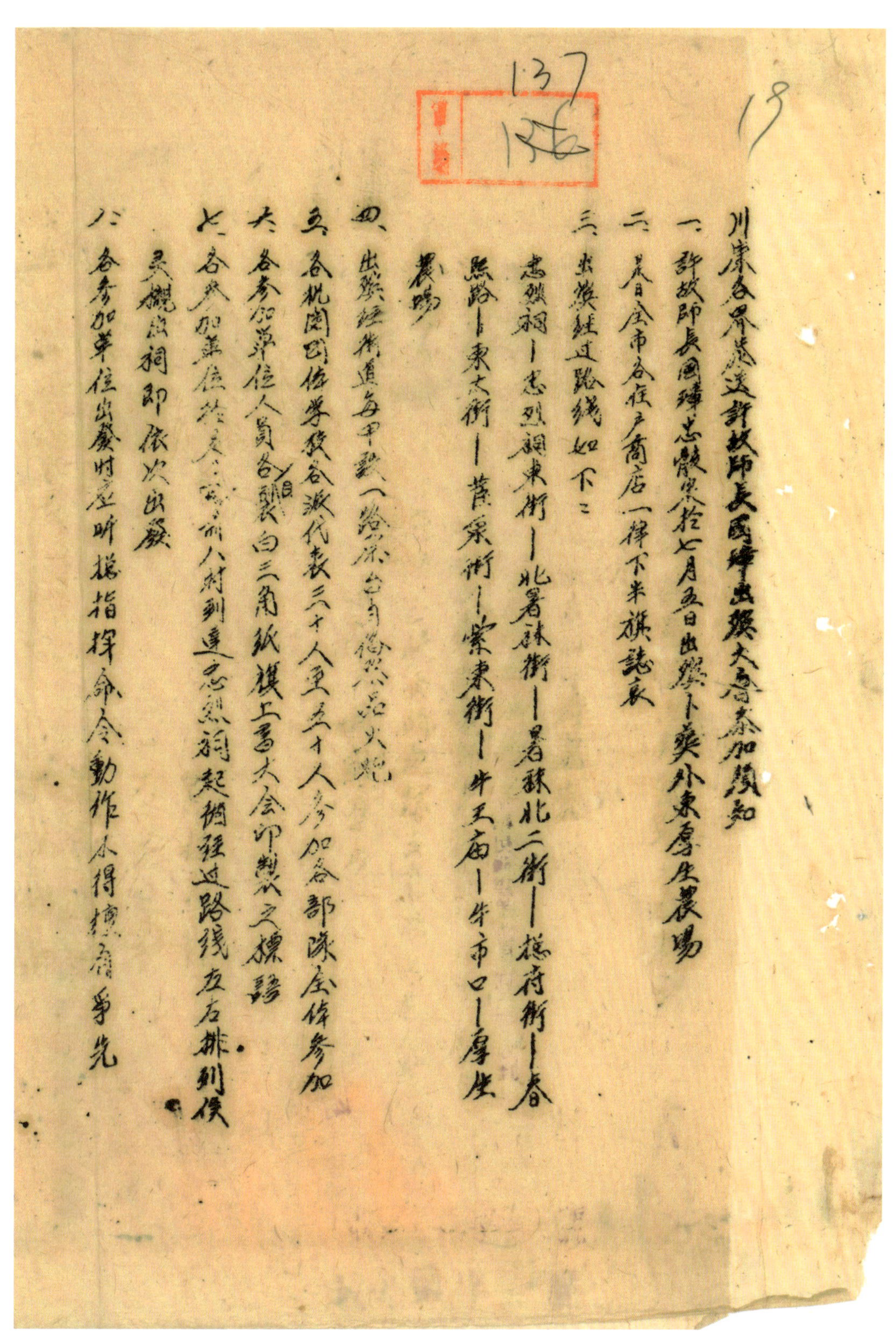

川康各界恭送許故師長國璋出殯大會參加須知

一、許故師長國璋忠骸準於七月五日出殯下葬外東厚生農場

二、是日全市各住戶商店一律下半旗誌哀

三、出殯經過路綫如下：

忠烈祠—忠烈祠東街—北署襪街—署襪北二街—總府街—春熙路—東大街—黃采街—紫東街—牛王廟—牛市口—厚生農場

四、出殯經行街道每甲設一路祭由自備香燭火炮

五、各機關團体學校各派代表三十人至五十人參加各部隊全体參加

六、各參加單位人員各佩白三角紙旗上書大會印製之標語

七、各參加單位於是日上午八時到達忠烈祠起棺經過路綫左右排列候靈櫬出祠即依次出發

八、各參加單位出發時應聽總指揮命令動作不得擅自爭先

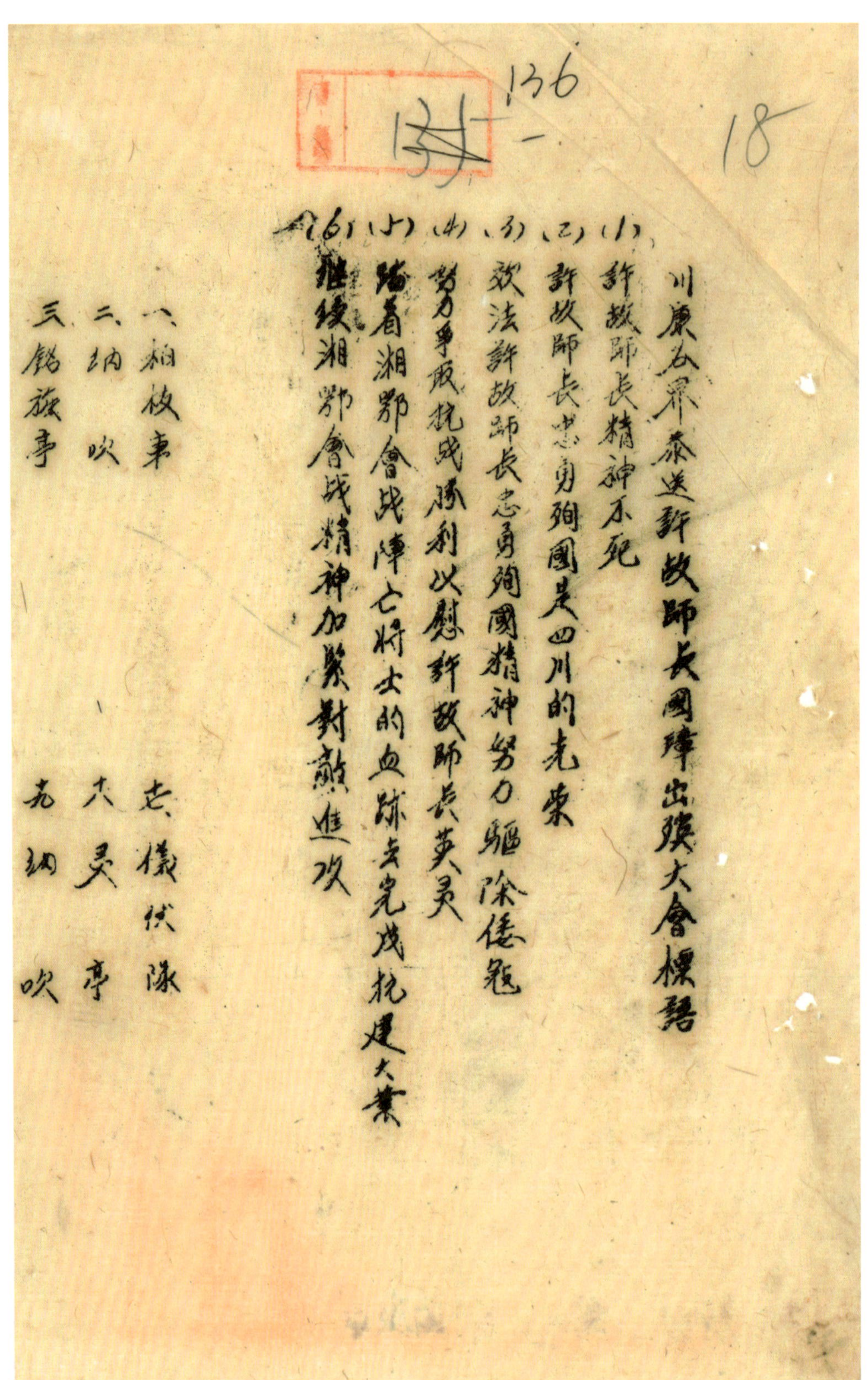

川康各界恭送許故師長國殤出殯大會標語

(1) 許故師長精神不死

(2) 許故師長忠勇殉國是四川的光榮

(3) 效法許故師長忠勇殉國精神努力驅除倭寇

(4) 努力爭取抗戰勝利以慰許故師長英靈

(5) 踏着湘鄂會戰陣亡將士的血跡去完成抗建大業

(6) 繼續湘鄂會戰精神加緊對敵進攻

一、柏板車　　七、儀仗隊

二、納吹　　八、灵亭

三、銘旌亭　　九、細吹

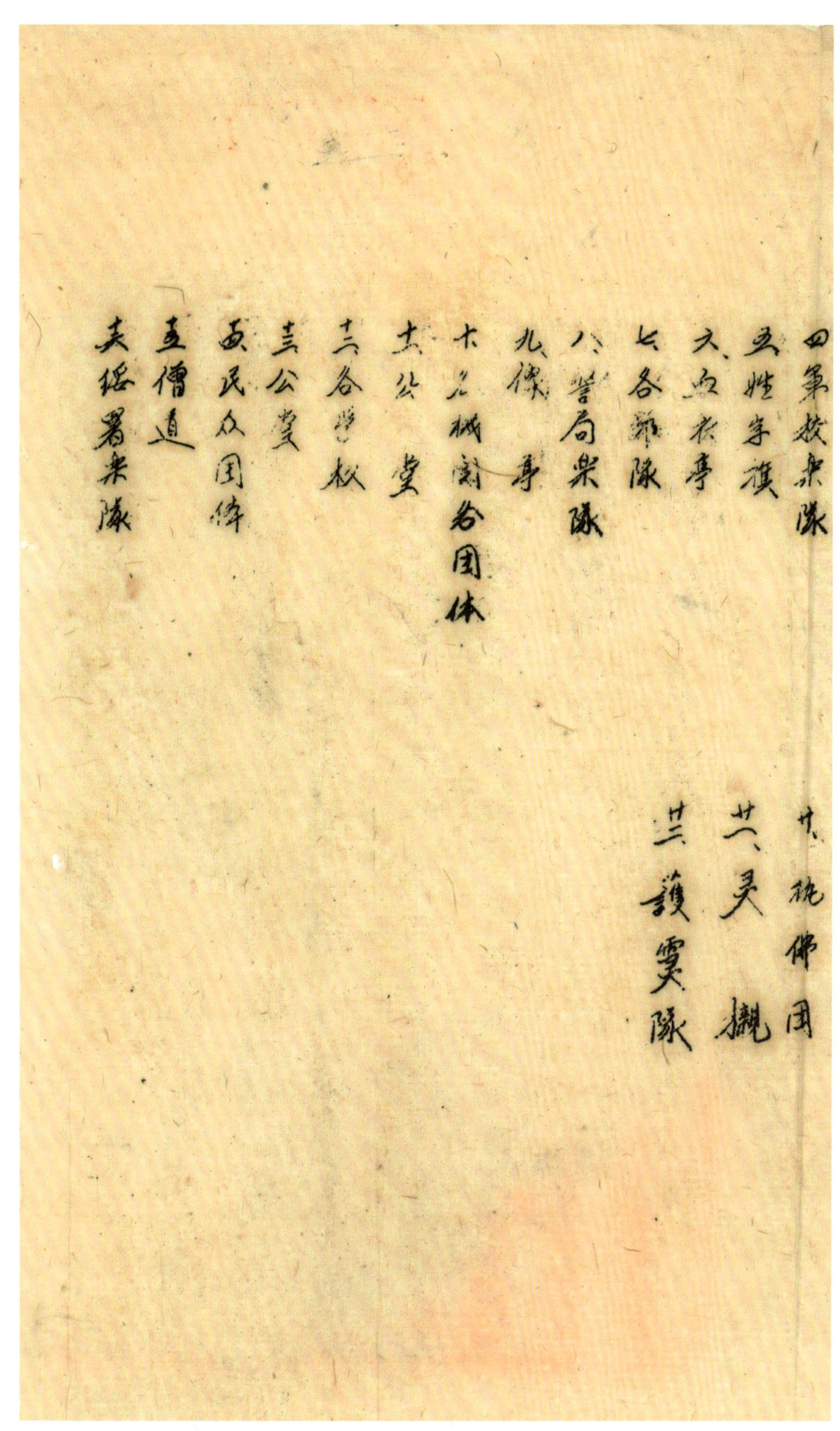
四、第校乐队
五、姓字旗
六、血衣亭
七、各鄉队
八、警局乐队
九、像亭
十、名机关各团体
十一、公堂
十二、各学校
十三、公奠
十四、民众团体
十五、傳道
十六、鑼鼓乐队

廿、挽佛团
廿一、灵櫬
廿二、護靈队

国民政府军委会抚恤委员会关于检发故员许国璋恤令及军人户籍调查表等致成都市政府的代电

（一九四四年七月十五日）

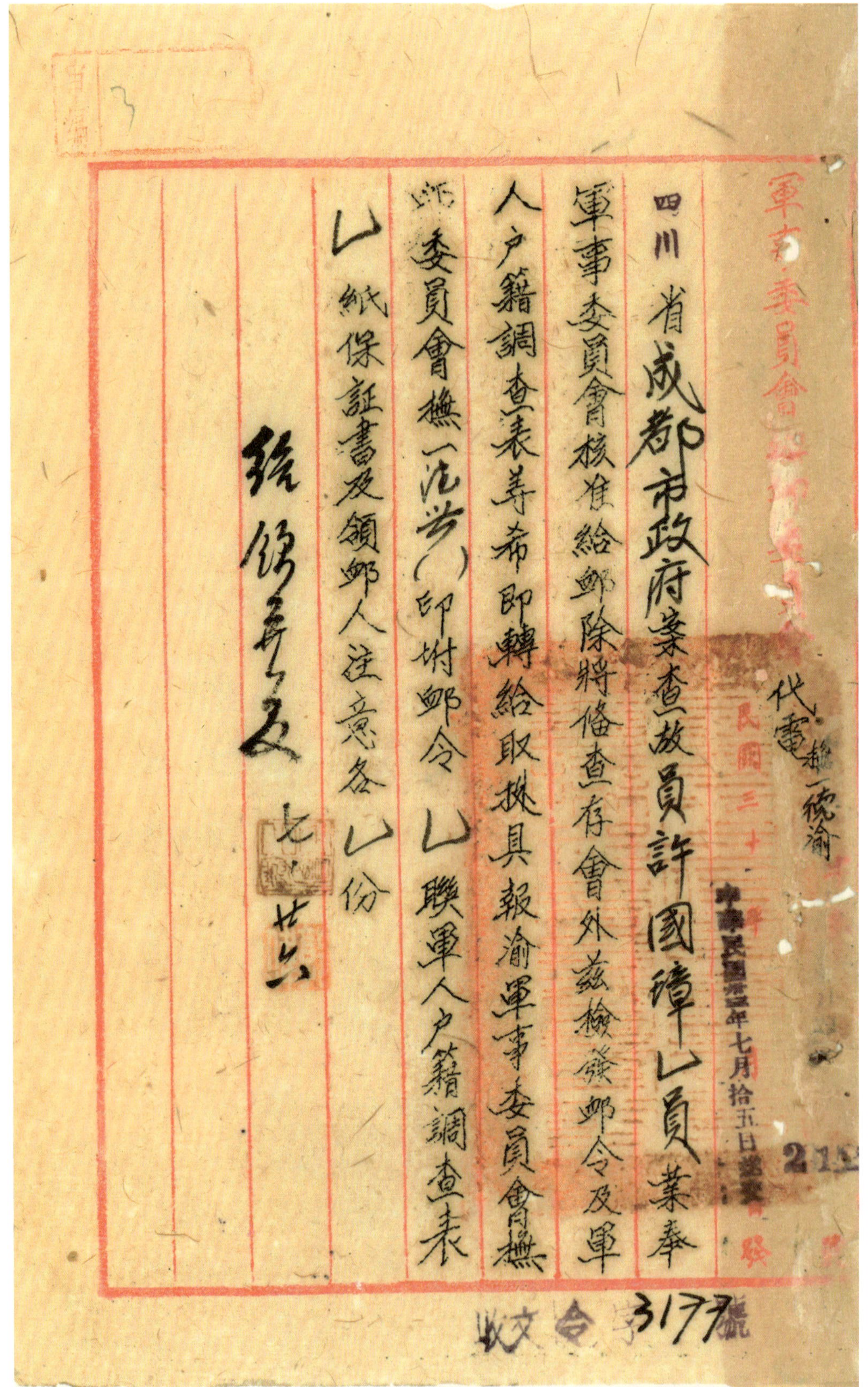

成都市政府关于检发故员许国璋恤令等致许周氏的通知及致国民政府军委会抚恤委员会的呈（一九四四年八月十二日）

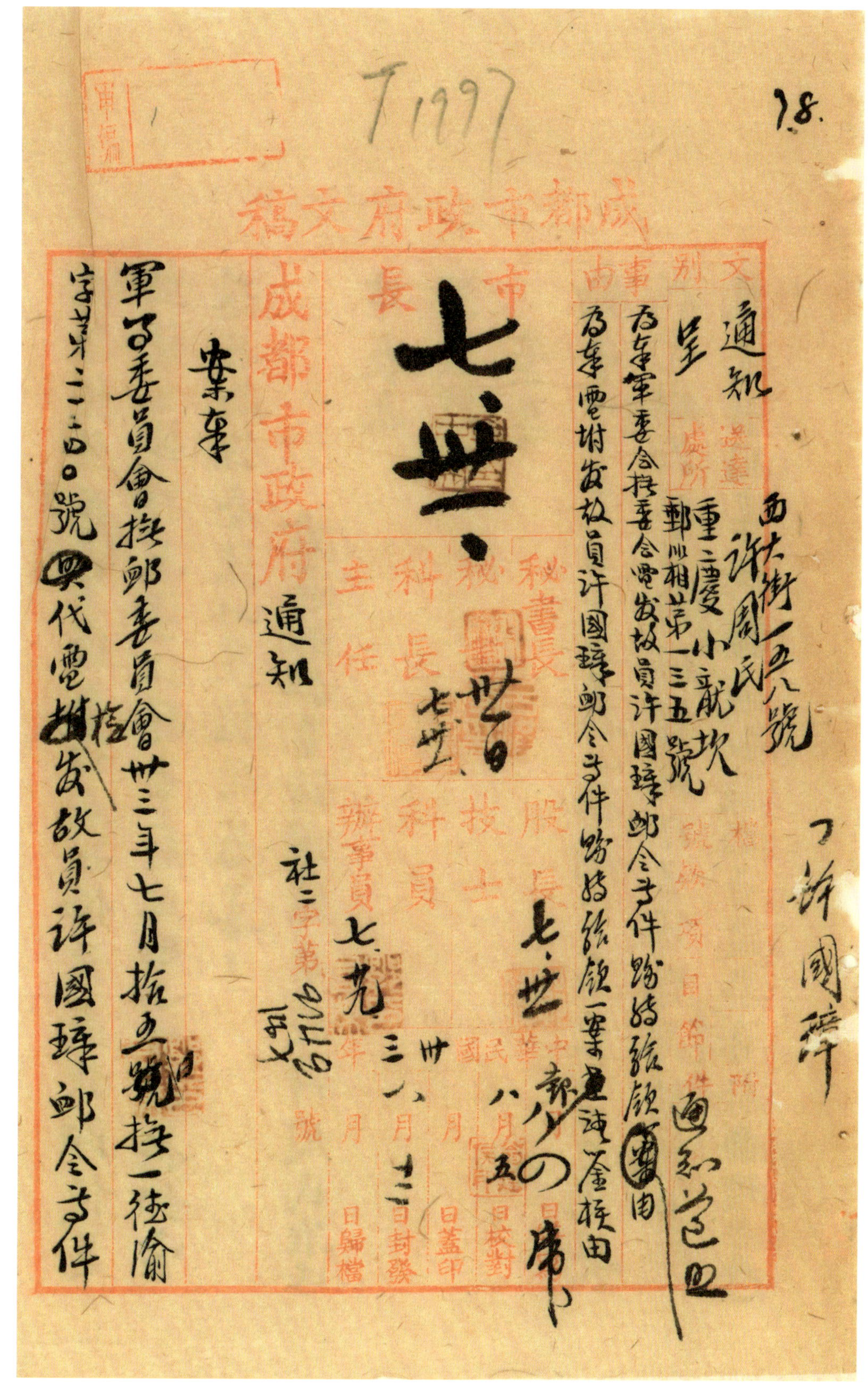

飭轉給領[illegible]下府合行通知仰該遺族即便逕
迴赴日升外东望江樓本府臨時办公處掣卹字
填具領條各結以憑給領為要！

右通知故員許國璋遺族許周氏准此

市長余

呈文稿

案奉

鈞會卅三年七月十四日掣一徵渝字第二一二四〇號吳
代電抄發故員許國璋卹令等件飭即轉給具領
見復等因奉此除通知該故員遺族承領外理合具

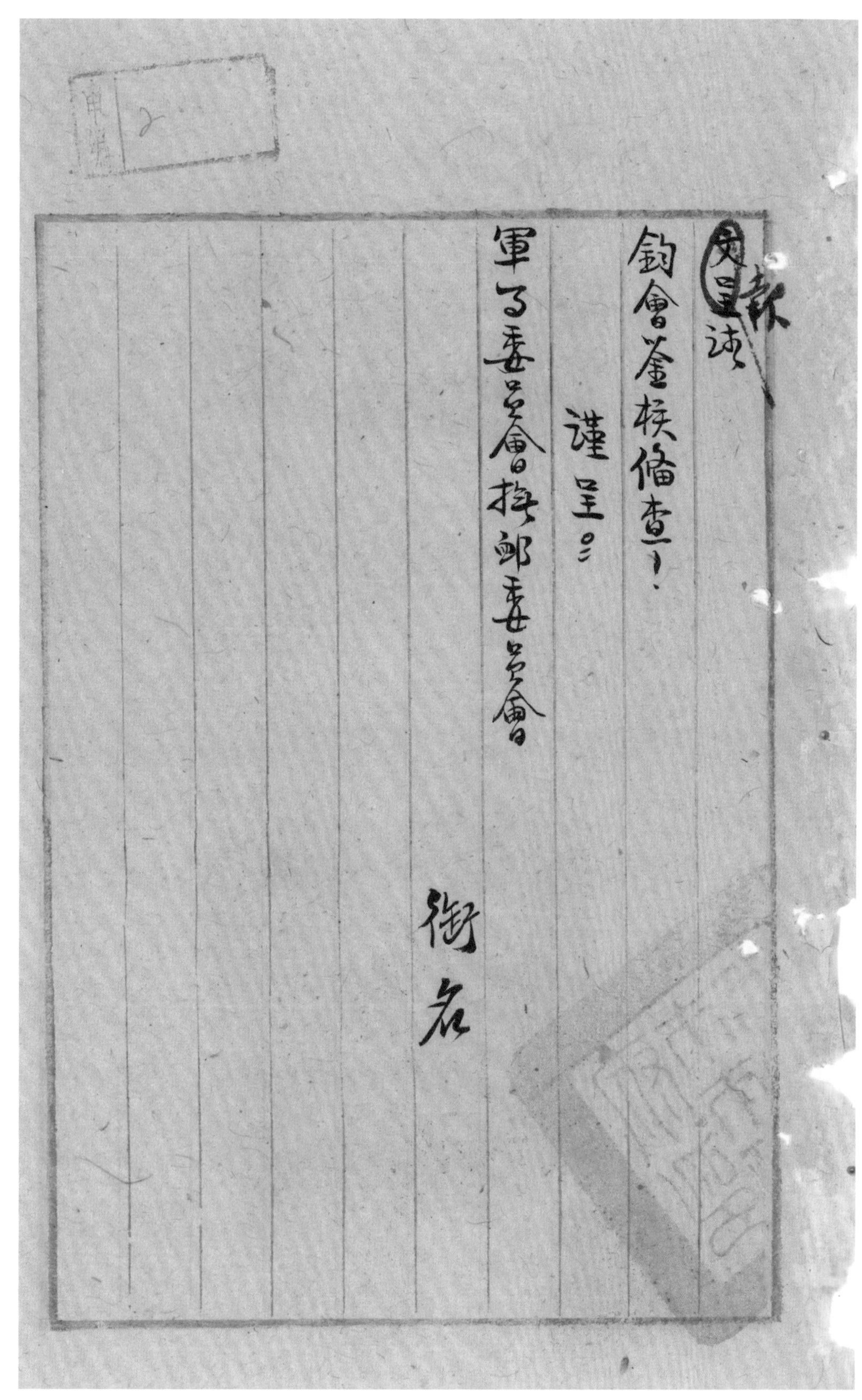

鈞會鑒核備查。

謹呈

軍事委員會撫卹委員會

銜名

许周氏关于承领成都市政府发给故员许国璋抚恤令的收据（一九四四年八月二十五日）

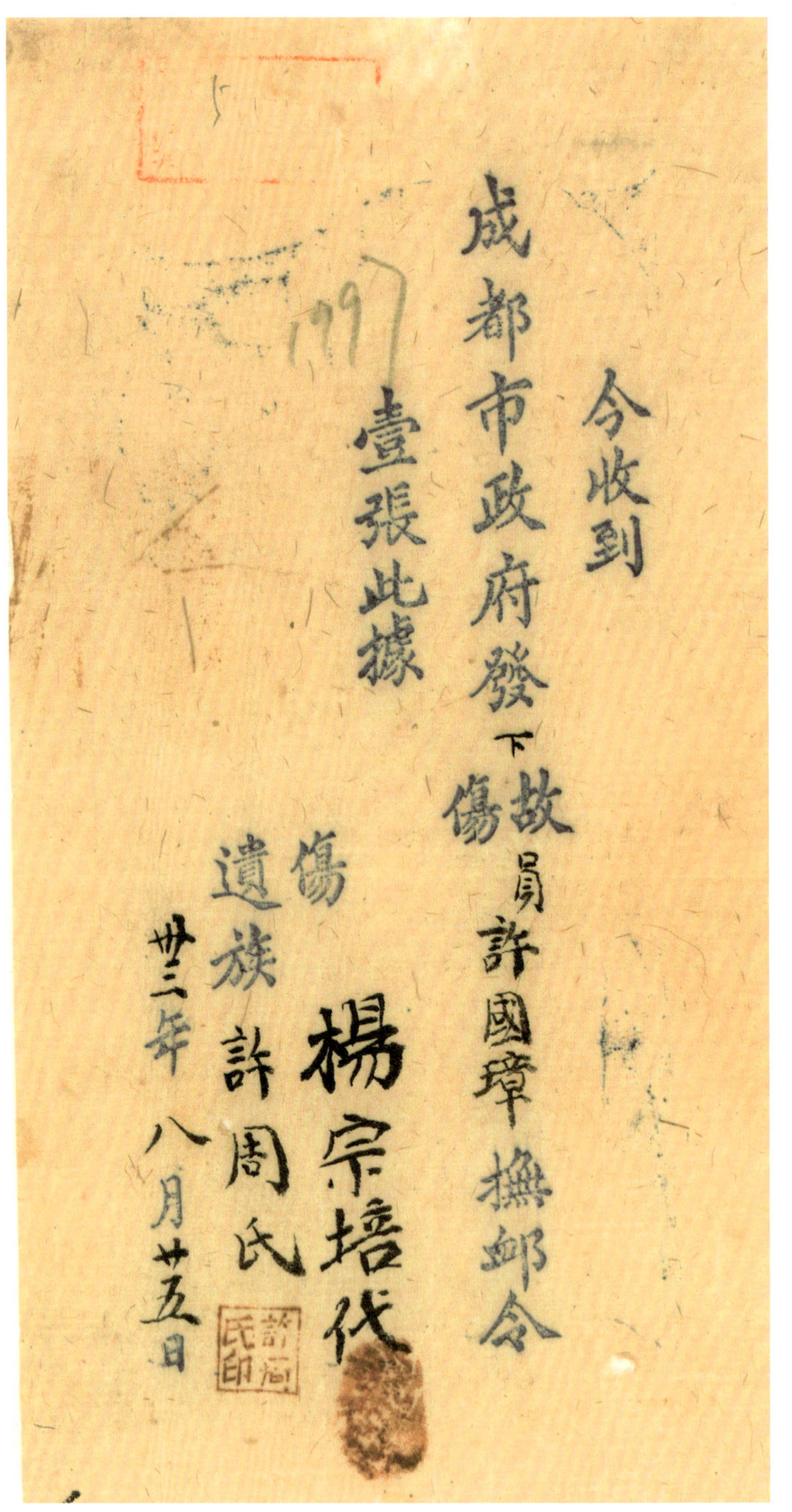
1297

今收到

成都市政府發下故傷員許國璋撫卹令壹張此據

傷遺族許周氏
楊宗培代

卅三年八月廿五日

成都市政府关于送核故员许国璋户籍表册等致国民政府军委会抚恤委员会的呈（一九四四年九月五日）

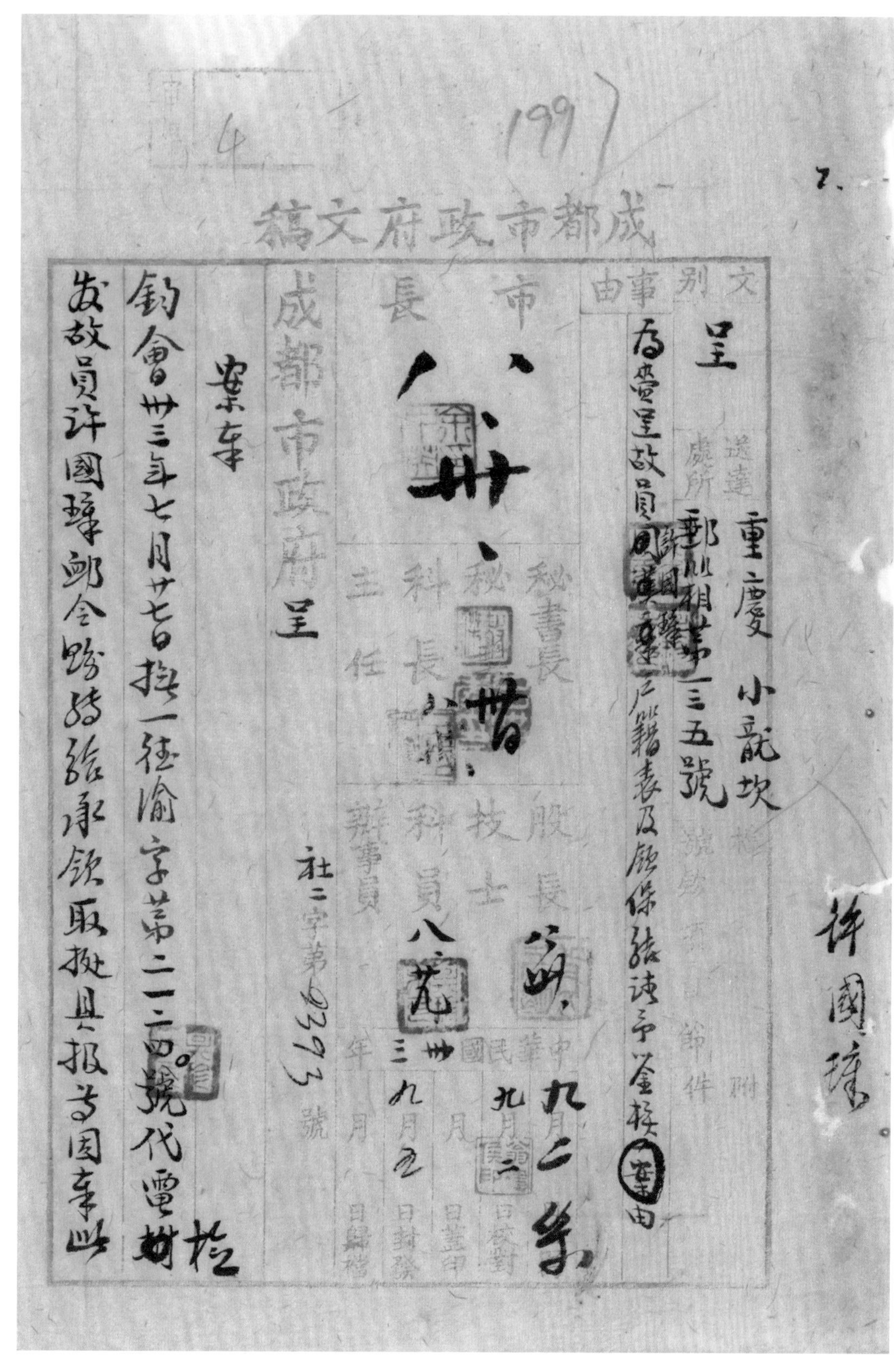

成都市政府文稿

文别：呈

事由：為賫呈故員許國璋户籍表及領恤證請予鑒核由

送達處所：重慶小龍坎

市長

秘書長

科長

主任

股長

技士

科員

辦事員

成都市政府呈　社二字第9393號

案奉
鈞會卅三年七月廿七日撫一征渝字第二一三四號代電飭發故員許國璋卹令略開轉飭承領取據具報等因奉此

並即通知該故員遺族承領去訖茲據該遺族許周氏
檢呈領保結請予核發郵令等情前來查核尚無不合
除將郵令發給户籍表冊及領保結各提一份備案户
籍表冊並加蓋印信外理合檢同故員許國璋現役
軍人户籍表冊及領保結各一份一併隨文賫呈
鈞會鑒核備查！
謹呈
軍事委員會撫卹委員會
計呈故員許國璋户籍表冊及領保結各一份
銜名

附：故员许国璋现役军人户籍调查表

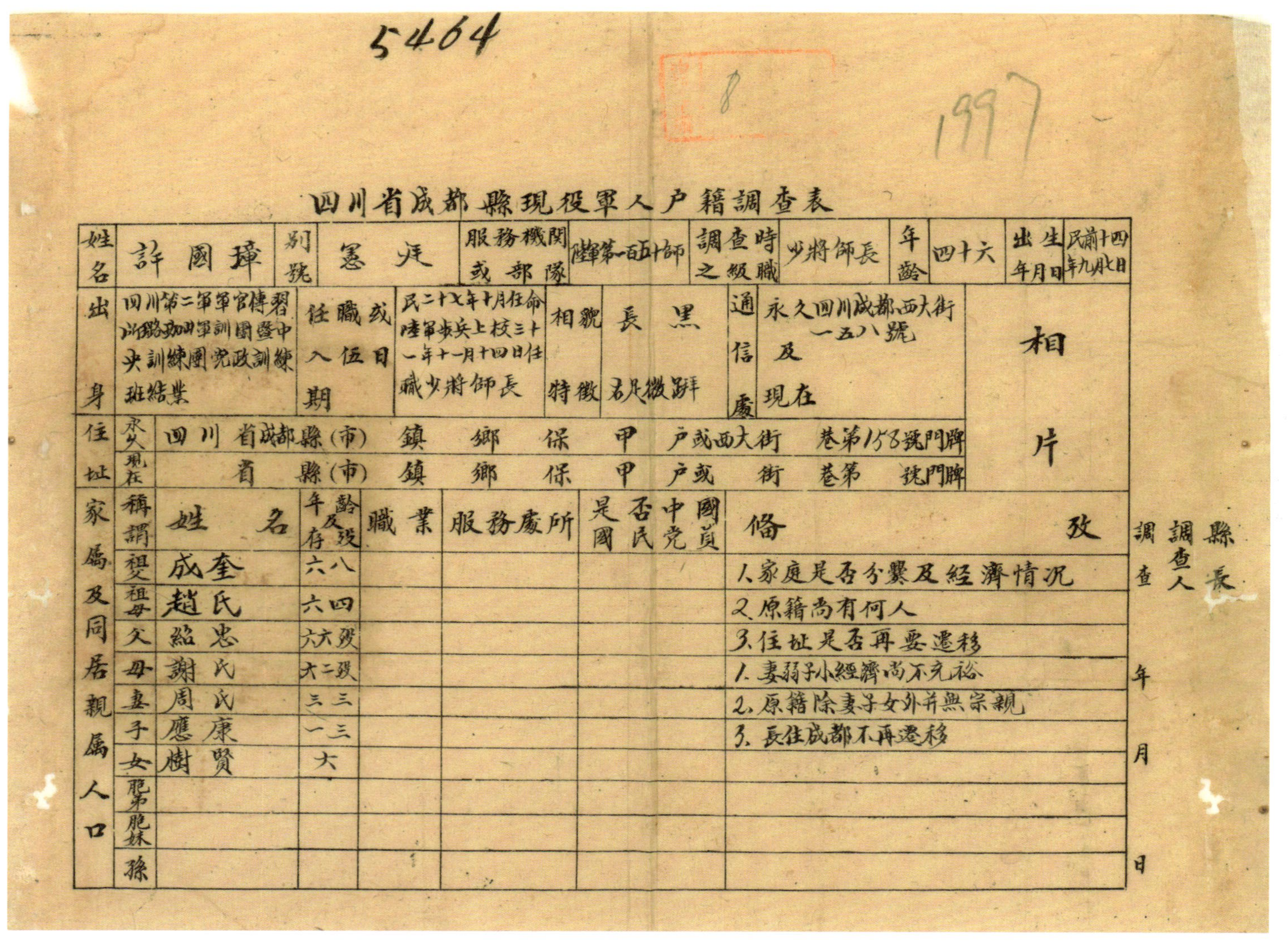

5464

8

1997

四川省成都縣現役軍人户籍調查表

姓名	許國璋	别號	憲廷	服務機關或部隊	陸軍第一百五十師	調查時之級職	少將師長	年齡	四十六	出生年月日	民前十四年九月七日
出身	四川第二軍軍官傳習所暨峨嵋軍訓團暨中央訓練團黨政訓練班結業	任職或入伍日期	民二十七年十月任命陸軍步兵上校三十一年十一月十四日任職少將師長	相貌特徵	長黑 右足微跛	通信處	永久 四川成都西大街一五八號 及現在			相片	

住址	
永久	四川省成都縣(市) 鎮 鄉 保 甲 户或西大街 巷第158號門牌
現在	省 縣(市) 鎮 鄉 保 甲 户或 街 巷第 號門牌

家屬及同居親屬人口 稱謂	姓名	年齡及存歿	職業	服務處所	是否中國國民黨員	備考
祖父	成奎	六八				1.家庭是否分爨及經濟情況
祖母	趙氏	六四				2.原籍尚有何人
父	紹忠	六六歿				3.住址是否再要遷移
母	謝氏	六二歿				1.妻弱子小經濟尚不充裕
妻	周氏	三三				2.原籍除妻子女外并無宗親
子	應康	一三				3.長住成都不再遷移
女	樹賢	六				
兄弟						
姊妹						
孫						

調查人 縣長

調查 年 月 日

附：故员许国璋死亡官员现役军人户籍调查表清册（一九四四年八月）

补送死亡官兵現役軍人戶籍調查表清冊

番號	職級	姓名	死亡事由	死亡種類	死亡年月	死亡地點	備考
陸軍第一五〇師	少將師長	許國璋	抗戰	陣亡	卅二年十一月	湖南	

中華民國卅三年八月　日

成都市市長余○○

附：许周氏关于承领故员许国璋恤令的领结（一九四四年八月）

具領結人許周氏年三十四歲四川成都人現住成都市
西大街第壹伍捌號實領得
鈞發下故員許國璋撫卹令一張計應領一次卹
金弍仟元年撫金柒百元除另具保結外中
間不虛具領結是實

中華民國卅三年八月　日

具領結人許周氏（簽名蓋章）

附：李柏轩关于许周氏承领恤金的保结

具保結人李柏軒住成都市西大街第壹陸零號

實保得故員許國璋

鈞發下

撫卹令一張計一次卹金貳仟　元年撫金

柒佰　元由該故員家妻許周氏　承領中間不虛

具保結是實

中華民國卅三年八月　日

具保結人李柏軒（簽名蓋章）

保長松協生（簽名蓋章）

成都市政府为铸造许国璋等铜像官价购买精铜致川康铜矿管理局的公函（一九四四年十月四日）

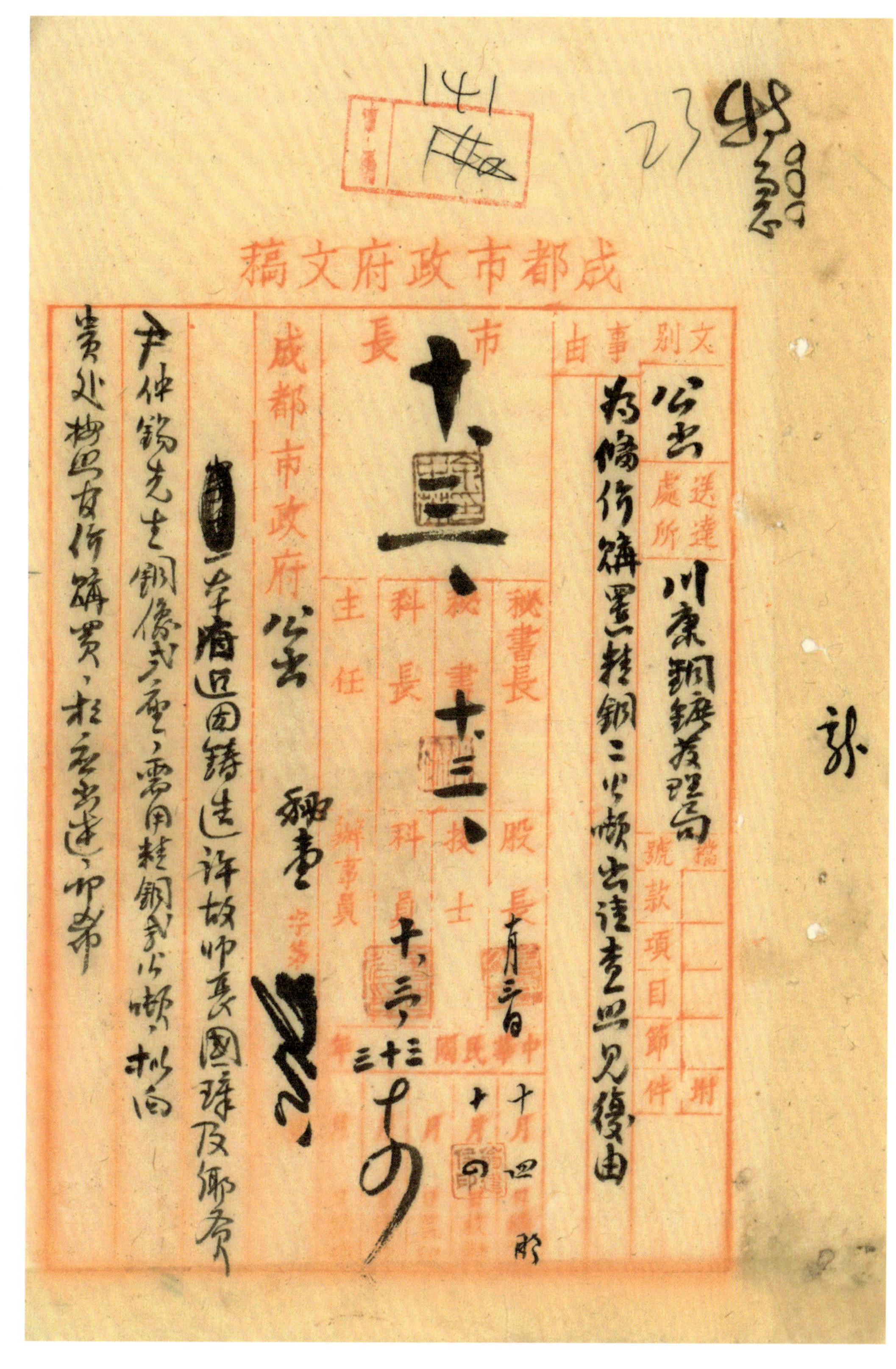

成都市政府文稿

文别：公函

事由：为备价购买精铜二公吨，函请查照见复由

送达处所：川康铜矿管理局

市长　秘书长　秘书　科长　股长　主任　科员　办事员　技士

成都市政府公函

[illegible]近因铸造许故师长国璋及乡贤尹仲锡先生铜像式座，需用精铜贰公吨，拟向贵处按照官价购买，相应函达，即希

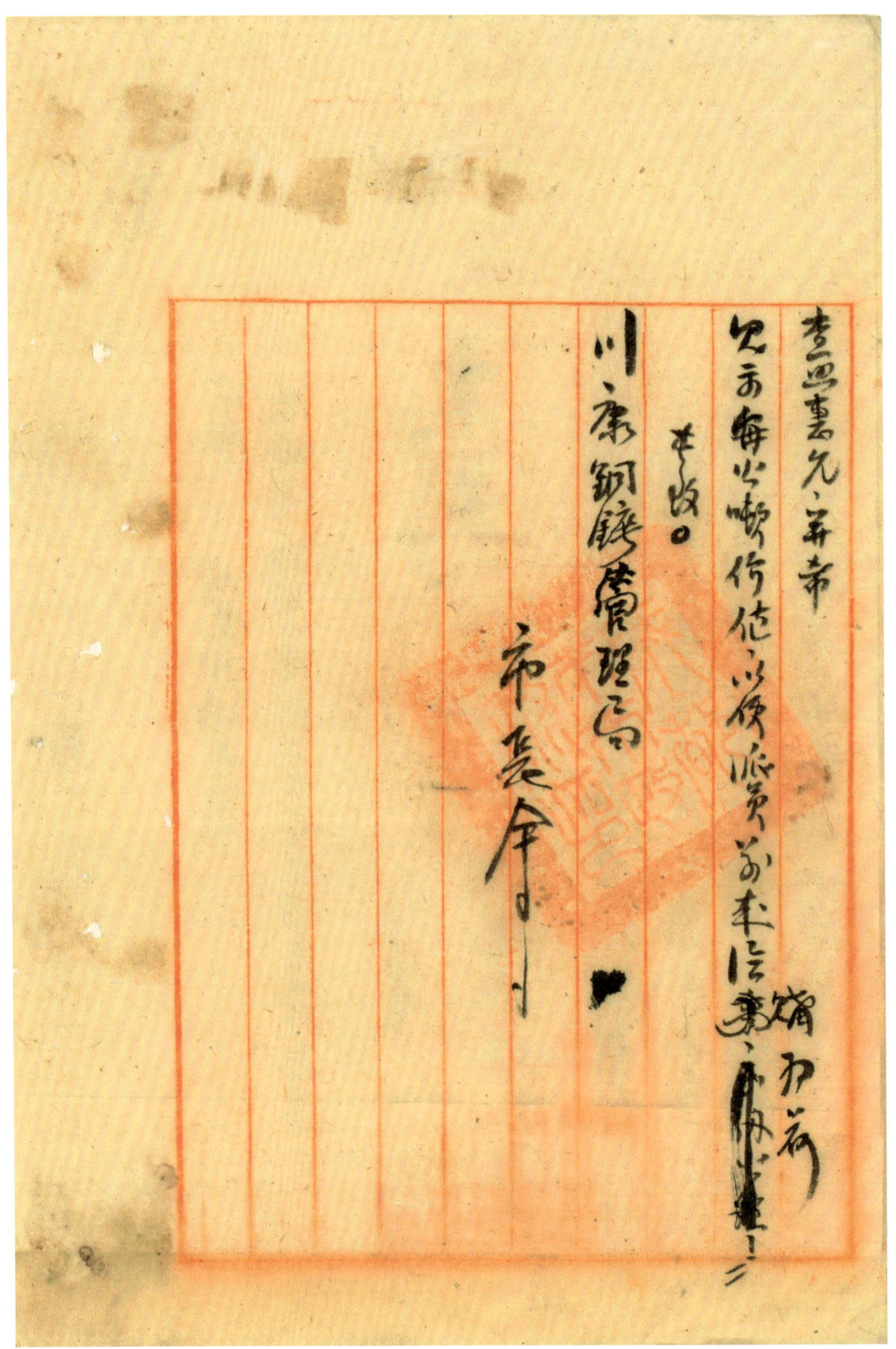

查照惠允，并希
见示每次应付价值，以便派员前来洽[illegible]，[illegible]办为荷
等由。
川康铜铁管理局
市长余[illegible]

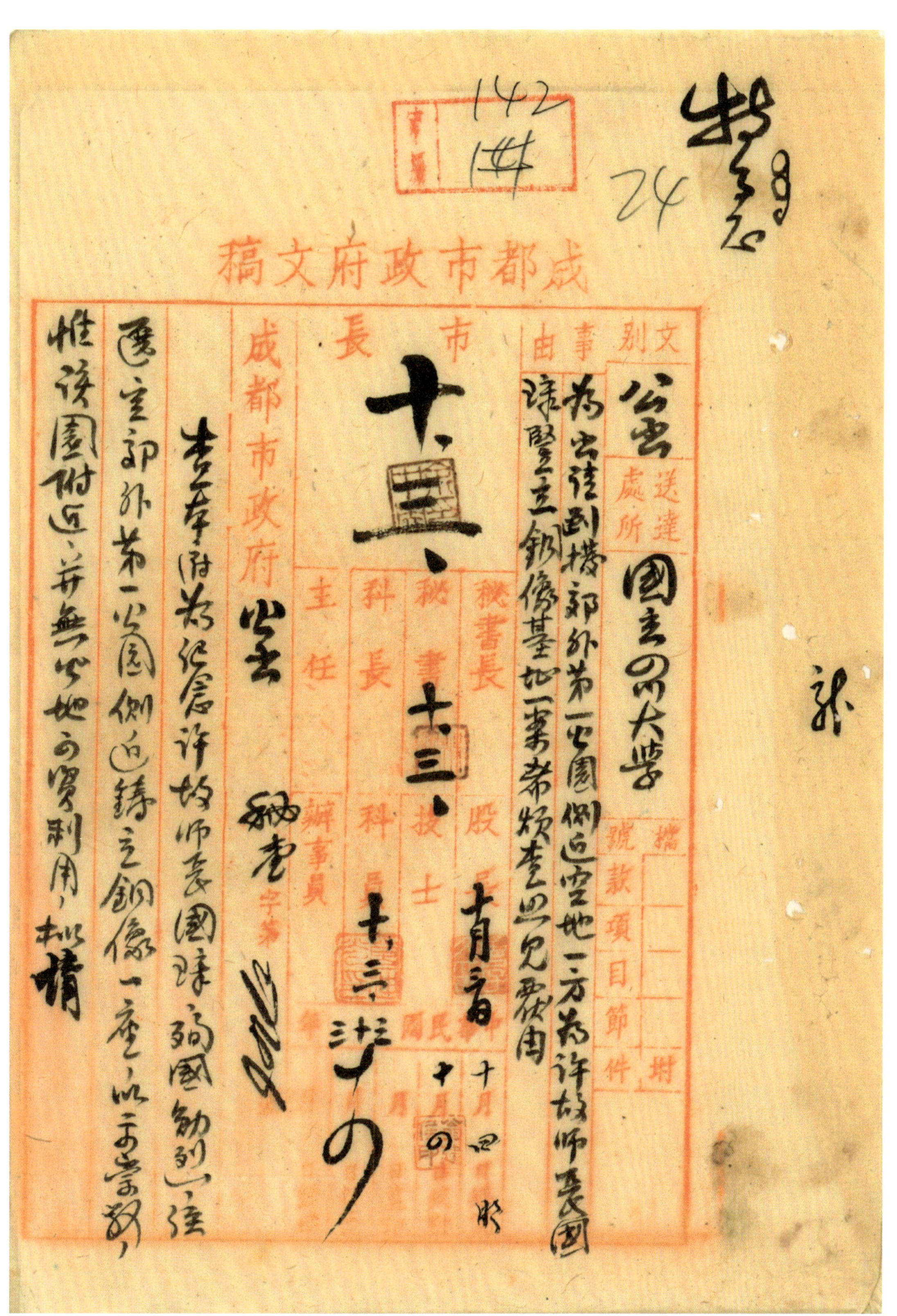

成都市政府文稿

文別	公函
事由	為呈請劃撥郊外第一公園側近空地一方為許故師長國璋建立銅像基地一案希煩查照見覆由
送達處所	國立四川大學

市長 十三、

秘書長　秘書 十三、　主任　科長　技士　辦事員　十月四日

成都市政府公函　秘書字第　號

查本府為紀念許故師長國璋殉國勳烈，經選定郊外第一公園側近鑄立銅像一座，以示崇敬，惟該園附近並無空地可資利用，擬請[illegible]

成都市政府为树许国璋铜像请划拨空地致国立四川大学的公函（一九四四年十月四日）

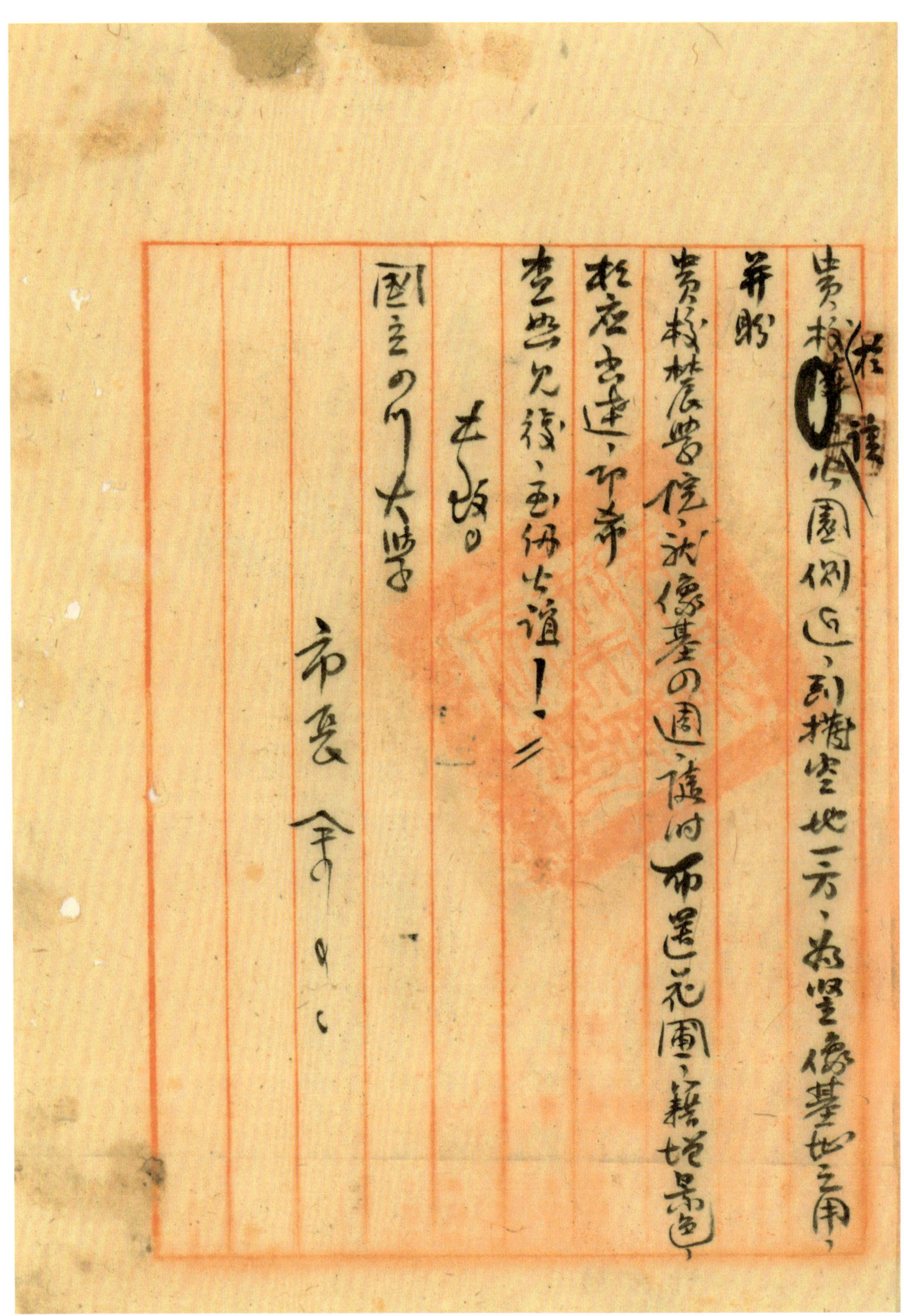

贵校校园侧近，划拨空地一方，为竖像基地之用，

并盼

贵校林农学院设计像基四周边缘，布置花圃，藉增景色，

校容壮观，即希

查照见复，至纫公谊！

此致

国立四川大学

市长 余中英

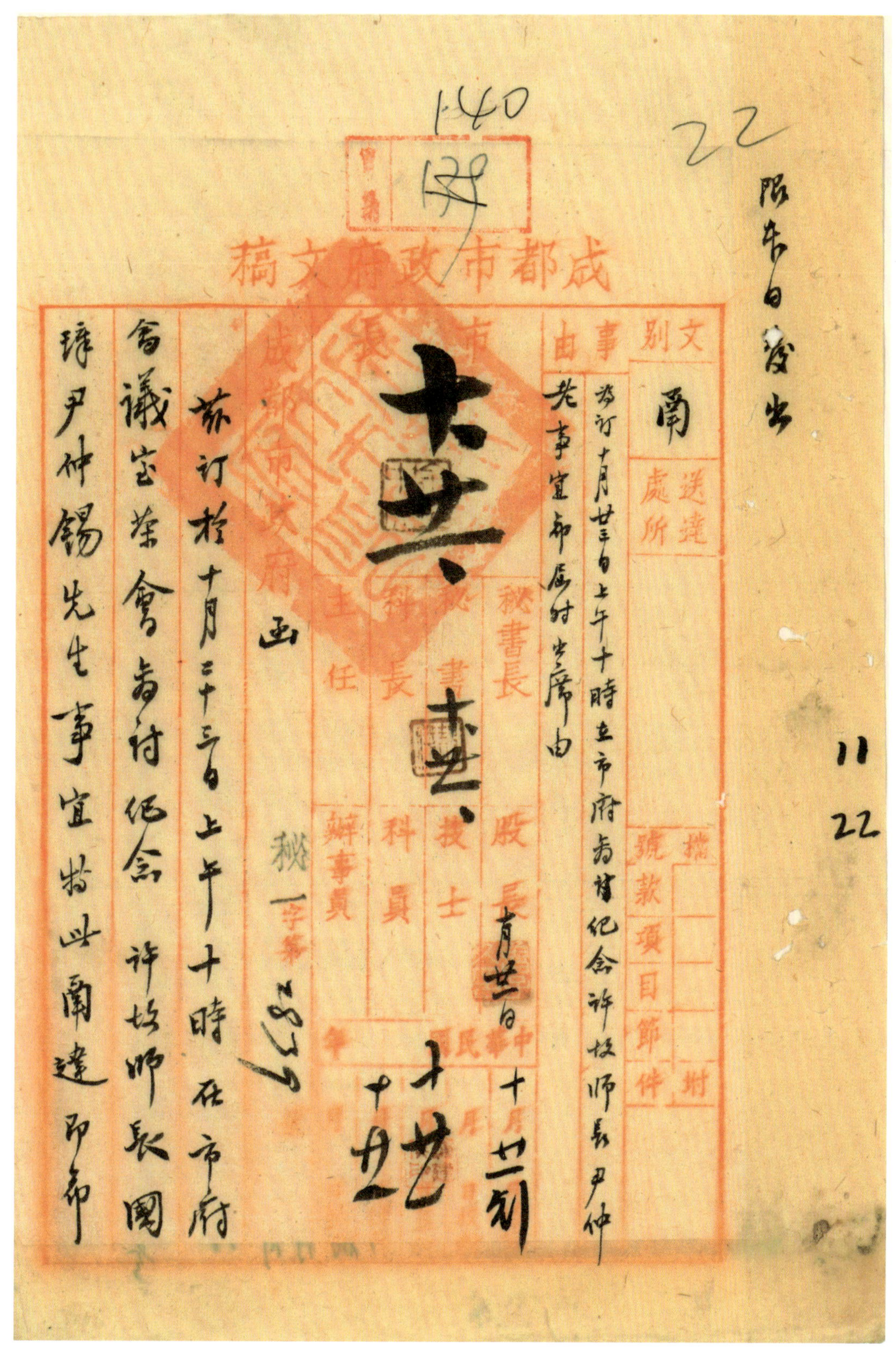

成都市政府文稿

文别：函

事由：为订十月廿三日上午十时在市府商讨纪念许故师长尹仲锡先生事宜希届时出席由

兹订於十月二十三日上午十时在市府会议室茶会商讨纪念许故师长国璋尹仲锡先生事宜特此函达即希

成都市政府关于商讨纪念许国璋等人事宜致许夫人等的函（一九四四年十月二十一日）

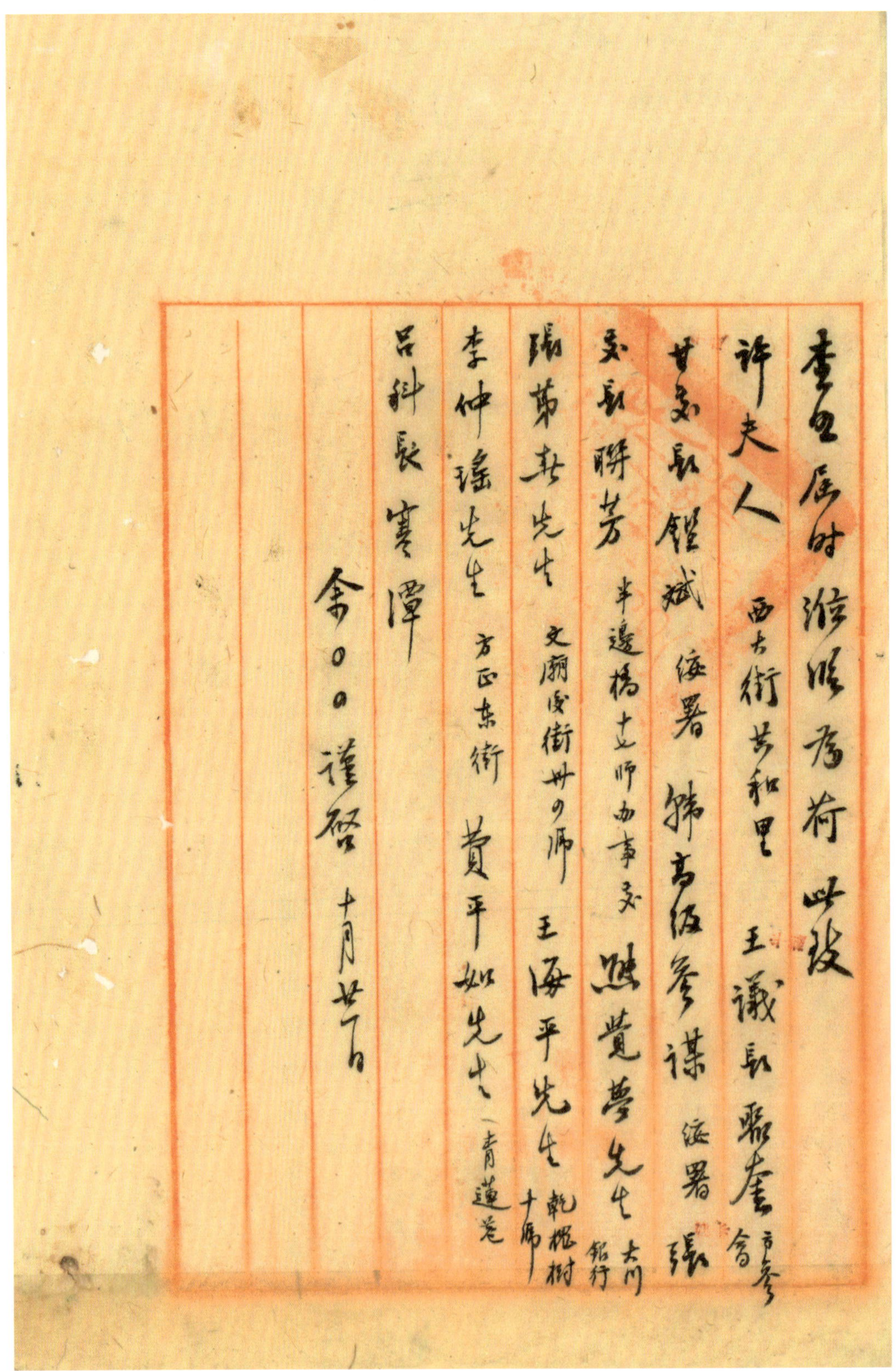

查[illegible]所附[illegible][illegible]为荷　此致

许夫人　西大街升和里　王议长[illegible]庵　市参会

甘处长[illegible]斌　绥署　韩高级参谋　绥署　张

处长联芳　半边桥十七师办事处　姚览梦先生　大川银行

张[illegible]楼先生　文庙后街卅四号　王海平先生　干槐树十号

李仲瑶先生　方正东街　费平如先生　青莲巷

吕科长[illegible]谭

余〇〇谨启　十月廿日

八、李青云、曾安定等

成都市防护团关于发给殉职团员宋荣华等恤金时请代扣该团垫发第一次恤金以便归垫致成都市政府的公函（一九四一年九月二十日）

成都市防護團公函

事由：為請于發給殉職團員宋榮華等卹金時請代扣本團墊發第一次卹金以便歸墊由

擬辦：照辦并復 九、廿

決定辦法：

備考：

附件

函咨

中華民國卅年九月廿日發

年 月 日 時到

收文函字第1312號

成都市防護團公函

三十年防護一字第五九一號

案查前准

貴府社字第零二四五號公函開：

「案查前准貴團函送廿九年十月四五十二日空襲殉職團隊員喻錫之等十一名請卹事宜表囑為查照辦理等由過府當經檢同原表轉呈　四川省政府請予核卹去訖兹奉本年民三字第七六二七號指令開呈件均悉該故團員等因公殉職核與人民守土傷亡撫卹實施辦法第三条第五款第四条第一款及第八条第一款之規定尚屬相符應給與各該故員遺族一次卹金八十元及年撫金五十元以十年

為限茲填發撫卹令十一紙仰即承領轉發取據呈復至該防護團先
行墊發一次卹金自屬不合以後仍應依照規定辦理應仰轉知為要
等因附發撫卹令十一紙奉此除將撫卹通知書一聯截存備案外相
應檢同原撫卹令十一紙連同領保結式樣一紙隨函送請查收即希
轉給承領應取具各受卹人領保結各三份一份存貴團一份轉省府
一份存本府以二份送由本府分别存轉至紉公誼仍希見復為荷
等由准此查殉職團員宋榮華曾定安李清云等遺族業將手續辦
理完善領去卹令第一次卹金早由本部墊發希於發給該員等遺族
卹金時將本團墊發第一次卹金共弍佰肆拾元正先行提扣并請函
知本團以便派員領取歸墊茲特檢附宋王氏曾蒲氏李趙氏等領

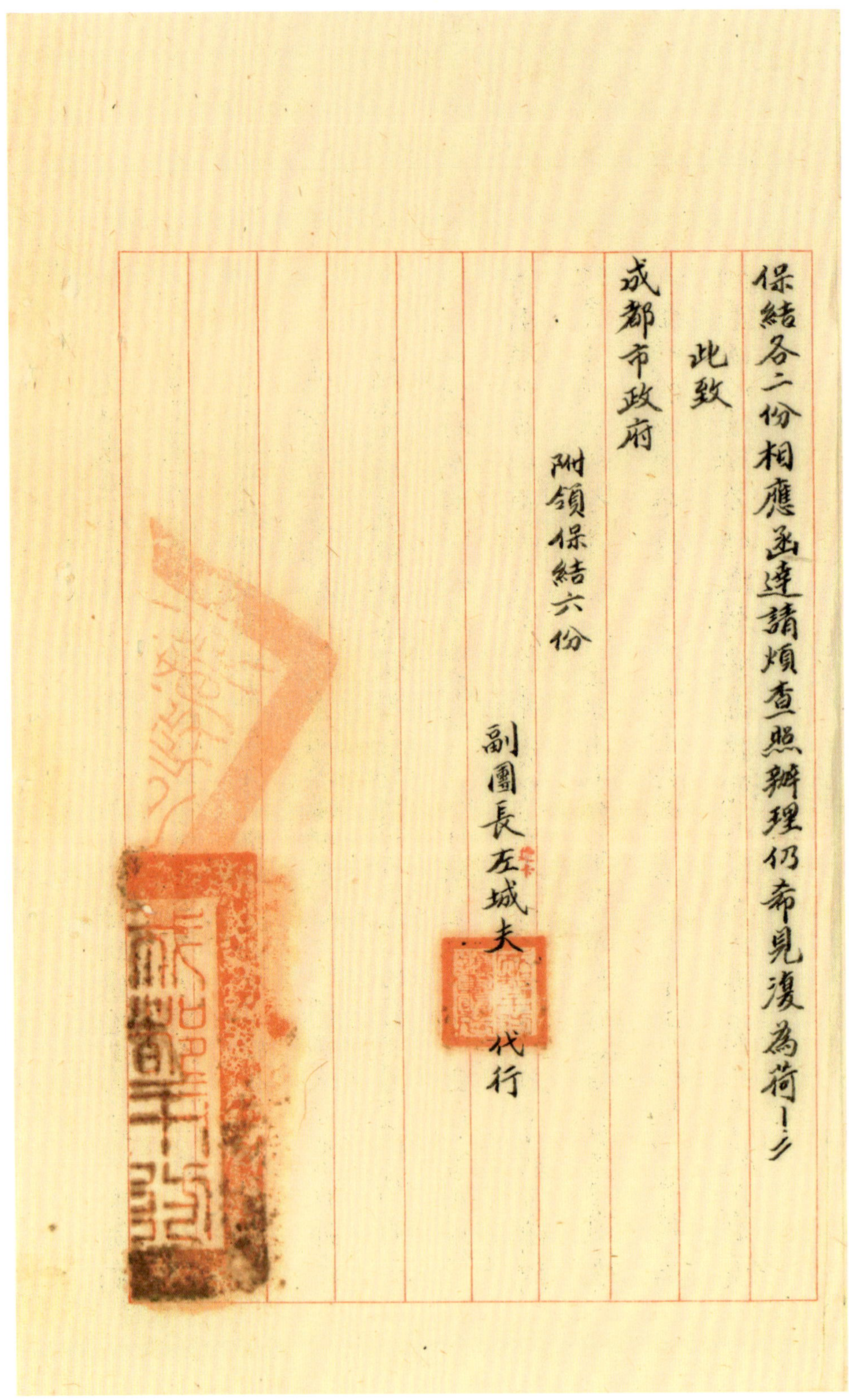
保結各二份相應函達請煩查照辦理仍希見復爲荷！！
此致
成都市政府
附領保結六份
副團長左城夫代行

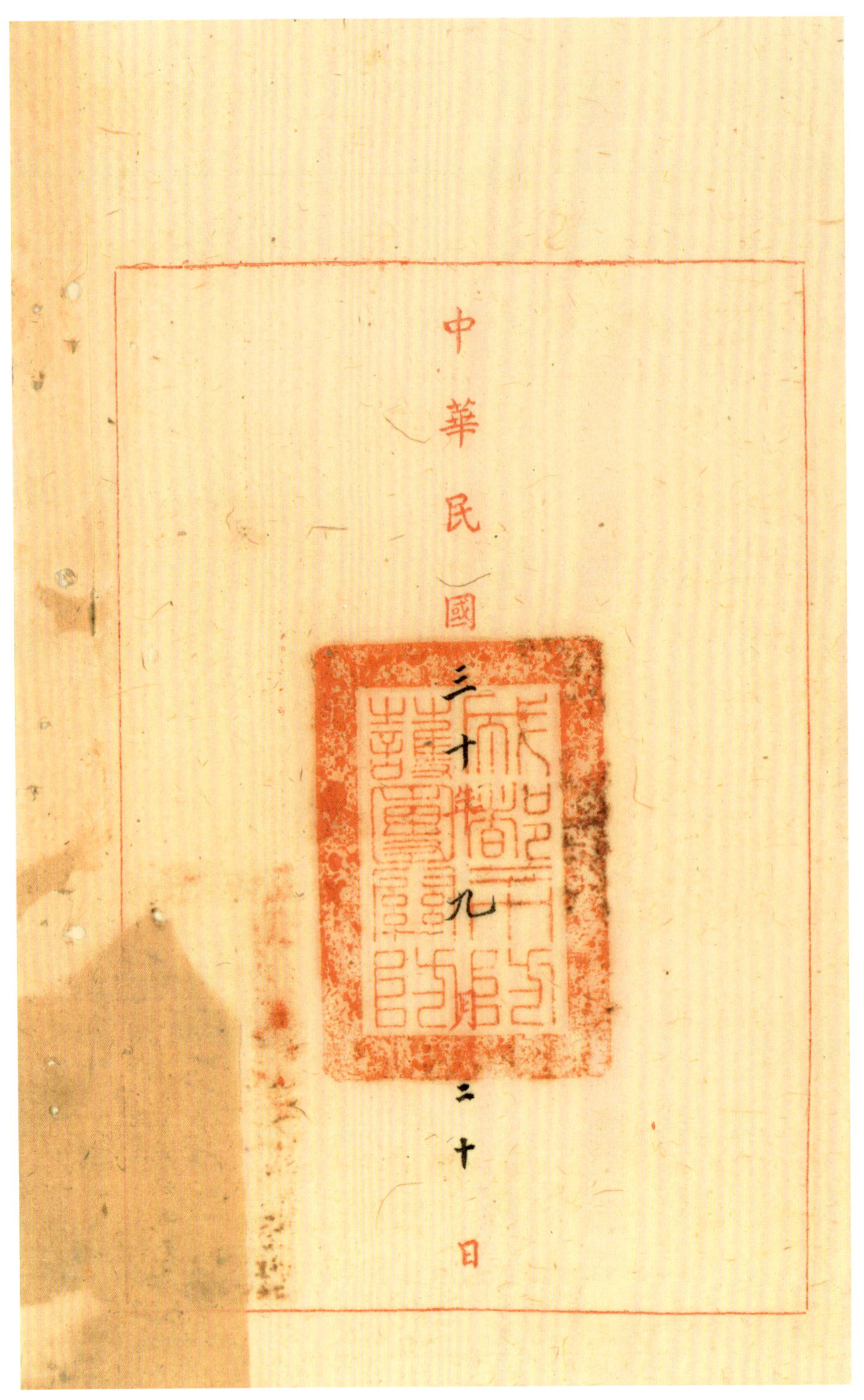

中華民國三十九年　月二十日

李赵氏关于请发李青云一次及第一年年恤金致成都市政府的呈（一九四一年九月二十九日）

呈

核办 十、二

十、四

中华民国三十年拾月壹日收到

收文呈字1918号

為呈請給發一次邺金及第一年年撫金事竊氏夫李青雲前服務於成都市防護團直屬消防常備隊於二十九年度十月四日因空襲殉職令奉到四川省政府發給人民守土傷亡撫邺令字第伍柒號理合報呈連同撫邺令繳呈鈞府俯予鑒核備查祈懇給發一次邺金及第一年年撫金計壹佰叁拾元用撫殉職家屬以慰幽魂實感德便

謹呈

成都市政府 核轉

具呈人李趙氏（李趙氏印）呈 住書院東街二十一號

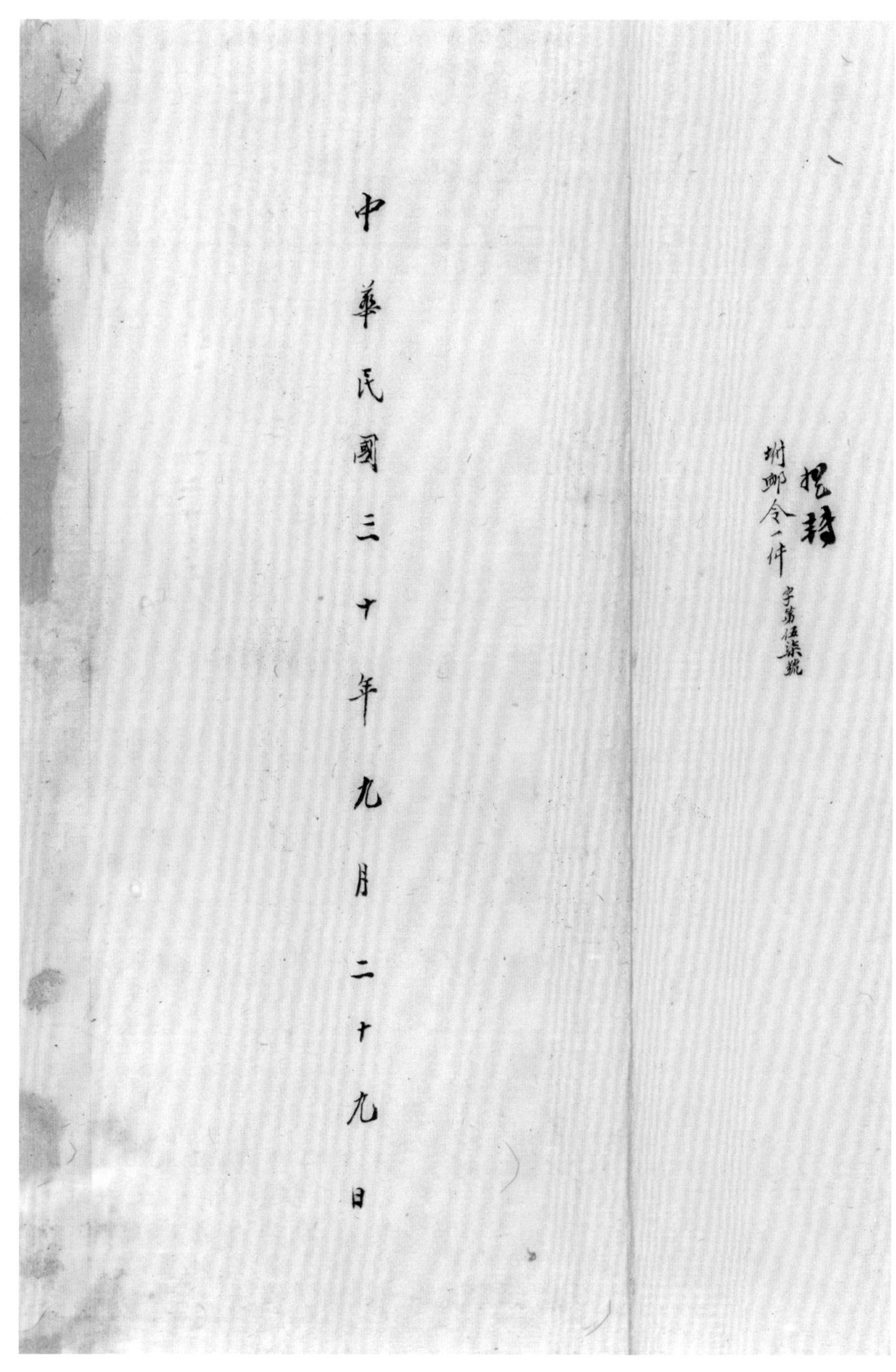

提轉

圳鄉令一件

字第伍柒號

中華民國三十年九月二十九日

成都市政府关于准予代扣垫发殉职团员宋荣华、李青云等三名一次恤金致成都市防护团的公函

（一九四一年十月七日）

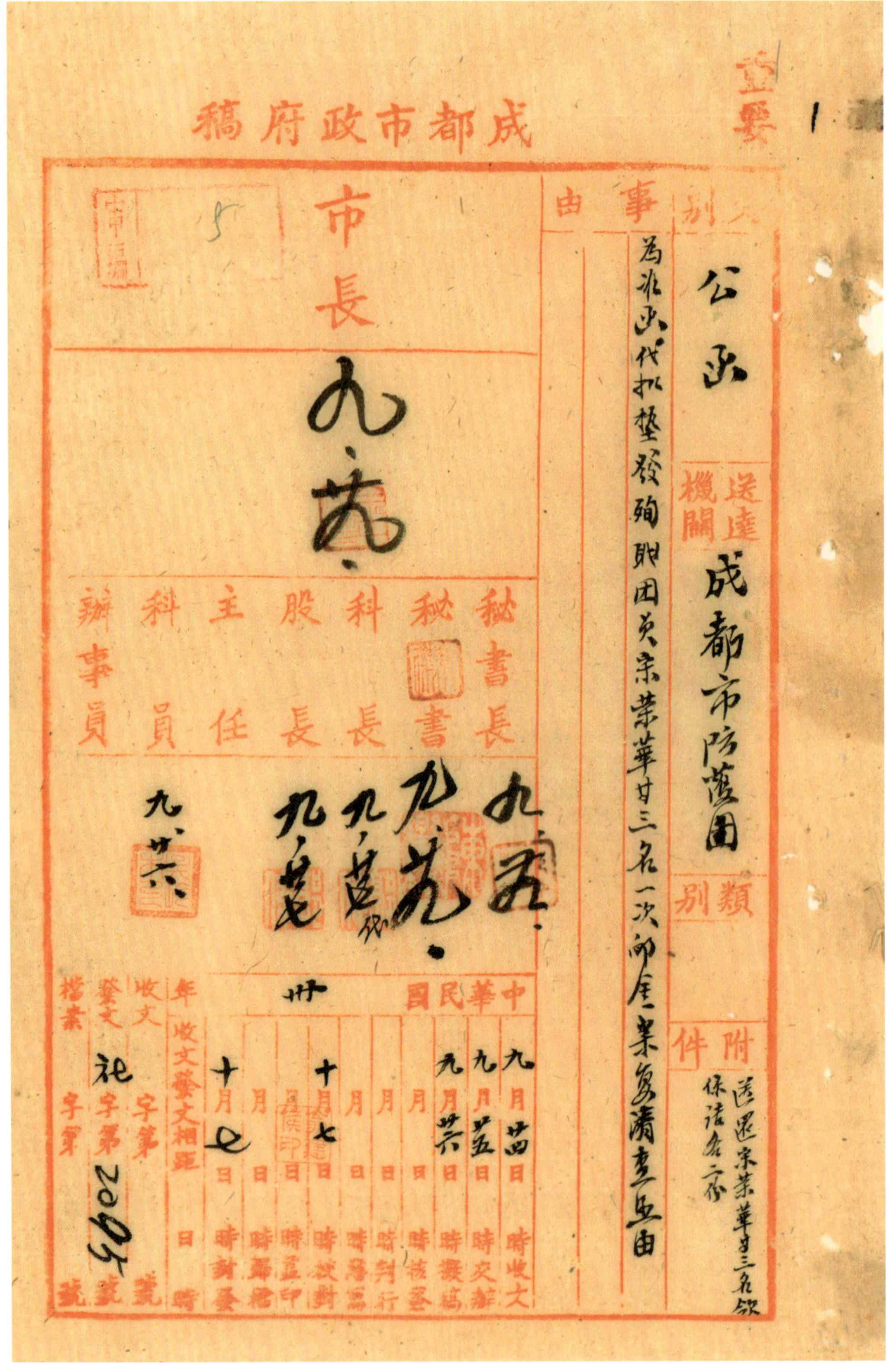

衡 公函 社字第 号

案准

貴團卅年九月日防護一字第五九一號公函

爲殉職團員宋業華廿三名一次卹金共弍万肆

拾元早已墊發希發該遺族卹金時先

行提扣以便派員領取歸墊并檢送該

遺族甘領保結各二份甘由准此查該殉

職團員宋業華甘遺族宋王氏甘[illegible]合

未擬呈請核發卹金以後將由本府

轉發時自當照扣歸墊准函前由相應將

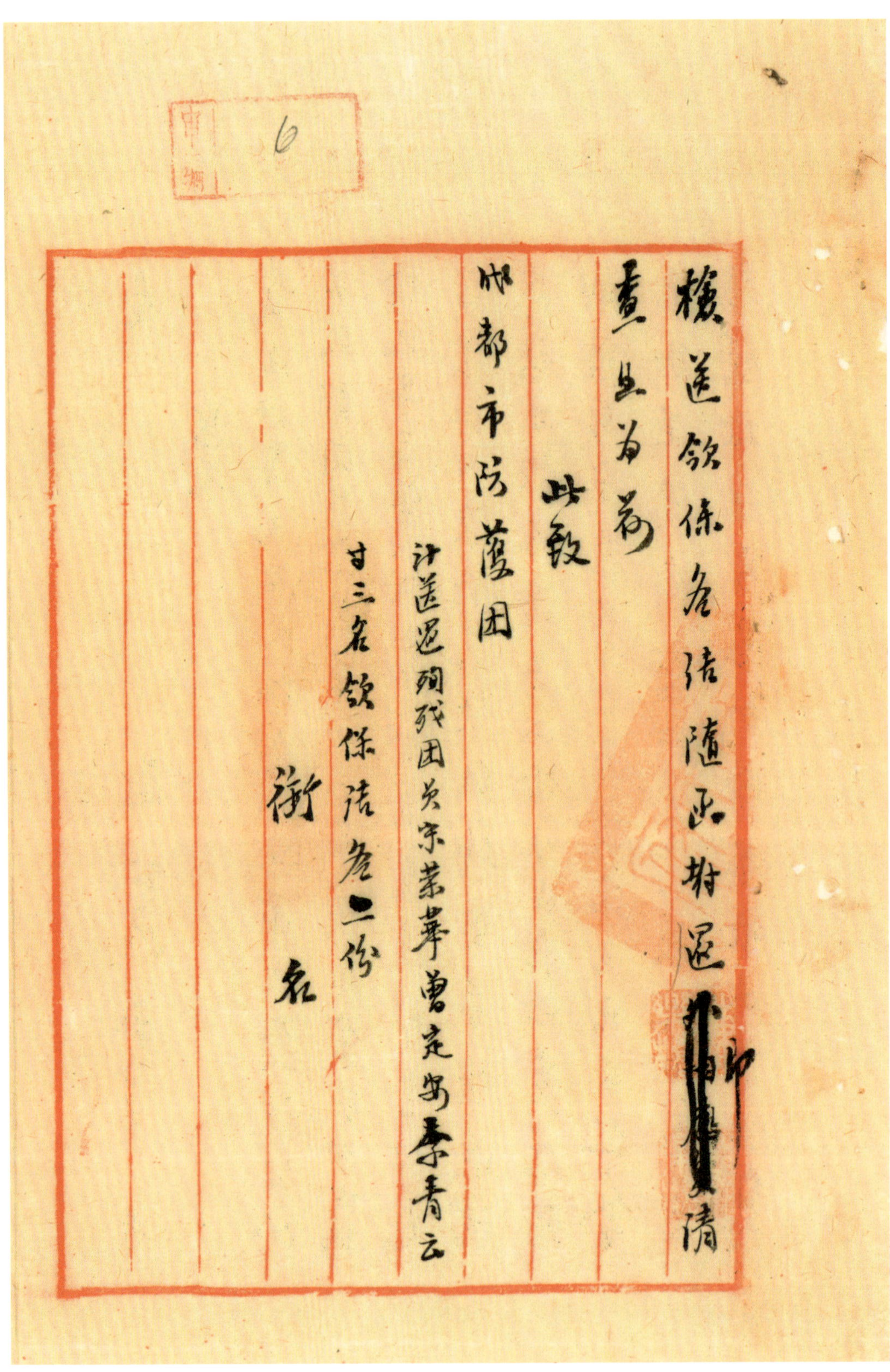

檄送領卹名結隨函附還，即請

查照為荷

此致

成都市防護團

計送還殉殘團員宋榮華、曾定安、李青云

計三名領卹結各一份

銜　名

中華民國三十年九月　日

成都市政府关于故团员李青云、曾定安遗族申请发放一次恤金及第一年年恤金致四川省政府的呈

（一九四一年十月十一日）

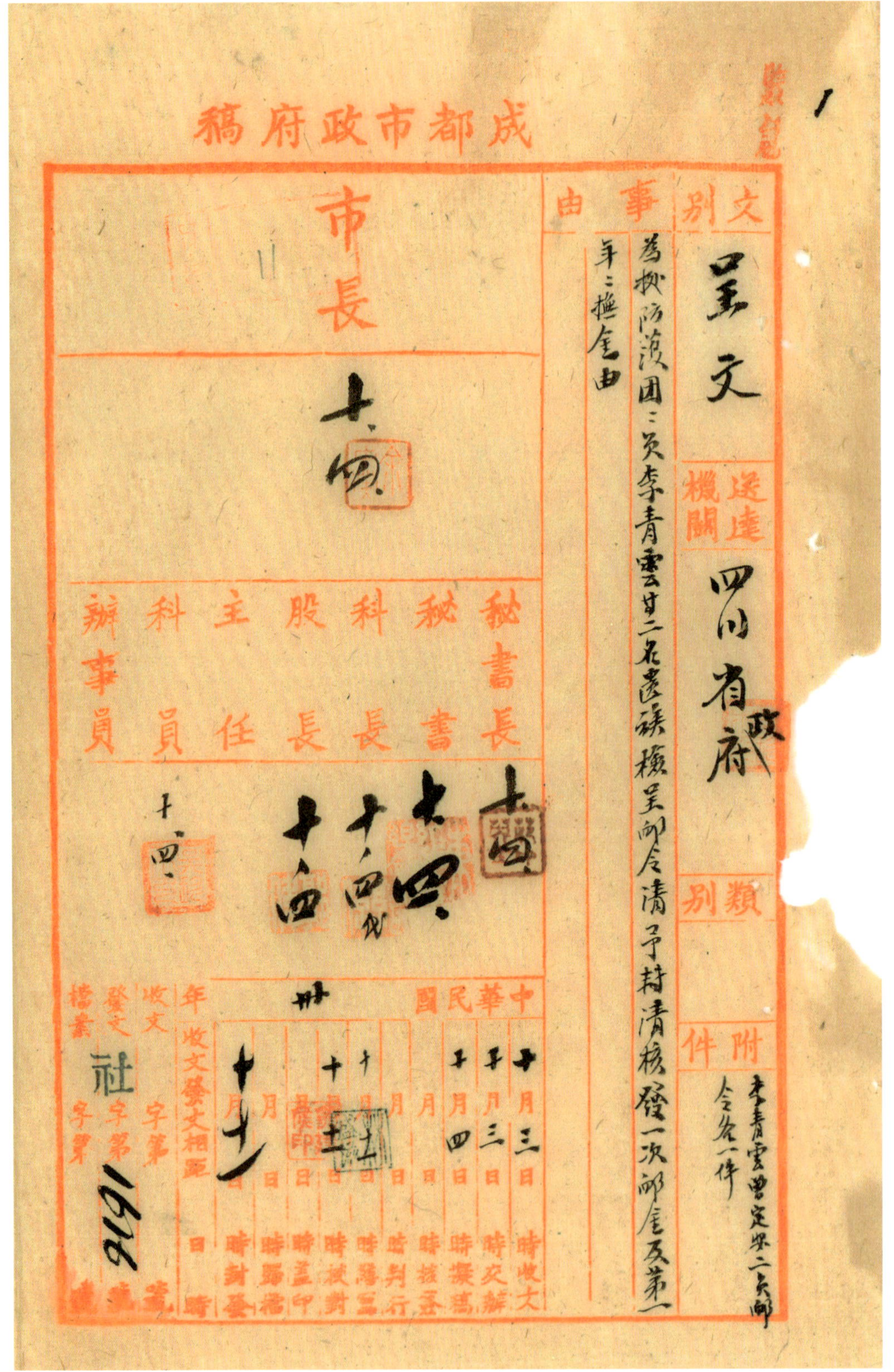

成都市政府稿

文别：呈文

送达机关：四川省政府

事由：為擬防護团团员李青雲曾定安二名遺族檢呈部令請予轉请核發一次卹金及第一年年卹金由

附件：李青雲曾定安二員部令各一件

市長

秘書長　秘書　科長　股長　主任　科員　辦事員

中華民國　年　月　日

案據本市防護團故團員李青雲等
二員遺族李趙氏等檢呈卹令懇予轉請
核發一次卹金及第一年年撫金等情前來
查核尚無不合除批示外理合檢同
故團員李青雲曾定安等二員卹令各一
件一併隨文賫呈
鈞府俯賜核發給欽指令祗遵
謹呈
四川省政府
計呈故團員李青雲曾定安

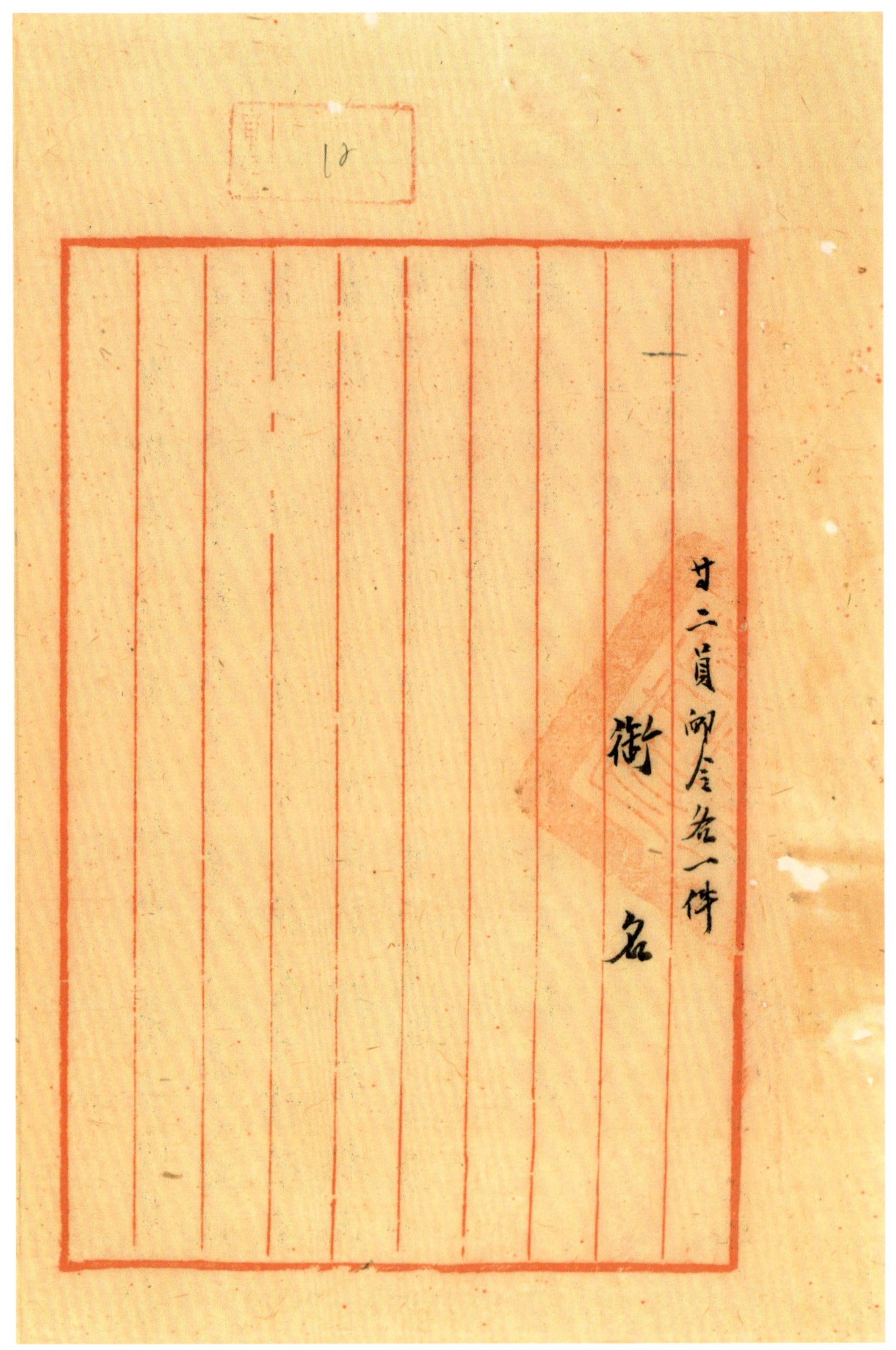

18

一

廿二員 附全名一件

銜 名

中華民國三十年十月　日

成都市政府关于故团员李青云遗族申请发放一次恤金及第一年年恤金致李赵氏的批示

（一九四一年十月十八日）

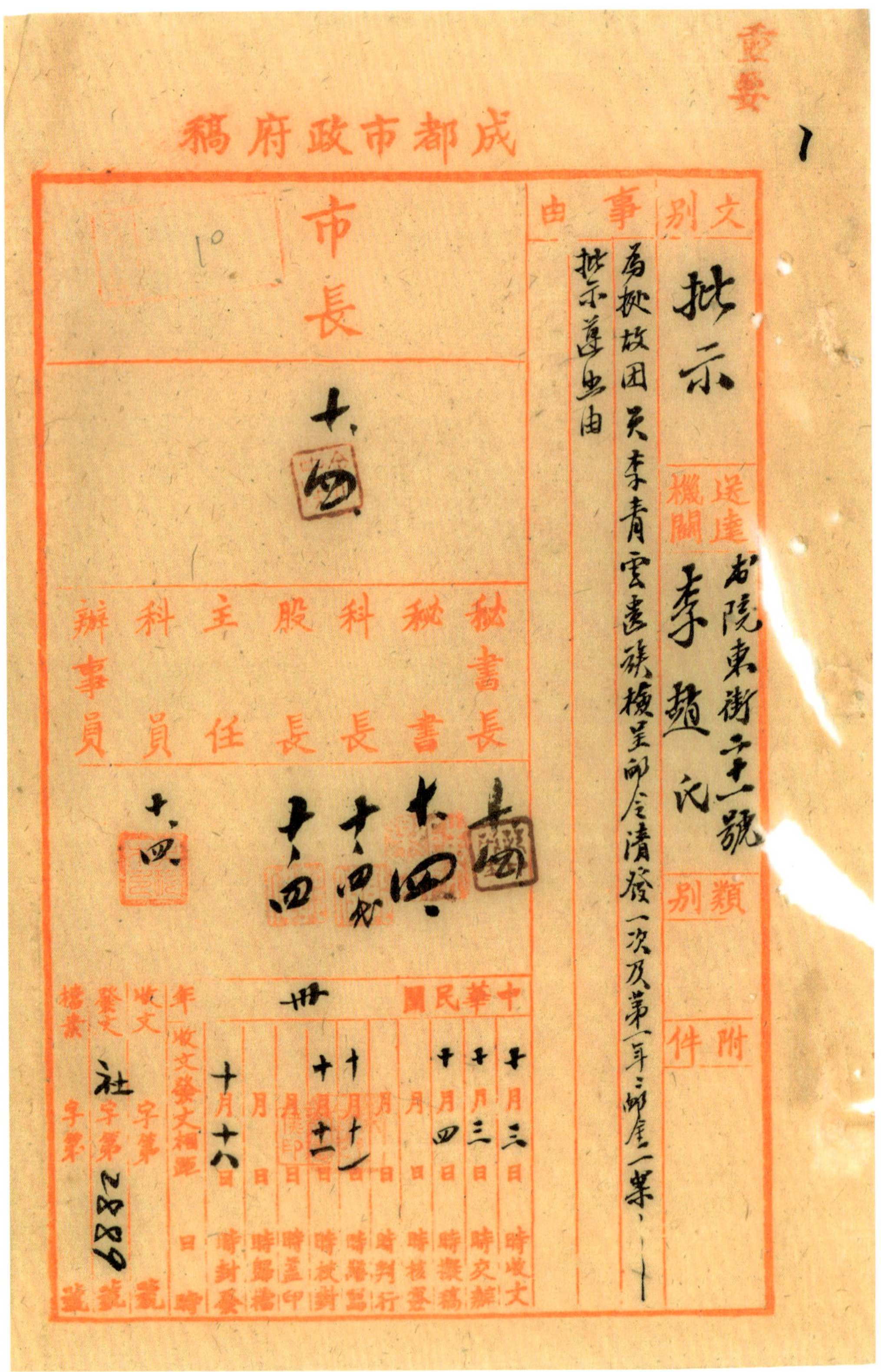
成都市政府稿

市長

秘書長　秘書　科長　股長　主任　科員　辦事員

文別：批示

送達機關：李趙氏

事由：為批故團員李青雲遺族核呈部令請發一次及第一年年卹金一案，批示遵照由

收文　字第　號
發文　社字第 6889 號

十月十八日

令

衛 批示 社字第　　号

具呈人李趙氏

卅七年十月四日呈一件為請發故田员李青雲遺族一次卹金及遺族年撫金由

呈件均悉　仰候據情轉請

四川省政府核發給領可也　卹金照籍

此批

中華民國卅年十月　　日

市長余

四川省政府关于准予核发故员李青云、曾定安一次恤金及第一年年恤金致成都市政府的指令

（一九四二年一月二十四日）

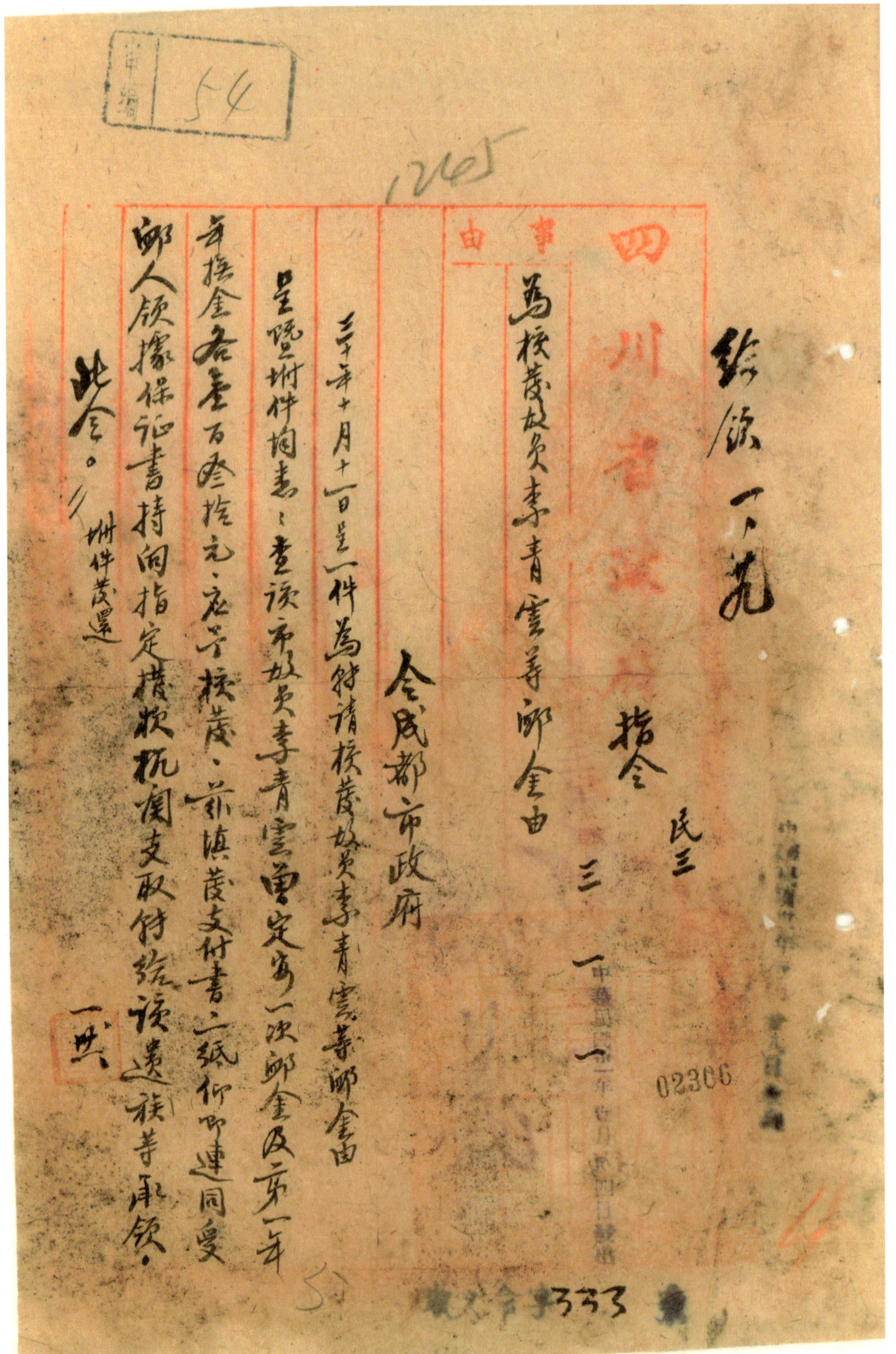

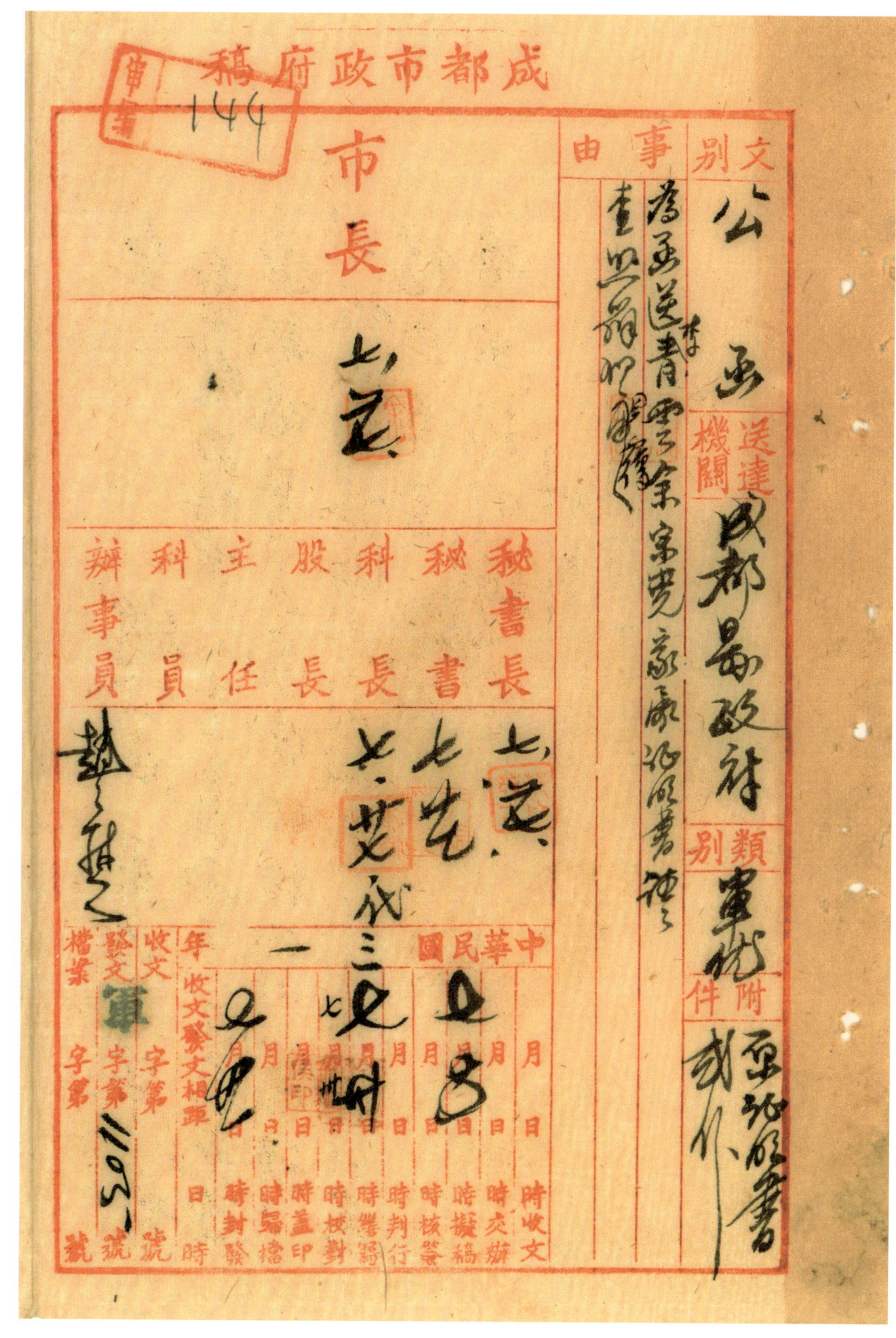

成都市政府稿

市長	文別	公函
秘書長	事由	為函送李青雲等……
秘書	送達機關	成都縣政府
科長	類別	
股長	附件	
主任		
科員		
辦事員		

中華民國　年　月　日 收文 時；月　日 交辦 時；月　日 擬稿 時；月　日 核簽 時；月　日 判行 時；月　日 繕寫 時；月　日 校對 時；月　日 蓋印 時；月　日 歸檔 時；月　日 封發 時

收文發文相距　日　時

收文　字第　號

發文　字第　號

檔案　字第　號

成都市政府关于寄送李青云等出征军人家属优待证明书致成都县政府的公函（一九四二年七月三十一日）

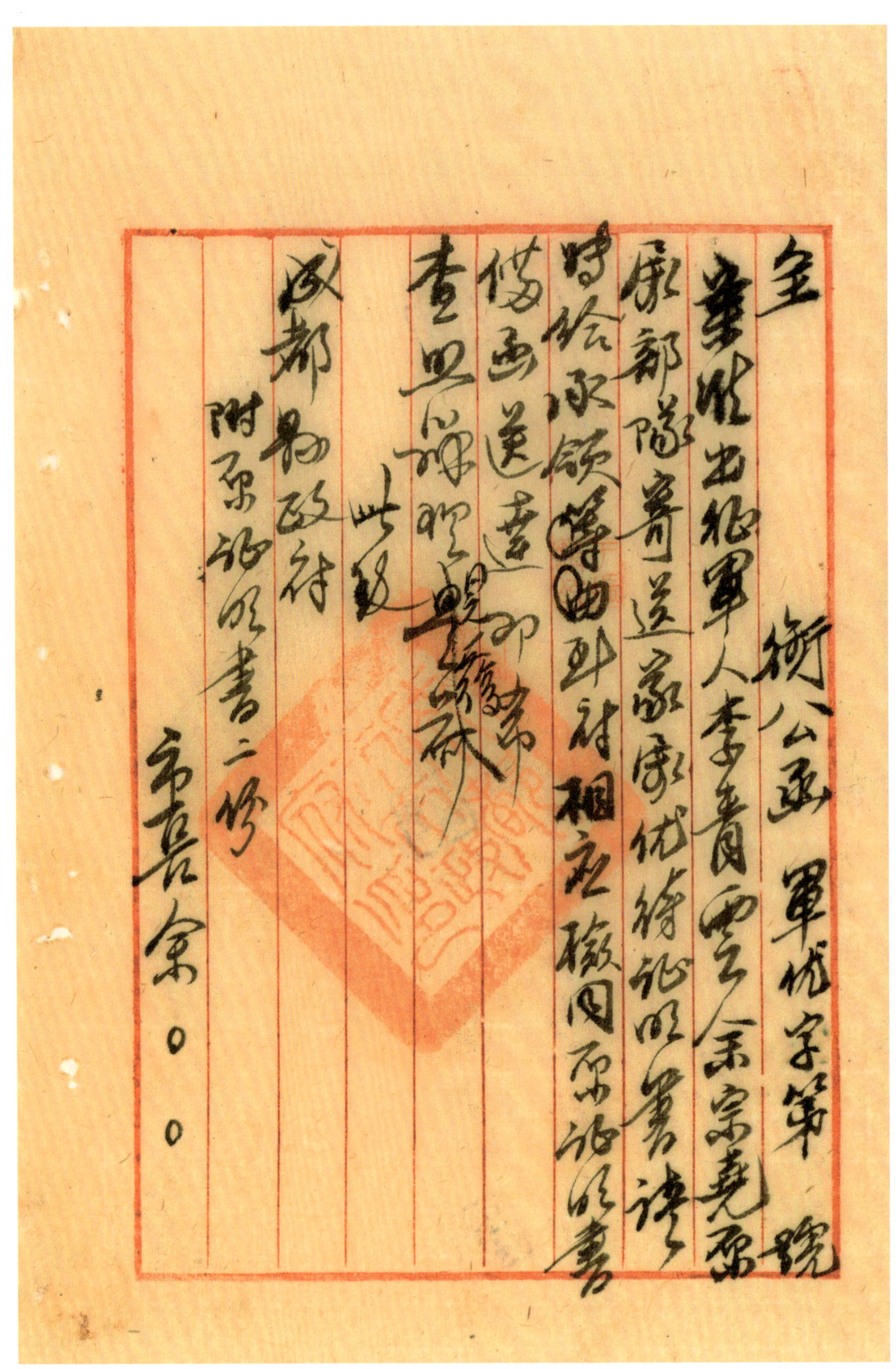
全銜公函　軍優字第　號

案准出征軍人李青雲、余宗堯原屬部隊寄送家屬優待證明書，請轉給承領等由到府，相應檢同原證明書備函送達，即希查照轉發具領為荷。此致

成都縣政府

附原證明書二份

市長余〇〇

李赵氏关于请领故团员李青云年抚恤金致成都市政府的报告（一九四二年九月十日）

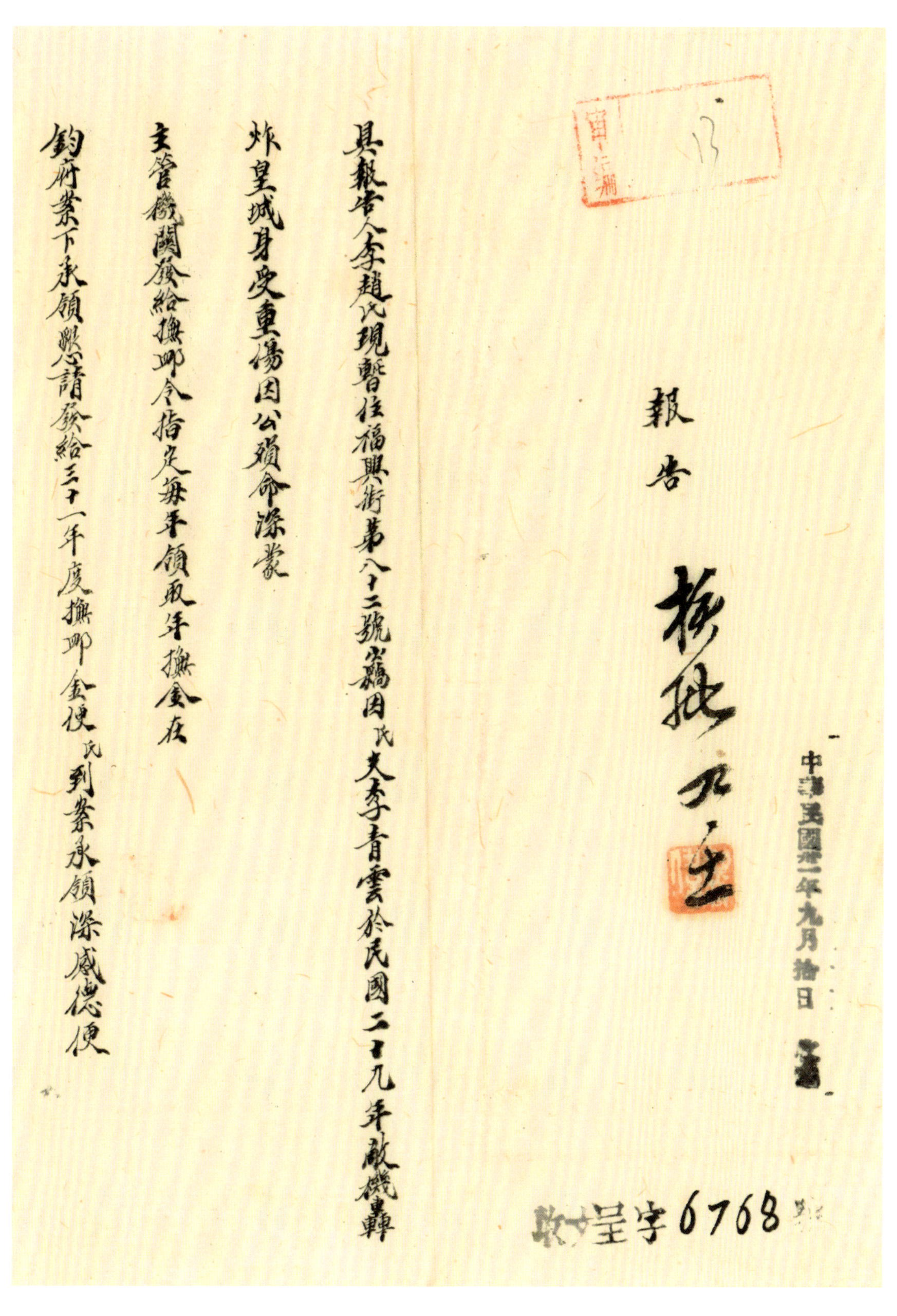

报告

具报告人李赵氏现暂住福兴街第八十二号，窃因氏夫李青云于民国二十九年敌机轰炸皇城身受重伤，因公殒命，深蒙主管机关发给抚恤令，指定每年领取年抚金，在钧府案下承领。兹恳请发给三十一年度抚恤金，俾氏到案承领，深感德便。

核批九十

中华民国卅一年九月拾日

呈字6768号

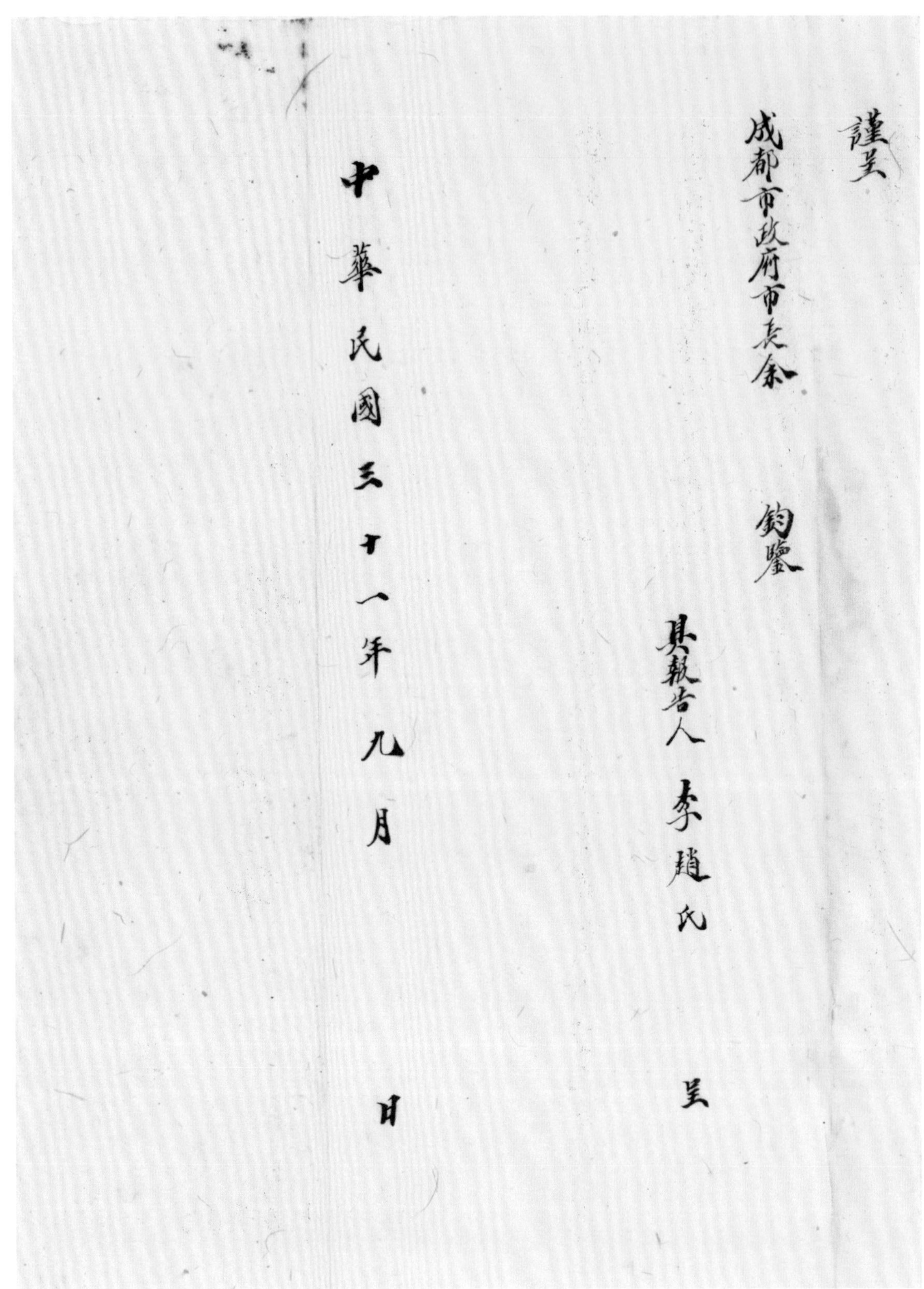
謹呈
成都市政府市長余
鈞鑒
具報告人 李趙氏 呈
中華民國三十一年九月 日

成都市政府关于故团员李青云遗族请领恤金给李赵氏的批示（一九四二年九月十七日）

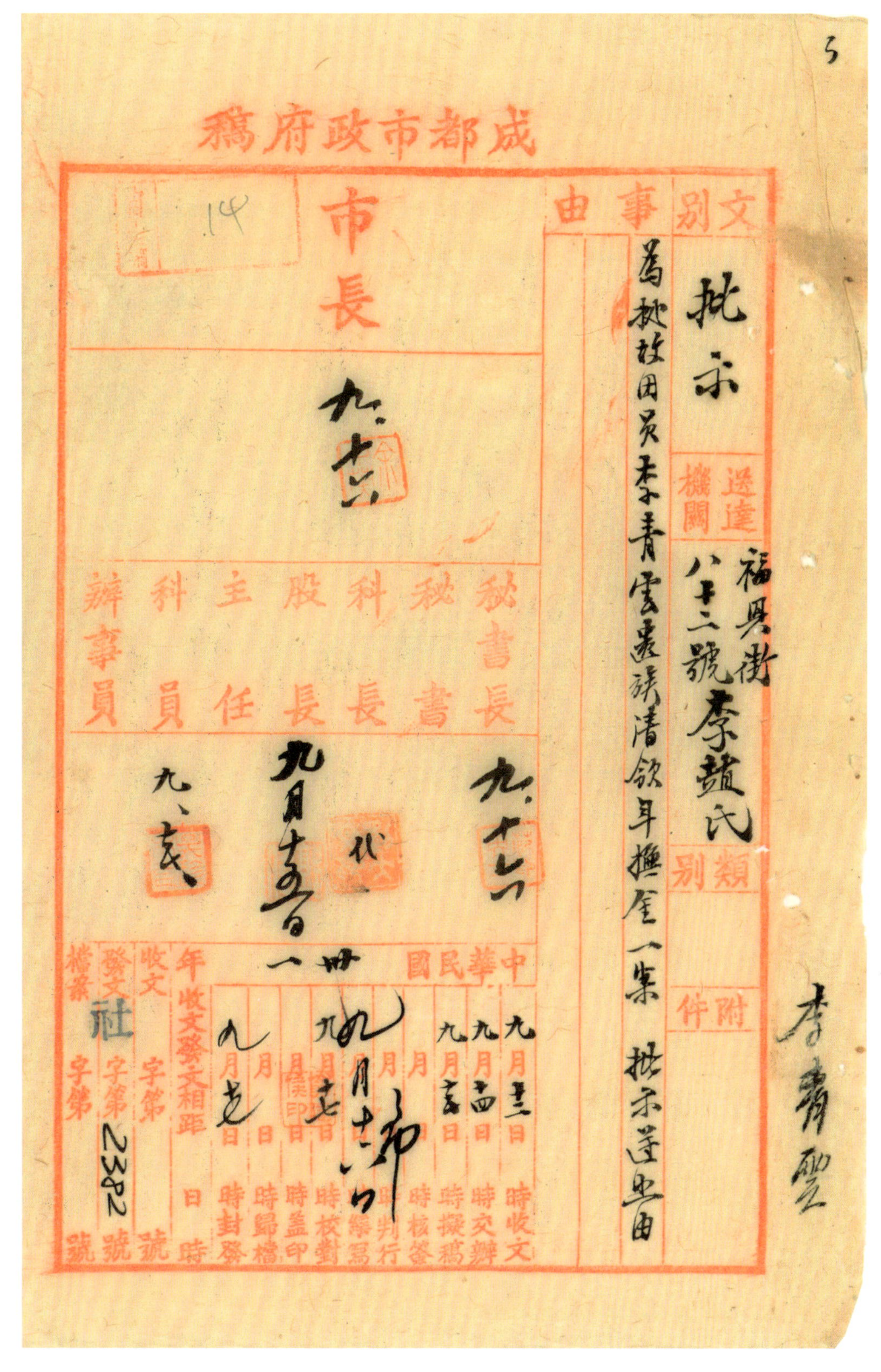
成都市政府稿

文别：批示

事由：為批故团员李青雲遺族請領年撫金一案 批示遵照由

送達機關：福興街八十三號李趙氏

類別

附件

市長

秘書長 秘書 科長 股長 主任 科員 辦事員

中華民國 卅一 年

收文 九月十三日 時

交辦 九月十四日 時

擬稿 九月十六日 時

核簽 月 日 時

判行 月 日 時

繕寫 九月十七日 時

校對 九月十七日 時

蓋印 月 日 時

歸檔 月 日 時

封發 九月十七日 時

收文發文相距 日 時

收文 字第 號

發文 社 字第 2382 號

檔案 字第 號

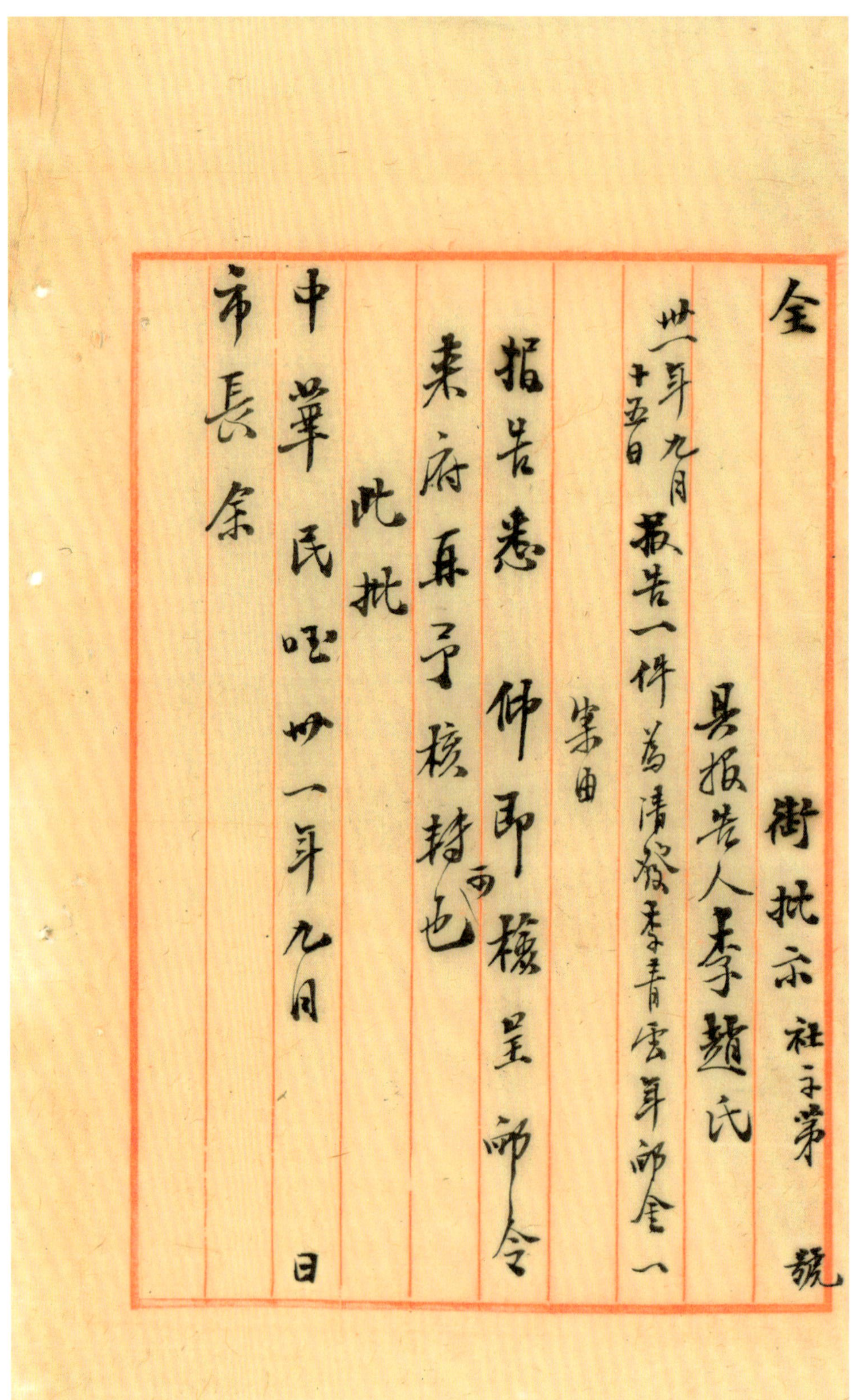

仝

銜批示　社字第　號

具報告人李趙氏

卅一年九月十五日報告一件為請發李青雲年部令一

案由

報告悉　仰即檢呈部令

來府再予核轉可也

此批

中華民國卅一年九月　日

市長余

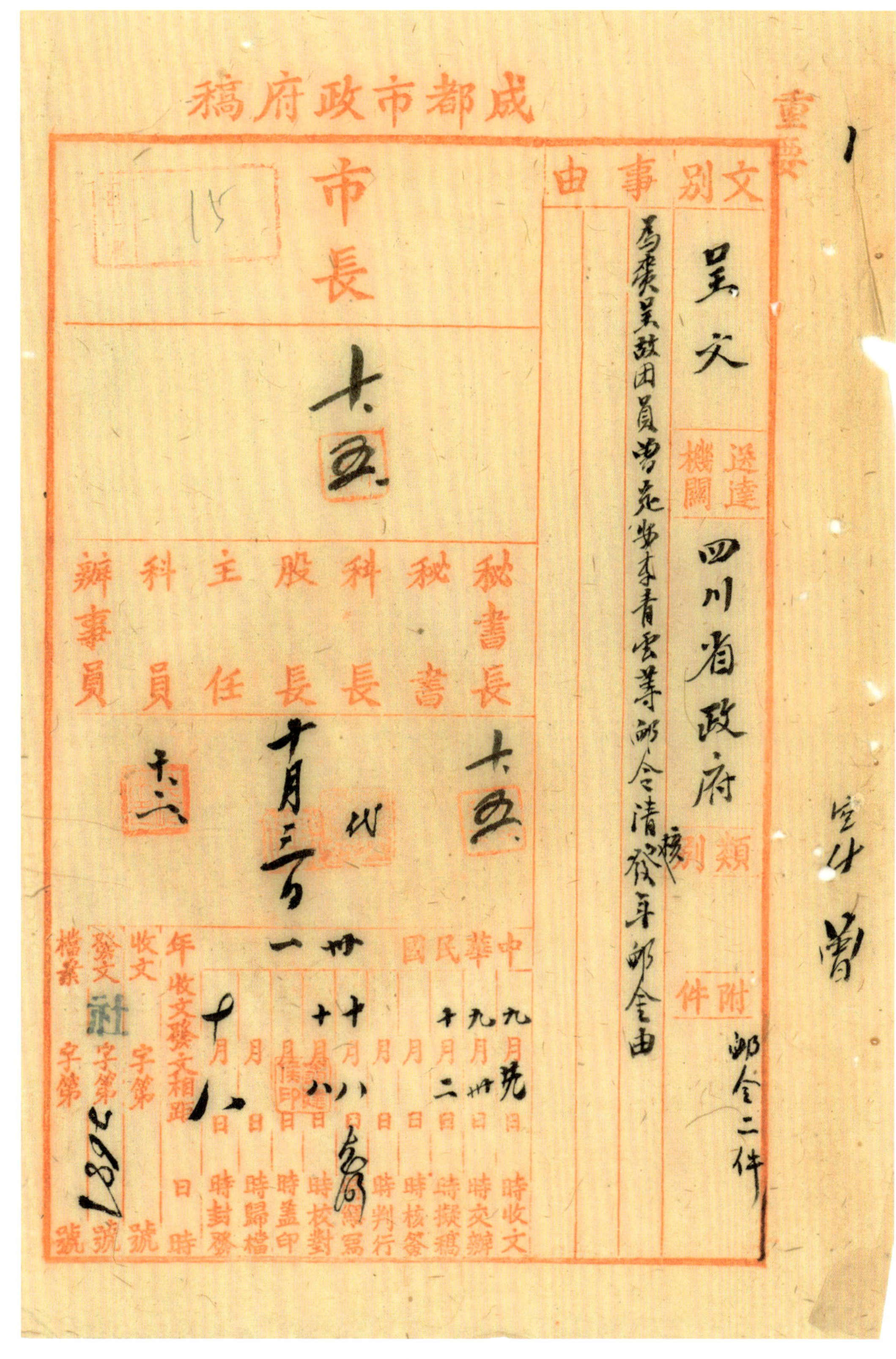

成都市政府稿

文別	呈文
事由	為賚呈故團員曹堯（？）李青雲等卹令請核發年卹金由
送達機關	四川省政府
類別	
附件	卹令二件

市長 十五

秘書長 十五
秘書
科長
股長 十月三日
主任
科員
辦事員 十八

中華民國卅一年
九月廿九日 時收文
九月卅日 時交辦
十月二日 時擬稿
十月 日 時核簽
月 日 時判行
十月八日 時繕寫
十月八日 時校對
月 日 時蓋印
月 日 時歸檔
十月八日 時封發
收文發文相距 日 時

收文 字第 號
發文 社字第 號
檔案 字第 號

成都市政府关于呈送故团员李青云等恤令请核发年恤金致四川省政府的呈（一九四二年十月八日）

案據故團員曾定安李青雲等遺族曾蒲氏李趙氏等檢呈卹令請發第二年年卹金等情前來查核尚無不合除批示外理合檢呈故團員曾定安李青雲等二名守土陣亡撫卹令各一件一併隨文賫呈

鈞府核發給領指令祗遵

謹呈

四川省政府

計呈故團員曾定安李青雲卹令各一件

銜　名

四川省政府关于准予核发故团员李青云等第二年年抚金致成都市政府的指令（一九四三年一月二十日收）

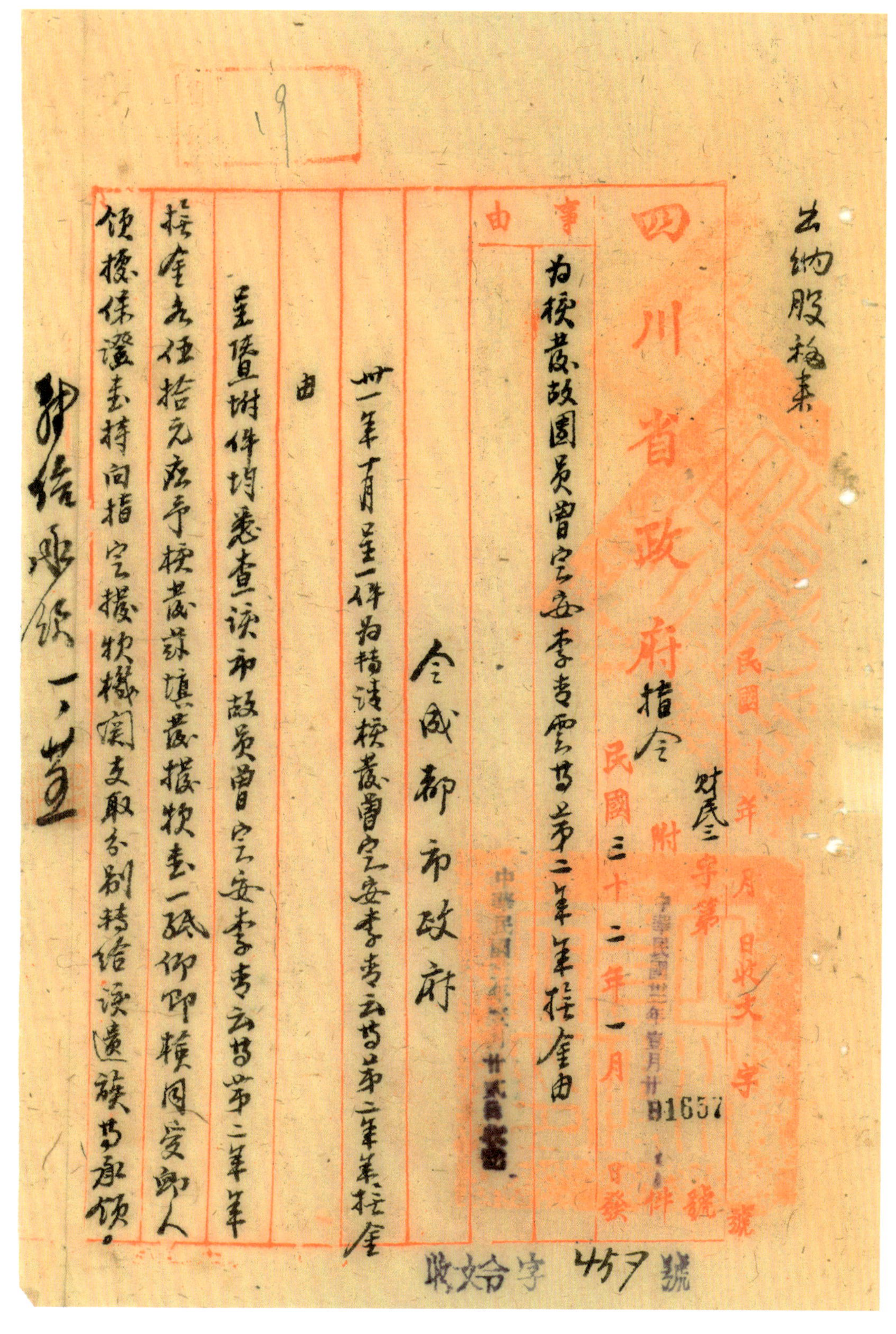

出纳股检来

四川省政府指令　财民三字第　号

事由：为核发故团员曾宪安李青云等第二年年抚金由

令成都市政府

卅一年十月呈一件为请核发曾宪安李青云等第二年年抚金由

呈暨附件均悉。查该市故员曾宪安李青云等第二年年抚金应准照发，兹填发拨款书一纸，仰即检同受领人领据，径向指定拨款机关支取，分别转给该遗族等承领。

民国三十二年一月　日发

收文合字457号

李赵氏关于李青云第二年恤金的领结（一九四三年四月十二日）

具领结人李赵氏，年五十一岁，金堂人，现住福兴街第八十二号。今于
钧府实领得成都市防护团常备消防中队炊事兵李青云第二年抚恤金国币伍拾元。如有顶替冒领情事，甘受严厉惩法办。特具领结是实。

谨呈

具领结人李赵氏（李赵氏印）

中华民国三十二年四月十二日

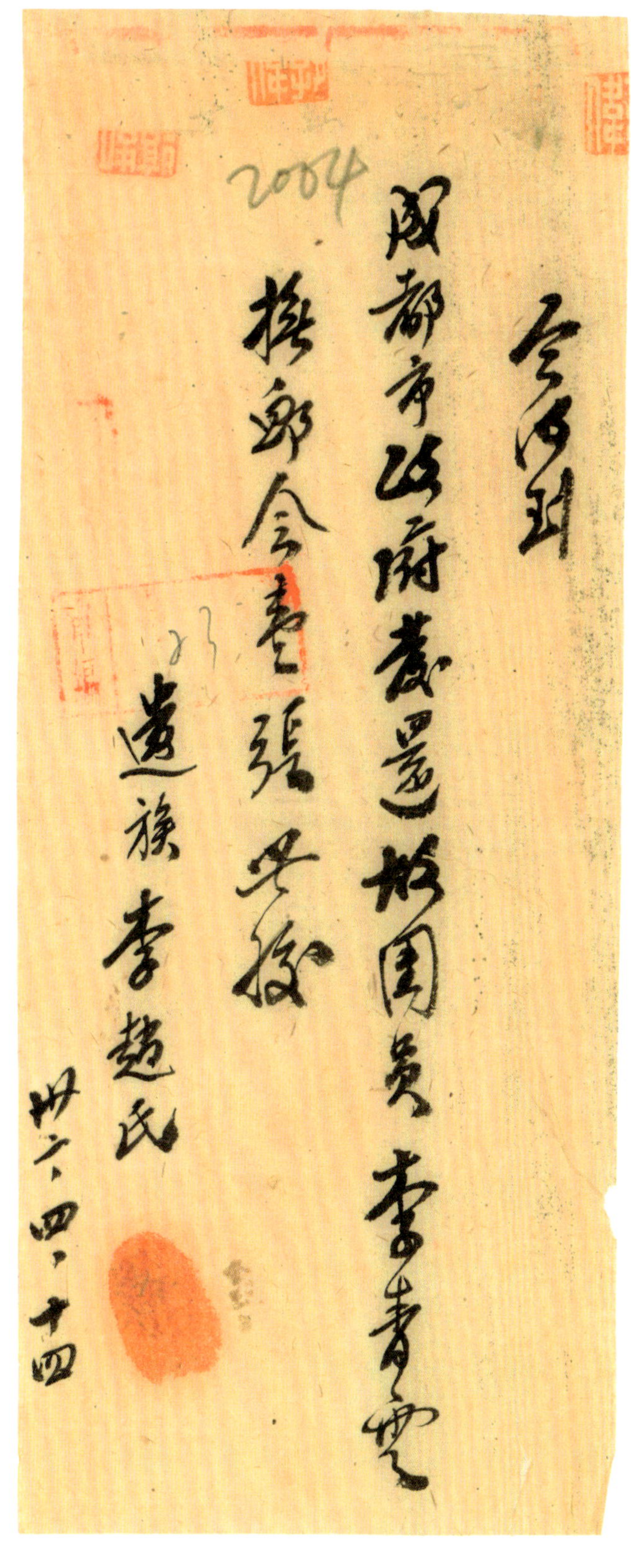

2004

今收到

成都市政府發還故團員李青雲

撫卹令壹張無誤

遺族李趙氏

卅二、四、十四

李赵氏关于成都市颁发故团员李青云抚恤令的收据（一九四三年四月十四日）

九、李槐

陆军第八十八师抚恤委员会关于调查李槐等阵亡士兵遗族家庭情况及阵亡者出身经历的函（一九四一年二月二十日）

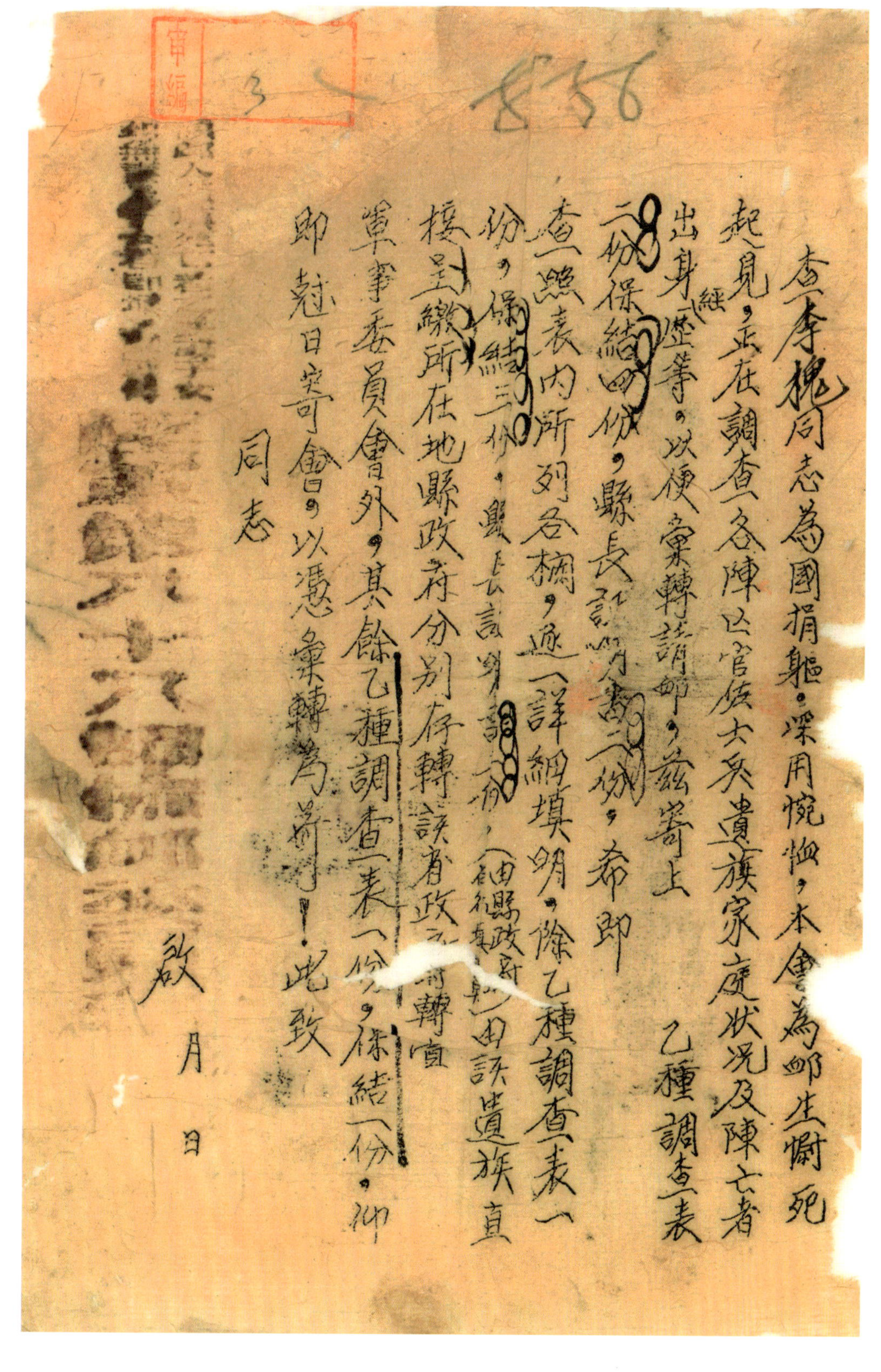

查李槐同志為國捐軀，深用悼惜，本會為卹生𧷤死起見，正在調查各陣亡官佐士兵遺族家庭狀况及陣亡者出身經歷等，以便彙轉請卹，茲寄上乙種調查表二份，保結四份，縣長証明書二份，希即查照表內所列各欄，逐一詳細填明，除乙種調查表一份，保結三份，縣長証明書一份（由縣政府存轉）由該遺族直接呈繳所在地縣政府分別存轉該省政府轉咨軍事委員會外，其餘乙種調查表一份，保結一份，仰即剋日寄會，以憑彙轉為荷！此致

同志

啟 月 日

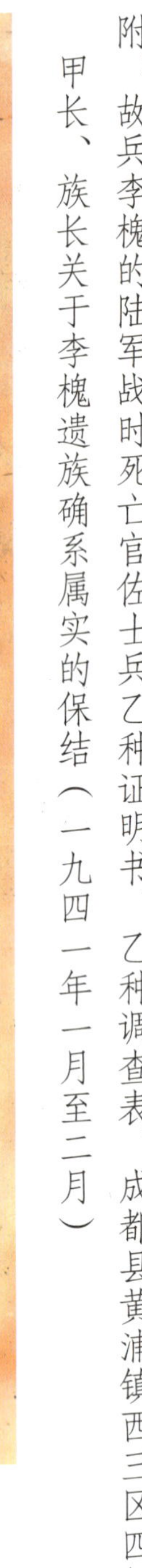

附：故兵李槐的陆军战时死亡官佐士兵乙种证明书、乙种调查表、成都县黄浦镇西三区四保保长、甲长、族长关于李槐遗族确系属实的保结（一九四一年一月至二月）

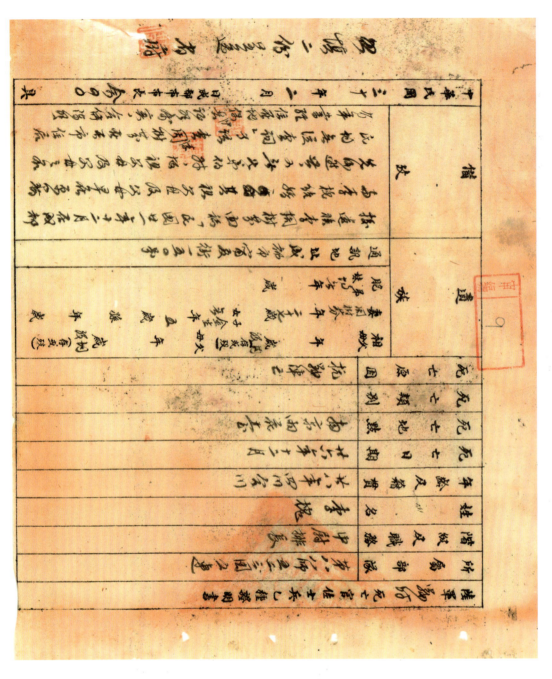

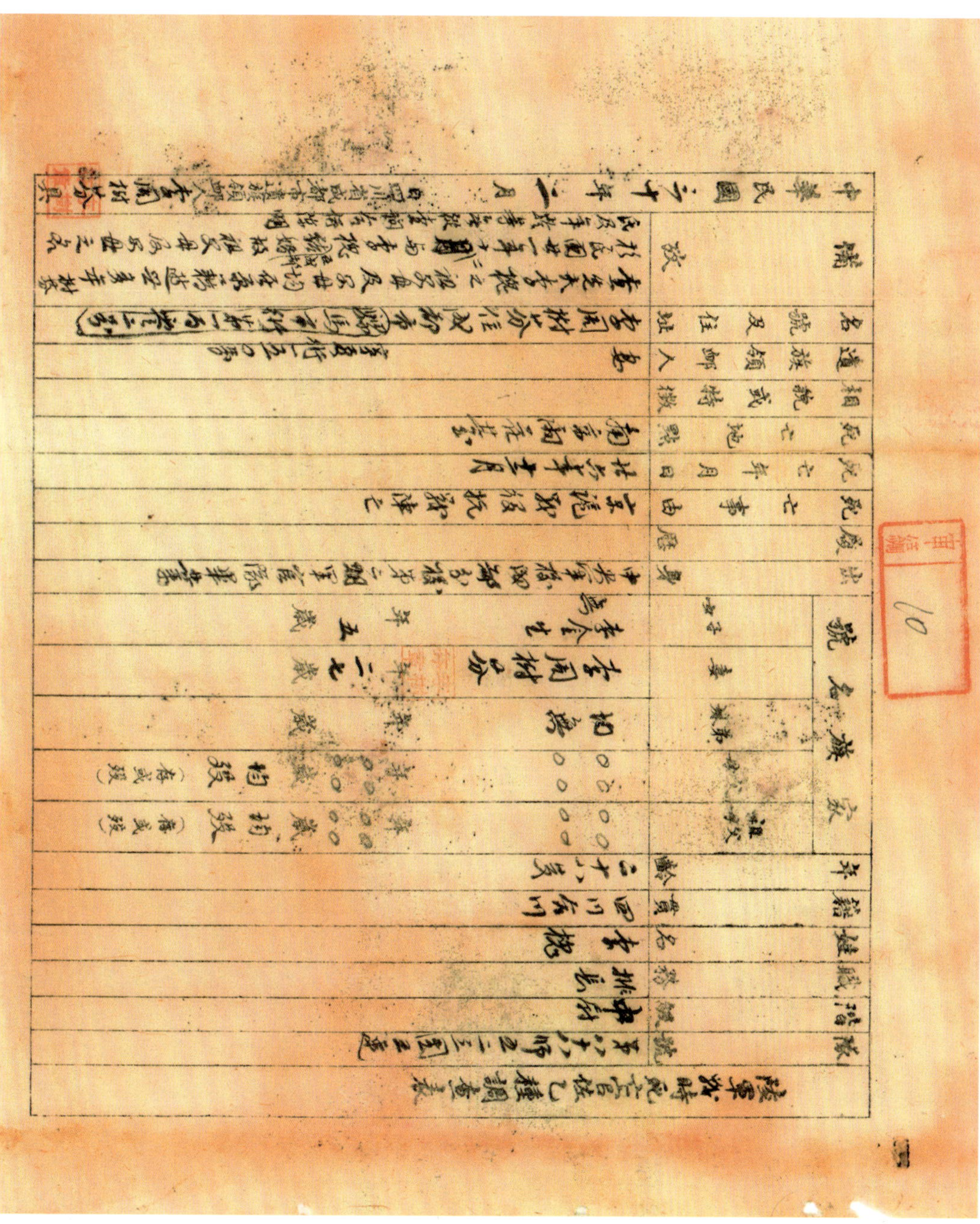

陸軍戰時死亡官佐士兵調查表

隊號	第四十八師三二三團三營
階級	中尉
職務	排長
姓名	李[illegible]
籍貫	四川[illegible]
年齡	二十八歲
家族	祖父 ○○；祖母 ○○；[illegible]；妻 李周樹芬 年二十七歲；子 李[illegible] 年五歲
出身	[illegible]
死亡事由	[illegible]抗敵陣亡
死亡年月日	[illegible]
死亡地點	湖南[illegible]
調職或時機	
遺族領卹人	妻
名號及住址	李周樹芬 住成都[illegible]
備考	[illegible]

中華民國三十一年二月 [illegible] 李周樹芬 具

具保結保甲族長蔣春山、徐世賢、李賢高今向

成都縣政府保得故陣亡排長李槐遺族祖父　年　歲　祖母

氏年　歲　父　年　歲　母　氏年　歲

妻李周樹芬年二十八歲　子女全生年五歲　弟　年　歲

確係屬實倘有揑報朦蔽等情弊一經查出保甲族長甘受懲處並

該遺族以後如有變更仍當隨時報告所保是實須至保結者

具保結人

成都縣(市)黄浦鎮西三區四保保長　蔣春山

成都縣(市)黄浦鎮西三區四保二甲甲長　徐世賢

族長　李賢高　住縣馬市街一百零二號

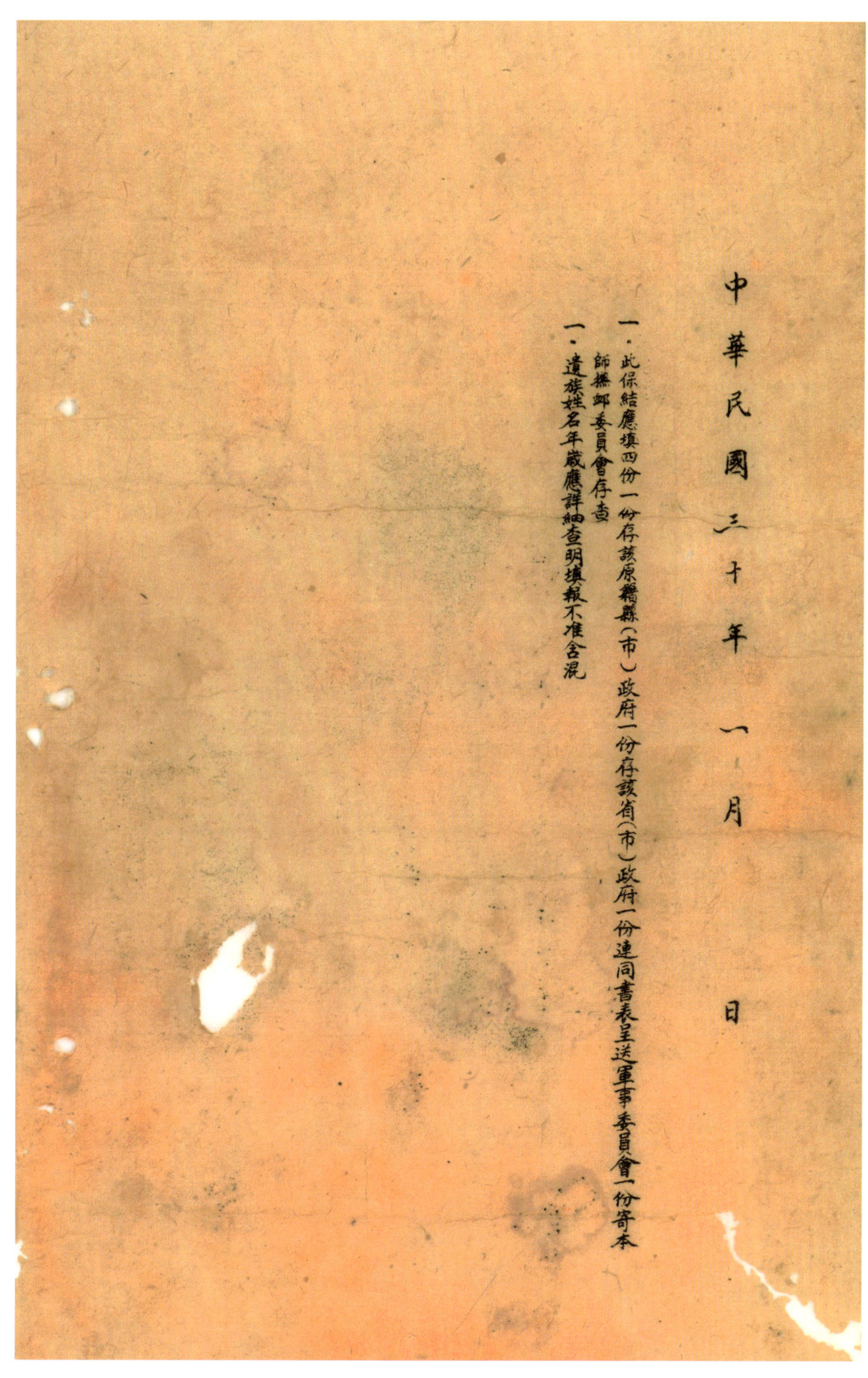
中華民國三十年一月日

一、此保結應填四份一份存該原籍縣（市）政府一份存該省（市）政府一份連同書表呈送軍事委員會一份寄本師撫卹委員會存查

一、遺族姓名年歲應詳細查明填報不准含混

成都市政府关于来府完备故员李槐请恤手续致李周树芬的通知（一九四一年二月十二日）

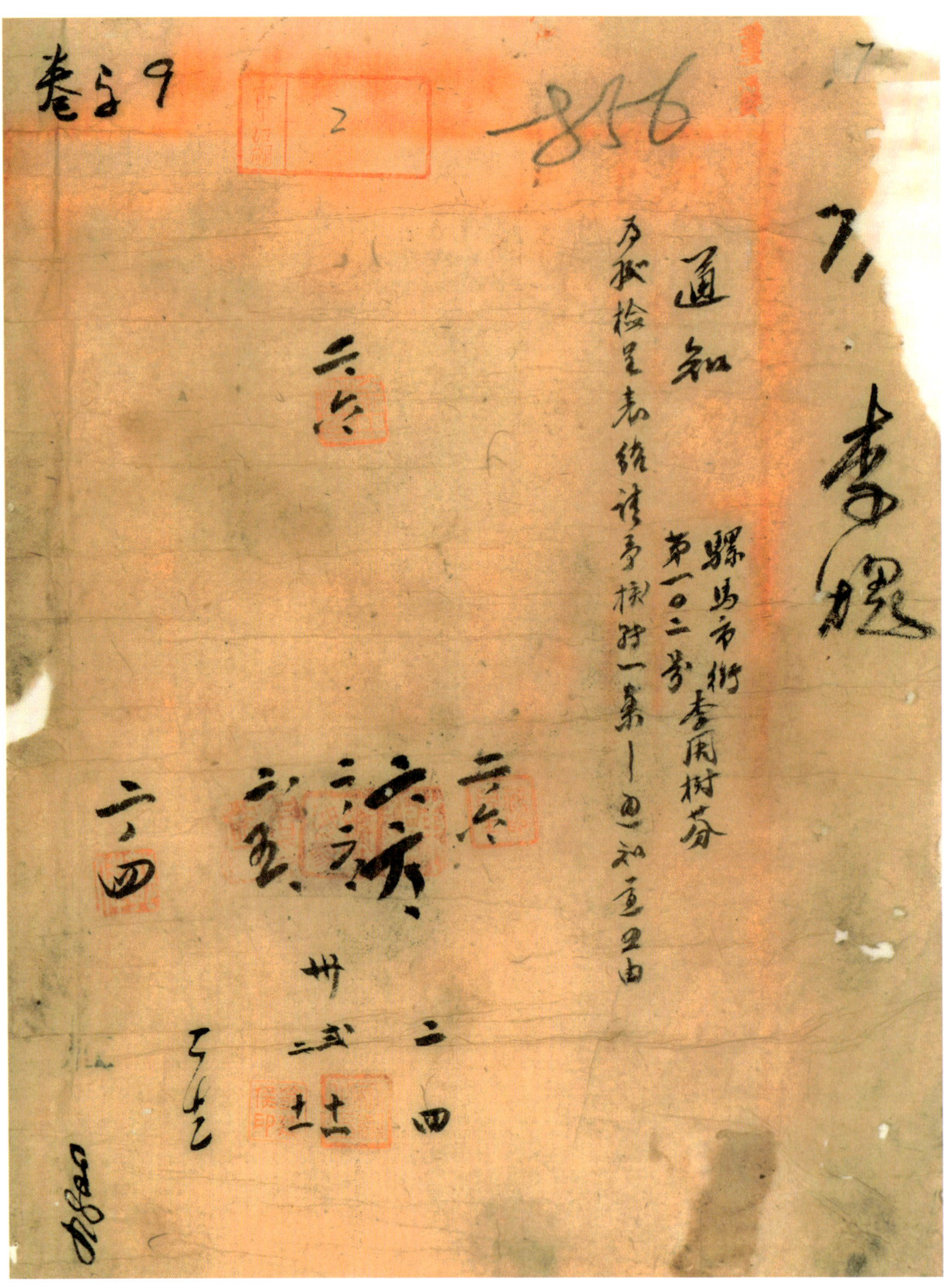

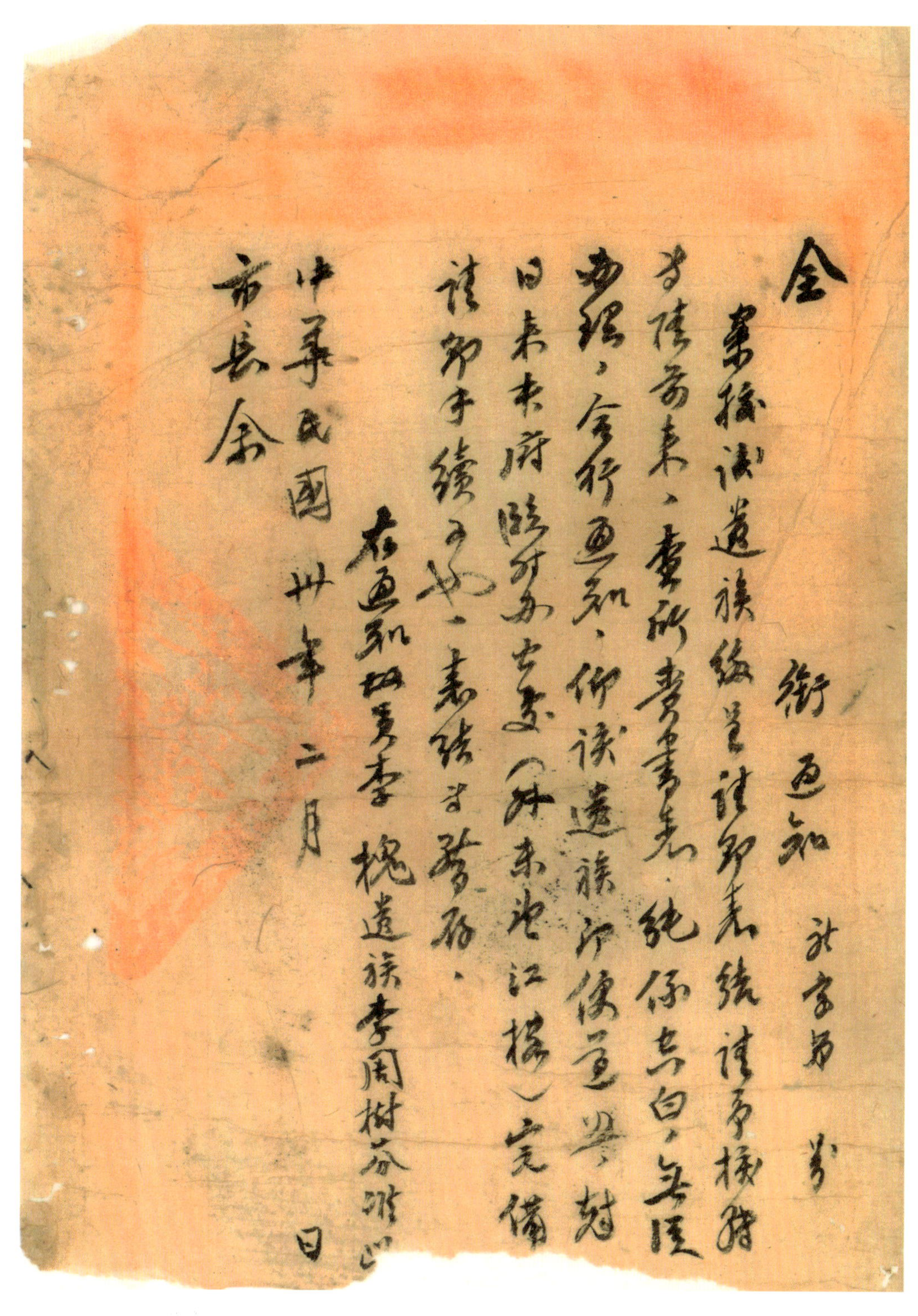

仝

銜　通知　秘字第　號

案據該遺族繕呈請卹表結請予核轉
等情前來。查所送書表，統係空白，無從
辦理。合行通知，仰該遺族即便遵照，尅
日來本府臨時辦公室（外東沿江樓）完備
請卹手續為要。表結等發還。

右通知故員李槐遺族李周樹芬收

中華民國卅年二月　日

市長余

成都市政府关于呈报故员李槐乙种调查表致四川省政府的呈（一九四一年三月四日）

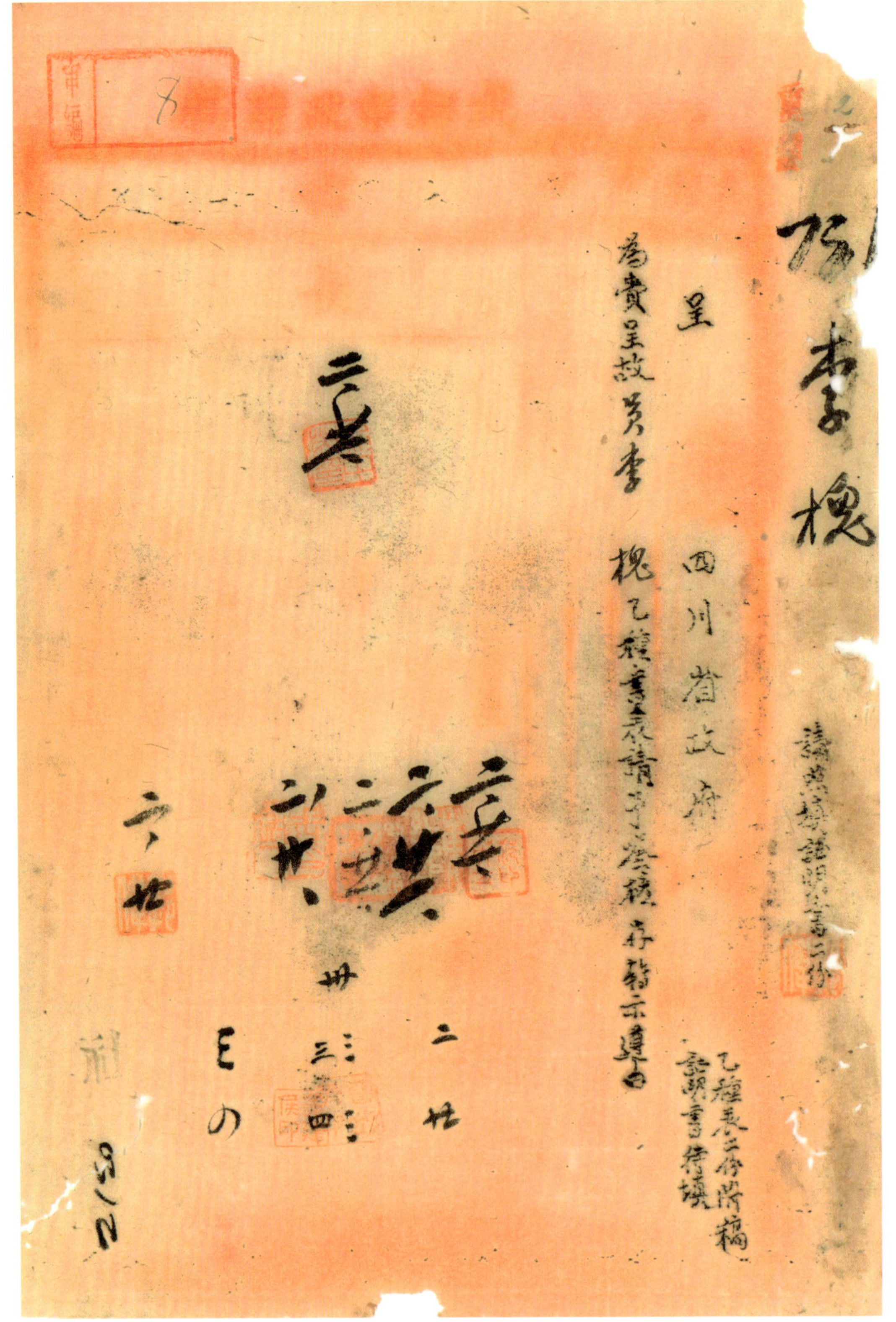

案據陸軍第八十八師五二三團五連故中尉排長
李槐遺族李周樹芳檢表請鄉長結懇予轉請核卹等
情前來。核尚無不合。除遵
令將該遺族所具保甲長切結存備案外，理合檢同該員
李槐乙種調查表連同本府加具證明書各一份，備文賫呈
鈞府，俯賜察核存轉，指令祗遵。
謹呈
四川省政府
計呈該員李槐乙種書表各二份
中華民國卅年二月　　日　銜名

四川省政府关于转送核办故员李槐等乙种书表致成都市政府的指令（一九四一年三月七日）

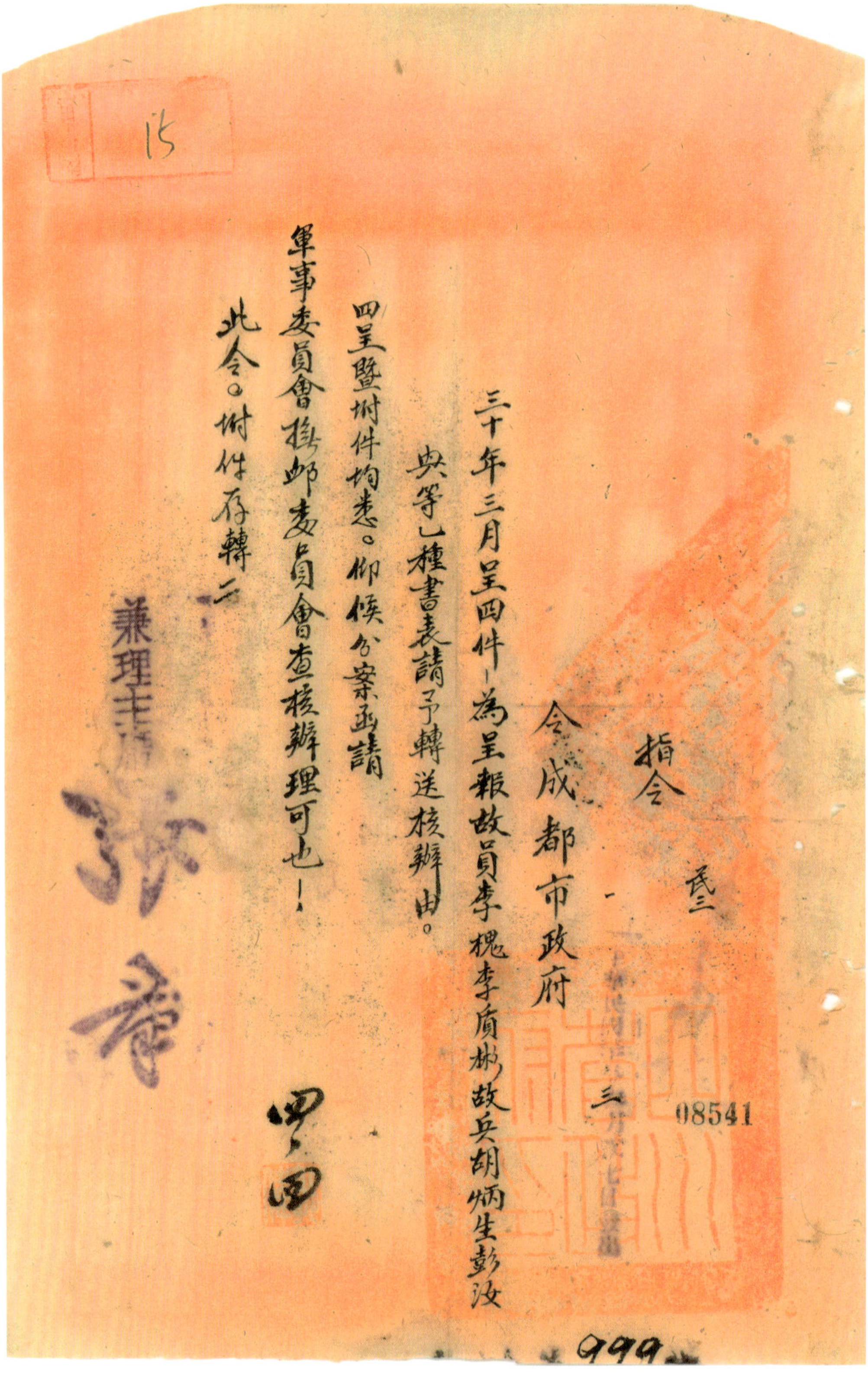

指令　民三

令成都市政府

三十年三月呈四件，为呈报故员李槐、李质彬，故兵胡炳生、彭汝兴等乙種書表請予轉送核辦由。

四呈暨附件均悉。仰候分案函請

軍事委員會撫卹委員會查核辦理可也！

此令。附件存轉。

兼理主席

16

民政廳長

監印李竹溪

校對廖學[illegible]

李周树芬关于请予核转故员李槐各表及保结致成都市政府的呈（一九四一年三月十七日）

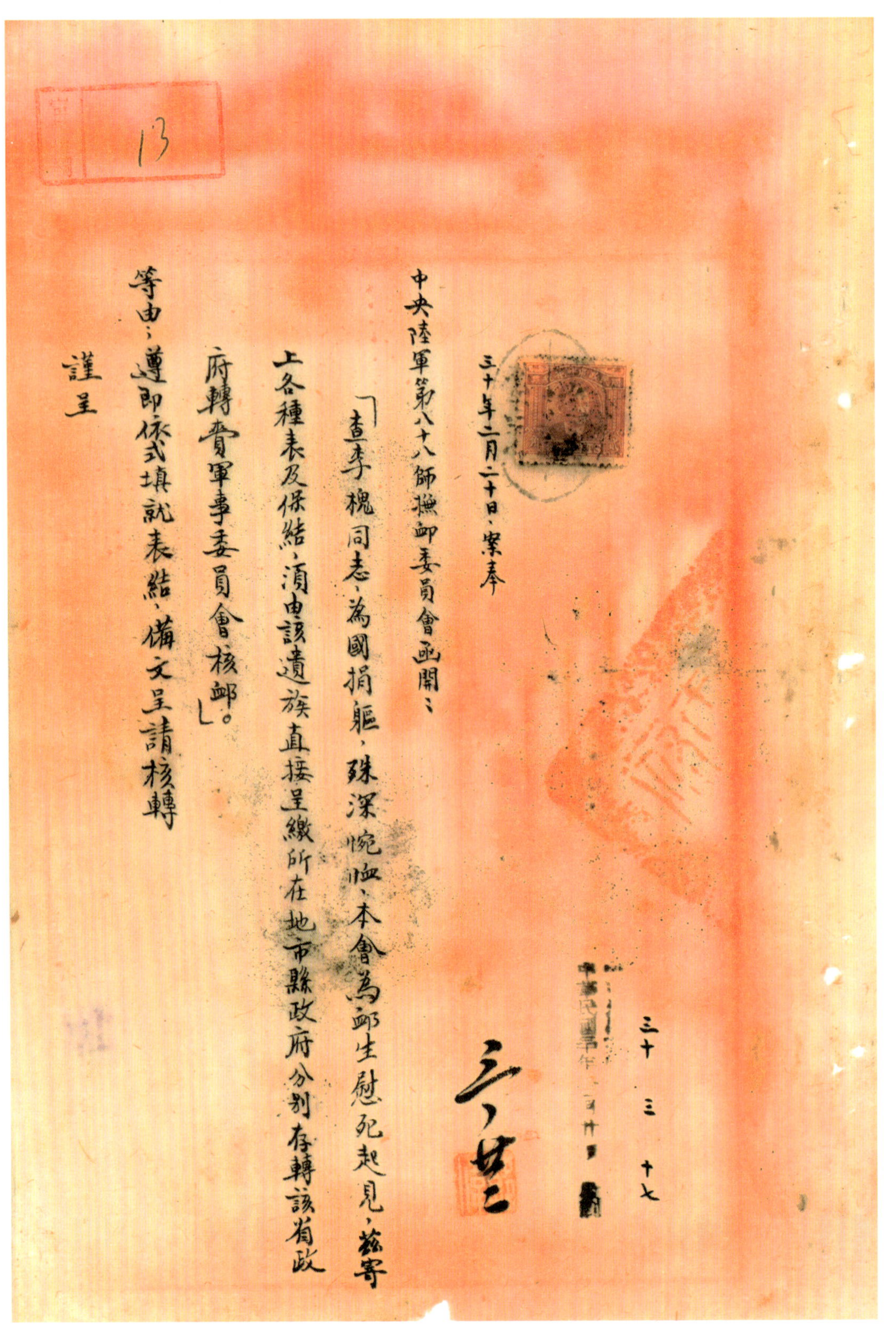

13

三十年二月二十日，案奉

中央陸軍第八十八師撫卹委員會函開：

「查李槐同志，為國捐軀，殊深惋恤，本會為卹生慰死起見，茲寄

上各種表及保結，須由該遺族直接呈繳所在地市縣政府分別存轉該省政

府轉賚軍事委員會核卹。」

等由，遵即依式填就表結，備文呈請核轉

謹呈

三十　三　十七

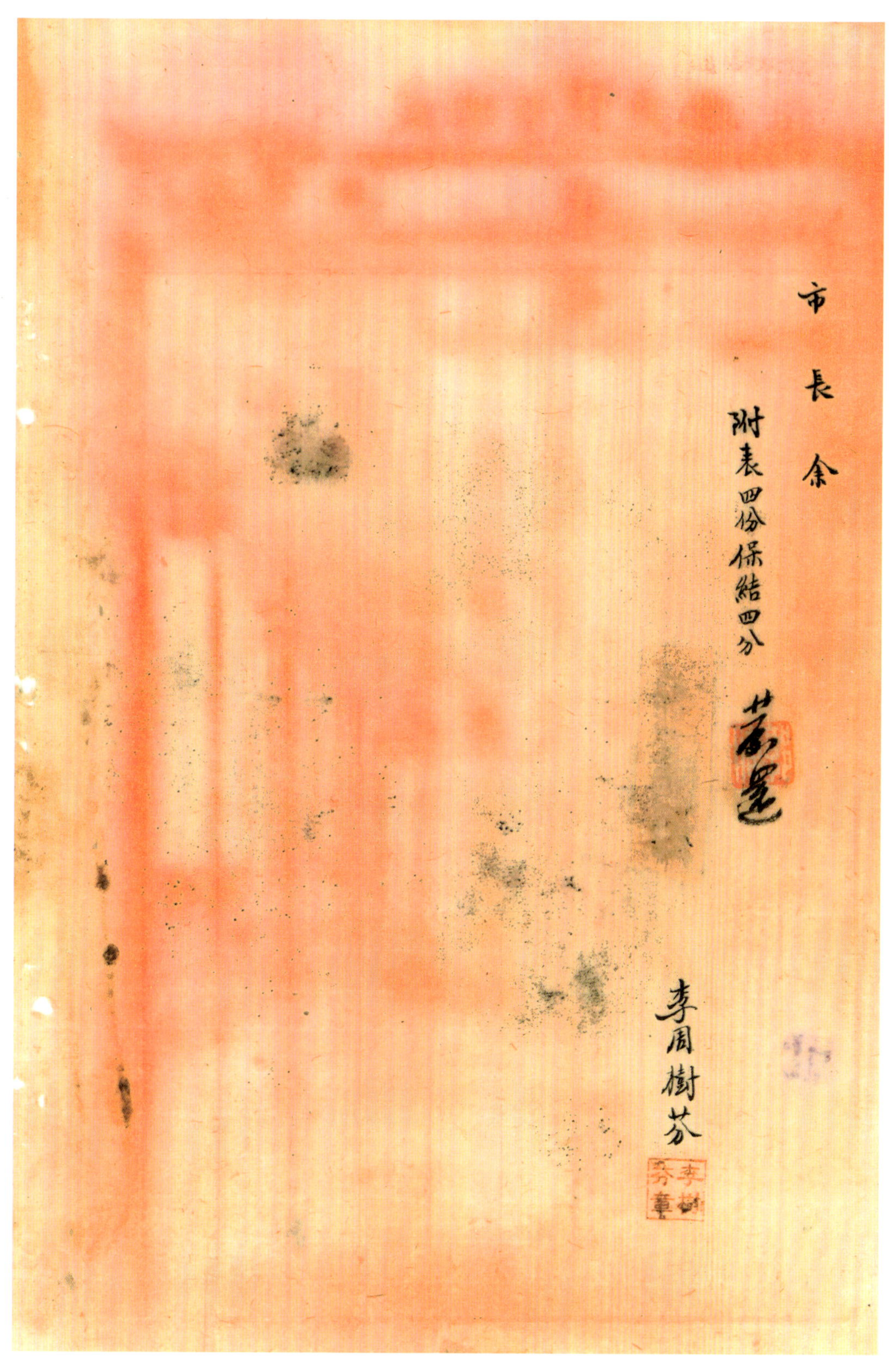

市長余

附表四份保結四分

李周樹芬

李樹芬章

成都市政府关于核转故员李槐请恤表结致李周树芬的批（一九四一年四月二日）

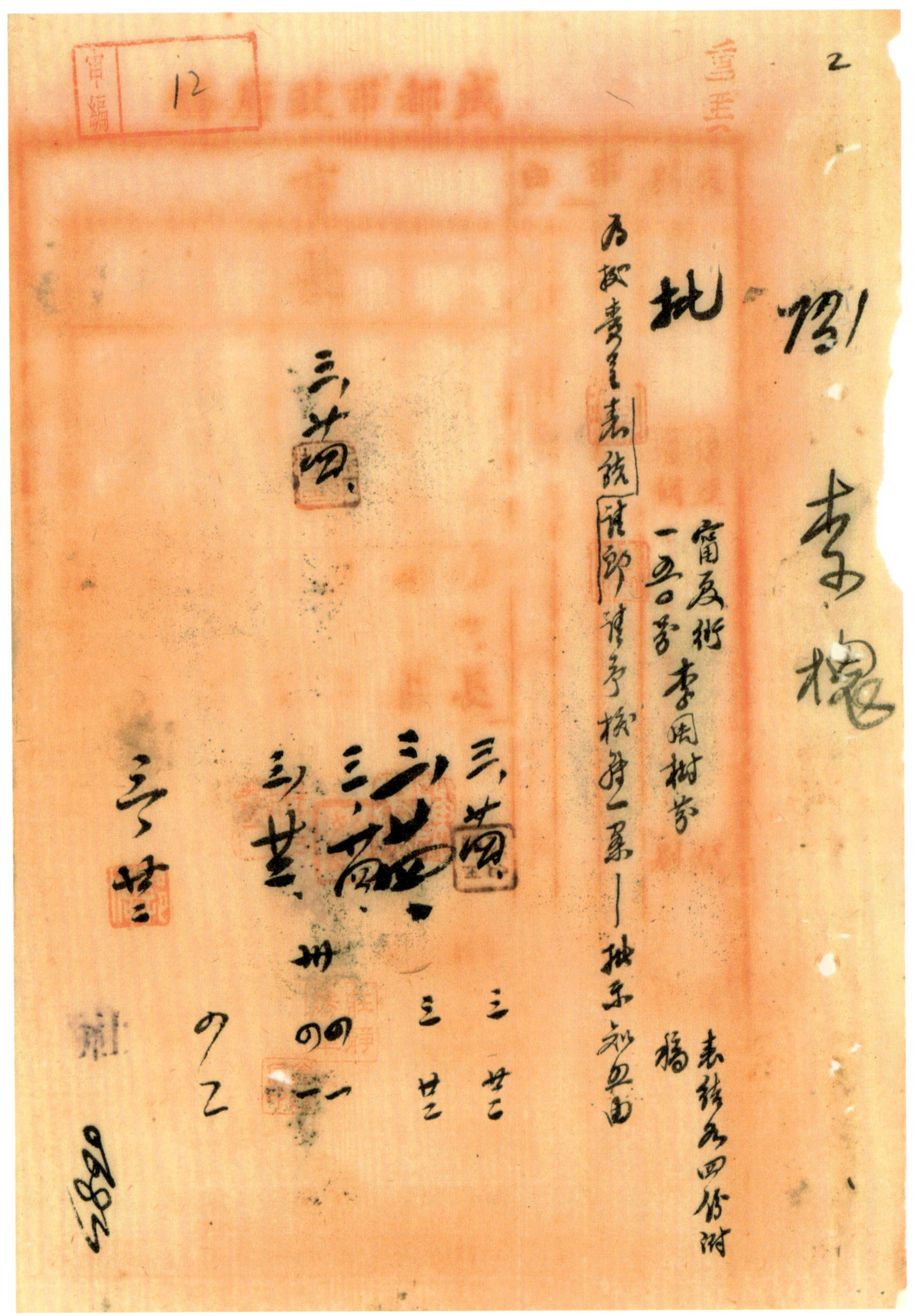

全衔　批　秘字第　號

具呈人李周樹等

卅年三月廿日呈一件，為檢呈表結請予核轉由

呈暨表結均悉。查該員李燦乙種書表業經本府於上月轉呈四川省政府核轉在案，仰即知照。表結存留候核批發還。此批。

中華民國卅年三月　日

市長　余

成都市政府关于核转故员李槐乙种书表致李周树芬的通知（一九四一年四月十六日）

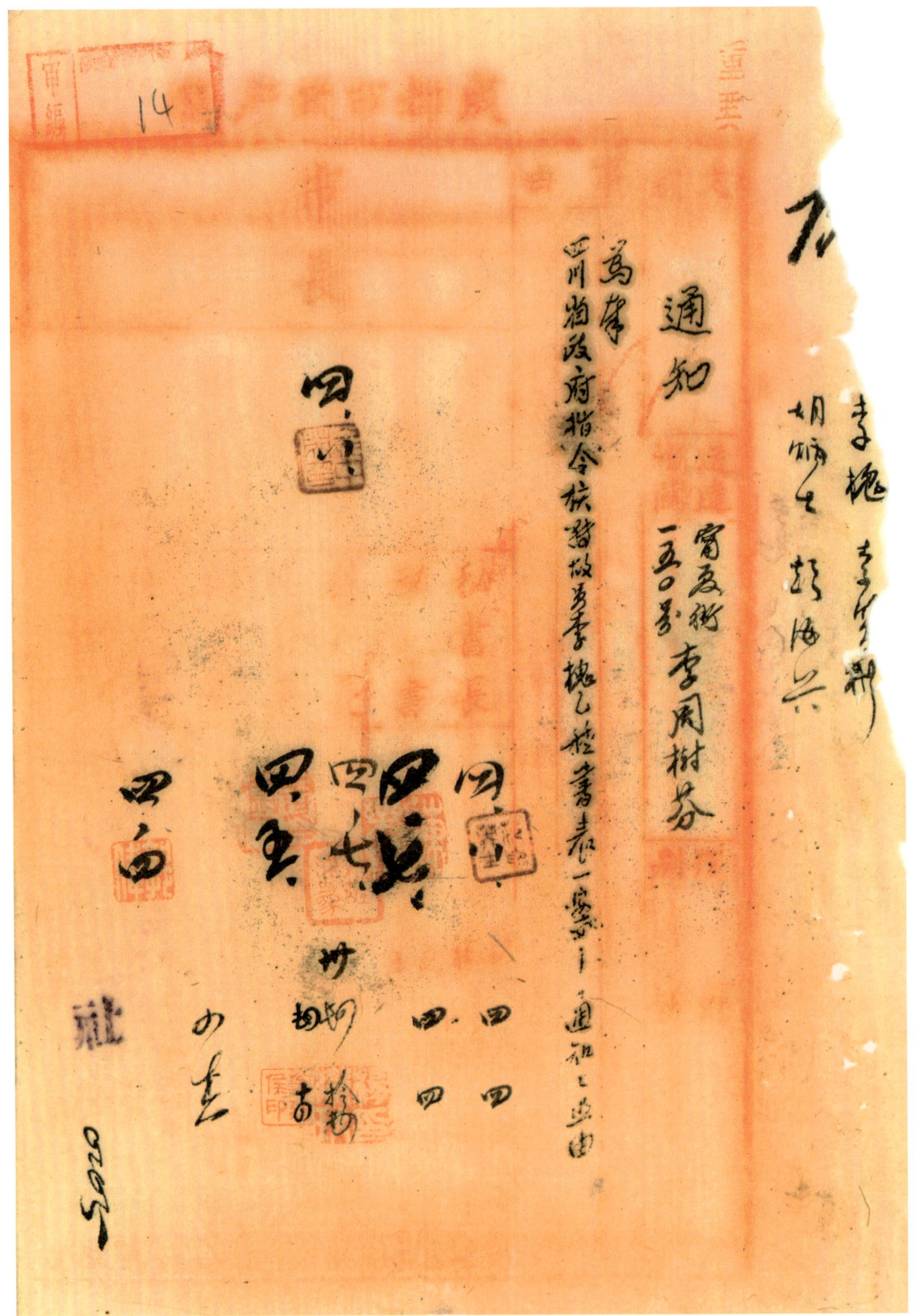
通知
宁夏街一五〇号李周树芬
为奉四川省政府指令核转故员李槐乙种书表一案通知由

令

銜通知　社字第　　號

案查前據該邊族松益放男李槐之控調查一案，及保甲長保結各員懇予轉請核辦等情前來，當經批示並轉呈請四川省政府核轉去訖。茲奉民三字第六〇四號指令，以「仰候函請蒙藏委員會核辦，函委員會重核辦理可也」，等因，合行通知，仰該邊族即便知照為要！

右通知松益放男李槐　邊族李周樹等准此

中華民國卅年四月　日

市長余

四川省政府关于颁发故员李槐恤令并遗族住址单等致成都市政府的训令（一九四一年十月十八日收）

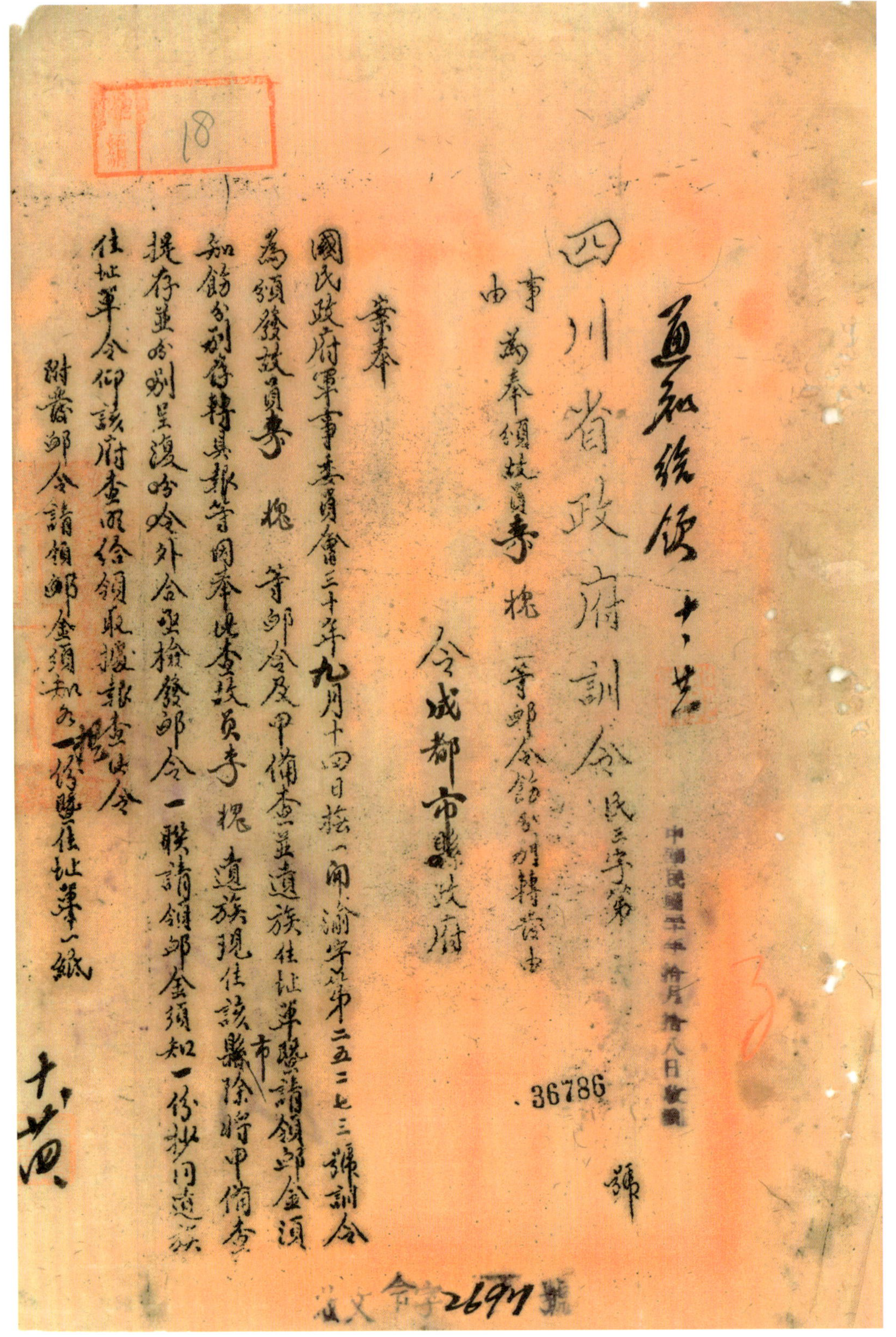

四川省政府训令 民三字第　号

事由 为奉颁故员李槐等恤令饬分别转发由

令成都市县政府

案奉

国民政府军事委员会三十年九月十四日抚一渝字第二五二七三号训令，为颁发故员李槐等恤令及甲备查并遗族住址单，请领恤金须知，饬分别存转具报等因。奉此。查故员李槐遗族现住该县（市），除将甲备查提存并分别呈复暨令外，合亟检发恤令一联、请领恤金须知一份，抄同遗族住址单，令仰该府查照给领取据报查。此令。

附发恤令、请领恤金须知各一份，遗族住址单一纸

中华民国三十年拾月拾八日收到

36786

文 令字2697号

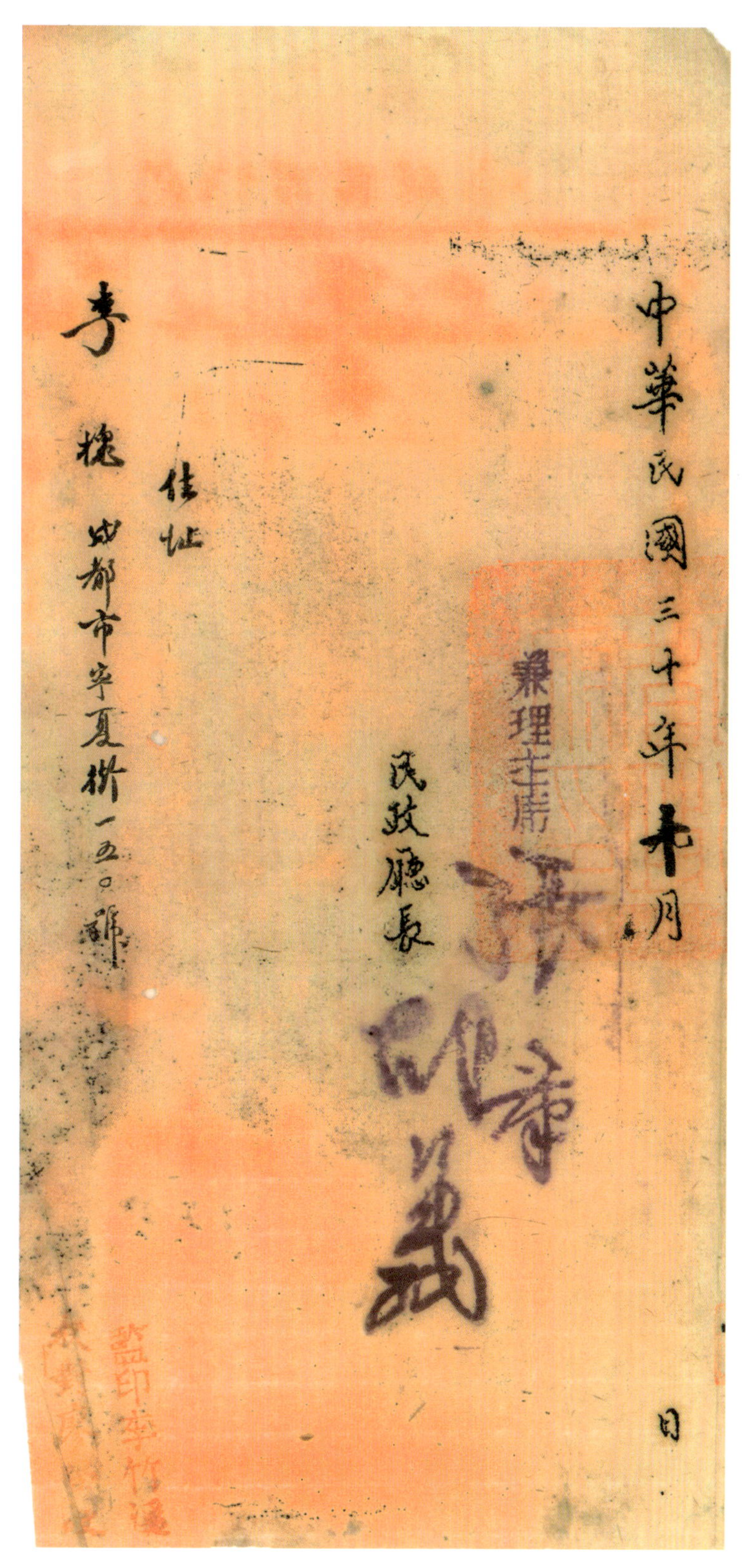

中華民國三十年十一月　日

民政廳長　兼理主席　張群

李　捷

住址　成都市寧夏街一五〇號

監印李竹遥

四川省政府关于颁发故员李槐恤亡给予令的存根（一九四一年十月二十四日）

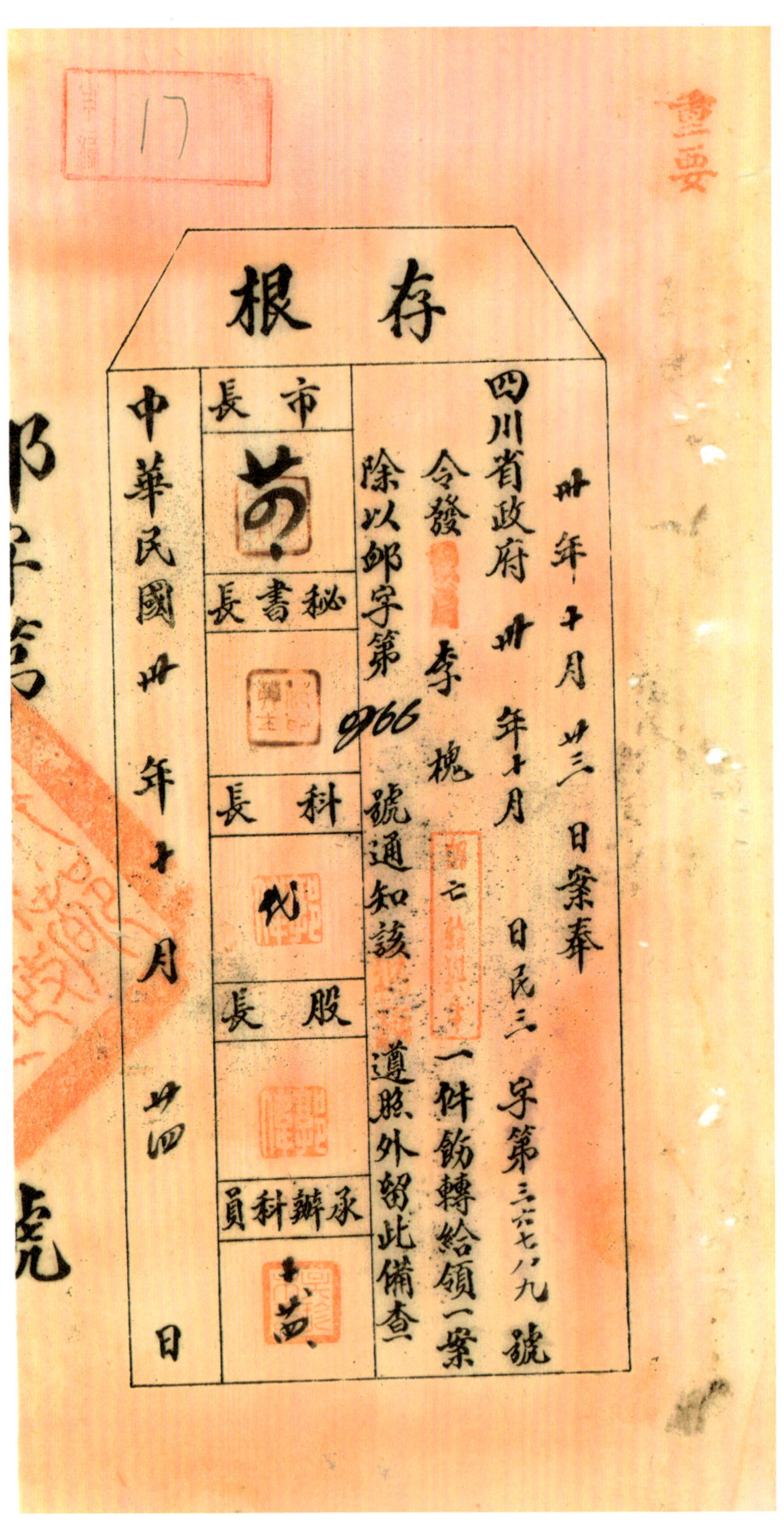

存根

卅年十月廿三日案奉

四川省政府卅年十月　日民三字第三六七八九號

令發　李槐　一件飭轉給領一案

除以郵字第966號通知該　遵照外留此備查

市長

秘書長

科長

股長

承辦科員

中華民國卅年十月廿四日

李周氏关于收到成都市政府颁发故员李槐抚恤令的收据（一九四一年十一月六日）

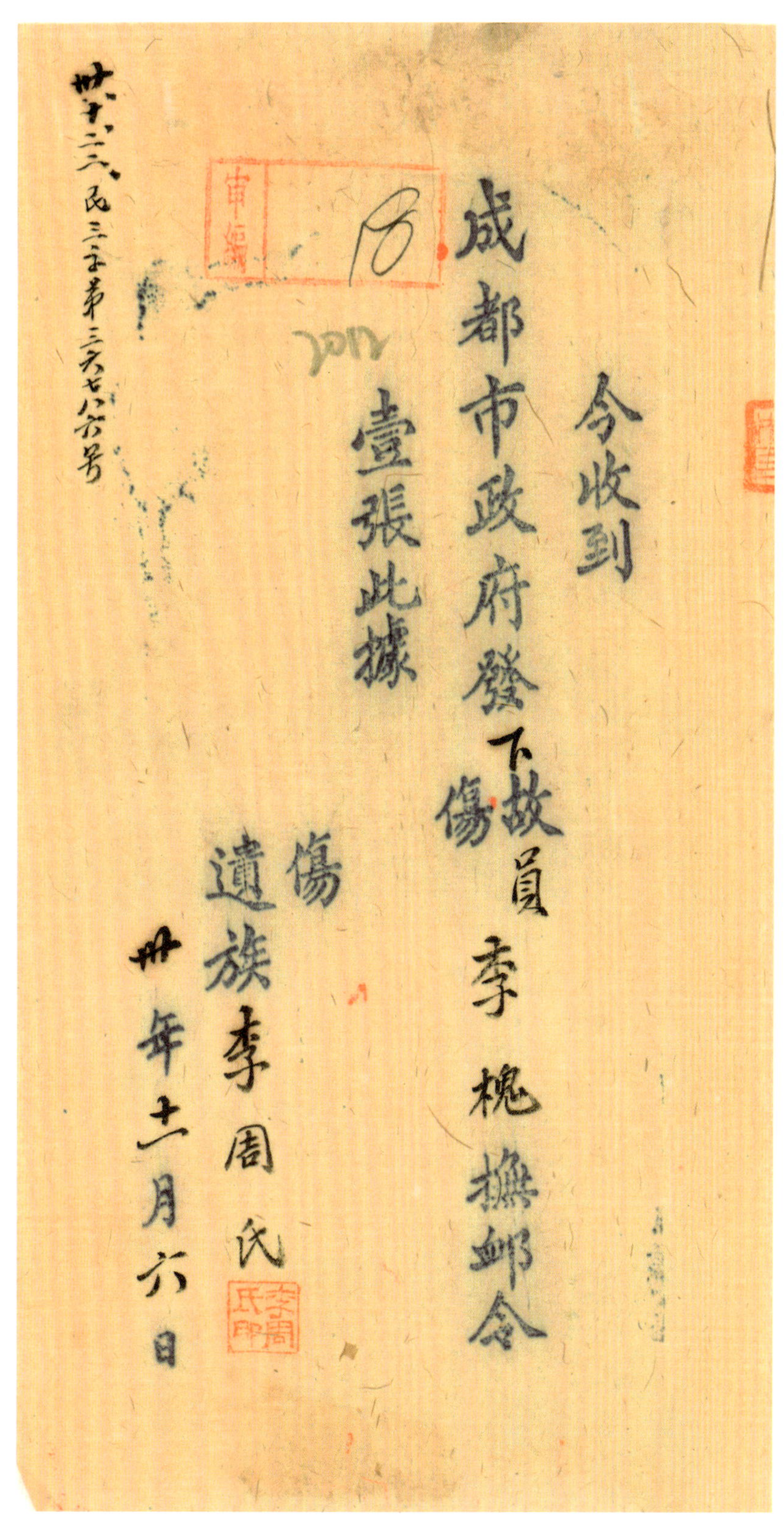

令收到

成都市政府發下故員李槐撫卹令

壹張此據

遺族李周氏（印）

卅年十一月六日

成都市政府关于转请省政府核发故员李槐一次恤金及第一年恤金致李周氏的批（一九四一年十一月二十二日）

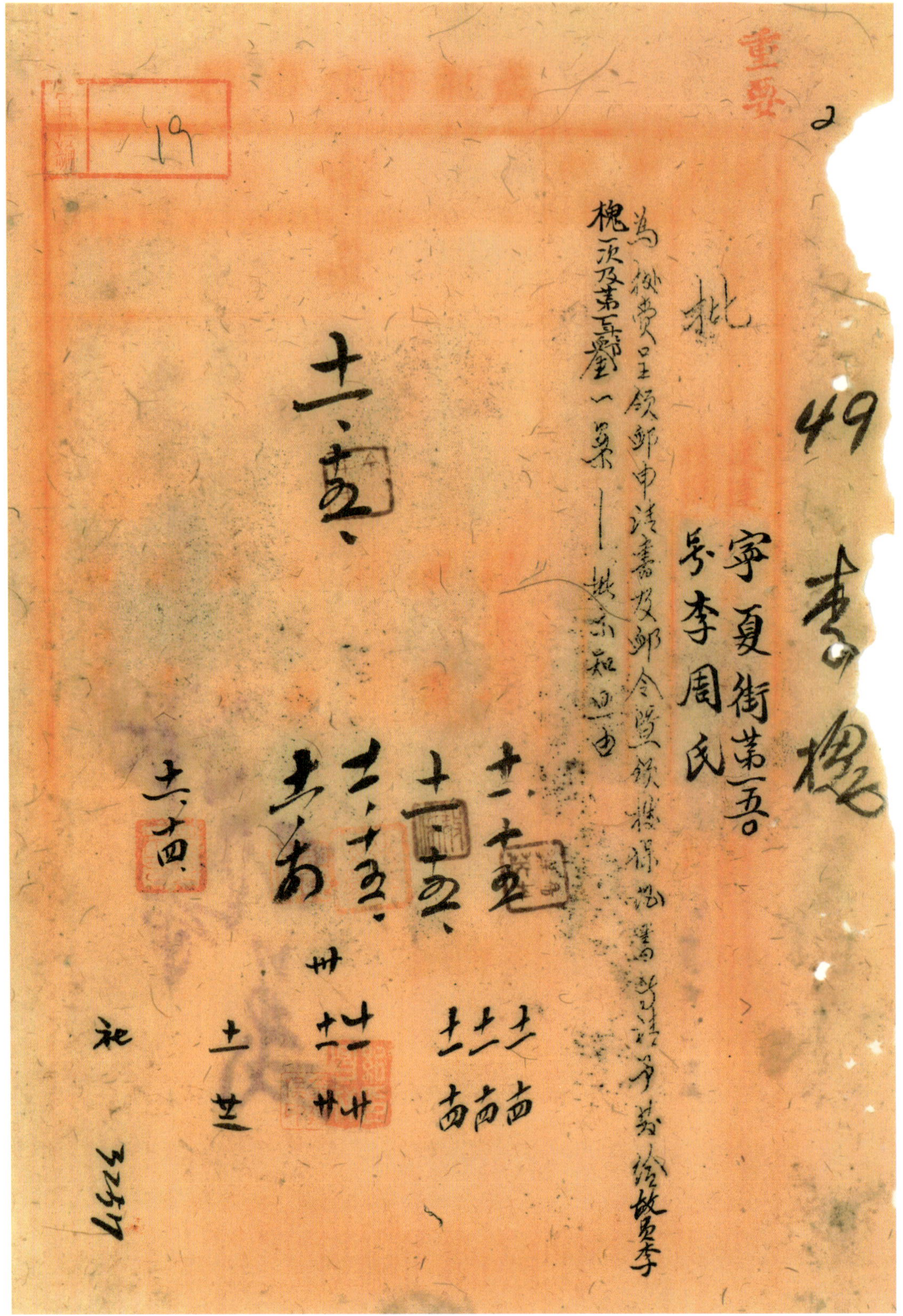

重要

批

宁夏街第一五吾号李周氏

李槐

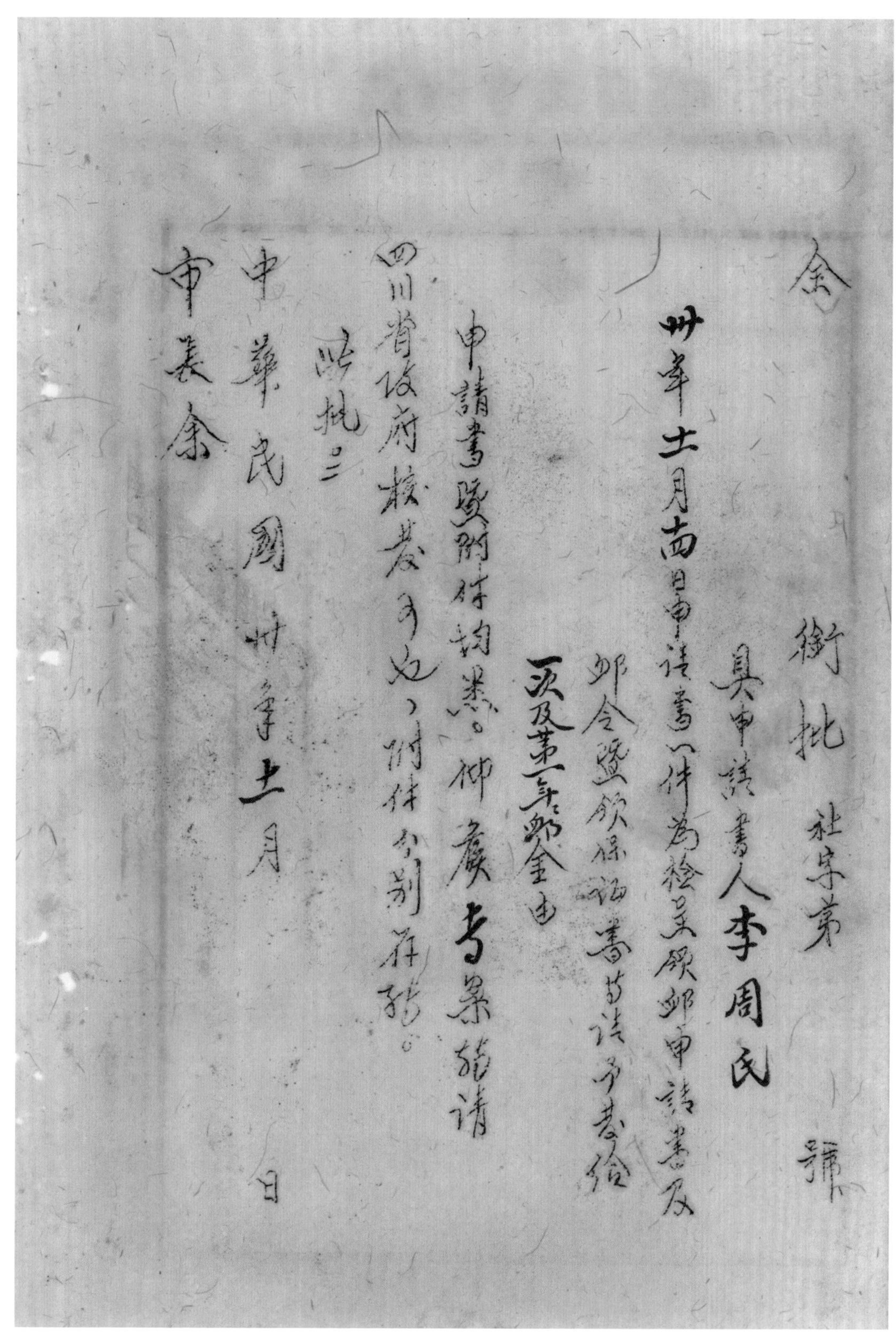

余　　衔批　社字第　　號

具申請書人李周氏

卅年十二月十四日申請書一件為检呈頒卹申請書及

卹令暨欽保證書等請予發給

一次及第一年卹金由

申請書暨附件均悉。仰候專案轉請

四川省政府核發可也。附件分別存轉。

此批。

中華民國卅年十二月　　日

審核余

成都市政府关于请予核发故员李槐一次恤金及第一年年恤金致四川省政府的呈（一九四一年十一月二十二日）

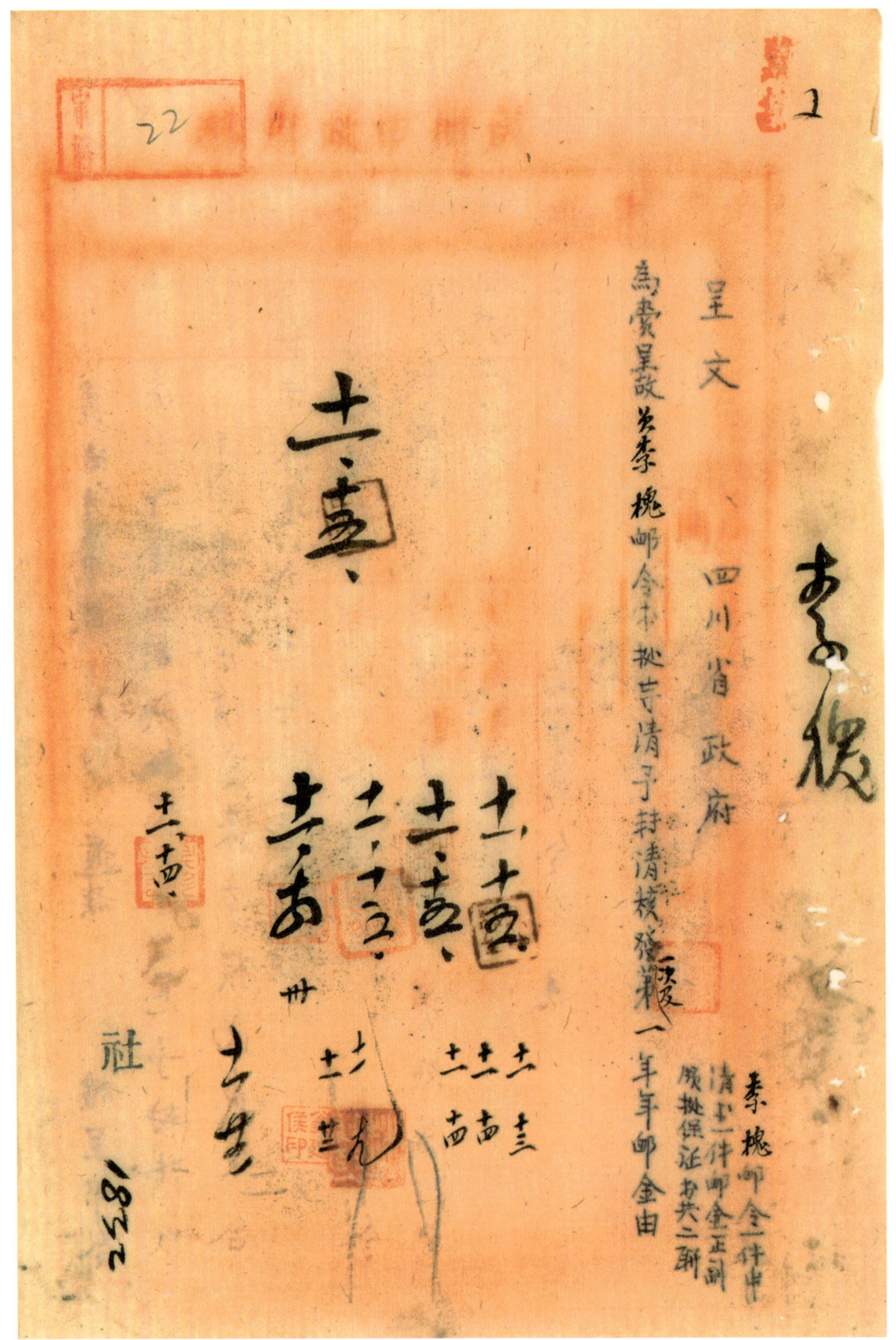

李槐

呈文

四川省政府

為賫呈故員李槐卹令本批呈請予封清核發一次一年年卹金由

李槐卹令一件
清單一件
領據保証書共二紙

案據本市故員李槐遺族李周氏檢呈卹令

及申請書卹金正副領摺保証書等懇予轉請核

發給一次及一年年卹金等情前來查核尚無不合

除批示外理合遵照

鈞府各項办法之規定檢同故員李槐卹令

一件領卹申請書一件卹金正副領摺保証書

等共二聯一併隨文賫呈

鈞府俯賜核發令飭指令祇遵

謹呈

四川省政府

計呈　員李槐卹令一件申請書一件卹
金正副領卹保証書共二册
偹白

三十
土

附：李周氏关于请予核发故员李槐一次恤金及第一年年恤金致成都市政府的领恤申请书、抚恤金领据、具领恤金保证书（一九四一年十一月）

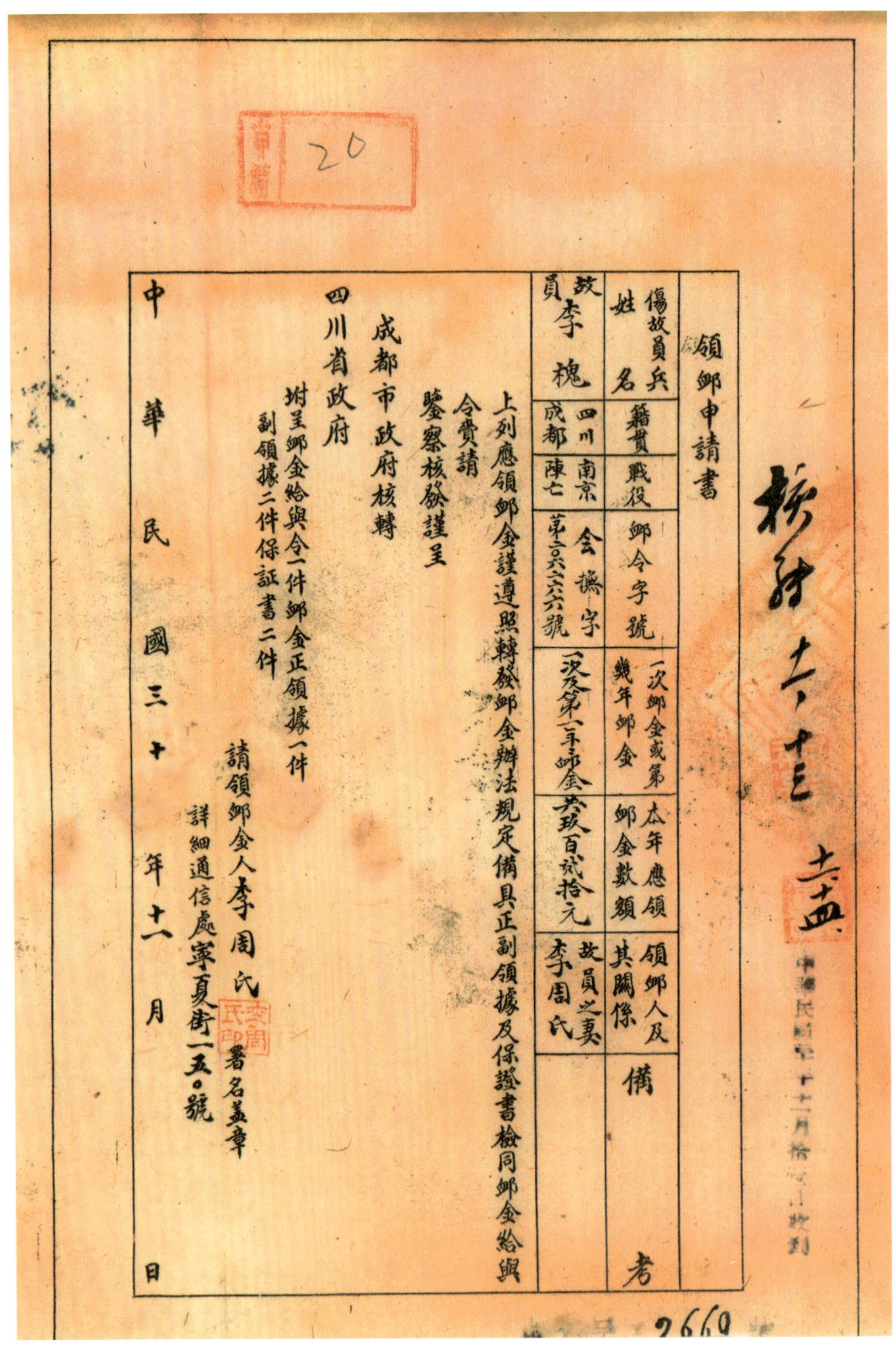

20

核發 十一 十三

十一 十五

領卹申請書

傷故員兵姓名	籍貫	戰役	卹令字號	一次卹金或第幾年卹金	本年應領卹金數額	領卹人及其關係	備考
故員李槐	四川成都	南京陣亡	会撫字第二〇六二六六號	一次及第一年卹金	共玖百貳拾元	故員之妻李周氏	

上列應領卹金謹遵照轉發卹金辦法規定備具正副領據及保證書檢同卹金給與令賫請

鑒察核發謹呈

成都市政府核轉

四川省政府

計呈卹金給與令一件卹金正領據一件副領據二件保證書二件

請領卹金人李周氏署名蓋章

詳細通信處寧夏街一五〇號

中華民國三十年十一月 日

中華民國三十年十一月拾□日收到

2669

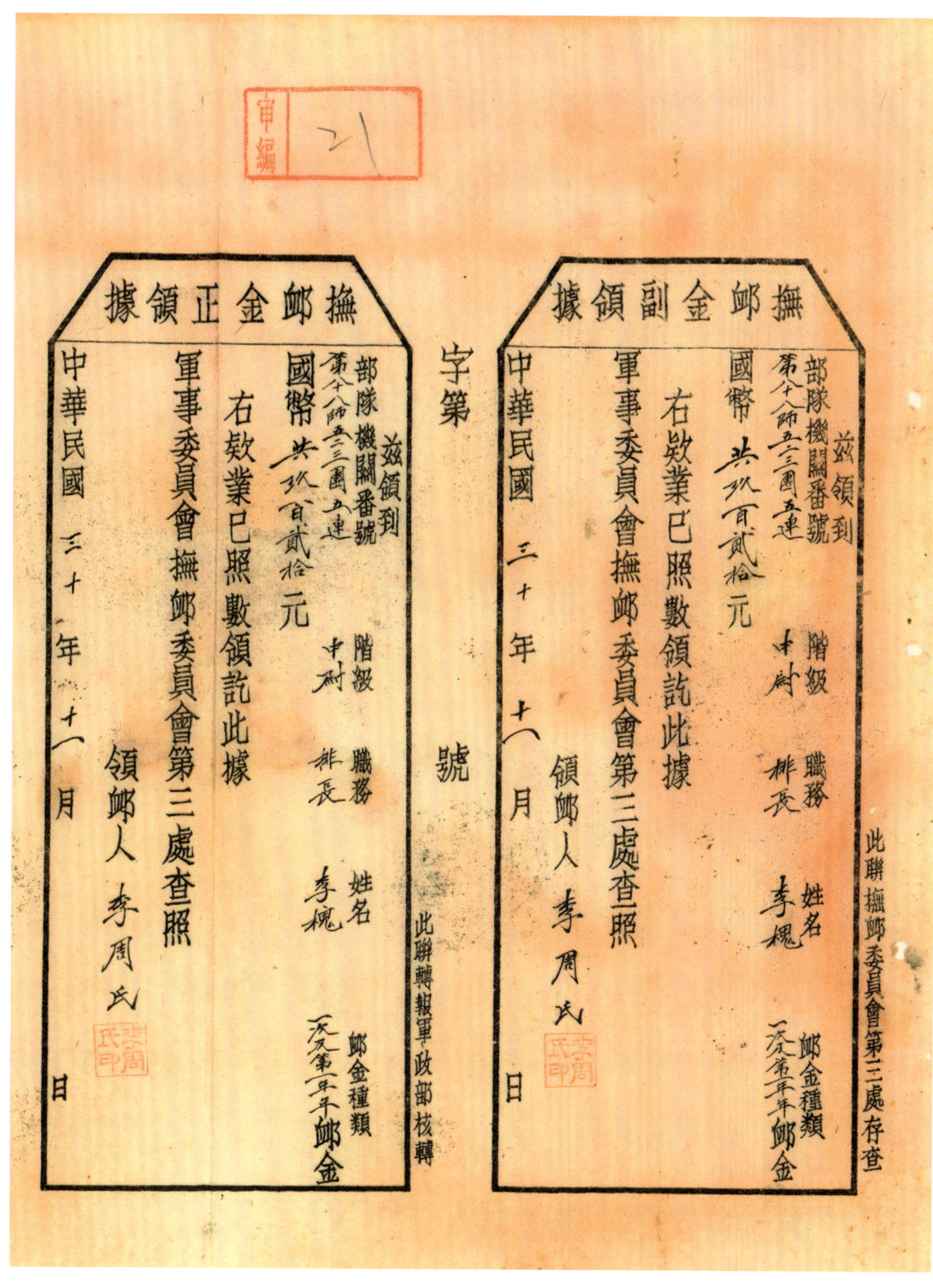

审編 21

此聯撫卹委員會第三處存查

撫卹金副領據

茲領到

部隊機關番號 第十八師五三團五連　階級 中尉　職務 排長　姓名 李槐　卹金種類 一次又第一年年卹金

國幣 共玖百貳拾元

右款業已照數領訖此據

軍事委員會撫卹委員會第三處查照

領卹人 李周氏（印：李周氏印）

中華民國 三十 年 十一 月　日

字第　號

此聯轉報軍政部核轉

撫卹金正領據

茲領到

部隊機關番號 第十八師五三團五連　階級 中尉　職務 排長　姓名 李槐　卹金種類 一次又第一年年卹金

國幣 共玖百貳拾元

右款業已照數領訖此據

軍事委員會撫卹委員會第三處查照

領卹人 李周氏（印：李周氏印）

中華民國 三十 年 十一 月　日

具領卹金保證書

保證人黄清雲 今保證領卹人李周氏確係已故

部隊機關番號 第十八師五三團五連 階級 中尉 職務 排長 姓名 李槐

之遺族茲遵照

國民政府軍事委員會會撫字第二〇六二六六號卹金給與令核准給與該

故員一次及一年卹金國幣共玖百貳拾元整今由該遺族向

鈞會第三處如數領訖具領後如有發生爭議保証人願照

鈞會請領卹金須知第六條之規定負法律上一切責任此證

謹呈

國民政府軍事委員會撫卹委員會

保証人姓名黄清雲 蓋章 籍貫成都縣 住址市街[illegible]五號 職務或職業 馬 (店鋪書柬) (店鋪營業資本金額) 有叁仟元

領卹人姓名李周氏 蓋章 籍貫成都 住址寓東街五〇號 與故員之關係夫妻

其他遺族姓名及關係 子 全生

中華民國三十年十一月 日

成都市市長余中英

李周氏关于李槐一次恤金的领结（一九四一年十一月）

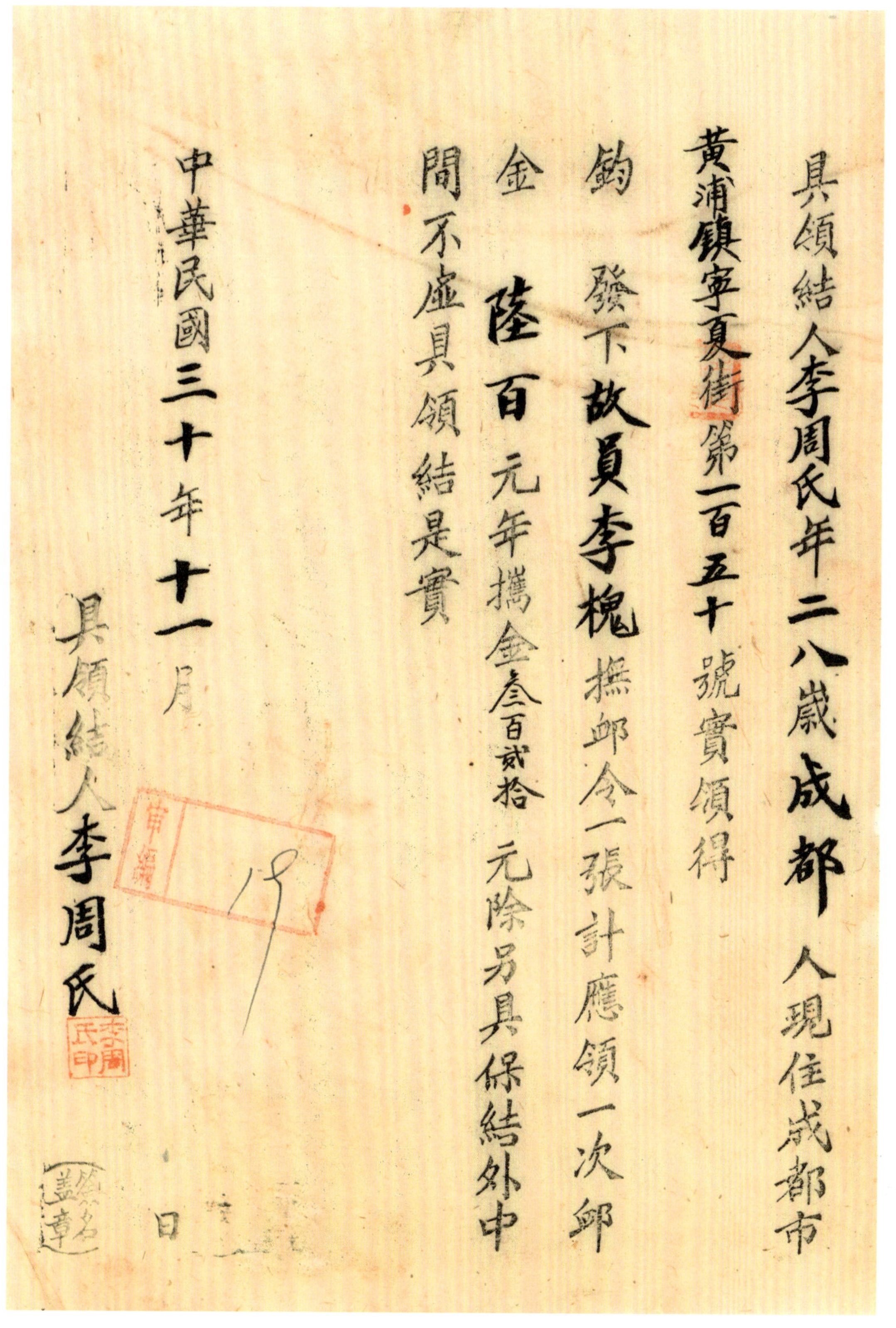

具領結人李周氏年二八歲成都人現住成都市黄浦鎮寧夏街第一百五十號實領得

鈞發下故員李槐撫䘏令一張計應領一次䘏金陸百元年攜金叁百貳拾元除另具保結外中間不虛具領結是實

具領結人李周氏

中華民國三十年十一月　日

黄福盛关于李槐遗族一次恤金领取属实的保结（一九四一年十一月）

具保结人黄福盛住成都市骡马市街第九五号

实保得

钧发下第八八师五二三团五连中尉排长晋一级李槐

抚恤令一张，计一次恤金陆百元，年抚金

叁百贰拾元，由该故员之妻李周氏承领，中间不虚。

具保结是实

审编 20

中华民国三十年十一月　日

具保结人黄福盛（签名盖章）即黄清云

保长蒋春山（签名盖章）

四川省政府关于准予核发故员李槐一次恤金及第一年恤金致成都市政府的指令

（一九四二年一月二十四日）

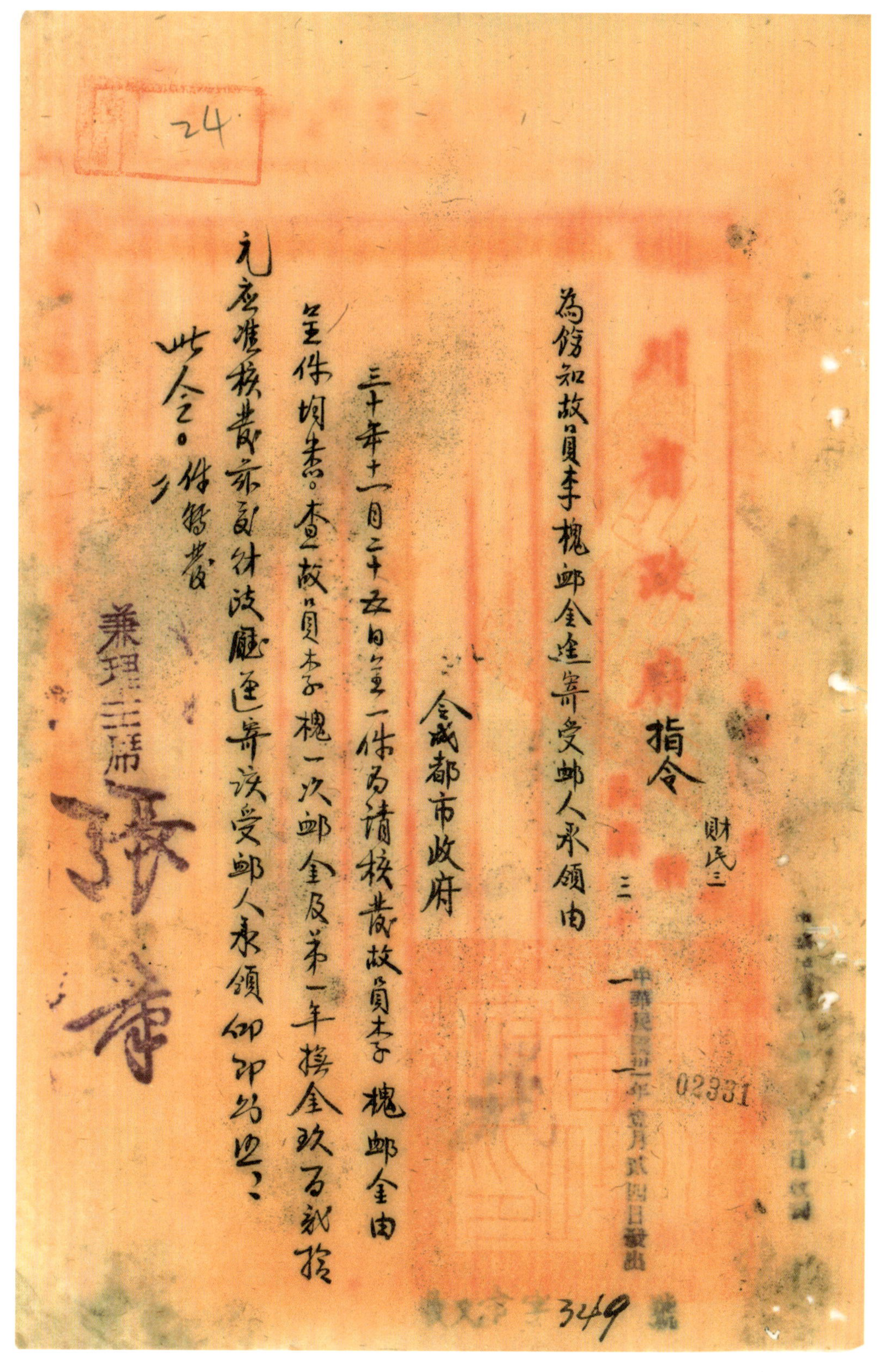

24

四川省政府 指令 财民三

中华民国卅一年壹月贰四日发出 02331

为饬知故员李槐卹金逕寄受卹人承领由

令成都市政府

三十年十一月二十五日呈一件为请核发故员李槐卹金由

呈件均悉。查故员李槐一次卹金及第一年卹金玖百元

元应准核发，亦交财政厅逕寄该受卹人承领，仰即知照。

此令。件发。

兼理主席 张群

349

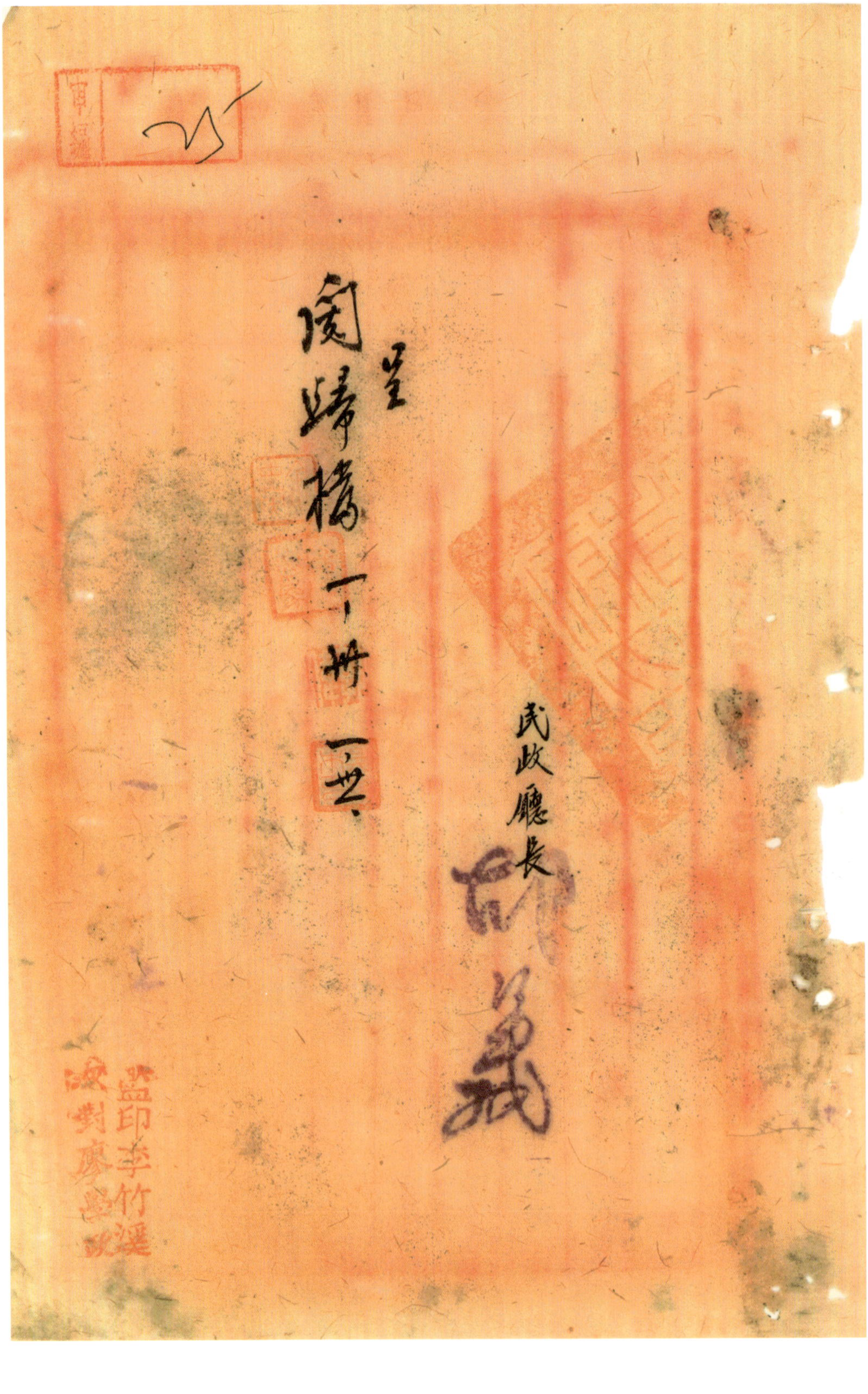
25
民政廳長
呈
閱歸檔 一冊 一葉
監印李竹溪
校對廖學政

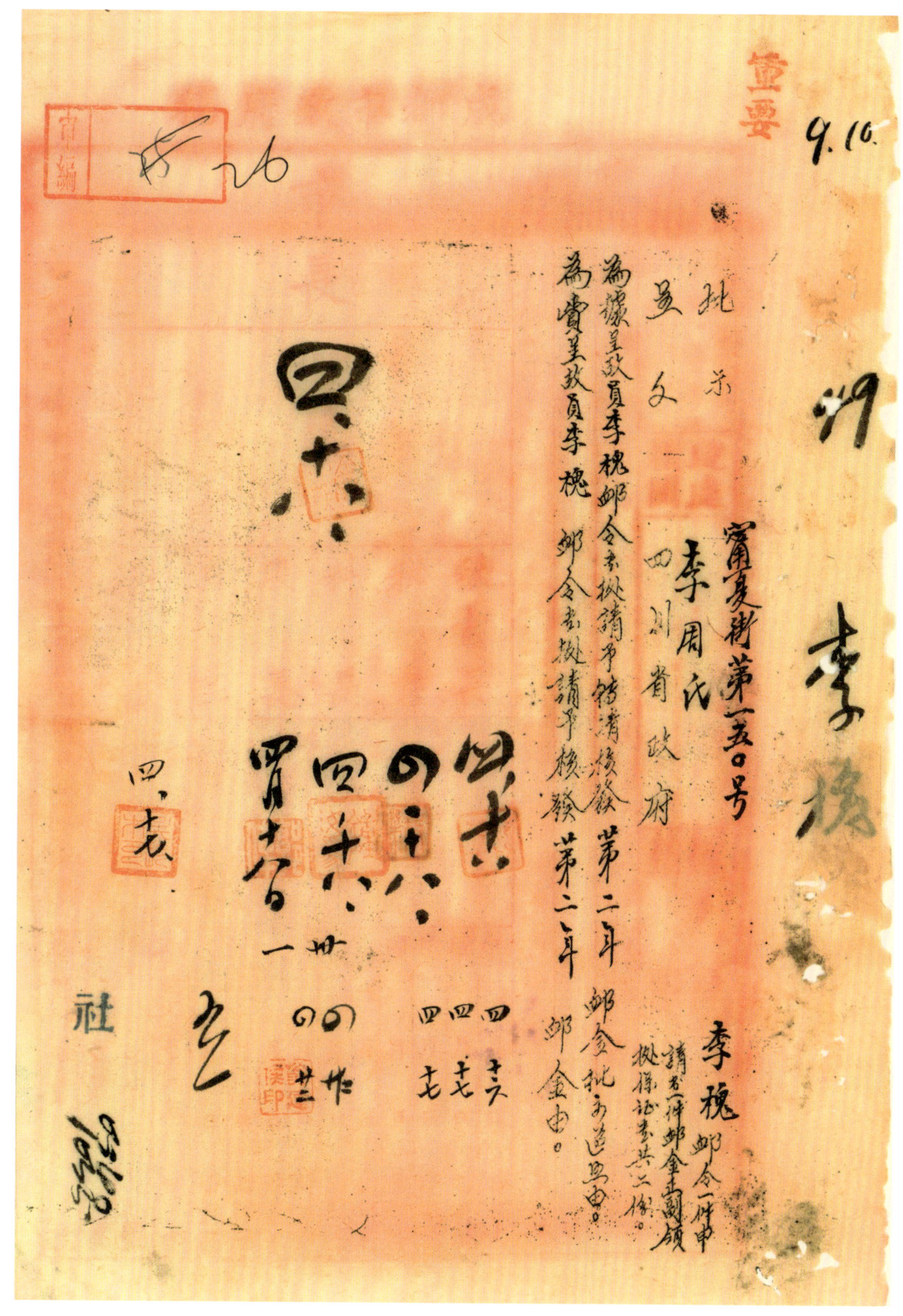
重要

9.10

卅 李槐

審發衔第一五〇号

批示 李周氏

呈文 四川省政府

為據呈故員李槐卹令未擬請予轉請核發第二年卹金批示遵照由。

為賫呈故員李槐卹令未擬請予核發第二年卹金由。

李槐卹令一件

成都市政府关于核发故员李槐第二年恤金致四川省政府的呈、致李周氏的批示（一九四二年五月一日）

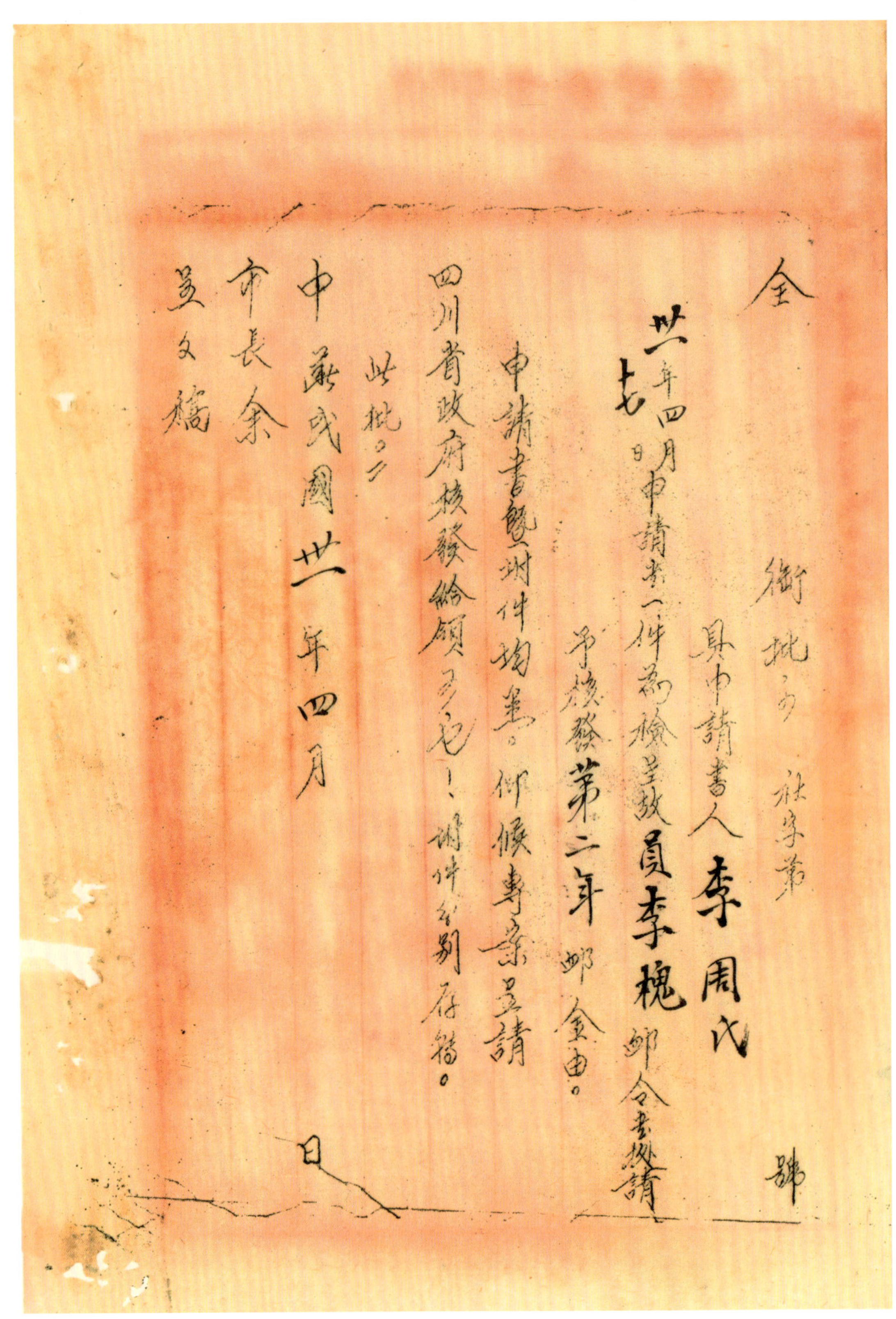

全

銜 批示 秘字第　　號

具申請書人李周氏

卅一年四月廿七日申請書一件為檢呈故員李槐卹令壹紙懇請

予核發第二年卹金由。

申請書暨附件均悉。仰候專案呈請

四川省政府核發給領可也！附件分別存轉。

此批。

中華民國卅一年四月　　日

市長余

兼文稿

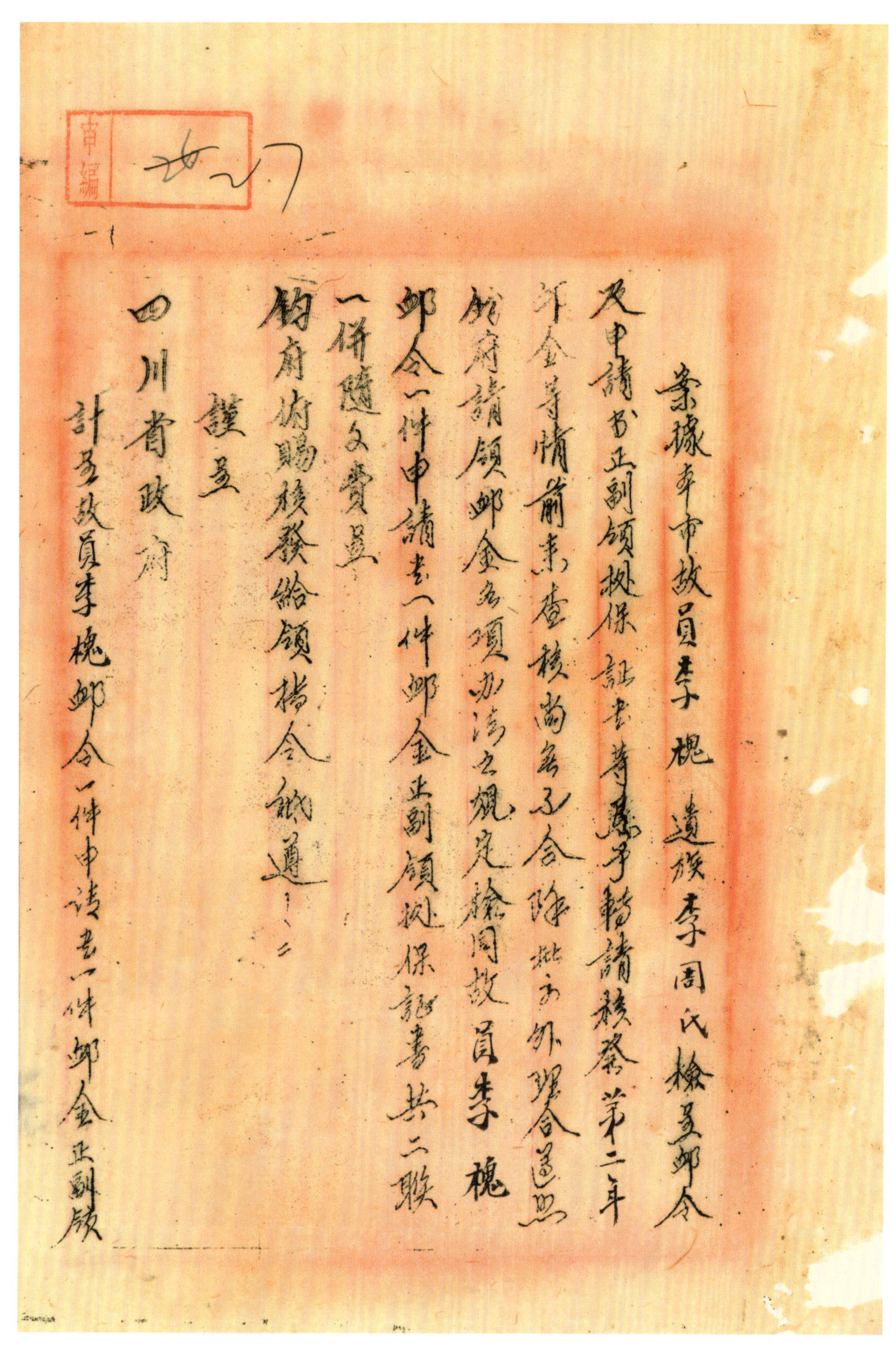

案據本市故員李 槐 遺族李周氏檢呈邮令
及申請書正副領據保證書等懇予轉請核發第二年
邮金等情前來查核尚屬可合除批示外理合遵照
鈞府請領邮金各項办法之規定檢同故員李 槐
邮令一件申請書一件邮金正副領據保證書共二聯
一併隨文賫呈
鈞府俯賜核發給領指令祗遵！！
謹呈
四川省政府
計呈故員李槐邮令一件申請書一件邮金正副領據

據保證書共二聯。
銜名
三十一
四

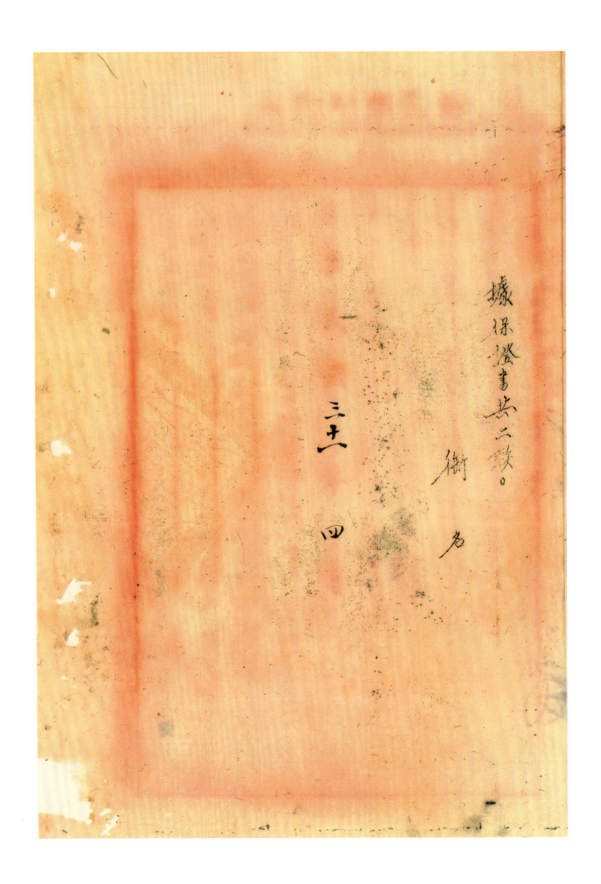

附：李周氏关于请予核发故员李槐第二年恤金致成都市政府的领恤申请书、抚恤金领据、具领恤金保证书（一九四二年四月）

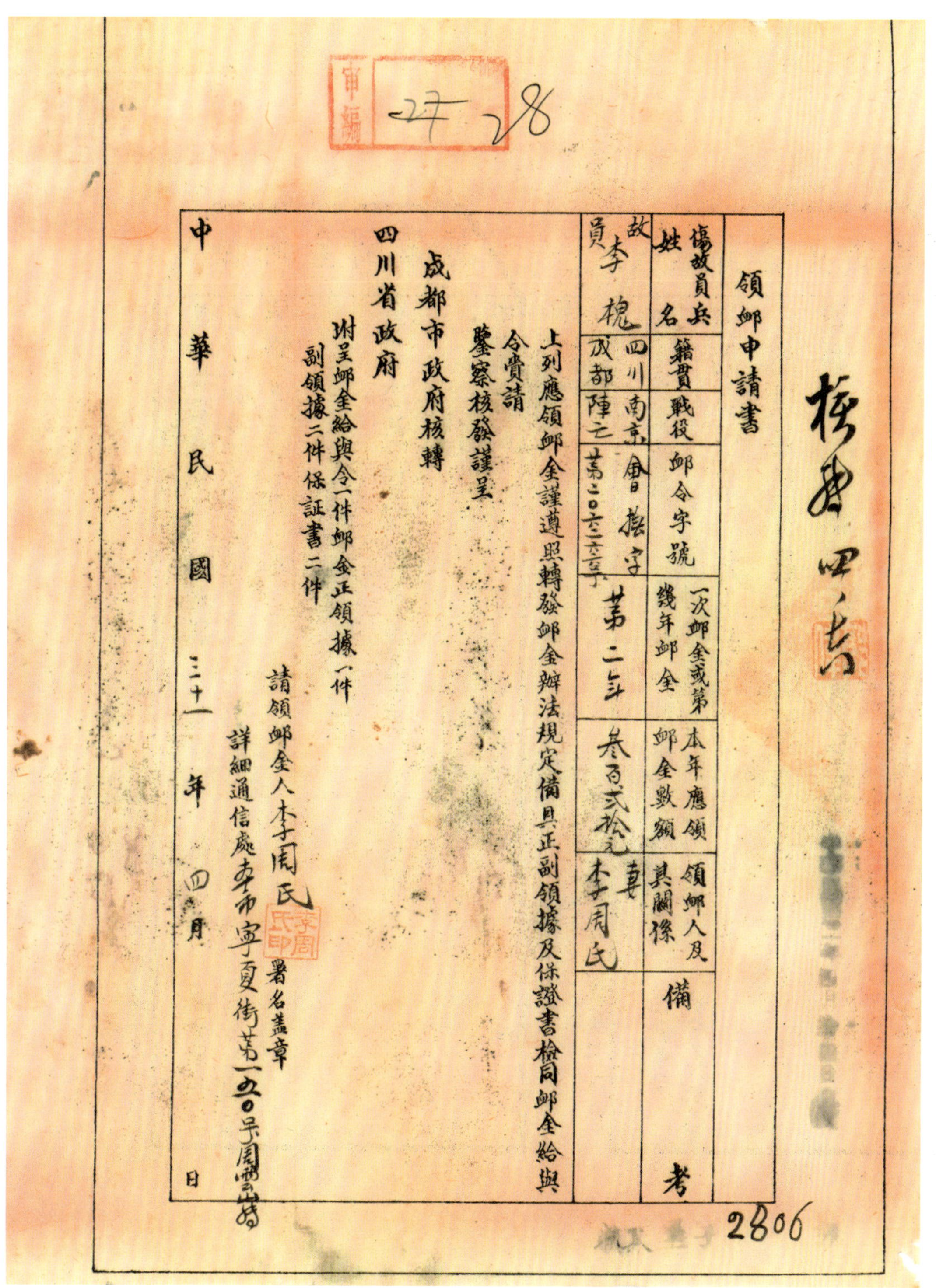

審編 27 28

核發 四、廿

領卹申請書

傷故員兵姓名	籍貫	職役	卹令字號	一次卹金或第幾年卹金	本年應領卹金數額	領卹人及其關係	備考
故員李槐	四川成都	南京陣亡	會撫字第二〇六三六號	第二年	叁百弍拾元	妻李周氏	

上列應領卹金謹遵照轉發卹金辦法規定備具正副領據及保證書檢同卹金給與令賫請

鑒察核發謹呈

成都市政府核轉

四川省政府

附呈卹金給與令一件卹金正領據一件副領據二件保証書二件

請領卹金人李周氏（印：李周氏印）署名盖章

詳細通信處本市寧夏街第一五〇号周雲山轉

中華民國三十一年四月日

2806

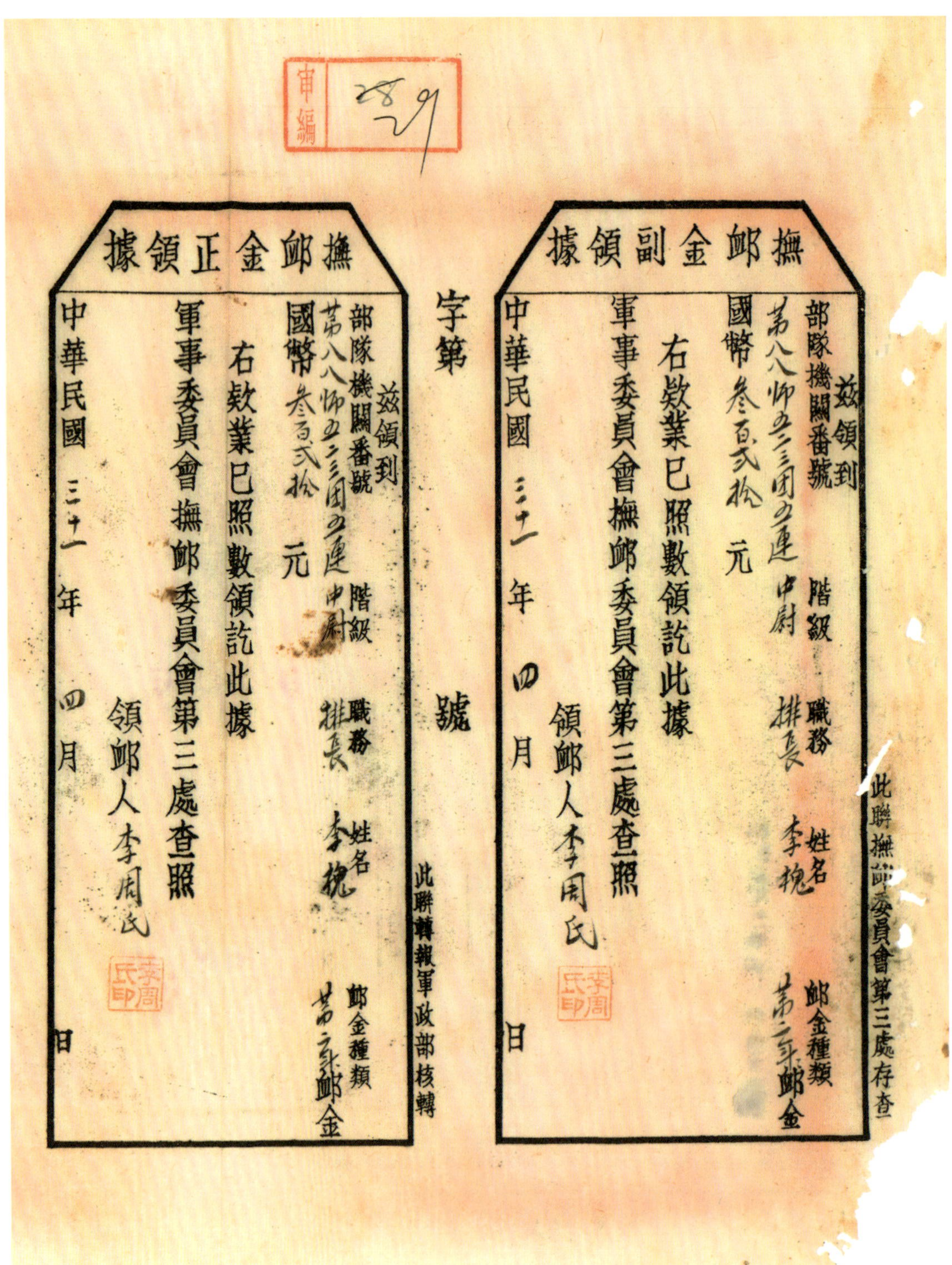

审编 2891

撫卹金副領據

字第　號

茲領到
部隊機關番號 第八八师五三三团五连
階級 中尉
職務 排長
姓名 李槐
國幣叁百弍拾元
右款業已照數領訖此據
軍事委員會撫邺委員會第三處查照
領邺人 李周氏
中華民國三十一年四月　日
邺金種類 第二年邺金

此聯撫邺委員會第三處存查

撫卹金正領據

茲領到
部隊機關番號 第八八师五三三团五连
階級 中尉
職務 排長
姓名 李槐
國幣叁百弍拾元
右款業已照數領訖此據
軍事委員會撫邺委員會第三處查照
領邺人 李周氏
中華民國三十一年四月　日
邺金種類 第二年邺金

此聯轉報軍政部核轉

具領卹金保證書

保證人 今保證領卹人 李周氏 確係已故

部隊機關番號 第八八師參三團四連 階級 中尉 職務 排長 姓名 李槐

之遺族茲遵照

國民政府軍事委員會會卹字第二六二六六號卹金給與令核准給與該

故員年 卹金國幣叁百貳拾 元整今由該遺族向

鈞會第三處如數領訖具領後如有發生爭議保証人願照

鈞會請領卹金須知第六條之規定負法律上一切責任此證

謹呈

國民政府軍事委員會撫卹委員會

保証人 姓名 黃青雲 蓋章 （店舖書柬） 籍貫 本市 住址 市街九五號 職務或職業 板鋪生理 （店舖營業資本金額） 四千元

領卹人 姓名 李周氏 蓋章 籍貫 四川成都 住址 [illegible] 與故員之關係 夫妻

其他遺族姓名及關係 子李金生

中華民國三十一年四月 日

成都市市長 余中英

四川省政府关于准予核发故员李槐第二年年抚恤金致成都市政府的指令（一九四二年六月十六日收）

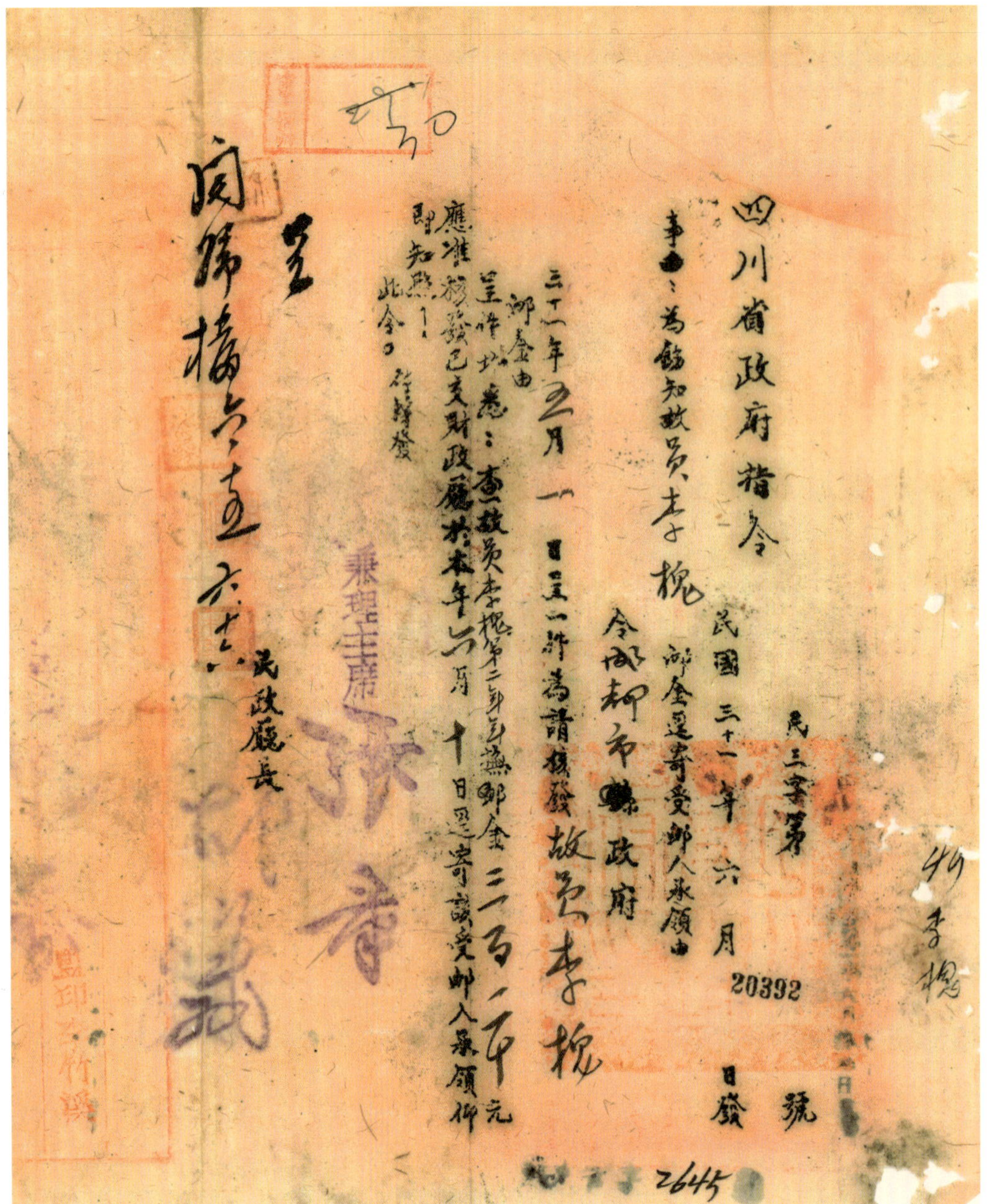

四川省政府指令

民三字第　　号

事由：为饬知故员李槐邮金还寄受邮人承领由

民国三十一年六月　　日发

令成都市政府

三十一年五月一日呈一件，为请核发故员李槐邮金由

呈件均悉：查故员李槐第二年年抚邮金二百一十元，应准核发，已支财政厅于本年六月十日照寄该受邮人承领，仰即知照！

此令。

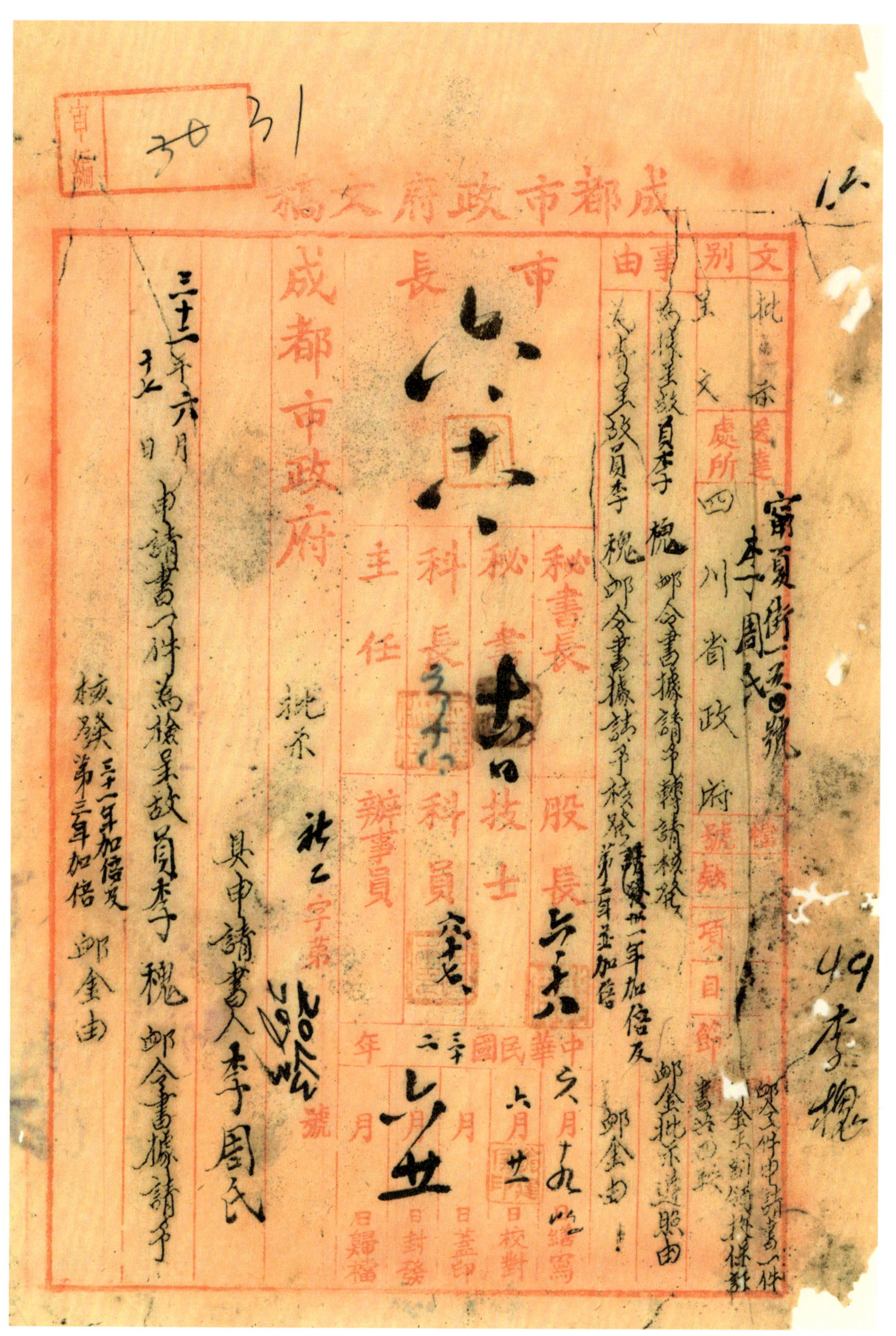

成都市政府文稿

成都市政府关于核发故员李槐民国三十一年加倍恤金并第三年加倍恤金致四川省政府的呈、致李周氏的批示（一九四三年六月二十一日）

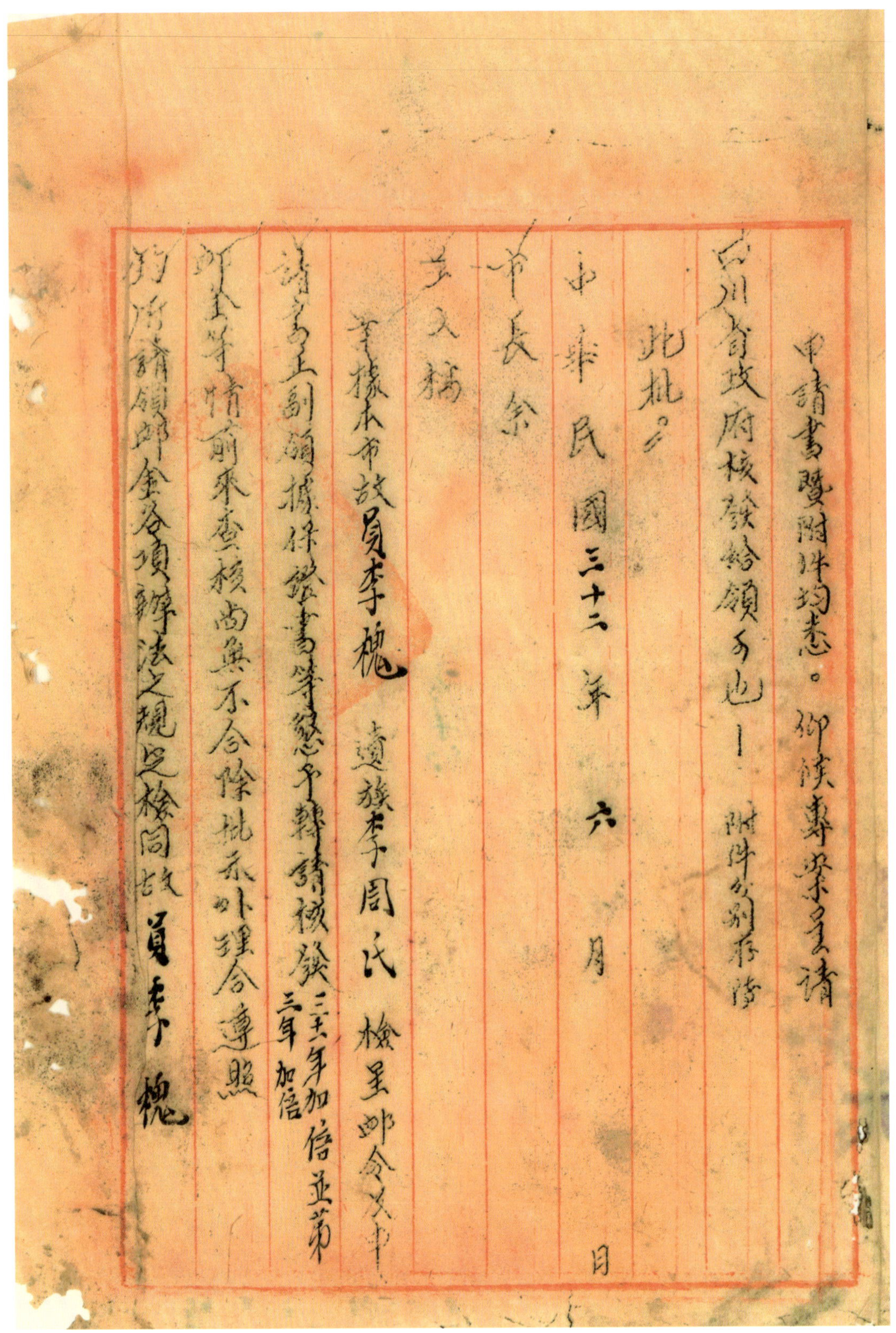

申請書暨附件均悉。仰候專案呈請

四川省政府核發給領可也！ 附件分別存轉

此批。

中華民國三十二年六月 日

市長余

主文稿

呈據本市故員李槐 遺族李周氏 檢呈卹令文申

請書正副領據保證書等懇予轉請核發三十二年加倍並第三年加倍

卹金等情前來查核尚無不合除批示外理合遵照

[illegible]請領卹金各項辦法之規定檢同故員李槐

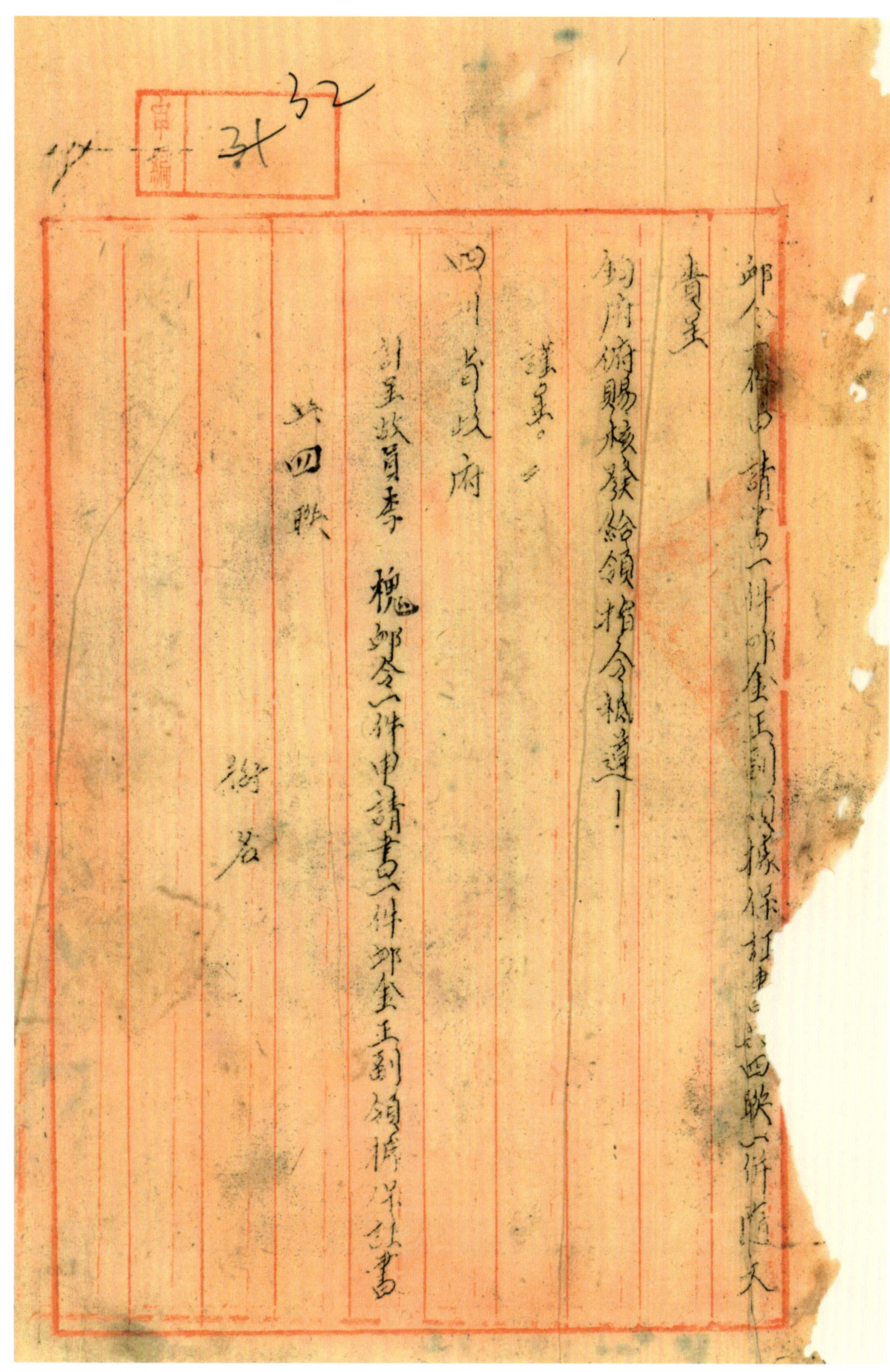

審編 31 32

郵令[illegible]件申請書一件郵金正副領據保証書各四聯一併隨文

賚呈

鈞府俯賜核發給領指令祗遵！

謹呈。

四川省政府

副主教員李　槐　郵令一件申請書一件郵金正副領據保証書

共四聯

衔名

附：李周氏关于请予核发故员李槐民国三十一年加倍恤金并第三年加倍恤金致成都市政府的领恤申请书、抚恤金领据、具领恤金保证书（一九四三年五月五日收）

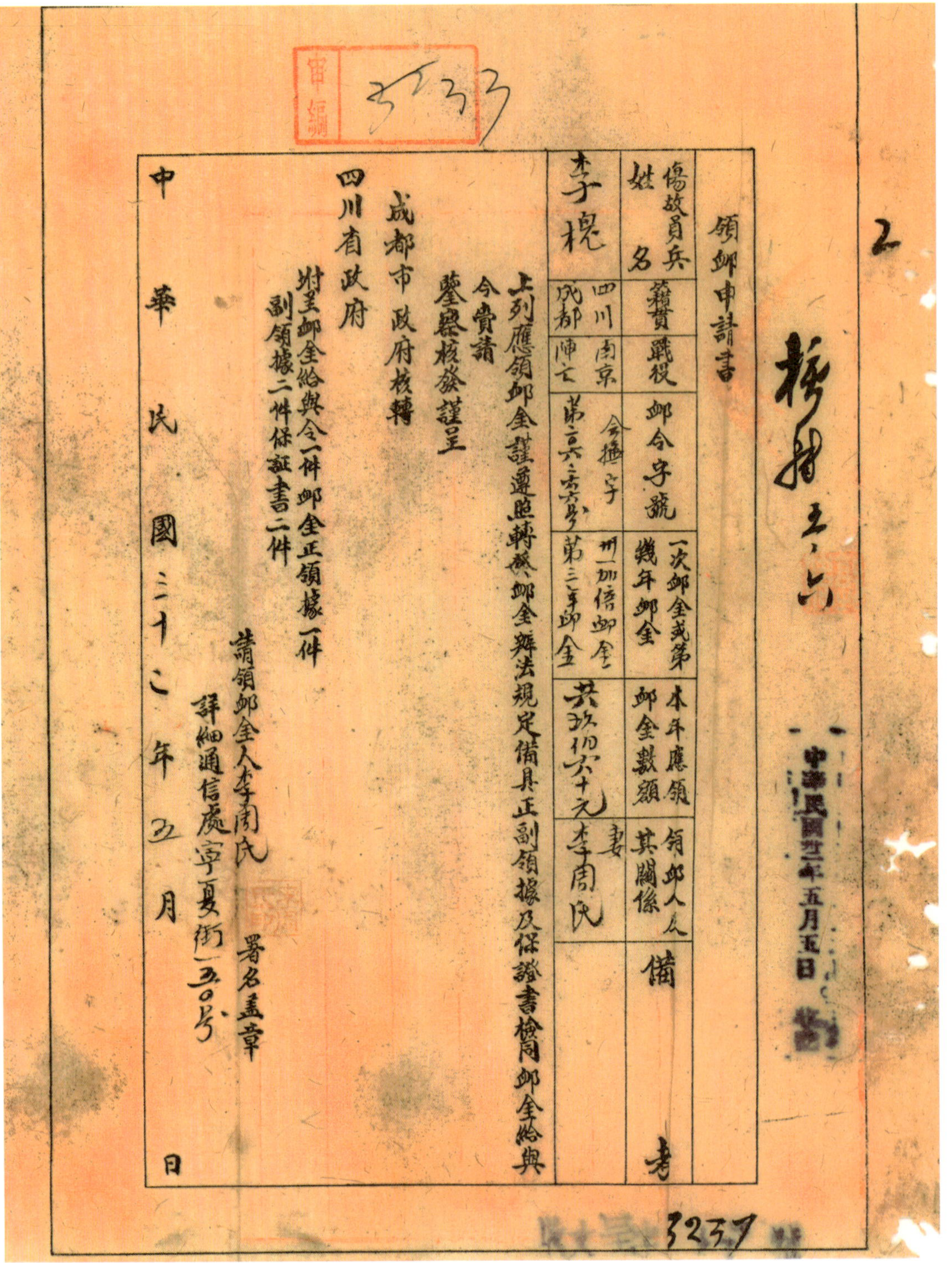

核辦 五、六

领卹申請書

傷故員兵姓名	籍貫	戰役	卹令字號	一次卹金或第幾年卹金	本年應領卹金數額	領卹人及其關係	備考
李槐	四川成都	南京陣亡	令撫字第[illegible]號	卅一加倍卹金 第三年卹金	共玖佰六十元	妻 李周氏	

上列應領卹金謹遵照轉發卹金辦法規定備具正副領據及保證書檢同卹金給與令賫請

成都市政府核轉

鑒核發謹呈

四川省政府

附呈卹金給與令一件 卹金正領據一件

副領據二件保証書二件

請領卹金人李周氏 署名蓋章

詳細通信處寧夏街一五〇号

中華民國三十二年五月 日

中華民國卅二年五月五日

3237

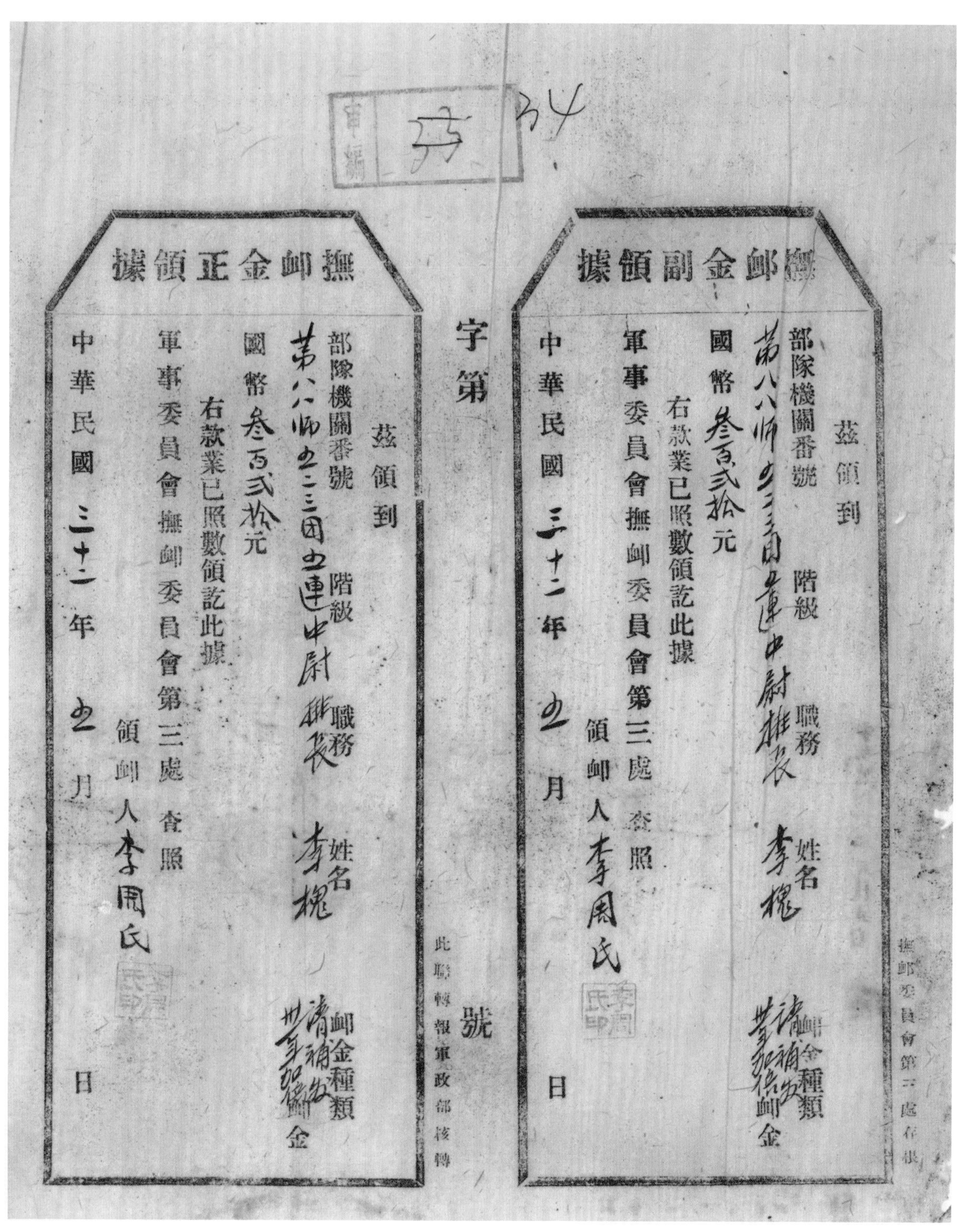

撫卹金正領據

字第　號

茲領到

部隊機關番號 第八八師五二三團五連 階級 中尉 職務 排長 姓名 李槐

卹金種類 請補發卅一年卹金

國幣叁百弍拾元

右款業已照數領訖此據

軍事委員會撫卹委員會第三處 查照

領卹人 李周氏

中華民國 三十二 年 五 月 日

此聯轉報軍政部核轉

撫卹金副領據

茲領到

部隊機關番號 第八八師五二三團五連 階級 中尉 職務 排長 姓名 李槐

卹金種類 請補發卅一年卹金

國幣叁百弍拾元

右款業已照數領訖此據

軍事委員會撫卹委員會第三處 查照

領卹人 李周氏

中華民國 三十二 年 五 月 日

撫卹委員會第三處存根

具領卹金保證書

今保證領卹人 李周氏 確係已故

保證人 部隊機關番號 第六十師之三四團五連 階級 中尉 職務 排長 姓名 李槐

之遺族茲遵照

國民政府軍事委員會會撫字第一六三二七六號卹金給與令核准給與該

故員加給 金國幣 叁百弍拾 元整令由該遺族向

鈞會第三處如數領訖具領後如有發生爭議保證人願照

鈞會請領卹金須知第六條之規定負法律上一切責任此證

謹呈

國民政府軍事委員會撫卹委員會

保證人 姓名 繆靜安 蓋章 （店鋪書柬）號 青安蔡莊 籍貫 四川成都 住址 東城根街 （店鋪營業資本金額）資本 弍萬餘元 職務或職業 捲蔡生理

領卹人 姓名 李周氏 蓋章 籍貫 四川成都 住址 寧夏街一五〇號周雲山收 與故員之關係 夫妻

其他遺族姓名及關係 子李金生

中華民國三十二年七月 日

成都市市長 余中英

軍編

撫卹委員會第三處存根

撫卹金副領據

茲領到

部隊機關番號　第八八師五二三团五連　階級　中尉　職務　排長　姓名　李槐　卹金種類　第三年加倍卹金

國幣共陸百肆拾元

右款業已照數領訖此據

軍事委員會撫卹委員會第三處　查照

領卹人　李周氏　（李周氏印）

中華民國二十二年　月　日

字第　號

此聯轉報軍政部核轉

撫卹金正領據

茲領到

部隊機關番號　第八八師五二三团五連　階級　中尉　職務　排長　姓名　李槐　卹金種類　第三年加倍卹金

國幣共陸百肆拾元

右款業已照數領訖此據

軍事委員會撫卹委員會第三處　查照

領卹人　李周氏　（李周氏印）

中華民國二十二年　月　日

具領卹金保證書

保證人 繆靜安 今保證領卹人 李周氏 確係已故

部隊機關番號 第八八師五二三團五連 階級 中尉排長 職務 姓名 李才槐

之遺族 茲遵照

國民政府軍事委員會會撫字第一百六六大六號卹金給與令核准給與該

故員第三年加倍 金國幣 共陸百肆拾 元整令由該遺族 向

鈞會第三處如數領訖具領後如有發生爭議保證人願照

鈞會請領卹金須知第六條之規定負法律上一切責任此證

謹呈

國民政府軍事委員會撫卹委員會

保證人 姓名 繆靜安 蓋章 籍貫 成都 住址 東城根街 職務或職業 校於生理 （店鋪營業資本金額）資本 餘元

（店鋪書東） 號章 青安旅莊

領卹人 姓名 李周氏 蓋章 籍貫 四川成都 住址 [illegible] 與故員之關係 夫妻

其他遺族姓名及關係 李今生

中華民國三十二年五月 日

成都市市長 余中英

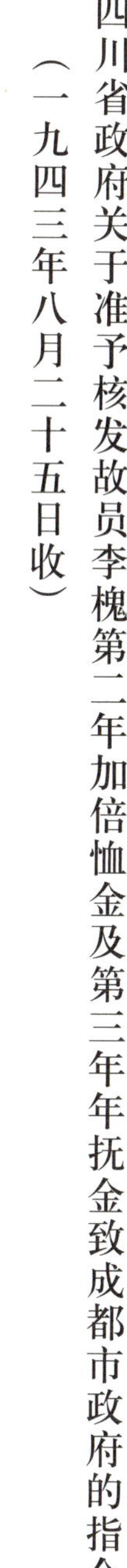

四川省政府关于准予核发故员李槐第二年加倍恤金及第三年年抚金致成都市政府的指令
（一九四三年八月二十五日收）

四川省政府指令　民國三十二年八月　日發　社字第　號

事由：為飭知故員李槐郵金逕寄受郵人承領由

令成都市政府

三十二年六月廿一日呈一件為請核發故員李槐第二年加倍恤及第三年年撫金由

呈件均悉。查故員李槐第二年加倍數及第三年年撫金玖佰陸拾元應准核發，已交財政廳於本年八月九日逕寄受郵人承領，仰即知照。此令

主席

民政廳長

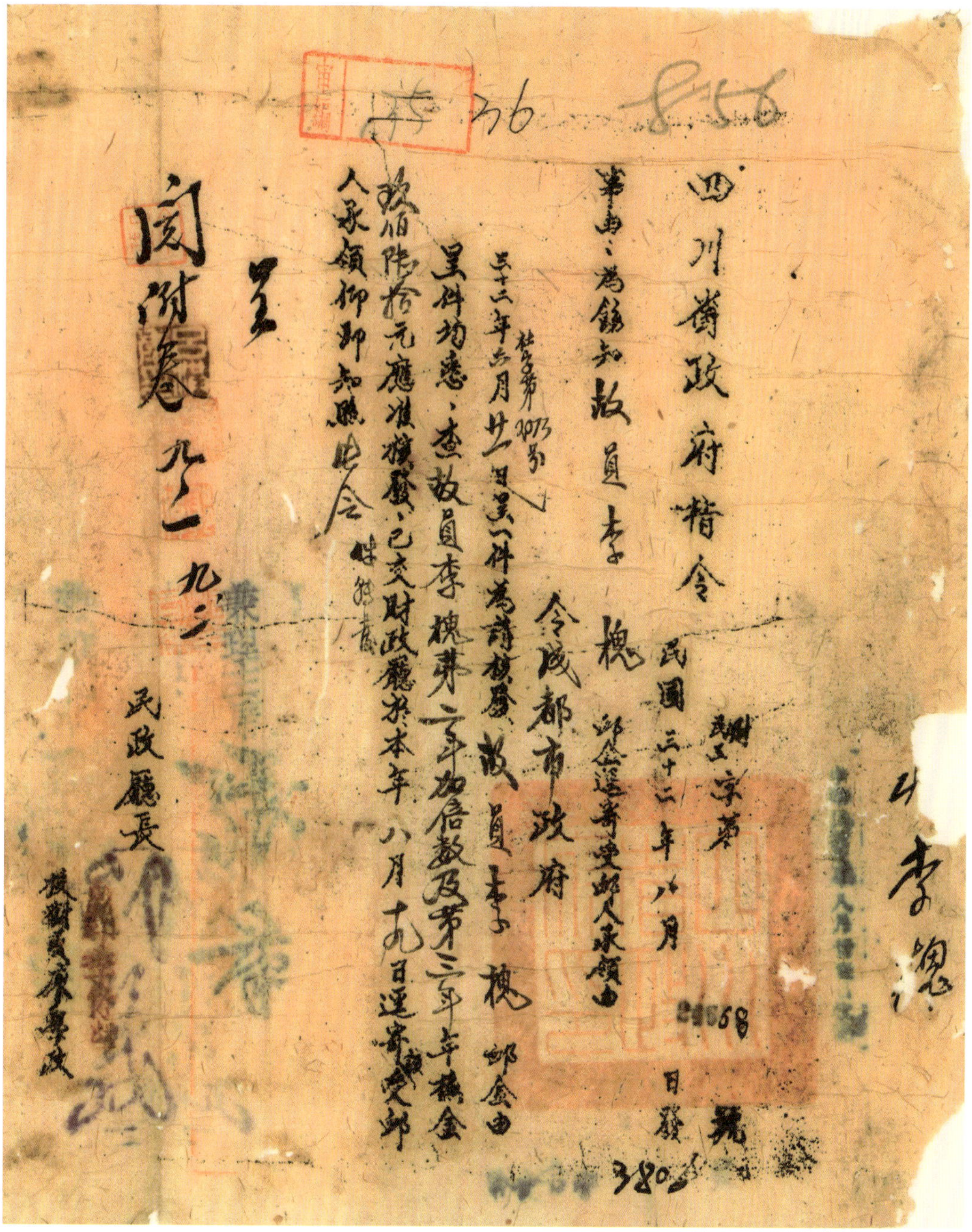

十、何大宣

成都市第三区第二保保长、甲长及族长关于故士何大宣遗族情况的保结
（一九四〇年八月十四日）

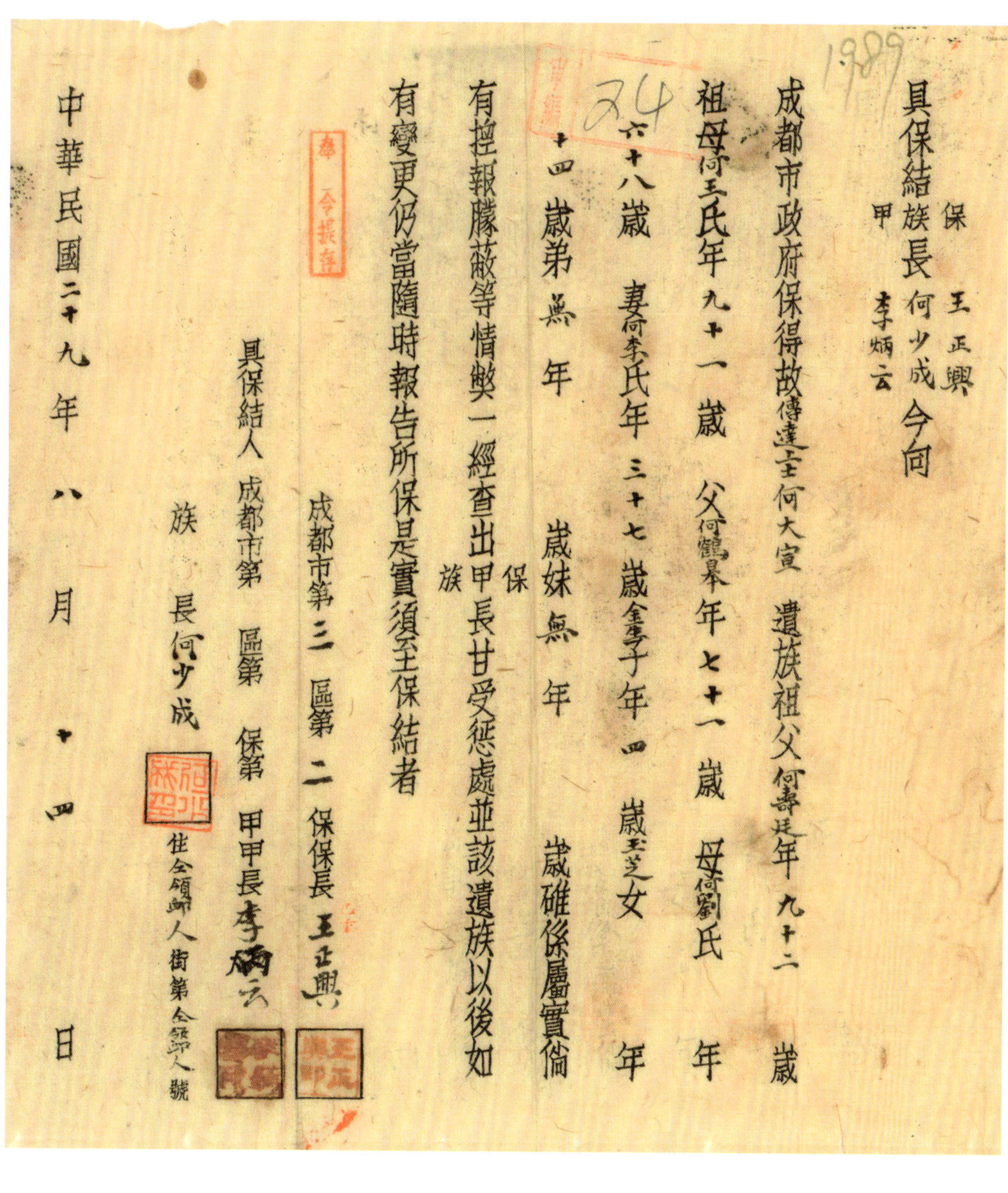
保王正興
甲李炳云
具保結族長何少成 今向
成都市政府保得故傳達士何大宣 遺族祖父何壽廷年九十二歲
祖母何王氏年九十一歲 父何鶴皋年七十一歲 母何劉氏 年
六十八歲 妻何李氏年三十七歲 子金玉年四歲 女玉芝 年
十四歲 弟無 年 歲 妹無 年 歲 確係屬實倘
有捏報朦蔽等情弊一經查出保甲族長甘受懲處並該遺族以後如
有變更仍當隨時報告所保是實須至保結者

奉令提存

成都市第三區第二保保長王正興
具保結人 成都市第 區第 保第 甲甲長李炳云
族長何少成
住仝頌邮人街第仝號

中華民國二十九年八月十四日

故士何大宣陆军战时死亡士兵乙种调查表（一九四〇年八月）

陸軍戰時死亡士兵乙種調查表

隊號	陸軍一四五師四四五旅八九〇團二新
階級	上士
職務	侍達
姓名	何大宣
籍貫	湖南湘鄉
年齡	四十二歲
家族名號 祖父	壽廷 年九二歲 均殁（存或歿）
家族名號 祖母	王氏 年九一歲
家族名號 父	鶴翠 年七一歲 均殁（存或歿）
家族名號 母	劉氏 年六八歲
家族名號 弟妹	均無 年 歲
家族名號 妻	何李氏 年三七歲
家族名號 子女	金生 年四歲；玉芝 年十四歲
原來職業	
入伍日期	
死亡事由	抗戰陣亡
死亡年月日	二十七年九月
死亡地點	湖北黃陂
埋葬地點	
相貌或特徵	
遺族領邮人	妻
名號及住址	何李氏住成都市正通順大街三十一號
備考	

中華民國二九年八月　日

四川省成都市遺族領邮人何李氏具〔印：何李氏印〕

故士何大宣陆军战时死亡官佐士兵乙种证明书（一九四〇年八月）

1989

22

審編

陸軍戰時死亡官佐士兵乙種證明書

所屬部隊	陸軍一四九師四四五旅八九〇團二部
階級及職務	上士傳達
姓名	何大宣
年齡及籍貫	四十二歲湖南湘鄉
死亡日期	二十七年九月
死亡地點	湖北黄陂
死亡類別	
死亡原因	抗戰陣亡
遺族	祖父青[illegible] 年九二歲 祖母王氏 年九一歲 均殁（存或殁） 父鶴年 年七一 母劉氏 年六八 歲 均殁（存或殁） 妻何李氏 年三七歲 子金生 年十四歲 女玉芝 年十四歲 孫 年 歲 兄弟 胞妹 均無 年 歲 通訊地址 成都市通惠門大街三十一号
備攷	

中華民國二十九年八月 日

成都市市長 楊[illegible] 具

照填二份呈送市府

成都县政府关于转送故士何大宣乙种调查表致成都市政府的公函（一九四〇年十二月八日）

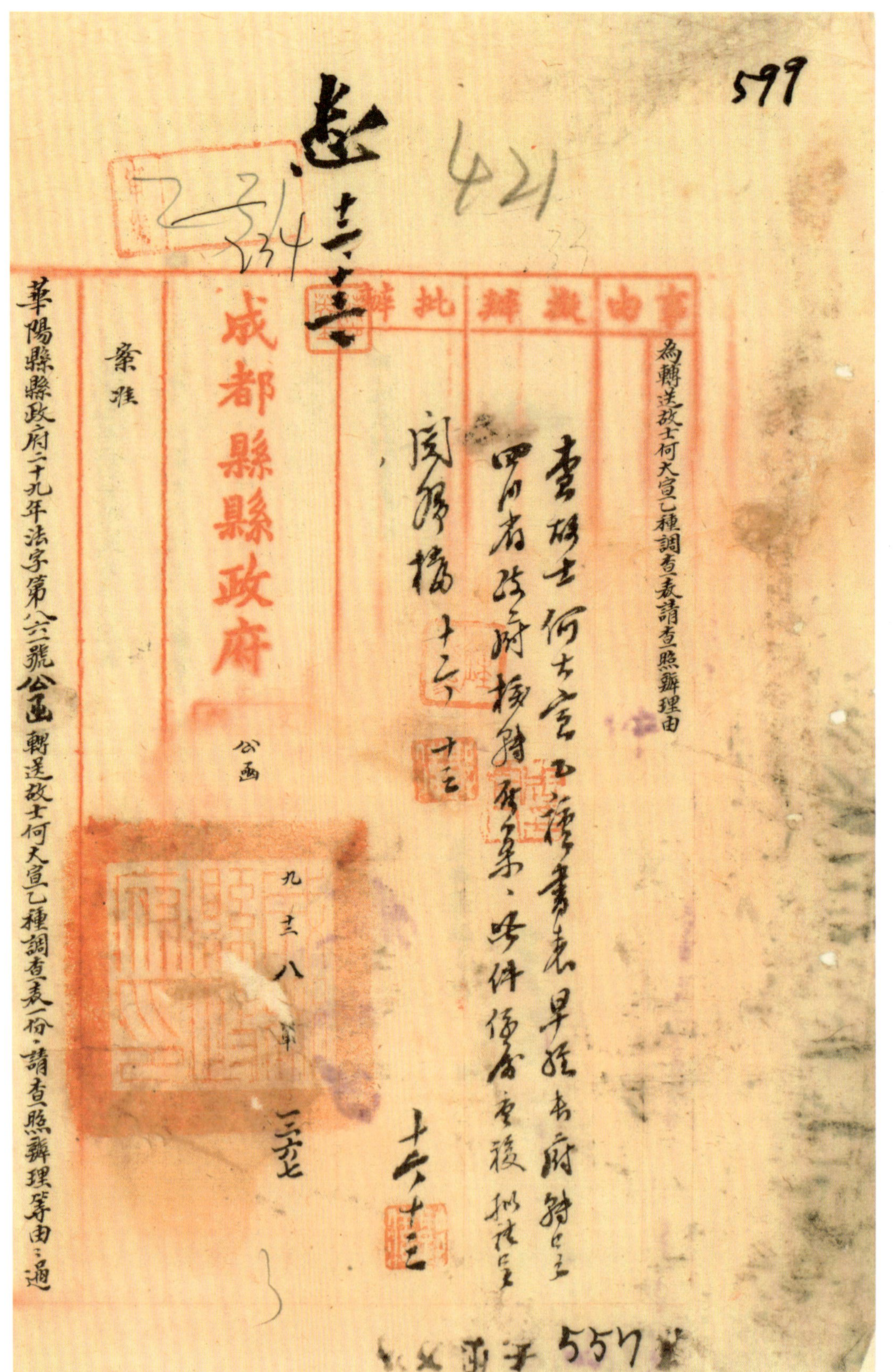

599

421

事由：為轉送故士何大宣乙種調查表請查照辦理由

擬辦

批辦

成都縣縣政府

公函

案准

華陽縣縣政府二十九年法字第八六二號公函轉送故士何大宣乙種調查表一份請查照辦理等由過

九 十二 八

第 一三六七

查故士何大宣乙種調查表早經本府轉呈四川省政府核辦有案，此件備查。

557

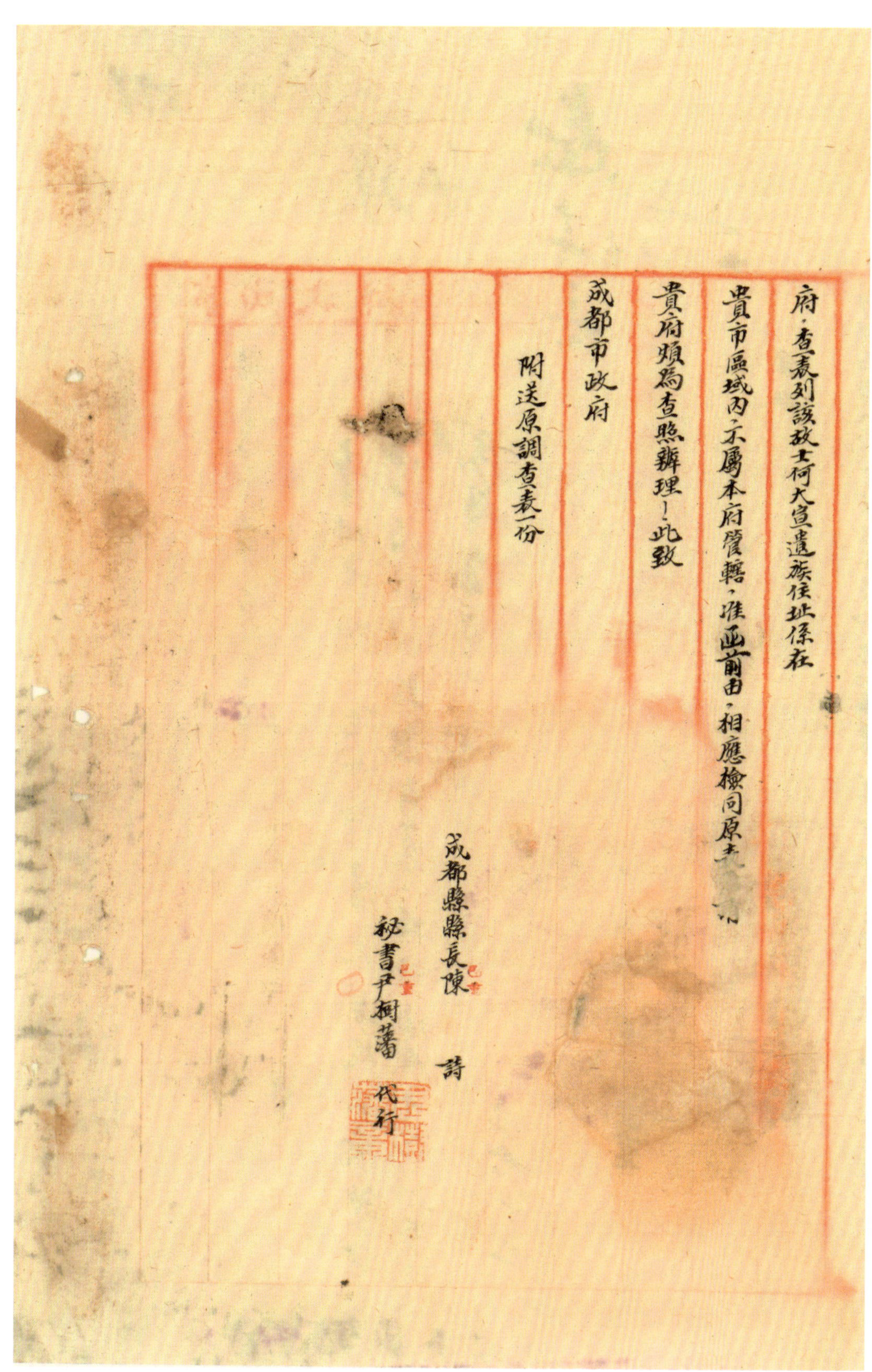

府，查表列該故士何大宣遺族住址係在

貴市區域內，不屬本府管轄，准函前由，相應檢同原表[illegible]

貴府煩為查照辦理！此致

成都市政府

附送原調查表一份

成都縣縣長陳　詩

秘書尹樹藩　代行

附：陆军战时死亡士兵乙种调查表

陸軍平戰時死亡士兵乙種調查表

隊號	陸軍四十四軍第一百四十九師八九七團團部
階級	上士
職務	傳令
姓名	何大宣
籍貫	湖南
年齡	四十六歲
家族名號：祖父母	年 歲
家族名號：父母	年 歲
家族名號：弟妹	年 歲
家族名號：妻	呂氏 年三七歲
家族名號：子女	金生 年十三歲；玉貞 三歲
原來職業	工業
入伍日期	民國十五年二月六日
死亡事由	抗日
死亡年月日	二十九年一月四日
死亡地點	湖北省鍾祥縣三官夫
埋葬地點	湖北省鍾祥縣三官夫
相貌或特徵	面黑
遺族領卹人	何呂氏
名號及住址	何呂氏住四川成都第三區一聯保八五甲（新西門三一號）
備考	

中華民國　年　月　日　省　縣遺族領卹人　具

乙種調查表發由原籍遺族填報

四川省政府关于填送故士何大宣等遗族名称校正表致成都市政府的训令（一九四一年七月）

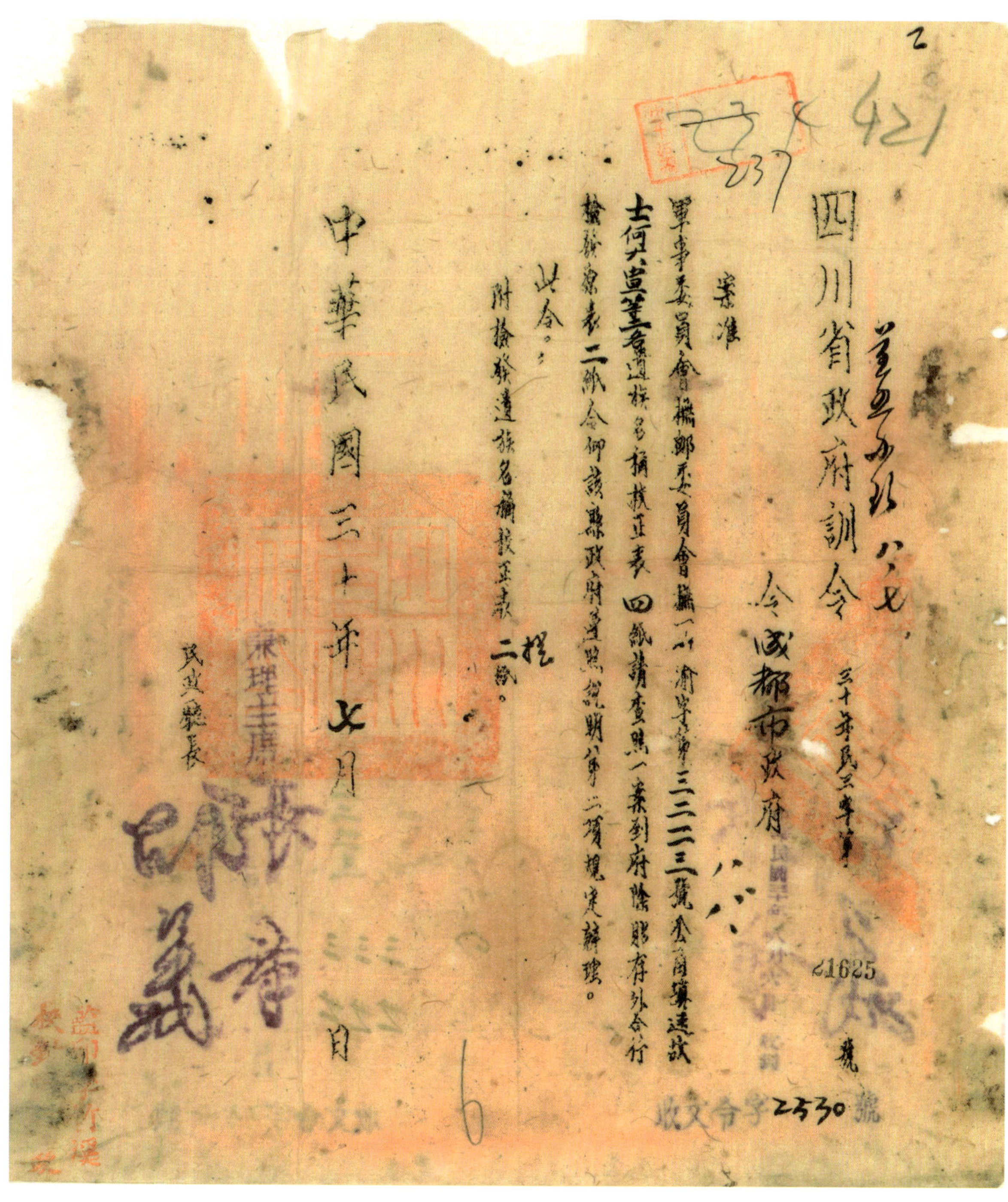

四川省政府訓令　三十年民三字第21625號

令成都市政府

案准

軍事委員會撫卹委員會撫一衛字第三二二三號公函檢送故士何大宣等遺族名稱校正表四紙請查照一案到府除分行外合行檢發原表二紙令仰該縣政府遵照說明第二項規定辦理。

此令。

附檢發遺族名稱校正表二紙。

中華民國三十年七月　日

民政廳長

成都市政府关于填送故士何大宣遗族名称校正表致何李氏的通知（一九四一年八月二十日）

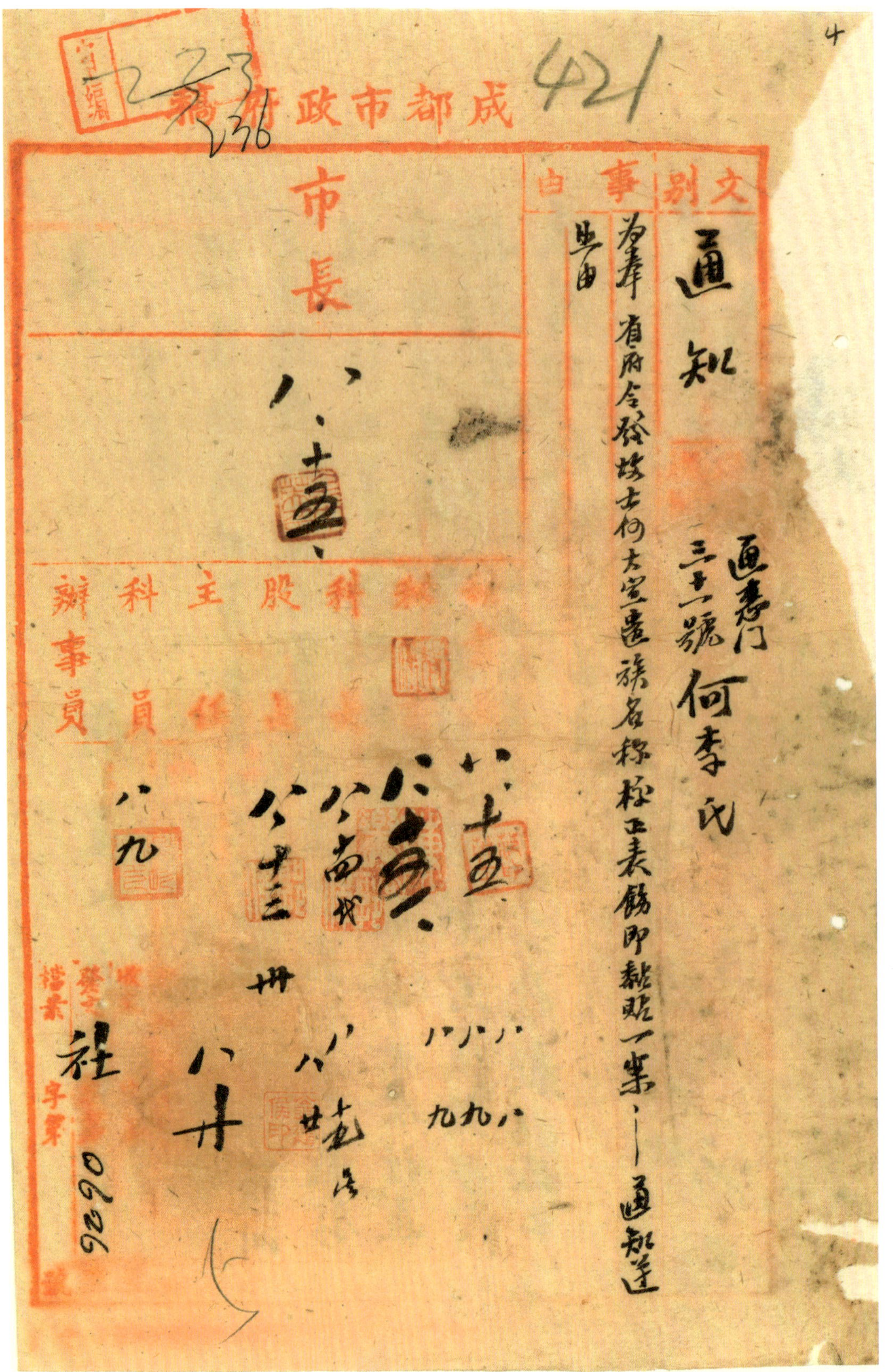
成都市政府稿

文别：通知

事由：为奉省府令发故士何大宣遗族名称校正表饬即粘贴一案，通知遵照由

通惠门三十一号何李氏

全銜 通知 社字第 号

案奉

四川省政府卅七年七月 日民三字第二一六二五號訓令為檢發故士何大宣遺族名稱較正表一紙飭送照說明第二項規定辦理等因奉此合行通知仰該遺族即便送照速將卹金給予令持呈繳來望江樓本府臨時辦公處撫卹室以便粘貼校正表鈐印後發還為要

右通知故士何大宣遺族何李氏准此

中華民國卅七年八月 日

市長余

何李氏关于申领故士何大宣第一年、第二年年恤金的领恤申请书（一九四二年三月二十八日）

領卹申請書

傷故員兵姓名	籍貫	戰役	卹令字號	一次卹金或第幾年卹金	本年應領卹金數額	領卹人及其關係	備考
故士何大宣	湖南	湖北陣亡	參撫字第三三八一三號	第一二年	共貳百肆拾元	妻何李氏	

上列應領卹金謹遵照轉發卹金辦法規定備具正副領據及保證書檢同卹金給與令請

鑒察核發謹呈

成都市政府核轉

四川省政府

附呈卹金給與令一件卹金正領據一件

副領據二件保証書二件

請領卹金人何李氏 署名蓋章

詳細通信處本市通惠門街第三十一號

中華民國三十一年三月 日

核轉 三.卅

三.廿

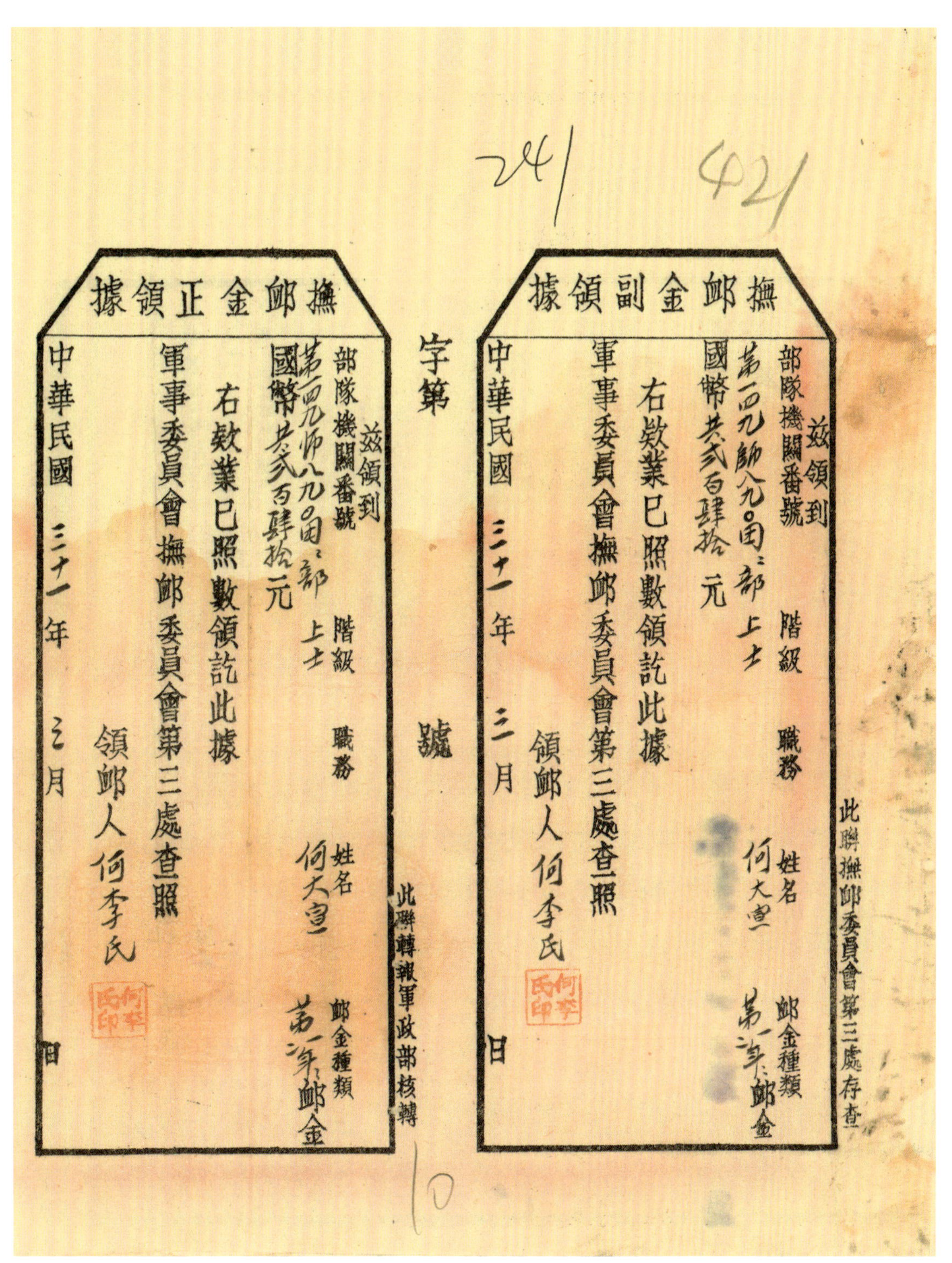

此聯撫卹委員會第三處存查

撫卹金副領據

茲領到

部隊機關番號 第四九師八九團三部 階級 上士 職務 姓名 何大宣 卹金種類 第一次卹金

國幣共弍百肆拾元

右款業已照數領訖此據

軍事委員會撫卹委員會第三處查照

領卹人 何李氏 何李氏印

中華民國三十一年三月 日

第 字 號

此聯轉報軍政部核轉

撫卹金正領據

茲領到

部隊機關番號 第四九師八九團三部 階級 上士 職務 姓名 何大宣 卹金種類 第一次卹金

國幣共弍百肆拾元

右款業已照數領訖此據

軍事委員會撫卹委員會第三處查照

領卹人 何李氏 何李氏印

中華民國三十一年三月 日

附：抚恤金领据、具领恤金保证书

具領卹金保證書

保證人蔣紹周 今保證領卹人何李氏確係已故

部隊機關番號第四九師八九团二部 階級上士 職務 姓名何大宣

之遺族茲遵照

國民政府軍事委員會會撫字第一三六三號卹金給與令核准給與該

故士兵卹金國幣共弍百肆拾元整今由該遺族向

鈞會第三處如數領訖具領後如有發生爭議保証人願照

鈞會請領卹金須知第六條之規定負法律上一切責任此證

謹呈

國民政府軍事委員會撫卹委員會

保証人姓名蔣紹周 蓋章 (店舖書柬) 籍貫 住址通惠門街第三八號 職務或職業木貨廠 (店舖資本金額)壹萬元

領卹人姓名何李氏 蓋章 籍貫湖南 住址現住成都通惠門街第三十號 與故士之關係夫妻

其他遺族姓名及關係 子 李金生 女 李玉芝

中華民國三十一年三月 日

成都市市長余中英

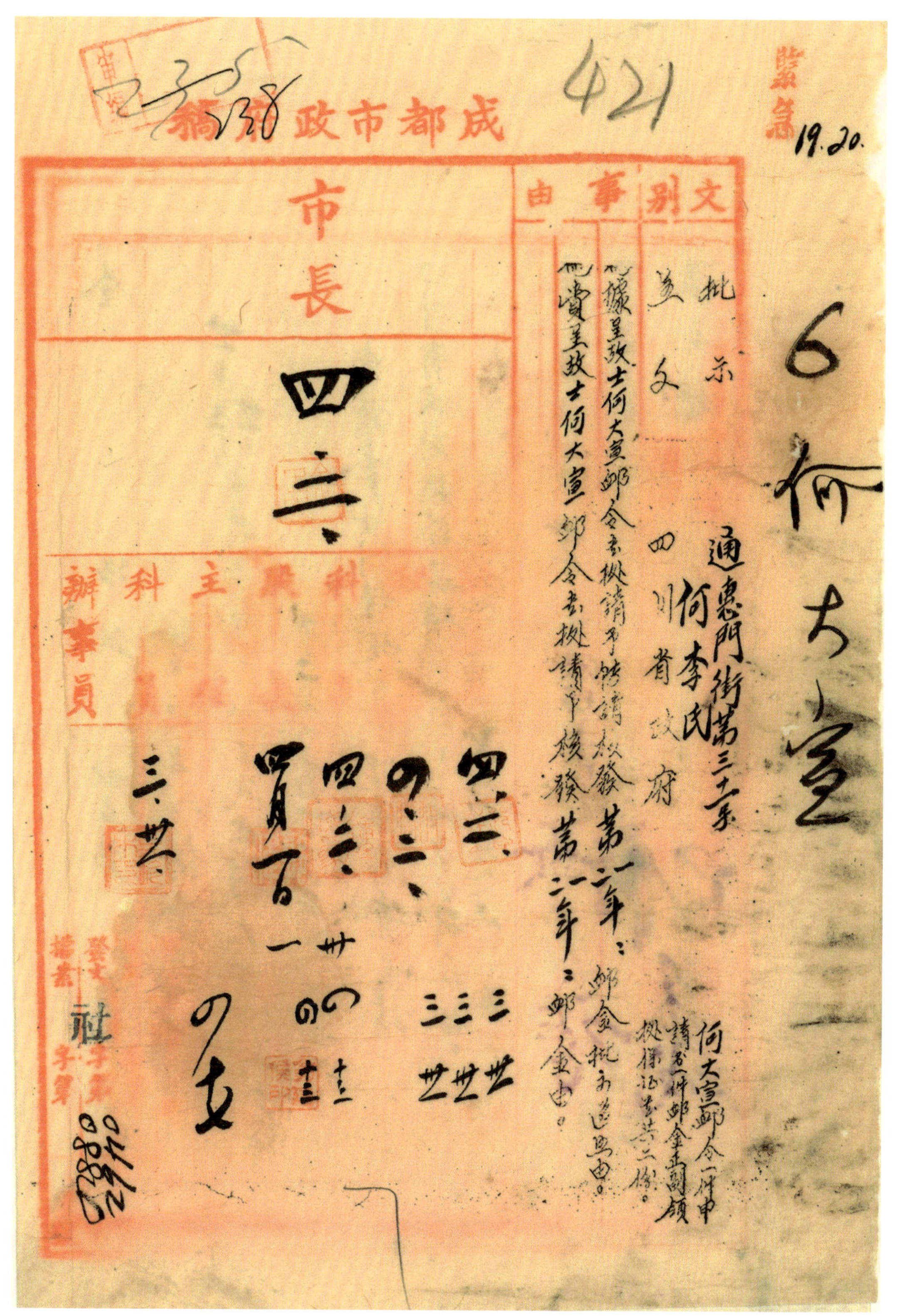

成都市政府关于核发故士何大宣第一年、第二年年恤金致何李氏的批示及致四川省政府的呈文
（一九四二年四月十七日）

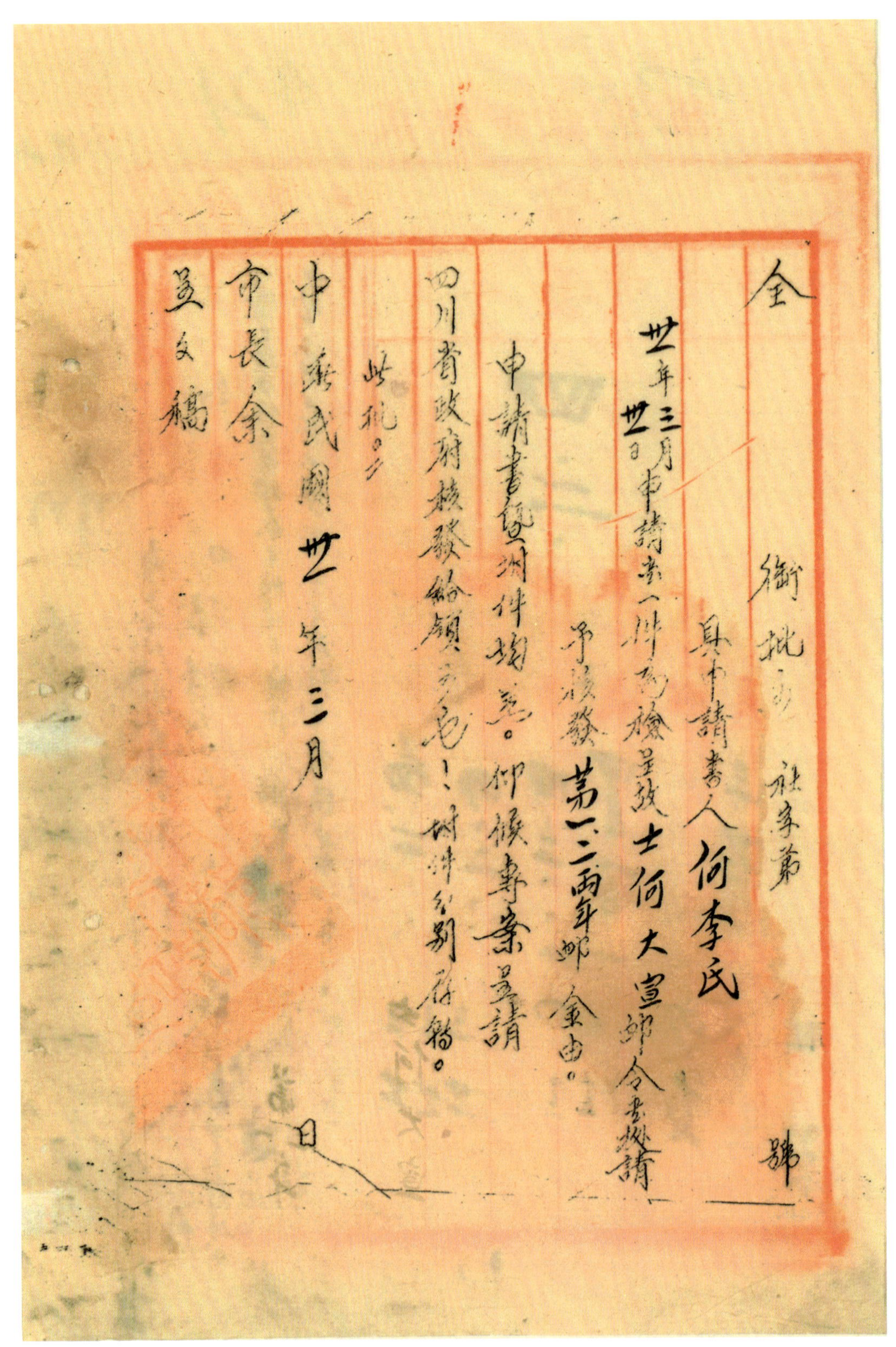

全衔批　社字第　號

具申請書人何李氏

卅年三月卅日申請書一件，為檢呈故士何大宣卹令，懇請予發給第一、二兩年卹金由。

申請書暨附件均悉。仰候專案呈請

四川省政府核發給領可也，附件分別存轉。

此批。

中華民國卅年三月　日

市長余

呈文稿

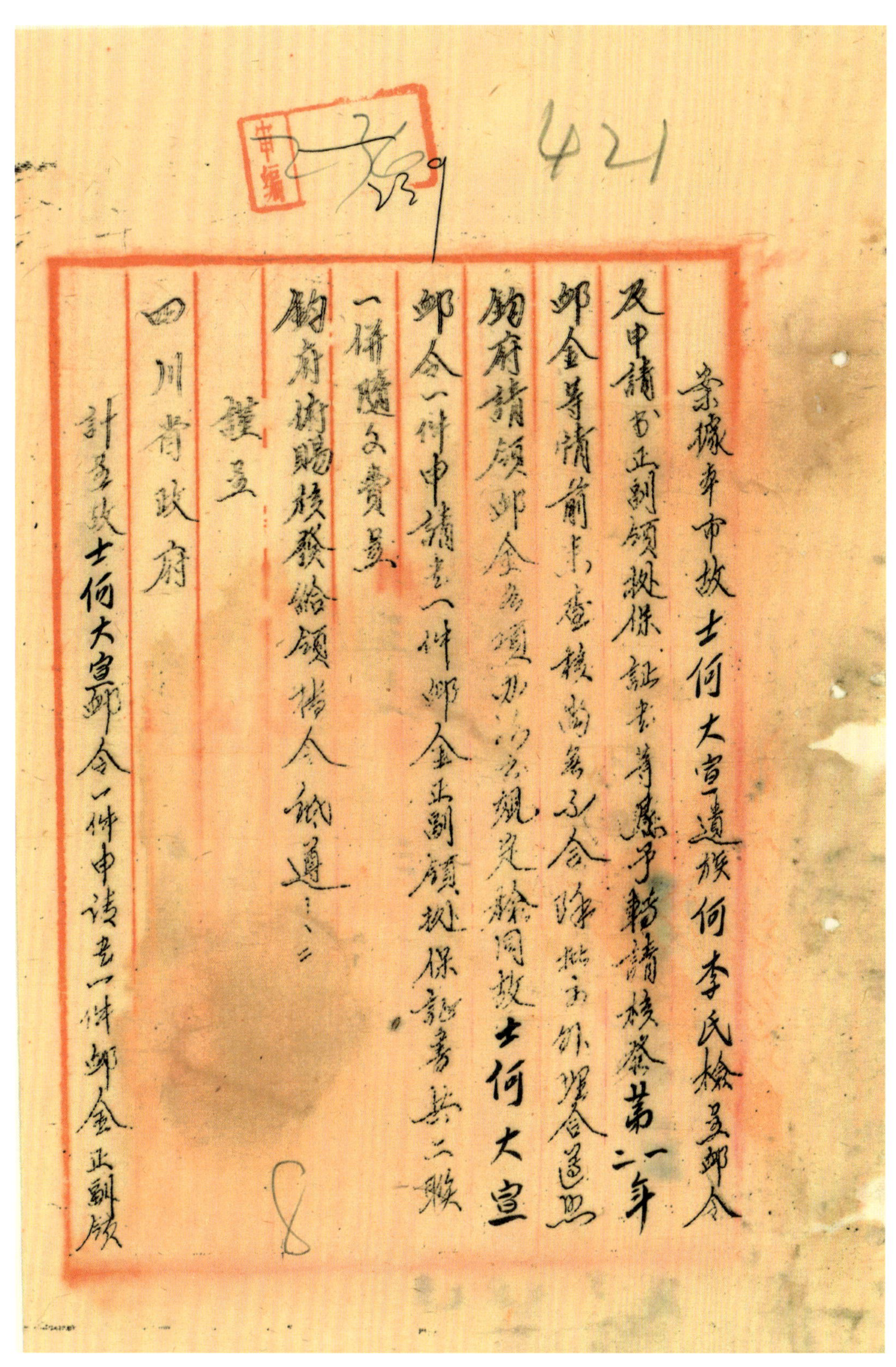

案據本市故士何大宣遺族何李氏檢呈䘏令
及申請書正副領撫䘏證書等懇予轉請核發第一二年
䘏金等情前來查核尚無不合除批示外理合遵照
鈞府請領䘏金各項辦法之規定繳同故士何大宣
䘏令一件申請書一件䘏金正副領撫䘏證書共二張
一併隨文賚呈
鈞府俯賜核發給領指令祇遵、、
謹呈
四川省政府
計呈故士何大宣䘏令一件申請書一件䘏金正副領

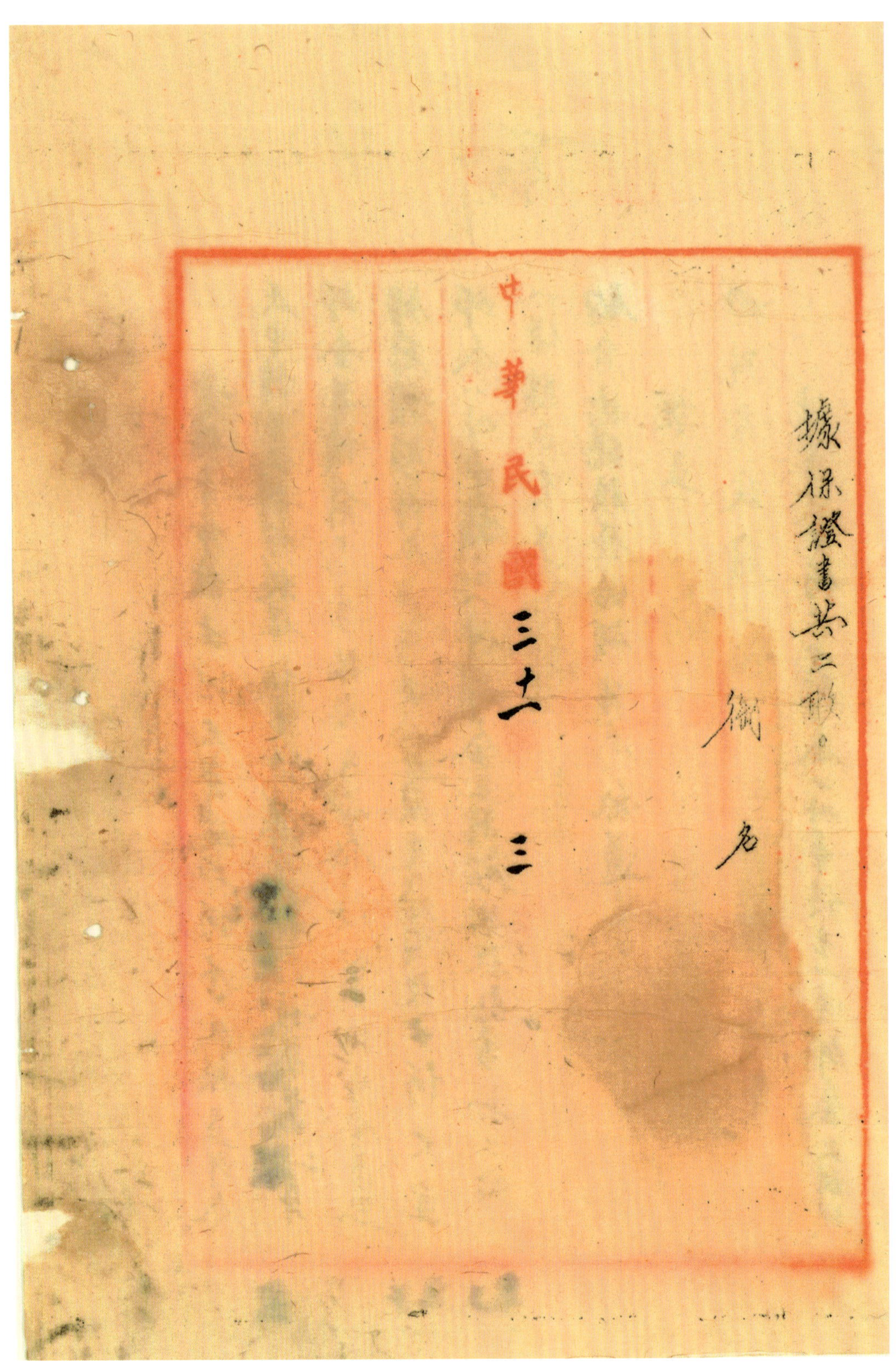

据保證書共二紙。

備名

中華民國三十一 三

四川省政府关于核发故士何大宣第一年、第二年年恤金致成都市政府的指令（一九四二年六月）

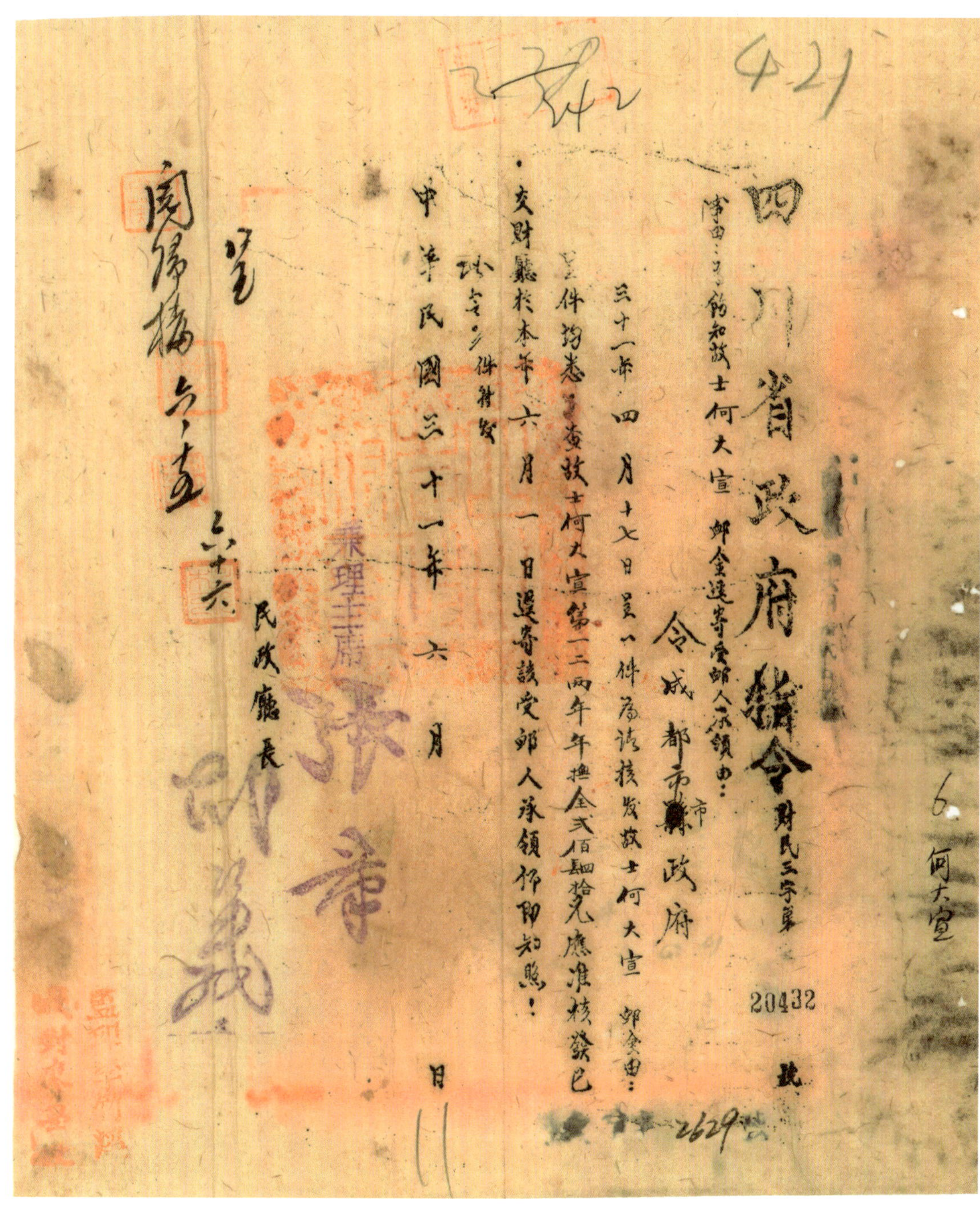

四川省政府指令 财民三字第20432号

令成都市政府

事由：为饬知故士何大宣邮金迳寄受邮人承领由：

三十一年四月十七日呈一件为请核发故士何大宣邮金由：

呈件均悉。查故士何大宣第一二两年年抚金贰百捌拾元应准核发，已交财厅于本年六月一日迳寄该受邮人承领，仰即知照！

此令。件存

中华民国三十一年六月 日

民政厅长

何李氏关于申领故士何大宣第二年加倍恤金、第三年年恤金及加倍恤金的领恤申请书（一九四三年三月）

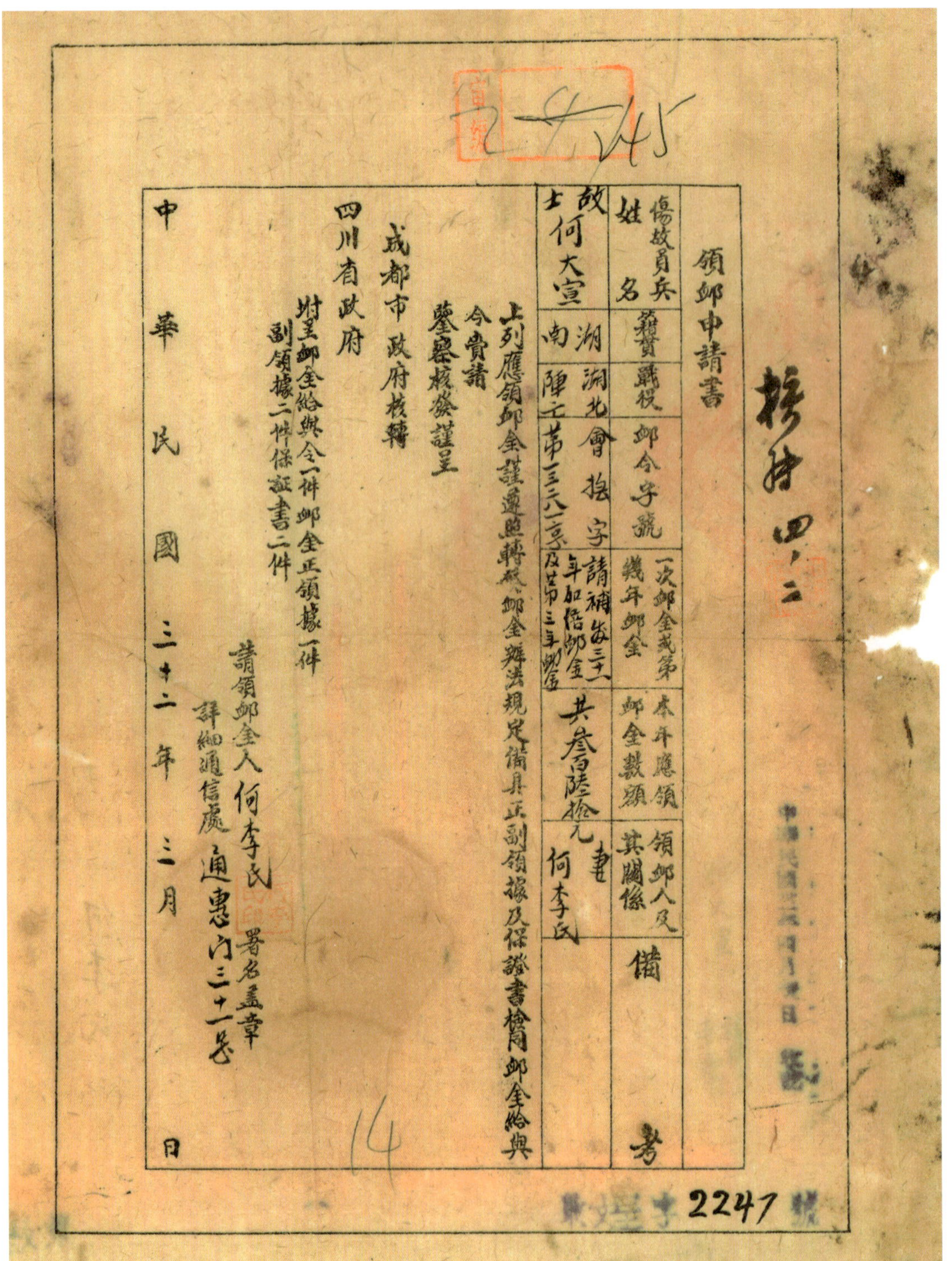

领卹申請書

傷故員兵姓名	籍貫	職役	卹令字號	一次卹金或第幾年卹金	本年應領卹金數額	領卹人及其關係	備考
故士何大宣	湖南	湖北陣亡	會撫字第三六八一號	請補發第二年加倍卹金及第三年卹金	共叁百陸拾元	妻 何李氏	

上列應領卹金謹遵照轉發卹金辦法規定備具正副領據及保證書檢同卹金給與令賚請

鑒核發謹呈

成都市政府核轉

四川省政府

附呈卹金給與令一件 卹金正領據一件 副領據二件 保證書二件

請領卹金人 何李氏 署名蓋章

詳細通信處 通惠門三十一号

中華民國三十二年三月 日

核准 四、二

2247號

附：抚恤金领据、具领恤金保证书

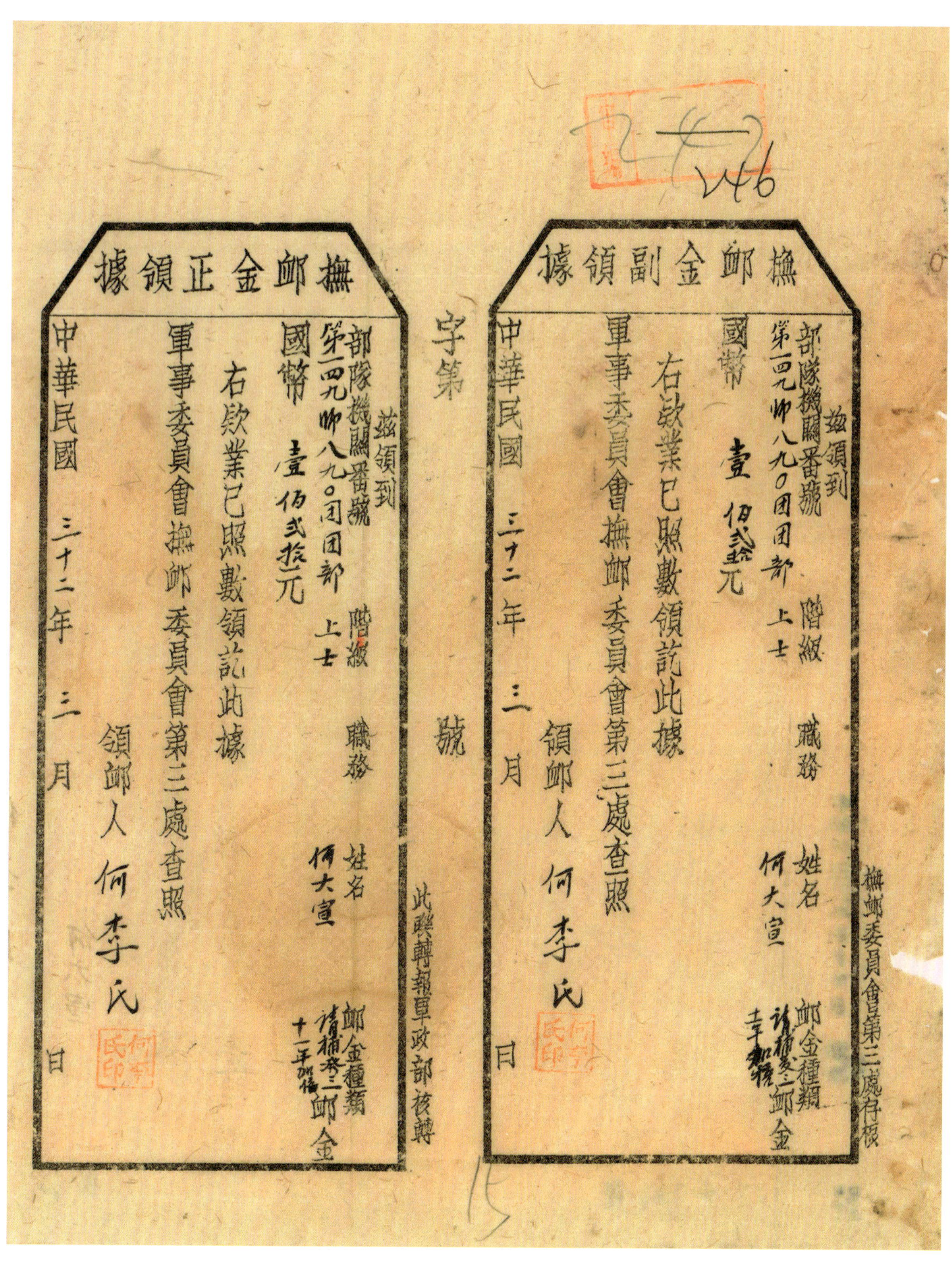

撫卹金副領據

茲領到

部隊機關番號 第一四九師八九〇團團部 階級 上士 職務 姓名 何大宣 卹金種類 請補發三十二年卹金

國幣 壹佰貳拾元

右款業已照數領訖此據

軍事委員會撫卹委員會第三處查照

中華民國 三十二年 三 月 日

領卹人 何李氏（何李氏印）

撫卹委員會第三處存根

字第 號

此聯轉報軍政部核轉

撫卹金正領據

茲領到

部隊機關番號 第一四九師八九〇團團部 階級 上士 職務 姓名 何大宣 卹金種類 請補發三十二年卹金

國幣 壹佰貳拾元

右款業已照數領訖此據

軍事委員會撫卹委員會第三處查照

中華民國 三十二年 三 月 日

領卹人 何李氏（何李氏印）

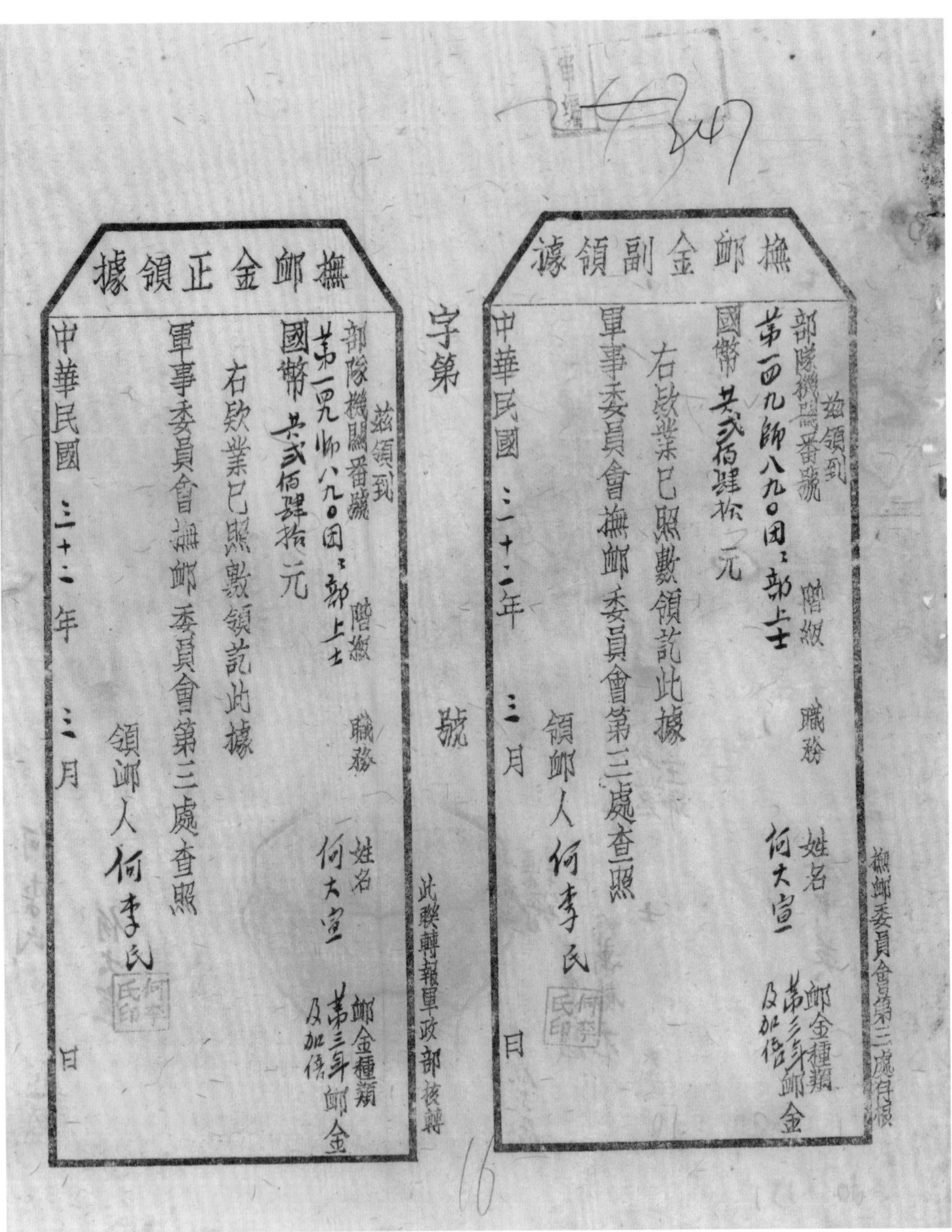

撫卹金副領據

茲領到

部隊機關番號 第一四九師八九〇團二部上士 階級 職務 姓名 何大宣 卹金種類 第三年卹金及加倍

國幣 共貳佰肆拾元

右款業已照數領訖此據

軍事委員會撫卹委員會第三處查照

領卹人 何李氏（何李氏印）

中華民國 三十二年 三月 日

撫卹委員會第三處存根

字第 號

此聯轉報軍政部核轉

撫卹金正領據

茲領到

部隊機關番號 第一四九師八九〇團二部上士 階級 職務 姓名 何大宣 卹金種類 第三年卹金及加倍

國幣 共貳佰肆拾元

右款業已照數領訖此據

軍事委員會撫卹委員會第三處查照

領卹人 何李氏（何李氏印）

中華民國 三十二年 三月 日

具領卹金保證書

保證人　　今保證領卹人　何李氏　確係已故

部隊機關番號　第一四九師八九〇團、部　階級　上士　職務　姓名　何大宣

之遺族茲遵照

國民政府軍事委員會會撫字第三三八三號卹金給與令核准給與該

故士第三年加倍　卹金國幣　共弍佰肆拾　元整今由該遺族向

鈞會第三處如數領訖具領後如有發生爭議保證人願與

鈞會請領卹金須知第六條之規定負法律上一切責任此證

謹呈

國民政府軍事委員會撫卹委員會

保証人姓名　蔣紹周　蓋章

（店舖書東）通惠營造廠

籍貫　成都縣　住址　東門街三十九号　職務職業　木貨廠

（店舖營業）木貨廠　資本金額　拾萬餘元

領卹人姓名　何李氏　蓋章

籍貫　湖南　住址　成都市□□號　與故士之關係　夫妻

其他遺族姓名及關係　子　何金生　女　何玉芝

中華民國三十二年三月　日

成都市市長　余中英

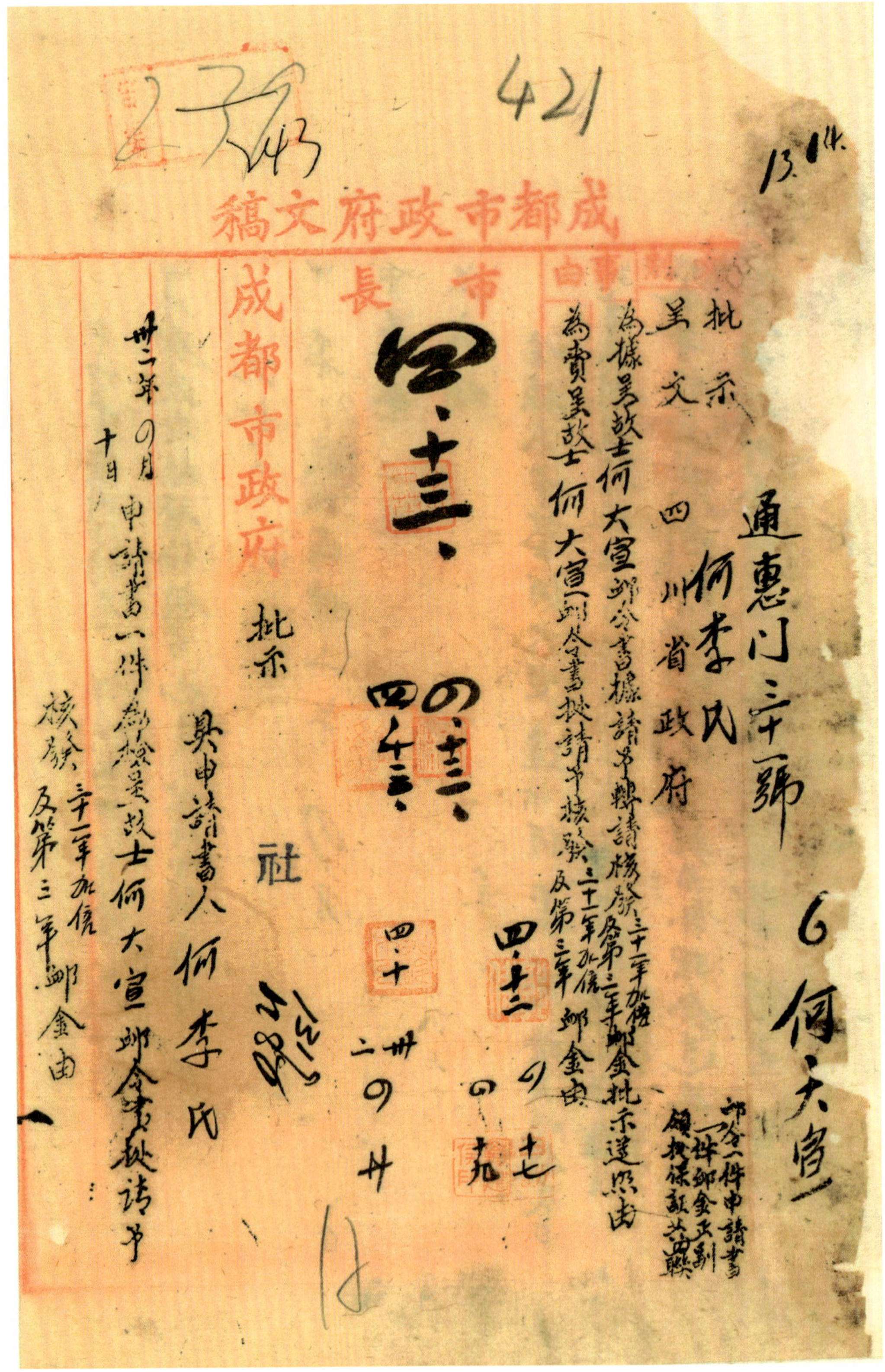

成都市政府文稿

市長

事由：為據呈故士何大宣卹令書據請予轉請核發三十一年加倍及第三年卹金批示遵照由

為賫呈故士何大宣卹令書據請予核發三十一年加倍及第三年卹金由

批示 何李氏

呈文 四川省政府

通惠门三十一號 6 何大宣

成都市政府 批示

具申請書人何李氏

卅二年四月十日申請書一件為檢呈故士何大宣卹令書據請予核發三十一年加倍及第三年卹金由

成都市政府关于核发故士何大宣第二年加倍恤金、第三年年恤金及加倍恤金致何李氏的批示及致四川省政府的呈文（一九四三年四月二十日）

申請書暨附件均悉。仰候分案呈請

四川省政府核發給領可也！ 此件分别存轉

此批。。

中華民國卅二年 の 月 日

市長 余

呈文稿

案據本市警士何大宣遺族何李氏檢呈卹金及申請書正副領據保證書等恳予轉請核發三十一年加信及第三年卹金等情前來查核尚無不合除批示外理合遂照鈞府請領卹金各項办法之規定檢同故警士何大宣

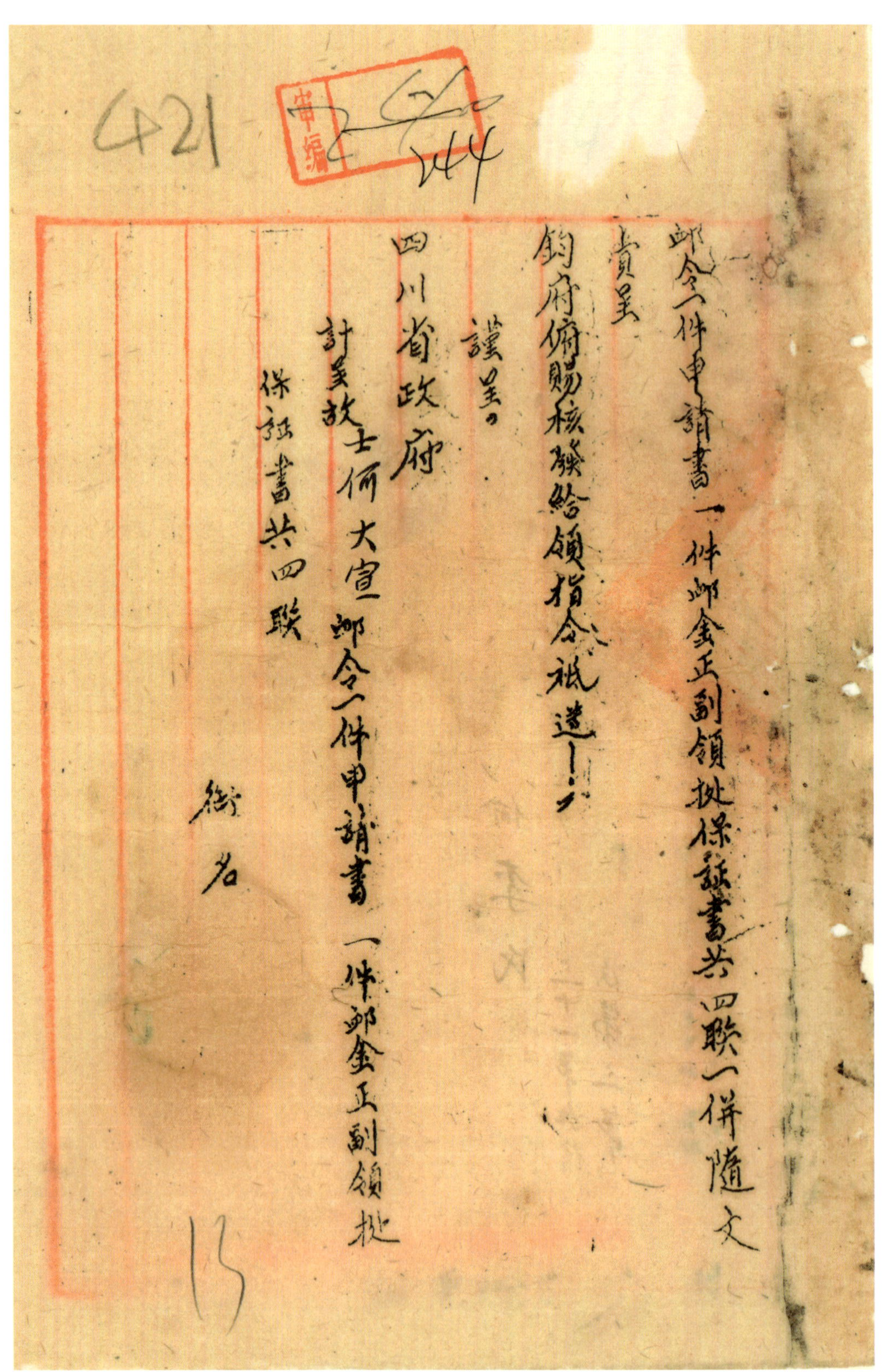

一卹令一件申請書一件卹金正副領批保證書共四聯一併隨文
賫呈
鈞府俯賜核發給領指令祇遵！！
謹呈。
四川省政府
計呈故士何大宣卹令一件申請書一件卹金正副領批
保證書共四聯
銜名

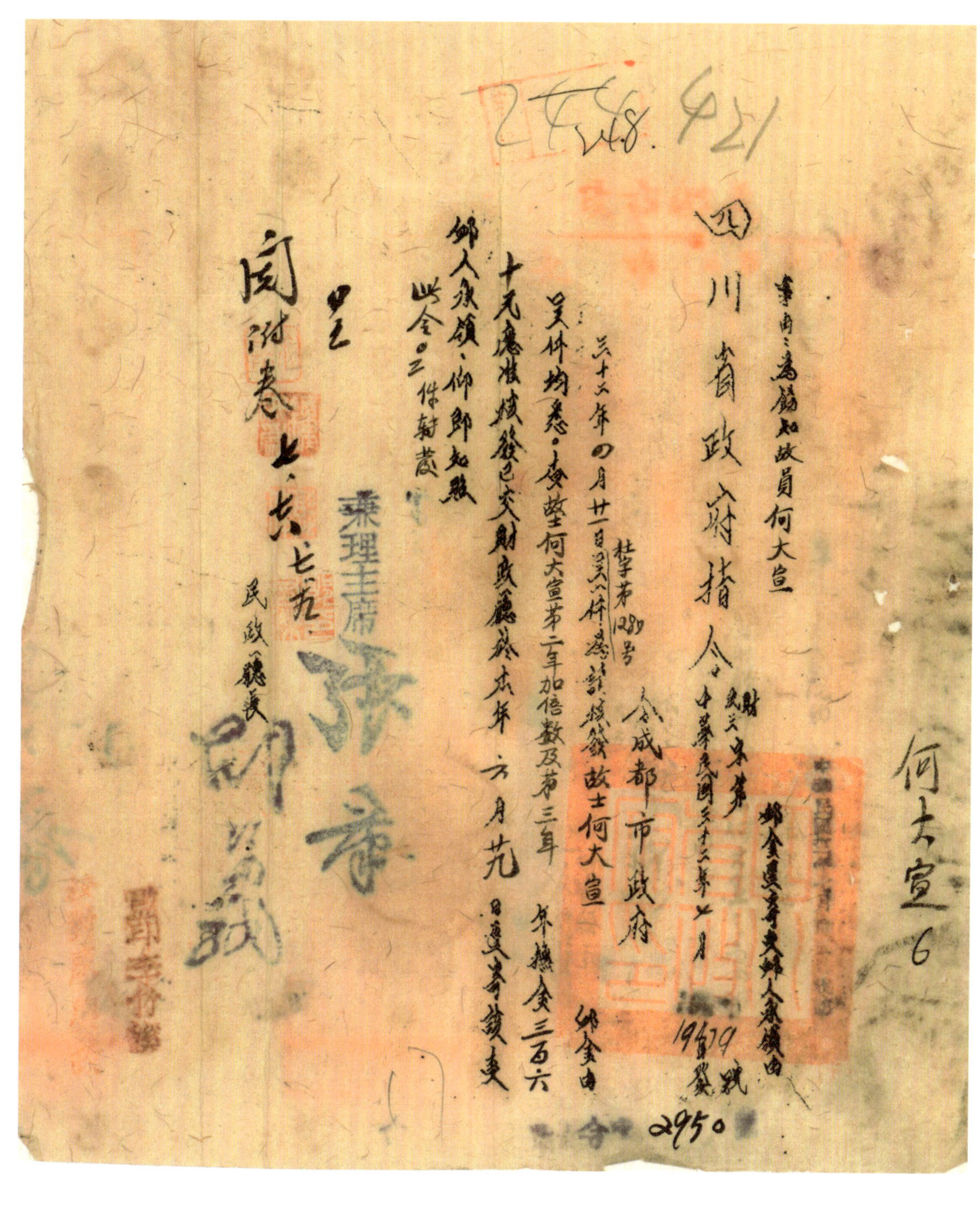

事由：為飭知故員何大宣卹金遵章交郵人承領由

四川省政府指令 財民六字第19679號

中華民國三十二年七月 日發

令成都市政府

三十二年四月廿一日呈一件（呈字第1283号）為請核發故士何大宣卹金由

呈件均悉。查故士何大宣第二年加倍數及第三年年撫金三百六十元應准核發，已交財政廳於本年六月廿九日遵章交郵人承領，仰即知照。

此令。件存。

兼理主席 張群

民政廳長 胡次威

閱 附卷

四川省政府关于核发故士何大宣第二年加倍恤金、第三年年恤金及加倍恤金致成都市政府的指令

（一九四三年七月）